서유럽 농업사
500-1850년

B. H. Slicher van Bath
De agrarische geschiedenis van West-Europa 500-1850

서유럽 농업사
500-1850년

B. H. 슬리허르 판 바트 지음 | 이기영 옮김

사회평론아카데미

서유럽 농업사 500-1850년

2023년 1월 12일 초판 1쇄 찍음
2023년 1월 26일 초판 1쇄 펴냄

지은이 B. H. 슬리허르 판 바트
옮긴이 이기영
책임편집 고인욱
편집 최세정·이소영·엄귀영·김혜림
표지·본문 디자인 김진운
본문조판 토비트
마케팅 최민규·정하연·김현주

펴낸이 고하영·권현준
펴낸곳 ㈜사회평론아카데미
등록번호 2013-000247(2013년 8월 23일)
전화 02-326-1545
팩스 02-326-1626
주소 03993 서울특별시 마포구 월드컵북로6길 56

ISBN 979-11-6707-090-6 93920

초판 머리말

이 책은 1954년 9월에 농업교사들을 위한 농업사 강좌에서 행한 강의의 산물이다. 필자는 아직 서유럽 농업사를 개관하기에는 때가 이르다는 판단을 가지게 되었지만, 이 주제의 여러 양상에 매혹되어 애초의 망설임을 떨쳐 버렸다.

필자가 이 책을 써 나가는 데에는 두 가지의 어려움이 있었다. 여러 서유럽 나라에서 농업사 분야의 연구는 아직 이 주제에 대한 종합화를 기할 수 있는 수준에까지 이르지 못하고 있다. 지방 및 지역 연구는 전후(戰後)에야 활성화되기 시작했을 뿐이다. 그렇지만 우리가 믿을 만한 개설서를 쓰고자 한다면 이러한 연구성과들에 기초해서 작업하지 않으면 안 된다.

다른 또 하나의 어려움은 제한된 지면을 가진 개설서에서는 중요하면서도 관련 있는 많은 문제를 생략하거나 아주 간단하게 취급해야 한다는 점이다. 간략한 이런 종류의 책을 쓸 때에는 어떤 문제가 다루어야 할 만큼 중요한지 끊임없이 심사숙고해야 하지만, 취급 주제의 선택에는 어느 정도 개인적 선호가 작용함을 피할 수 없다.

본인은 여러 서유럽 나라에서 일찍이 이룩된 바 있는 소중한 업적을 이용할 수 있었던 데 대해서 감사하게 생각한다. 특히 마르크 블로크, 시미앙, 라브루스, 시롤, 아벨, 베브리지 경, 포스탄, 린데만스 등의 감명적인 연구업적이 없었더라면 결코 이 개설서를 쓸 수 없었을 것이다.

이 책을 저술하면서 본인은 많은 분으로부터 도움을 받았다. 본인은 농업사학과에 재직하는 나의 학문적 동료들인 H. K. 루싱흐 및 J. A.

파버르와 여러 문제를 토론했다. 비서인 B. 판 헤르넌 양은 각별히 신경을 써서 원고를 준비해 주었고, A. 판 데 페펄 군과 K. 부크호르스트 군은 그래프를 만드는 일을 도와주었다. 또한 이 주제와 관련된 문헌이 네덜란드에서 이용될 수 있는 것인 한, 모두 본인이 자유롭게 이용할 수 있도록 농과대학의 도서관 직원들이 배려해 주었다. 불행하게도 중요한 서적과 정기간행물이 종종 네덜란드에는 없었음을 고백해야겠다.

바헤닝언, 1959년 9월 25일
B. H. 슬리허르 판 바트

제3판 머리말

재판된 지 아주 많은 해가 지난 경우에 저자는 재판 때의 책 그대로 출판할지, 아니면 그동안에 발간된 모든 문헌을 그 책에 집성하기 위해서 보통 매우 많은 시간이 소요되는 작업을 해서라도 새로 발간할지 어려운 선택의 기로에 서게 된다. 후자의 작업이란 사실상 흔히 새로운 책의 저술을 의미하는 것이다.

1960년 이래 농업사 분야에서는 많은 문헌이 출간되었다. 만약 이 책이 이들 문헌의 연구성과를 흡수하여 더욱 완벽성과 종합성을 기한다면, 시대의 경과에 따른 농업의 발전상이 보다 잘 드러날 것이다. 그럼에도 불구하고 필자는 이 책의 골자는 원래대로 유지되어야 하며 기본 골격은 변하지 않아야 한다고 믿는다. 이런 이유 때문에 서술내용은 고치지 않고 발간한다.

바헤닝언, 1976년 2월
B. H. 슬리허르 판 바트

한국어판 머리말

농업의 시작은 인류의 역사에 중대한 변화를 가져왔다. 모든 대륙에서 사람들은 식량을 얻기 위해서 농작물을 재배하기 시작했다. 농작물 종자의 선별과 도태가 서로 다른 시기에 이뤄졌으나, 그 과정은 거의 어디에서나 똑같았다. 처음에는 농민들이 그들 자신의 소비를 위해서 농작물을 재배하였지만, 새로운 농사법을 발명함으로써 생산을 증대시키는 데 성공했다. 그리하여 보다 큰 인간집단이 함께 살 수 있게 되었다. 분업 관계가 성립하게 되자, 식량이 수출되고 수입되었다. 일부 지역은 농업을 집약화하고 특화하는 데에 뛰어난 능력을 보였다.

일반적으로 식량의 생산과 소비 사이에 균형을 잘 맞춘다는 것은 대단히 어려운 일이었다. 인류 역사에서 사람들은 매우 자주 홍수, 폭풍, 가뭄, 지진, 해충, 전쟁과 같은 자연과 인간에 의한 재앙으로 말미암아 식량 부족난을 겪었다. 가끔은 인구가 너무 급속히 증가하기도 했으며, 그런 때에는 전염병 및 기근과 같은 긴박한 위험 사태가 발생하곤 했다.

이것은 지구상의 모든 대륙에서 진행된 인류 역사의 중요한 일면이다. 이 책의 주제는 서유럽에서 인구변동과 관련시켜 농업의 발전을 살펴보는 것이다. 이런 취급 방식은 전 세계의 농업사 개관을 위한 한 본보기가 될 수 있으리라고 생각된다. 그런 까닭에 나는 이기영 교수가 네덜란드어 원전을 한국어로 번역하여 대한민국에서 발행하는 데에 대해서 그에게 깊은 감사의 뜻을 전한다. 나에게는 그의 번역이 굉장한 놀라움이었다. 이 교수는 특수한 용어들을 지닌 봉건세계의 복잡한 관계를 번역하는 어려운 과제를 떠안았을 것이다. 프랑스의 봉건제는 영국의 경우와는 매우 달랐다.

내가 저술한 서유럽 농업사가 인구성장과 식량생산의 증대 과정을 보다 잘 이해하는 데에 이바지한다면, 그것은 이 교수와 나에게 커다란 만족이 될 것이다. 세계의 일부 지역에서는 식량의 과잉생산이 있을지 모른다. 그러나 여타의 많은 지역에서는 사람들이 아직도 기근과 전염병으로 고통을 겪고 있다. 역사는 이런 문제에 보다 훌륭한 통찰력을 제공할 수 있으며 어떤 해결책을 찾는 데 도움이 될 것이다.

바헤닝언, 1999년 7월 16일

B. H. 슬리허르 판 바트

번역 개정판 머리말

이 번역서는 1999년에 옮긴이가 재직 중인 동아대학교의 학술연구비 지원으로 B. H. Slicher van Bath, *De agrarische geschiedenis van West-Europa(500-1850)*(Utrecht/Antwerpen: Het Spectrum, 1960)를 번역하여 '까치글방'에서 처음 출판되었었다. 그렇지만 1차 번역판은 오래전에 품절되었다.

서양 역사에 대한 우리나라 사람들의 이해에서 중요한 의미를 지닌다고 할 수 있는 이 번역서가 계속 절판된 상태로 있어서는 안 된다는 옮긴이 나름의 판단과 일부 독자의 요구로, 출판사 '사회평론아카데미'를 통해 뒤늦게 재판본이 나오게 되었다.

그러나 이 재판본은 초판본의 단순한 재출판이 아니다. 오자나 잘못된 맞춤법을 수정했음은 물론, 네덜란드어 원본과 대조하여 간혹 보이는 오역이나 부적절한 번역문을 고치고, 옮긴이의 주석을 더하거나 빼고 보충했으며, 특히 1차 번역본에서 부정확하게 표기된 것이 적지 않았던 네덜란드어 고유명사들을 국립국어원이 정한 '네덜란드어 표기법'에 따라 수정했다. 따라서 이 재판본은 개정 번역본이라고 해도 좋을 것이다.

우리말 번역 개정판을 출판하면서 특기해 둘 것이 있다. 그것은 한국어 재출판권이 설정되기까지 우여곡절을 겪은 사정이다. 사회평론아카데미가 에이전시를 통해 원서의 출판사인 'Het Spectrum'에 한국어 판권 계약을 요청했으나 아무런 응답이 없었다고 했다. 그래서 옮긴이가 나서 한국어 초판 때 연락을 주고받던 원저자의 주소지로 서신을 두어 번 보냈지만, 역시 회답이 없었다. 많은 노력 끝에 알고 보니, 원서의 출판사는 두 번에 걸쳐 큰 회사에 흡수 합병되어 현 회사의 출판권 업무 담당자조차 문서고에 가서 계약 관련 문서를 찾아봐야 할 상황이었고, 저자와 부인은 직계나 방계의 아무 가족도 없이 각각 2004년과 2009년에 별세했다. 저자가 창설했던 바헤닝언 대학의 농업사학과도 개편되어 다른 분야와 통합되어 있었다.

역사 연구에 큰 업적을 남겼지만 소아마비로 인해 평생 장애의 몸으로 살다 피붙이 없이 타계한 저자 슬리허르 판 바트와 그의 부인의 명복을 빈다.

2023년 1월
옮긴이 이기영

차례

초판 머리말 5

제3판 머리말 7

한국어판 머리말 8

번역 개정판 머리말 10

그래프 차례 16

도량형 환산표 17

일러두기 18

제1부 서론

1. 목적과 범위 20

2. 농업발전에 영향을 미치는 여러 요인 26

외부 요인 26

내부 요인 42

농업발전의 여러 단계 51

제2부 직접적 농업소비시대(500년경-1150년경)

1. 봉건제와 자연경제 56
2. 장원제 75
   '고전장원제' 75
   토지영주제와 재판영주제 92
3. 중세 초기의 농업 102
   경지형태와 경작방식 102
   경종농업과 축산업 120
   농사일과 농기구 126
   임야와 공유지 132

제3부 간접적 농업소비시대(1150년경-1850년경)

I. 인구 138

II. 가격과 임금 170

III. 중세 후기의 농업과 농촌(1150년경-1550년) 221

1. 생산에 대한 소비의 영향 221
   1150-1300년: 조숙한 호황기 221
   1300-1450년: 인구격감기 230
   1450-1550년: 완만한 회복기 241

    2. 장원제에서 소작제로의 이행 242

    3. 개간과 간척(12-13세기를 중심으로) 253

        네덜란드 254

        시토 수도회 257

        동부 독일의 식민화 259

        마르크공동체의 형성 264

    4. 14-15세기의 농업불황 269

        네덜란드: 홍수와 침식 269

        독일: '폐촌' 273

        영국: '잃어버린 촌락'과 '인클로저' 276

        스페인: '메스타' 280

        노르웨이와 한자동맹의 독점 284

    5. 중세 후기의 농업 286

        경종농업 286

        축산업 302

        농사일과 농기구 308

    6. 농민전쟁과 농민반란 317

IV. 근대의 농업과 농촌(1550년경-1850년경) 327

    1. 생산에 대한 소비의 영향 327

        1550-1650년: 가격혁명기 327

        1650-1750년: 불황기 344

        1750-1850년: 높은 유아생존율 시대 366

2. 근대의 농업 393

　　1) 경종농업 393

　　　새로운 농법 393

　　　휴경지의 소멸 401

　　　시비 419

　　　농작물 432

　　　농작물의 수확고 464

　　2) 축산업 467

　　　가축의 효용성 467

　　　가축 수 488

　　3) 농사일과 농기구 495

3. 사회계층과 토지소유 514

원주 540

부록 573

참고문헌 587

옮긴이 해설: B. H. 슬리허르 판 바트와 『서유럽 농업사 500-1850년』 613

찾아보기(인명, 지명, 일반) 624

그래프 차례

1. 수확률 증가와 3헥타르 크기의 경지 사용효과 46
2. 수확량의 차이에 따른 1인의 급량에 소요되는 경지면적의 크기 47
3. 기원전 400-기원후 1900년간 유럽 인구수의 추이 추정 140
4. 1000-1950년간 유럽의 인구증가 지수 142
5. 1700-1900년간 영국의 출생률과 사망률 162
6. 1200-1900년간 인구, 곡가 및 임금의 지수 178
7. 1200-1850년간 인구, 곡가 및 실질임금의 지수 179
8. 1503-1660년간 스페인으로의 귀금속 유입과 곡가의 지수 185
9. 물가와 임금의 동향 개요 195
10. 로테스모르(뢴 산맥)의 꽃가루 도형 199
11. 그레고리 킹의 법칙 200
12. (1300-1319년)-(1460-1479년) 윈체스터 주교좌 영지의 임금과 곡가 지수 231
13. 1300-1500년간 영국의 불황 233
14. (1381-1420년)-(1461-1500년) 크라쿠프의 물가지수 235
15. 1525-1875년간 네덜란드의 간척면적 지수와 밀가격 지수 비교 337
16. 1630-1830년간 동부 프리슬란트의 늪지대 간척 339
17. 1600-1799년간 일부 독일 도시의 물가와 임금 348
18. 1620-1810년간 암스테르담 현물시장의 상품거래량과 상대가격 351
19. 1721-1799년간 일부 독일 도시의 물가와 임금 368
20. 1750-1799년간 및 1800-1824년간 영국의 물가 371
21. 1775-1789년간과 1821-1830년간 영국 물가의 비교 377
22. 1721-1850년간 곡가의 지수 378

도량형 환산표

길이
1루더(roede) = 약 11미터
1포를링(voorling) = 55루더

넓이
1아르(are) = 100제곱미터
1헥타르(ha) = 100아르
1에이커(acre) = 약 0.4헥타르
1아르팡(arpent) = 약 0.42헥타르
1디마트(diemath) = 0.9822헥타르
1분더르(bunder) = 1헥타르
1모르겐(morgen) = 0.25헥타르[바이에른 선제후령(選諸候領) 등지] 또는
　　0.85헥타르(네덜란드)
1유게룸(iugerum) = 약 0.25헥타르
1보니예(bonnier) = 0.87-1.38헥타르
1버게이트(virgate) = 약 12헥타르

용량
1헥토리터(hectolitre) = 100리터
1짐머(Simmer) = 28리터 내지 32리터
1모디우스(modius) = 52리터 내지 63리터
1부셸(bushel) = 약 36.4리터
1말더르(malder) = 약 145.6리터
1쿼터(quarter) = 약 290.8리터

무게
1파운드(pound) = 약 450그램

일러두기

1. 이 책은 1977년 네덜란드의 위트레흐트에서 제4판으로 출간된 B. H. Slicher van Bath 저, *De agrarische geschiedenis van West-Europa(500-1850)*를 우리말로 번역한 것이다. 옮긴이는 번역 과정에서 O. Ordish의 영역본 *The Agrarian History of Western Europe, A.D. 500-1850*(London: E. Arnold, 1963)을 참조했다.

2. 초판 머리말(5-6쪽)은 제4판 원서에는 게재되어 있지 않으나, 저자가 이 책을 쓰게 된 애초의 동기와 배경을 독자들에게 알리는 것이 좋겠다고 생각하여 O. Ordish의 영역본에 실린 머리말을 옮겨 놓은 것이다.

3. 도량형 환산표(17쪽)는 원서에 들어 있지 않은 것이지만, 우리나라 독자의 편리를 위해 본문의 내용과 영역본에 제시되어 있는 도량형 환산표를 참조하여 옮긴이가 수정, 보완해 놓은 것이다.

4. 옮긴이는 원서에 서술식으로 표현되어 있거나 느슨하게 표시된 일부 표들의 형식을 독자들이 일목요연하게 볼 수 있도록 다소 수정했다.

5. 이 책 본문의 번호 1), 2), 3) 등은 원주로 본문 뒤에 미주로 게재하고, 옮긴이의 주석은 번호 1, 2, 3 등으로 나타내고 본문 가운데 각주로 실었다.

6. 농업사에서는 지리적 환경에 대한 이해가 매우 중요함을 고려하여, 잘 알려지지 않은 지명에 관해서는 특별히 많은 역주를 달아 놓았다.

7. 이 책에 나오는 외래어 및 외국어 표기는 개정된 외래어 표기법을 따르는 것을 원칙으로 했다.

8. 이 책 뒷부분의 "해설: B. H. 슬리허르 판 바트와 『서유럽 농업사 500-1850년』"(613-623쪽)은 옮긴이의 요약 및 설명이다.

제1부

서론

1. 목적과 범위

'강렬한' 감동과 긴장의 순간은 인간의 기억 속에 오랫동안 남는다. 반면에 일상생활에서 생긴 일은 천천히 기억에서 사라지거나 희미한 세월의 안개 속으로 자취를 감춘다. 우리는 인류의 기억인 역사 속에 기록되는 사실도 동일한 선택 과정을 거침을 확인할 수 있다. 역사책의 많은 장이 전쟁과 혁명, 인간의 권력욕과 열정, 격렬한 정신적 경험에 관한 이야기로 채워져 있다. 나날의 생활에 관한 기록은 별로 없다. 일상적인 단순한 문제는 사라져 버리거나 기껏해야 호기심을 불러일으키는 것으로 기억될 뿐이다.

그러면 이런 것은 충분한 흥밋거리가 되지 못하는가? 물론이다. 왜냐하면 거의 모든 사람의 생활이 주로 이러한 일상적인 사건들로 이뤄져 있기 때문이다. 사람은 매일같이 출정하거나 발견의 항해를 떠나지는 않는다. 성벽과 바리케이드가 용감한 전사들로 배치되는 경우는 드물다. 당대인은 대부분 오늘날의 역사책 속에 분명하게 기록되어 있는 사건의 적극적인 영향을 받지 않거나, 받는다고 해도 그 사건이 초래하는 고통을 잘 견디어 넘음으로써 기껏해야 소극적인 영향만을 받을 뿐이다.

보통의 사람은 일하고 먹고 잠을 잤다. 그들에게는 그들 자신이나 친척과 친구의 출생, 결혼, 사망이 판에 박힌 일상생활 가운데 두드러진 중요한 사건들이었다.

보통 사람의 일상사는 무엇으로 구성되었을까? 그들은 무엇을 먹었을까? 19세기에 시작된 공업과 수송의 대발전이 있기 이전에는 농업이 생계의 가장 중요한 원천이었다. 적어도 네 명의 가장 중 세 명은 농민이었거나 땅에서 일했다. 그들의 아내와 자녀들도 역시 일손을 도와야 했다. 그러나 농업에 직접 종사하지 않는 사람조차도 그들의 식량과 공업용 원료의 조달을 위해서 간접적으로 농업에 의존해서 살았다. 과거의 서유럽은 생산 가운데 농업생산이 아직도 압도적 부분을 차지하는 오늘날의 아시아, 아프리카 및 남아메리카의 광대한 지역들과 흡사했다.

사람들의 음식물은 오늘날보다 더 한쪽으로 치우쳐 있었다. 음식물은 주로 빵, 죽, 콩으로 구성되었다. 곡물은 단연 가장 많이 재배된 작물이었다.

우리가 과거의 인간사회를 연구하고 이해하기를 바란다면, 우선 약 100년 전까지의 사회는 농업이 우세한 사회였음을 알아야 한다. 대부분의 인간노동이 농산물의 생산에 투입되었기 때문에 다른 경제적 가능성은 상당히 제한되어 있었다. 더욱 큰 문제점은 재배되는 농작물의 종류가 언제나 동일한 데다가 수확고가 고르지 않은 곡물농업이 이루어지고 있었다는 것이다. 이런 상황은 열대와 아열대 지방의 단작농업

(單作農業)을 연상시키는 것이다. 유럽사회는 옹색하고 위태로울 정도로 불안정한 기초 위에 놓여 있었다. 사람들은 여러 세기를 지나는 과정에서 이 기초를 넓히고 다져 왔다.

농업생산에 크게 의존해 있었다는 것은 그 사회의 지도자들 즉 성직자, 정치가, 무사, 학자 및 예술가들이 아직 농촌생활로부터 분리되지 않았음을 의미한다. 도시의 규모는 작았으며, 도시의 성곽 너머에는 경작지, 방목지, 숲 그리고 미경작 상태의 황무지가 펼쳐져 있었다. 도시세계와 농촌세계는 결코 서로 단절되어 있지 않았다.

과거사회에서 농업이 차지했던 중요한 위치에 비춰 볼 때, 우리는 당연히 농업이 경제생활에서 어떤 역할을 했으며 당시의 농민이 사회에서 어떤 위치를 차지하고 있었는지를 묻지 않을 수 없다. 농민은 인간과 가축을 위한 식량의 생산자로서 그리고 공업원료의 생산자로서 어떤 환경에서 어떤 방법으로 그의 과업을 수행했을까? 농민은 여기에서 주로 토지의 경작자로, 그리고 온갖 종류의 농산물의 생산자로 인식되고 있다. 한편에는 이런 생산물을 식량으로 이용하거나 공업용으로 가공 처리하는 소비자 집단이 존재한다. 생산자와 소비자 사이에는 결코 끊일 수 없는 상호 영향관계가 존재한다.

농민은 그의 생업으로 인해서 한 지방에 붙박여 살지만 그의 생산물은 지리적으로 한 나라에 국한되지 않고 훨씬 드넓은 지역에 걸쳐서 소비된다. 다음의 자세한 설명으로부터 알게 되겠지만, 모든 서유럽 나라들의 농업사는 전체적으로 대충 비슷한 과정을 밟아 왔다. 어디에서나 경제적, 지리적 요인들은 농업경영 방식에 큰 영향을 미쳤다. 특히 농업생산은 농산물 가격의 등락에 민감했음을 분명히 알 수 있다. 대체적으로 말해서, 가격변동은 서유럽 전체를 통해서 동일한 추세를 보였다. 한편 소비는 총인구의 크기와 밀접한 관계를 가지고 있었다.

앞에서 저자는 농업과 농민의 경제적, 사회적 중요성을 강조한 바 있다. 우리는 마찬가지로 마땅히 다른 또 하나의 출발점을 선택할 수 있을 것이다. 즉 공권력과 농민 사이의 관계나 여러 지방 주민들의 법적 지위를 출발점으로 삼을 수도 있다. 또한 경지와 촌락의 형태와 같은 역사지리학적 현상이나 민속이 관심거리가 될 수도 있다. 그러나 이런 측면들은 역시 흥미 있는 것일 수는 있지만 그것들만으로는 역사의 전체 양상 속에서 농업이 가지는 중요한 의미를 충분히 드러낼 수는 없기 때문에 이 책에서는 취급하지 않는다. 이것은 이 책이 다방면의 내용을 다루고 있지 않음을 의미한다. 그렇지만 이렇게 취급하는 것은 주제를 보다 집중시키는 장점이 있다. 그리하여 이제 농산물의 생산과 소비라는 핵심적 문제를 중심으로 내용이 분류될 수 있다.

이런 관점에서 농경과 축산에 서술의 중점이 놓이게 된다. 임업, 원예농업, 포도재배는 비록 오늘날과 마찬가지로 과거에도 그 경제적 중요성이 부인될 수는 없지만, 이 책에서 취급하는 주제 범위에 포함되지 않는다. 농업사의 보다 기술적인 측면에서는 또한 경제적 농업경영을 위해서 중요한 부분들, 즉 수확고를 제고시킬 수 있는 시비(施肥) 면에서의 개량, 토지의 이용도를 높일 수 있는 윤작제의 변화, 노동을 절약시키는 새로운 농기구의 이용과 같은 것들에 관해서만 언급할 것이다.

주제 자체의 특성으로부터 유래하는 범위 외에 해명을 요하는 지리적, 연대적 경계선들이 있다. 서유럽을 지리적으로 규정짓는 것은 어렵지 않다. 그러나 그것의 역사를 그 경계 내에 한정하여 다룬다는 것은 매우 어려운 일이다. 서유럽은 언제나 유럽 대륙의 여타 지역들과 긴밀하게 연관되어 있었기 때문이다. 발트해 지역으로부터의 곡물공급이 없었더라면 서유럽의 농업사는 매우 다른 과정을 밟았을지도 모른다. 또한 스페인으로부터의 양모 수입도 대단히 중요했다.

여기에서 다루어질 지리적 범위의 중심부는 북해 주변의 나라들로 구성된다. 즉 그레이트브리튼과 아일랜드, 북부와 남부의 네덜란드,[1] 프랑스, 독일, 알프스 지역이 그것이다. 그렇지만 일부 문제에 관해서는 스칸디나비아, 발트해 지역, 이탈리아 그리고 스페인을 고찰하는 것이 필요했다.

이 책에서 취급하는 기원후 500-1850년이라는 시기의 시작 시점이나 끝나는 시점은 농업발전상에 격심한 단절이 있었음을 의미하는 것은 아니다. 기원후 500년경이라는 출발점은 다소 임의로 채택되었다. 그것은 단순히 로마시대의 생산과 소비 체계가 종식되었음을 나타내기 위해서 사용되었을 뿐이다. 새로운 체계, 즉 인구 가운데 비농업 집단이 중간상의 매개 없이 생산자로부터 직접 농산물을 수취하는 직접적 농업소비 체계가 모습을 드러내기 시작했다. 그 외에 500년 이후의 사료가 고고학적 발굴보다는 주로 문헌기록으로부터 얻어진다는 사실도 의미 없는 것이 아니다.

19세기 후반에 서유럽의 경제에서 공업 부분이 꾸준히 성장하여 선도적 위치를 차지하게 되었기 때문에 이 책은 19세기 중엽에서 끝난다. 농산물에 대한 서유럽의 수요가 비유럽 나라들로부터 충당되는 폭이 계속해서 확대되었다. 이것은 수송방법의 눈부신 발달로 가능했다. 1850년 무렵에 대다수의 서유럽 나라들에서 농업의 우위 시대는 끝났다.

독자들은 이 책을 읽을 때 이 책에 담겨 있는 함정에 빠지지 않도록 주의할 필요가 있다. 이용할 수 있는 방대한 분량의 역사자료 때문에

....

1 이 책에서 북부 네덜란드라고 하는 것은 대체로 오늘날의 네덜란드에 해당한다. 이에 비해 남부 네덜란드란 대체로 오늘날의 벨기에에 해당하며, 가톨릭 네덜란드라고도 불린다.

역사적 상황의 윤곽을 대략적으로 서술하는 것만이 가능할 뿐이며, 세부 상황에 대한 상세한 묘사는 생략될 수밖에 없었다. 이와 같은 사정은 역사가로 하여금 일반화를 많이 하게 만듦으로써, 실재했던 훨씬 더 복잡한 상황과는 다른 도식화된 과거를 독자들에게 제시할 위험성이 있다.

역사가는 그가 쓰는 역사가 따로따로 떨어진 색인카드의 기입사항과 같은 것이 되지 않도록 하기 위해서 단순히 생생한 세부 사실을 벗겨 내는 것 이상의 작업을 해야 할 임무를 띠고 있다. 역사가는 그가 전개하는 주요 논지가 분명하게 드러나도록 역사자료를 정리하는 노력을 기울여야 한다. 그가 쓰는 역사가 의미 있는 것이 되게 하려면 채택된 사실이 해석되어야 한다. 물론 그 경우에 그의 설명이 부정확하거나 불충분해질 위험이 있다. 그럼에도 불구하고 전혀 문제 해결을 꾀하지 않거나 문제 제기조차 하지 않는 것보다는 잘못된 해석이나마 시도하는 것이 더 낫다.

2. 농업발전에 영향을 미치는 여러 요인

외부요인

농업사에 대한 깊은 통찰은 어떤 요인이 농업경영에 영향을 미쳤는가 하는 일반적인 문제에 대한 답을 알 때 생길 수 있다. 우선 인간은 일정한 지리적 환경 속에서 농업을 통해서 생계수단을 찾으려고 노력할 수밖에 없다. 인간은 농사를 지을 때 자연을 극복하지 않으면 안 된다. 인간이 이용할 수 있는 지식과 기술적 수단이 적으면 적을수록 자연에 대한 인간의 투쟁은 그만큼 더 힘들 것이다. 인간은 기후, 토질, 농업용수 사정 그리고 자연식생(自然植生)의 영향을 받는다. 원시인은 자연환경을 거의 통제할 수 없었다. 원시인의 몇몇 통제수단 가운데 하나는 불을 놓아 원시림을 파괴하는 것이다. 이런 방법은 그 밖에 불에 타고 남은 재로 토지의 비옥도를 증대시키는 이점이 있다. 이런 화전식

(火田式) 경작의 흔적은 덴마크에서 기원전 제3기 1000년[1]의 것으로 추정되는 것이 이미 발견된 바 있다.

어떤 작물이 재배될 수 있는지는 토질에 따라서 결정되며, 생계의 주요 원천이 농경이 될지 축산이 될지의 여부는 용수(用水)의 사정에 따라서 결정된다. 서유럽에서는 11세기에 물과의 투쟁이 시작되었다. 네덜란드 지역의 주민들은 이 점에서 걸출한 위치를 차지했다.

역사시대에 서유럽의 기후에 대변동이 있었는지는 명확하게 밝혀져 있지 않다. 물론 역사상 길고 추운 겨울이나 건조한 여름 또는 특별히 많은 강수량이 여러 해 동안 계속되는 시기들이 있었다. 그러나 장기적으로 볼 때, 문제는 이런 기후상의 변화가 농업에 어떤 큰 변화를 가져왔는가 하는 점이다. 서유럽에 관한 한, 큰 변화를 초래했던 것 같지는 않다. 그렇지만 농업이 극도로 어려운 조건 아래서 이뤄지는 지역들, 즉 아이슬란드, 스칸디나비아반도의 북부, 알프스 산지, 남유럽의 고원지역에서는 그 영향이 컸을 것이다. 북유럽에서는 길고 혹독한 겨울이 파멸적인 결과를 가져올 수 있었으며, 연평균 기온이 약간만 떨어져도 곡물이 재배될 수 없었다. 아마도 중세 후기에 아이슬란드에서 곡물경작을 포기하게 된 것은 이런 이유 때문이었던 것으로 보인다. 남유럽에서는 봄철의 강우량이 조금만 줄어도 곡물의 흉작이 발생할 위험성이 있었다.

장기간 지속된 우기가 기원후 250년경에 있었고, 덜 심하기는 했지만 기원후 1000년경과 1300년경에 재발했다. 조사를 통해서 이를 확인해 주는 여러 증거가 발견되었다.[1] 큰 강들의 유역과 북부 및 남부 네덜란드의 해안 지역들에서는 기원후 3세기의 기후변화가 큰 영향을

....

1 기원전 3000년과 2000년 사이의 기간.

끼쳤다.

일부 학자는 14세기와 1600년경에 지중해 주변 나라들에서 나타난 경제적 쇠퇴는 기후상의 변화 때문이라고 생각한다.[2] 그러나 여기에서는 다음과 같이 두 가지 상황이 뚜렷이 구별되어야 한다.

1. 서유럽의 중심지역에서 진행되었던 14세기의 경기후퇴와 17세기의 불경기. 이 지역은 경제적으로 크게 발달한 곳이어서 이와 같은 현상이 발생한 데 대해서는 경제적으로 설명할 수 있다. 그와 같은 발전단계에서는 곡물이 다른 지역들로부터 수입될 수 있었기 때문에 주민들은 기상변화에 큰 영향을 받지 않았으며, 더욱이 당시의 기후변동은 비교적 심하지 않았으므로 그 영향은 보다 작았다.

2. 농업이 일부 지방에서 보다 불리한 조건 속에 이뤄졌던 북부와 남부 유럽지역들. 이들 지역은 기후의 변화에 민감하게 영향을 받았을 것이다. 그러나 이들 지역은 경제적 한계 지역으로서 마찬가지로 경제적 쇠퇴에도 심하게 영향을 받았을 것이다. 여기에서는 경제적 요인과 기후학적 요인을 구별하기가 어렵다.

일부 경제이론이 기후변화를 태양흑점의 출현과 관련시키기는 하지만,[3] 1200년 이후 경제생활에서 관찰할 수 있는 주기적 호황과 침체가 기후변화의 결과인 것 같지는 않다.

이와 같이 역사시대를 통해서 별로 변화를 보이지 않는 지리적 환경 속에서 주도적 역할을 담당하는 것은 인간이다. 인간은 농사를 지어 자신의 노동의 성과물인 생산물로 살아간다. 인간은 생산자인 동시에 소비자다. 수렵, 어로, 축산, 농경을 포함하는 가장 넓은 의미에서의 농업은 원시사회에서 생계의 유일한 원천이었다. 생산자로서의 인간은 농사를 지을 때 그가 이용할 수 있는 농업에 대한 지식과 기술적 수단들, 즉 농사짓는 방법의 적용이라는 의미에서 일반적으로 농업기술이라고 불릴 수 있는 것에 의존한다.

소비자로서의 인간은 수확량의 크기에 지배된다. 인간의 생활에 필요한 물자의 공급은 토지경작의 산출물에 의해서 제한된다. 주요 필수품은 식량(먹을 것과 마실 것), 의복, 주택이다. 필수품이 공급될 수 있는 정도는 토지를 얼마나 집약적으로 이용하는가에 따라서 결정된다.

생산과 소비 사이에는 어떤 균형이 존재함에 틀림없다. 이용토지의 면적, 토지의 이용도(농업기술) 그리고 인구의 크기 사이에 관련이 있음은 부정할 수 없다. 인구의 크기에 대한 이러한 함수관계는 다음의 그림을 통해서 설명될 수 있을 것이다. 그림에서 B는 인구를, L은 농업기술을, K는 지식을, GM은 지리적 환경을, A는 경작토지의 면적을 각각 표시한다.

그림 1

GM: 지리적 환경(geografisch milieu)
B: 인구(bevolking)
A: 농지면적(areaal cultuurgrond)
L: 농업기술(landbouwtechniek)
K: 지식(kennis)

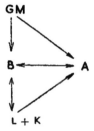

이 그림에서 GM은 상수(常數)이며, 뒤에서 증명되듯이 A도 어느 정도까지는 상수이다.

인구, 면적 그리고 농업기술과 지식 사이에 관련이 있음은 역사발전 속에서 명백하게 입증된다. 수렵민은 매우 광대한 사냥지역을 필요로 한다. 가축과 함께 유랑하는 유목민 역시 인구밀도(일정한 면적에 대한 주민의 수)가 매우 낮다. 인구밀도는 정착거주지를 가진 목축민이 더 높다. 농경이 이뤄지는 곳에서는 인구밀도가 더 높지만, 가장 집약적인 토지이용이나 최고의 농촌 인구밀도가 나타나는 곳은 원예농업 지역이다.

이 책에서 취급하는 시기에는 유랑하는 수렵민과 가축을 쫓는 유목민이 전혀 관심거리가 되지 못한다. 서유럽에서는 이미 오래전부터 정착 농경민과 목축민이 거주했기 때문이다. 그렇지만 농경과 축산 모두 아직 집약적으로 경영되지는 못했다. 농경에서 경작될 수 있는 토지면적(A)은 토지에 시비를 얼마나 할 수 있느냐에 따라서 좌우되었으므로 몹시 한정되어 있었다. 토지의 이용 후 지력은 다음의 세 가지 방법으로 회복될 수 있다.

1. 경작토지를 상당히 오랜 기간 휴한하는 방법.

2. 정기적으로 경작지의 일부를 1년간 휴경하고 그 후 농가에서 생산되는 두엄으로 충분히 시비하는 방법.

3. 뗏장 시비, 즉 미경작지(예컨대 황무지와 야생초지)의 부식토를 농가의 두엄과 섞어 경작토지에 시비하는 방법.

첫 번째 방법은 넓은 토지를 필요로 한다. 게다가 그것은 경작지가 여러 해 동안 휴경된 후에는 완전히 황무지화하기 때문에, 다시 이용하기 위해서는 새로이 개간되어야 하는 단점까지 지닌 매우 원시적인 방법이다. 유틀란트의 선사시대 농업에 대한 연구는 이런 방법이 서력기원이 시작될 무렵에 그곳에서 더이상 사용되지 않았음을 보여 준다. 그 무렵 이미 농경지는 여러 해 동안 계속해서 경작되었다. 그렇지만 토지를 장기간 휴경시키는 방법은 17세기와 18세기의 스코틀랜드, 잉글랜드의 일부지역, 아일랜드[4] 그리고 남부 스웨덴[5]에서와 같이 척박한 땅에서 훗날까지도 이용되고 있음을 볼 수 있다. 18세기와 19세기에 동부 네덜란드에서 토탄층메밀(veenboekweit)이 이와 동일한 방법으로 재배되었다.

두 번째 방법 곧 휴경지제는 농민이 충분한 수의 가축을 가지고 있어야 한다. 그렇지만 사육가축의 크기는 '야생미경작(wild)'의 땅들,[6] 즉 경작에 부적합한 늪지, 풀밭, 황야의 토질과 면적에 따라서 좌우된다. 이러한 토지들은 일반적으로 토질이 좋지 않고, 갖가지 관목으로 뒤덮여 있다. 더욱이 이 토지들은 배수상태가 좋지 않아 늪지대인 경우가 종종 있다. 그런 땅이 넓다고 하더라도 토질의 불량성이 보충될 정도는 아니었기 때문에 빈약한 가축사료를 제공했을 뿐이다.

게다가 사육가축의 두수는 겨울철에 가축의 사료로 이용되어야 하는 농산물의 잉여분에 의해서 결정되었다. 휴경지제 아래서 사람들은 시비량의 부족에 따른 낮은 수확고로 말미암아 어려움을 겪었다. 그런데 시비량의 부족은 보다 많은 가축을 사육할 수 없게 만드는 얼마 안 되는 농산물의 결과였다. 이와 같은 사실은 다음의 그림에서 알 수 있다. 그림에서 A는 농경지 면적을, V는 가축의 수를, M은 두엄을 각각 표시한다.

그림 2

A: 농경지 면적(areaal cultuurgrond)
V: 가축 수(veestapel)
M: 두엄(mest)

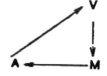

이런 명백한 악순환을 탈피하는 데에는 다음과 같은 네 가지 방법이 있을 수 있다.

1. 예컨대 큰 강의 근처에서와 같이, 넓은 초지를 이용할 수 있는 경우에 보다 많은 가축을 사육함으로써.

2. 토지를 몇 년간 경작한 다음 여러 해 동안 목초지로 이용하는 곡

초식(koppelstelsel) 농법에 의해서.

3. 예컨대 도시의 똥거름이나 폐기물과 같은 농가 밖의 거름을 구입하거나, 토탄재 같은 여타의 거름을 사용함으로써.

4. 휴경지작물 또는 그루터기작물로 사료작물을 재배함으로써.

이 모든 방법은 시비량을 증대시킴으로써 농산물의 수확량을 높일 것이다.

뗏장을 이용한 시비방법의 경우에도 경작지 면적이 역시 좁을 수밖에 없었다. 야생미경작지로부터 부식토층이 떼어져 나간 후 부식토가 다시 형성되는 데에는 상당한 시간이 걸린다. 그렇기 때문에 아주 넓은 야생미경작지라 하더라도 비교적 작은 면적의 경작지에 필요한 뗏장만을 제공할 수 있을 뿐이다. 뗏장 시비에서 경작지의 면적과 이의 시비에 소요되는 야생미경작지 면적과의 비는 1:3에서 1:7까지라고 추산되고 있다.[7] 광대한 야생미경작지가 존재한다고 하더라도 이런 시비법 아래서는 토지를 개간할 여지가 매우 작다. 그리하여 여기에서 $A = \frac{1}{3} \sim \frac{1}{7} W$가 되며, W는 야생미경작지의 면적을 의미한다.

농경지 면적을 확대할 수 있는 가능성이 매우 제한되어 있던 이 책의 취급시기에는 소비자로 간주될 수 있는 전체 인구에 대한 농경지 면적의 비율관계는 불확실했다. 이 둘의 크기 사이에 어떤 균형이 존재했다고 하더라도 그것은 언제나 불안정했음에 틀림없다. 인구수에 약간의 변동만 일어나도 그 균형 상태는 깨질 수 있었다. 물론 최대의 위험은 인구의 증가에 맞춰 농경지가 확대되지 못할 때 생겨났다. 그런 경우 생활필수품에 대한 수요는 공급을 초과하게 된다. 그 결과는 식량과 음료와 의복의 부족이었다. 많은 사람이 식량부족으로 죽어 갔던 기근은 역사상 잘 알려진 현상이다. 그런 속에서 희생자의 수를 더욱 증가시키는 전염병이 창궐할 가능성은 컸다. 사람들이 식량부족난을 겪는 장기간에 걸친 영양실조의 위험성은 격심한 기아보다 훨씬 더 컸다. 영양실조는 비타민의 부족으로 말미암아 만병의 근원이 되기 때문이다.

우리는 언제나 식량이 부족한 경우에는 빈곤층이 값비싼 식량보다 값싼 식료품을 찾았음을 볼 수 있다. 이런 경우에 역사 전체를 통해서 항상 전분성 식료품보다 더 비쌌던 동물성 단백질과 지방의 섭취는 줄어드는 반면에, 위(胃)를 채우는 값싼 전분성 식료품의 소비는 증가한다. 장기간의 영양실조는 빈곤한 사람들에게 육체적으로 유해할 뿐만 아니라 정신적으로도 나쁜 영향을 미친다. 동물성 단백질과 지방의 부족으로 인하여 그 사람들은 의기소침하고 무기력해진다.

만성적인 영양실조의 상태가 어떠한지는 오늘날 남아메리카의 일부 지역에서 보게 되는 상황에서 알 수 있다. 그곳에서는 주민들이 영양섭취가 부족하고 비위생적이며 거의 교육을 받지 못하는 악순환 속에 살고 있고, 그 때문에 경제활동이 지극히 저조하다. 남아메리카의 몇몇 지방에서는 사람들이 위 속이 비어 있는데도 불구하고 코카잎 씹기와 같은 자극물을 사용함으로써 일시적으로 활력을 불어넣으려고 한다. 결국 그 결과는 치명적이게 된다. 사실 이런 사람의 욕구는 크지 않지만, 만성적인 영양부족과 비타민의 결핍으로 장애를 받기 때문에 그들의 경제활동의 성과는 보잘것없다. 질병과 심한 의기소침이 지배하는 곳에서는 사망률도 높다.

다음의 그림에서 우리는 극히 불리한 환경에서는 농경지 면적(A) 역시 지식(K)에 영향을 미칠 수 있다는 것을 보게 된다. 이로부터 생겨나는 광경은 매우 희망이 없어 보인다. 지리적 환경(GM)과 A는 일정하다. 인간이 이들 GM과 A를 그들에게 유리하게 변화시킬 수 있었던 단 하나의 가능성은 요인 L + K에 있었다. 그렇지만 L + K가 인구(B)가 증가하는 가운데에도 향상되지 않고 오히려 저하되는 경우에는, 필수품의 공급이 최대로 이뤄지는 적정 수준 이상으로 인구가 증가하는 것이 모두 기근이나 만성적 영양실조와 같은 재앙을 초래함에 틀림없다고 결론짓지 않을 수 없다. 중국, 인도, 남아메리카의 상황은 이러한 사태가 실제로 벌어지고 있음을 증명한다. 서유럽의 역사상 13세기와 14세기의 사태들도 동일한 사정을 보여 준다.

그림 3

GM: 지리적 환경(geografisch milieu)
B: 인구(bevolking)
A: 농경지 면적(areaal cultuurgrond)
L: 농업기술(landbouwtechniek)
K: 지식(kennis)
V: 가축 수(veestapel)
M: 두엄(mest)

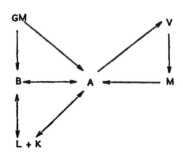

그렇지만 대체로 현실은 여기에서 묘사된 만큼 어둡지는 않다. 위의 그림은 전적으로 농업적인 사회를 전제로 한 것이다. 사실은 이와는 달리 무역과 공업이 역사무대에 일찍이 나타나서 일정한 역할을 담당했다. 더욱이 지식은 앞에서 말한 것만큼 인구밀도와 농경지 면적으로부터 절대적인 영향을 받지는 않는다.

인구과잉이란 언제나 절대적인 개념이 아니라 상대적인 개념이다. 모든 사실은 어떤 사회의 총소득과[8] 인구크기 사이의 비율관계가 가장 유리한, 즉 인구 1인당 이용할 수 있는 재화의 양이 가장 큰 적정조건은 깨질 수 있다는 것을 보여 준다. 총소득의 변동이나 인구수의 변동은 과잉인구를 적정수준으로 되돌릴 수 있고, 심지어 과소인구 상태로 뒤바꿔 놓을 수도 있다.

이론상 과잉인구의 문제는 해당 사회의 인구크기에 대한 총소득의 비율을 증가시킴으로써 해결될 수 있다. 이것은 다음과 같은 방법으로 실현될 수 있다.

1. 인구의 크기에는 변동이 없으면서 총소득 증대.

2. 총수입은 변동 없으면서 인구감소.

3. 인구의 증가보다 더 큰 총소득의 증대.

4. 총소득의 감소보다 더 큰 폭의 인구감소.

5. 총소득의 증대와 인구의 감소.

실제로 과잉인구로부터 발생하는 긴장을 해소시키는 수단에는 다음과 같은 것들이 있다.

1. 팽창을 통해서. 이것은 인구압(人口壓)을 그 사회 밖으로 돌리는 것이다. 여기에는 다음과 같이 두 가지 세부방법이 있다.

  1) 그 인구의 일부를 국외로 이주시키고(인구감소) 국제무역을 강화하는(총소득의 증대) 평화적 방법.

  2) 노획물이나 영토 확장 그리고(또는) 피정복민의 착취를 목적으로 하는 전쟁에 의한 파국적 방법.

2. 과잉인구의 문제를 안고 있는 사회 내부의 다음과 같은 변화를 통해서.

  1) 지식·기술의 발전과 경제과정 및 경제체제에의 지식·기술의 활용(총소득의 증대)을 통한, 또는 사망률 이하로의 출생률 저하(인구감소)를 통한 평화적 방법에 의해서.

  2) 기근과 그에 수반되는 전염병(인구감소)을 통한, 또는 경제과정이나 경제체제의 변화로 총소득이 증대하는 변혁을 통한 파국적 방법에 의해서.

농업에 의한 총소득의 증대는 다음과 같은 방법들로 실현될 수 있다.

1. 개간과 매립을 통한 농경지 면적의 확장에 의해서.

2. 개량된 농법의 적용을 통한 토지생산성의 향상에 의해서.

3. 국제무역 즉 국제적 분업의 확대에 부응한 농업의 특화(speciali-satie)—이를테면 환금작물(handelsgewassen)의 재배, 원예농업, 과수의 재배—에 의해서.

유럽의 관점에서 보면, 중세와 16-17세기의 농경지 면적 확대는 무엇보다 팽창의 결과였다. 엘베강 동쪽 지역의 개척, 즉 동부 지역에서의 독일인의 식민화와 나아가 발트해 지역의 개발은 특별히 중요한 의미를 지닌다. 19세기 전반까지 유럽은 주요 식량(곡물과 고기)을 유럽 자체의 생산물로 충당했다. 19세기 중엽 이후에야 비로소 이런 과제는 미국, 캐나다, 아르헨티나, 우루과이 및 오스트레일리아와 같은 비유럽 나라들에 떠넘겨지게 되었다. 그 무렵 사용된 증기선의 덕택으로 대량의 생산물이 신속하게 수송될 수 있었다. 1850년경까지는 값비싼 물품만이 열대나 아열대 지역에서 유럽으로 수송되었다. 수입품은 대부분 담배, 차, 커피, 코코아 및 향료와 같은 사치품이었다. 예외적으로 사치품이 아닌 것은 사탕수수 설탕이었으며, 18세기 말 이후부터는 면화도 사치품이 아니지만 수입되었다.

다시 〈그림 3〉을 보면, 하나의 오류를 발견할 수 있다. 즉 인자 A는 사실은 시간의 경과에 따라서 인자 A^2[포메른(Pommern)^{2}과 프로이센], A^3(발트해 나라들), A^4(미국), A^5(우크라이나) 등이 추가되는 어느 정도 변수 A^1(서유럽)임에도 불구하고 상수로 표시되어 있는 것이다.

중세 후기부터 서유럽과 동유럽 사이에는 동유럽이 서유럽에 곡물을 공급하는 분업이 성립되었다. 서유럽인들은 생계유지에 필요한 곡

....
2 과거 독일의 동북부 발트해 연안 지방. 제2차 세계대전 후 오데르강 동쪽은 폴란드령이 되었다.

물의 조달을 확보하게 되었을 때, 농업의 특화, 특히 무엇보다 비농업 분야 즉 공업 분야의 원료를 제공하는 환금작물의 재배에 집중할 수 있게 되었다. 이러한 농업의 특화는 공업의 발전이 일정 단계에 이른 경우에만 가능하다. 원예농업과 같은 몇몇 형태의 특화는 인구밀도가 상당히 높아야 한다.

농법의 개량을 통한 수확고의 증대는 농민이 생산에 보다 많은 비용을 기꺼이 쓰고자 할 때, 다시 말하면 보다 많은 노동과 자본(보다 큰 농장건물이나 보다 복잡하고 그렇기 때문에 보다 값비싼 농업용구의 형태로)을 투자하려고 할 경우에만 실현될 수 있다. 이런 경향은 농산물에 대해서 보다 높은 가격을 받을 수 있다는 보장이 있을 때에만 생겨난다. 높은 가격은—교환수단의 수량과 유통속도가 일정한 상태에 있는 경우—소비 또는 소비욕구가 생산물보다 더 크게 증대될 때 형성된다. 이와 같은 현상은 인구가 증가하는 경우에 나타나며, 적어도 인구가 증가하는 만큼 농경지 면적이 확장되지 않는 한에서 생길 수 있다. 서유럽은 16세기와 특히 18세기에 이런 방향으로 나아갔다.

동유럽 지역으로부터 곡물을 공급받는 거래를 하며 서유럽 내에서는 자가소비를 위해서가 아니라 시장에 내다팔기 위해서 농작물 재배가 이뤄지는 경우에는, 교환수단(화폐)의 사용이 요구되었다. 경종농업농이든 축산농이든 특화된 농업을 하는 농민은 다른 곳에서 '일반' 농산물, 특히 곡물을 구입하기 위해서 화폐가 필요했다.

그보다 일찍이 서유럽에서 더이상 농업에 종사하지 않고 공업과 무역에서 주요 생계수단을 구하는 인간집단이 형성되었을 때에도 역시 교환수단이 필요했다. 이런 집단은 주로 도시에 살았다. 도시화와 주변 농촌으로의 화폐경제의 확산은 병행되었다. 수송수단이 별로 발달하지 못한 상태에서 도시의 인구는 일정 수준 이상으로 성장할 수 없었다.

도시의 인구수는 주변 농촌의 생산물에 의해 제한되었다. 중세에 3,000명의 주민을 가진 어떤 도시에 식량을 공급하기 위해서는 3,000헥타르의 농경지와 그 밖의 가축사육에 필요한 목초지가 필요했다고 산출된 바 있다.[9] 1801년에 3만5,000명의 주민을 가진 헐과 그 근교 지역에 식량으로 밀을 공급하기 위해서는 요크셔 지방의 전체 밀 수확량의 20퍼센트를 차지할 만큼 넓은 4,800헥타르 크기의 토지가 필요했다. 그런데 당시 요크셔 지방에서 밀 생산성은 헥타르당 2,100리터일 정도로 매우 높은 수준이었다.[10] 당시 많은 지방에서 밀의 평균 수확고는 이의 절반 정도에 지나지 않았다.

말할 나위 없이, 이런 상황 아래서 도시는 몹시 작을 수밖에 없었다. 서유럽에는 일찍이 오래된 도시적인 거주지가 존재했지만, 도시가 경제적인 중요성을 띠게 된 것은 특히 12-13세기 이후부터였다. 도시로의 보다 조밀한 인구집중은 타지로부터의 곡물공급을 통해서 비로소 가능했으며, 이런 곡물조달은 수송의 발달, 특히 선박수송의 발달로 말미암아 가능했다.

도시의 생성 및 성장과 그 도시 주변 농촌에서의 농업발전 수준 사이에는 상관관계가 존재한다. 전근대 농업의 또 하나의 특징은 그것의 발전에 상당히 큰 지방적 차이가 존재했다는 것이다. 도시 인근과 인구 밀집 지역에는 농업이 주변 지방보다 더 높은 발달 수준을 보이는 섬들이 형성된다(집약농업의 섬).[11] 높은 농업발달 수준을 보이는 이런 섬들로는 무엇보다 바스 지구(het Land van Waas),[3] 플랑드르의 알스트 주변 지역, 홀란트의 일부 지역, 제일란트(Zeeland)[4] 및 프리슬란트가

....

3 벨기에의 동부 플랑드르 지방에 위치.
4 네덜란드의 남서부 지방.

있고, 프랑스에서는 프랑스령 플랑드르, 아르투아, 파리 근처의 센강 유역, 프로방스 지방, 랑그도크(Languedoc),[5] 알자스 지방이 있다. 독일에서는 트리어 근처의 모젤강 유역, 라인란트팔츠 지방(보름스와 슈파이어), 율리히 지방(Jülich),[6] 에르푸르트와 뷔르츠부르크의 주변 지역이 있으며, 영국에서는 런던 북부와 동부 여러 주(켄트, 에식스, 서퍽, 노퍽)가 있다. 그 외 포(Po)강[7] 유역과 카탈루냐 지방도 농업발달 수준이 높은 지역이었다.

　비농업적인 도시인구의 성장은 도시 인근의 농업이 상업화되기 시작했음을 의미한다. 농민들은 도시민에게 갖가지 농산물을 공급하고 그 대가로 돈을 받는다. 그 돈으로 그들은 직물, 아마포, 철물, 가구, 피혁제품 따위와 같은 도시의 공산품을 다시 구입한다. 그리하여 농산물 거래를 위한 지방 시장이 성립한다. 이런 시장에서는 가격의 동향이 중요하며, 가격은 수요와 공급이 서로 만나는 점에서 형성된다. 여기에다 동유럽 지역으로부터 농산물의 공급이 있게 되자 하나의 국제적 시장이 성립했다. 이 시장에서의 가격동향은 농업이 경영되는 방식에 영향을 미치기 시작한다. 농민은 비싼 가격을 받을 수 있는 농작물을 찾아서 재배할 것이기 때문이다.

　농촌지역에로의 화폐경제의 확산은 12세기부터 19세기까지 장기간에 걸쳐 진행되었다. 이에는 지역별로 큰 차이가 있을 수 있다. 이런 차이는 거리에 따라서 생긴다. 그 과정은 질서정연한 것이 아니고 불규칙했다. 일반적으로 화폐가 별로 사용되지 않는 가정경제로부터 화폐경제로의 이행은 농촌주민에게 큰 어려움을 수반했다.[12] 지방의 농산물

5　프랑스의 지중해 서쪽 연안 지방.

6　쾰른 서쪽 지방.

7　이탈리아 북부 롬바르디아 대평원을 관통하여 아드리아해로 흐르는 큰 강.

공급자, 곧 농민은 전혀 다른 환경에서 사람들의 노동이 이뤄지는 훨씬 드넓은 지역에서 형성되는 가격에 더이상 영향을 미칠 수 없었다. 농민은 농업에 언제나 매우 큰 영향을 미치는 자연환경에 지배됨과 동시에, 이제는 농민으로서는 상대적으로 무력할 수밖에 없는 경제적 성격의 요인들의 영향도 받게 되었다. 농민은 농업과 직접적으로 연관되어 있는 요인들, 즉 농업 내적 요인들과 더불어 농업 외적 요인들도 고려하지 않으면 안 되게 되었다.

과거의 농업에 대해서 외부적 요인들—이 경우에는 시장가격—이 가지는 중요성을 상당히 낮게 평가하고자 하는 사람들이 있을지 모른다. 사실 오랫동안 농민은 그의 가족과 함께 폐쇄적인 가정경제 속에서 살았다. 농민은 그가 필요로 하는 식량과 의복 가운데 많은 것을 스스로 생산했다. 그래서 농민은, 적어도 일부 지방에서는, 화폐를 주고 물건을 구입할 필요성이 상대적으로 작았다. 농민은 가끔 대장장이나 목수와 같은 다른 사람이 자신들에게 제공하는 노동에 대해서도 현물로 지불했다. 그렇지만 농민은 다른 한편 정부에 대한 세금 납부 및 소작료 지불과 여타의 의무수행에 필요한 화폐를 얻기 위해서도 그의 생산물의 일부를 내다팔지 않을 수 없었다. 대체로 농민이 생산한 농산물 가운데 그의 가족 소비용과 농사용을 제외한 나머지는 시장에 내다팔렸다.

시장생산의 크기는 일정 지역 내의 비농업인구의 크기와 농산물을 원료로 사용하는 산업체의 수를 통해서 알 수 있다. 물론 원격지로부터의 농산물 수입도 고려되어야 한다.

훨씬 더 복잡한 이러한 상황 아래서 농업의 발전에 영향을 미치는 요인을 다시 한 번 살펴보면, 다음과 같은 사실을 확인할 수 있다. 농산물시장의 성립과 이들 농산물에 대한 가격의 형성은 생산자와 소비자가 이제는 서로 직접적으로 접촉하지 않고 가격을 매개로 하여 접촉하는 관계로의 변화를 초래한다. 가격(P)은 은이든 금이든 귀금속의 수량으로 표시된다. 그래서 가격은 또한 유통 중에 있는 화폐의 수량과 화폐가 유통되는 속도, 곧 화폐수량(Gh)과 화폐유통 속도(Go)에 의해서도 좌우된다.[13] 농업생산(AP)은 한편으로는 여러 지역의 농경지 면적(A1, A2, A3 등)에 의해서, 그리고 다른 한편으로는 농업에 종사하는 사람의 수 즉 농업인구(AB)와 농업기술과 지식(L + K)의 수준에 의해서 결정된다. 소비(C)는 농업인구뿐만 아니라 비농업인구(NAB)를 포함하는 인구의 총수(AB+NAB)에 의해서 좌우된다. 또한 생산에는 농업생산(AP)과 함께 비농업 분야의 생산(NAP)이 있다. 우리는 여기에서 비농업 분야의 생산에 영향을 미치는 요인을 자세히 살펴볼 수는 없다. 그러나 가격형성을 다룰 때 농산물 가격과 공산품 가격의 비가 매우 중요하다는 것은 자명할 것이다.

농업경영에서 임금과 가격 사이의 관계는 극히 중요함에도 불구하고, 그림이 너무 복잡해지는 것을 피하기 위해서 임금은 고려하지 않았다.

다시 한 번 그림으로 그려 보면, 여러 요인들 사이의 관계는 〈그림 4〉와 같은 모습이 된다.

이 그림은 여러 새로운 인자들의 도입으로 훨씬 더 복잡해졌음을 알 수 있다. 생산과 소비는 그것들을 처음 구속하던 올가미로부터 벗어났다. 사람들로 하여금 값비싼 환금작물의 재배(특화)로 전환하게 하고 일정한 농경지 면적에서 생산의 증대(농업기술의 향상)를 위해서 노력하도록 만드는 비농업 분야의 생산증가(산업화와 그에 따른 도시화)와 원주지 밖으로의 농경지 면적의 확장(식민화) 그리고 시장판매의 가능성(상업화)은 중요한 의의를 지닌다.

500년과 1850년 사이의 농업발전은 한 마디로 〈그림 1〉에 도해된

그림 4

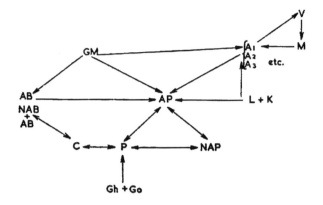

GM: 지리적 환경(geografisch milieu)
AB: 농업인구(agrarische bevolking)
NAB: 비농업인구(niet-agrarische bevolking)
AP: 농업생산(agrarische produktie)
NAP: 비농업 분야의 생산(niet-agrarische produktie)
C: 소비(consumptie)
P: 가격(prijs)

Gh: 화폐수량(geldhoeveelheid)
Go: 화폐유통 속도(geldomloopsnelheid)
A1, A2, A3: 농경지 면적(areaal cultuurgrond)
V: 가축 수(veestapel)
M: 두엄(mest)
L: 농업기술(landbouwtechniek)
K: 지식(kennis)

상황에서 〈그림 4〉에 나타난 상황으로의 이행이었다고 요약할 수 있다. 주민이 오로지 농업에만 종사하는 아주 원시적인 사회에서는 AB와 AP는 100퍼센트인 반면에 NAB와 NAP는 0퍼센트다. 소비(C)는 바로 농업생산(AP)에 의해서 결정되었다. 역사가 진행되는 동안 농업생산과 농업에서 생계수단을 찾는 인구의 비중은 꾸준히 감소한 반면에, 비농업 분야의 생산과 인구집단은 끊임없이 증대되어 왔다. NAP와 NAB에 대한 관계에서 AP와 AB의 비중은 계속해서 축소되었던 것이다.

내부 요인

기후, 환경 그리고 경제적 상황과 같은 농업발전에 영향을 미치는 외부 요인을 고찰한 후에는 어떤 내부적 요인이 농업생산에 영향을 미치는지 살펴보는 것이 필요하다. 18세기와 19세기의 농업발전이 있기 전에는 농업생산이 좁은 한계 내에서 이뤄졌음은 잘 알려진 바다. 그보다 이른 시기에도 생산을 증대시키는 일이 불가능하지 않았다는 것 또한 사실이다. 그러나 그와 같은 결과는 특별히 유리한 조건들 아래서만 생겨날 수 있다. 즉 통상적인 농업경영에서보다도 더 많은 시비를 하거나 더 많은 가축을 사육할 수 있을 때에만 생산이 증대될 수 있었다. 이런 조건이 결여되어 있는 경우에는 생산증대의 가능성이 사실상 배제되어 있었다.

농업경영에서 경영의 규모는—적어도 일정한 범위 내에서는—농산물의 수확고를 규정하기 때문에 특별히 중요하다. 경영규모와 특히 농경지 면적은 수확고에 결정적 영향을 미칠 뿐만 아니라 쟁기질, 써레질, 거름 운반 등에 필요한 견인가축의 수와 나아가 경작지—이것은 다시 가축의 사료를 생산하는 데에 이용되는 채초지의 면적에 결정적 요인으로 작용한다—에 거름을 제공하는 가축의 규모와 같은 농업경영의 여타 모든 부문에도 중대한 영향을 미친다.

경종농업에 중점이 놓이고 가축은 무엇보다 견인력과 거름 제공원으로서 부차적 기능을 수행했던 과거의 농업에서는 구성부분들 사이의 상호 의존성이 대단히 컸다. 견인력이나 시비를 등한히 하는 것은 곧 수확을 위태롭게 하는 것이었다. 파종량 대 수확량의 비율이 낮고 곡물경작이 우세한 당시에는 농업경영에서 인간이 어떻게 할 수 있는 여지가 별로 없었다. 농업경영은 조화로운 균형이 유지되어야 했다. 사실 서유럽에서는 경제적인 관점에서 볼 때 대부분 매우 불안정한 기초에 입각한 거의 완전한 곡물 단작이 이뤄지고 있었다. 이것은 여러 가지 어려움과 무엇보다 위험을 수반했다.

모든 농업경영에는 경영의 규모, 견인력의 크기, 농민가족의 크기,

그리고 노동력의 크기 사이에 적정한 비율관계가 존재한다. 과거 농업의 한계경영(marginale bedrijven) 속에서는 이런 적정 비율관계로부터 탈피할 수 있는 가능성이 별로 없었다.

중세에 그리고 심지어 16, 17, 18세기까지에도 파종량에 대한 수확량의 일반적 비율은 호밀이나 밀과 같은 주곡의 경우 1:3 또는 1:4였다.[14] 이러한 낮은 파종량 대 수확량의 비율은 경지면적 가운데 매우 큰 부분이 다음해에 필요한 종자를 생산하기 위한 토지로 할애되어야 했음을 의미한다. 파종량 대 수확량의 비율이 1:3인 경우에는 경지면적의 $\frac{1}{3}$이 다음해 파종할 씨앗을 생산하기 위한 토지로 사용되어야 한다. 더욱이 삼포제(三圃制)에서 매년 경지의 $\frac{1}{3}$이 주곡 재배용으로 이용되었음을 생각하면,[8] 낮은 파종량 대 수확량의 비율 문제는 훨씬 더 심각하다. 이포제(二圃制)의 경우에는 전체 경지의 겨우 $\frac{1}{4}$에서만 주곡이 파종되었다.[9] 그래서 매년 인간의 소비용으로는 매우 작은 토지밖에 남지 않았다. 즉 삼포제의 경우에는 전체 경작지 면적의 $\frac{2}{9}$가, 이포제의 경우에는 $\frac{1}{6}$만이 인간의 소비용으로 이용될 수 있었을 뿐이다.

이러한 낮은 파종량 대 수확량의 비율로 말미암아 농업은 심각한 취약성을 띠었다. 어떤 수확률 증가도, 심지어 매우 낮은 수확률의 증가까지도, 그 효과는 크다. 그러나 반대로 수확률이 약간만 하락해도

....

8 삼포제는 토지가 동곡(冬穀)을 늦가을에 파종하여 재배하는 추경지, 하곡(夏穀)을 봄에 파종하여 재배하는 춘경지 그리고 지력을 유지하기 위하여 1년간 휴한하는 휴경지로 삼분되어, 삼분된 각 토지가 매년 차례대로 추경지, 춘경지, 휴경지의 과정을 밟는 토지이용 방식이다. 주로 추경지에는 빵의 원료가 되는 밀이나 호밀 또는 스펠트밀과 같은 주곡이 동곡으로 재배되며, 춘경지에는 보리나 귀리 또는 콩과 같은 잡곡이 하곡으로 재배되었다. 따라서 매년 경지의 $\frac{1}{3}$이 주곡 재배용으로 이용된 셈이다.

9 매년 교대로 경지의 절반은 경작되고 나머지 절반은 휴경되는 이포제의 경우, 이 책의 저자는 경작되는 절반의 토지에 주곡인 동곡과 잡곡인 하곡이 번갈아 재배되었다고 보고 있다.

전체 농업경영에 치명적인 영향을 미칠 수 있다. 1:3에서 1:4로의 파종량 대 수확량 비율의 상승은 우선 곡물을 원래의 면적에 재배된 수확량보다 $\frac{1}{3}$가량 증대시키고, 나아가 경작지 면적 가운데 $\frac{1}{3}$이 아니라 $\frac{1}{4}$만 파종용으로 사용해도 되는 결과를 가져온다. 그래서 소비용 곡물이 재배될 수 있는 면적이 $\frac{1}{12}$만큼 증가한다. 수확률의 상승은 소비용 곡물재배 면적의 증가를 수반하기 때문에 누적효과(cumulatief effect)를 낳는다. 반대로, 파종량 대 수확량의 비율 하락은 곡물 수확량의 감소를 뜻할 뿐만 아니라 인간의 소비용 곡물재배 면적의 축소도 뜻하는 것이다.

이러한 누적효과는 무엇보다 파종량 대 수확량의 비율이 1:3에서 1:4로 증가하는 경우와 같이 낮을 때 크다. 반면에 파종량 대 수확량의 비율이 높은 경우에, 예컨대 1:11에서 1:12로 또는 1:9에서 1:12로 증가하는 경우에는 누적효과가 훨씬 더 작아진다. 무엇보다 파종량 대 수확량의 비율이 낮은 경우에는 다음해의 파종용으로 남겨 두어야 할 곡식의 양과 파종용 씨앗을 생산하기 위해 소요되는 면적이 크기 때문이다.

여타의 모든 사정이 같다고 할 때, 이것은 하나의 간단한 대수공식으로 설명할 수 있다. 파종량 대 수확량의 비율을 a라고 하면, 수확량에 대한 파종량의 비율은 1:a 또는 $\frac{1}{a}$:1이 된다. 이 곡물의 $\frac{1}{a}$이 다음해를 위해서 공제되면, 소비용으로는 $1-\frac{1}{a}$ 또는 $\frac{a-1}{a}$이 남는다. 거듭해서 a에 한 단위를 더해 가면, 더해진 각 단위는 그 앞의 단위보다도 비중이 덜 나가게 될 것이다. $\frac{1}{2}$과 $\frac{2}{3}$사이의 차이(0.167)는 $\frac{2}{3}$와 $\frac{3}{4}$ 사이의 차이(0.083) 또는 $\frac{3}{4}$과 $\frac{4}{5}$ 사이의 차이(0.05)보다 더 크다. 1:3에서 1:4로의 파종량 대 수확량 비율의 증가는 1:9에서 1:12로 또는 1:9에서 1:16으로의 증가보다 더 유리한 효과를 낳는다. 그 차이는 각각 0.167,

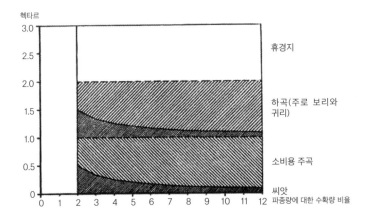

0.116 및 0.118이 된다(그래프 1).

따라서 누적효과는 파종량 대 수확량의 비율이 증가함에 따라 감소한다. 반대로, 파종량 대 수확량의 비율이 하락함에 따라 그 효과는 줄곧 더 커진다. 이 후자의 사례로는 한계지의 비옥도가 떨어지기 시작한 13세기의 다소 무분별한 개간 후의 상황을 들 수 있을 것이다. 이들 한계지의 수익은 더 큰 부분의 토지가 종자 생산용으로 할애되어야 했기 때문에 계속해서 감소했다. 많은 농민이 쓰라린 경험을 겪고 난 뒤에 알게 된 바와 같이, 여기에서는 누적효과가 불리하게 작용했다. 많은 사람에게 더이상 개간사업을 계속할 수 없는 때가 마침내 도래했던 것이다.[15]

수확고가 낮은 경우, 파종량 대 수확량 비율의 중요성은 여러 면으로 나타난다. 이를테면, 한 사람에 대한 영속적인 식량공급에 소요되는 경지면적의 크기에서도 그 중요성은 나타난다. 파종량 대 수확량의 비율이 상승함에 따라서 식량조달에 소요되는 면적은 작아진다. 그렇지만 이 경우에도 파종량 대 수확량 비율의 상승효과는 감소한다.

그래프 2. 수확고의 차이에 따른 1인의 급량에 소요되는 경지면적의 크기(파종량 포함)

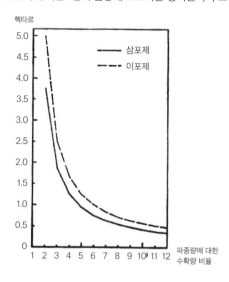

이포제에서 삼포제로의 이행—동일한 땅뙈기에 4년에 한 번의 주곡재배로부터 3년에 한 번의 주곡재배로의 이행—은, 중세에 그랬던 것처럼 그리고 많은 지방에서 그 후에까지 그랬던 것처럼, 파종량 대 수확량의 비율이 낮은 경우에는 특별한 중요성을 지닌다. 삼포제의 경우에는 이포제의 경우보다 동일한 수의 사람에게 식량을 공급하는 데에 소요되는 경지면적이 상당히 작았다. 바꿔 말하면, 동일한 경지면적으로 더 많은 사람이 먹고살 수 있었다(그래프 2).

비농업 분야의 인구집단, 예컨대 다수의 도시주민에 대한 식량공급에 소요되는 경지면적을 산출해 보아도, 파종량 대 수확량의 비율이 낮은 경우에 그 증가효과가 최대라는 사실이 재확인된다. 그렇지만 이런 계산은 다른 요인들이 작용하기 때문에 더 복잡하다. 도시주민의 식량은 생산의 잉여농산물에서 공급받아야 한다. 총 수확량에서 파종용 씨앗뿐만 아니라 농민가족의 부양에 필요한 물량도 공제되어야 한다. 후자의 소요량은 동거 고용인을 포함한 농민가족의 크기와 농업경영의 규모를 아는 경우에만 산출될 수 있다. 그렇지만 무엇보다 먼저 농가별 총 수확량이 산정되어야 한다. 비농업 분야의 인구에 대한 식량은 파종용 씨앗과 농업인구용 식량을 공제한 후에 모든 농가의 총 잉여농산물로 조달될 수 있다.

주곡의 잉여분은 적은 수의 가족원과 동거 고용인을 가진 대농에서 최대일 것이다. 파종량 대 수확량의 비율이 증가하는 경우에는 농업경영 규모가 축소될 것이다. 실제로 역사 속에서 이런 현상이 일어나고 있음을 우리는 본다. 이런 경제체제에서는 식솔 한 사람 한 사람이 식량의 소비 면에서 아주 중요하다. 대농조차 식솔 한 명이 늘어나면 보유하는 잉여식량이 상당히 줄거나, 식량이 부족한 시절에는 잉여분이 바닥날 수도 있다. 일반적으로 대농만이 상당한 양의 잉여농산물을 공급할 수 있는 상태에 있기 때문에, 시장생산을 위한 곡물의 경작에서 대농은 대단히 중요하다.

농가에서 소비되지 않는 잉여곡물의 크기를 결정하는 것은 농업경영 규모와 그 농민가족 크기 사이의 비율이다. 농업경영 규모와 농민가족 크기 사이에 최적 비율이 성립할 때 잉여물이 최대이다. 그런데 농민가족 크기와 농업경영 규모 사이의 비율관계 및 파종량 대 수확량 사이의 비율관계는 교란될 수 있다. 만약 농업경영 규모와 가족 크기 사이의 비율관계가 최적 상태에 이른 경우에 그 이상으로 경지면적이 확대되거나 농민가족 수가 감소한다면 농업경영 성과는 좋지 않을 것이다.

이러한 변수들, 즉 농업경영 규모와 농민가족 크기 사이의 비율관계와 파종량과 수확량 사이의 비율관계는 농경지 총 소요면적에 중대한 영향을 미치며, 그 결과 전체 농업경영에도 큰 영향을 끼친다. 예를 들면, 경작지의 갈이질에 필요한 말이나 황소와 같은 견인가축의 경우를 생각해 보자. 만약 파종량 대 수확량의 비율이 낮은 결과로 그 비율이 높은 경우보다 더 넓은 농경지 면적이 경작되어야 한다면, 쟁기질과 거름운반을 위해서 더 많은 견인가축이 사육되어야 한다. 농업경영 규모와 농민가족 크기 사이의 비율관계를 불리하게 만들고 그 때문에 시장에 내다팔 수 있는 농가별 잉여농산물이 줄어드는 소농의 수가 증가할 경우에도 사정은 마찬가지다. 농업이 경영되는 조건이 불리하면 불리할수록 그에 비례해서 더 많은 견인가축이 소요된다. 또한 이런 경우에 상대적으로 농민가족의 규모가 너무 커질 염려도 있다.

견인가축에게는 사료가 제공되어야 한다. 중세에는 귀리가 견인황소뿐만 아니라 말의 사료로도 사용되었다. 그렇지만 황소에게는 말에게 주어지는 분량의 겨우 절반 정도가 주어졌다. 일반적으로 귀리의 파종량 대 수확량의 비율은 1:3이 넘지 않을 정도로 매우 낮은 경우가 자주 있었다. 이포제에서는 하곡으로 재배되는 귀리의 양이 말을 먹이는 데에는 충분하지 않았으나 견인황소를 먹이는 데에는 충분했다. 만약 이포제로 경작되는 토지의 바깥 땅에서 귀리가 재배되지 않았더라면, 사람들은 견인력으로 황소를 사용할 수밖에 없었을 것이다. 말을 먹일 수 있을 만한 충분한 귀리가 확보되는 경우에만 황소로부터 말로의 견인력 전환이 가능했다. 이포제에서 삼포제로 이행됨으로써 귀리가 더 많이 생산될 수 있었다.

농경지의 면적과 시비는 상호 관련성이 있다. 토지의 비옥도를 유지하려면 충분한 시비가 이뤄져야 한다. 그런데 두엄의 생산량은 말과 소의 사료가 되는 짚 및 건초의 양과 관련되어 있다. 따라서 호밀 및 밀의 생산량과 짚 및 두엄의 생산량 사이에는 일정한 관계가 성립한다.

견인가축만으로는 경작지에 대한 충분한 시비가 이뤄지지 못한다.

따라서 암소나 양과 같은 다른 가축이 두엄 소요량을 확보하는 데에 이용되어야 한다. 이런 가축들에게도 역시 사료가 제공되어야 한다. 즉 방목용 초지와 건초생산용 초지가 있어야 하는 것이다. 특히 야생미경 작지를 목초지로 이용해야 했던 과거에는 광대한 면적의 이런 척박한 땅이 필요했다. 양질의 목초지—대부분의 목초지는 그렇지 않았다—를 이용하는 경우에도 그 소요면적은 최소한 전체 농경지 면적의 $1\frac{1}{2}$배 내지 $1\frac{3}{4}$배에 달했다.

농업을 구성하는 여러 부문들 사이의 밀접한 상호 연관성에 대한 이상과 같은 개략적인 서술은 농업경영이 가진 한계를 보여 주는 것이다. 과거의 농업경영에서 성공할 수 있는 가능성은 결코 무한했던 것이 아니다.

농가별로 다르기는 하지만 지출하지 않으면 안 되는 많은 부담과 관련하여 개별 농가의 농업경영 성과에 대한 파종량 대 수확량의 비율의 영향이 어느 정도인지를 평가하는 것은 어려운 일이다. 파종량 대 수확량의 비율이 높고 농업경영 규모와 농민가족 크기 사이의 비율관계가 유리한 대농이 역시 이 문제와 관련해서도 필시 유리했을 것이다.

인간의 식량이 변화함으로써, 즉 처음에는 콩, 순무, 양배추를 보다 많이 이용하고 후에는 감자를 먹음으로써 곡물의 소비량이 감소될 수 있었을 때, 식량 사정은 크게 호전되었던 것으로 보인다. 그리하여 인간의 소비를 위한 주곡의 재배면적도 줄어들었다. 감자재배의 이점은 곡물의 재배에 관해서 앞서 말한 바로부터 추측할 수 있는 것보다 더 크다. 동일한 면적의 토지에 곡물을 재배하는 경우보다 감자를 심는 경우에 2-3배나 더 많은 사람들이 먹고살 수 있기 때문이다. 게다가 감자는 값싸면서도 훌륭한 가축사료를 제공한다.

곡물의 재배에서 농업경영 규모와 농민가족 크기 사이의 비율과 잉여곡물과의 관계에 대한 앞의 설명으로부터, 우리는 수확고가 훨씬 더 높은 감자재배가 소농과 영세농의 급속한 증가를 초래했을 것임을 쉽게 이해할 수 있다. 이와 같은 현상은 여러 지역에서 나타났다. 19세기 초반의 아일랜드는 불행하게도 농업경영이 극도로 영세화한 유명한 사례다.

농업발전의 여러 단계

생산과 소비가 농업의 위치와 크기를 규정한다. 사람들은 얼핏 보고는 생산에 최대의 가치를 부여하고 소비의 중요성은 부차적인 것으로 치부하는 경향이 있다. 18세기에 스페인의 한 경제학자는 이와는 정반대되는 견해를 피력했다. 즉 "소비는 경작의 잣대다"라고 그는 말했다.[16] 이 학자의 견해에서는 소비와 소비에 관련된 모든 것이 주요 위치를 차지하는 데 비해서 생산은 소비에 종속된다. 이런 주장은 정확한 것은 아니다. 왜냐하면 농업생산의 크기를, 따라서 또한 경작지 면적을 결정하는 요인은 그 밖에도 많이 있기 때문이다.

그러나 농업사의 취급내용을 분류할 수 있는 기준을 찾는 경우에는 그것은 다른 문제다. 우리는 특히 19세기 이전의 농업생산은 거의 전적으로 인간의 식량수요를 충족시키는 데에 초점이 맞춰져 있었다는 사실에 유의해야 한다. 19세기 이후에는 농산물이 인간의 식량으로 소비되는 외에 갖가지 공업원료로 이용되었다.

앞으로 다루어질 500년에서 1850년경까지의 시기에는 식량에 대한 인간의 수요충족이 중심적 위치를 차지했다. 그래서 이 책에서 농업사의 시대구분은 식량소비 면에서의 중요한 변화에 기초를 둘 것이다.

소비식량은 다음과 같이 세 가지 방법으로 조달될 수 있었다.

1. 각 가족이 소비하는 것을 가장(家長) 스스로 또는 그의 가족원의 조력으로 생산하여 조달함으로써. 이것이 폐쇄적 가족경제다.

2. 대부분의 사람이 자급하면서, 동시에 현물 형태로 비농업 분야의 인구집단에 식량을 공급함으로써. 이것은 여기에서 직접적 농업소비(500년경-1150년경)라고 불릴 수 있다.

3. 비교적 소수의 인구가 자급하면서 비농업 분야의 인구 전체와 때로 농업인구의 일부가 잉여농산물을 가진 지역들로부터 일부 공급되는 농산물시장을 통해서 그들의 필요한 식량을 조달함으로써. 이것은 간접적 농업소비(1150년경-현재)라고 할 수 있다.

이 마지막 방법의 단계는 다시 다음과 같이 두 단계로 세분될 수 있다.

1) 농업생산이 아직 전체 남성 취업인구의 절반 이상에게 생계의 주요 원천이었던 시기(1150년경-1850년경).

2) 농업생산이 더이상 전체 남성 취업인구의 절반 이상의 생계 원천이 되지 못했던 시기(1850년경-현재).

이 책은 전체 서유럽 주민을 대상으로 다루고 있기 때문에, 폐쇄적 가족경제는 이런 농업사에서 단지 학구적인 면에서만 가치가 있을 뿐이다. 폐쇄적 가족경제는 대토지소유제, 지대, 십일조 및 조세가 알려지지 않은 소규모의 공동체사회들에서나 실현될 수 있는 것이다.

두 번째 경우는 불완전한 화폐경제를 가진 농업사회라고 말할 수 있다. 이런 사회에서는 비농산물의 교환이 이뤄지기 시작하고 교환수단도 사용된다. 따라서 이 사회에는 상업이 존재하고 화폐가 사용된다고 할 수 있다. 그러나 농산물의 거래는 적으며, 농산물을 유효한 시장가격으로 판매할 수 있는 시장도 존재하지 않는다. 이들 농산물의 소비는 직접적으로 이루어진다. 다시 말하면, 생산자와 소비자 사이에는 연결고리가 전혀 없거나 거의 없다. 대부분의 경우 생산자와 소비자는 동일인이다. 생산자는 비농업 분야의 소비자에게 현물 형태로 생산물을 공급한다. 이 책에서는 독일말의 뜻과 다소 다른 의미로 사용되고 있음에 유의해야 하지만, 이 단계를 독일 학자들의 용어인 자연경제(Naturalwirtschaft)라는 말로 특징지을 수 있을 것이다.

500-1150년간의 중세 초기는 분명히 이런 경제발전 단계로 분류될 수 있다. 당시 비농업 분야의 인구집단은 성직자와 귀족으로 구성되어 있었다. 성직자는 사람들의 정신적 안녕을 돌보고, 귀족은 외부의 공격으로부터 사람들을 보호해야 했다. 이들 두 계급은 또한 행정과 사법 업무를 담당하고 있었다. 비농업인구가 전체 인구 가운데 상대적으로 소수를 차지하고 있는 한, 그들의 농산물 수요는 농업인구로부터의 직접적인 공급에 의해서 충족될 수 있었다.

이와 같은 사회에서 교역은 주로 장신구, 값비싼 피륙, 모피, 향료 등과 같은 비농산물을 중심으로 이루어졌다. 이것들은 먼 거리에도 운반될 수 있고, 값비싸면서도 짐의 크기는 얼마 되지 않는 상품들이다. 다만 예외적으로 가축과 포도주는 그런 성질의 상품이 아님에도 불구하고 중요한 교역품이었다. 무역에서는 화폐가 교환수단으로 사용되었으나, 그와 달리 농업 분야에서는 화폐가 교환수단으로 별로 사용되지 않았다.

세 번째의 경우는 계속해서 교환이 확대되어 가는 농업사회다. 비록 여전히 상당히 많은 사람이 그들 스스로 생산한 농산물을 소비하고, 주로 소작인-지주 관계에서 그랬던 것처럼 때로 생산자가 소비자에게 농산물을 현물로 제공하는 현상이 아직 남아 있기는 했지만, 농업에 종사하지 않는 소비자는 시장에서 농산물을 구입하지 않을 수 없었다. 여러 가지 생산물의 거래에는 중간상이 등장하기 시작한다.

농업사의 이 발전단계에서는 농산물에 매겨지는 가격이 대단히 중요한 의미를 지닌다. 주요 농산물의 가격추이는 농업의 역사를 상당 정도 반영하기 때문이다.

또한 농산물을 운반할 수 있는 수송수단이 상당한 수준으로 발전한다. 이 단계에서는 주변 환경에 대한 사람들의 의존도가 크게 낮아진다. 흉작의 경우에는 다른 곳에서 곡물이 수입될 수 있었다. 그러나 곡물이 거의 전적으로 유럽 내의 생산 중심지로부터 공급되는 한, 기근이 발생할 가능성은 남아 있었다. 산업혁명과 그에 연관된 수송수단의 발전에 힘입어 농산물이 유럽 밖의 나라들로부터 대량으로 수입될 수 있었을 때 유럽에서, 적어도 평시에는, 더이상 기근이 발생하지 않았다 (1856년 이후). 산업이 고도로 발전했다는 사실도 농업이 생계의 원천으로서 이제는 제1의 지위에서 밀려났음을 말해 준다.

제2부

직접적 농업소비시대

(500년경-1150년경)

1. 봉건제와 자연경제

19세기의 독일 경제학자들은 역사에서 경제발전은 단계적인 과정을 거쳐 이뤄졌다고 생각했다. 그들은 단계설을 제시했는데, 이 속에서 지금 다루고 있는 시대는 물물교환의 경제인 자연경제[1] 또는 폐쇄적 가족경제의 시대로 나타난다. 그 다음 단계의 첫 번째 경제체제는 화폐경제이고, 두 번째 경제체제는 도시경제였다.

브루노 힐데브란트는 이 같은 발전을 다음과 같이 요약했다.

모든 나라의 경제는 자연경제로부터 출발한다. 왜냐하면 교환수단으로서의 화폐의 사용은 귀금속을 획득하거나 구매할 수 있는 잉여노동이나 잉여생산물을 전제로 하기 때문이다. 그렇기 때문에 화폐경제는 경제적 번영이 시작되었을 때에만, 즉 사람들이 그들 자신이 필요로 하는 것 이상으로 많이 생산할 때에만 비로소 발전할 수 있다. 그에 비해서 신용경제는 정규적인 화폐시장이 완전히 형성되었으나 화폐유통이 부진(不振)하다는 사실이 알려져서 지불수단을 단순화할 필요성이 지각될 때에야 비로소 성립될 수 있다.

그는 여러 종류의 경제는 상호 병존할 수 있다고 생각한다. 예컨대 농촌의 자연경제는 도시의 화폐경제와 병존할 수 있다는 것이다. 그러나 일반적으로 경제발전은 높은 단계로 진행된다고 그는 생각한다.

후대의 역사가들은 경제발전은 전대의 학자들이 생각했던 것만큼 도식적인 과정을 거쳐 이뤄지는 것이 아니라고 지적한다. 자연경제와 화폐경제는 상호 동시에 발생할 수 있으며, 후기 단계로부터 전기 단계로 역행한 여러 사례가 있다고 한다.[2] 더욱이 귀금속으로 된 경화(硬貨)가 유일한 교환수단은 아니다. 예컨대 피륙과 가축(둘 다 중세 초기의 프리슬란트에서 사용), 후추(중세의 많은 문헌에서 언급), 카카오씨(멕시코에서 사용), 담배(제2차 세계대전 기간과 그 직후 사용)가 교환수단으로 이용되었다. 직접적인 물물교환(노동을 포함해서)은 교환 당사자 가운데 한쪽의 선택을 강제하거나 제한한 결과라는 것이다.[3]

귀금속은 세 가지 기능을 가진다. 그것은 가치 있는 물건이다. 사람들은 그것으로 갖가지 장식물과 예술품을 만들며 이것들은 어려운 시절(예컨대 전쟁, 기근, 약탈의 시절)에는 금속으로 녹여진다. 또한 귀금속은 교환수단이고, 마지막으로 가치의 척도다.

교환수단으로서의 귀금속의 사용은 직접적 농업소비시대의 사료 속에서도 볼 수 없는 것이 아니다. 우리는 사료 속에서 실제로 현물이 공납되는 것을 보기도 하지만, 때로는 지불되어야 하는 화폐액수가 언급되고 있음도 본다. 한편 우리는 또한 사료 속에서 농사로는 도저히 생산할 수 없는 물품을 공납해야 하는 농민의 의무를 볼 수도 있다. 예를 들면, 오버레이설(Overijssel)[1]과 헬데를란트(Gelderland)[2]의 농민들은 후추와 생강을 공납할 의무를 지고 있었고, 벨프 장원(헬데를란트)의 관리인은 도이츠(쾰른 근처)에 있는 수도원에 매년 청어를 바쳐야 했다. 이러한 것들은 시장에서 구입하지 않으면 안 되었던 물건들이다.

여기에서 논하고 있는 시대가 어느 정도로 자연경제적이고 얼마만큼 화폐경제적이었던가에 대한 물음에 대답하기 위해서는 귀금속의 유통과 그 유통과정에서 나타나는 변동이 중요하다. 귀금속의 수량은 새로운 귀금속의 채굴을 통해서, 약탈과 전쟁배상금을 통해서, 또는 교역을 통해서 변동될 수 있다. 그러나 귀금속의 수량이 일정한 경우에도 화폐경제는 다음과 같은 것들에 의해서 확대될 수 있다.

1. 장식물과 골동품을 용해시켜 경화 주조.

2. 화폐유통의 가속화.

3. 환어음의 사용(13세기 신용거래의 확대).

반대로 자연경제는 다음과 같은 것들을 통해서 확대될 수 있다.

1. (14세기에 여러 번의 화폐가치 절하로 인한) 축장화폐(蓄藏貨幣)[3]의 증가.

2. 화폐유통 속도의 둔화.

3. 환어음 사용의 감소(14세기 대금융회사의 파산, 신용거래의 위축).

경제적 관점에서, 로마제국의 몰락과 고대로부터 중세로의 이행은 화폐경제에서 자연경제로의 후퇴로 볼 수 있다. 화폐는 유통되지 않았

....

1   네덜란드의 중동부 지방.
2   역시 네덜란드의 중동부 지방에 있으나, 오버레이설 바로 남쪽에 위치.
3   퇴장화폐(退藏貨幣)라고도 한다. 상품의 판매를 통해 획득한 화폐를 구매에 충당하지 않고 유통과정에서 거두어들여 저장하고 있는 화폐.

고 무역은 중단되었다. 이전의 역사가들에 따르면, 이것은 기원후 3세기 로마제국의 혼란과 내란의 결과였거나 4세기 게르만족 침략의 결과였다. 피렌(Henri Pirenne)[4]의 견해는 이와는 달랐다. 그는 이 문제에 대해서 전혀 새로운 견해를 제시한다. 그는 무역은 서로마제국의 몰락 이후에도 계속되었으며 금화는 오랫동안 사용되었다고 주장한다. 화폐경제에서 자연경제로의 실질적인 전환은 지중해 지역이 이슬람의 정복 결과로 로마제국에서 떨어져나왔을 때에 일어났다. 8세기에 이슬람은 이베리아반도와 대부분의 근동 지역뿐만 아니라 지중해 남부 연안 전체를 지배했다. 오늘날의 말로 하면, '철의 장막'이 그 이전에 연안 지역을 중심으로 하나의 경제적 통일체를 형성했던 지중해를 갈라놓았다고 할 수 있다. 8-9세기의 가롤링제국에서 자연경제는 그 절정에 이르렀다고 말할 수 있다는 것이다.[4)]

피렌의 학설은 도프슈(Alfons Dopsch)[5]의 즉각적인 반론을 불러일으켰다. 도프슈는 화폐경제에서 자연경제로의 전환에 관해서는 의견을

....

4 벨기에의 중세 사회경제사가(1862-1935). 현대 경제사학의 선구자. 그는 특히 고대 로마 사회로부터 이어지던 화폐경제가 자연경제적인 봉건사회로 전환한 계기는 8세기 이슬람 세력의 지중해 장악이며, 10-11세기에 지중해 세계에서 이슬람 세력이 퇴조하면서 '상업의 부활'이 있게 되었고, 상업의 부활로 자본주의가 발전하기 시작함에 따라서 봉건사회가 붕괴되었다는 유명한 학설을 제기했다. 그는 또한 중세도시에 대해서 우리가 일반적으로 알고 있는 교과서적인 모델을 제시한 것으로도 유명하다. 주요 저서로『모하메드와 카롤루스 대제』(*Mahomet et Charlemagne*),『중세도시』(*Les villes du Moyen Âge*),『벨기에사』(*Histoire de Belgique*) 등이 있다.

5 오스트리아의 중세 사회경제사가(1868-1953). 역사발전 단계설을 비판하여 역사적 현상의 장기간 연속과 점진적 변화를 강조했다. 특히 게르만족의 대이동으로 로마 문화가 단절되었다는 학설을 부정하고 고대 말기와 중세 초기 간의 문화연속설을 주장했다.『카롤링시대의 경제발전』(*Die Wirtschaftsentwicklung der Karolingerzeit*),『유럽 문화발전의 경제적·사회적 기초』(*Wirtschaftliche und soziale Grundlagen der europäischen Kulturentwicklung von Cäsar bis auf Karl den Großen*),『세계사에서의 자연경제와 화폐경제』(*Naturalwirtschaft und Geldwirtschaft in der Weltgeschichte*) 등의 저서가 있다.

같이했으나, 그 전환의 시점을 보다 후기로, 즉 노르만족의 침입과 마자르족 및 사라센인의 침략기인 카롤링왕조 시대 말로 설정했다. 도프슈가 보기에는, 그 전환점은 금화의 주조가 중지되고 오로지 은화만이 계속 유통되게 된 때였다.[5] 이와 같은 견해는 피렌의 견해보다 봉건제와 장원제의 성립 및 발달과 일치하는 바가 더 크다.

피렌의 학설은 특히 광범위한 역사적 토론을 불러일으키고 보다 깊이 있는 연구를 자극했다. 그 결과 그의 견해는 상당히 수정되어야 했다.[6]

3세기 이후 이탈리아와 로마제국의 서부에서 제국 동부로의 문화적, 경제적 중심 이동이 있었다. 오늘날 서유럽의 역사적 견해에 따르면, 메로빙왕조와 카롤링왕조는 로마제국의 계승자들이다. 그러나 실제로는 로마제국의 주도권은 로마에서 콘스탄티노플로 이동했다. 로마 그 자체가 '변경지대(frontier)', 즉 문명세계와 야만세계 사이의 경계선에 위치해 있었다. 세계사적 관점에서 볼 때 서유럽은 세계의 잊힌 한 구석으로 전락하고 말았으며, 세계의 중심은 지중해의 동부 즉 비잔틴제국이 되었고 그 후에는 또한 아랍국가들이 되었다. 서유럽인에게 비잔틴제국은 전대미문의 찬란함과 장엄함을 지닌 동화 속의 나라였다.

경제발전은 이와 완전히 일치하는 과정을 밟았다. 기원전 몇 세기 동안 로마인들은 지중해의 동부에 대한 정복을 통해서 피정복지에 쌓여 있던 재보를 소유했다. 많은 귀금속이 전리품이나 공물로 동방에서 서방으로 이동했다. 기원후 2세기에는 귀금속이 동방으로 역류하기 시작했다. 동방지역은 로마제국의 서반부에 다량의 상품을 공급했으나, 로마제국의 서부는 이에 대해서 자체의 생산물로 지불하지 못하고 귀금속으로 지불했다. 같은 시기 스페인 내의 금 채굴 역시 중단되었으므로, 로마제국의 서부에서는 귀금속이란 귀금속은 모두 서서히 고갈되었다. 다량의 귀금속이 또한 신(新)페르시아제국에 대한 공물로 사라졌고, 그와 동시에 무역은 쇠퇴했다. 그리하여 서부 지역의 상업에서 오랫동안 중요한 역할을 담당했던 시리아 상인들의 활동도 사라졌다.

몇 세기 후 이슬람인들은 근동 지방의 정복 결과 세계에서 최대의 금 보유고를 자랑하게 되었다. 이 금의 출처는 다음과 같이 네 가지였다.[7]

1. 7-8세기에 이집트, 시리아 그리고 신페르시아제국에서 획득된 전리품.

2. 이슬람 세력에게 정복된 근동 지방에 여전히 남아 있던 기독교회들이 8-9세기에 무거운 세금을 물게 됨으로써 이에 필요한 화폐를 마련하기 위해서 매각할 수밖에 없었던 금과 은으로 된 교회의 장식물들.

3. 9세기에서 11세기까지 전문적 탐사 부서의 활동에 의해서 파라오의 무덤들에서 반출된 다량의 금.

4. 수단, 누비아(Nubia)[6] 및 아비시니아에서 유출된 금. 아랍인들은 이들 지역과의 무역을 가능하게 하는 사막 횡단 무역로의 종착지들을 장악하고 있었다.

금 외에도 아랍인들은 호라산(Khorasan)[7]과 트란속사니아(Transoxania)[8]의 은광 개발을 통해서 수익을 올렸다. 이들 광산에서 대량의 은이 생산된 덕분에 금에 대한 은의 상대적 가치는 기원후 750년에서 910년 사이에 폭락세를 보였다. 900년경 트란속사니아와 바그다드 사이의 경제적 연결관계는 단절되었다. 아마도 8-9세기의 이와 같은 은의 대량 유입이 카롤링제국에서 금본위제가 은본위제로 바뀌

....

6   수단의 북동부 지방.
7   이란 북동부 지방.
8   아무다리야강 이북의 우즈베크스탄 지방.

게 된 원인일 것이다.[8]

　이슬람 국가들에서, 그리고 아마도 또한 카롤링제국에서도 역시, 금화의 수량 증가로 말미암아 무역이 활기를 띠게 되었다. 이슬람인들은 발견되거나 축장된 귀금속의 다수를 유통시켰다. 그 결과 상품의 가격은 상승했으며, 특히 근동 지역은 여러 종류의 상품을 대량으로 수입했다. 그렇지만 이슬람인들이 수입했던 것들은 그들에게 중요했던 상품들, 즉 아프리카와 러시아에서 대부분 공급되었던 남녀 노예, 주로 러시아산(産)이었던 모피, 발칸반도산 선박건조용 목재, 무기, 마지막으로 잉글랜드산 주석들뿐이었다. 750년에서 1050년 사이에 투르키스탄 지방에서 주조된 아랍 화폐가 러시아와 스칸디나비아에서 한꺼번에 1,000개씩이나 발견된 바 있다.[9]

　귀금속을 생산하지도 못하고 더욱이 크게 비축하지도 못했던 카롤링제국으로서는 이슬람 국가들과 교역할 수 있는 수단이 별로 없었다. 카롤링제국은 모피와 주석을 공급할 수 없었으며, 노예와 무기도 기독교적 신앙에 어긋나는 것이었기 때문에 공급할 수 없었다.

　비잔틴제국과의 교역에서 서유럽은 금으로 대금을 지불해야 하는 온갖 종류의 사치품 구매자로 등장했다.[10] 게다가 북부 유럽과 서부 유럽에서는 노르만족이, 중부 유럽에서는 마자르족이 그리고 남부 유럽에서는 사라센인이 보화를 약탈하고 징발하자, 귀금속의 수량은 보충될 가망도 없이 급속히 줄어들었음이 분명하다.

　경제적 관점에서 보면 카롤링제국은 외부 세계로부터 경제적으로 단절된 하나의 섬과 같은 모습을 하고 있었다. 일반적으로 지중해로부터 서유럽이 단절되었던 상황은 피렌이 생각했던 만큼 대단히 중요했던 것은 아니다. 카롤링제국을 마비시킬 만한 영향을 미쳤던 것은 경제적 무기력이었다. 이 현상은 서유럽에서는 이미 로마시대부터 시작되었다. 메로빙왕조와 카롤링왕조는 이런 무기력증에 더욱 강력하게 대처해야 했다. 그렇지만 이들 왕조는 여러 바다로 둘러싸여 있었으면서도 정치적으로는 바다와 등지고 살았다.[11]

이러한 고립된 섬과 같은 성격은 카롤링제국의 지배를 받지 않았던 유럽의 여타 지역들에서 오랫동안 무역이 지속되었다는 사실 때문에 더욱 두드러진다. 스칸디나비아, 잉글랜드 그리고 발트해 지역은 러시아를 통해서 비잔틴제국 및 동쪽 이슬람 국가들과 교류관계를 유지하고 있었다. 게다가 카롤루스 대제가 무수한 전쟁을 수행하기 위해서 많은 화폐와 인력을 필요로 했다는 사실도 불리한 요인으로 작용했다. 그의 통치가 끝난 후 이에 대한 반작용이 있었다는 것은 놀라운 일이 아니다.

그렇지만 카롤링제국과 그로부터 파생된 왕국들은 그들의 교역을 위한 좁은 출구, 즉 북쪽으로의 통로를 가지고 있었다. 그곳을 통해서 스칸디나비아에 소금, 유리제품, 철물, 무기 그리고 맷돌이 수출되었다.[12] 처음에는 도레스타트(Dorestad)[9]가 이런 무역의 중심지였으며, 후기에는 스타보런(Stavoren)[10]에서 예버(Jever)[11]에 이르는 북해 연안의 주민들이 북방 통로를 이용하여 중심적 역할을 담당했다.[13] 주로 11세기 후반의 것으로 추정되는 프리슬란트 주조의 화폐가 러시아와 스칸디나비아의 오지에서 대량으로 발견되고 있다.[14]

우리는 베르덴 수도원[12]과 풀다 수도원[13]의 영지명세장(領地明細帳)

....

9 네덜란드 내 라인강 델타의 분기점에 위치.

10 네덜란드의 프리슬란트 남서쪽 해안 도시.

11 오늘날 독일의 동부 프리슬란트 북해 연안에 위치.

12 독일의 루르강변에 위치한 대수도원.

13 독일의 프랑크푸르트 동북쪽에 위치한 대수도원.

들을 통해서, 북부 해안 지역에 위치한 농민보유지의 보유자는 보다 남쪽 지방에 위치한 농민보유지 보유자보다 수도원에 상대적으로 현물공납을 적게 하고 현금을 많이 바쳤다는 것을 알 수 있다. 이 해안 지역에서는 상당한 정도로 화폐경제가 존속했다. 무역 외에 목축도 이러한 보다 많은 화폐사용에 기여했을 것이다. 경종농업 지역보다 목축 지역에서 화폐가 훨씬 더 큰 역할을 한다는 것은 일반적으로 잘 알려진 현상이다. 가축 그 자체가 교환수단으로, 즉 화폐로 사용되었다. 후에 경종농업을 하는 농민은 그들의 지대를 현물로 지불하는 데 반해서 목축 지역에서는 현금으로 지불함을 보게 된다.

10-11세기에 베네치아 및 남부 이탈리아와 근동 국가들 사이의 무역 활성화를 통해서 상황은 변하기 시작한다. 서유럽의 십자군이 성지에 튼튼한 교두보를 마련했던 제1차 십자군원정(1096-1099) 때 상황은 결정적으로 달라진다. 그 무렵 프리슬란트의 무역은 쇠퇴했다. 십자군원정을 통해서 서유럽으로 많은 귀금속이 유입되었다. 나아가 하르츠산맥과 알프스산맥에서 은광 개발이 시작되었다. 1204년의 콘스탄티노플 정복과 그에 뒤이은 크림반도의 금광 개발을 통해서 그리고 무엇보다 세네갈산 금 수입에 의해서, 500년 후 처음으로 1252년에 다시 금화가 주조될 수 있었다. 이것은 자연경제 시대가 지나갔다는 하나의 분명한 징표다.

자연경제의 중심은 무엇보다 카롤링제국 내에 있었다. 다시 말하면, 오늘날의 프랑스, 벨기에, 네덜란드, 서부 독일, 스위스 그리고 북부 이탈리아에 있었다. 이 제국의 바깥에는 영국, 스칸디나비아, 동부 유럽, 발칸반도, 남부 이탈리아 그리고 이베리아반도가 있었다. 카롤링제국 내에서 지배적이었던 특별한 경제제도는 사회관계에도 반영되었으니,

그것이 바로 봉건제였다. 봉건제는 카롤링제국에서 완전한 발전을 보았다.[15)

봉건제는 봉토제와 장원제로 구분될 수 있다. 봉토제의 몇몇 요소는 후기 로마시대까지 거슬러 올라간다. 로마시대에는 생계수단을 제공하는 주군(主君, senior)에게 종신(從臣, vazal)이 충성의 의무를 지는 종신제가 알려져 있었다. 주군과 종신(켈트어의 'gwas'=시종) 사이의 관계는 수장과 부하의 관계였으며, 종신이 주군의 손 안에 몸을 내맡기는 탁신(託身, commendatio)은 하나의 복종 행위였다.

프랑크인들 사이에는 원래부터 게르만족의 종사제도(從士制度, Gefolgschaftswesen)가 존재했다. 종사제도의 경우 통솔자와 종사가 전쟁이나 약탈에 나서기 전에 상호 충성할 것을 맹세한다. 그것은 하나의 동등한 자들의 결사체였다. 그 후에 이들 두 당사자, 즉 주군과 종신이 서로 간에 충성을 맹세함으로써 유대관계를 맺는 프랑크왕국의 종신제가 성립한다. 이것 또한 대등한 입장에서 상호 관계를 가지는 사람들의 결합체였다. 보통 종신은 토지나 가끔 관직으로 된 베네피키움(beneficium: 녹봉, 은전, 봉토)을 수여받았다. 베네피키움과 종신제는 대개의 경우 상호 결부되어 있었다. 그러나 처음에는 베네피키움을 가지지 않은 종신과 종신이 보유하지 않은 베네피키움도 있었다. 초기에는 종신이 그의 주군에게 봉사하기 때문에 봉토를 받았으나, 후기에는 종신이 봉토를 가졌기 때문에 그의 주군에게 봉사했다(그의 주군에게 잘 봉사해야 했다). 주군에 대한 충성과 봉사가 더이상 가장 중요한 것이 되지 못하고 봉토가 가장 중요한 것이 되었다.

중세국가는 봉주(封主)와 봉신(封臣) 사이의 개인적 유대관계 위에 축조되어 있었다. 봉주-봉신-배신(陪臣) 등으로 된 봉토 피라미드가 생겨났다. 봉신이 여러 명의 봉주를 섬기게 되자, 봉주에 대한 충성과 봉사는 뒷전으로 밀려나는 퇴화 현상이 나타났다.

봉토제는 카롤링제국, 그중에서도 특히 루아르강과 라인강 사이 지역과 부르고뉴에서 발견된다.[16] 영국과 동방의 십자군 국가들에는 봉토제가 후에 외부로부터 전래되었다. 영국에는 1066년의 노르만 정복 이후 도입되었다. 봉토제는 스칸디나비아, 북해 연변(프리슬란트 지역들), 아일랜드, 스페인, 코르시카, 사르데냐, 이탈리아 그리고 동유럽에서는 전혀 존재하지 않았거나 불완전한 형태로 존재했다.

봉건 유럽이 어디에서나 똑같은 정도로 봉건화되지는 않았고, 동일한 리듬으로 전개되지도 않았으며, 어떤 곳에서도 완전한 형태로 성립하지는 않았다는 사실을 분명히 하는 것은 중요하다. 비록 지방에 따라서 큰 차이가 있기는 했지만 거의 모든 지방에서 크고 작은 자유지(自由地, allodiale goederen)[14]가 남아 있었으며, 어느 곳에서도 국가에 대한 관념이 완전히 사라지지는 않았다.

봉토제는 자연경제의 한 산물이다.[17] 봉주는 그의 봉신과 관리에게 화폐로 보수를 지급할 처지에 있지 않았기 때문에, 토지나 그 토지의 생산물로 보수를 지급해야 했던 것이다. 이런 방식으로 봉주는 특히 그를 위해 군사봉사를 수행하는 사람들과 유대관계를 맺었다. 봉신은 지원과 조언(auxilium et consilium)을 제공할 의무를 지고 있었다. 즉 봉신은 그의 봉주에게 충언과 행동으로써 도와야 했다.

봉주와 군사봉사나 관리의 직무를 수행하는 봉신들 그리고 성직자들도 먹고 입어야 했다. 화폐가 부족했던 사회에서 이것은 장원제를 통

....

14 봉건적 토지소유 관계에 들어 있지 않은 토지, 즉 농노적 상태의 농민에 의해서 경작되는 영주 소유의 토지가 아닌 토지를 말한다. 라틴어 사료에는 'alode' 또는 'allodium' 등으로 기록되어 있다.

해서 실현되었다. 장원제는 대소유지의 경영 형태 가운데 하나다. 대소유지의 경영 형태에는 여타의 것들도 있을 수 있다. 예컨대 로마제국의 라티푼디움(latifundium), 열대와 아열대 지역의 플랜테이션, 프로이센과 발트해 지역의 농장영지제(Gutbesitz) 같은 것이 있을 수 있다. 그러나 장원제와는 달리 이런 여타 형태의 대토지 경영들은 모두 생산물을 시장에 내다팔기 위해 생산한다.

장원제에서는[18] 대체로 대토지가 두 부분으로 나뉘어 있었다. 즉 토지 소유주가 직접 그 자신의 관리 아래 보유하거나 때로 장원관리인 (villicus 또는 major)에게 위임하여 관리하는 영주직영지 부분과, 농노들에게 배분되어 농노 스스로가 경영하는 나머지 농민보유지 부분으로 구분되었다.[15] 농노는 현물 형태로 생산물을 장원에 공납할 의무를 지며, 장원에 부역을 제공해야 했다. 뒤에 농노는 상속 및 결혼과 관련해서 제한을 받았고, 장원 영주나 대리인의 재판권 지배를 받았다. 처음에는 농노가 토지에 얽매여 있었다. 그러나 그 뒤 카롤링왕조 시대 이후에는 농노가, 심지어 노예 출신의 농노조차도, 그들의 보유지에 대한 상속권을 가졌다.

영주는 농노들이 조달하는 물품을 장원 현지에서 소비했다. 영주가 많은 장원을 소유한 경우에는 일정한 계획에 따라서 장원에서 장원으로 돌아다니며 소비생활을 영위했다. 중세 초기 대부분의 영주는 항구

....

15 이 책에서 원저자는 봉건제하의 농민을 '농노(horige)' 또는 '예농(horige boer)'이라고 쓰기도 하고 '농민(boer)'이라고 쓰기도 한다. 옮긴이는 원서에 쓰여 있는 대로 번역하되, 봉건제와 관련하여 원서에 '농노'나 '예속농민'이라고 명기되어 있지 않은 경우에는 이들을 포괄하는 농민이라는 말을 사용한다. 농노나 예속농민도 토지와 농기구를 이용하여 자신의 노동으로 농사를 짓는 농촌의 소생산자라는 의미에서는 농민이기 때문이다. 따라서 이 책에서 봉건제와 관련하여 '농민' 또는 '농민보유지'라고 번역한 말들은 문맥에 따라서 농노나 농노보유지와 같은 뜻이다.

적인 거주지를 거의 가지고 있지 않았다. 그들은 끊임없이 그들의 식솔을 대동하고 돌아다니면서 마치 메뚜기떼처럼 토지의 산물을 먹어 치웠다. 다른 또 하나의 소비제도는 생산물을 영주의 고정된 거처지로 수송하는 것이었다. 이런 제도는 특히 수도원이나 주교좌 교회가 소유한 장원들에서 실시되었다. 각 장원의 농노는 장원을 방문한 영주에게 일정 기간 음식을 제공하거나 포도주, 양모, 아마포 또는 치즈와 같은 약간의 지방 특산물을 공납할 의무를 지고 있었고, 육로나 수로로 생산물을 운반할 의무를 가지고 있었다. 또한 농노는 영주직영지에 정적부역(定積賦役)이나 정기부역(定期賦役)의 형태로 쟁기질작업, 수확작업, 탈곡작업과 같은 부역을 수행해야 했다.[16]

이런 장원제 속에서 우리는 로마제국 후기의 상황으로부터 기원하는 다음과 같은 여러 가지 요소를 보게 된다.

1. 앞서 말한 바와 같이, 현물 또는 부역의 형태로 지불되는 지대는 화폐경제에서 자연경제로의 이행의 결과다.

2. 세습적 소작제는 인력 부족난의 결과다. 우리는 로마제국 후기에—이미 게르만족의 대이동 이전에—인구가 감소하는 것을 볼 수 있다. 더군다나 동방으로부터의 노예 수입도 중단되었다.

3. 토지에의 긴박은 대토지 소유자로 하여금 그들의 지배 아래 있는 사람들에 대한 징세와 징병의 책임을 지도록 한 로마 당국의 법적 조치의 결과다. 3세기 말경 농민은 법적으로 토지에 긴박되었고, 예속에 관한 법률은 5세기에 더욱 엄격해졌다.

....

16 정적부역은 영주직영지 경작을 위한 농민의 부역을 일정한 면적으로 부과하는 방식이고, 정기부역은 경작부역을 일정한 기간을 정하여 부과하는 방식이다. 정기부역에는 흔히 매주 3일 정도의 부역이 부과되는 주부역, 매월 며칠간 부역해야 되는 월부역, 연간 수행해야 될 총 부역기간을 정하는 연부역 등이 있었으나, 주부역 부과방식이 가장 많았다.

4. 장원재판, 즉 장원농노에 대한 장원영주의 재판은 국가권력이 붕괴된 결과다.

봉토제와 마찬가지로 장원제도 루아르강과 라인강 사이의 북부 프랑스와 독일의 라인란트에서 가장 고도로 발달했다. 라인강 동쪽의 독일에서는 장원제가 별로 발달하지 못했다. 영국에서는 11세기 초에 처음으로 장원들이 발견된다. 그러나 그때에도 데인로 지역(Danelaw)[17]에 속하지 않는 지방들, 즉 동부와 남부 지방에서만 장원이 발견될 뿐, 북부 지방에는 장원이 존재하지 않았다. 영국에서는 1066년 노르만족의 정복 이후에야 비로소 장원제가 널리 확대되기 시작했다. 장원제는 프랑스 남부에서는 불완전한 모습으로 존재했고, 스페인의 여러 지방에서는 늦게 발달했으며, 이탈리아에서는 화폐사용의 증가로 조기에 쇠퇴하였다. 장원은 스칸디나비아에는 존재하지 않았으며, 에이뫼이던(Ijmuiden)[18]에서 덴마크의 경계에 이르는 북해 연안에서도 존재하지 않았다.

장원제가 북해 연안 지역에는 전혀 또는 거의 전파될 수 없었던 원인으로는 다음과 같은 몇 가지가 지적될 수 있다.

1. 경종농업의 생산물이 외지로부터 수입되지 않으면 안 되었던 목축 중심의 농업 특화.

2. 이와 같은 농업의 특화로 말미암아 카롤링제국의 바깥 멀리까지 교역 지역이 확대된 무역과 항해의 발달.

3. 카롤링제국의 인접 지역에서보다 더 큰 역할을 담당했던 화폐경제의 지속.

·······

17 9-11세기 노르만족의 일파인 데인족이 점령하여 그들의 법률을 시행한 잉글랜드 북동부 지역.
18 네덜란드의 암스테르담 서북쪽 해안에 있는 도시.

4. 해안의 바로 인근에 10세기에 이미 간척사업이 착수되었던 광대한 야생미경작지, 즉 보다 내륙 쪽으로 위치한 늪지대의 존재. 이 새로운 땅에서 개간자들이 향유했던 크나큰 자유는 구(舊)정주지의 사람들에게 영향을 줄 수밖에 없었다.

어떤 나라에서도 농촌주민 전체가 인신적, 세습적 예속상태에 빠지지는 않았다. 상호 충실의 맹세를 통해서 공동의 유대감을 가지고 사는 자유농민이 여러 지방에 존재했다.[19] 그 밖에도 새로운 식민 지역과 변경 지역에는 고도의 자유를 누리는 농민집단들이 생겨났다.

영주의 허락 없이 자유롭게 양도될 수 있었던 자유지는 여러 지역에, 특히 장원제가 크게 확산되지 못했던 지역들에 여전히 남아 있었다.

경제적 봉건제라고도 불렸던[20] 장원제는 봉토제의 경우보다도 더 자연경제와 결부되어 있었다. 무엇보다 현물공납 의무와 부역수행 의무가 이를 증명한다. 경제상황과 사회구조가 연관되어 있음은 의심의 여지가 없다. 봉건제(봉토제와 장원제로 구성)와 자연경제 모두 카롤링제국의 중심지였던 루아르강과 라인강의 사이 지역에서 가장 발달했다.

경제적 측면에서 볼 때, 장원제의 결과는 별로 만족스러운 것이 못 되었다. 사람들은 스스로의 소비에 필요한 정도만 생산했고, 자본은 축적되지 않았으며, 분업도 거의 존재하지 않았다. 사람들은 농사일 외에도 다른 많은 종류의 일을 해야 했다. 그것은 누구나 쉴 새 없이 바쁜 완전고용의 사회였다. 그러나 모두의 활동에도 불구하고 생활수준은 매우 낮았다.

카롤링왕조 시대 이전부터 벌써 존재했던 장원제는 그 시대에 기름얼룩 모양으로 퍼져 나갔다. 9세기 말부터 10세기에 걸쳐 장원제, 즉 토지영주제(seigneurie domaniale) 곁에 재판영주제(seigneurie banale)가

형성된다. 이 둘 사이의 차이는 토지영주제의 경우 영주가 자신의 장원에 소속되어 있으면서도 대체로 흩어져 사는 농노들에 대해서만 재판권을 행사하는 데 비해서[인신적 예속(Personenverband)], 재판영주제의 경우에는 영주가 농노든 자유인이든 일정한 재판 관할구역 내의 모든 주민에 대해서 재판권을 행사한다[영역적 예속(Territorialverband)]는 것이다.

13세기에 화폐유통이 확대되자 봉건제는 급속히 쇠퇴했다. 새로운 귀금속 자원의 개발에 따른 화폐수량의 증가와 제후들에 대한 어음 및 채권 형태의 신용대부는 봉토제와 장원제에 영향을 미쳤다. 이제 영주는 봉신들의 조언과 봉사가 필요 없게 되었다. 그들은 전쟁을 치를 때 언제나 신뢰할 수 있었던 것은 아닌 봉신들 대신에 용병을 이용했고, 행정에는 봉급으로 지불되는 관리를 고용했다. 장원제에서 현물과 부역의 형태로 영주에게 지불되던 농민의 부담은 화폐의 형태로 바뀌었다. 12세기 후반과 13세기에는 화폐지대가 나타났다. 영주에 대한 농민의 현물납(現物納)이 금납(金納)으로 바뀐 최초의 품목은 오래 보관하기 어렵거나 소량으로만 공납되던 것들, 즉 물고기, 버터, 달걀, 돼지 따위였다. 곡물은 가장 오랫동안 금납화되지 않고 현물납 형태로 남아 있었다.

몽테스키외와 볼테르의 시대 이래 역사가들은 봉건제가 전형적인 유럽적 현상이었는지, 아니면 여타의 문명들에서도 나타났는지에 대한 문제를 두고 고심해 왔다. 몽테스키외는 봉건제를 유례없는 것으로, 즉 "세계에서 단 한 번 도래하고, 아마 결코 다시 도래하지 않을 하나의 사건"으로 보았다. 볼테르는 그것을 매우 오래되고 세계의 도처에서 발생한 것으로, 즉 "봉건제는 결코 하나의 사건이 아니며, 상이한 행정체계를 갖기는 하지만 북반구의 $\frac{3}{4}$에서 잔존하는 매우 오래된 형태"라는 견해를 가지고 있었다.[21]

브루노 힐데브란트에 의하면 자연경제와 봉건제는 불가분의 관계에 있다. 모든 나라가 자연경제 단계를 거쳤음에 틀림없기 때문에 각 나라는 역시 봉건제를 경험했다는 것이다.[22] 또 다른 독일의 학자인 힌체는 봉건제를 부족에서 국가로의 정상적인 발전에서 일탈된 현상으로, 즉 어떤 한 사회가 세계적 제국에 편입되는 단계를 통과하는 경우에 발생하는 현상으로 보았다.[23]

블로크는 유럽의 봉건제를 일본의 봉건제와 비교했는데, 유럽의 봉건제 관련 개념과 용어에 해당하는 것들을 일본의 봉건제 속에서 발견한다는 것이 얼마나 어려운지를 잘 보여 주고 있다.[24] 도프슈의 견해는 모호하고 혼란스럽다. 왜냐하면 자연경제와 화폐경제에 대한 그의 구별은 정확하지 않고 봉토제와 농노제에 대한 그의 정의도 불분명하기 때문이다.[25]

일군의 미국 학자들은 공동의 한 저서 속에서 여러 문명 속에 나타나는 봉건제에 관한 현상을 다루었다. 그 책의 끝에서 쿨본은 봉건제에 대한 일반적인 견해를 피력했다. 이 연구는 봉건제가 하나의 정치적 현상, 즉 봉주와 봉신 사이의 개인적 관계에 기초한 통치의 한 형태—그 경우에는 정치적 권능의 행사가 일종의 사적 소유권의 행사로 간주되고 있다—라는 명제로부터 출발한다. 그러나 지배자가 농민에게 흔히 행사하는 정치권력은 봉건제 존재의 증거가 전혀 되지 못한다. 이 견해에서는 봉건제를 오로지 봉토제로 보고 있으며, 더욱이 경제적 상황은 완전히 무시하고 있다.[26] 봉토제 및 농노제와 자연경제의 관계에 대해서는 아무런 언급이 없다.

그렇지만 이 마지막 문제를 연구의 중심으로 삼는 경우, 봉건제가 얼마나 유럽에 고유한 것이고 얼마만큼 보편적인 것인가 하는 문제에 대한 대답은 다음과 같으리라고 생각된다. 만약 우리가 농노제를 지배 계급에 예속되어 그들에게 생산물과 화폐를 바쳐야 하는 농민집단으로 이해한다면, 봉건제는 거의 어디에서나 발견할 수 있는 제도다. 그러나 농노제를 농노들이, 장원영주로부터 기인했거나 또는 장원영주와 장원농노 모두에게서 기인했을 수도 있는 장원법의 지배를 받으면서 살고, 재판과정에 참가하며, 상속, 이동, 사망의 경우 장원법상의 부담을 지지 않으면 안 되는 제도로 간주할 때에는, 봉건제는 순전히 서유럽적인 것이다.

우리가 봉토제를 군사봉사의 수행에 대한 보수로 토지를 지급받는 하나의 군사적 카스트제도라고 이해한다면, 그와 같은 제도는 로마, 중국, 페르시아, 비잔티움 및 아랍인 지배 아래의 이집트에서와 같이 많은 시대, 많은 지역에서 볼 수 있는 것이다. 그렇지만 봉토제를, 봉신이 대등한 관계에서 그의 봉주에게 충성의 맹세를 하고 봉주를 충언과 행동으로 돕고―따라서 군사적 봉사만 수행하는 것이 아니다―그렇게 하는 속에서도 저항권을 가지는 제도라고 할 때에는, 그것은 오직 서유럽에만 존재했던 제도다.[27]

자연경제 시대 또는 자연경제와 화폐경제의 병존 시대는 역사상 종종 존재했다. 그런데 서유럽에서 자연경제 시대의 특징은 적어도 그전에는 서유럽의 일부를 구성했었던 지방들과의 무역이 불가능했다는 것이다. 게다가 서유럽에는 귀금속의 양이 매우 적었다. 이 '섬'과 같은 사회에서 사람들은 그들이 처한 어려운 환경에 대한 독자적 해결책을 봉토제와 농노제라는 특별한 서유럽적 형태의 틀 속에서 찾았던 것이다.

봉건제는 확실히 유럽 전체의 특징은 아니었지만, 서유럽의 일부로 봐서는 특징적인 것이었다. 일반적 양상은 귀금속으로 된 화폐가 부족한 시대에 사람들이 생산물을 통해서든 부역노동을 통해서든 현물의 형태로 조세, 지대 및 봉급을 지불하는 경제체제로 이행했다는 것이다.

2. 장원제

'고전장원제'

중세 초기의 농업에 관한 서술에서 장원제는 언제나 큰 관심사가 되고 있다. 이것은 생산과 소비가 상호 연관지어진 장원제적 방식이 그 후의 방식과는 전혀 달라서 그 유별난 특징이 흥미를 자아내기 때문이다. 그렇지만 장원제에 대한 서술 비중이 큰 것은 당시 사료의 일면적 성격 때문이기도 하다. 현존 문헌사료는 거의 전적으로 장원제만을 언급하고 있다. 그러나 우리는 장원제가 서유럽의 일정 지역들에서만 발달했다는 사실을 알아야 한다. 장원제가 불완전하게 발전한 지역이 많이 있었는가 하면, 전혀 알려지지 않은 지역도 있었다. 또한 봉건적 관계에 들지 않은 자유지들이 장원제 발달의 일부 중심지들에서까지 잔존했다.

문헌사료의 가치는 그것이 왕실과 부유한 수도원들의 대소유지만을 언급하고 있기 때문에 더욱 제한된다. 이러한 대소유지는 효율적인 조직을 필요로 했으므로, 그 토지 소유자가 이 서류를 대단히 신경 써서 보존했다는 것은 충분히 있을 수 있는 일이다. 대소유지라도 세속인의 소유지와 소규모의 교회기관 소유지에 관해서는 훨씬 적게 알려져 있다. 세속인 가운데에는 대토지 소유자만이 아니라 대단히 많은 소토지 소유자도 있었다.

이처럼 문헌사료가 제시하는 모습은 왜곡되어 있다. 그럼에도 불구하고 이전의 많은 역사가는 그런 사실을 충분히 인식하지 못했다. 우리는 소규모 소유지들이 존재했다는 흔적을 이런 토지가 기증이나 매매를 통해서 대토지 소유자들, 특히 수도원들에 이전되는 과정에서 엿볼 수 있을 뿐이다.

장원조직이 지역에 따라서 달랐다는 점과 비교적 짧은 기간 내에 변화를 겪었다는 점도 장원제를 제대로 이해하기 어렵게 만든다. 이러한 차이와 변화로 말미암아 전체상을, 그것도 장기간에 걸쳐 타당한 전체상을 그려 낸다는 것은 힘든 일이다. 또 하나의 애로사항은 용어의 의미가 시대에 따라서 변하는 데다가 의미내용이 지역에 따라서 달라진다는 것이다.

이러한 난점들은 여러 가지 인구집단의 법적 지위를 다룰 때 명확하게 드러난다. 그러나 이런 문제들은 농업사보다도 법제사(法制史) 영역에 속하는 측면이 더 크므로, 여기에서 이와 관련된 문제를 자세히 논할 수는 없다. 법적 지위와 경제적 지위가 일치하지 않는 경우는 빈번히 있었다. 자유인들 사이에서뿐만 아니라 농노들 가운데에도 대농과 소농이 존재했다. 그런데도 우리는 대부분의 자유인이 가난한 소농이었다는 느낌을 받고 있는 것이다.

장원조직을 잘 보여 주는 유명한 예로 흔히 잘 들곤 하는 사료로는 토지 등 영지 내 재산의 관리 상황이 기록되어 있는 파리의 생제르맹데프레 수도원의 영지명세장(Polyptiek)[1] 및 카롤루스 대제 시대에 작성된 것으로 추정되는 왕령지 관리에 관한 칙령인 "장원관리령(Capitulare de villis)"[1]이다.[2] 그러나 이 칙령은 9세기의 농업에 관해서 알 수 있는 자료로는 그 가치가 그리 높게 평가될 수 없다. 이것은 당시의 현실을 반영하기보다 추구되어야 할 하나의 이상을 제시하고 있기 때문이다. 예를 들면, 왕령지에서 재배되었음에 틀림없을 이 칙령의 끝부분에 기재된 일련의 식물들의 이름은 로마제국 후기에 작성된 그리스어와 라틴어로 된 식물목록들에까지 거슬러 올라간다.[3]

벨기에, 북부 프랑스, 서부 독일 및 잉글랜드에 위치한 여러 대수도원의 영지명세장들은 아직도 보존되어 전해지고 있으며, 그 속에는 농노의 의무들이 기록되어 있다. 잉글랜드에서는 윌리엄 정복왕의 명령에 의해서 작성된 『둠즈데이북』(Domesdaybook)[2]이 1086년의 토지소유 상황에 대해 깊이 알 수 있는 자료를 제공하고 있다.[4]

다음의 서술에서는 메로빙왕조 및 카롤링왕조 시대로부터 대략 11세기 초까지에 걸쳐 지배적인 형태였던 장원제[3]를 그 다음 시기의 장원제[4]와는 구별하여 별도로 다룰 것이다. 후기에는 재판영주제의 대두

....

1 이것은 800년경 왕령지와 왕령지 내의 장원들을 관리인들이 어떻게 관리해야 하는지를 법적으로 상세하게 규정한 카롤루스 대제의 칙령이다.
2 노르망디 공 기욤(윌리엄)이 1066년 잉글랜드를 정복한 후 조세징수 등 통치의 목적으로 1086년 작성하게 한 잉글랜드의 전국적인 토지조사대장. 정복 당시와 조사 당시의 영주 이름과 직할지 면적, 농민보유지별 면적, 공유지의 크기, 쟁기의 수, 신분별 농민의 수 등을 상세하게 기록한 귀중한 사회경제사 사료이다.
3 이른바 고전장원제를 말한다.
4 이른바 순수장원제 또는 지대장원제를 말한다.

로 많은 지역에서 토지영주제의 성격이 상당히 변질되었다.

많은 사료가 보존되어 전하는 부르고뉴 지방의 토지소유 유형은 다음과 같이 분류될 수 있다. 아마도 다른 지역의 토지소유 유형도 이와 크게 다르지 않았을 것이다.[5]

1. 장원들로 조직된 소유지.

토지소유자 스스로는 토지를 경작하지 않고 토지는 예속농민들에 의해서 경작되었다.

1) 왕, 부유한 교회기관(주로 수도원과 주교좌들) 및 부유한 세속인들의 대소유지. 이 소유지들은 대체로 하나의 넓은 지역에 걸쳐 있는 수백 개의 농민보유지로 구성된다.

2) 소지주들(덜 부유한 수도원과 세속인들)의 소유지. 이런 소유지는 기껏해야 10여 개(10-20개)의 농민보유지로 구성되어 있었다. 작은 소유지는 평균 4개, 보다 큰 것은 평균 12개의 농민보유지로 구성되었다.

2. 장원으로 조직되지 않은 소유지.

토지소유자가 스스로 토지를 경작했다.

1) 쟁기와 한 조(組, span)의 역축[5]을 가진 농민들[쟁기농들(laboratores)]의 소유지. 이들 농민은 몇몇 촌락에 산재했을 가능성이 있는 그들의 토지를 한두 명의 농노의 조력을 받아 경작했다.

2) 쟁기와 역축을 가지지 못한 농민들의 소유지. 그들은 대부분 매우 작은 크기(1-2헥타르)의 토지소유자였다. 따라서 그들은 자신들의 부족한 소득을 보충하기 위해서 더 큰 토지소유자의 토지에서 일하지 않으면 안 되었다.

....

5 쟁기를 끄는 한 떼의 가축으로, 보통 2두의 황소로 짜인다.

토지는 또한 당시에 모두 소규모의 많은 필지(筆地)로 나뉘어 있었다. 결혼과 상속으로 말미암아 소유지가, 소토지 소유자들의 토지조차, 몇 개의 촌락에 흩어져 있었다. 그래서 소토지 소유자들은 교환과 매입을 통해서 그들의 소유지를 한데 모으려고 했다. 따라서 토지소유권이 끊임없이 이동하는 상태에 있었다. 토지의 세분화가 얼마나 심했는지는 14개의 필지들로 구성된 0.55헥타르 크기의 토지 매입의 사례에서 볼 수 있다.

이 시기에 소농에서 대농으로의 발전은 아직 상당히 완만하게 진행되었다. 한편 10세기 말 재판영주제의 대두에 따라서 자영농과 예속농의 구별은 사라진 반면에, 자영농과 영주의 차이는 더욱 확대되었다.

오래된 수도원들의 소유지는 대단히 컸다. 다음의 수치는 미경작지가 포함된 것임을 염두에 두어야 하지만 그 규모가 어느 정도인가를 보여 준다. 생제르맹데프레 수도원은 1384년에 2,434헥타르로 줄어들기는 했으나, 9세기에는 3만2,748헥타르의 토지를 소유하고 있었다. 니벨 수도원(벨기에의 브라반트 지방)은 640년 직후 창설될 무렵에 1만6,000헥타르의 토지를 기증받았고, 생토메르(프랑스의 파드칼레 지방)에 있는 생베르탱 수도원은 850년경 1만120헥타르 이상의 토지를 소유하고 있었다. 1050년경 잉글랜드의 일리 수도원[6]은 6개의 주에 흩어져 있는 116개의 촌락에 걸쳐 토지를 소유하고 있었으며, 그 밖에도 이 수도원에 예속되어 있는 사람으로 200개의 다른 촌락에 걸쳐 1,200명이 더 있었다. 2세기가 지난 후에는 많은 토지를 상실하기는 했지만, 한편으로 늪지대의 매립과 제방축조를 통해서 경지가 늘어남으로써 이 수도원의 토지면적은 2만8,000헥타르에 달하게 되었다.

....

6 케임브리지의 북동쪽에 위치.

대단히 부유한 이런 수도원들 외에 아주 작은 규모의 토지로 운영되어야 했던 수도원들이 있었다. 예를 들면, 서부 잉글랜드에 있는 테이비스톡 수도원은 1066년에 약 1,200헥타르의 토지를 소유하고 있었으나, 이것은 1086년 무렵에는 800헥타르 이하로 축소되었다.

소토지 소유자의 토지는 일정 지역에 집중되어 있었다. 소규모 소유지가 평균 몇 개의 농민보유지로 구성되었는지에 관해서는 앞에서 이미 언급한 바 있다. 농민보유지들의 크기는 서로 달랐으나, 대략 15헥타르였다고 추산된다. 따라서 가장 작은 소유지는 평균 약 60헥타르였고, 비교적 큰 것은 180헥타르 정도 되었다. 소규모 소유지에서 농민보유지 외에 영주직영지의 면적은 5헥타르에서 50헥타르에 이른다.

대토지 소유자의 토지는 아주 다양한 지방들에 흩어져 있었다. 이것은 우연한 결과가 아니라 의도적으로 생산물의 조달을 확보하기 위한 것이었다. 즉 토지가 곡물 조달을 위해서는 경종농업 지역에, 포도주 조달을 위해서는 포도재배 지역에, 대규모 목양업을 통한 양모나 그 지역에서 이미 제조되고 있던 직물의 조달을 위해서는 저지 해안 지역에 분포되어 있었다. 양모의 조달이야말로 풀다, 베르덴, 코르바이(Corvey)[7]와 같은 수도원과 교회들이 네덜란드 북부에 토지를 소유했던 가장 중요한 이유 가운데 하나였다. 니벨 수도원의 소유지는 특히 브라반트, 보름스 인근, 랑(Laon)[8] 인근(포도주), 본 인근(포도주) 그리고 프리슬란트에 있었다.

광대한 지역에 흩어져 있는 이들 소유지는 정기적으로 점검되어야 했으며, 그 생산물은 먼 거리를 거쳐 수도원으로 수송되어야 했다. 루

....

7 독일의 중북부 베저강변 소재.
8 프랑스 북동부 피카르디 지방의 도시.

르강변에 있는 베르덴 수도원은 소유지들과 수도원을 연결하는 도로들을 따라서 완벽한 역참망(驛站網)을 구축했음이 알려져 있다. 이 수도원의 수도원장이나 그의 대리인은 순시 도중 수도원 소속의 어떤 농민보유지에서나 유숙하면서 숙식을 제공받을 수 있었다. 그래서 베르덴 수도원은, 트벤터(Twente)[9]의 광대한 소유지와 프리슬란트 해안 지역의 소유지를 연결하는 도로변을 따라서 흩어져 있는 많은 농민보유지를 드렌터(Drente)[10]에 소유하고 있었다. 그 도로는 달런(Dalen)[11]으로부터, 혼트스루흐 구릉지대(de Hondsrug)[12]와 평행선을 그리면서 슬렌, 흐롤로, 론, 티날로 및 홀리먼을 거쳐 흐로닝언까지 뻗어 있었다. 도로에는 대략 10킬로미터 간격으로 역참이 있었다.[6] 베르덴 수도원과 동부 프리슬란트에 있는 이 수도원 소유의 토지 사이에 위치한 엠스강 지역에도 이와 같은 종류의 교통망이 있었다.[7]

우리는 수도원들이 결국 원격지에 있는 그들의 토지를 버리고 가능한 한 토지를 수도원 근처에 집중시키려고 노력한 것을 볼 수 있다. 수도원이 이런 노력을 하게 된 것은 소유지가 심하게 흩어져 있는 데에서 오는 경영상의 곤란 때문이었다. 서툰 경영으로 말미암아 토지는 끊임없이 상실되고 있었다. 어려운 상황(전쟁이나 약탈 또는 흉작)이 발생한 시절에 그들의 의무를 이행할 수 없었던 농노들은 정상적 상태가 회복된 경우에도 종종 그들이 아무것도 부담하지 않았던 시절의 '구(舊)관습'을 이유로 이전의 부담을 다시 지기를 거부했다. 많은 전쟁과 (특히 노르만족의) 약탈사태 그리고 아주 먼 거리에 위치함으로써 자주

....
9   네덜란드의 중동부 독일 접경지방.
10 네덜란드의 북동부 지방.
11 오늘날 독일과의 국경에 가까운 드렌터 지방의 작은 도시.
12 네덜란드의 드렌터 지방에서 북서쪽으로 최북단 지방인 흐로닝언까지 뻗어 있는 언덕들.

발생했던 거듭된 교통두절은 정상적인 영지 경영을 어렵게 했다. 잃어버린 토지는 수세기 동안 회계장부에 미납된 것으로 기록되어 있었다. 일부 수도원은 먼 곳에 있는 토지를 가까이에 있는 다른 토지와의 교환을 통해 정리할 수 있었다.

토지소유주가 스스로 직접 경작하지 않았던 토지는 장원들로 조직되었다. 이 무렵 장원에 대해서는 빌라(villa)라는 말이 사용되었고 왕령지에서는 피스쿠스(fiscus)라는 말이 사용되었다. 후에는 쿠르티스(curtis) 또는 쿠리아(curia)라는 말[잉글랜드에서는 매너(manor)]이 사용되게 되면서, 빌라라는 말은 촌락 또는 작은 촌락이라는 의미를 띠게 되었다.[13]

고전장원의 특징적인 면은 두 부분, 즉 토지소유주 또는 그의 장원 관리인(villicus, maior, meijer)이 경영하는 영주직영지와 농노들에게 분양된 농민보유지들로 구분되었다는 점이다. 영주직영지(domein, 오늘날의 프랑스어로는 'réserve')는 광이나 기타의 부속건물들이 딸린 가옥과 뜰로 이뤄지는 영주저택(curtis dominica)과 그리고 곡물경작지(cultura, 또는 일부 지방에서는 condemine), 채초지[때로는 관목숲(brullium)], '클로(le clos)'라고 불렸던 포도밭으로 구성되는 직영토지(terra indominicata)를 포함한다. 그 밖에 물레방아, 양조장, 여관도 영주직영지에 부속되어 있는 경우가 있었다. 농민보유지(mansus, Hufe, tenure, virgate)는 가옥, 뜰, 곡물경작지, 채초지로 이루어져 있고, 때로 포도밭을 포함하는 경우가 있으며, 임야, 야생미경작지, 휴경지를 이용할 권리를 포함한다.

....

13 빌라에서 파생된 프랑스어와 영어의 'village'는 촌락의 뜻으로 사용되고 있다.

영주직영지의 면적은 때로 임야와 야생미경작지가 큰 부분을 차지했기 때문에 일정하지 않았다. 생제르맹데프레 수도원과 바이에른 지방의 슈타펠제 수도원 소유 장원들의 경우와 같이, 대수도원에 속하는 영주직영지의 경지면적은 250헥타르(후자의 경우에는 247헥타르)나 되는 것도 있었다. 비교적 작은 수도원과 소규모 토지소유자들의 경우에는 영주직영지의 경지면적이 5-50헥타르 정도였다. 헨트(Gent)[14]의 신트피터르 수도원의 경우, 헨트에 위치한 장원의 영주직영지의 경지면적은 25헥타르였다.

농민보유지는 원래 한 세대의 가족을 부양할 수 있는 규모(terra unius familiae)로 되어 있었다. 그러나 센강 유역과 같이 비교적 인구가 조밀한 지방에서는 여러 세대의 가족이 하나의 농민보유지를 보유하고 살거나, 한 세대의 가족이 농민보유지의 반쪽 또는 $\frac{1}{4}$쪽을 보유하기도 했다. 하나의 완전 농민보유지(de gehele hoeve)[15]를 여러 세대의 가족이 보유하는 경우에도 그 농민보유지는 단 하나의 의무 및 부담의 부과단위로 간주되었다. 12세기 초에는 로렌의 영주들이 $\frac{1}{4}$쪽 농민보유지[16]를 하나의 의무부과 단위로 인정하는 변화가 있었다. 그렇지만 이미 그동안 농민보유지의 세분화는 크게 진전되어 심지어 $\frac{1}{16}$쪽 농민보유지까지도 존재하였다. 동일한 발전이 나뮈르(Namur)[17]와 바이에른과 같은 다른 곳들에서도 나타났음을 우리는 볼 수 있다.[8]

....

14 벨기에의 플랑드르 지방 소재.
15 완전 농민보유지란 당시의 생산력 수준 아래서 그 보유자가 영주직영지를 경작할 수 있는 노동력을 재생산하기 위해 필요한 크기, 즉 보유자 자신과 그 가족의 생계를 유지할 수 있는 크기의 농민보유지를 말한다. 그 크기는 지역과 토질 그리고 농민보유지에 따라서 다르지만 보통 10헥타르 전후였다.
16 완전 농민보유지의 $\frac{1}{2}$정도 크기로 된 농민보유지를 말한다.
17 벨기에 남서부 지방.

893년 빌랑스(벨기에의 뤽상부르 지방)의 인구밀도는 34개의 완전 농민보유지를 보유하여 살고 있는 다음과 같은 농민가족의 세대 수를 통해서 알 수 있다.[9]

하나의 농민보유지를 공동 보유한 농노가족의 세대 수	농민보유지의 수	농민보유지별 보유세대 총수
4세대	22	88
3세대	5	15
2세대	4	8
1세대	3	3
합계	34	114

농민보유지의 면적은 보유지에 따라서 큰 차이가 있었다. 인구밀도와 토질이 그 크기의 주요 결정요인이었다. 파리 근처에 있는 생제르맹데프레 수도원 소유의 네 개 촌락에서 농민보유지의 평균면적은 각각 4.85, 6.10, 8.00 그리고 9.65헥타르였다.[10] 아르투아에서는 농민보유지의 크기가 12헥타르에서 17헥타르 사이였으며, 에노(Hainault)[18] 지방의 로브 수도원 영지에서는 15헥타르에서 38헥타르 사이였다. 생베르탱 수도원 영지의 포퍼링어 장원(서부 플랑드르)에서는 농민보유지의 평균 크기가 다음의 표와 같았다.[11]

인구밀도가 낮은 지방들에서는 양치기와 돼지치기의 보유지가 여타의 일반 농민보유지보다 더 작았다. 인구조밀 지역에서는 일반 농민보유지보다 더 작은 소규모 농민보유지들(hospicia, hôtises, bordarii)이 발견된다.

....

18 벨기에 중서부의 프랑스 접경 지방.

농민보유지의 수	평균 크기(헥타르)
10	약 30
10	약 25
10	약 19
17	약 17
합계 47	합계 1,029

농민보유지의 토지이용 형태는 820년경 생제르맹데프레 수도원에
속하는 한 농민보유지에서 볼 수 있다. 여기에서 토지는 다음과 같이
구분되었다.[12]

토지이용 형태	면적(헥타르)
곡물경작지	11.3170
채초지	0.6055
포도밭	0.1730
합계	12.0955

촌락의 경지면적은 25헥타르에서 450헥타르 사이였고, 보통은 약
200헥타르에 달했다. 야생미경작지가 방목지로 이용되거나 건초 생산
지의 일부로 사용되었으므로, 채초지의 규모는 일반적으로 매우 작았
다.[13] 임야는 농민이 도토리를 이용하여 돼지를 방목할 수 있었기 때문
에 돼지 사육을 위해서는 중요한 것이었다.

한 장원 전체의 토지이용은 릴(프랑스)의 소맹에 있는 왕령지를 통
해서 알 수 있다. 우리는 당시에 많은 수의 대토지 소유자가 있었다는
사실을 잊어서는 안 되나, 여기에서는 국왕과 수도원에 한정하여 살펴
보겠다. 868년경에 소맹 장원의 토지는 다음과 같이 구분되었다.[14]

토지이용 구분	면적(헥타르)
왕령지의 영주직영지 중 곡물경작지	250.6
채초지	44.8
임야(및 야생미경작지)	785.4
미상	5.6
이 왕령지 장원에 소속된 농민보유지들	130.2
수도원에 기증된 9개의 농민보유지	151.2
합계	1,367.8

영주직영지와 농민보유지 사이에는 불가분의 상호 관계가 존재한다. 다시 말하면, 농민보유지를 보유한 농노는 영주직영지의 경지를 경작할 의무가 있었던 것이다. 농노는 갈이질, 써레질, 제초작업, 수확작업을 해야 했다. 이것은 영주직영지의 경지면적과 농노보유지의 면적 사이에 일정한 비율관계가 존재했음을 의미한다. 영주직영지의 면적이 농노들의 노동력만으로 경작하기에는 너무 큰 경우, 영주직영지 경영이 어렵게 되거나 영주가 고용노동력을 사용할 필요가 생긴다.[15] 영주직영지 면적과 농민보유지 합계면적의 적절한 비율관계는 1:2였던 것으로 보인다.[16] 그러나 소맹 장원의 예는 이것과 조금도 일치하지 않는다.

토지는 수많은 필지로 쪼개져 있었으며, 특히 곡물경작지의 경우 널리 산재된 많은 필지로 이루어져 있었다. 대체로 영주직영지는 농민보유지와 따로 떨어져 있지 않고 농민보유지들과 뒤섞여 있었다.

우리는 장원을 그 장원에 소속된 농민보유지들의 분포에 따라서 다음과 같이 네 가지 유형으로 분류할 수 있다.[17]

1. 촌락 내의 모든 농민보유지를 포괄하는 장원[영국 학계에서 말하는 단일장원(the unitary manor)].

2. 어떤 장원의 농민보유지들 모두가 하나의 촌락 내에 들어 있지만, 동일 촌락 안에 다른 영주의 농민보유지들도 병존하는 장원[프랑스 학계에서 말하는 집중형(type ramassé)].

3. 어떤 장원의 농민보유지들이 둘 또는 세 개의 근접한 촌락들에 나뉘어 있으며, 이들 촌락에는 다른 영주의 농민보유지들도 병존하는 장원[군집형(type groupé)].

4. 어떤 장원의 농민보유지들이 다수의 촌락에 흩어져 있지만, 각 촌락에는 그 장원에 속하는 농민보유지들이 단지 몇 개씩만 있는 장원[분산형(type dispersé, the federative manor, Streulage)]. 예컨대 925/926년에 오수아(Auxois)[19]에서는 하나의 장원에 소속된 16개의 농민보유지가 12개의 촌락에 분산되어 있었다.

전에는 첫 번째 유형이 대부분이고, 이것이 원래의 모습을 가장 잘 보여 준다고 생각되었다. 이런 생각은 결코 옳지 않다. 두 번째와 세 번째 유형이 가장 흔히 볼 수 있는 것들이다. 이러한 장원들은 북부 및 동부 프랑스, 남서부 독일, 롬바르디아 그리고 남동부 잉글랜드에서 지배적이었다. 네 번째 유형은 라인강 동쪽의 서부 독일, 네덜란드 및 잉글랜드의 북부와 동부 지역(데인로 지역), 즉 장원제가 충분히 발달하지 못했던 지역들에서 우세한 유형이었다. 장원제는 10-11세기에 독일의 라인란트 지역에서 동부 네덜란드로 전파되었다. 북서부 독일에서는 8-9세기에 처음으로 장원에 대한 기록이 나타난다. 이 지역에서는 장원의 수가 다음 세기 이후 증가했다. 대체로 여기에서는 장원이 오래된

....

19 부르고뉴 지방에 위치.

교역로나 그 인근에 위치해 있었다. 오래된 촌락들에서는 장원을 찾아볼 수 없다. 이 북서부 독일 지역에서는 마을들이 들어선 지 오랜 세월이 지난 후에야 장원들이 설치되었음이 틀림없어 보인다.[18]

장원은 화폐유통이 제한되어 있는 사회에서 영주가 소득을 얻는 수단이었다. 이 목적을 달성하는 데에는 다음의 두 가지 방법이 있었다.

1. 영주직영지의 생산을 통해서. 농민보유지의 생산물로 생계를 유지해 가는 농노들은 영주직영지에 온갖 종류의 부역을 제공하지 않으면 안 되었다. 그중에서도 가장 중요한 부역은 영주직영지의 경작이었다.

2. 농민보유지들로부터의 물납을 통해서. 그러나 때로 소액의 금납이 있기도 했다.

메로빙왕조 및 카롤링왕조 시대에 부역은 지배적인 의무이행 형태였으며, 부역노동을 통해 영주직영지가 경작되었다. 그렇지만 분산되어 있는 농민보유지들을 가진 장원들(네 번째 유형)에서는 농민보유지로부터 장원까지의 거리가 가끔 20-40킬로미터가 될 정도로 멀었기 때문에, 농노들이 영주직영지의 경작부역을 거의 수행할 수 없었다. 프랑크제국의 북부 지역에서는 영주직영지 경영의 특징을 이루는 갈이질부역이 8-9세기에는 없었다.[19] 네덜란드에서는 이런 부역이 있었다는 흔적이 거의 없으며, 다만 893년 아른험(Arnhem)[20]과 포르스트(Voorst)[21]에서만 5월과 가을에 각각 2주일씩의 부역이 기록되어 있을 뿐이다.[20] 이탈리아에서도 부역은 별로 중요하지 않았으며, 그것도 곧

....

20 네덜란드 중동부 지방에 위치.
21 네덜란드 중동부에 위치. 아른험 북동쪽.

금납화되었다.[21] 장원제의 발달 중심지에서는 농노들이 보통 1주일에 2일이나 3일을 영주직영지에서 작업할 의무가 있었다. 그 부역량은 농노가족 노동력의 약 $\frac{1}{3}$에 해당하는 것이다. 하나의 농노보유지를 두 세대의 농노가족이 보유하고 산다 하더라도, 그 의무는 가중되지 않고 한 세대가 보유하는 경우와 같았다.[22]

영주 측의 부역 선호는 노동력 부족에서 기인하는 것은 아니었다. 이와 같은 경영 형태는 특히 당시 인구가 가장 조밀한 지역들에서 나타났다. 그 원인은 오히려 노동에 대한 보수를 화폐로 지불할 수 없었던 데에 있다. 이것이 로마제국 후기와의 차이점이다. 당시의 로마사회에서는 인구의 감소와 그에 따른 노동력 부족으로 말미암아 예속농민이 토지에 긴박되었다.

왜 토지소유자가 개별 농민보유지로부터 물납을 받기보다 그의 영주직영지 경작을 위한 부역을 제공받기를 선호했는지에 대해서는 또다른 설명이 있을 수도 있다. 대규모 경영체에서의 잉여농산물은 인력과 축력(畜力)을 효율적으로 이용하기 어려웠던 소규모 농업경영체에서보다 더 많았을 것이기 때문이다.[23]

카롤링왕조 시대에 물납은 부역과 비교할 때 별로 중요하지 않았다. 그렇지만 우리는 10세기에 주조화폐가 감소한 결과, 물납이 증가하고 금납이 감소하고 있음을 확인할 수 있다.[24]

부역은 다음과 같은 것들로 구성되었다.

1. 장원 영주직영지의 갈이질부역과 수확부역.

2. 장원이나 영주의 거처지로의 생산물 수송부역.

3. 몇몇 농민보유지에 부과된 심부름부역. 이러한 부담을 진 농민보유지의 보유자—동부 네덜란드에서는 종종 '보딩(Boding)' 또는 '바딩(Bading)'이라고 불렸다—는 주로 농노들을 장원법정에 소환하는 일

을 해야 했다.

이러한 장원 부역들은 후에 마을이나 본당사목구(本堂司牧區)를 위해서 수행되거나 도로의 보수 유지와 같은 지방제후에 의해 부과될 수 있었던 부역들과 구별되어야 한다.

어떤 부역의 경우에는 영주 또는 그의 장원관리인이 작업의 종류와 작업이 수행되어야 할 장소를 지정해 주었다[코르베(corvée)]. 그렇지 않은 경우에는 작업의 종류와 장소가 관습에 의해서 정해졌다.

농노에게 요구된 의무의 특성을 이해하기 위해서 여기에 우리가 이용할 수 있는 많은 사례 가운데 몇 가지를 들겠다. 820년경 약 12헥타르 크기의 농민보유지 하나를 가지고 있었던 생제르맹데프레 수도원의 한 농노는[25] 매년 군역을 면제받기 위해서 2솔리두스(24페니)의 은화를 지불해야 했고, 숲속에서 도토리를 돼지에게 먹이는 대가로 2모디우스(104리터 내지 126리터)의 포도주를 바쳐야 했다. 그는 3년마다 100개의 널빤지를 바치고 경지의 울타리 10미터를 보수 유지해야 했다. 또한 겨울철에 0.16헥타르, 봄철에 0.08헥타르를 갈이질해야 했으며, 매주 2일간 영주를 위해서 일하고(코르베) 하루 동안 손일을 해야 했다. 그 농노는 또한 세 마리의 닭과 15개의 계란을 바쳐야 했고, 지시받는 대로 수송부역을 수행해야 했다. 그는 제분기에 대해서 절반의 지분을 갖고 있었으며, 이에 대해서도 2솔리두스의 은화를 영주에게 지불했다.

850년경 프랑스의 생토메르에 있는 생베르탱 수도원 영지의 아캥 장원에서 농민보유지를 보유한 남자 농노들은 1주일에 2일 내지 3일을 영주직영지에서 작업해야 했으며, 그들의 부인들도 일정한 크기의 아마포를 짜야 했다. 농노들은 또한 1년에 6회씩 수도원으로 포도주를 수송하는 부역을 수행해야 했다. 그 밖에도 그들은 10모디우스(520-630

리터)의 맥주 양조용 엿기름과 6모디우스(312-378리터)의 밀가루 그리고 세 마리의 닭과 20개의 계란을 영주에게 공납해야 했다.[26]

893년 프륌 수도원[22] 영지의 아른험 장원에서 농민보유지를 보유하는 농노들은 각각 26페니의 금전, 2모디우스의 호밀, 네 수레의 땔나무, 닭 한 마리, 계란 다섯 개, 5페니 가격의 돼지 두 마리를 공납해야 했으며, 그 밖에 5월에 14일간, 가을철에 14일간씩 부역노동을 수행해야 했다.[27]

농노들의 부담이 비교적 무겁다고 생각할지 모르지만, 결과적으로 영주의 소득은 별로 크지 않았다. 왜냐하면 영주 소득의 일부분이 영지의 관리인들을 부양하는 비용으로 지출되었기 때문이다. 우리는 몇몇의 경우 영주 소득의 많은 부분이 이들에 대한 보수로 지출되는 중요한 중간 관리자층의 형성을 볼 수 있다. 샹도트르(부르고뉴)에서 2,000두의 돼지를 관리하는 아이나르드라는 돼지치기는 계서적(階序的) 관리자 조직의 한 예를 보여 준다. 그는 많은 '도제(徒弟)'를 거느린 '양돈의 명장(名匠)'으로 행세했다.[28]

소수의 사람을 부양하는 데에도 넓은 토지가 필요했다. 예를 들면, 오퇭(Autun)[23]의 생생포리앵 참사회의 소유지는 약 100개의 농민보유지로 이뤄져 있었다. 그럼에도 불구하고 여기에서 나오는 생산물은 15명의 참사회원과 몇 명의 하인을 부양하기에도 충분하지 못했다.[29]

농노제와 농민보유지에 관련된 사건인 한, 농노들은 영주재판권의 지배를 받았다. 흔히 그랬던 것처럼, 서로 다른 영주를 가진 농노들이

·······

22 벨기에 가까운 독일의 아이펠고원에 위치.
23 프랑스 부르고뉴 지방의 도시.

같은 마을에 살고 있는 경우 각 농노는 그가 속한 장원법정의 재판권의 지배를 받았다.

농노들의 법적 지위는 원래는 서로 달랐다. 농노제는 로마제국 후기에 노예제로부터 생겨났다. 그러나 그 후 또한 보유지를 얻고 영주의 보호를 받기 위하여 자진하여 농노가 되는 자유인들도 있었다. 카롤링 왕조 시대만 하더라도 농민보유지는 여전히 원래의 보유자가 노예였는가 아니면 자유인이었는가에 따라서 노예망스(mansus servilis)와 자유인망스(mansus ingenuilis)로 구분되었다. 농민보유지의 명칭은 오래 전의 신분 상태를 상기시키고 있으나, 더이상 현실과 일치하지 않게 되었다. 자유인들의 후예가 부자유한 노예망스를 보유하거나, 반대로 노예의 후예가 전에는 자유인이 보유했던 농민보유지를 보유하는 경우가 많이 있었다. 농노들은 로마시대 후기에는 자유인으로 간주되었다. 그들의 지위는 카롤링왕조 시대만 해도 아직 괜찮은 편이었다. 당시 노예(mancipia)의 수는 적었다.[24] 그러나 카롤링왕조 시대 말에 농촌주민의 법적 지위는 악화되었다. 그 무렵에는 농노 신분이라고 하면 부자유를 뜻하게 되었다.

토지영주제와 재판영주제

9세기와 10세기에 카롤루스 대제의 후계자들 사이의 싸움으로 말미암아 프랑크제국의 중앙정부 권력이 붕괴되었다. 그로 인한 혼란은

....

24 원래 라틴어 사료에서 'servus'와 'mancipium'이라는 말은 둘 다 똑같은 노예를 뜻했으나, 점차 노예의 신분 변화에 따라서 'servus'는 외거노예(外居奴隸)를 뜻하는 것이 되었다가 결국 농노를 지칭하게 되었던 반면에, 'mancipium'은 원래의 노예 즉 솔거노예(率居奴隸)만을 지칭하는 것으로 남게 되었다.

노르만족과 사라센인 및 마자르족의 침입으로 격화되었다. 국가권력이 위기에 처한 결과로 권력의 공백 상태가 발생했다. 농촌주민들이 얼마만큼 자발적으로 성채를 가진 인근 영주의 보호를 구하거나 종교기관의 보호에 의탁하려고 했는지는 분명하지 않다. 그들이 그 고장 또는 그 지역의 지배자들의 강압에 의해서 예속 상태에 빠져들게 되었는지도 역시 확실하지 않다. 지방 세력가들이 권력의 위기로 말미암아 생긴 권력의 공백 부분을 차지했음은 틀림없는 듯하다. 지방 세력가들에게는 사법권의 행사가 가장 매력적인 것이었다. 왜냐하면 그것은 많은 수입과 연관되어 있었기 때문이다.

새로이 형성된 이 권력은 자유인과 부자유인으로 구성된 일정 구역 내의 모든 사람들에게 미쳤다. 그것은 일종의 영방적(領邦的) 성격의 권력이었다.

재판영주의 지배를 받는 사람들은 그에게 인두세를 지불해야 했으며, 결혼과 사망의 경우에도 일정한 부담을 져야 했다. 원래 이들 부담은 자유인이 부담하는 적은 금액으로 되어 있었다. 그러나 후에 이들 부담은 농노 신분의 한 특징으로 되었고, 더욱이 그 부담액수도 커졌다. 이들 부담에 대한 최초의 기록은 9세기 말에 나타난다.[30]

나아가 관세징수권, 시장권, 수렵권, 어획권 그리고 시설물 사용강제권(banalité)도 재판영주에게 속했다. 시설물 사용강제권은 영주의 재판관할권 내에 있는 모든 사람이 영주가 설치하고 그 사용료를 징수하는 여러 시설물을 사용하도록 강제당했다는 것을 뜻한다. 곡식은 영주의 물레방아에서 빻아야 했고, 빵도 영주의 빵가마에서 구워야 했으며, 포도도 영주의 포도압착기로 압착해야 했고, 맥주도 영주의 양조장[림부르흐(Limburg)[25]에서는 'banpanhuis'라고 불렀다]에서 양조해야 했다. 영주는 당시로서는 대규모 자본투자를 요했던 이들 시설물에 대한 독점권을 가지고 있었다. 이런 영주의 지위—영주는 동시에 장원법정의 재판관이었다—는 쉽게 남용되었다. 이것이 주민들 사이에 큰 원성을 샀음은 물론이다. 그래서 농민들의 반항과 반란은 거의 언제나 토지소유권 때문이 아니라 영주에 대한 농민의 여러 부담 때문에 일어나곤했다. 특히 집에서 맷돌을 사용해서 곡식을 빻음으로써 사용료를 물지않을 수 있었던 제분료는 프랑스와 영국의 일부 지방에서 양측의 격렬한 대분쟁의 직접적 원인이 되었다.[31] 로렌에서 최초의 문헌기록은 영주의 독점권에 관해서는 984년, 영주의 빵가마 사용강제권에 관해서는 1047년, 포도압착기 사용강제권에 관해서는 1056년 그리고 제분소 사용강제권에 관해서는 1069년에 나타난다.[32]

8-9세기에 농노들은 때로 장원영주의 임야에서 도토리를 이용하여그들의 돼지를 방목하는 데 대해서 영주에게 소액의 사용료를 지불해야 했다. 재판영주는 이러한 사용료 징수권을 손아귀에 넣고, 그 전에는 징수하지 않았던 임야의 그 밖의 이용에 대해서도 농민들에게 여러가지 부담을 확대 부과했다. 재판영주는 이들 징수권에 일종의 영방적성격을 부여했다. 다시 말하면, 영주들은 그의 재판관할권 내에 있는다른 영주의 농노들에 대해서도 그리고 농노가 아닌 사람들에 대해서도, 요컨대 모든 주민에 대해서 사용료 지불을 요구했던 것이다. 이 역시 주민에 대한 재판영주의 또 하나의 권리침해 행위였다.

재판영주제는 주로 전기(前期) 장원제의 중심지였던 프랑스, 영국및 서부 독일에서 발견된다. 또한 재판영주제는 이탈리아와 스페인같이 장원제가 불완전한 형태로 전파된 지역에서 토지영주제가 생겨나지 않거나 미발전된 가운데 존재했음도 볼 수 있다. 그 밖의 지역에서

<hr>

25 벨기에 동북부 지방과 네덜란드 남동부 지방.

는 오래전의 토지영주제가 아직 남아 있었다. 그러나 이런 지역에서는 동부 네덜란드와 그에 인접한 독일 지방에서 보는 바와 같이 재판영주제가 전혀 존재하지 않거나, 존재했다고 하더라도 아주 후에 생겨났다. 그렇지만 이들 지역에서는 결혼과 사망 등의 경우 농노에게 어느 정도의 부담이 부과되었기 때문에, 농노제의 성격이 많이 달랐다.

재판영주제의 대두가 장원 경영에 얼마만한 영향을 미쳤는지를 확실하게 알기는 어렵다. 일부 학자는 재판영주제의 성장이 부역의 축소와 농민보유지의 세분화가 수반된 장원 영주직영지 해체의 원인이라고 본다. 그렇지만 여기에는 다른 요인들도 작용하였을 가능성이 매우 크다. 하나의 농민보유지가 16개의 몫으로 분할된 것은 오히려 인구증가 때문이었다. 무엇보다 장원영주가 농민보유지를 농민부담 부과의 단위로 삼으려는 허구를 고수했기 때문에, 거듭된 농민보유지의 분할로 말미암아 부역의 원활한 이행이 어렵게 되었다. 결국에는 부역부과의 기준이 농민보유지에서 사람으로 바뀌게 되었다.

영주직영지는 대부분의 나라들에서 화폐사용이 확대됨에 따라서 경영되지 않게 되었다. 영주는 지대를 부역노동보다는 화폐나 현물 형태의 생산물로 수취하고자 했다. 영주는 경영자에서 지대취득자(rentetrekker)로 그 성격이 바뀌었다. 어떤 지방에서는 그 수확물의 전부가 영주에게 귀속된다는 조건 아래 영주직영지가 농노들에게 양도되었다. 그렇지만 대부분의 경우 영주직영지는 지대를 받고 대여되었다.

장원제는 12-13세기에 서유럽의 거의 모든 곳에서 쇠퇴하기 시작했다. 이런 현상은 이미 용어 면에서도 나타난다. 즉 장원이나 '쿠르티스'는 종전의 장원만 의미하는 것이 아니라 물납과 금납이 이뤄지는 하나의 관리중심지를 뜻하게도 되었다. 장원관리인은 지대징수자로 바뀌었다. 장원과 쿠르티스라는 말은, 보통의 농장보다 더 크기는 하지만 장원으로서의 기능을 조금도 가지고 있지 않은 농장에 대해서도 사용되었다.[33] 영국에서는 영주직영지가 있는 장원이 있었는가 하면 영주직영지가 없는 장원도 있었으며, 또한 농노들이 있는 장원이 있었는가 하면 농노가 없는 장원도 있었다.[34] 그 밖에 영국의 장원 발전은 부역이 더 오랫동안 남아 있었다는 점에서 서유럽 대륙의 장원과는 달랐다.

13세기에 대부분의 서유럽 국가들에서 장원의 부역은 1년에 단 며칠로 한정되었다. 농노는 건초작업과 곡물의 수확작업과 같이 특별히 처리해야 될 농사일이 많을 때에만 영주의 일을 거들어 주었다. 영주직영지가 아직 영주나 그의 장원관리인에 의해서 경영되는 곳에서는 영주는 평소의 작업을 위해서 고용노동력을 사용해야 했다. 이미 11세기 말과 12세기 초에 신트트라위던(Sint-Truiden) 수도원[26]의 영주직영지에서 그러했다.

부역의 감소는 헨트의 신트바프 수도원 소유인 플리어젤러 장원(알스트 지방)의 영주직영지에서 명확하게 추적될 수 있다. 여기에서는 1227년에도 아직 수도원 스스로가 약 60헥타르 크기의 경지를 직접 경영하고 있었다. 이 장원 소속의 $8\frac{1}{2}$개의 농민보유지는 다음과 같은 의무를 이행해야 했다.

1. 3월에 2일간 손일(handaghe), 즉 농기구 없이 손으로 작업 수행.[27]

2. 6월에 귀리밭에서 2일간 제초작업 수행, 또는 1일간의 제초작업과 고지대의 채초지에서 1일간의 건초 만들기 작업 수행.

3. 7월에 강변에 있는 3헥타르 내지 4헥타르의 채초지에서 건초 만들

....

26 벨기에의 브뤼셀과 리에주 사이에 위치.
27 농기구 없이 하는 손일이란 주로 쟁기와 역축 없이 하는 작업을 의미한다.

기 작업 수행.

4. 8월에 16일간 곡물 수확작업 돕기.

5. 10월에 수레당 1명의 수레 몰이꾼과 1명의 거름 주는 사람을 딸려 보내어 영주의 경지에 두 수레의 거름 시비.

6. 그 외 1년에 다섯 차례씩 $1\frac{1}{4}$ 헥타르의 경지 갈이질과 여름철에 2일간, 겨울철에 1일간, 도합 3일간의 수송부역 수행.

그렇지만 1227년, 갈이질부역과 6월의 건초 만들기 작업 및 수송부역은 화폐와 현물 납부로 대체될 수 있었다. 1290년에는 두 수레의 시비작업이 유일한 부역으로 남게 되었다. 그러나 이제 이 작업도 수레당 한 명의 인부만 요구되었다. 1227년에도 농노들의 부역만으로는 확실히 60헥타르의 경지가 경작되기에 충분하지 못했을 것이다. 그래서 그 때에도 이미 고용노동을 사용했음에 틀림없을 것이다.[35]

13세기에 잉글랜드에서는 영주직영지의 경지면적과 농노보유지의 수 사이에 불균형이 존재했다. 따라서 여기에서도 역시 다른 형태의 노동력이 사용되어야 했을 것이다. 농민보유지를 보유한 농민들의 노동력 외에도 여타의 많은 노동력이 존재했다. 농민들 가운데에는 오막살이농(keuter)이나 아주 적은 토지를 가진 사람들[28]의 비율이 높았다. 즉 이들 농민은 여섯 개 주의 총 1만3,554호의 농민 가운데 평균 47퍼센트를 차지했다.[36]

독일, 벨기에 및 북부 프랑스에서 농노는 사망하는 경우 주로 가축으로 된 동산의 일부를 영주에게 양도해야 했다. 이것은 종종 최우량 가축(le meilleur cattel)으로만 바치도록 제한되었다. 프랑스의 여타 지역

....

28 영세농을 말한다. 오막살이농과 영세농은 가진 토지가 적어서, 농업노동력을 필요로 하는 영주나 부농들에게 노동력을 팔지 않을 수 없었다.

에서는 이와 달랐다. 사망 농민에게 직계 상속자가 없는 경우 영주는 농노의 재산 전체를 가질 권리를 주장할 수 있었다.

12세기 말(1183-1197)에 베르덴 수도원(독일)이 소유한 푸턴 장원 (헬데를란트)의 농노는 결혼 때 영주에게 20페니의 금전을 지불하고 사망 때에는 그의 동산 가운데 가장 가치가 큰 것을 바쳐야 한다고 규정되었다. 농노가 농노 신분이 아닌 사람이나 다른 영주의 지배 아래 있는 농노와 결혼하는 경우, 영주는 농노가 지불해야 할 혼인세 액수를 정할 수 있었다.[37]

화폐유통이 증가함에 따라서 많은 지방에서 영주에게 현물로 납부되던 농민의 부담이 일부 또는 전부 금납화되었다. 1180년경 아라스 (Arras)[29]에 있는 생바스트 수도원이 소유한 1,131개의 농민보유지 가운데 $\frac{1}{4}$은 오로지 금전만 지불했고, $\frac{1}{4}$은 금전과 곡물을 지불했으며, $\frac{1}{2}$은 수탉과 가끔 한 개의 빵과 더불어 금전을 지불해야 했다.[38]

농산물을 판매할 수 있는 국지적 시장이 발전하기 시작할 때부터는 금납이 물납보다 선호되었다. 무엇보다 멀리 떨어져 있는 농민보유지들로부터 영주의 거처지로 현물을 운반하는 일이 대단히 어려웠기 때문이다. 이런 어려움은 도이츠(쾰른 근처)의 수도원장이나 그의 장원관리인이 도이츠와 바헤닝언(Wageningen)[30] 근처의 레인베이크 사이의 라인강변에 모두 위치한 장원들의 생산물을 매년 배로 운반하는 여정에서 볼 수 있다(1155-1165년). 매년 농노들은 짐을 가득 실은 배를 장원에서 장원으로 강을 거슬러 끌고 다녀야 했으며, 돼지를 육로로 도이츠까지 몰아가야 했다. 곡물 외에도 연약한 가축인 돼지와 닭이 배에

....

29 프랑스 북부 아르투아 지방의 중심도시.
30 네델란드의 중부 위트레흐트 동남쪽 40킬로미터 거리에 위치.

실렸다. 벨프와 엘팅언(그루선)에 있는 장원관리인들은 운반 중 이들 가축을 먹일 귀리를 제공해야 했다.[39]

기독교의 전래 이래 모든 경작지에 부과되었던 부담은 십일조였다. 십일조는 원래 죄인의 속죄금, 빈민에 대한 지원 및 주교와 교구 사제들로 구성되는 성직자들의 부양 등에 쓰였다. 토지의 수확물과 가축의 $\frac{1}{10}$에서 $\frac{1}{15}$까지가 십일조로 징수되었다. 십일조는 곡물에 징수되는 대십일조(grove tienden), 과수원의 과일에 징수되고 후에는 꼭두서니, 홉, 담배에도 징수된 소십일조(smalle tienden), 그리고 새끼돼지, 새끼양, 거위에 징수되는 울짐승 십일조(krijtende) 또는 피의 십일조(bloedtienden)로 구분되었다. 새로이 개간된 땅에 대해서는 신(新)십일조(novaaltienden) 또는 개간지 십일조(raaitienden)가 징수되었다. 수확기에 십일조 징수자는 매 열 번째 되는 곡식단을 표시할 권리를 가지고 있었다. 후에 탈곡하지 않은 곡물에 대한 십일조는 때로 탈곡하여 부대에 담은 곡식으로 바뀌거나[부대 십일조(zaktiend)] 또는 막다른길, 즉 다락 내의 창 아래 있는 곡간에서 재어 가져갔다[막다른길 십일조(sloptiend)]. 부대 십일조는 목초지로 바뀌어 버린 경지에 대해서도 부과되었다.[40]

증여나 양도를 통해서, 또는 세속인의 교회 건립을 통해서 많은 십일조가 세속인들의 손에 들어가게 되었다. 그리하여 그것은 본래의 용도에 쓰이지 않게 되었다. 브라반트에서는 개간지 십일조가 교회의 소유로 남아 있었으나, 홀란트와 헬데를란트 지방에서는 영주들의 소유가 되었다.

십일조 수입이 없는 곳에서는 성직자들이 대체로 소작시키거나 그들 스스로 직접 경작하는 일정한 토지들로부터 수입을 취했다.

대부분의 농민보유지 보유자들은 농노 신분으로서의 부담과 지대 및 십일조 외에 매년 온갖 종류의 다른 부담을 지고 있었다. 그중의 일부는 봉건법에서 유래하는 것이었고, 다른 일부는 수도원의 재속대리인(在俗代理人, voogd)[31]에 대한 공납이거나 지불이었으며, 또 다른 일부는 교회, 제단(祭壇) 등에 대한 기부에서 연유하는 것이었다. 농노의 이런 부담들이 토지의 원소유주의 권리보다도 더 커서 원소유주는 전체 생산물의 극히 일부만을 수취하는 경우도 종종 있었다. 토지와 농민에 대한 이와 같은 권리를 공동으로 가진 자들은 각자의 이해관계에만 집착했다. 따라서 그들은 기존 상황의 변화에 장애물이 되었다. 자신의 개인적 이해관계가 위협을 받게 되는 경우에는 어떠한 발전에 대해서도 반대의 목소리를 높였기 때문이다. 중세의 농업이 정체성을 띠었던 원인의 일부는 수확물에 대해서 아주 많은 사람이 제각기 권리를 갖고 부정적인 영향을 미친 데에 있었음에 틀림없다. 십일조 및 종종 수확물의 일부가 현물로 지불되는 지대와 같은 무거운 부담이 있는 한, 농민들은 과외의 노력이나 자본투자를 한다고

....

31 중세 교회기관의 영지에서 재판 및 군사 면의 권리를 대신 행사한 세속인. 중세의 라틴어 기록에서는 'advocatus'라고 했다. 그는 법적, 군사적 영역에서 특정 주교좌교회나 수도원을 대표하고 그 권리를 보호하는 것을 주요 임무로 했으나, 성직자는 유혈사건을 담당할 수 없다는 이론에 입각해서 사실상 영지 내에서 상급재판권을 독점하고 전쟁지휘관 노릇을 했다. 직무수행에 대한 보수로서 교회영주로부터 봉토를 받았을 뿐만 아니라 농민들로부터도 여러 가지 종류의 부역과 현물 공납을 수취했다. 이 직책은 카롤루스 대제가 교회기관의 영지에 영주재판권을 인정해 주는 대신 이를 정규적이고 통제된 체계 내에 편입시키려는 의도에서 영지 내에 일종의 왕권대행자 역할을 하도록 설치한 것이었다. 이와 같은 막강한 권력과 위치로 인해서 처음에는 재속대리인에 백작이나 공작과 같은 세속의 유력 영주들이 임명되었다. 그러나 카롤루스 대제 이후 왕권이 쇠퇴하는 한편 그에 대한 주교나 수도원장의 임명이 자유로워짐에 따라서 그는 가신 정도의 지위로 전락했다. 이에 따라 11세기 말 무렵에는 일반 성주가 이 직책에 임명되었다. 12세기에는 그레고리우스의 교회개혁으로 그의 권한이 더욱 축소되어 재속대리인 제도는 쇠퇴하게 되었다.

하더라도 그 성과물의 극히 일부만 취득할 수 있었기 때문에 농업을 발전시키려는 의욕을 상실할 수밖에 없었다.

3. 중세 초기의 농업

경지형태와 경작방식

농업사에서 중세 초기의 경지배열과 취락형태만큼 학설이 분분한 주제도 별로 없다. 그 원인은 그 문제에 대한 잘못된 접근에 있다. 최근까지도 학자들은 19-20세기에 작성된 지도들은 게르만족 대이동기 이래 거의 변화가 없는 상황을 반영하고 있다는 가설로부터 언제나 출발했다. 그러다가 지난 20년 동안 여러 연구가 이뤄짐으로써 비로소 정태적으로 보는 견해보다도 훨씬 더 큰 변화가 시간이 지나면서 일어났음이 발견되었다. 이것은 고고학적 발굴이나 토양분석, 항공사진 촬영 및 고문서 연구를 통해서 밝혀졌다. 발전은 그 전에 생각했던 것보다 훨씬 더 복잡했고 많은 변화가 있었다. 아직도 그 문제에 관한 연구문헌들 속에 거듭 나타나고 있는, 얼마 전까지의 많은 단순한 설명들이 부정확했음이 아주 명백해졌다. 그러나 그 주제와 관련된 많은 문제가 이런 새로운 자료들로 말미암아 해결된 것은 결코 아니다. 오히려 문제가 줄었다기보다 늘어났다. 그래서 현재의 연구단계에서 중세 초기의 농업발전 모습을 어느 정도라도 그려 낸다는 것은 대단히 어려운 일이다.

아마도 취락형태, 경지배열, 주민들이 시행한 경작방식, 쟁기의 유형 및 쟁기를 끄는 역축(견인력)의 구성 크기 사이에는 어떤 연관성이 있는 것으로 보인다. 그렇기 때문에 그 변화를 연대기적으로 개관하기 위해서는 먼저 이들 5개 부문에서의 발전을 연이어 간략히 그려 보는 것이 필요할 것이다. 이러한 개관은 현재의 지식 상태에서는 강한 가설적 성격을 띰에 틀림없다.

경지배치의 형태와 취락의 유형을 하나의 체계로 연관지어 보면, 우리는 다음과 같은 형태로 분류할 수 있다.[1)]

1. 경지에 주택이 없는 블록형 경지제[블록형 경지(Blockflur), 불규칙한 개방경지(champs ouverts et irréguliers), 또는 퍼즐형 경지(terroir en puzzle)]: 땅뙈기의 폭과 길이 사이에는 큰 차이가 없는 것으로 그 비율은 대략 1:1.2에서 1:2.1까지이다. 이 유형의 경지는 특히 남쪽 지방, 즉 이탈리아, 사르데냐, 루아르강 이남의 프랑스 및 모로코에서 발견된다. 네덜란드에서는 이런 경지형태가 북부와 서부의 해안 점토지역들과 강변 점토지역들에서 나타난다. 이런 경지제 가운데 가장 오래된 형태는 아마도 선사시대까지 거슬러 올라가는 것 같다.

유틀란트, 북서부 독일, 드렌터, 펄뤼버 지방(de Veluwe),[1] 브라반트, 잉글랜드, 알자스 등의 선사시대 경지들(이른바 켈트형 경지들)도 경지에 주택이 없는 블록형 경지제에 속한다. 그 후에 재개간이 없는 한, 이런

....

1 네덜란드의 중부 지방.

경지의 유적은 황야에서 찾아볼 수 있다. 모든 경지는 하나의 낮은 담으로 둘러싸여 있어, 들판(가끔 100헥타르 이상의 크기로 되어 있음) 전체가 마치 작은 담벼락 망으로 뒤덮여 있는 것 같은 인상을 준다.

유틀란트와 드렌터에서는 이런 경지 가운데 다수가 오늘날은 늪지대인 곳들에 위치해 있다. 담은 그 안의 수분이 빠져나가는 것을 막는다. 그래서 특히 그런 경지의 구석들은 오늘날도 매우 습기가 많다. 이런 종류의 경지는 오늘날의 기후에는 적합하지 않고, 건조한 여름 날씨를 가진 기후에 맞다. 담이 둘러쳐진 경지는 물을 받아 가능한 한 오랫동안 담아 두는 일종의 대야와 같다(그림 5-1).

습기 찬 기후에서는 배수가 잘 되도록 특별히 신경을 써야 하며, 높은 이랑을 가진 경지들(Hochäcker)이 이에 적합하다(그림 5-2).

그림 5-1

그림 5-2

고고학자들은 드렌터와 유틀란트에서 늪지대로 변한 곳들의 취락은 기원후 4세기경에 버려졌다는 것을 알게 되었다. 이것은 민족 대이동기에 강우량이 많아진 기후 변화와 일치한다.

2. 경지에 주택이 없는 긴 띠 모양의 경지제[게반(Gewann), 기다란 개방경지(champs ouverts et allongés), 개방경지(open fields)]: 땅뙈기의 폭과 길이의 비율은 약 1:20 정도였다. 네덜란드에서는 이 유형이 주로

동부와 남부의 사질토(沙質土) 지대에서 발견되지만 일부 강변의 점토지대에서도 발견되고, 루아르강 이북의 프랑스, 독일, 잉글랜드, 아일랜드, 웨일스에서도 보이며, 그 외 시리아와 펀자브 지방에서도 발견된다. 후에 이 경지제는 원래 공동으로 이용했던 목초지와 방목지의 분배에도 이용되었다.

각각의 경지는 울타리가 쳐지지 않았으나, 경지들 전체는 방목가축으로부터 농작물을 보호하기 위해서 공동의 담이나 울타리로 둘러싸여 있었다는 것이 이 경지제의 특징이다. 당시에 농경지의 땅조각들은 하나의 대양과 같은 '황량한' 땅들 속의 작은 섬들 모양을 하고 있었다. 그래서 경작지는 야생미경작지에서 풀을 뜯는 가축의 침해로부터 보호되어야 했다.

경지에 주택이 없는 긴 띠 모양의 경지제 지역에서는 주민들이 촌락에 모여 살았다. 경지의 경계를 따라서 흩어져 있는 오늘날의 농가들은 후기에 생겨난 것이다.

긴 띠 모양의 경지제는 앞서 말한 블록형 경지제보다도 더 늦게 생겨났다. 이것은 네덜란드에서, 낮은 담이 쳐진 선사시대의 경지가 로마시대까지도 존속했던 바로 그 지역들에서 긴 띠 모양의 경지가 생겨난다는 사실로부터 입증된다. 한 경지제로부터 다른 경지제로의 이행이 어떻게 이뤄졌는지는 분명하지 않다. 아마도 그런 과정은 중세 초기에 진행되었던 것으로 보인다. 잉글랜드에서 켈트형 경지로부터 개방경지로의 변천은 이러한 추세를 보여 준다. 켈트족 주민들은 높은 구릉의 능선에서 농사짓는 경향이 있었으며, 그들의 경지는 낮은 담으로 둘러싸여 있었다. 앵글족과 색슨족 역시 민족 대이동기에 구릉들의 능선에 정착했다. 얼마 후에 강 골짜기에 있는 땅이 개간되는 변화가 일어났으며, 여기에서 개방경지가 나타난다. 이러한 이행이 인종과 무관하다는 것은 웨일스에서 근근히 생존하던 켈트족 원주민들도 역시 구릉지대에서 계곡으로 이주했다는 사실에서 알 수 있다.

탄소-14 측정법을 사용한 연구성과에 따르면, 가장 오래된 개방경지들 아래에 놓여 있어 개방경지들이 화전농법에 의해서 개간된 땅 위에 위치해 있음을 보여 주는, 불타고 남은 재층은 기원후 650-750년대에 속한다.[2] 그러나 매우 많은 개방경지가 보다 후에 생겨났을 것이다. 그렇지만 여타의 개방경지들은 대부분 옛 농업의 중심부에 개방경지의 개간이 후에 더해져서 성립된 것에 지나지 않는다.

독일의 최근 연구성과로부터 알 수 있는 바와 같이, 중세의 개방경지 구조는 현존하는 개방경지와는 유사점이 없다. 경지배열은 훨씬 더 단순하며 길고 높은 이랑으로 되어 있다(그림 6-1). 중세 말에 가서야, 심지어 그 후에서야 경지들이 심하게 세분되어 땅뙈기들이 상호 직각을 이루는 블록들로 연결되었다(독일의 게반)(그림 6-2).[3]

그림 6-1   **그림 6-2**

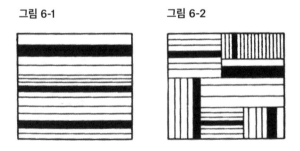

이러한 변화는 1350년 이후 일어났음에 틀림없다고 생각된다. 동부 독일에서는 이와 같은 경지배열이 가끔 18세기에도 나타난다. 이런 변천의 원인으로는 시비량의 증가와 강우에 의한 침식 및 거름 유실의 방지가 제시되고 있다.[4] 게반이라는 경지제는 특히 인구밀집 지역에서 발견된다. 격심한 인구밀집이 경지의 심한 세분화를 초래했던 것이다.

3. 경지에 주택이 있는 블록형 경지제[울 쳐진 경지(Kämpe, les enclos, enclosure)]: 이러한 경지는 개방경지처럼 동부와 남부 네덜란드의 모래땅에서 나타나며, 프랑스에서는 칼레 근처의 서부 지방, 브르타뉴, 가스코뉴, 중부 프랑스의 산악지방(오베르뉴), 그리고 잉글랜드, 아일랜드, 웨일스 및 독일에서 나타난다.

울 쳐진 경지는 주로 숲속에서 개별적 개간이 이뤄졌던 지역들[보카주 지대(pays de bocage),² 삼림지대(woodland)]에서 발견된다. 그 풍경은 토막토막 잘린 느낌이 강했으며, 앞서 말한 두 경지제가 시행되었던 곳들처럼 넓은 평지로 이뤄져 있었던 것은 아니다.

동부 네덜란드에서 울 쳐진 경지는 그보다 앞선 단계를 표시하는 개방경지제 다음에 나타난다. 가장 오래된 울 쳐진 경지는 카롤링왕조 시대까지 거슬러 올라가는 것으로 보인다. 물론 그 후에 생성된 것도 많다.

개방경지제에서는 많은 농민의 토지가 서로 섞여 있고 후에는 농민 한 사람의 토지도 개방경지 내에 많은 땅조각으로 흩어져 있었던 데 비해서, 울 쳐진 경지는 각각이 도랑이나 낮은 담, 산울타리 또는 나무 다발들로 둘러쳐진 별개의 단일한 땅조각으로 되어 있다. 개방경지제 지역에서는 주거형태가 농가들이 서로 인접해 있는 마을로 대부분 되어 있지만, 울 쳐진 경지제가 지배적인 지역에서는 각 농가가 그 농가가 가지고 있는 토지 가운데에 자리 잡고 있다. 따라서 울 쳐진 경지제에서는 농민의 가옥들이 매우 흩어져 있는 산촌(散村) 형태를 띤다.

....

2　'보카주'란 개별 가옥을 중심으로 그 주변에 배치된 농경지가 수목으로 된 울타리로 둘러싸여 작은 숲 모양을 이루는 전원풍경을 가리킨다. 이런 풍경은 프랑스 서부 지방의 특징이다. 이 지방은 중세부터 울타리가 없는 개방경지로 되어 있지 않고 산울타리로 둘러싸인 외딴 농가들로 된 특이한 풍경을 보인다.

4. 경지에 농가가 있는 긴 띠 모양의 경지제[가촌(街村) 또는 제방촌(堤防村), 삼림촌(Waldhufendörfer), 물고기 뼈대형 경지(terroir en arête de poisson)]: 이 경지제에서 폭과 길이의 비율은 대략 1:12.5 또는 1:25였다.

네덜란드에서는 이런 형태의 경지제가 늪지대의 간척에 채용되었다. 여기에서는 대개 축산업이 이뤄진다. 다른 지역에서는 그것이 울창한 숲이 개간된 곳들에서 발견된다. 경지의 배치는 언제나 체계적이다. 많은 농가가 하나의 길이나 제방을 따라서 건립되어 있다. 땅뙈기들이 제방이나 길에 대해서 대개 직각을 이루고 있으나, 가끔 그에 빗각을 이루기도 하면서 농가의 뜰 뒤에 기다랗게 뻗어 있다. 또한 때로 농가의 토지가 길 건너편에 있는 수도 있다.

이러한 경지는 사업가의 지도 아래 이주민 집단에 의해서 이룩된 개간지들이다. 이런 경지배치 유형은 중세의 대(大)개간기에 많이 채용된 것이다. 베스트팔렌에서 초기 형태의 숲속농가들(Waldhufen)은 벌써 9세기부터 발견된다.[5] 네덜란드에서 늪지 간척은 10세기 말 또는 11세기 초에 시작되었다. 이런 경지제도는 독일, 프랑스, 슬로바키아에서 발견되며, 후에는 캐나다에서도 보인다.

요컨대, 우리는 다음과 같은 경지배치와 거주지 유형을 구분할 수 있다.

경지에 농가가 없는 경우		경지에 농가가 있는 경우	
블록형 경지배치와 집촌(集村)	긴 띠 모양의 경지배치와 집촌 (개방경지)	블록형 경지배치와 산촌 (울 쳐진 경지)	긴 띠 모양의 경지배치와 산촌 [가촌(街村)]
로마시대 이후	6세기 이후	8세기 이후	10세기 이후

시간이 지남에 따라서 어떤 한 경지제로부터 다른 경지제로의 변천이 일어났다. 예를 들면, 잉글랜드 및 브르타뉴로부터 아일랜드에 이르는 켈트족 세계에서는 아주 큰 변화가 있었다. 잉글랜드에서는 랙스턴 (Laxton)[3]의 경우를 제외하고는 개방경지가 완전히 울 쳐진 경지[인클로저 (enclosure)]로 대체되었다. 켈트족 지역에서는 경지의 형태가 별로 일정하지 않다. 주거형태와 경지배치 사이에는 뚜렷한 관련이 없다. 개방경지에 산촌이 존재하기도 하고, 울 쳐진 경지에 촌락들이 존재하기도 한다. 때로 마을이 단 하나의 농가에서 성장해 나오기도 했고, 어떤 곳에서는 한 작은 마을이 산재된 많은 농가로 해체되기도 했다. 거의 어디에서나 개방경지는 울 쳐진 경지로 변했다. 그러나 또한 우리는 사료 속에서 분할상속으로 말미암아 개방경지로 변한 울 쳐진 경지의 예들을 볼 수 있다. 켈트족 사회의 전체적인 모습은 변화가 매우 많다는 것이다.[6]

우리는 농경지가 경작되는 여러 가지 방식을 다음과 같이 다섯 가지로 분류할 수 있다.[7]

1. 일시적 경작방식[곡초식(Feldgraswirtschaft)]: 토지가 개간되어 수년간 경작되고 그 후에는 묵정밭 상태로 내버려진다. 이 경작방식은 18세기까지 척박한 땅에서 실시되었다. 그것의 한 변종이 스웨덴에서 알려진 농법으로, 이 농법에서는 토지가 몇 해 동안 하곡이 파종되어 경작되다가 그 후 상당 기간 방목지로 이용된다.[8]

2. 1의 경작방식과 유사한 것으로, 큰 부분의 토지는 일시적으로만 경작됨에 비해서 작은 부분의 토지는 휴한하지 않고 연속적으로 경작

....

3   잉글랜드 중북부 노팅엄셔에 위치.

되는 방식: 연속 경작되는 후자 부분에는 매우 많은 시비가 이루어진다. 스코틀랜드와 아일랜드에서는 이런 경작방식이 내야(內野)-외야(外野) 체제(infield-outfield system)로 알려져 있다.[9] 프랑스에서는 냉혹한 땅과 온후한 땅(terres froides et terres chaudes)으로 알려져 있다. 라인란트(비르켄펠트)와 트리어의 인근지역에서는 영속적으로 경작되는 기름진 땅(Dungland)과 경작과 휴한이 번갈아 이뤄지는 척박한 땅(Wildland) 그리고 단지 드물게만 경작되는 불모지(Rottland)로 구분되고 있다.[10]

이와 같은 경작방식에 우리는 동부 네덜란드, 독일의 네덜란드 접경지대 및 스칸디나비아에서 시행되었던 뗏장 시비를 통한 호밀경작방식[곡물단작 방식(all-corn-system)]을 포함시킬 수 있다. 토지 가운데 작은 부분은 연속적으로 이용되었으며, 이것은 경지에 미경작지에서 채취된 부식토를 분뇨와 배합하여 뿌려 줌으로써 가능했다.[11]

3. 토지가 매년 번갈아 가며 경작되고 휴한되는 이포제 방식: 이 경작방식은 주로 지중해 지역과 푸아투(Poitou)[4] 이남의 프랑스에서 실시되었으며, 또한 동부 스웨덴과 핀란드, 즉 북구에서도 시행되었다.

4. 토지가 1년간 경작되고 그 다음 2년간은 휴한되는, 이포제의 변형으로서의 삼포제 방식: 카롤링왕조 시대의 영지명세장들에는 이러한 경작방식이 당시에 이용되었다는 시사(示唆)들이 있다.[12] 후(18세기 전반)에 이 방식은 안달루시아에서 시행되었다.[13]

5. 첫 해에 동곡(밀이나 호밀)이, 둘째 해에는 하곡(보리나 귀리)이 파종되고 셋째 해에는 휴한되는 삼포제 방식: 삼포제 방식은 루아르강 이북의 프랑스, 독일, 잉글랜드 그리고 일부 네덜란드 지방에서 지배적이었다.[14]

....

4 프랑스 중서부 지방.

이 모든 경작방식 가운데 가장 중요한 위치를 차지한 것은 이포제와 삼포제(위의 세 번째와 다섯 번째 경작방식)였다. 이 두 경작방식이 시행된 지역들이 명확하게 구분되는 경계선이 있었던 것은 아니다. 루아르강 이북의 프랑스와 잉글랜드에서도 이포제가 시행되지 않았던 것은 아니며, 남부 프랑스에서도 군데군데 섬과 같이 삼포제가 실시되는 곳들이 있었다.

그렇지만 우리는 대체로 이포제가 실시되었던 두 권역을 찾아낼 수 있다. 하나는 최북단 지역이고, 다른 하나는 지중해 지역이다. 이 두 지대 사이에 삼포제 실시 지역이 존재했다. 이에 대해서는 다음과 같이 설명해도 거의 틀리지 않을 것이다. 지중해 지역에서는 동곡이 주로 재배되었다. 이것은 봄에 강우량이 적어서 하곡이 재배되기 어려웠기 때문이다. 핀란드와 동부 스웨덴에서는 그와 정반대로, 하곡의 재배가 선호되었다. 이들 지역에서 동곡이 재배되려면 파종작업이 너무 일찍이 시작되어야 한다는 애로에 봉착하게 된다. 그러나 온화하고 습기가 많은 그 중간지대에서는 동곡과 하곡 둘 다를 재배할 수 있었다.

삼포제가 언제 성립했는지를 알기는 어렵다. 삼포제에서 재배된 농작물은 모두 오래전부터 온대권에서는 이미 알려져 있었다. 즉 밀과 보리는 확실히 기원전 2000년 이전에, 귀리는 기원전 800-400년 이전에 그리고 호밀은 로마시대(서력기원 시작으로부터 기원후 200년 사이)에 알려졌다. 플리니우스는 그의 시대에 트리어 인근의 농민들이 혹독한 겨울 날씨로 인해서 동곡이 흉작된 후에도 3월에 다시 파종할 수 있다는 사실을 우연히 알게 되었다고 말하고 있다. 삼포제에 관한 최초의 문헌 기록은 8세기(765년과 771년) 루아르강 이북 지역에 관한 기록 속에 나타난다. 그렇지만 우리는 8세기 이전의 문헌사료는 많지 않았음에 유의해야 한다.

후에 이포제에서 삼포제로의 이행이 있었던 지역들에서는, 예컨대 13세기의 잉글랜드에서 그랬던 것처럼, 거의 언제나 인구증가가 있었다.[15] 그렇지만 또한 알자스와 라인란트팔츠 및 부르고뉴에서와 같이 삼포제에서 이포제로 이행한 사례들도 있다.[16] 이것은 아마도 목초지에 대한 수요가 더 커진 것과 관련이 있는 듯하다. 이포제에서는 휴경지 면적이 삼포제에서보다 더 커서 더 많은 가축에게 사료를 제공할 수 있기 때문이다. 프랑스의 일부 촌락에서는 이 두 가지 농법이 병행되거나 농작물에 따라서 달라지기도 했다. 즉 밀은 삼포제에서, 호밀은 이포제에서 재배되는 사례들도 있음을 우리는 알고 있다(푸아투에서).[17]

촌락 근처에 둘 또는 세 개의 들판(velden)으로 된 경지의 복합체가 여러 지방에 존재했음을 우리는 볼 수 있다. 종종 이런 것이 이포제나 삼포제와 관련이 있을 것이라고 생각되고 있다. 그렇지만 그렇게 생각할 필요는 없다. 드렌터에서는 촌락 근처에 세 개의 개방경지가 발견되는 일이 자주 있었다(예컨대 북쪽, 남쪽, 동쪽 들판식으로). 그렇지만 여기에서는 뗏장 시비를 통한 호밀재배 방식이 시행되고 있었기 때문에, 삼포제는 존재하지 않았다. 다른 곳에서도 역시 둘 또는 세 개의 들판과 이포제 또는 삼포제 사이에는 명확한 관련이 없는 것으로 보인다.[18] 헤리퍼드셔(Herefordshire)[5]에서는 14세기에 삼포제가 시행되었으나, 대부분의 촌락들에서 3개, 때로는 14개나 15개, 심지어 어떤 경우에는 30개 이상의 많은 '들판들'(fields)이 있었다.[19] 아르투아에서는 삼포제가 시행되는 땅조각들이 서로 뒤섞여 있었다.[20]

이포제에서 삼포제로의 이행의 이점은 생산량의 증대에 있다. 이포제에서는 언제나 토지의 절반이 휴경 상태에 있으나, 삼포제에서는 토

....

5   잉글랜드의 중서부 지방.

지의 $\frac{1}{3}$만 휴경된다. 따라서 그만큼 더 많은 사람이 먹고살 수 있는 곡물이 생긴다. 그렇지만 보다 더 집약적인 농법을 사용하는 경우, 이포제의 수확고가 더 낮다고 생각할 이유는 전혀 없다. 이포제에서 삼포제로 전환함으로써 생기는 하곡, 특히 귀리의 증산은 대단히 중요하다. 왜냐하면 귀리가 다른 곳에서 수입되지 않는 한, 이포제에서 귀리를 이용한 말의 사육은 거의 불가능하기 때문이다. 황소는 보다 적은 사료와 공유지에서의 방목으로도 사육될 수 있지만, 말을 사육하는 데에는 그 정도로는 충분하지 않다. 삼포제에서도 황소를 견인력으로 사용할 수는 있지만, 황소 대신 말을 주요 견인력으로 사용할 수 있는 길이 열리게 되었다. 아주 뒤늦은 시기의 일이기는 하지만 극명한 실례가 1790년경 푸아투에서 기록되었다. 그곳에서는 이포제에서 삼포제로의 이행과 견인력이 황소에서 말로 바뀐 것이 시기적으로 일치했다.[21]

삼포제에도 두 가지 형태가 있다고 할 수 있다. 곧 삼포제는 자유형 삼포제와 규제형 삼포제로 구분될 수 있다. 규제형 삼포제는 오로지 경지에 주택이 없는 긴 띠 모양의 경지, 즉 개방경지에서만 나타난다. 경작자는 삼포제 농법이 적용되는 경지를 자유롭게 이용하지 못하고 제약을 받는다. 경지의 일정 부분에는 그곳에서 토지를 이용하는 모든 사람이 똑같은 작물을 재배해야 한다[경작강제(Flurzwang), 윤작강제(assolement forcé)]. 또한 경작자는 정해진 때에 수확물을 거두어들여야 한다. 그런 후에야 전체 농민공동체의 가축떼를 그루터기가 남아 있는 밭에 방목할 수 있었다(그루터기 방목권). 농민공동체는 짚을 긁어모을 권리도 가지고 있었다. 또한 휴경되는 해에는 휴경지에서의 가축 방목이 허용되었다. 유사한 규제—휴경기의 방목 규제 외에도—가 뗏장 시비를 통해서 호밀을 재배하는 개방경지 지역들에서도 발견된다.

전에는 이런 규제가 매우 오래전부터 있었다고 생각되었다. 그러나 프랑스나 독일과 마찬가지로 영국에서도 오늘날에는 그러한 규제가 12세기나 13세기 이전에는 결코 존재하지 않았으며, 대부분의 지역에서 훨씬 더 뒤에 생겨났다는 결론이 난 바 있다.[22]

어디에서나 규제 없는 자유로운 삼포제가 규제형 삼포제보다 앞선다. 무규제형 삼포제에서는 모든 경작자가 농작물을 각기 스스로 선택하여 자유롭게 재배했다. 재배작물에는 종종 다소간의 콩도 포함되어 있었다. 휴경지와 채초지는 들판(velden) 가운데 있었다. 가축이 이곳에 방목되었기 때문에, 농민들은 경작지를 울타리로 둘러치든가 가축을 고삐로 매어 두었다.

규제형 삼포제는 인구조밀 지역에서 12-13세기에 도입되었으며, 그 밖의 지역에서는, 예컨대 1739년의 장크트고아르스하우젠(Sankt Goarshausen)[6]에서와 같이, 인구가 상당히 증가하고 있던 때인 16세기나 18세기에 도입되었다.[23]

개방경지 지역에 규제형 삼포제와 일정한 제한조치들이 도입되게 된 데 대해서는 아마도 다음과 같이 설명할 수 있을 것이다. 인구가 증가할 때 사람들은 거의 언제나 그 해결수단으로 그때까지 미경작 상태에 있던 토지를 개간해서 경작하게 된다. 그래서 경지가 확대되지만, 한편으로는 가축을 방목할 수 있는 토지면적은 줄어든다. 그럼에도 불구하고 확대된 경지면적에는 견인과 두엄 생산용으로 더 많은 가축이 필요하다. 그러나 방목지 면적의 축소로 말미암아 전보다도 더 적은 수의 가축밖에 기를 수 없다. 사람과 가축의 먹이는 과거에는 상호 밀접한 관계를 가지고 있었으므로, 다른 한쪽을 희생시키면서 한쪽을 유리하게 하는 식으로 균형이 깨뜨려져서는 안 되었던 것이다.[24]

....

6 독일 라인란트팔츠 지방의 라인강변 소재.

더욱이 가축을 작은 가축에서 큰 가축으로 바꾸어 사육하는 변화가 일어났다. 카롤링왕조 시대에는 작은 가축(돼지, 양, 염소)의 수가 압도적으로 많았다. 이런 가축들은 미경작지—대부분 온갖 종류의 어린 식물들이 우거져 있다—와 숲속에서 먹이를 찾아 먹는 데에 특히 적합했다. 증가된 인구를 위한 농경지의 개간으로 말미암아 소나 말과 같은 큰 가축이 더 많이 필요해졌다. 그 때문에 수확 후의 경지와 휴경지를 방목지로 이용하는 변화가 생겼다. 이것은 경작지의 수확물을 일정 시점 이전에 거두어들여야 했음을 의미한다. 경지를 가능한 한 효과적으로 이용하기 위해서 경지 사이에 많은 길과 경계선이 그어졌다.

규제형 삼포제가 이처럼 늦게 생겨났음이 분명한 이상, 블록형 경지제와 울 쳐진 경지제 시행 지역들의 강력한 개인주의적 정신과는 대조가 되는, 개방경지제 지역들의 강력하고 오래된 공동체 정신에 대한 여러 가지 학설 역시 전설의 왕국 저편으로 사라져 버렸다. 이들 지역에서 강력한 공동체 정신이 지배했다면, 그것은 빨라도 12세기나 13세기부터 나타난다. 인간은 필요에 의해서만 자신의 자유를 제한하게 되는 것이다.

우리는 쟁기를 활주(滑走) 쟁기(aratrum, araire)(네덜란드어로는 'eergetouw', 덴마크어로는 'ard')와 바퀴달린 쟁기(charrue, Pflug)로 분류할 수 있다. 첫 번째 쟁기는 북부 유럽과 남부 유럽 모두에서 사용되었으며, 두 번째 쟁기는 주로 습기가 비교적 많고 온화한 중간지대에서 사용되었다.

활주 쟁기 형태는 건조한 지중해 기후에 더할 나위 없이 적합하다. 그것의 목적은 흙을 뒤집어엎는 것이 아니라 오로지 겉흙을 흩뜨려 놓는 것이다. 아메리카 대륙의 건조농업(dry-farming) 방식에서는 밑흙의 물기 증발을 막기 위해서 윗흙을 여러 번 긁어모아야 한다. 10년이나 12년에 한 번 행해졌던, 땅을 깊게 갈아엎는 작업을 위해서는 두 갈래 진 쇠스랑을 사용했다.[25]

바퀴달린 쟁기는 쟁기의 성에가 두 개의 바퀴가 달린 바퀴축에 연결되어 있다. 보습날은 밭고랑을 쪼개고, 보습은 밭고랑을 더 넓고 깊게 터놓으며, 볏은 흙을 뒤집어엎는다. 이 쟁기는 활주 쟁기보다 더 무겁고 방향을 전환하기가 더 힘들다. 사람들은 바퀴달린 쟁기가 오직 긴 띠 모양의 경지에만 적합하다고 생각해 왔다. 그러나 연구가 더 진척된 결과 바퀴달린 쟁기도 가끔 블록형 경지제가 시행된 지방들에서 사용되었고, 활주 쟁기도 긴 띠 모양의 경지제가 실시된 지방들에서 사용되었음이 밝혀졌다. 또 두 종류의 쟁기 모두 울 쳐진 경지에서 사용되었음도 발견되었다.

경지의 모양에 영향을 미치는 것은 쟁기의 외적 형태라기보다 오히려 쟁기질하는 방식이며, 이것은 볏에 의해서 좌우된다. 활주 쟁기와 같이 볏이 없는 쟁기나 볏을 좌우로 조종할 수 있는 쟁기를 사용하면, 왔다갔다하면서 밭고랑 옆에 다른 또 하나의 밭고랑을 쉽게 만들 수 있다. 그리하여 쟁기질된 상태의 땅은 이랑이 있음에도 불구하고 평평한 지면 모양을 띤다. 이와 같은 모양은 고정된 볏을 가진 쟁기로는 만들 수 없다. 고정된 볏으로는 갈아엎어진 밭고랑의 흙이 언제나 한쪽으로 떨어지기 때문이다. 이런 형태의 쟁기로는 맨 처음의 고랑을 밭의 한가운데에서 갈아야 하며, 그 후에는 펼쳐진 실타래처럼 첫 고랑의 왼쪽과 오른쪽에서 밭고랑을 번갈아 쟁기질해야 한다. 갈아엎어진 흙은 언제나 중앙부로 떨어지고, 따라서 밭의 단면도는 높은 이랑들로 된 활처럼 굽은 모양을 하게 된다.[26] 다음해에는 중앙의 밭고랑을 옮김으로써 굽은 것을 다소 펼 수 있다.

이런 종류의 경지들은 중세 초기부터 알려졌다. 그것은 배수를 보다 잘되게 하기 때문에 습기 찬 기후에 가장 적합한 경지형태다. 잉글랜드와 카롤링제국에서 그랬던 것처럼 고정된 볏을 가진 쟁기를 사용함으로써 저지대 땅을 개간할 수 있다.

고정된 볏을 가진 쟁기—이것은 작업이 힘들기 때문에 언제나 바퀴 달린 쟁기로 되어 있다—와 긴 띠 모양의 경지제에서 높이 이랑진 경지와는 밀접한 관계가 있다. 물론 고정된 볏이 없는 쟁기도 개방경지에 사용할 수 있으나, 활처럼 굽은 경지형태를 만들지는 못한다.

아마도 서유럽에서 6세기 이후 보다 널리 사용되게 된 것으로 보이는 고정된 볏을 가진 쟁기는 남유럽보다 훨씬 더 습기가 많은 기후를 가진 이 지역에서 탁월한 기능을 발휘할 수 있었다.

로마시대나 중세 초기에 황소는 쟁기질과 같은 힘든 작업을 위한 견인력으로 사용되었다. 황소에게는 머리와 뿔 부분에 고정하고 끌채에 연결되는 멍에를 씌웠다. 이런 멍에는 말에는 부적합했다. 말의 경우에는 멍에를 어깨뼈에 얹고 목둘레에서 길고 좁은 가죽끈으로 묶었다. 그렇지만 이런 멍에 매는 방식으로는 말이 조금만 힘을 써도 말의 호흡이 곤란했으므로 견인력을 제대로 발휘할 수 없었다. 그래서 말은 겨우 200-300킬로그램 정도의 가벼운 짐만 끌 수 있었다.

9-10세기에 말의 견인 장치에 상당한 개량이 있었다. 나무와 띠로 된 튼튼한 목걸이 멍에가 사용되게 되었고, 그것에 두 개의 채가 부착되었다. 새로운 견인 장치의 또 하나의 이점은 말들이 앞뒤로 서서 끌 수 있다는 것이었다.

이 새로운 견인방식의 기원은 알려져 있지 않다. 비슷한 견인방식을 이미 기원후 2세기나 3세기에 중국에서 사용했음을 볼 수 있지만,

10세기의 유럽인들이 그로부터 배웠는지는 의문이다. 또한 노르만인들이 서유럽으로 이주하면서 순록의 견인력을 이런 방식으로만 이용할 수 있었던 스칸디나비아로부터 이런 멍에 매는 방식을 들여왔다는 가설도 제시되어 왔다.[27]

이러한 새로운 발명을 통해서 인간은 추가로 말의 상당량의 힘을 동력원으로 이용할 수 있게 되었다. 그 이전에는 인간은 단지 인간의 노동력과 황소의 견인력 그리고 물레방아를 가동시키기 위한 수력(水力)만을 이용했었다.

이포제보다도 귀리의 수확량이 더 많은 삼포제의 시행으로 많은 말을 사육할 수 있는 사료가 확보될 수 있었다. 만약 농법상의 전환이 선행되지 않았더라면, 견인 장치의 개량은 별 효과를 발휘하지 못했을 것이다. 그러나 이제는 더 많은 말을 사육할 수 있는 길이 열렸다.

견인력으로 말이 황소를 대체한 이점은 말의 작업속도가 더 빠르고 쟁기질의 기동성이 더 크다는 데에 있다. 무엇보다 서유럽과 같이 변덕스러운 기후에서는 비교적 짧은 기간 안에 밭갈이와 수확 작업을 끝내는 것이 매우 긴요한 문제일 수 있다.

다섯 가지의 요인, 즉 취락, 경지배치, 농법, 쟁기형태 및 견인력 사이에는—취락과 경지배치와의 관계를 별도로 하면—다음과 같은 상호 밀접한 관계가 있다.

1. 고정된 볏을 가진 쟁기와 경지 가운데 주택이 없는 높은 이랑으로 된 긴 띠 모양의 경지배치(개방경지).

2. 이포제와 황소의 견인력.

3. 삼포제와 말의 견인력.

4. 규제형 삼포제 또는 떼장 시비를 수반하는 호밀의 재배와 경지

가운데 주택이 없는 긴 띠 모양의 경지배치(개방경지).

연대추정이 결코 확실한 것은 아니지만, 연대기적 발전은 아마도 다음과 같은 식으로 진행되었던 것으로 추측된다.

로마시대에는 블록형의 경지들을 가진 작은 마을들이 있었다. 이러한 경지들에서는 이포제가 시행되었으며, 볏이 없는 활주 쟁기로 밭갈이가 이뤄졌다. 쟁기는 황소가 끌었다. 이미 얼마 전부터 강우량이 훨씬 더 많은 기후가 시작된 기원후 6세기 무렵, 서유럽의 사람들은 담으로 둘러싸인 선사시대의 경지제(블록형 경지제의 한 유형)에서 배수가 더 잘 되는 긴 띠 모양의 경지제로 이행했다. 더욱더 좋은 성과는 기다란 경지를 높은 이랑 형태로 갈이질할 수 있게 해 주는, 고정된 볏을 가진 바퀴달린 쟁기를 이용함으로써 달성되었다. 이제 비로소 강 유역과 같은 물기 많은 지역이 개간될 수 있었다.

8세기에 인구밀집 지역의 농민들은 인간의 식량 생산이 증대되는 자유형 삼포제로 이행했다. 같은 시기에 인구증가로 말미암아 농가가 흩어져 있는 블록형 경지, 곧 울 쳐진 경지형태로 개별적인 개간이 촉진되기도 했다.

10세기에는 말을 쟁기질에도 이용할 수 있는 개량된 견인 장치가 도입되었다. 삼포제 덕분에 더 많은 말을 사육할 수 있는 충분한 사료도 생산되었다. 아마도 이러한 동력원의 증가를 통해서 11세기에서 13세기까지의 계속적인 인구증가가 가능하게 되었던 것으로 보인다. 이제 대규모 개간의 필요성이 생겼으며, 또 대대적인 개간사업의 착수도 가능하게 되었다. 개간사업은 대부분 집단적 지도 아래 진행되었다. 새로운 정착지는 취락이 딸린 긴 띠 모양의 경지형태를 취했다. 물이 많은 지역에서는 취락이 가촌 또는 제방촌이 되었으며, 숲속에서는 삼림촌이 되었다. 12-13세기에는 일부 지방에서 인구의 증가로 농지의 생산성을 높이기 위해서 삼포제에 대한 규제가 시작되었다. 더욱이 가축 수의 증가로 말미암아 목초지가 부족해지기 시작했다. 따라서 휴경지 또한 방목지로 사용되게 되었다.

경종농업과 축산업

갖가지 새로운 연구방법 덕분에 지금은 선사시대의 경종농업과 축산업에 대해서 매우 많은 것이 알려져 있다. 여러 가지 점에서 우리는 중세 초기보다 선사시대에 대해서 더 잘 알고 있다. 많은 흥미 있는 정보자료가 불탄 곡식 낟알들의 발굴, 곡식의 꽃가루 분석, 선사시대의 도기에 새겨진 여러 가지 씨앗들의 자국, 여러 가지 종류의 동물 뼈들 및 마지막으로 늪지대의 토탄층에 보존되어 발견되는 시체들의 위장 속 내용물로부터 수집되었다.

이런 자료에 의거해서, 우리는 기원후 500년경에 난쟁이밀, 보통밀, 쌀보리, 보리, 귀리, 호밀, 죽을 끓이고 브랜디를 제조하는 데에 사용된 마디풀, 기름을 채취하기 위한 유채, 큰개미자리, 아마, 잠두(蠶豆), 완두, 푸른물감 제조용 대청 그리고 지방질과 알부민을 함유하고 또한 설사약으로 사용될 수 있는 창 모양의 흰 잎을 가진 갯능쟁이 등이 재배되었음을 알고 있다.

이미 게르만족의 대이동이 있기 오래전에 소, 말, 돼지, 양 및 염소가 사육되었으며, 로마시대에는 닭까지 사육되었다. 일반적으로 선사시대의 가축은 오늘날보다 크기가 훨씬 작았다.

로마제국 말기에 이탈리아는 우리가 사회의 심각한 쇠퇴 국면에서는 언제나 목도하게 되는 바와 같은 암울한 상황에 처해 있었다. 아마도 그 쇠퇴는 14세기와 17세기의 유럽 위기 때보다도 훨씬 더 심각했던 것으로 보인다. 곡물의 재배는 축소되고 농업은 점점 더 조방적(粗放的)으로 경영되었다. 그런 때에는 흔히 그렇듯이, 포도와 올리브 재배는 확대되었다. 경지의 일부는 목초지로 바뀌었고, 게르만족의 대이동 이전에도 이미 토지는 황폐화되어 있었으며, 늪지대와 황무지는 확대 일로에 있었다.[28]

카롤링왕조 시대의 농업에 대해서 우리가 가지고 있는 정보자료는 거의 모두 영지명세장들에 그 출처를 두고 있다. 이들 자료로부터 받는 인상이 사실과 완전히 일치하는 것은 아니다. 영주에 대한 농민들의 공납 의무로 기록되고 있는 생산물 외에, 다른 농작물들도 재배되었을 것이기 때문이다.

그러나 우리는 뜻밖에도 북부 프랑스에 있었던 4개의 큰 왕령지 장원들에 관해서는 좀더 많은 정보자료를 가지고 있다. 이에 의하면, 810년경 그곳에서는 다음 표와 같은 농작물이 수확되었다.[29]

장원		아나프 (릴 근처)	비트리 (두에 근처)	시주앵 (릴 근처)	소맹 (두에 동쪽)
총면적(헥타르) (임야와 황무지 포함)		2,850	1,855	1,867	1,368
곡물수확량 (모디우스) (1모디우스=52 내지 63리터)	스펠트밀	2,040	1,080	360	372
	밀	160	-	-	-
	호밀	196	-	260	-
	보리	2,900	1,900	750	1,200
	귀리	430	-	400	-
	콩	1	-	-	-
	완두	12	-	-	-

보리, 스펠트밀 그리고 중요성이 덜하기는 하지만 귀리는 카롤링왕조 시대 다른 곳에서도 그렇듯이 이들 왕령지 장원에서도 가장 중요한 곡물이었던 것으로 보인다. 파종면적에 대한 기록이 없다는 것은 유감스러운 일이다. 우리는 단지 소맹 장원의 경지면적이 250.6헥타르라는 것은 알고 있으나, 매년 얼마만한 토지가 휴한되었는지는 알지 못한다. 일부 곡물에 대해서는 파종용으로 따로 떼어 둔 분량이 제시되어 있다. 몇몇 경우에는 파종량 대 수확량의 비율이 1:3이었을 것임을 시사하는 언급이 있다. 파종량 대 수확량의 비율은 모디우스 단위로 다음과 같이 표시되어 있다.

아나프 장원에서 스펠트밀 720:2,040, 밀 60:160, 보리 1,100:2,900.
비트리 장원에서 보리 600:1,900.
시주앵 장원에서 스펠트밀 120:360, 호밀 100:260, 보리 300:750.
소맹 장원에서 보리 400:1,200.

따라서 일반적으로 그 비율은 1:2.6에서 1:3.17까지였다. 그렇지만 파종량 대 수확량의 차이가 큰 경우들도 있다.

헥타르당 소요되는 앞의 곡물 파종량과 다른 곳에서 알려진 파종량으로 판단하건대, 소맹 장원에서는 경작토지의 $\frac{1}{3}$이 동곡으로 파종되고 $\frac{2}{3}$는 하곡으로 파종되는 이포제가 시행되었던 것 같다. 여타의 장원들에서는 동곡으로 파종되는 면적과 하곡으로 파종되는 면적이, 하곡 파종 면적이 약간 더 크기는 하지만 대체로 같다.

다른 사료에 의하면, 생제르맹데프레 수도원과 생타망 수도원[발랑시엔(Valenciennes)[7] 근처]의 장원들에서는 1보니예 크기의 토지를 파종하기 위해서 4모디우스의 동곡 씨앗과 6모디우스의 하곡 씨앗이 소요되었다고 알려져 있다. 비록 모디우스의 크기나 보니예의 면적은 곳에 따라서 달랐지만, 이 경우 1 모디우스의 용량은 63리터, 1보니예의 면적은 1.28헥타르였을 가능성이 크다. 그렇다고 한다면 1헥타르의 토지

사육가축	아나프	비트리	시주앵	소맹
암말	51	79	44	약 30
망아지	18	18	7	약 20
종마(種馬)	3	4	2	2
당나귀	2	2	-	-
거세된 황소	16	20	24	24(?)
(송아지가 딸리지 않은)암소	50	30	6	6(?)
어린 암소	20	-	-	8
1년생 송아지	38	-	-	3
거세되지 않은 황소	3	3	-	1
여타의 가축(소?)	-	10	5	-
돼지	360	250	160	250
거세되지 않은 수돼지	5	-	-	-
(새끼가 딸리지 않은)암양	150	80	150	150
한 번 털을 깎은 양	200	58	200	200
거세되지 않은 숫양	120	82	8	100
(새끼 없는)염소	63	27	41	130
거위	30	40	10	20
닭	80	100	-	-
오리	-	6	-	4
공작	20	8	-	-

....

7   프랑스 북부 벨기에와의 국경 인접 도시.

를 파종하는 데에는 197리터의 동곡 씨앗과 295리터의 하곡 씨앗이 소요된 셈이다. 이것은 수세기 후 1200년에서 1449년까지의 기간에 윈체스터(Winchester)[8] 주교좌 소유 장원들에서 사용된 평균 파종량, 즉 헥타르당 밀이 197리터, 보리가 323리터 그리고 귀리가 359리터 사용되었다는 평균 파종량과[30] 대체로 일치한다.

이와 같은 파종량이 소맹 장원에서도 사용되었다고 본다면, 스펠트 밀의 파종량 대 수확량의 비율은 1:2.8, 보리는 1:3.1이 되었을 것이다.

다행히 사육가축의 두수에 관한 기술은 좀더 상세하다. 앞에서 말한 왕령지에서 사육가축의 현황은 앞의 표와 같다.

이 표를 보면, 말의 수와 비교할 때 소의 수가 얼마나 적은지를 쉽게 알 수 있다. 무엇보다 쟁기질용 견인가축으로 사용되었던 황소가 많지 않다. 이것은 자신의 견인가축을 가지고 작업하는 농노들의 부역으로 영주직영지의 갈이질작업이 거의 대부분 수행되었음을 가리킨다. 소 가운데에서도 시주앵 장원과 소맹 장원에서는 암소가 대단히 적다. 암소는 특히 쟁기질용 황소를 낳도록 할 목적으로 사육되었던 것으로 짐작된다.

돼지와 양떼의 수는 많다. 양 중에서도 숫양이 많다. 숫양이 암양보다도 더 많은 털을 생산하기 때문이다. 당시에 양모 생산이 양 사육의 최대 목적이었으므로, 거세되지 않은 숫양과 거세된 숫양에 대한 어느 정도의 선호는 이해할 만한 것이다.

가축사육에 관해서는 앞서 말한 것과 비교할 수 있는 좀더 후기의 다른 자료가 있다. 이것은 앞의 통계들과 비교할 수 있다. 그것은 1086년 잉글랜드의 노퍽주와 서퍽주 그리고 에식스주에서 농노들이 보유

....

8   잉글랜드의 남부 소재.

했던 다음과 같은 가축에 관한 기록이다.[31)]

	노퍽	서퍽	에식스	합계
농노 수	4,682	3,023	4,002	11,707
각종 말	1,036	768	917	2,721
당나귀	2	2	26	30
버새	1	-	1	2
'가축'(소?)	2,107	3,083	3,768	7,958
암소	23	9	160	192
송아지	-	-	77	77
돼지	8,074	9,843	13,171	31,088
양	46,354	37,522	46,095	129,971
염소	3,020	4,343	3,576	10,939

비교를 위해서 1086년 잉글랜드 서부에 있는 테이비스톡 수도원 소유 장원들의 가축 수와 810년경 릴 근처의 앞서 말한 네 개 왕령지에서의 같은 종류의 가축 총수를 여기에 덧붙여 두면 다음의 표와 같다.[32)]

사육가축	테이비스톡 (1086년)	릴 근처 네 개 왕령지 장원 (810년경)
쟁기질용 황소(28개 조)	224(?)	-
소	114	272(?)
말	-*	278
돼지	58	1,025
양	918	1,498
염소	167	261

* 17세기 이전에는 이 지역에서 말을 쟁기질용으로 전혀 사용하지 않았다. 말은 짐말로 이용되거나 써레를 끌었다.

이 수치로부터 우리는 잉글랜드 동부의 세 개 주의 농민들이 후기에 그곳에서 중요한 산업이 된 목양업에 많이 종사하고 있었음을 알 수 있다. 잉글랜드의 세 개 주에서 큰 가축에 대한 작은 가축(염소 제외)의 비율은 작은 가축이 훨씬 큰 편이었다(13.7:1). 왕령지와 테이비스톡 수도원 영지의 큰 가축과 작은 가축의 비율이 실제로 어떠했는지를 파악하기는 어렵다. 왜냐하면 앞에서 본 바와 같이, 농노들이 아마도 자기들의 견인가축을 가져가서 영주직영지를 경작할 의무를 지고 있었던 것으로 보이기 때문이다. 따라서 이들 영지에서는 영주직영지를 경작하기 위해서 실제로 요구되는 것보다 더 적은 수의 견인가축을 사육해도 무방할 수 있었다.

중세 초기에 작은 가축이 압도적으로 많았던 것은 아마도 무엇보다 작은 가축이 큰 가축보다 사료문제의 어려움이 훨씬 더 적었기 때문일 것이다. 당시에는 광대한 땅이 아직 삼림으로 덮여 있거나 가축에게 빈약한 사료만을 제공하는 야생미경작지로 되어 있었다. 온갖 종류의 어린 야생식물이 자라는 임야, 황야 및 야생초지는 돼지, 양 및 염소를 사육하는 데에 아주 적합했으나, 소와 말을 사육하는 데에는 거기에서 나오는 사료가 너무나 적었다. 비록 농민들이 양의 똥거름으로 경작지의 토질을 향상시키고자 최선을 다했지만, 가축의 구성을 보면 충분한 시비를 한다는 것이 얼마나 어려웠는지를 똑똑히 알 수 있다.

농사일과 농기구

우리는 세밀화에서, 필사본의 색 장식에서, 회화에서, 바이외 태피스트리(tapis de Bayeux)[9]의 예와 같은 태피스트리와 자수에서 그리고 중세 성당들의 창문과 많은 조각물에서 농사짓는 장면을 볼 수 있다. 그 속에서 우리는 농민이 쟁기질하고 씨 뿌리고 수확하는 것을 본다. 여러 가지 농사일이 달[月]과 계절의 진행을 묘사하는 소재로 이용되었다.

이 모든 예술적 표현물은 중세의 농사일과 농기구를 연구하는 데에 중요한 사료다. 그러나 우리는 그것을 만든 예술가가 그것을 다른 곳들의 예들, 또는 그 앞 시대의 것에서 베꼈을지도 모르기 때문에 주의해야 한다. 중세의 예술은 거의 언제나 인간을 교화하고 교육시키려는 종교적 목적의식을 가진 예술이었다. 당대 예술가의 의도는 역사적 관심을 가진 후세인들을 위해서 일상생활의 사진 같은 표현물을 남기는 것이 아니었다.

농기구 가운데 가장 관심을 끄는 것은 쟁기다. 두 종류의 쟁기, 즉 활주 쟁기와 바퀴달린 쟁기 그리고 쟁기 사용법에 대해서는 이미 앞에서 말한 바 있다.[33] 큰 견인력을 필요로 하는 무거운 쟁기 외에 한 필의 노새나 말이 끄는 가벼운 쟁기가 있었다. 우리는 이와 같은 쟁기를 유명한 바이외 태피스트리에서 볼 수 있다.[34]

영국 역사가들의 특별한 관심거리가 된 문제 하나는 무거운 쟁기를 끄는 데에 필요한 황소의 수가 얼마였는가 하는 것이다. 『둠즈데이북』(1086년) 속에는 경지면적이 쟁기나 황소의 수로 기록되어 있다. 하나의 쟁기는 언제나 여덟 필의 황소와 같다. 이것은 아마도 재정상의 회계단위와 관계가 있는 것 같다. 당시의 사료로 보건대 네 필의 황소가 사용되었던 것으로 보이나, 때로는 세 필이나 두 필 또는 한 필의 황소가 사용되기도 했던 것 같다. 잉글랜드, 동부 프랑스 및 남부 독일 출처

....

9 프랑스 노르망디 지방의 바이외 시에서 발견된 길이 70미터, 폭 50센티미터의 리넨 벽걸이. 1066년 노르망디 공작 윌리엄의 영국 정복에 관한 설화와 당시의 농경생활 등을 약 72개 장면으로 나누어 여덟 가지 빛깔의 털실로 묘사하고 있으며, 현재 바이외 시의 박물관에 소장되어 있다.

의 그림들은 언제나 두 필의 황소가 쟁기를 끌고 있음을 보여 준다. 여 덟 필의 황소가 끄는 쟁기가 실제로 사용되었다면, 그것은 특히 진흙 으로 된 중질토(重質土)의 첫 갈이질의 경우에 사용되었을 것이다. 후에 개간작업의 경우에는 열 필 또는 열두 필의 황소가 끄는 쟁기도 사용 되었다.[35]

동곡이 파종되기 전에 휴경지는 때로는 두 번, 때로는 세 번 갈이질 되었다. 12세기에 로렌과 부르고뉴에서는 휴경지에 대한 갈이질이 사 순절과 성 베드로 축일(6월 29일) 직전 그리고 가을철인 성 아델푸스 축일(9월 11일) 직전에 행해졌다. 휴경지에 대한 여름철 갈이질은 잡초 가 자라지 못하게 하기 위한 것이었다. 아마도 이것은 카롤링왕조 시대 에 처음으로 실시되었던 듯하다.[36] 이런 갈이질은 12세기에 꽤 일반화 되었던 것으로 보인다.[37] 여름철 갈이질은 훨씬 더 가벼운 쟁기로 수행 될 수 있다. 아마도 바이외 태피스트리에 묘사되어 있는 그림은 바로 이런 것이었을 것이다.

많은 역축이 끄는 무거운 쟁기는 심지어 네 필의 황소가 견인하는 경우에도 밭의 끝에서 돌리기가 어려웠다. 그 때문에 쟁기질이 끝났을 때, 밭에는 삽으로 파 일구거나 가로질러 쟁기질되는 쟁기의 반전(反 轉)공간이 있었다. 당시 사람들은 쟁기를 좀더 쉽게 돌리기 위해서 쟁 기를 먼저 갈이질된 땅에서 미리 돌리곤 했다. 그리하여 쟁기질된 땅은 기다란 S자 모양 또는 거꾸로 된 S자 모양을 이루게 되었다. 이러한 모 양의 경지는 네덜란드[특히 베튀버(Betuwe)],[10] 영국, 아일랜드 및 독일 에서 발견된다. 이런 경지는 고정된 볏을 가진 쟁기로 갈이질되었으며, 경지의 모양은 볏이 어느 쪽에 놓이느냐에 따라서 좌우되었다. 즉 S자

....
10 네덜란드의 헤를란트 주 내의 한 지방.

형 경지는 볏이 좌측에 놓일 때에 생기며, 거꾸로 된 S자 모양의 경지는 볏이 우측에 놓일 때에 생겨난다. 다수의 이런 경지들은 1350년 이전 시절부터 있었다고 추측되고 있다.[38]

땅을 파는 작업은 삽으로 이뤄졌고, 곡괭이는 보다 힘든 일에 사용되었다. 써레는 직사각형 모양으로 되어 있었다. 삼각형 써레는 1275년 캉브레(Cambrai)[11]에 처음으로 나타나며, 사다리꼴 모양의 써레는 15세기 말의 그림에 나타난다. 흙덩어리를 부수려고 하면 써레질작업이 재빠르게 행해져야 했기 때문에 써레는 말이 끌었다.[39]

농민들은 씨앗을 튜닉의 아랫자락에 담아 오른손으로 뿌렸다. 곡식이 익었을 때, 낫으로 이삭의 바로 밑부분에서 줄기를 잘라 거두어들였다. 곡식을 베는 일은 언제나 어느 정도 몸을 굽힌 자세로 해야 하는 피곤한 작업이었다. 이삭은 다발로 묶어서 이륜 수레에 양갈래진 쇠스랑으로 실었다. 밭에 남아 있는 짚은 농민공동체 전체가 이용하도록 되어 있었다(짚 수집권).

곡식은 겨울철에 타작용 막대기와 도리깨로 탈곡했다. 이것은 아주 많은 시간이 소요되는 작업이었다. 그런 후에 곡식을 키질하고, 뒤이어 제분소로 보내 제분했다. 제분기는 말이나 물의 힘으로 가동되었다. 중세 초기에 기술 분야에서는 로마시대와 비교할 때 중요한 발전이 이룩되었다고 볼 수 있는 많은 발명이 있었다.[40] 여러 가지 발명품이 서유럽 외부에서 전래되기는 했으나, 후에 서유럽문명의 큰 특징을 이루는, 기술적으로 의미 있는 것들이 이미 존재했음이 밝혀졌다. 쟁기와 견인 장치의 개량 외에도, 편자, 박차 및 물레방아와 같은 발명이나 기술적 수단의 채택이 있었다. 편자는 말 멍에와 같은 시기에 사용되었다. 가

....
11 북부 프랑스의 플랑드르 지방에 위치.

장 오래된 편자 역시 9세기에 나타난다. 편자는 서유럽과 비잔틴제국에서 동시에 나타났다. 메로빙왕조 시대에는 편자가 아직 알려지지 않았었다.[41]

비록 말 멍에와 편자의 발명이 무엇보다 수송의 발전에 중요한 기여를 했다고 하더라도, 농업에 대한 그것들의 의미가 낮게 평가되어서는 안 된다. 그것들은 견인력의 이용도를 높였고 새로운 땅을 일찍이 개간할 수 있게끔 했다. 7세기 이후 아랍 지역에서 유럽으로 전래된 박차는 무엇보다 군사적 이용 가치가 컸다.

많은 노동력을 절약시킨 발명품은 물레방아였다. 로마시대에는 가정용 맷돌과 사람이나 가축(당나귀나 노새 또는 말)이 돌리는 큰 제분기만이 알려져 있었다. 대부분의 제분작업은 아직 공급이 충분했던 노예들이 수행했다. 비트루비우스(Marcus Vitruvius Pollio)[12]의 서술에 따르면, 그의 시대(기원전 50-1년)에는 수력으로 작동되는 기계가 존재했다. 그러나 그것은 실용적 목적에 사용되지 않았다. 로마시대 후기에 가서야 수도를 통해서 공급되는 물로 가동되는 물레방아가 로마시에 존재했다. 이러한 물레방아가 인구의 감소와 노예공급의 축소 결과로 노동력이 보다 비싸지고 있던 시기에 사용되었다는 것은 주목할 만하다.

물레방아는 서유럽에 매우 완만하게 보급되었다. 서유럽에서 가장 오래된 물레방아는 아마도 기원후 308년에서 316년 사이에 아를(Arles)[13]에 건설된 것이라고 생각된다. 그 후 4세기가 지나서야(8세기) 물레방아는 그레이트브리튼 섬과 튀링겐에 전파되었으며, 그 후 또 1

....

12 기원전 1세기의 로마 건축가. 저서로 건축이론, 도시계획, 토목, 역학, 재료, 구조, 양식, 장식, 시각(時刻) 등에 관한 내용을 다룬 『건축서 10권』(*De architectura libri decem*)이 있다.

13 프랑스 남부 프로방스 지방의 론강변에 위치.

세기가 지나서야 물레방아는 아일랜드에 도달했다. 12세기에 물레방아는 스칸디나비아, 아이슬란드 및 폴란드에 전래되었다.[42]

물레방아의 매우 느린 전파는 앞서 언급한 견인력 사용의 어려움과 관련시켜 설명되어 왔다. 말의 개량된 견인 장치의 이용이 있고 난 후에야 비로소 물레방아에 사용되는 무거운 맷돌 수송이 가능했다는 것이다.[43] 그러나 특히 라인란트산 맷돌은 배로도 수송되었다고 알려져 있다.

곡식을 빻는 물레방아 외에, 올리브나 견과류 및 양귀비로부터 기름을 짜내고, 겨자를 만들고, 무두질작업을 위해서 오크나무 껍질을 두드리고, 금속을 압연(壓延)하고, 목재를 톱질하고, 염료용 대청과 꼭두서니를 빻기 위해서 그리고 13세기 이후에는 필기 재료로 양피지를 차츰 대체하게 되는 종이를 제조하기 위해서 사용되는 물레방아들이 점차 생겨났다.

우리는 이들 물레방아가 낙차(落差)가 상당히 큰 개울 근처, 즉 물살이 빠른 외진 곳에 위치해 있는 것을 자주 볼 수 있다. 때로 물레방아용 물은 인공적으로 조성된 둑으로 가두어졌으며, 이에 따라서 물고기가 풍부한 작은 호수가 생겨났다. 사람들은 또한 물레방아를 다리 밑에 매달거나 강에 계류(繫留)되어 있는 배 위에 건설함으로써 흐르는 물의 힘을 이용하려고 했다. 암석이 많은 브르타뉴반도의 해안에서는 물레방아를 가동시키기 위해서 심지어 조수 간만의 차까지 이용되었다.[44] 우리는 『둠즈데이북』을 통해서 잉글랜드에 물레방아가 풍부했음을 알 수 있다. 링컨셔, 노퍽, 서퍽, 에식스, 케임브리지셔 및 헌팅던셔 등의 주들에는 1086년에 1,306대나 되는 물레방아가 있었다.

훨씬 후에야 인간은 또 하나의 자연력 즉 풍력을 이용하기 시작했다. 풍차에 대한 최초의 기록은 12세기 말에 나타난다.

여러 가지 농업기술의 향상과 일반적으로 사용되게 된 전(前) 시대의 발명품들(말 멍에, 편자, 고정된 볏을 가진 쟁기, 물레방아)은 여러 가지 결과를 낳았다. 삼포제 덕분에 수확고가 증가했으며, 견인력으로 말이 사용됨으로써 노동생산성은 높아졌다. 이것은 대토지 소유자에게는 영주직영지의 규모가 축소될 수 있음을 의미했고, 농노들에게는 부역노동이 적게 수행되어도 되었음을 뜻했다. 대토지 소유자가 재판영주로서 물레방아 사용강제권을 가지고 있는 경우에는 영주직영지의 중요성이 더욱 감소했다. 재판영주권의 지배를 받는 주민들은 영주 독점의 물레방아를 사용하지 않으면 안 되었고, 물레방아 사용료로 그들의 수확물의 일부를 지불해야 했다.

삼포제의 실시 결과로 수확고가 증대되고 농기구가 개량됨으로써 농민보유지의 면적은 축소될 수 있었다. 여러 지방에서 농민보유지들이 분할되었고, $\frac{1}{4}$쪽 농민보유지가 농민보유지의 표준 크기가 되었으며, 농민보유지가 더욱 세분되는 경우도 있었다.

무거운 쟁기를 사용함으로써 임야와 소택지가 개간될 수 있었으며, 고정된 볏을 가진 쟁기를 사용하여 높다란 이랑 형태로 땅을 쟁기질함으로써 배수가 잘될 수 있었다. 이런 모든 새로운 가능성으로 말미암아 11세기에서 13세기까지 대규모의 인구증가의 길이 열렸다.[45]

임야와 공유지

중세 초기에 전체 토지 가운데 단지 작은 면적만을 차지하고 있던 경작지 외에도 임야와 야생미경작지가 있었다. 카롤링왕조 시대와 그에 뒤이은 몇 세기 동안 임야의 경제적 중요성은 목재의 공급에 있었다기보다는 오히려 사냥에 있었다. 당시 사냥은 훗날처럼 스포츠가 아니었으며, 더욱이 고기를 공급하는 수단도 아니었다. 그 무렵 사냥의 가치는, 후에 러시아와 시베리아 그리고 북아메리카에서 그랬던 것처럼, 무엇보다 모피와 가죽을 획득하는 데에 있었다. 양모와 아마 산업이 아직 보잘것없는 수준에 있었기 때문에 의복과 덮개용으로 모피의 수요가 컸다. 가죽으로는 책 표지, 장갑, 혁대, 지갑 등이 만들어졌다.

818년 이후 광대한 숲에서의 사냥은 왕의 특권, 다른 말로 하면 독점권이 되었다. 황제와 왕들은 귀족이나 성직자들에게 광대한 규모의 사냥림(foreest)을 봉토로 주었다. 식물학적 개념도 지리학적 개념도 아닌, 하나의 법률적 개념인 사냥림이라는 용어는 황제나 왕 또는 주교나 백작만이 수렵권을 가지는 구역을 의미했다. 사냥림에는 임야나 야생 미경작지에는 없는 농민들의 가옥과 토지가 있을 수도 있기 때문에, 사냥림과 임야는 동의어가 아니었다.[46]

사냥림은 대개가 매우 광대했다.[47] 사냥림의 실례는 네덜란드에서는 무엇보다 펄뤼버 지방, 폴런호버(Vollenhove),[14] 드렌터에서 찾아볼 수 있다. 아르덴고원, 아이펠고원 및 중부 독일의 산악지역에서도 광대한 지역이 사냥터로 울타리 쳐졌다. 잉글랜드에서는 사우샘프턴 근처에 사냥림이 있었던 것으로 알려져 있다.

당시 농촌주민에게는 임야가 무엇보다 돼지를 방목하는 곳으로서 중요했다. 돼지는 먹이를 찾아 먹도록 임야 속에 방목되었다. 많은 지방에서 임야의 크기는 그 속에서 사육될 수 있는 돼지의 수로 측정되었다.[48] 그렇지만 돼지는 임야에 큰 손상을 입혔다. 돼지는 사냥감에게 은신처를 제공하는 관목숲을 파괴했으며, 사냥감의 먹이가 되는 어린 싹들을 먹어 치웠다. 그리하여 사냥감과 임야 사이의 자연적인 균형은

....

14 네덜란드의 북서부 해안 지역.

위기에 처하게 되고, 결국 임야의 철저한 파괴에까지 이르게 되었다.[49] 너무 많은 돼지를 임야에 방목함으로써 야기되는 임야의 황폐화와 사냥감의 전멸이라는 위험을 방지하기 위해서 임야에 돼지를 방목할 농민의 권리가 이미 일찍부터 제한되었다.

훨씬 후에야 임야는 목재 채취원으로서 중요하게 되었다. 13세기와 그 다음 몇 세기 동안에 목재 이용권을 가진 사람들은 그 이용이 강력히 규제되는 집단을 구성했다. 목재에 대한 대규모 수요는 필시 12-13세기에 서유럽 인구의 급격한 증가와 관련되어 있었을 것이다.

재판영주들이 많은 지역에서 임야 이용권의 수여 권한을 가로챘다는 것은 이미 앞에서 지적한 바 있다. 그들은 그들의 재판관할권 내에 거주하는 이용자들에게 임야 사용료의 매년 지불을 요구했다. 그러나 원래는 장원영주가 개인적으로 소유한 임야에 대한 일부 권리를 그들의 농노들에게 대여하면 농민들은 나머지 임야를 사용료 지불 없이 자유롭게 이용할 수 있었다. 예컨대 기원후 1050년경에 베르됭(Verdun)[15] 소재 생반 수도원의 농노들이 100마리의 돼지를 방목할 수 있었던 영주림(silva indominicata)과 농민들이 그들이 원하는 만큼 많은 돼지를 방목할 수 있었던 공유림(silva communis)은 서로 구별되고 있었다.[50]

첫째로 임야소유주, 둘째로 사용료를 받고 임야 이용권을 수여하는 재판영주 그리고 세 번째로 임야 이용자가 나란히 등장하는 것은 후대에 나타나는 현상이다.

문헌사료 속에서 채초지(prata)와 방목지(pascua)는 서로 구별되고 있다. 채초지는 건초 생산지로 이용되었으며, 건초수확 후에는 가축의

....
15 프랑스 동북부에 위치.

방목장으로도 이용되었다. 채초지는 언제나 개인적 소유지였고, 울타리를 쳐서 여타의 토지들과 구분했다. 채초지는 대체로 같은 면적의 경지보다 지대와 매매가격이 더 비쌌다. 이것은 건초가 겨울철 가축사육에 극히 중요했기 때문이다.

방목지는 갖가지 야생식물로 뒤덮여 있는 야생미경작지 및 늪지대의 풀밭이었으며, 휴한지 또한 여기에 포함되었다. 이 야생미경작지는 가축을 방목하고 시비용 뗏장을 뜨는 데에 이용되었다. 야생미경작지는 겉보기에는 쓸모없는 땅 같지만 당시의 농업경영에서는 절대적으로 필요했다. 야생미경작지는 "경지의 부속물이자 연장물"이었다.[51]

그 무렵에는 대부분의 지역에서 인구밀도가 매우 낮았으므로 아직 야생미경작지 이용에 관한 규칙이 제정될 필요는 없었다. 모든 농민은 공유지에서 그가 원하는 만큼 많은 가축을 방목할 수 있었으며, 누구나 자유롭게 그가 필요로 하는 만큼의 뗏장을 뜰 수 있었다. 그러나 1150년 이후 인구증가로 말미암아 야생미경작지의 이용 제한이 필요해졌다. 이러한 제한이 있게 된 시점은 풍족했던 야생미경작지가 부족하게 된 때와 일치한다. 그때부터 무제한적이고 무규제적인 야생미경작지 이용은 끝나게 된다. 그 시점에서 기존의 야생미경작지 이용자들, 즉 오래전부터 표준적인 하나의 농민보유지를 가지고 있던 농민들은 새로운 이주자의 유입을 막기 위해서 단합했다. 임야나 방목지, 야생미경작지의 이용에 대한 규제 시점은 각기 다를 수 있다. 규제는 토지의 이용방식, 나아가 토지의 면적, 그러나 무엇보다 이런 토지를 개간할 필요성을 낳는 인구밀도에 따라서 달랐다. 목적과 장소에 따라서 규제의 시점은 시기적으로 크게 다를 수 있다. 삼포제의 규제에서 보는 동일한 원인들이 여기에서도 작용하고 있는 것이다.

노르웨이에서는 임야, 방목지 및 야생미경작지가 풍부했기 때문에 아주 후에까지 임야 이용권, 방목지 이용권, 수렵권이 아무런 제한 없이 행사되었다는 것이 확인된 바 있다. 반면에 물고기 자원은 제한되어 있었으나, 그에 대한 수요가 매우 컸기 때문에 어획권은 이미 일찍부터 대여되었다.[52]

제3부

간접적 농업소비시대

(1150년경-1850년경)

I
—
인구

　농업생산에 영향을 미치는 요인 가운데 하나는 농산물에 대한 수요다. 이런 수요는 무엇보다도 농업을 생업으로 하는 사람들과 농업을 생업으로 하지 않는 사람들을 모두 포함한 전체 인구의 크기에 따라 좌우된다. 따라서 농산물 소비의 역사를 이해하기 위해서는 아주 장기간에 걸친 인구수와 그 변동을 알아야 한다.

　인구의 크기와 선행 인구조사 이후의 인구증감 상태를 바로 알 수있게 해 주는 정확한 인구통계는 지난 한 세기 반 전에서야 처음 나타난다. 그때에도 정확한 통계는 몇몇 국가에 국한되어 존재한다. 1750년 이전의 대부분의 인구 수치는 추산에 근거한다. 이런 추산은 더러는 징세대장을 통해서 알려진 가구나 가족의 수에 기초한 것이기는 하지만, 가끔은 전적으로 추측에 근거한 것이다. 개별 국가의 인구수도 알아내기 어렵다고 할 때, 유럽 전체의 인구에 관한 수치가 완전히 추산에 기초할 수밖에 없다는 것은 이해할 만한 일이다.

　이와 같은 자료의 불확실성 때문에, 사람들은 "부정확한 통계보다는 통계가 없는 것이 차라리 낫다"는 모토 아래 문제 전체를 덮어두고 싶을 수도 있다. 그러나 우리는 또한 "어떤 통계도 전혀 제시하지 못하는 것보다는 약간의 통계—비록 완전히 신뢰할 만하지 않을지는 모르지만 적어도 어느 정도의 윤곽은 알 수 있게 해 주는—라도 아는 것이 더 낫다"는 명제로부터 출발할 수도 있다. 앞으로는 후자의 관점에서 인구 문제를 다룰 것이다. 이런 수치들이 불확실성을 지니고 있다는 사실을 우리가 언제나 염두에 둔다면 큰 위험에 빠지지는 않을 것이다.

베넷은 그의 저서 『세계의 식량』(*The World's Food*)에서 인구학 분야의 최신 연구성과를 이용하여 유럽의 인구에 대해서 다음과 같은 통계를 제시한다(그래프 3).[1]

우리는 이 그래프로부터 기원후 200년경의 로마제국 시대와 1300년 무렵의 중세 개화기 말 그리고 근대의 대성장이 시작되었던 1750년 이후에 인구가 최고점에 도달했음을 볼 수 있다. 한편 우리는 로마제국 후기와 게르만족의 대이동기가 인구 감소기였음을 알 수 있다. 그래프에서 현저히 낮은 700년의 인구 수준은 사실은 심각한 전염병이 창궐했던 543년에서 600년 사이였을 것으로 추측된다.[2] 700년 이후(카롤링왕조 시대) 이어지는 인구증가세는 900년 무렵에 다시 약화된다.[3] 1150-1300년간의 괄목할 만한 인구증가가 있은 후 1300-1400년간에는 인구감소가 뒤따랐다. 이것은 부분적으로 1347년과 1350년 사이에 유럽의 대부분 지역에서 엄청나게 많은 희생자를 낳았던 흑사병 때문이다. 그러나 이 전염병은 1320년대에 이미 시작되었던 장기간에 걸친 일련의 흑사병 가운데 하나였을 뿐이다. 1400년 이후 1450년까지 상당히 빠른 인구회복이 있었고, 1750년까지 꾸준한 인구성장이 이어졌다. 아마 1550년과 1650년 사이의 인구성장은 다음의 표에 제시된 수치들보다 다소 더 컸을 것이고, 1650년과 1750년 사이의 성장은 약간 더 낮

그래프 3. 기원전 400-기원후 1900년간 유럽 인구수의 추이 추정

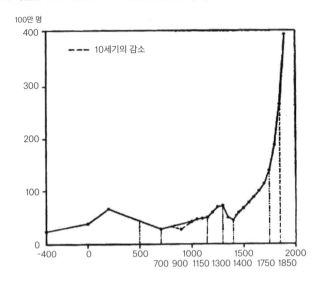

연도	인구	연도	인구
기원전 400년	23	1400	45
기원 시작	37	1450	60
기원후 200년	67	1500	69
700	27	1550	78
1000	42	1600	89
1050	46	1650	100
1100	48	1700	115
1150	50	1750	140
1200	61	1800	188
1250	69	1850	266
1300	73	1900	401
1350	51	1949	548

(단위: 100만 명)

았을 것이다.[4] 1750년 이후의 두드러진 인구증가는 여러 가지 원인의 결과다. 그러나 그 가운데에서도 중요한 원인은 1750년 이후 유럽의 많은 나라에서 사망률은 큰 하락을 보인 반면에, 1880년경까지 출생률은 1750년 이전과 거의 같은 수준에 머물러 있었다는 점이다. 그러나 어쩌면 심지어 18세기 후반에는 그 선행 시기와 비교해서 출생률이 오히려 상승했을지도 모른다.

우리가 50년 간격으로 된 각 기간의 시작점의 인구수를 100으로 잡고 50년 동안의 인구증가 지수를 산출해 보면, 다음의 표와 같이 이들 기간의 인구동향이 보다 분명하게 드러나게 된다.

이들 지수로부터 만들어진 그래프(그래프 4)에서 우리는—선행 기간과 비교해서—인구는 1150년과 1200년 사이, 1400년과 1450년 사이 그리고 1750년에서 1900년까지 특히 급속히 성장했음을 알 수 있다. 여기에서 우리는 근대의 인구증가 지수는 그 이전의 급속한 인구증가 시기들과 비교할 때 유달리 높은 것이 아님을 알 수 있다.

50년간마다의 인구지수

기간	지수	기간	지수
1000-1050	109.5	1500-1550	113.0
1050-1100	104.3	1550-1600	114.1
1100-1150	104.2	1600-1650	112.4
1150-1200	122.0	1650-1700	115.0
1200-1250	113.1	1700-1750	121.7
1250-1300	105.8	1750-1800	134.3
1300-1350	69.9	1800-1850	141.5
1350-1400	88.2	1850-1900	150.8
1400-1450	133.3	1900-1950	136.7
1450-1500	115.0		

그래프 4. 1000-1950년간 유럽의 인구증가 지수(50년 간격)

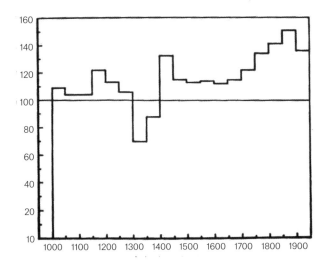

위 수치의 상대성을 좀더 강조하기 위해서 이들 수치를 두 개의 다른 추정치와 비교하는 것이 유용할 것이다.

미국의 역사가 러셀은 여러 나라의 총인구를 산출하려고 노력해 왔다. 그가 산출한 수치에 기초해서 동유럽과 남동 유럽을 제외한 유럽 전역의 인구를 추정해 보면, 우리는 다음과 같은 수치에 이르게 된다.[5]

연도	I 동유럽 제외 유럽 (러셀)	연도	II 유럽 (베넷)	백분율 I:II
기원 시작	25.6	기원 시작	37	69
543년 이전	18.8	–	–	–
600년 이후	14.7	700년	27	54
950년	22.6	1000년	42	54
1348년 이전	54.4	1300년	73	75
1400년경	35.4	1400년	45	79
1550년	45.7	1550년	78	59

(단위: 100만 명)

1300년과 1400년에 대한 수치는 아마도 러셀이 너무 높게 추산했거나 베넷이 너무 낮게 평가했거나 했던 듯하다. 나머지 수치들에 대해서는 두 추정치가 어느 정도 합치되고 있다.

서유럽의 3대 국가인 프랑스, 독일, 영국의 인구수는 아벨이 산출한 바 있다. 아벨이 산출한 수치를 베넷이 산출한 총인구수와 비교하면 다음과 같은 결과가 나온다.[6]

연도	프랑스	독일	영국	합계
1200년	12	8	2.2	22.2
1340년	21	14	4.5	39.5
1470년	14	10	3	27
1620년	21	16	5	42
1740년	17	18	6	41
1800년	27	24	9	60
1900년	39	56	33	128

연도	유럽 전체	백분율(3개국 대 유럽 전체)
1200년	61	37
1300년	73	54
1450년	60	45
1600년	89	47
1750년	140	29
1800년	188	32
1900년	401	32

(단위: 100만 명)

우리는 이 표에서 유럽 전체의 인구에 대한 세 나라의 백분율로 표시된 인구비율이 1340년, 1470년 그리고 1620년에는 불확실하기는 하지만 너무 높았던 데에 비해서 1740년에는 확실히 너무 낮았음을 알수 있다. 14세기와 15세기의 인구감소 문제는 뒤에서 더 깊이 검토할 것이지만, 이 세 나라에 대한 통계에서 1340년 이전의 인구증가와 그후의 감소는 둘 다 과장된 듯이 보인다. 1600/1620년의 백분율(47퍼센트)과 1740/1750년의 백분율(29퍼센트) 사이의 불균형은 프랑스에 관한 인구 수치에서 아주 잘 드러난다. 이른바 17세기의 쇠퇴라는 것은 뒤에서 보다 면밀히 고찰할 것이다. 우리가 프랑스의 인구를 1620년에 1,600만 명, 1740년에 2,000만 명으로 추산한다면, 이 세 나라의 합계 인구는 각각 3,700만 명과 4,400만 명, 바꾸어 말하면 유럽 전체 인구의 41퍼센트와 32퍼센트에 이르게 된다.

표의 수치들로부터 프랑스가 오랫동안 서유럽에서 가장 인구가 많은 나라였음을 알 수 있다. 19세기가 되어서야 비로소 프랑스의 인구는 독일에 추월당했다. 나폴레옹시대 이전까지 그리고 나폴레옹시대 동안 프랑스가 차지한 정치적 우위는 부분적으로 많은 인구와 관련되어 있었다. 1800년까지 영국은 상당한 인구희박 지역이었다. 영국의 인구가 증가한 것은 주로 19세기 때의 일이다.

인구밀도를 파악하기는 어렵다. 벨로흐는 한때 인구밀도 문제를 집중 연구했다.[7] 그의 연구 결과, 인구밀도에 있어 매우 큰 지역적 차이가 존재했음이 명확히 밝혀졌다. 카롤링왕조 시대에 모젤강 지역과 센강 유역은 인구밀집 지역이었다. 벨로흐는 당시 모젤강 지역의 인구밀도를 제곱킬로미터당 5명으로 추정할 수 있다고 생각한다. 같은 시기의 오버레이설 지역에 대한 추산에 따르면, 인구밀도는 2.5명에서 3.5명까지였던 것 같다. 1086년 잉글랜드의 인구밀도는 제곱킬로미터당 11.4명이었으나, 1377년에는 약 20명으로 증가했다. 16세기(1514년)에 홀란트는 그 인구밀도가 제곱킬로미터당 37명에 이를 정도로 대단한 인구밀집 지역이었다. 인구밀도가 낮은 지역에서는 15명쯤 되었다. 즉 1541년에 룩셈부르크에서는 12명, 1475년 오버레이설에서는 16명, 1479년 스위스에서는 15명, 그리고 1604년 티롤에서는 15명이었다. 중세 후기에 플랑드르와 브라반트 그리고 북부 이탈리아는 유럽에서 인구밀도가 가장 높은 지역에 속했다.

여러 인구학적 연구가 19세기와 20세기에 이루어졌다. 그러나 그 연구는 언제나 도시에 관한 것이지 농촌에 관한 것은 아니었다. 이것은 도시에 관한 인구자료가 농촌에 관한 자료보다 훨씬 더 잘 보존되어 왔기 때문이다.[8] 그렇지만 오늘날의 모든 연구성과에 의하면 인구추이에 큰 차이가 있었다는 것은 명백하다. 도시는 농촌보다 출생률이 낮았으며, 예전에는 사망률도 더 높았을 가능성이 매우 크다. 도시의 인구성장은 출생과잉에서 생긴 것이 아니라 농촌주민의 도시로의 유입 결과였다. 농촌에 관한 인구통계가 거의 어디에도 없다는 것은 유감스러운 일이다. 왜냐하면 그로 말미암아 도시와 농촌 사이의 인구비율에 관해 아무것도 알 수 없기 때문이다. 더욱이 당시 도시인구는 전체 인구 가운데 일부분에 지나지 않았으므로, 도시인구의 수치는 전체 농촌인구를 산정하는 데에 이용될 수 없다. 14세기의 영국에 대해서 벨로흐는 도시인구를 전체 인구의 약 10퍼센트로 평가한다. 적어도 도시민의 식량이 전적으로 주변 농촌으로부터 공급되는 경우에는 도시의 크기가 좁은 범위 내에서 제한될 수밖에 없었다는 것은 이미 앞에서 지적한 바 있다. 수송수단(선박수송)이 잘 발달된 후기 단계에서는 도시의 크기가 당연히 달랐다. 그때에는 멀리 떨어진 지역으로부터 식량이 공급될 수 있었기 때문이다.

총인구에 관한 자료도 매우 빈약하지만, 출생자와 사망자의 수, 연령분포, 남녀의 성비 및 인구이동에 관한 자료는 우리를 실망시킬 정도로 거의 전적으로 부족하다. 최신의 통계학적 방법을 이용하여 러셀은 중세의 영국 인구에 관해서 연구했다.[9] 그러나 많은 것이 아직 가설상태로 남아 있다. 일반적으로 출생률이 높았으나 사망률도 매우 높았으며, 특히 유아와 아동의 사망률이 매우 높았다고 말할 수 있다. 평균수명은 짧았다. 러셀에 의하면 13세기와 15세기에 평상시 사람의 평균수명은 출생한 때로부터 30년에서 35년이었다. 설사 위험한 유년시절을 살아남는다고 하더라도 30-34세에 이른 사람들의 평균적 기대수명은 20년에서 25년이었다.[10] 이런 평균적 기대수명은 역사상 오랫동안 거의 변함이 없었다. 18세기에 관한 정확한 통계자료를 이용할 수 있는 스웨덴에서는 신생아의 평균적 기대수명이 35.2세였다.[11] .

보베(Beauvais)[1] 인근지역에서는 17세기 후반(1657-1676)에 평균 수명이 20세에 불과했으며, 어떤 곳에서는 심지어 17-18세밖에 되지 않았다. 그렇지만 이 시절에는 무수한 사람의 생명을 앗아간 많은 전염병이 창궐했다. 1649년에서 1741년에 이르는 기간 전체를 통해서도 평균수명이 짧기는 마찬가지였다. 그 후(1760-1790) 평균 수명은 32세로 늘어났다.[12]

아벨이 출생률과 사망률의 차는 비교적 작았으며, 따라서 수치상에 단지 약간의 변동만 있어도 전체 인구수에 커다란 변화가 초래될 수 있었다고 지적한 것은 옳다. 그는 다음과 같은 수치를 제시한다.[13]

	16-18세기(알려진 통계자료에 의거)	14-15세기(추정치)
출생률	42	39
사망률	36	41
초과	(출생률) 6	(사망률) 2

[단위: 퍼밀(‰)]

18세기 이전의 서유럽 상황은 오늘날 산업화가 아직 시작되지 않고 의료 혜택을 전혀 받지 못하거나 거의 받지 못하는 일부 비유럽 지역의 인구학적 상황과 흡사했다. 이들 일부 비유럽 지역도 역시 출생률과 사망률은 높으면서 평균 수명은 짧다. 그것이 전(前) 산업사회의 인구 패턴이다.

전에는 당시의 사람들, 특히 농촌주민들은 같은 곳에 붙박아 살았을 것이라고 생각하는 것이 상당히 일반적이었다. 그러나 영국에 대한 연구는 결코 그렇지 않았음을 보여 준다.[14] 16세기 영국의 인구는 이동성이 상당히 강했던 것 같으며, 사람들은 한 곳에서 다른 곳으로 자주 이동했다. 프랑스에서 백년전쟁 때 버려지고 황폐화되었던 지방들에 다시 사람들이 거주하게 되었을 때에도 사람들의 많은 이동이 있었던 것으로 보인다.[15] 농촌에서 도시로의 이동은 언제나 많았다.[16]

인구 부문의 변동을 추적하기 위해서는 인구통계에 대한 지식만이 필요한 것이 아니라, 식량 사정이 어떠했는지를 아는 것 또한 대단히 중요하다. 이 문제는 가장 단순한 형태로는 기근을 극복하는 능력으로 표현될 수 있다. 식량부족, 곧 그것의 가장 심각한 형태인 기근은 역사상 거듭해서 발생했다.[17] 연대기들 속에는 흉작, 전쟁, 홍수 등에서 기인하는 격심한 식량부족 사태에 관한 그리고 주민들이 거리낌 없이 기이한 방식으로 굶주린 배를 달래려고 했던 시절에 관한 보고가 많이 있다. 그렇지만 그와 같은 사태가 일반적이었을까 하는 의문은 남는다. 그런 사건은 바로 호기심을 자아내고 이례적이기 때문에 연대기 속에 기록되었을 수도 있는 것이다.

....

1　프랑스의 파리 북쪽 피카르디 지방에 위치.

양차 세계대전의 경험과 산업화되지 않은 비유럽 지역들의 식량 사정에 대한 지식을 통해서, 우리는 한 국민에게 가장 심각한 위험이 되는 것은 격심한 기근이 아니라 일부 비타민의 부족으로 인해 영양가가 너무나 부족한 음식의 연속적 섭취(영양실조)라는 것을 알게 되었다. 장기간의 부적절한 음식 섭취는 마침내 비참한 결과를 가져온다. 우리는 식료품 가격이 상승하는 시기에는 사람들이 전분성 농산물을 많이 섭취하고 동물성 단백질을 보다 적게 섭취하는 것을 본다. 동물성 단백질을 많이 포함하고 있는 식품은 언제나 전분성 농산물보다 상대적으로 더 비쌌다. 식료품 가격이 상승할 때 사람들은 값싼 식품을 사서 먹는다. 우유, 버터, 치즈, 육류 및 페트[2]의 가격은 곡물가격보다 상대적으로 더 비쌌으며, 곡물류 가운데에서도 밀은 언제나 호밀이나 보리 또는 귀리보다 더 비쌌다. 장기간에 걸쳐 부적절한 음식을 섭취하면 전염병 발생의 가능성이 높아지며, 전염병은 훨씬 더 많은 희생자를 낳게 된다. 14세기에 흑사병과 여타의 전염병으로 희생이 컸던 까닭은 이와 같이 설명할 수 있다.

섭취 영양분 속의 동물성 단백질의 함량 감소는 결핵, 폐렴, 이질 및 발진티푸스의 발생 가능성을 증대시키며, 성장기의 영양부족은 충분한 영양섭취가 이뤄졌을 때보다 결과적으로 성인의 체격을 더 왜소하게 만든다. 빈곤과 굶주림은 1730년경의 영국[진 시대(the gin-age)]처럼 종종 알코올 중독을 초래한다. 오늘날에는 괴혈병, 신장 및 방광결석증, 구루병, 치아부식과 같은 전에 유행한 많은 질병이 비타민 결핍 때문이라는 사실이 알려져 있다.[18]

....

2   소의 지방에서 빼낸 요리용 기름.

육류와 물고기를 보존하기 어려웠기 때문에 사람들은 이들 고기를 말리거나 소금에 절인 상태로만 먹었다. 버터 역시 부패하는 것을 방지하기 위해서 소금을 많이 넣어 먹었다. 신선한 육류를 먹는 것은 좀처럼 드물었다. 1573년 스웨덴의 궁성과 왕령지에 거주하는 약 5,300명의 사람들은 1인당 1년에 101.6킬로그램의 육류를 먹었으며, 그 가운데 99킬로그램이 절이거나 말린 고기였다.[19] 3년이나 묵은 버터를 먹기도 했다. 음식을 먹을 만하게 요리하는 데에 막대한 양의 소금과 향료가 사용되었다. 이것이 억누를 수 없는 갈증―어느 영국 작가의 말

1573년과 1912/1913년 스웨덴의 평균 식량 소비량의 비교

	1573년 남녀 농업노동자	1573년 왕실 사람들	1912/1913 일반 주민
곡물류	2,370	2,870	1,795
감자	-	-	328
(소계)	(2,370)	(2,870)	(2,123)
설탕	-	-	354
기타 식물성 식료품	40	-	138
쇠고기 및 돼지고기	540	945	577
우유	-	-	749
버터	155	305	317
치즈	5	-	39
달걀	-	-	21
물고기	370	450	58
(소계)	(3,480)	(4,570)	(4,376)
맥주	835	1,815	26
총계	4,315	6,385	4,402

(단위: 1인당 1일 칼로리)

을 빌리면 '대양 속의 갈증(an oceanic thirst)'—을 일으켰다. 따라서 예컨대 16세기 스웨덴에서는 1인당 맥주 소비량이 오늘날보다 평균 40배나 더 많았다.[20]

음식은 별 변화가 없었다. 사람들은 언제나 같은 종류의 음식 즉 빵, 소금에 절여 말린 육류, 역시 같은 방법으로 보존된 물고기, 소금에 절인 버터로 구성된 단조로운 식사를 대단히 많은 맥주를 곁들여 많이 먹었다. 17-18세기에는 맥주가 브랜디와 진으로 대체되었다.

1573년 스웨덴의 왕령지에서는 1인당 하루 동안 필요한 열량인 3,000-3,300칼로리를 쉽사리 섭취했다(앞의 표 참조).

17세기에 영양섭취는 상당히 악화되었다. 음식물의 구성은 그 전과 같았으나 분량은 감소했다. 그립스홀름 장원에서의 감소 정도는 다음과 같았다.[21]

1555년: 4,166칼로리의 영양섭취(1일 1인당)

1638년: 2,480　　〃

1653년: 2,883　　〃

1661년: 2,920　　〃

	연간 킬로그램 수	1일 그램 수
밀	360	986
소금에 절인 육류	83	227
버터	61	167
우유(리터)	220.5	0.60

(합계: 약 5,000칼로리)

릴 근처의 한 농장에서 제공된 식사 분량은 어쩌면 너무 과장되게 계산되었을지도 모른다. 1776년 그곳의 1인당 소비량은 앞의 표와 같이 추산된다.[22]

1815년경 베르니게로데 근처의 하르츠산맥에 있는 한 농장(왕령지)에서 숙식을 제공받는 고용인들의 메뉴는 다음과 같았다.[23]

일요일 정오: 야채가 곁들여진 날고기나 소금에 절인 고기.
　　　저녁: $\frac{1}{4}$ 파운드의 소시지나 $\frac{1}{4}$ 쪽의 팬케이크(팬케이크 하나를 만드는 데에는 5개의 계란이 소요됨).
평일에는 하루에 한 번 따뜻한 식사가 제공되었다.
　　월요일: 고기를 넣지 않은 수프 또는 야채.
　　화요일: 야채가 곁들여진 $\frac{1}{4}$ 파운드의 베이컨.
　　수요일: 우유죽 또는 수프.
　　목요일: 야채가 곁들여진 $\frac{1}{4}$ 파운드의 베이컨.
　　금요일: 완두콩.
　　토요일: 완두콩 수프.

전체 고용인을 위해서 끼니마다 $\frac{3}{4}$ 파운드의 베이컨이나 버터 또는 페트가 용해되어 요리되었다. 각 노동자는 하루에 거의 3리터의 맥주를 지급받았으며, 수확기에는 맥주의 양이 거의 7리터까지 증가했다. 매주 고용인은 버터와 치즈 외에 각자 21파운드의 빵을 지급받았으며, 하녀는 각기 13파운드 정도의 빵을 받았다. 축제일(성탄절, 부활절 및 성신강림 대축일)에는 각자 4파운드의 밀로 된 빵과 버터를 바르지 않은 5파운드짜리 케이크 반쪽을 제공받았다. 축제기간의 첫째 날 정오 식사에는 쌀로 된 수프와 함께 송아지고깃국과 구운 송아지고기가 제공되었다. 한 해 전체를 통해서 볼 때, 이런 식사는 빈약하고 영양가가 별로 없는 음식이었다.

힐데스하임(Hildesheim)[3] 인근의 괴르츠브리스베르크 영지에서는 식사가 더욱 빈약했다. 거기에서는 17세기 말 숙식을 제공받는 고용인은 1주일에 단지 $\frac{1}{2}$파운드의 고기나 베이컨을 두 번 제공받았을 뿐이다. 보통 정오 식사는 쇠기름으로 요리된 콩이었다.[24]

우리는 18세기 말 일부 영국 농업노동자들의 가족 식사가 형편없었다는 느낌을 가지고 있다. 가구당 여섯 또는 일곱 명으로 구성된 서리(Surrey)[4]의 여섯 가구, 랭커셔의 세 가구 및 요크셔의 세 가구의 가계부가 알려져 있다.[25] 베버리지가 작성한 가격표에 의거하여,[26] 우리는 농업노동자의 부인이 최대 얼마 정도의 식료품을 구매할 수 있었는지

	서리	랭커셔	요크셔
빵	510-600	375-415	665
육류	75-97	16-25	50
버터	21-23	16	기록 없음
치즈	32-48	–	기록 없음
감자	–	83-110	–
설탕	10	12	12-24
우유(리터)	–	0.25	가족 I 기록없음 가족 II 0.62 가족 III 1.25
칼로리(최대)	2,226	1,528	가족 I 1,892 가족 II 2,292 가족 III 2,680

(단위: 그램)

....

3 북부 독일의 하노버 남쪽에 위치.
4 잉글랜드 남부의 주.

를 산출할 수 있다. 그 가족들이 가능한 한 식량소비를 최소화할 수 있
게끔 구성되었다고, 즉 두 명의 성인과 네 명 내지 다섯 명의 어린이로
구성되었다고 가정한다면, 하루 1인당 평균 소비량은 앞의 표와 같다.

이러한 식사로는 분명히 중노동을 감당하기 어려웠을 것이다.

18세기 독일의 음식 사정은 특히 그 이전 시대와 비교할 때 더 나을
것이 없었다. 이것은 다음과 같이 14세기 뉘른베르크의 한 병원의 식
사와 18세기 뮌헨의 한 병원의 식사를 비교함으로써 알 수 있다.[27]

	뉘른베르크 14세기	뮌헨 18세기
육류	280	160
페트	15	40
빵	1,000	400
전분성 농산물	100	50
단백질	130	60
칼로리	3,400	1,900

(단위: 그램)

비록 과일과 야채를 얼마나 섭취했는지를 알 수 있는 자료는 별로
알려져 있지 않지만, 18세기의 병원 식사는 비타민 A와 C가 부족했던
반면에 비타민 D가 충분했고 비타민 B_1과 B_2도 풍부했던 듯하다.

인구사에서 보다 면밀히 고찰할 필요가 있는 세 시기는 다음과 같다.

1. 14세기와 15세기의 급격한 인구감소기.

2. 17세기의 인구성장 둔화기 또는 약간의 인구감소기.

3. 18세기 후반 이후의 급속한 인구성장기.

전에는 14세기와 15세기의 인구감소 원인을, 인도에서 처음 발생해

서 크림반도를 거쳐 이탈리아로 옮아갔을 가능성이 대단히 높은 흑사병—선(線)페스트와 폐(肺)페스트 두 가지—으로 보는 것이 일반적이었다. 흑사병은 1348-1351년간에 이탈리아로부터 온 유럽으로 퍼져 나갔다. 연대기들 속의 흑사병에 대한 기록에 의거해서 역사가들은 유럽의 대부분 지역의 인구가 거의 절멸했으며, 마을 전체가 온통 사라지거나 많은 수도원이 버려졌다고 생각했다. 급작스러운 인구감소는 큰 경제적 혼란을 초래했을 것이며, 그리하여 약 100년간의 불황기가 시작되었다는 것이다.

이러한 단일론적 원인 설명에 대해서 오늘날의 몇몇 역사가는, 특히 일부 지역에서는, 예컨대 남부 네덜란드와 대부분의 북부 네덜란드에서는 흑사병이 거의 희생자를 내지 않았다는 상황에 근거해서 흑사병으로 인한 희생자 수가 많지 않았다고 반박한다.[28]

지금은 다음과 같은 사실이 중요하다고 인정되고 있다.

1. 흑사병은 1320년대 이후에 벌써 창궐하고 있었으며, 그래서 1316년에 많은 사망자가 발생했다.[29] 흔히 우리가 말하는 대(大)흑사병은 전에 생각했듯이 전혀 청천벽력 같은 것이 아니었다.

2. 우리가 말하는 흑사병 자체는 지역적으로 큰 차이를 보였다. 어떤 곳에서는 마을주민 전체가 절멸했는가 하면, 또 어떤 곳에서는 주민들이 흑사병이 유행하는지조차 거의 모르고 지냈다.

3. 흑사병은 우리가 말하는 대흑사병이 있은 다음에도, 예컨대 1360년과 1370년 사이쯤에 그리고 1400-1401년간에 여러 번 맹렬하게 유행했다.

4. 경제적 불황은 이미 1350년 이전에 시작되었다. 불황이 시작된 시점은 지역에 따라서 다르나 일반적으로 1300년경으로 볼 수 있다. 흑사병이 있은 후 불황이 심화되었으나, 오래지 않아 강력한 경기회복

이 시작되었다. 불황이 가장 심했던 시점은 훨씬 후였다. 일부 연구자(예컨대 슈라이너)는 15세기 초반에 가서야 불황이 최저점에 도달했다고 생각한다.[30] 흑사병과 불황의 최저점 사이의 시간적 간격은 이 둘 사이의 직접적 관련을 부정할 수 있을 만큼 길다.[31]

5. 마지막으로, 대흑사병은 일련의 많은 전염병 가운데 하나일 뿐인데도 14-15세기의 전염병들로 해서 그렇게 많은 사람이 어떻게 희생될 수 있었는지에 대한 의문이 제기되어 왔다.[32]

러셀의 연구를 통해서 인구 부문에서 일어난 변화들이 보다 명확하게 밝혀졌다. 러셀은 영국(웨일스, 스코틀랜드 및 아일랜드 제외)의 인구수를 산출하여 다음과 같은 결과를 얻었다.[33]

연도	인구수	연도	인구수
1086	1,100,000	1377	2,223,373(다른 곳에서는 2,073,279명이라 함)
1348	3,757,500	1400	2,100,000
1350	3,127,500	1430	2,100,000
1360/1361	2,745,000	1603	3,780,000
1369	2,452,500	1690	4,080,000
1374	2,250,000		

흑사병이 1348년과 1350년 사이에 많은 생명을 앗아갔으나 인구의 심각한 감소가 1400년까지 지속되었다는 것은 명백하다. 러셀은 또한 인구감소는 흑사병이 도래하기 전에, 즉 1300년부터 시작되었다고 지적한다. 흑사병은 특히 나이 많은 사람들에게 큰 타격을 입혔으며, 이로 말미암아 젊은이들이 조혼을 하게 되면서 인구는 상당히 급속히 회

복되었다.[34] 라인케는 독일에서도 역시 한자동맹 도시들의 인구수가 곧 그 전 수준을 회복했다는 결론에 도달했다.[35] 러셀에 의하면 흑사병이 거듭 재발했다는 사실이 사태를 더 심각하게 만들었으며, 그런 경우에 무엇보다 폐렴과 결핵으로 젊은이의 사망률이 높았다. 사망률이 높았던 것은 흑사병의 엄습으로 젊은이들의 신체가 허약해져 있었기 때문이다.

14-15세기의 전염병으로 인한 막대한 인명 손실은 1150-1300년간에 있었던 급속한 인구성장의 한 결과였다. 대대적인 인구증가 때문에 사람들은 그 시기에 야생미경작지를 개간하기 시작했었다. 이런 땅의 대부분은 몇 년간 곡식을 재배할 수는 있었으나 장기간에 걸쳐 경작하기에는 부적합한 이른바 한계지, 즉 척박한 땅뙈기들로 되어 있었다. 그 땅들은 지력이 비교적 급속히 고갈되었다. 게다가 개간으로 말미암아 야생미경작지의 면적이 줄어들고, 그에 따라서 방목가축의 수가 감소했기 때문에 이용할 수 있는 두엄의 양이 줄었다. 다른 곳들에서는 경작지의 극심한 분할 현상이 나타났다. 늪지대와 알프스산맥 지역에 있는 부락들에서는 사람들이 살기에 대단히 부적합한 곳으로 이주해 갈 수밖에 없었다. 요컨대, 농업생산의 증대가 인구증가를 따라가지 못했다. 상대적인 인구과잉이 있었던 것이다.[36]

일부 지역에서는 인구의 압력이 규제형 삼포제의 채용, 공유지 이용권의 규제 및 임야 이용권의 제한이라는 결과를 초래했다. 동시에 마르크공동체[5]가 성립되었다. 거의 어디에서나 오막살이농의 수는 증가했다. 인구밀집 지역에서는 이미 어떤 토지도 소유하지도 않고 소작하지도 않는 농업노동자 집단이 존재했다. 예컨대 영국에는 13세기 말에

....

5 264-268쪽의 '마르크공동체의 형성' 참조.

이미 영세농이 매우 많았다.[37)]

　13세기에 계속 증대하고 있었던 과잉인구는 영양부족이나 식량부족 사태를 초래했음에 틀림없다. 14세기의 흑사병과 여타 전염병에 의한 막대한 희생자 수는 장기간의 영양부족 때문이라고 설명되어야 한다. 대부분 목축과 어업으로 살아가고, 따라서 농경민보다 동물성 단백질과 지방질을 더 많이 섭취했던 네덜란드 해안 지역의 주민들은, 혹시 그런 이유 때문인지는 몰라도 14세기의 전염병으로 인한 희생이 훨씬 더 적었다.

　17세기 후반의 인구감소는 특히 독일의 역사가들에 의해서 강조되었다. 그들은 그 원인의 일부를 독일의 많은 지역의 인구를 절멸시킨 삼십년전쟁(1618-1648)에 의한 황폐화에 있다고 본다. 메클렌부르크(Mecklenburg),[6] 포메른, 헤센, 라인란트팔츠 및 뷔르템베르크와 같이 실로 피해가 극심했던 지역들이 있었다. 이들 지역에서 인구감소는 약 70퍼센트로 추산된다. 일반적으로 농촌인구의 40퍼센트와 도시인구의 33퍼센트가 전쟁과 역병으로 사망했다고 추정되고 있다.[38)]

　그렇지만 독일에서 인구밀도는 지방에 따라서 큰 차이를 보였기 때문에 백분율을 추산할 때에는 신중해야 한다. 전쟁에 의한 피해가 상당히 심했던 동부 지역[메클렌부르크, 브란덴부르크(Brandenburg)[7] 및 포메른]은 원래 인구희박 지역이었다. 그보다 인구가 훨씬 더 조밀했던 독일의 서부와 북부 지역은 피해가 훨씬 작았다.

　1750년—삼십년전쟁이 끝난 지 한 세기가 되는 시점—에 독일의

....

6　엘베강과 오데르강으로 둘러싸이고 발트해에 면한 독일의 북동부 지방.
7　베를린을 중심으로 엘베강과 오데르강으로 둘러싸인 지방.

인구는 75퍼센트로 증가하여 삼십년전쟁으로 인한 인명손실을 보충했을 뿐만 아니라 약간의 인구성장까지 기록했다는 것은 널리 인정되고 있는 바다.

　다른 나라들에서도 인구가 감소하기는 마찬가지였던 것 같다. 독일 역사가들은 인구가 감소한 지방으로 프랑스, 남부 네덜란드, 스웨덴, 덴마크, 롬바르디아 및 스페인을 들고 있다. 그렇지만 스웨덴과 덴마크에서는 인구가 전혀 감소하지 않았음이 확실하다. 프랑스에 대해서 제시되는 인구수는 다음과 같이 극심한 변동을 보인다.

연도	인구
1600	16
1660	24
1750	16-18
1786/1787	23

(단위: 100만 명)

　1660년 이후 프랑스의 인구감소는 루이 14세가 치른 전쟁들과 과중한 조세 부담 때문이라고 한다.[39] 그러나 이와 같이 격심한 변동은 사실과는 상당히 다른 듯이 보인다. 루이 14세의 전쟁은 거의 모두 자국의 영토 바깥에서 치러졌으며, 더욱이 많은 외국인으로 구성된 용병들로 전쟁이 수행되었다. 1660년에 관한 인구 수치가 격심한 변동이 있었다는 가설의 유일한 근거이지만, 아마도 이런 수치는 지나치게 높이 평가된 수치임에 틀림없을 것이다. 다른 학자들은 사실에 보다 접근하는 것으로 생각되는 다음과 같은 수치를 제시한다.[40]

연도	마예	바게만	라브루스
1600	16	15	–
1700	18	19	–
1715	–	–	18
1750	–	22	–
1762	–	–	21.5
1786/1787	23	–	–
1789	–	–	26-27
1800	–	27	–

(단위: 100만 명)

이 수치는 심지어 한 나라에 대해서 그리고 근대에 들어서까지 인구수에 대한 평가가 얼마나 다를 수 있는지를 다시 한번 분명하게 보여 준다.

일반적으로, 1650년과 1750년 사이에는 인구증가가 둔화되었으리라고 생각해야 할 것이다.[41] 이것은 아마도 식량사정의 악화와 관련 있는 듯하다. 비록 사료가 극히 부족하기는 하지만, 우리는 16-17세기보다 중세 후기(15세기)에 식량사정이 더 나았다는 느낌을 받는다.[42] 이것은 무엇보다 16세기 후반과 17세기 전반에 생필품의 가격은 상승한 반면에 화폐임금은 그에 비례해서 상승하지 못한 때문이다. 사실 실질임금은 폭락세를 보였다. 이로 말미암아 가장 낮은 소득층의 사람들은 그들의 생필품 소비를 줄일 수밖에 없었다. 사람들은 가능한 한 식료품을 적게 구입해서 나날의 생활을 영위해야 했다. 무엇보다 먼저 동물성 단백질의 섭취가 줄었다. 16-17세기에는 또한 괴혈병과 구루병이 많은 데 대한 한탄의 목소리도 아주 잦았다. 전염병의 거듭된 재발은 많은 생명을 앗아갔으며, 특히 어린이들의 희생이 컸다.

우리는 18세기와 19세기에 유럽의 거의 어디에서나 현저한 인구증가가 있었음을 확인할 수 있다. 이런 인구성장을 가장 잘 입증할 수 있는 사례는 아일랜드이다. 아일랜드에서는 1780년 이전에는 10년마다 인구증가율이 9퍼센트였던 데에 비해서, 1780년과 1821년 사이에는 그 증가가 평균 약 17퍼센트로 상승했다. 다음과 같은 수치는 인구성장을 실증하고 있다.[43]

연도	인구수	지수
1687	2,167,000	100.0
1725	3,042,000	140.4
1767	3,480,000	160.6
1781	4,048,000	186.8
1791	4,753,000	219.3
1821	6,802,000	313.9
1841	8,175,000	377.2

그 전 세기들에 비해서 이 시기에 관해서는 더 많은 인구통계가 알려져 있지만, 인구증가의 직접적 원인을 밝히는 것은 여전히 어려운 실정이다. 대체로 보아 1750년과 1900년 사이에 서유럽에서 인구증가가 있었다는 것은 매우 분명하다. 출생률은 그 전과 같은 높은 수준을 유지하고 있었으면서도 사망률은 상당히 하락했던 것이다. 따라서 출생의 초과가 있었다. 아마도 이런 출생초과는 그 전 세기와 비교하여 18세기에 출생률 자체가 상승했기 때문에 더욱 커졌을 것이다. 그러나 이점에 대해서는 확신하기 어렵다. 19세기 말이 되어서야 비로소 출생률역시 하락하기 시작했으며, 따라서 그 후부터는 서유럽의 대부분 나라에서 인구증가가 훨씬 더 느린 속도로 진행되거나, 심지어 때로는 인구

정체 상태에까지 이르렀다.

스웨덴에서 1721년과 1735년 사이의 연간 출생률과 사망률은 다음과 같았다.

평균 출생률	32.4
평균 사망률	21.2
평균 출생률 초과	11.2*

* E. F. Heckscher, (b) 267 참조.   [단위: 퍼밀(‰)]

1740-1880년간에 영국의 출생률은 매년 33퍼밀에서 35퍼밀까지였다. 스웨덴에서는 같은 기간에 대략 30퍼밀이었다. 영국에서 평균 사망률은 1740년에 31.7퍼밀이었던 것이 1770년에는 27.9퍼밀로 하락했으며, 1836-1846년에는 20.8퍼밀로 낮아졌다(그래프 5 참조).[44] 스웨덴에서는 심한 출생률 변동이 있었다. 그곳에서는 1720-1820년간에 출생률의 변동폭이 대체로 매년 25에서 30퍼밀 사이였고 1820-1880년간에는 20에서 25퍼밀 사이였다.[45]

19세기에 사망률이 하락했던 것은 주로 어린이 사망률이 감소했기 때문이다. 1750년 이전에는 어린이 사망률이, 스웨덴에서 출생 첫 해에 20-22퍼밀에 달할 정도로 매우 컸다. 이러한 호전은 성인의 사망률 하락에도 또한 영향을 미쳤던 여러 요인의 작용 결과였다. 이들 요인 가운데 가장 중요한 것은 식량, 의복, 주택 및 위생 면에서의 개선이었다.[46]

주식으로 밀로 만든 빵이 점점 호밀빵을 대체해 갔다. 영국에서는 다른 곡물에 비해서 밀의 가격이 쌌던 18세기 초반에 밀로 만든 빵의 소비가 급격히 증가했다.[47] 그 전에는 영국인들은 귀리빵과 보리빵을 많이 먹었으며,[48] 다른 나라들에서는 호밀빵이 주식이었다. 1760년 이

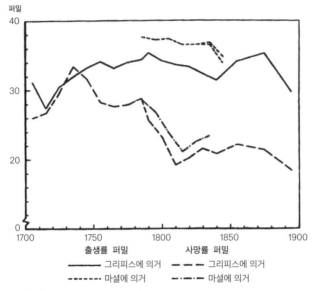

그래프 5. 1700-1900년간 영국의 출생률과 사망률

출생률 퍼밀　　　　　사망률 퍼밀
── 그리피스에 의거　── ── 그리피스에 의거
······· 마셜에 의거　──·──·─ 마셜에 의거

출처: G. T. Griffith, pp. 28, 36 및 T. H. Marshall, pp. 411-443.

후 곡가가 상승했음에도 불구하고 영국에서는 밀로 된 빵이 여전히 대중적으로 소비되었다.

사료작물의 재배로 말미암아 그리고 채초지에서 한 해에 한 번이 아니라 두 번씩 풀을 베었기 때문에, 보다 많은 가축이 사육될 수 있었다. 그 전에는 소금에 절이거나 훈제된 고기를 자주 먹었던 것이 이제는 신선한 고기를 더 많이 먹게 되어 괴혈병으로 고생하던 사람의 수가 줄었다. 또한 감자와 메밀의 재배 덕분에 곡물농사의 흉작으로 인한 기근의 위험은 극복되었다. 동일한 면적에 곡식을 재배하는 경우보다 감자를 재배하는 경우에 대략 두 배 내지 세 배나 많은 사람이 먹고살 수 있었다는 점을 앞에서 지적한 바 있다.[49]

아마류 의복과 모직류 의복 대신에 값싸고 세탁하기 용이한 면직물 옷의 유행으로 위생 상태가 개선되었다. 18세기 초두에는 면직물이 아직 비쌌으나, 곧 여러 신기술의 발명으로 면직물은 공장에서 대량으로 생산될 수 있었다.

사람들은 주택에 보다 많은 관심을 쏟기 시작했다. 목조가옥이 석조가옥으로 대체되었고, 급수, 쓰레기 처리, 도로포장, 하수 처리에 대한 관심이 전보다 커졌다. 또 하나의 개선은 묘지를 거주지 바깥에 설치한 것이다. 이를 계기로 교회 안이나 주변 그리고 마을이나 도시의 한가운데에 묘지를 쓰는 일은 없어졌다. 의학적 지식의 발달은 병을 예방하고 환자를 치료하는 데에 기여했다. 전염병은 줄었으며 서유럽에서 흑사병은 18세기 초에 마지막으로 발생했다.

앞에서 말했듯이 생활수준의 향상도 인구증가의 한 원인이 될 수 있다. 그렇지만 18세기 인구증가의 원인이 이런 발전들 속에 있다고 보기는 어려운 세 가지 이유가 있다.

앞서 말한 여러 가지 진보가 18세기에 처음으로 기록되었다는 것은 사실이지만, 19세기까지는 만인의 공유물이 되지 못했다. 예컨대 18세기에 의학지식이 크게 발전했으나 환자들은 훨씬 후에야 이런 지식의 혜택을 받을 수 있었다. 수술과 출산 과정에서 사망률이 아직도 높았고, 병원은 치료시설이라기보다 오히려 감염의 온상이었다.[50] 이렇게 진보에 대한 처음 언급과 그것의 일반적 이용 사이에 커다란 시간적 거리가 존재한다는 것은 다른 분야의 기술혁신에서도 마찬가지다. 어쨌든 그럼에도 불구하고 인구증가는 18세기에 이미 시작되었다. 물론 19세기의 생활수준의 향상이 이미 진행되고 있던 인구성장을 촉진하는 데에 이바지했다. 그렇지만 생활수준 향상이 인구성장의 원인은 아니다.[51]

일부 지방에서는 인구증가가 벌써 17세기 말에 시작되었던 데에 비해서, 그 밖의 곳에서는 18세기 전반에 가서야 인구성장이 절정에 달했다. 트벤터에서 최대의 인구증가는 1675년부터 1748년까지의 기간에 일어났다.[52] 브란덴부르크-프로이센에서는 1688년과 1770년 사이에 인구가 매우 크게 증가했다. 그러나 그중에서도 절정기는 1740년과 1770년 사이였으며, 그 후에는 성장이 둔화되었다.[53] 알자스에서 최대의 인구증가는 1720년과 1750년 사이에 있었지만, 18세기 후반에는 벌써 그 반대 현상이 이어졌다.[54] 트벤터에서처럼 멘 지방(Maine)[8]의 인구증가는 섬유산업의 발전과 밀접하게 관련되어 있었다. 여기에서는 1698년과 1761년 사이에 인구가 상당히 증가했다. 그렇지만 섬유산업이 1763년과 1803년 사이에 쇠퇴함과 동시에 많은 촌락의 인구도 줄었다.[55]

이들 지방의 인구증가는 결코 생활조건의 개선 때문이 아니다. 예컨대 트벤터에서는 17세기 말엽에 감자가 아직 대중적 식량이 되지 못했고 면직물은 일상적 의류가 아니었다. 주택 사정도 열악해서, 극빈층의 집은 황무지 위에 뗏장으로 만든 오두막집에 지나지 않았다.

의복, 주택 그리고 위생 면에서의 향상은 농촌보다 도시에서 오히려 두드러지게 나타났던 것으로 보인다. 18세기에 농촌에서 의료혜택이 더 컸다고 말하기는 어려울 것이다. 그럼에도 불구하고 인구가 증가했던 곳은 무엇보다 농촌이었지 도시가 아니었다. 스웨덴, 아일랜드, 스코틀랜드 그리고 네덜란드의 오버레이설의 예가 그러하다. 도시는 인구감소에 기여했을 뿐이다. 18세기의 한 작가는 도시를 국가에 대해 크게 해로운 것으로 보았으며,[56] 이렇게 생각한 사람은 그 혼자만이 아니었다.

스웨덴의 통계자료에 기초해서 헤크셰르는 당시에 스웨덴에서 단

....

8 프랑스의 서북부 지방. 노르망디 지방 남쪽, 브르타뉴 지방 동쪽에 위치.

연 최대의 도시였던 스톡홀름과 여타의 스웨덴 도시들의 출생률 및 사망률을 산출하고, 이를 농촌지역의 통계와 비교했다. 그 결과 오직 농촌으로부터의 끊임없는 충원을 통해서만 도시는 계속 성장할 수 있었다는 것이 밝혀졌다.

1802-1815년간 (1,000명당)	평균 출생률	평균 사망률	초과	1816-1840년간 초과
스톡홀름	34.6	41.2	-6.6	-12.2
스웨덴의 여타 도시들	31.1	30.2	+0.9	±0
스웨덴의 농촌	33.0	24.8	+8.2	+11.1
스웨덴 전체 합계	33.0	25.7	+7.3	기록 없음

헤크셰르는 아무리 작은 도시라고 하더라도 산업혁명 이전의 농업 사회에서는 거의 해결할 수 없는 문제들을 안고 있었다는 점에 주목한다. 산업혁명기 영국 도시들의 전례 없는 성장이 온갖 종류의 폐해의 갑작스런 폭발을 초래한 것은 아니었다는 것이다. 그런 폐해는 이미 수세기 전부터 존재했었기 때문이다. 그렇지만 이제 그 폐해는 대폭 확대되었다는 것이다.[57]

1803년에 벌써 영국의 경제학자 맬서스는 스웨덴에서 사망률과 농작물 작황 사이에 관계가 있음을 지적했다. 토머스 여사는 이런 생각을 발전시켜서 수확물의 양과 질을 수치로 표현하려고 했다. 여사의 연구 결과는 작황과 결혼, 출생, 사망과 같은 인구학적 현상들 사이에는 상호 관계가 존재함을 확인시켜 주고 있다. 풍년에는 많은 결혼이 이뤄졌고 출생이 많았으나, 흉년에는 사망률이 높고 결혼과 출생 수는 줄어들었다. 높은 사망률은 기아의 결과가 아니라 빈약한 음식, 즉 비타민이 결핍된 음식과 그에 뒤따르는 전염병으로 인해 생겨났다.[58] 19세기보다 산업혁명 이전의 사회에서 사람들은 농사의 풍흉에 훨씬 더 큰 영향을 받았다. 과거의 정태적(靜態的) 사회는 격심한 작황 변화에 쉽게 영향을 받았던 것이다.

19세기가 경과하면서 사망률의 격심한 변동은 줄어들었다. 우리는 동일한 현상을 작황에 관한 그래프에서도 볼 수 있다. 1840년 이후 곡물의 수확은 시비증가와 이용종자의 개량으로 안정성이 향상되었다.

프랑스와 벨기에의 일부 연구자는 높은 곡물가격과 사망률 상승 및 출생률 저하 사이의 관련성을 확인할 수 있었다. 곡물수입의 가능성을 검토하면서, 그들은 비교의 자료로 수확물의 양이나 질보다는 오히려 가격을 사용하고 있다. 곡가 시세표를 이용하여 우리는 인구학적 발전 추이를 추적할 수 있다.[59]

트렌트 계곡(The vale of Trent)[9]에 대한 한 영국인의 지역연구에서 낮은 곡물가격과 높은 사망률 그리고 적은 수의 결혼 및 출생 사이의 밀접한 관계가 밝혀지고 있다. 낮은 곡가는 자신의 양식을 줄여 가면서 지대 납부와 여타 부담을 이행해야 했던 소농에게 특히 큰 타격을 입혔던 것으로 보인다. 뿐만 아니라 곡가가 낮은 상태에서는 고용인들에게 숙식을 제공하는 것이 농민에게 유리하기도 했다. 낮은 곡가로 말미암아 농촌주민들 사이에 만혼과 어린이 수의 감소 사태가 벌어졌다. 또한 곡가가 낮을 때에는 진(gin)이 막대하게 소비되었다. 따라서 국민의 건강은 손상되었고, 사망률 또한 상승했다.[60]

이런 현상에 대한 설명이 비록 만족스럽지는 않을지라도, 영국에서 곡가가 특별히 낮고 진의 소비가 높았던 기간(1720-1740년)에 인구가 감소했으며, 1730년에 사망률이 출생률을 초과했다는 것은 부인할 수

----
9   영국의 버밍엄 북쪽에 있는 대계곡.

없다. 아마도 낮은 곡물가격은 대규모의 실업사태와 병행되는 전반적인 경제적 쇠퇴의 결과 가운데 하나였을 것이다.

아무튼 우리가 경제적, 사회적 상황에 대해서 충분히 알고 난 후에야 어떤 관계를 밝힐 수 있다는 것은 경제상황에 대한 인구학적인 현상의 여러 가지 반응으로 봐서 분명해진다.

우리는 이 시절에 생산증가가 인구증가를 초래했을 뿐, 생활수준을 향상시키지는 않았다는 것을 확인할 수 있다.[61] 이것은 사람들이 생활수준의 변동에 따라서 자녀의 수를 조절한 것이 아니라, 경제적 상황이 그들의 결혼연령에 영향을 미쳤음을 가리킨다. 사람들은 유리한 경제적 조건 아래에서는 불리한 시절보다도 더 젊은 나이에 결혼한다. 젊은 나이에 이뤄진 결혼에서 아이는 더 많이 태어난다. 이와 관련하여 우리는 18세기까지 평균 수명이 약 35세 정도로 훨씬 짧았음을 기억해야 한다. 따라서 만혼이 이뤄진 경우에 대가족이 형성될 가능성은 훨씬 더 작았다. 결혼연령은 매우 가변적이었으며, 경제적 사정에 따라서 좌우되었다. 사람들은 생계수단을 가질 때에만 결혼했던 것이다.[62]

역사상에는 여러 사람에게 대단히 유리한 경제적 상황이 전개되었던 특별한 시기들이 있었다. 이런 유리한 상황은 결혼연령의 저하를 통한 인구성장을 초래했다. 시간이 흐른 후 경제적 상황에 변화가 오거나, 국민소득의 증가에 비해서 인구가 너무 급속히 증가하기도 했다. 그러면 영양실조(malnutrition)의 결과로 인구성장이 둔화되거나 보통은 감소 추세로 바뀌었다.

17-18세기에 인구증가를 초래한 원인으로는 여러 가지를 지적할 수 있다. 17세기 후반과 18세기 초반에 트벤터와 멘 지역의 인구증가는 섬유산업 분야에서 가내공업이 발달한 결과였다. 1750년 이후 섬유산업은 양 지역 모두에서 난관에 부딪혔다. 그러자 경기가 후퇴하는 동

시에 인구성장도 멈추었다.

18세기 후반 일부 농촌지역에서는 감자재배의 확대로 인구가 급격히 증가했다. 이제 사람들은 훨씬 더 작은 규모의 농토로도 생계를 유지할 수 있었다. 농민의 아들들은 아주 젊은 나이에 작은 농토를 분여받고는 분가했다. 감자재배는 아일랜드, 스코틀랜드의 고원지대 그리고 헤브리디스 제도에서 인구증가의 원인이 되었다.[63] 스웨덴에서는 높은 곡가에 자극되어 개간이 이루어지고 농업경영체가 분할되기 시작했다.[64] 18세기 후반 플랑드르 지방의 인구는 매우 집약적인 농법 덕분에 성장할 수 있었다.[65]

영국의 인구증가에 대해서는 설명하기가 매우 어렵다. 영국의 인구증가는 1750년이나 1760년쯤에 시작되었고, 1790년까지 10년마다 약 6퍼센트에 달했다. 1801년 이후에는 인구증가가 훨씬 더 빠른 속도로 계속되었다. 1801년으로부터 1841년까지 인구는 10년마다 11.5퍼센트에서 16.4퍼센트까지 증가했던 것이다.

1790년경까지의 첫 단계에서 인구는 경제발전이 감당할 수 있는 것보다 더 빨리 증가했다. 1790년경은 여러 노동자 집단, 특히 농업노동자들에게는 어려운 시기였다. 이미 앞에서 다룬 농업노동자 가정의 가계부와 식단표가 이에 대한 명백한 증거다.

1790년 이후 산업혁명은 실로 공업, 수송(철도), 무역 및 해운업의 폭발적 발달과 함께 본궤도에 올랐다. 인구수는 1790년과 1840년 사이에 800만 명에서 대략 1,600만 명으로 거의 두 배나 증가했다. 국민소득은 인구성장보다 더 빨리 증대되었다. 대부분 직종의 노동자의 실질임금은 1790년 이후에 증가했다. 1850년경에 건축노동자의 실질임금은 100년 전의 옛 수준을 회복했다.[66]

산업혁명을 위해서는 막대한 투자가 필요했다. 이것은 소비적인 지출이 낮은 수준으로 유지되어야 했음을 의미한다. 영국민의 상층부는 절약하는 습성을 가지고 있었고, 심지어 그들의 청교도적인 생활태도로 말미암아 과도한 사치에 대해서는 어느 정도의 혐오감까지 드러냈다. 저항이 없었던 것은 아니지만 대부분의 사람들은 낮은 임금을 받고도 일할 자세가 되어 있었다. 이런 희생을 통해서 역사상 처음으로 급격한 인구성장이 그 전 같으면 피할 수 없었을 전염병과 기아로 인해서 둔화되지 않았다.

II

가격과 임금

    20세기 초까지도 아직 화폐가 사용되지 않는 지역들이 남아 있기는 하지만, 12-13세기에는 화폐가 경제생활에서 비교적 큰 역할을 담당하기 시작한다. 농산물이 시장으로 팔려 나갔고, 급격한 인구성장기였던 이 시기에 사회적 비중이 크게 증대된 비농업 집단들은 생활수단의 구매를 통해서 그들에게 필요한 것을 충당했다. 농산물의 거래가 점점 확대되었으며, 그 가운데에서도 특히 곡물 거래가 중요한 위치를 차지했다. 곡물가격은 전체 경제상황의 온도계 역할을 했다.

    과거에 대한 가격자료를 수집하고 수집된 자료를 정확하게 해석하는 것은 그리 쉬운 일이 아니다. 극복해야 될 난제가 한두 가지가 아니다. 우리는 주조화폐의 실질가치가 자주 변동하는 것을 본다. 중세에 주조화폐의 가치는 거듭해서 하락했다. 사용된 함량과 무게는 종종 도시에 따라서 달랐으며, 더욱이 함량과 무게가 어디에서나 똑같은 수준을 계속해서 유지하지도 않았다. 가격은 계절에 따라서 달랐다. 보통 비축량이 급격히 줄고 곡물이 부족하기 시작하는 봄철보다 수확 직후의 가을철의 가격이 더 낮았다. 가격은 지역에 따라서도 차이가 있었다. 예컨대 곡물가격이 비싼 해에는 호밀이 재배되던 트벤터에서보다 폴런호버 같은 목축 지역에서 호밀 가격이 언제나 더 높았다. 흉작은 때로 상당히 제한된 지역 내에서 발생했다. 특히 수송수단이 발달하지 못하고 수송비가 비싸서 곡물의 수송—무엇보다 육상을 통한 수송—이 어려움을 겪던 시절에는 상당히 가까운 거리를 두고도 기근과 풍요가 병존했음을 우리는 볼 수 있다.[1] 게다가 격심한 가격변동을 방지하기 위해서 권력당국은 실제의 시장가격(암시장가격)보다 낮은 최고가격을 정해 놓는 경우가 종종 있었다는 사실을 우리는 고려해야 한다.

이런 난제 가운데 일부는 해결할 수 있는 것이다. 권력당국의 통화정책에서 기인하는 화폐가치의 잦은 변동으로 생기는 문제는 화폐총액 대신에 가격을 금과 은의 양으로 표시함으로써 해결할 수 있다. 또 우리는 지수를 중심으로 풀어 감으로써 중량과 함량의 지역적 차이를 피해 나갈 수 있다. 더욱이 지수화된 자료는 국제적으로 비교할 수 있게 하는 이점이 있다. 우리는 1721-1745년간의 평균가격을 일반적인 기준점(=100)으로 삼고자 한다. 봄철 가격과 가을철 가격의 계절적 차이는 연간 평균가격을 산출함으로써 문제를 해결할 수 있다.

이 모든 난점을 고려해서 몇 세기 동안의 가격 추이에 관한 그래프를 만들어 보면, 우리는 일시적으로 자주 발생하는 아주 급격한 변동과 더불어 보다 장기간에 걸쳐 일어나는 변동도 확인할 수 있다. 단기적이면서도 때로 격심한 가격변동이 일어나는 것은 첫째 자연환경과 기후, 요컨대 지리적 조건, 둘째 병충해나 자연재해, 셋째 생산과정에서의 인간에 의한 손상 때문일 수 있다.

다음과 같은 것들은 이런 원인으로 발생하는 예가 될 것이다. 혹독하게 춥거나 긴 겨울로 말미암아 파종된 동곡이 얼어 버려 수확이 예년에 비해서 감소할 수도 있으며, 그 결과는 그 다음 겨울철에 곡물가격의 상승으로 나타나게 된다. 똑같은 상황이, 예컨대 발트해 항구들이 두텁게 얼어붙는 때와 같이, 중요한 수출국들로부터의 상품 공급을 일시적으로 마비시키는 혹독한 겨울이나 심한 폭풍우가 있는 경우에도 벌어진다. 가뭄과 홍수는 흉작을 초래할 수 있다. 병충해가 농작물의 수확량에 손실을 입히거나 가축이 병에 걸릴 수도 있다. 전시와 혁명기에는 밭에서 자라고 있는 곡식이 못 쓰게 될 수 있으며 또한 농촌주민이 도시로 피난하지 않을 수 없게 되어 수확물을 거두어들일 수 없을 수도 있다. 어떤 한 나라가 봉쇄를 당하는 경우에도, 그 나라가 농산물을 완전 자급하지 못하는 한 가격은 즉각 오른다.

근대에, 다시 말해서 18세기 후반의 산업혁명 개막기에 곡물가격의 여러 가지 주기적 변동이 있었음이 확인되었다. 먼저, 특히 미국에서 뚜렷하게 나타났던, 키친 순환(Kitchin Cycles)이라고 불리는 40개월을 주기로 하는 변동이 있다. 다음으로는, 9년에서 10년까지(일부 사람들에 따르면 7년에서 11년까지) 지속되는 주글라 순환(Juglar Cycles)이 있다. 마지막으로, 47년에서 60년을 주기로 하는 콘드라티예프 순환(Kondra-tieff Cycles)이 있다.[2] 이런 주기적 변동들에 대한 설명으로는 많은 원인이 제시된 바 있다. 이에 관해서는 연구자들 사이의 견해가 일치하지 않는다. 연구자들은 경제적 과정에서 기인하는 내재적 원인뿐만 아니라 경제적 과정 밖에서 생기는 외재적 원인도 밝히려고 했다. 이전의 몇몇 연구자들은 주글라 순환과 기후적 조건 사이에 관계가 있다고 생각했다. 제번스(William Stanley Jevons)[1]와 무어(Henry Ludwell Moore)[2]

....

1   영국의 논리학자이자 근대경제학의 창시자 중 한 사람(1835-1882). 저서 『정치경제학의 이론』(*The Theory of Political Economy*)을 통해서 경기변동에 대한 태양흑점설을 제창했다.

는 태양흑점의 주기적 출현은 곡물수확에 영향을 미치고, 그로 인해서 곡물가격에 영향을 미친다고 생각했다. 베버리지는 강우량과 곡물가격 사이에 관계가 있음을 발견했다.[3] 그러나 오늘날 이들 이론을 따르는 사람은 거의 찾아볼 수 없다.

아직 전혀 해결하지 못한 문제는 여러 가지 주기적 변동이 산업혁명 이전에 나타났는가 하는 것이다. 일부 경제학자와 역사가는 이들 변동이 산업혁명 이전에도 이미 일어났을 것이라고 생각하는 반면에, 다른 학자들은 그런 견해를 적극 부정한다. 물론 이것은 변동들의 원인을 무엇으로 볼 것인가와 관련되어 있다. 예컨대 만약 기후의 변화가 가격변동의 근본원인이라는 가설에서 출발한다면 산업혁명은 별 관계가 없는 것이 되며, 가격변동이 산업혁명과 함께 시작되었다고 볼 이유도 없게 된다. 그래서 어서는 곡가 등락의 현상을 1305년까지, 즉 현재까지 알려진 일련의 연속적 곡물가격 가운데 거의 제일 오래된 시점까지 추적할 수 있다고 생각한다.[4]

이 부문에 대한 지식이 불확실하고 농업사를 전체적으로 이해하기 위해서는 완만하게 진행되는 구조적 변동이 가장 중요하다는 점을 고려하여, 뒤에서는 곡물의 평균가격이 50년을 단위기간으로 하여 계산되어 있다. 이 경우 단순한 주기적 변동은 완전히 배제되어 있다.

또한 단기간 내에는 가격변동에 별 영향을 받지 않는다는 것이 농업생산의 주요 특징 가운데 하나다. 농업 부문에서 가격변동에 따라서 생산이 조절되려면 많은 기술적, 경제적 난제가 해결되어야 했다. 때로 3년이 걸리기도 하지만 13년이 걸리기도 하는 생산계획의 장기성, 생

....

2　오늘날의 계량경제학의 기초를 구축한 미국의 경제학자(1869-1958). 저서에 『경제순환: 그 법칙과 원인』(*Economic Cycles: Their law and Cause*), 『경제순환의 발생』(*Generating Economic Cycle*) 등이 있다.

산과정이 오래 걸리는 것, 기후의 영향으로 인한 수확고의 가변성 등의 문제가 극복되어야 했다. 게다가 농업생산이 투자자본과 기술에 따라서 달라지는 것, 다른 용도로 쓰일 수 없는 전문화된 형태의 장비와 도구 그리고 외양간이나 광과 같은 건축물, 마지막으로 관습과 전통이 매우 큰 역할을 하는 농민들의 심리적, 사회적 저항감 등도 장애물이 된다.[5]

농업에서 참으로 중요한 구조적 변동은 거의 언제나 〈그림 4〉에 요약되어 있는 요인 가운데 하나 또는 그 이상에서 일어난 변화의 결과다.[6]

자연적 요인은 그것이 격렬하게 작용하는 경우에는 아주 장기적인 영향을 미칠 수 있다. 예컨대 우리는 토양침식과 비교적 덜 심하기는 하지만 홍수로 인한 경작지의 영구한 손실 그리고 미국 남부의 광활한 지역에 걸쳐 있는 면화농장들을 황폐화시킨 벌레인 목화다래바구미(boll weevil)의 창궐로 인한 폐해를 생각해 볼 수 있다.

생산은 개간사업과 간척사업에 의한 농지의 확장을 통해서 증대될 수도 있고, 다른 한편으로는 전쟁이나 자연재해로 말미암아 영구히 또는 매우 오랫동안 감소될 수도 있다. 사람들은 가격에 대한 장래 전망이 밝을 때 토지의 개간과 간척사업에 착수한다. 발명과 농법의 개량 역시 생산을 증대시키고 아주 오랫동안 상당한 가격하락을 초래할 수 있다. 농기계의 도입으로 곡물의 생산은 증가했고, 씨와 껍데기를 분리시키는 조면기(繰綿機)로 인해서 면화재배가 크게 확대되었으며, 사탕무에서의 설탕 추출은 사탕수수 재배에 막대한 영향을 미쳤고, 아닐린 염료의 발견은 번창하던 꼭두서니 재배를 수년 안에 소멸시켰다.

예컨대 농산물 가격이 낮을 때와 같이, 농업생산에서 비농업적 산업생산으로의 이행이 있을 수 있다. 이와 반대로 산업불황으로 농산물

가격이 상대적으로 더 높을 때에는 사람들은 농업으로 되돌아갈 수도 있다. 이런 과정이 18세기 말에 트벤터에서 진행되었다.

인구수의 변동은 소비에 그리고 그에 따라서 가격동향에 막대한 영향을 미친다. 오늘날 전분성 식료품이 점차 채소와 과일로 대체되고 있듯이, 음식물의 변화 역시 소비에 영향을 줄 수 있다.

가격동향과 가격수준은 화폐의 수량과 유통속도에 의해서도 결정된다. 직접적 농업소비의 전기(前期) 단계에서는 통화의 부족으로 매우 독특한 사회구조를 가진 하나의 이례적 경제체제가 형성되었다. 그러나 통화의 부족만 위험성을 내포하는 것이 아니라 통화의 과잉도 탐탁지 않은 상황을 초래할 수 있다. 우리는 이런 후자의 예를, 아메리카로부터 유입된 막대한 귀금속으로 인한 16세기 후반과 17세기 전반의 가격상승에서 확인할 수 있다.

1850년 이전에는 화폐유통의 속도가 화폐수량만큼 중요하지 못했으리라고 생각된다.

화폐수량과 화폐유통 속도가 변화된 결과인 가격변동은 중립화될 수 있다. 가격 그 자체는 중요하지 않고 단지 하나의 매개물일 뿐이다. 곧 화폐는 하나의 교환수단인 것이다. 우리는 그 가격이 일정한 액수의 화폐로 표시될 수 있는 일정한 분량의 농산물과 그와 동일한 액수의 돈을 벌기 위해서 사용되어야 하는 노동을 대비시킬 수 있다. 이런 방식으로 우리는 예컨대 1킬로그램의 밀을 버는 데에 소요되는 노동시수를 산출할 수 있다. 이를 거꾸로 하여 우리는 노동시수 또는 노동일수를 일정한 킬로그램의 밀(실질임금)로 표시할 수 있다. 이론상으로는 노동을 밀로 표시하지 않고, 총 생계비를 포함하거나 아니면 최소한 모든 식품비를 포함하는 지수로 표시하는 것이 더 나을 것이다. 그러나 실제로는 우리는 과거의 여러 농산물 가격이 그렇게 표시할 만큼 알려져 있지 않다는 어려움에 부딪히게 된다. 상당히 장기간에 걸친 자료가 오늘날까지 전해져 오는 유일한 가격은 곡물가격이다. 다행히 곡물은 빵과 죽 및 맥주의 형태로 소비된, 오늘날보다도 과거에 훨씬 더 중요한 식료품이었다.[7] 나아가 우리는 곡물가격의 추이를 통해서 여러 가지 종류의 곡물가격이 서로 긴밀하게 연관되어 있음을 볼 수 있다. 여러 가지 곡물가격의 등락곡선은 대체로 상호 평행선을 그린다.

임금도 산출하기 어렵기는 마찬가지다. 이론적으로는 평균적인 실질임금을 구하기 위해서 여러 가지 직업에 종사하는 사람들의 실질임금을 산출해야 할 것이다. 그러나 여기에서도 남아 있는 자료의 부족이라는 난관에 부딪히게 된다. 아직까지 임금의 역사에 대해서 알려진 바는 극히 적다. 실제로 우리가 어떤 상당히 긴 기간의 실질임금을 알고 있는 것은 날품팔이꾼, 농업노동자 및 목수들의 임금에 관해서뿐이다. 그런 자료의 편재성(偏在性) 속에 내재된 위험성을 여기에서 강조할 필요가 있다. 혹시 고문서를 광범하게 연구해 보면 이 문제를 해결하는 데에 밝은 빛이 비칠지도 모른다.

우리는 실질임금을 산출함과 아울러, 비농산물 가격에 대한 농산물 가격 추이의 상이점과 일치점을 살펴봄으로써 이런 편재성에서 생기는 난점을 어느 정도 제거할 수 있다.

우리는 이와 같은 서론적인 문제를 다룬 다음에는, 여러 나라의 많은 연구자가 축적해 온 것과 같이 1200-1850년간 곡물과 여타 몇몇 농산물의 가격동향에 관한 연구로 옮아갈 수 있다.

이미 앞에서 설명한 것처럼, 여기에서 평균가격은 50년 단위로 계산되어 있다. 국제적 비교를 위해서 지수는 1721-1745년간의 평균가격을 기준(=100)으로 하고 있다.

1200-1850년간의 밀, 호밀, 메밀, 곡물(자세한 언급이 없는 경우에는

아마도 밀인 것으로 보인다), 유채씨, 버터, 네덜란드산 담배 및 일반 꼭두서니에 관한 가격지수는—적어도 가격이 알려져 있는 한에서는—이 책의 부록에 있는 〈표 1〉에 제시되어 있다.

그 자체로는 별로 의미가 없는 일련의 수치도 우리가 그것들을 그래프(그래프 6과 7 참조)로 만드는 경우에는 보다 분명한 어떤 모습을 드러낸다. 곡물가격은 1200년부터 1301-1350년까지 상승세를 보이고, 그 후 하락세가 시작되어 1451-1500년까지 지속된다. 그 후 곡가는 16세기 전반에 완만하게 상승하다가 16세기 후반에 급등한다. 17세기 후반에 1750년경까지 지속되는 곡가하락이 시작되었으며, 그 후 19세기 중엽까지 지속된 상승이 다시 시작되었다.

실질임금에 관한 자료가 드물기는 하지만, 몇 가지 단서를 달기만 하면 우리는 그래프상에 나타나는 모습은 대체로 일반적인 임금동향을 표시하는 것으로 생각할 수 있을 것이다. 최근의 연구는 임금동향이 때로 지역과 나라에 따라서 상당히 큰 차이가 있을 수 있음을 보여 준다.

실질임금은 13세기에 상승해서 14-15세기에는 그 훨씬 뒤인 19세기까지 그만큼 높은 실질임금이 없을 정도의 수준에까지 다다랐다. 15세기 후반에 실질임금은 하락하기 시작하여, 1550년 이후에는 17세기 초반 최저점에 이를 때까지 훨씬 더 빠른 속도로 하락했다.[8] 그렇지만 많은 나라에서 실질임금의 하락 폭이 다음 그래프(그래프 7)에 보이는 수치들로부터 기대되는 것만큼 크지는 않았다. 임금은 17세기의 나머지 기간과 18세기 초에 서서히 상승하다가, 18세기 후반에 다시 하락이 이어진다. 우리는 19세기 후반에야 임금이 상당히 상승했음을 확인할 수 있다.

그래프 6. 1200-1900년간 인구, 곡가 및 임금의 지수(1721-1745년간=100)

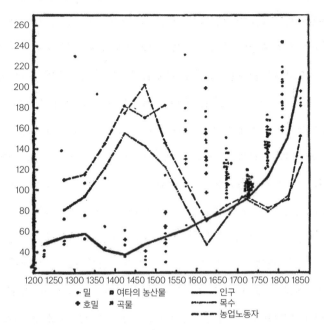

농업노동자(타작노동자)와 목수의 임금은 킬로그램 단위의 밀로 표시되어 있다. 50년 단위의 지수는 그 기간의 중간 시점에 맞추어져 있다. 예컨대, 1501-1550년간의 지수는 1525년을, 1551-1600년간의 지수는 1575년을 중심으로 했다.

그래프를 보면 우리는 곡가 곡선과 실질임금 곡선이 거의 서로 간에 경상(鏡像, spiegelbeeld)을 이룸을 알 수 있다. 실질임금은 킬로그램 단위의 밀로 표시된 반면에 농산물 가격은 그램 단위의 금으로 표시되어 있기 때문에, 이것 자체로는 놀랄 만한 것이 못 된다.[9] 그러나 13세기와 19세기에 농산물 가격과 실질임금의 상승을 보이는 선으로부터 알 수 있듯이, 두 곡선은 완전히 경상을 그리지는 않는다.

이런 변동의 배경은 무엇인가? 여기에서 우리는 매우 간략하게 논할 수 있을 뿐이다. 나중에 우리가 여러 시기별로 다룰 때 이에 관해서 보다 상세하게 다룰 것이다. 변동의 가장 중요한 원인 가운데 하나는

그래프 7. 1200-1850년간 인구, 곡가 및 실질임금의 지수(1721-1745년간=100)

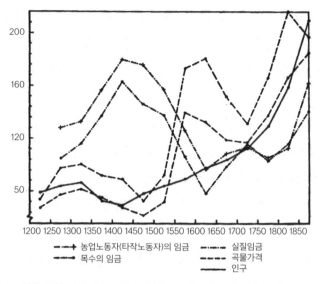

▪━▪━▪ 농업노동자(타작노동자)의 임금 ▪━▪▪▪▪ 실질임금
▪━▪━▪ 목수의 임금 ▪▪━▪━ 곡물가격
━━━━ 인구

이 그래프는 지나치게 높거나 낮은 수치는 제외함으로써 도식적인 모습을 보여 주고 있다.

인구수의 변동, 다시 말하면 곡물에 대한 수요다. 따라서 앞에서 취급한 자료로부터 알려진 인구수의 곡선이 두 그래프 모두에도 들어 있는 것이다.

또 하나의 중요한 요소는 통화로 사용할 수 있는 귀금속의 수량이다. 이 수량은 유럽 내에서 금과 은을 채굴함으로써, 또는 유럽 외부에서 이런 귀금속을 획득하거나 세계의 다른 지역으로 수출된 상품에 대한 지불금으로 금은이 유입됨으로써 증가될 수 있다. 화폐의 보유량은 비유럽 지역들로부터 수입되는 상품에 대한 지불금으로 금은이 유출됨으로써 감소할 수도 있다. 축장이나 축장화폐의 유통 그리고 화폐유통 속도의 둔화나 가속화도 역시 일정한 영향을 미쳤을 것이다. 그러나 이들 요인은 틀림없이 부차적 중요성밖에 없었을 것이다.

1550년 무렵까지는 유럽 자체의 귀금속 생산이나 생산부진이 화폐수량 변화의 주요 원인 가운데 하나였다. 16세기 후반 이후에는 아시아와의 무역으로 유럽의 금은이 유출되고 있던 상황에서 라틴아메리카로부터 귀금속의 유입이 커다란 중요성을 띠게 되었다.

1150년경부터 1850년경까지 유럽에서 유통되고 있던 귀금속의 수량 변화에 관한 정확한 통계수치는 알려져 있지 않다. 우리는 라틴아메리카로부터의 금과 은의 수입에 관한 자료는 가지고 있다. 그러나 우리는 그 밖의 점에 대해서는 막연하게 언급하는 것으로 그쳐야 하며, 대략적인 평가에 기초해서 곡선을 그리는 일조차 가능하지 않다.

농산물 가격에 영향을 미치는 요인으로는 수요 외에도 공급이 있다. 공급은 경지면적에 의해서 크게 좌우된다. 그러나 총 경지면적과 총 수확량에 관한 자료도 역시 부족하다. 그렇지만 곡물가격이 높을 때에는 개간활동이 많아지는 반면에 곡물가격이 낮을 경우에는 경작되던 토지까지도 가끔 버려지기 때문에, 가격과 면적 사이에는 관련성이 있다고 하겠다.

동일한 면적에서도 생산량은 풍작과 흉작에 영향을 받는다. 수확량의 변동은 우리가 여기에서 고찰하고 있는 50년이라는 장기간에는 두드러지게 나타나지 않고, 주로 단기간 내에 현저하게 나타난다. 이와 같이 장기간에 걸쳐 볼 때에는 풍작과 흉작은 상쇄 효과를 나타낸다. 흉작은 수확이 조금도 없다는 것을 의미하지는 않는다. 18세기 프랑스에서는 흉작이라 하더라도 결코 평년작의 $\frac{2}{3}$ 이하로 내려간 적이 없다. 더욱이 지역적 차이가 존재하며, 이런 차이로 인해서 한 지방의 흉작은 다른 지방의 보다 나은 작황으로 보충된다. 18세기에 프랑스 전체의 수확량은 결코 평년작의 $\frac{4}{5}$ 이하로 떨어지지는 아니했다.[10]

농업의 번영은 곡물가격으로부터만 영향을 받는 것이 아니고, 가격과 수량이 곱해진 농업소득으로부터도 영향을 받는다. 농업은 농산물

가격이 높고 수요량이 많을 때, 예컨대 농산물에 대한 수요가 커지는 급격한 인구증가기에 번창한다. 인구가 감소하고 따라서 수요가 적을 때, 즉 농산물 가격이 낮고 수요량이 적을 때 농업은 불황기를 맞는다. 케네는 그것을 일찍이 다음과 같이 정식화했다. 즉 "풍부하면서도 무가치한 것은 결코 부(富)가 아니며, 결핍되어 있으면서도 값비싼 것은 비참함이고, 값비싸면서도 풍부한 것은 부유함이다."[11]

적어도 자료를 통해서 알 수 있는 한, 앞서 말한 요인들을 고려할 때 가격과 실질임금의 변동에 대해서는 다음과 같이 요약해서 설명할 수 있다. 1150년부터 1300년까지의 기간은 곡물가격과 실질임금이 상승하는 시기였으며, 19세기에도 똑같은 현상이 나타났다. 곡물가격의 상승은 1150년과 1300년 사이에 있었던 급격한 인구증가의 결과였다. 인구성장으로 말미암아 사람들의 식량에 대한 수요도 증가했던 것이다. 뒤에 설명하는 바와 같이, 사람들은 경지면적을 확대하고자 했으나 증대된 수요를 충족시킬 수 있을 만큼 충분하게 추진되지는 못했다.

은 생산의 증대도 곡물가격의 상승에 기여했다. 1000년 직전에 고슬라어(Goslar)[3] 근처의 람멜스베르크에서 은 채굴이 시작되었고, 12세기 후반에는 프라이베르크(Freiberg)[4] 인근에 있는 작센 은광이 개발되기 시작했다. 1200년부터는 프리자하(Friesach)[5]와 트렌토(Trento)[6]에서 은광이 개발되기 시작했다.

이런 은은 십자군원정에서 14세기 초까지의 기간에 경제적 성장에

....

3 독일의 중북부 하르츠산맥 기슭에 위치.
4 독일의 중동부, 체코슬로바키아와의 국경을 이루는 에르츠게비르게(오르산맥) 기슭에 위치.
5 오스트리아 중남부의 케른텐 지방에 위치.
6 북부 이탈리아의 알프스산맥 기슭에 위치.

필요한 자금을 조달하는 데에 기여했다. 12세기 중엽 이후 영국에서 나타났고 호경기의 주요 징표 가운데 하나이기도 했던 가격상승은 왕실 조폐국으로 유입되었던 풍부한 은 유통의 결과라고 설명되고 있다.[12]

13세기에 무역의 확대로 은화가 부족하게 되었다. 13세기 초에는 헝가리, 보헤미아 및 슐레지엔에서 금광이 개발되기 시작했다. 제노바와 같은 이탈리아의 상업도시들이 북아프리카와 레반트와의 교역에서 누렸던 무역수지 흑자로 말미암아 많은 양의 금이 세네갈과 크림반도로부터 유입되었다. 은 대 금의 교환비율은 11세기에 11:1 또는 10:1이던 것이 13세기 초에는 9:1까지 떨어졌으며, 심지어 1253년에는 8.16:1까지 떨어졌다. 1252년에 금화의 주조가 제노바에서 시작되고, 같은 해에 피렌체가 그 뒤를 따랐다[플로린 금화(fiorino d'oro)]는 것은 놀라운 일이 못 된다. 금화 주조는 서유럽 경제팽창의 상징이었다.[13]

실질임금의 상승은 대대적인 경제활동이 있었다는 것, 다시 말하면 인구증가에도 불구하고 완전히 충족될 수 없는 노동력에 대한 수요가 있었음을 가리키는 것이다. 비농업 분야의 생산은 크게 증가했다. 예컨대 플랑드르 도시들과 피렌체의 섬유산업, 루카(Lucca)[7]의 견직산업, 제노바와 베네치아의 조선업이 그러했다. 모든 것은 1150년과 1300년 사이의 시기가 서유럽에서 고도의 번영기였음을 확신시켜 준다.

그 다음에는 14-15세기의 쇠퇴가 이어졌다. 전염병으로 말미암아 인구가 감소함으로써 경작지 면적은 전체 인구의 수요를 충족시키는 데 필요한 수준 이상으로 커진 셈이 되었다. 그 결과, 곡물가격은 떨어졌다. 한편 격심한 인구감소로 인해서 노동력이 부족하게 되었으며, 따라서 화폐임금과 실질임금은 상당히 상승했다.

....

7 이탈리아의 중북부 피렌체의 서쪽에 있는 도시.

14세기에 은 채굴은 거의 어디에서나 종식되었다. 고슬라어에서는 갱내의 지하수 수위가 높아졌다는 불평이 나왔으며, 보헤미아에서도 갱내의 물이 골칫거리가 되었다. 은 생산은 오스트리아에서는 벌써 13세기부터 쇠퇴하기 시작했다. 채굴 활동은 도이치브로트(Deutschbrod)[8]에서는 1321년에, 프리자하에서는 1350년경에 그리고 프랑스령 알프스 지방의 브랑드에서는 1320년경에 중단되었다. 이러한 폐광 사태의 원인은 개발할 수 있는 광맥이 고갈되고, 땅속 깊숙이 파 내려갈 수 있는 기술적 수단이 결여되어 있었던 데에 있다. 더욱이 자본이 광산에 더이상 투자되지 않았다.

14세기 이래 계속된 지배자들에 의한 은화의 품위(品位) 저하는 은 가치의 상승 때문이다. 화폐부족 현상이 심각했으며, 따라서 일부 나라에서는 귀금속의 수출이 금지되었다.[14]

영국과 프랑스의 백년전쟁과 많은 서유럽과 남유럽 나라들의 격렬한 내전에 따른 황폐화로 경기후퇴는 장기적인 성격을 띠게 되었다.

15세기 후반(1460년 이후)과 16세기 초에는 인구의 증가로 인해 경제 사정이 다시 한번 변했다. 16세기 전반에 새로운 기술의 채용으로 중부 유럽에서 귀금속이 다시 채굴될 수 있게 됨에 따라서(주로 1460-1535년) 화폐의 수량이 증가하여 물가가 상승했다.

중부 유럽의 은 채굴은 1526-1535년간에 연간 10만 킬로그램으로 절정에 달했다. 1560년 이후 아메리카에서 막대한 양의 은이 유럽으로 유입된 결과, 새로운 은광의 개발은 더이상 수지타산이 맞지 않게 되었다. 1618년에 유럽의 은 생산은 절정기 생산량의 $\frac{1}{3}$ 또는 $\frac{1}{4}$ 수준으로 떨어졌다.[15]

....
8   동부 보헤미아에 위치.

유럽의 은은 1450년부터 1550년까지의 기간에 금에 대한 은의 가치가 상대적으로 높았기 때문에 생산될 수 있었다. 수단과 에티오피아에서 그리고 포르투갈인들의 해상로 발견 이후에는 또한 기니에서 많은 금이 유럽으로 유입되었다. 1550년까지 아메리카로부터는 주로 금이 유입되었다. 풍부한 금 유입과는 대조적으로 이 무렵 은은 부족했다. 1550년 이후에야 은이 지배하는 시대가 시작되었다.[16]

종교개혁이 시작되는 시점에만 하더라도 물가상승에 대한 불평이 컸다. 이러한 물가상승은 16세기 후반에 가서야 그 효과가 나타나게 되는 아메리카산 금과 은의 유입 때문이 아니었다.

경제는 일찍이 15세기 초부터 이탈리아에서 회복되기 시작했다.[17] 이탈리아에서의 사태 추이가 일반적 양상으로부터 다소 벗어나 있었다는 것은 이 책의 부록에 제시되어 있는 〈표 1〉의 곡물가격 지수로도 증명된다.

인구의 성장과 귀금속 수량의 증가는 다 함께 1550년 이후 나타나는 물가와 임금의 협상(鋏狀)가격차—곡물가격의 상승과 실질임금의 하락—에 영향을 미쳤다. 아메리카로부터 은의 전례 없는 막대한 유입은 모든 가격, 무엇보다 곡물가격을 상승시켰다. 임금 역시 인구의 증가가 없었더라면 오래지 않아 올랐을 것이다. 그러나 실제로는 인구증가가 있었으므로 물가와 임금 격차는 크게 벌어지게 되었던 것이다.[18]

물가와 귀금속 유입과의 관계는 다음의 그래프에서 분명하게 확인할 수 있다. 이 그래프에는 1503년과 1660년 사이에 아메리카에서 스페인으로 유입된 귀금속의 양이 제시되어 있다. 당시 스페인은 귀금속이 생산되는 거의 모든 지역을 장악하고 있었으므로, 귀금속이 유입된 유일한 나라였다. 귀금속 유입은 1580년과 1630년 사이에 최고점에 다다랐다. 그 후 무엇보다 가장 풍부한 광맥의 고갈, 채굴비용의 상승, 아메리카에서의 노동력 부족 및 귀금속의 잔류량을 늘어나게 하는 라틴 아메리카 자체의 점증하는 발전 등으로 말미암아 귀금속의 유입량은 감소했다.

스페인으로 상당량의 금과 은이 유입된 결과, 스페인의 곡물가격은 눈에 띄게 올랐다. 금은의 유입이 감소했을 때에도 높은 곡가 수준은 유지되었다(그래프 8). 이러한 가격상승은 스페인으로부터 단시간 내에 전 유럽으로 기름얼룩처럼 퍼져 나갔다.[19]

귀금속의 유입으로 인한 가격상승 효과는 지배자들의 인플레이션 정책으로 인해 증폭되었다. 중세에 지배자들은 귀금속이 부족했기 때

그래프 8. 1503-1660년간 스페인으로의 귀금속 유입과 곡가의 지수(1571-1580년간=100, 단위기간: 10년)

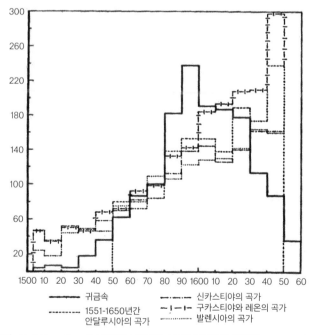

이 그래프는 E. J. Hamilton, (b) 34에서 언급된 수치에 의거해서 작성됨.

문에 이런 정책을 쓰게 되었다. 군주들은 이런 통화정책을 16세기에 계속 유지했다. 연구자들은 군주들의 인플레이션 정책 고수가 지배자들의 어느 정도 우둔한 경제적 판단과 조치에서 기인하는 것으로 보려고 했다. 그러나 오히려 이런 방식의 정책은 군주들의 과세정책의 경직성으로 설명할 수 있다.[20] 당시 가장 중요한 세금은 토지세였다. 그것은 일정한 사정액을 근거로 한 것이었고, 따라서 동일한 명목상의 화폐가치를 유지하고 있었다. 그러나 화폐수량의 증가로 인한 물가의 상승 때문에 조세로 징수되는 화폐의 구매력은 감소했고, 군주들의 지출은 물가와 임금의 상승으로 말미암아 점점 늘어났다. 그 무렵 정부의 기구는 확장되고 있었고, 화기(火器)의 도입과 용병들의 고용 확대로 전쟁비용은 점점 늘어났다. 새로운 세금을 도입하는 경우에는 심각한 저항에 직면할 것이었으므로, 군주들이 돈을 획득하는 데에는 주조화폐의 품위저하 외에는 다른 방법이 없었다.

곡물가격이 오르는데도 화폐임금은 단지 약간만 오르거나 조금도 오르지 않았다. 엄청난 곡가의 상승─보통 원래보다 두 배 내지 세배[21]─이 있었음에도 불구하고 그것이 임금에 반영되지 않았고, 그 결과 실질임금은 놀랄 만큼 최저 수준으로 떨어졌다. 당대인들은 갑작스러운 가격상승의 원인을 이해하지 못했다. 당대인들은 가격상승을 곧 그 전 수준으로 가격이 회복될 일시적인 현상으로 보았고, 높은 곡물가격은 투기꾼과 매점인(買占人)의 사악한 술책 때문이라고 생각했다. 정부와 고용주는 가격상승을 일시적인 현상이라고 믿고 가능한 한 임금상승을 억제하려고 했기 때문에, 임금노동자는 사태에 대한 이런 사고방식의 피해자가 되었다. 임금노동자는 당시에 그들의 요구를 강력하게 주장할 수 있는 조직을 가지지 못했다. 게다가 인구의 증가로 노동력이 대량으로 공급되고 있었다.

1650년과 1750년 사이에 이런 상황은 변했다. 농업 측면에서 보면, 이 시기는 불황기로 간주되어야 한다. 아벨과 리만과 같은 독일의 연구자들은,[22] 삼십년전쟁이 독일의 일부 지방에서 극심한 황폐화를 초래했고 그 결과로 장기간의 불황이 발생했기 때문에, 경기후퇴의 주원인이 삼십년전쟁에 있다고 생각한다. 그렇지만 경기후퇴는 거의 유럽 전역에서 일어났으므로 이러한 설명은 옳지 않을 수 있다. 심지어 삼십년전쟁으로 경제적 위기의 도래가 지연되었다는 주장까지 제기되었다. 경제적 위기의 박두를 알리는 징조들이 이미 1610년과 1620년 사이에 나타났다는 것이다.[23]

앞서 말한 인구통계에 의하면 급격한 인구감소가 있었다는 가설은 부정된다. 오히려 1650년 이후 다소 완만한 인구증가가 있었다고 말해야 할 것이다. 그렇기 때문에 인구 요인이 경제불황을 설명할 수 있는 유일한 요인으로 제시될 수는 없을 것이다. 필시 1550-1650년간부터 사태의 추이가 역전된 듯하다. 그 기간에는 유럽이 귀금속으로 넘쳐흘렀지만, 그 이후에는 물가 수준이 훨씬 더 높아진 상황에서 충분히 공급할 귀금속이 부족했던 것 같다. 아마도 세계의 금은 생산은 1620년부터 1720년까지 거의 똑같은 수준에 머물러 있었던 것으로 보이나,[24] 라틴아메리카에서 금은에 대한 수요가 증가함으로써 수출되는 귀금속이 적어졌던 것이다. 게다가 17-18세기에 점증하는 아시아와의 교역은 수입초과 상태에 있었기 때문에 서유럽으로부터 상당한 양의 귀금속이 유출되었다.[25] 어쩌면 1601-1650년간에 연평균 금은 생산량의 20퍼센트, 귀금속 생산이 상당히 일정한 수준을 유지하던 시기인 1651-1715년간에는 35퍼센트 그리고 1716-1790년간에는 약 24퍼센트가 동방으로 유출되었을지 모른다.[26]

따라서 주 의회가 얼마 전부터 부역 대신에 금납을 요구한 1678년경에 오버레이설의 예농(隷農)들이 "화폐가 몹시 부족한 이런 상황에서 부역을 금납하도록 강요해서는 안 된다"고 불평했다고 해서 하등 놀랄 것이 없다.[27]

17세기 후반에 스웨덴에서는 교환수단이 매우 부족했다. 따라서 1625년에 은과 동으로 된 복본위제(複本位制)가 도입되고, 1656년 충분한 교환수단을 공급하기 위한 지폐발행 시도가 실패로 끝난 후에는 화폐경제에서 자연경제로의 후퇴가 있었다. 주로 세금으로 구성되어 있는 왕실의 수입은 현물로 징수되었다. 국가는 곡물, 육류, 철 및 여타의 물품을 수납했으며, 임금과 봉급은 현물로 지급되었다. 따라서 군인은 그들의 급료를 농가에서 지급받았으며, 룬트 대학 교수들도 그들의 봉급을 곡물로 수령했다.[28]

1650년과 1750년 사이의 이런 통화 사정은 중상주의적 저술가들과 정치인들이 귀금속에 높은 가치를 부여한 원인일 수도 있다. 이것 역시 금은이 부족했음을 보여 주는 것이다. 바로 이런 이유에서 이들 저술가가 아시아와의 무역을 강력히 반대했던 것이다.

1750년 이후 상황은 다시 한번 변했다. 인구는 급속히 증가했다. 우리는 인구증가와 관련된 추이를 어느 정도 정확하게 재구성할 수 있다. 영국에서 사망률의 저하와 그에 따른 인구증가는 1740년부터 1750년까지의 기간에 시작되었고, 스웨덴과 아일랜드에서는 각각 1720년과 1725년 이후에 나타났으며, 오버레이설에서는 그보다 훨씬 빠른 1675년부터 벌써 시작되었다. 예컨대 영국, 프랑스, 스페인 및 네덜란드에서 확인되듯이, 곡물가격은 1756년 이후 도처에서 오르기 시작했다. 따라서 인구의 증가가 곡가의 상승에 선행되었던 것이다. 1720년 이후 귀금속의 연간 생산량은 1740년부터 1764년까지 절정에 달했던 브라질의 금 생산량의 증대로 증가했다.[29] 1764년 이후 브라질산 금의 중요성은 낮아졌으나, 막대한 양의 멕시코산 은이 그 자리를 차지했다. 1740년부터 1800년까지 귀금속의 연간 생산량은 1620년에서 1740년까지의 기간에 생산된 양의 대략 두 배에 달했다. 1800년 이후 라틴아메리카에서의 전쟁과 혁명으로 인한 혼란의 결과, 이 지역의 귀금속 생산은 상당히 급감했다. 19세기 초반에는 러시아가 금의 주요 생산국이 되었고, 19세기 중엽에 이르러 1848년 캘리포니아에서 그리고 1851년 오스트레일리아에서 금광이 발견됨으로써 비로소 금의 생산량이 비약적으로 증가했다.

18세기 말에는 통화량이 더이상 귀금속의 수량에 의해서만 결정되지 않게 되었다. 미국, 프랑스, 영국과 같은 많은 나라에서 은행권이 발행되기 시작한 것이다. 그런 나라들에서는 귀금속으로 태환(兌換)되지 않는 대대적인 통화팽창이 있었다. 이것은 엄청난 물가상승을 초래했다.

18세기에 인구증가와 화폐수량의 증가가 곡물가격의 상승으로 나타난 것은 상당한 시간이 지난 후였다. 그 발전과정은 다음과 같이 두 단계로 구분할 수 있다.

1. 인구가 증가하고 화폐량이 증가하는데도 물가와 임금에 변동이 없는 단계. 이것은 농업과 공업 양쪽 부문에서의 생산확대를 의미한다. 일부 국가에서는 아마도 이런 시기가 1740년 이전에 벌써 시작되었을지 모르나, 대부분의 국가들에서는 1740년부터 1755년 사이에 시작되었다.

2. 인구가 늘어나고 화폐량이 증가하며 물가—무엇보다 곡가—가 상승하기 시작하는 단계. 화폐임금은 변동이 없고, 그에 따라서 실질임금은 떨어졌다. 생산은 인구와 화폐수량의 증가에 비례하여 증가하지 않고, 특히 농업생산은 저하되었다. 충분한 생산의 증가가 없는 인구증

가는 노동력 공급이 컸음을 의미한다. 그리하여 격심한 빈곤은 18세기 후반 이전까지는 특징적인 현상이었다. 영국에서의 산업혁명에도 불구하고 일반적으로 아직도 생산의 증대가 너무나 보잘것없었으므로 생산이 부족했다고 말할 수 있을 것이다. 오늘날 산업적으로 별로 발전이 없는 지역들에서 볼 수 있는 것과 유사한 상황이 존재했던 것이다.

우리는 마침내 19세기에 이미 13세기에도 볼 수 있었던 경제적 번영, 즉 곡물가격의 상승과 실질임금의 상승 및 인구의 증가 현상을 보게 된다. 매우 급속한 산업발전 덕분에 그 전 시기의 여러 곤란은 극복되었다. 바로 이 세기에 비로소 유럽 대륙에 있는 나라들에 산업혁명이 도래했던 것이다.

보다 자세히 관찰해 보면, 주기적인 경기변동은 19세기에 훨씬 명료하게 나타났음을 알 수 있다. 나폴레옹전쟁기와 그 직후의 높은 곡가시대는 1825년경부터 1850년까지의 가격 폭락기로 이어졌다. 일부 연구자들은 귀금속의 생산감소와 일치했던 1820년대 초의 위기는 매우 심각한 것이었다고 생각한다.[30] 그러나 그들의 견해는 잘못된 것이다. 왜냐하면 그들은 19세기가 시작될 무렵의 최고 곡물가격으로 1810년대의 곡가를 평가하고 있기 때문이다. 그렇게 하면 상당한 경기후퇴가 확인될 것은 뻔하다. 나폴레옹전쟁 후의 위기상황이 전시의 비정상적인 상황과 비슷한 수준의 경기후퇴였음은 사실이다. 그러나 프랑스혁명 이전의 상황을 비교의 기준으로 삼는다면 결코 그렇지 않다. 전체적으로 볼 때, 1750-1850년간은 그에 앞선 100년간, 즉 1650년-1750년간과 비교할 때 번영기였으며 농업 부문에서도 역시 그러했다.

인구의 성장과 감소 속에서 확인할 수 있는 변동을 곡가의 동향과 비교하면, 그 결과는 대체로 다음과 같다.

기간	인구수	기간	곡가 동향
1150-1300	상당한 성장	1200-1300	높은 곡가
1300-1450	격심한 감소	1300-1450	낮은 곡가
1450-1600	꾸준한 성장	1450-1550	약간 상승
		1550-1650	매우 급격한 상승
1600-1700	성장 정지 또는 둔화	1650-1750	하락
1750-1900	매우 급속한 성장	1750-1878	상승

이 둘 사이에는 상당히 뚜렷한 일치관계가 존재한다. 인구증가의 시기는 곡가가 높은 것이 특징이고, 인구감소의 시기는 곡가가 낮은 것이 특징이다. 1450-1750년간에는 인구보다 곡물가격에서 더 큰 변동이 일어났다. 이것은 특히 16세기 후반의 가격혁명 때문이다.

A. 직접적 농업소비시대		
I. 500-700	고대에서 중세로의 이행기	
II. 700-1150	중세 전기	
	1. 700-850	번영기
	2. 850-1000	쇠퇴기
	3. 1000-1150	회복기
B. 간접적 농업소비시대		
I. 1150-1550	중세 후기	
	1. 1150-1300	농업호황기
	2. 1300-1450	심각한 농업불황기
	3. 1450-1550	약간의 농업회복기
II. 1550-1850	근대	
	1. 1550-1650	농업호황기
	2. 1650-1750	약간의 농업불황기
	3. 1750-1850	농업호황기

반드시 단서를 달아야 하기는 하지만, 곡물가격이 높은 동시에 인구가 증가하는 시기는 농업의 번영기로 볼 수 있는 데 반해서, 곡물가격이 낮고 인구가 감소하는 시기는 농업의 쇠퇴기로 볼 수 있을 것이다. 우리는 이에 기초해서 1150년경과 1850년경 사이의 간접적 농업소비시대에 농업의 전반적 발전을 위와 같이 구분할 수 있다. 또한 500년경부터 1150년경까지의 직접적 농업소비시대에 대해서는 일반적 역사발전에 입각해서 위와 같이 구분할 수 있다.

물론 이들 시대는 위와 달리 분류될 수 있고 연대기적 경계가 다른 방식으로 설정될 수도 있다. 각 시기는 모든 나라에서 동일한 시점에 시작되지는 않는다. 14세기의 쇠퇴는 독일보다 프랑스에서 먼저 시작되었고, 영국에서는 불황이 1310년경부터 1480년경까지 지속되었다. 영국에서 불황이 극심했던 시기는 1380년부터 1480년까지의 기간이었다. 노르웨이에서는 1360년 이후 가장 심각한 쇠퇴가 있었다. 이탈리아는 스칸디나비아반도의 나라들이 아직 최악의 불황을 벗어나지 못하고 있던 15세기 초에 회복되었다.

17세기의 경기후퇴는 일반적으로 1620년과 1630년 사이에 시작된 것으로 볼 수 있다.[31] 1640-1680년간과 1720-1740년간은 경기의 밑바닥 국면을 이룬다. 경기의 하강 국면은 스페인에서는 1600년 직후, 이탈리아에서는 1619년 이후, 독일의 일부 지방에서는 1618년의 삼십년전쟁 발발 직후, 독일의 여타 지방들에서는 1630년 이후, 프랑스에서도 역시 1630년경에 시작되었다.[32] 네덜란드에서의 경기하강 기점이 1637년이라는 말도 있지만, 경기하강 국면은 영국과 네덜란드에서는 대략 1650년부터 시작되었다.

1750년 무렵의 번영기는 영국과 프랑스에서는 아마도 그보다 빠른 1730년경에 시작된 것으로 보인다. 일부 학자는 호황기의 시작 시점을

1734년으로 보고 있으나,[33] 또 다른 학자는 1785년으로 본다.[34] 후자의 연대는 사실일 가능성이 거의 없다. 1755년 이후 네덜란드에서 곡물가격에 상당한 변화가 있었으며, 독일에서 17세기의 위기는 1750년 이전에 끝났을 가능성이 있기 때문이다.

그 이행은 거의 언제나 점진적이었다. 그러나 역사적 측면에서 보면, 100년에서 150년까지로 된 각 시대는 그 자체의 고유한 특징을 지니고 있다. 각 시대가 대체로 번영, 쇠퇴 그리고 회복 또는 새로운 번영의 유사한 순환주기를 가진 세 시기로 세분될 수 있다는 것은 부수적인 현상으로 보아야 한다.

각 시대의 농업을 고찰하기 전에 물가와 임금의 변동과 관련된 몇 가지 일반적 현상을 다루는 것이 필요하다.

경제적 측면에서 발생하는 현상들은 다음과 같이 요약될 수 있다.

1. 곡물가격의 변동에서는 한 종류의 곡물—보통 밀이나 호밀—가격이 주도적 역할을 하고, 나머지 곡물은 주도적 곡물의 가격변동을 따른다.

2. 곡가와 토지의 매입가격 및 지대 사이에는 밀접한 관련이 있다.

3. 농산물의 가격지수를 비농산물의 가격지수와 비교해 보면, 농산물의 가격지수가 비농산물보다 훨씬 더 큰 변동폭을 보인다는 것이 드러난다. 농산물 가격은 호황 국면에서 더 많이 상승하고, 불황 국면에서는 더 많이 하락한다.

4. 마찬가지로 곡물의 가격지수를 축산물(고기, 버터, 치즈)과 환금작물의 가격지수와 비교하는 경우에도, 곡물가격은 역시 후자보다 더 큰 변동폭을 보인다.

5. 호황기에 임금지수는 일반적으로 물가지수, 특히 곡가지수의 상

승보다 뒤처지는 경향이 있다. 거꾸로 불황기에도 임금지수는 물가지수의 변동을 약간 뒤처져 좇아간다. 따라서 우리는 곡가가 상승하는 경우에는 실질임금의 하락을 볼 수 있으며, 곡가가 하락하는 경우에는 실질임금의 상승을 볼 수 있다.

6. 우리는 노동력의 대량 공급으로 실질임금이 하락하는 경우에 숙련 노동자의 실질임금은 흔히 미숙련 노동자의 실질임금에 비해서 더 완만하게 하락함을 볼 수 있으며, 반대로 노동력의 부족으로 실질임금이 상승할 경우에는 숙련 노동자의 임금이 미숙련 노동자의 임금보다 상대적으로 더 느리게 오름을 볼 수 있다. 사회의 계층구조 속에서는 역전 현상이 일어나기도 하는 것이다.

우리는 이들 현상을 물가와 임금지수의 등락에 따라서 다음과 같이 아주 도식적으로 나타낼 수 있다(그래프 9도 참조).

농업호황기	농업불황기
상승 순서(1 최대 ― 6 최소)	하락 순서(1 최소 ― 6 최대)
1. 곡물가격	1. 미숙련 노동자의 실질임금*
2. 축산물의 가격	2. 숙련 노동자의 실질임금*
3. 환금작물의 가격	3. 공산품의 가격
4. 공산품의 가격	4. 환금작물의 가격
5. 숙련 노동자의 실질임금**	5. 축산물의 가격
6. 미숙련 노동자의 실질임금**	6. 곡물가격

* 예컨대 인구감소로 말미암아 노동력이 부족한 경우
** 예컨대 인구증가로 말미암아 노동력이 과잉인 경우

다음에서는 이들 현상에 대한 설명을 시도하고 농업발전에 대한 이들의 영향이 무엇인지를 언급할 것이다.

서로 다른 곡물들의 가격이 상호 영향을 미친다는 것과, 영양가가 가장 많고 인간의 음식으로 가공 처리하기가 가장 손쉬운 곡물들이 주

그래프 9. 물가와 임금의 동향 개요

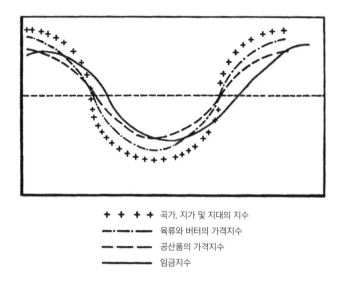

+ + + + 곡가, 지가 및 지대의 지수
—·—·—·— 육류와 버터의 가격지수
— — — — 공산품의 가격지수
————————— 임금지수

곡의 위치를 차지한다는 것은 결코 놀라울 바 없다. 무엇보다 밀과 호밀이 그런 의미의 주곡이었다. 이런 곡물이 부족한 경우에는 보리와 귀리도 인간의 식량으로 이용되었다. 일반적으로 밀의 가격과 호밀, 보리, 귀리 등 여타 곡물 가격의 차는 오늘날보다 훨씬 더 작았다고 말할 수 있다.[35]

곡물가격들의 상호 관계를 연구해 보면 호밀의 가격이 밀의 가격보다 거듭해서 더 심한 변동을 보인다는 것을 알 수 있다. 이것은 두 곡물 가운데 호밀이 더 싸기 때문이라고 할 수 있다. 곡가가 높을 때에는 비교적 값싼 호밀에 대한 수요가 상대적으로 더 비싼 밀에 대한 수요보다 더 큰 폭으로 증가할 것이다. 반대로 사람들은 곡가가 낮을 때에는 호밀빵보다 밀빵을 더 많이 먹을 것이다.[36] 가격변동은 곡물의 질이 낮을수록 심해진다. 가격변동은 밀이 가장 작고, 그 다음 혼합곡(밀과 호밀의 혼합곡), 호밀, 보리(빵을 만드는 곡물로서), 메밀 순으로 작으며, 가

격변동이 가장 심한 곡물은 옥수수다.[37]

일반적으로 농산물 가격이 높은 때에는 많은 돈이 농업에 투자될 수 있다. 높은 농산물 가격은 토지의 매매가격에 영향을 미친다. 상업이나 공업에서 큰돈을 번 사람들은 이 같은 단계에서는 토지를 매입하고 토지의 개량, 농장의 건설, 개간 및 간척사업에 기꺼이 많은 돈을 투자하려고 한다. 이것은 농업호황기에 경작면적이 확장될 것임을 뜻한다. 농업불황기에는 경작면적을 확대하려는 움직임은 없고, 오히려 한계지, 즉 척박한 토질의 땅을 이용하지 않고 묵정밭이 되도록 내버려두는 경향이 생길 것이다.

이미 말한 바와 같이 농업호황기에는 농산물 가격의 상승이 종종 화폐수량의 증가와 시간적으로 일치하기 때문에, 사람들은 돈을 토지의 개간과 간척사업 및 간척지에 그만큼 더 기꺼이 투자하고자 할 것이다. 많은 자본 공급이 있게 되면 자본시장에서의 이율은 낮아진다. 반면에 농업불황은 종종 화폐수량의 감소로 인한 높은 이율을 동반한다. 이러한 상황 아래에서는 낮은 농산물 가격으로 말미암아 수익성이 별로 없는 농업에 돈을 투자하는 것보다는 다른 방식으로 투자하는 것이 훨씬 더 유리하다.

농업호황은 종종 또한 인구증가와도 병행된다. 바로 이와 같은 인구증가에 의한 수요증대가 가격을 상승시키는 것이다. 그러나 큰 폭의 인구증가는 동시에 종종 노동력의 과다공급을 뜻하기도 한다. 이런 시기에는 실질임금이 낮다. 이것 역시 경지면적의 확장을 촉진하는 요인이다. 왜냐하면 대체로 경지 확장에는 많은 인건비가 소요되기 때문이다. 반대로 농업불황은 종종 인구감소나 인구성장 둔화의 결과다. 노동력이 부족해지면 그에 따라서 실질임금은 높아진다. 이와 같은 때에 농산물 가격이 낮은데도 비싼 인건비를 들이면서 개간이나 간척사업에 많은 노동력을 투입한다는 것은 가장 매력적이지 못한 일이 된다.

뒤에 지역별 자료에 의거해서 입증되는 바와 같이,[9] 호황과 불황의 주기적 반복은 경작면적의 확장이나 축소 속에서 일어남을 볼 수 있다. 즉 12-13세기에는 개간이 있었으나, 그 다음 1300년과 1450년 사이에는 경작지의 방치, 심지어 마을 전체의 방기[폐촌(廢村, Wüstungen)]가 있었는가 하면, 저지대에서는 바다를 메꾸어 농경지를 조성하려는 노력이 중단되었다. 모래땅 지역에서는 모래가 바람에 날려감에 따라서 그 앞 시대에 부식토층이 거의 없는 토지가 개간되었음이 드러난다. 그 후 토지의 개간과 간척사업은 특히 1550년과 1650년 사이에 재개되었으나 1650년과 1750년 사이에 개간의 속도가 둔화되었으며, 1750년 이후에는 다시 아주 대규모로 경작면적이 확장되었다.

일반적으로 불리한 지리적 환경에서 곡물이 경작되는 지역은 곡가 하락에 대단히 민감하다. 예컨대 엄청난 노동을 들여서만 겨우 경작이 이뤄질 수 있는 알프스 계곡의 고지대와 스페인 및 노르웨이가 그렇다. 게다가 산악 지역에서는 낮은 지대보다 더 많은 파종용 씨앗이 필요했으며, 그 결과 파종량 대 수확량의 비율은 산악 지역에서 더 불리했다.[38]

우리는 농업 분야의 경기순환을 전혀 다른 방식으로, 즉 꽃가루 분석법으로 확인할 수 있다. 이런 분석을 위해서는 유적지나 그 근처에서 토탄층의 횡단면으로부터 예전에 재배된 여러 가지 식물의 많은 꽃가루 낟알을 채집해야 한다. 토탄층에 대한 연대는 측정할 수 있으므로,[39] 우리는 어떤 시대에 어떤 식물이 자랐는지를 알 수 있다. 그리하여 곡식의 꽃가루 낟알의 출토를 추적하여 일정 지역에서 어느 시기에 얼마나 집약적으로 곡물농사가 이뤄졌는지를 알 수 있다. 조사되는 토

....

9   253-284쪽과 327-392쪽 참조.

양 표본들은 거의 언제나 척박한 토질의 땅―토탄층이나 늪지대 또는 고도가 매우 높은 지대에 위치한 땅―에서 채취되기 때문에, 우리는 농업의 호황과 불황에 곡물농사가 극히 민감한 반응을 보이는 한계지에 관해서만 언제나 알 수 있다. 우리는 모든 꽃가루 분석 그래프에서 다음과 같은 추이를 확인할 수 있다. 기원후 4세기 이후에는 곡물재배가 축소되었고, 1300년 이전까지는 크게 확대되었으며, 그 후 다시 축소되었다가, 마지막으로 16세기에는 다시 확대되었다. 17세기에 관한 꽃가루 분석 그래프들 가운데 하나에서 다시 한번 곡물재배의 축소를 볼 수 있으며, 18세기에는 곡물재배가 확대되었다. 곡물재배의 이런 변화가 곡가 곡선의 추이와 대단히 일치한다는 것은 주목된다. 의심할 바 없이 척박한 토지에서의 곡물재배는 곡가 변동에 강력한 영향을 받는다(그래프 10).[40]

　비농산물, 즉 공산품의 가격에 비해서 탄력성이 큰 농산물 가격의 특수성에 대해서는 특별한 고찰이 필요하다. 이것은 축산물과 환금작물의 가격에 비해서 등락폭이 더 큰 곡가의 탄력성과 유사한 현상이다. 이런 현상의 원인은 농업에서, 그중에서도 특히 곡물농사에서는 수요와 공급 사이에 정확한 균형 유지가 극히 어렵기 때문이다. 가격은 단지 약간의 과잉생산만 있어도 상당히 많이 떨어질 수 있으며, 사소한 부족만 있어도 상승할 수 있다. 그런데 농산물, 특히 주곡에 대한 수요는 상당히 일정하다. 인간의 위는 제한된 용량을 가지고 있으므로,[41] 소비자는 빵 가격이 떨어진다고 해서 더 많이 먹지는 않는다. 빵에서 절약된 돈은 다른 방식으로 쓰이며, 극빈층에서는 고기, 치즈 및 버터와 같은 보다 값비싼 식료품이나 여러 가지 공산품 구입에 아마 쓰일 것이다.[42] 가정경제에서는 수입의 크기가 1인당 음식물에 지출되는 몫에 큰 영향을 미치지 않으며, 1인당 음식물에 지출되는 절대적 액수도

그래프 10. 로테스모르(뢴산맥)의 꽃가루 도형

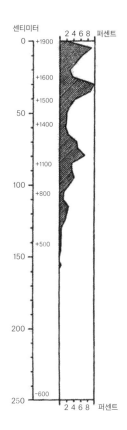

이 꽃가루 도형은 W. Abel, (d) 47로부터 인용한 것이다. 로테스모르는 풀다 동쪽 뢴산맥에 있다. 센티미터(cm)는 지표 밑의 깊이를 표시하고, 백분율(%)은 전체 꽃가루 수에 대한 곡식 꽃가루 수의 비율을 나타낸다. 연대 추정에 대해서는 견해가 일치되어 있지 않다.

별 차이가 나지 않는다. 예컨대 A가 연간 6,000길더(guilder)[10]의 수입이 있어 2,000길더를 그의 가족의 식비로 지출한다고 할 때, B가 3만 길더의 수입을 가지고 있는 경우 상대적 비율로 따져서 기대되는 1만 길더를 식비로 쓰는 것이 아니라 이를테면 5,000길더를 쓸 것이다.

곡물이 부족할 때에는 누구나 곡물을 충분히 구하지 못할까 봐 두려워한다. 이런 상황 아래에서는 곡물구입에 선뜻 아주 높은 가격을 지불하려는 경향이 생긴다는 것은 기근 시절의 경험을 통해서 잘 알려진

....

10 네덜란드의 옛 화폐단위.

사실이다. 영국의 경제학자 그레고리 킹(Gregory King)[11]은 다음 표와 같이 곡가의 상승과 수확물의 부족 사이에는 일정한 관계가 성립될 수 있다고 생각했다(그래프 11 참조).

평년작의	1/10	수확감소는	평상시	가격보다	3/10의	가격상승	초래
〃	2/10	〃	〃	〃	8/10	〃	〃
〃	3/10	〃	〃	〃	16/10	〃	〃
〃	4/10	〃	〃	〃	28/10	〃	〃
〃	5/10	〃	〃	〃	45/10	〃	〃

그래프 11. 그레고리 킹의 법칙

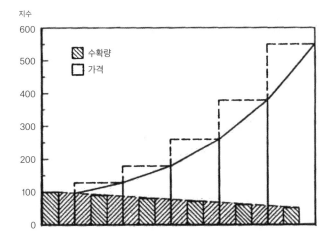

이 법칙은 공급과 총 수확량이 거의 같을 때에만 적용된다. 다시 말

....

11 영국의 경제통계가, 수학자, 측량가(1650-1710). 그의 저서 『영국의 국가와 경제사정에 관한 자연적, 정치적 고찰과 결론』(*Natural and Political Observations and Conclusions upon the State and Condition of England*)(1690)은 잉글랜드와 웨일스의 남녀별, 직업별, 연령별 인구수, 계층별 인구와 그 소득의 추계(推計), 경지면적과 수확 조사, 그런 통계의 국가 간 비교 등을 포함하는 것으로 당시의 사회경제 상태를 알 수 있는 소중한 자료다. 곡물 수확고의 산술급수적 변동과 곡가의 기하급수적 변동에 관한 법칙이 '킹의 법칙'이다.

하면 다른 지역으로부터 어떤 수입도 가능하지 않고, 그 앞의 해들로부터 어떤 비축분도 남아 있지 않으며, 감자나 고기와 같은 이용 가능한 대용물도 없을 때에만 적용된다. 후대의 연구자들은 킹의 법칙을 풍작일 경우의 가격에도 적용했다. 제번스는 $y = \dfrac{0.824}{(x - 0.12)^2}$ 라는 공식을 만들었고, 부니아티앙은 $y = \dfrac{0.757}{(x - 0.13)^2}$ 이라는 공식을 만들었다. 여기에서 y는 가격을 표시하고 x는 곡물공급의 물량을 가리킨다. 수확이 적은 경우의 가격 동향은 다음과 같다.

수확량	1.00	0.90	0.80	0.70	0.60	0.50
킹에 의한 가격	1.00	1.30	1.80	2.60	3.80	5.50
제번스에 의한 가격	1.06	1.36	1.78	2.45	3.58	5.71
부니아티앙에 의한 가격	1.00	1.29	1.70	2.33	3.44	5.52

반대로 풍작인 경우에는 가격 동향이 다음과 같다.[43]

수확량	1.20	1.40	1.60	1.80	2.00
제번스에 의한 가격	0.70	0.50	0.37	0.25	0.20
부니아티앙에 의한 가격	0.66	0.47	0.35	0.27	0.22

이러한 계산들은 수요가 일정하다는 가정에서 출발하고 있음을 강조해 두어야겠다. 인구수의 변동에 따른 가격변동은 고려되어 있지 않다. 더욱이 곡물 부족분을 외국으로부터 수입을 통해서 보충할 수 있을 만큼 수송수단이 발달하게 되고 사람들이 식량으로 곡물에 더이상 전적으로 의존하지 않게 되자, 킹의 법칙은 그 타당성을 잃게 된다.

킹의 법칙은 다음과 같이 잉글랜드에서 흉작이 있었던 1315년과 1316년의 기근 때의 밀과 보리의 가격으로 설명될 수 있다.[44]

연도	밀 수확량 (평년 수준의 백분율)	가격지수	보리 수확량 (평년 수준의 백분율)	가격지수
1315	0.57	2.40	0.59	2.33
1316	0.62	2.37	0.77	2.13

(평년작＝1)

제번스의 공식에 따르면 가격은 다음과 같게 된다.

연도	밀 수확량 (평년 수준의 백분율)	가격지수	보리 수확량 (평년 수준의 백분율)	가격지수
1315	0.57	4.07	0.59	3.73
1316	0.62	3.30	0.77	1.95

1315년에 밀과 보리의 가격은 그 전해의 비축분으로 말미암아 그리고 아마도 또한 수입으로 인해서, 제번스의 공식으로부터 기대되는 것보다 더 낮았다. 1316년에는 수요의 일부가 보리로 충당되었기 때문에 밀 가격이 그 전해보다 더 낮았다. 그 결과 보리의 가격은 상승했다.

기근기의 가격상승에는 갖가지 소문으로 말미암아 식량부족에 대한 확대되는 공포감과 같은 여러 심리적 요인이 작용한다. 기근이 든 시절에, 따라서 곡가가 비싼 시절에 곡물의 이동이 급격히 증가한다는 상황은 주민들을 대단히 당혹스럽게 한다. 기근기에는 곡가의 상승으로 아주 멀리 떨어진 지역으로의 곡물수송 비용을 제하고도 수지타산이 맞으므로, 식량 위기를 맞는 시절만큼 곡물을 실은 많은 짐마차나 선박을 볼 수 있는 때는 없다. 이 때문에 빈곤한 주민들은 곡물은 충분한데도 가격이 비싼 것은 투기꾼들의 시세 조작과 정부의 잘못된 정책 때문이라고 결론짓게 된다.[45]

농업사를 살펴보면, 우리는 경작지 면적에 별로 변화가 없음을 알 수 있다. 이미 설명했듯이, 서유럽 지역에서 경작지 면적의 확장은 적은 두엄 생산으로 말미암아 상당히 제한된 범위 내에서 이뤄졌다.[46] 또한 경제적으로 인구수의 변동에 따라서 경작지 면적을 신속히 조절하는 것을 어렵게 하는 저항들도 있다. 개간과 간척을 추진하고자 하는 마음은 농산물 가격이 높을 때 생기는 것이지만, 한편 그것은 큰 수요가 이미 존재하고 있음을 의미한다. 또한 인구가 증가하기 시작하는 시점과 개간이 시작되는 시점 사이에는 시차가 존재하기도 한다. 더욱이 가격상승이 먼저 여러 해 동안 지속된 후에야 사람들은 가격상승이 몇 년간 연이어 흔히 일어나는 우연한 흉작의 결과가 아니라는 것을 확실하게 알게 될 것이고, 수요가 오랫동안 확대되리라는 확신을 가지게 될 것이다.

고정된 생산방식, 투자자본의 경직성, 그리고 경지 및 목초지의 일정한 비율 관계와 농장건물로 인한 농업경영 규모의 불가피한 제한은 기존의 농업경영을 대규모로 확대하는 것을 어렵게 만든다. 한편 토지의 개간과 간척사업에는 대자본이 소요된다. 이 모든 것이 농산물 가격이 상승할 때 농경지의 면적을 신속히 확대하는 것을 지연시키거나 방해한다.

가격이 하락하는 경우, 농지 규모의 조절은 훨씬 더 어려워진다. 그것은 경지의 일부를 경작하지 않음으로써 아주 쉽게 달성될 수 있을 것이다. 그렇지만 일반적으로 사람들이 경작지를 포기하기는 힘들다. 경작되던 땅이 황무지나 늪으로 변해 버릴 때, 그것은 좌절이나 패배로 생각된다. 버려지고 물에 잠긴 촌락들에 대한 쓰라린 기억은 사람들의 뇌리에서 오랫동안 떠나지 않는다. 상당히 많은 경작지가 특히 14-15세기에 묵밭으로 변한 것은 사실이나, 권력당국의 여러 조처(가격과 임금의 규제 노력과 곡물의 비축 노력)와 격심한 가격변동은 소비의 변동에 따른 생산의 완전한 조절을 어렵게 만들었으며, 전체적으로 볼 때 14-15세기에서조차 농산물이 약간 과잉 생산되었다.[47)]

농업불황기에는 농민들 사이에 생산량의 증대를 통해서 가격하락으로 인한 손실을 보충하려는 경향이 나타난다. 이로 말미암아 수요의 비탄력성 때문에 농산물이 팔리지 않고 있는 시장에 더욱 많이 출하되는 결과가 빚어진다. 불황은 가격하락을 가속화시키는 과잉생산을 초래할 것이다. 농민의 심리상태와 막대한 수의 농가의 존재는 농민 공동의 이익 보호에 불리한 요인이 된다.

불황기에 농민이 그의 비용을 줄이는 것은 쉽지 않다. 지대, 저당차금이자(hypotheekrenten)[12] 및 조세는 그 액수가 변함없는 경향이 있으나, 이들을 곡물로 환산해 보면 그 부담은 더 커진다. 다시 말하면, 농민은 이런 것을 지불하기 위해서 더 많이 생산해야 하는 것이다.

농산물 가격의 하락 후 시간차를 두고 임금이 하락하기 때문에, 실질임금은 이와 같은 단계에서 상승한다. 곡가가 하락하는 가운데 농민이 고용노동을 사용하고 있는 경우, 그는 곡물로 환산할 때 더 많은 임금을 지불해야 한다. 불황기에는 높은 인건비에 대한 농민들의 불평의 목소리가 자주 들린다. "머슴의 처지가 농민의 처지보다 더 나을 수 있다"고 한탄하는 농민들의 소리가 자주 울려 퍼지곤 한다. 설상가상으로 공산품 가운데 소비용 상품의 소매가격은 농산물의 가격만큼 심하게 떨어지지 않는다. 따라서 농민들은 공산품 역시 비싸게 구입해야 한다. 이런 사정에 대한 좋은 사례는 장기간 지속된 15세기의 농업불황기에 농민들이 철제 농기구를 전보다 더 적게 구입하고, 농기구의 수리가 필요한 때에는 철제 부품을 목제 부품으로 대체한 데에서 볼 수 있다. 적

....

12 일정한 부동산이나 동산을 담보로 삼아 빌린 돈의 이자를 말한다.

어도 곡가와 비교하여 계산해 보면, 철물은 너무 비싸졌던 것이다.

농산물 가격을 중심으로 계산할 때, 농산물의 가격하락으로 농민들은 비용의 상대적 상승 문제에 직면하게 되었다.[48] 문제는 불황기에 농산물 가격이 공산품 가격, 임금, 조세, 지대 등보다도 더 빠른 속도로 하락한다는 것이다. 그 관계는 양쪽 다 하강하기는 하되, 하나가 다른 하나보다 훨씬 더 빨리 하강하는 두 대의 승강기와 같다.

농업불황의 초기에는 비용 절감이 대단히 어려운데도 생산을 제고하려는 노력은 경주(傾注)되는 것이 특징이라고 할 수 있다. 한계농지에서는 농지를 버리지 않고 계속 농사를 지으려는 치열한 노력이 전개된다. 그러나 결국 그것은 헛수고가 되고 만다. 미국의 한 경제학자가 말한 바와 같이, "이것은 농민들이 어려운 상황을 벗어날 수 있는 길이 없음을 뜻하지는 않는다. 농민들에게는 비상 탈출구가 있기는 하나, 거기에는 몹시 많은 시간이 소요된다."[49]

극적인 해결책은 끝내 마지못해 취해진다. 농민들에게는 다음과 같이 여러 가지 해결 방법이 있을 수 있다.

1. 농업을 온통 포기하고 공업 분야의 직업에 종사하는 방법.

2. 농업경영의 부업으로 방적이나 방직과 같은 어떤 형태의 가내공업에 종사하는 방법.

3. 경종농업에서 축산업으로 전환하는 방법.

4. 경종농업을 집약적으로 경영하고, 부업으로 환금작물이나 원예농업에 종사하는 방법.

최종적으로 어떤 방법을 채택할 것인지는 여러 가지 요인에 의해 좌우된다. 즉 그것은 공업이 상당 정도 발달한 도시들의 인접, 농촌공업의 발전에 유리한 조건 등과 같은 요인에 영향을 받는다. 또한 경종농업에서 축산업으로의 전환을 위해서는 토질이 중요하고, 집약적 농업경영을 위해서는 일정 수준의 인구밀도와 수송수단의 발달이 필요하며, 마지막으로 원예농업을 위해서는 무엇보다 우선적으로 비교적 큰 도시가 가까이 있어야 한다.

그 전의 농업경영 방식으로 더이상 되돌아갈 수 없는 경우가 종종 있으나, 그렇다고 해서 절대적으로 불가능한 것은 아니다. 곡물가격이 높은 시절에는 토질이 괜찮기만 한다면 축산업에서 경종농업으로 전환하는 사례를 우리는 상당히 자주 볼 수 있다. 농업불황기에 가내공업이 농가의 부업으로 경영되었던 지방들에서는, 곡가가 상승함에 따라서 가내공업이 포기되고 다시 한번 경종농업이 유일한 생계수단이 되는 경우를 우리는 가끔 볼 수 있다.

지금까지 우리는 곡가가 지나치게 큰 폭으로 등락하는 문제를 다루어 왔다. 그렇게 하는 가운데 앞에서 인용된 "소비는 경작의 잣대다"라는 말은 경작지 면적이 수요의 증감에 따라서 조절되기가 어렵기 때문에 단지 부분적으로만 타당함이 밝혀졌다.

그러나 아직 공산품과 환금작물 및 축산물의 가격이 곡물에 비해서 덜 민감하게 반응하는 데에 대한 설명은 없었다. 공산품에 대한 수요는 탄력성이 훨씬 더 크며, 그에 따라서 공업원료로 공급되는 환금작물에 대한 수요의 탄력성도 역시 훨씬 더 크다. 공업생산은 수요의 감소에 신속히 적응하기 때문에 공산품 가격은 보다 쉽게 이전 수준을 유지할 수 있다. 숙련 노동이 공산품 제조원가의 대부분을 차지했던 과거에는 특히 그러했다. 사망률이 농촌보다 도시에서 언제나 더 높았기 때문에, 인구감소의 경우 가내공업 부문의 생산이 감소했다. 그것은 아마 공업생산 자체가 수요-공급선 이하로 저하된 것처럼 보이게 될 것이다. 그리하여 통상적 수요가 이미 더이상 충족될 수 없는데도 수요는 더욱 증가하는 경향을 띤다. 농업불황기에는 곡물가격이 떨어지는데도 화폐임금은 그 자체의 수준을 유지하는 경우가 자주 있다. 이것은 곡물로 환산할 때 실질임금이 상승함을 의미한다. 임금노동자층은 가장 중요한 생활필수품 구입에 지출을 보다 적게 해도 되기 때문에, 이를테면 의복과 같은 여러 가지 다른 물품의 구입에 돈을 쓸 수 있다. 임금노동자들은 또한 고기, 버터 및 치즈와 같은 보다 값비싼 식료품을 구입할 수도 있다.

예를 들면, 특히 중세 후기의 농업불황기에 음식과 의복 면에서 도시민들이 보인 과소비와 농촌고용인들의 지나친 소비수요에 대해서 비난의 목소리가 높았다. 사치와 호의호식을 금지하는 많은 포고령이 발표되었으나, 이 포고령들이 자주 반복되어 발표된 것을 볼 때 큰 효과가 없었음이 분명하다.

농업불황은 소득이 도시주민과 임금노동자에게는 유리해지고 농민에게는 불리하게 되는 변화를 의미한다. 중세 후기의 불황은 사회 전반에 걸친 보편적인 현상이 아니었다. 경제생활 가운데 공업 부문보다도 농업 부문에 대한 불황의 영향이 훨씬 더 컸던 것이다.[50] 농촌으로부터 도시로의 인구이동이 있었으나, 그것은 도시의 임금이 농촌의 임금보다 훨씬 더 높았기 때문이 아니다. 포스탄은 영국에서 당시 농업 부문의 평균임금이 공업 부문의 평균임금보다 더 높았음을 보여 준 바 있다.[51] 도시로 도망간 사람들은 무엇보다 독립소농이었다. 그들은 더이상 농촌에서 생계를 유지할 수 없었기 때문에 도시로 간 것이다. 농촌임금노동자의 형편은 상대적으로 독립소농만큼 어렵지 않았다. 이와 같은 불황은 계층에 따라서 아주 다른 양상을 보였던 것이다.[52]

불황의 이런 차별적 성격은 공산품(따라서 환금작물도 마찬가지)과 축산물에 대한 수요의 탄력성이 훨씬 더 크다는 사실과 더불어, 이 두 종류의 생산물의 가격 변동폭이 비교적 작았던 두 가지 원인을 이룬다.

또한 중세 후기에 경종농업에서 목양업 형태의 축산업으로 이행하게 된 원인은 상대적으로 적은 수의 일꾼을 필요로 하는 목양업의 비교적 낮은 생산비(그중에서도 특히 임금비용)에서 찾아야 한다는 견해가 제시된 바도 있다.[53] 그러나 이 이행을 가능하게 했던 일차적 동인은 양모에 대한 수요증대였다.

농업불황에 따른 공업발전과 관련해서는, 무엇보다 1300-1550년간과 1650-1750년간에 농촌공업이 발전했다는 점이 지적되어야 하겠다. 농업불황기는 역사에서 공업시대라고 특정지을 수 있는 시기는 아니다. 아주 중요한 공업발전이 농업호황기, 즉 1550-1650년간과 1750년 이후에도 이뤄졌던 것이다. 해밀턴은 이런 시대에 값싼 노동력—실질임금이 낮았다—이 기업을 설립하도록 기업가들을 고무했다고 생각한다.[54] 이런 주장에 대해서 네프는 실질임금이 낮은 경우 공산품의 판매가 이뤄지지 않는다고 반박했다. 그에 따르면, 활발한 기업 활동은 새로이 발명된 기술의 적용 덕분이었다.[55] 네프가 판매 가능성에 대한 문제를 제기한 것은 비록 옳지만, 1550년-1650년간과 1750년 이후에 독립적 경영자, 기업가 및 농민에게는 유리하고 임금노동자에게는 불리한 수요의 변동이 다시 있었다는 점은 인정해야 할 것이다.

곡물가격이 비교적 높은 시절의 특징 가운데 하나는 농경지 면적의 확대다. 또한 우리는 높은 곡가가 다른 방식으로 농업경영에도 영향을 미침을 알고 있다. 농민들은 더 많은 시비를 하여 토지를 개량하려고 노력하며, 이 목적을 위해서 이회토(泥灰土), 석회, 점토, 바닷모래 및 해초 같은 농가 자체에서 생산되지 않는 자재를 이용할 것이다. 농경지가 확장되면 될수록 사육 가능한 가축 수는 적어지기 때문에, 가축으로부터 산출되는 두엄도 적어진다. 경종농업이 축산업보다 더 많은 소득을 가져오기 때문에, 목초지는 곡물경작지로 전환되고 야생미경작지는 경작지로 개간되어 가축은 더 적게 사육되게 된다.[56] 이런 시대에 일부 농가에서 파종량 대 수확량의 비율이 더 낮아졌음을 확인할 수 있다는 것은 주목할 만한 일이다. 아마도 우리는 그 까닭을 한계지가 경작되었으리라는 점과 충분한 양의 다른 종류의 거름을 대체해서 사용하지 못한 채 농가 내의 가축이 생산하는 두엄의 시비량이 줄었으리라는 점 때문이라고 할 수 있을 것이다.

일반적으로, 곡가가 비싼 경우 농민가족은 보다 작은 경영지로도 생계를 유지할 수 있기 때문에, 그 시절에는 토지의 분할이 심해져서 농업경영 규모가 작아진다.

농업호황기에는 농학 분야에서도 고조된 관심과 높은 성과가 나타나며, 그런 것은 특히 농서(農書)의 형태로 표현된다.

반대로 농업불황기에는 곡물이 재배되는 토지면적이 줄어들 것이다. 그때에는 사람들이 축산업, 특히 목양업에 종사하게 되며, 가축용 사료작물이 재배된다. 경작지에서는 가축의 두엄 시비량이 증가하고 한계지는 묵정밭으로 방치되기 때문에, 파종량 대 수확량의 비율이 높아진다. 그리고 아마, 대마, 맥주양조용 홉, 기름을 짤 수 있는 여러 가지 종류의 씨앗과 같은 환금작물과 꼭두서니, 목서초(木犀草), 가축사료로도 이용되는 대청과 같은 염료식물 등을 재배하는 농업으로의 전환이 있게 된다. 또한 사람들은 과수원과 포도밭도 경영하게 된다.

새로운 농기구가 사용되는 일이 있다면, 그것은 무엇보다 가축사육용으로 이용될 것이다. 이 무렵에 비싼 철물 가격 때문에 철제 부품은 목제로 대체된다고 앞에서 말한 바 있다.

농서에 대한 관심은 별로 없으며, 서적이 출판되었다는 정보도 별로 없다. 출판된 것이 있다고 한다면, 그 이전 경기가 좋았던 시절에 쓰인 책들의 재판이 있을 뿐이다.

오막살이농의 수는 줄어든다. 그 원인은 이들이 생존투쟁을 누구보다 먼저 포기하지 않으면 안 되었기 때문일 것이다. 아마도 이들은 대부분 불충분한 영양섭취 때문에 농촌에서 사망률이 가장 높았던 것으로 보인다. 그러나 우리는 또한 일부의 오막살이농들이 비교적 큰 농지를 경작하는 것을 볼 수 있다. 이런 오막살이농은 낮은 지대와 소작인의 부족을 이용했던 것이다.

다른 곳에서는 불황기에 대규모의 가족농들이 생겨났다. 이미 앞에서 설명한 것과 같이, 주곡농업에서 많은 잉여곡물을 비축할 수 있는 것은 대농뿐이다.[57] 곡가가 낮은 시절에는 사람들이 농가당 생산량을 증대시키려고 애쓸 것이다. 생산량 증대는 집약적 농업경영을 통해서뿐만 아니라 농지 규모의 확대를 통해서도 달성될 수 있다. 따라서 우리는 중세 후기의 불황기인 15세기에도 스위스에서 대규모의 가족농이 성장하는 것을 볼 수 있다. 한편 1550년 이후 인구가 증가하고 곡가가 상승하자 대규모의 가족농장(familienhöfe)은 쇠퇴하기 시작했다.[58]

농업불황기는 농민들 사이에 불만이 큰 시기이고, 농민반란이 갑자기 타오르는 불길같이 발발하는 시기다.[59] 농민반란은 대체로 곡물가격이 떨어지거나 곡물로 환산해서 실질임금, 조세, 지대 및 저당차금이자가 상승하는 시기에 일어난다. 농민반란은 노동자들의 파업과는 정반대의 경제적 상황에서 발생한다. 노동자들의 파업은 곡가가 상승하고 그에 따라 실질임금이 하락하는 상황에서 일어난다.

그러나 결코 높은 곡가와 낮은 실질임금은 상호 뗄 수 없는 관계에 있는 것이 아니며 낮은 곡가와 높은 실질임금도 불가분의 관계에 있는 것이 아니다. 역사상에는 곡물가격과 실질임금이 모두 동시에 상승했던 두 시기가 있었다. 13세기와 19세기가 그러했다. 곡가의 변동은—다른 요인들도 작용하지만—주로 인구수와 화폐수량의 변동에 기인한다. 임금은 주로 노동력에 대한 수요와 노동력의 공급에 의해서 결정된다. 공급은 인구수에 좌우되고 수요는 경제활동과 연관되어 있다. 13세기와 19세기에는 인구가 증가하여 곡물에 대한 수요가 컸다. 그러나 경제활동은 증가하는 인구가 필요한 노동력을 충분히 공급할 수 없을 정도로 매우 활발했다.

위의 두 시기 외에는 서유럽 역사에서 곡물가격의 상승과 실질임금의 하락은 병행되었다. 높은 곡가가 인구증가의 결과인 한, 인구증가는 또한 노동력 과잉의 원인이기도 했다. 노동력이 과잉인 경우 화폐임금은 곡가만큼 빠르게 상승하지 않으며, 따라서 실질임금도 하락하기 시작한다는 것은 말할 필요도 없다.

종전에는 통화량의 증가에 따른 곡가의 상승이 일시적인 현상으로 간주되었다. 높은 가격은 가까운 장래에 정상적 수준으로 되돌아갈 터무니없는 어떤 것으로 보였던 것이다.

곡가가 인구의 증가와 화폐수량의 증가 때문에 상승하는 경우, 화폐임금은 어느 정도 지체가 있은 후에야 오른다. 바로 이러한 임금지체(wage-lag)가 임금노동자들에게 큰 어려움을 가져왔던 것이다. 노동자들은 궁핍에 시달리며, 그들 사이에는 이유 있는 분개와 불만이 휩쓸게 된다. 곡가의 상승으로 대토지 소유자, 토지임대인 및 자영농의 부가 증가하면 할수록 임금노동자 집단의 빈곤은 더욱 심해지게 된다. 이런 때가 도시의 장인, 농업노동자, 제방축조공 및 농촌의 모든 가내공업 종사자들에게는 고난의 시절이다. 사회적 격차는 심화되고 대중의 건강상태는 계속해서 악화된다.

서롤드 로저스와 다브늘의 비교적 오래된 연구에 의하면, 16-17세기 가격혁명기에 화폐임금은 거의 변함이 없었으며 그에 따라서 실질임금은 곡물의 가격이 상승하는 만큼 하락했다.[60] 가격혁명기의 개별 국가들에 관한 최근의 일부 연구는 임금의 변동이 전에 생각했던 것만큼 가격변동 시점으로부터 크게 지체되었던 것이 아님을 보여 준다. 예컨대 영국과 남부 네덜란드에서 그랬던 것처럼, 화폐임금은 가격변동을 바짝 뒤쫓아 변동했다. 스페인의 많은 지방에서는 라틴아메리카로의 이주 결과 인구가 많이 줄었기 때문에, 실질임금의 하락이 있었다는 말을 들을 수 없었다.

비농업적 생산 부문에서 노동력에 대한 수요가 남아 있는 가운데 인구가 아주 급격하게 감소하는 경우에는 낮은 곡물가격이 높은 실질임금의 원인이 될 수 있다. 이것이 중세 후기 영국의 상황이었다. 그러나 같은 시기에 프랑스에서는 생산이 인구보다 더 급속히 감소하여 상당한 크기의 잉여노동력이 존재했다. 그 결과 프랑스에서는 실질임금의 상승 정도가 훨씬 더 낮았다.

중세 후기 영국에서 미숙련 노동자의 임금이 숙련 노동자의 임금보다 상대적으로 더 많이 상승했다는 사실은 큰 노동력 수요가 있었음을 가리킨다. 가장 천하고 힘드는 노동이 상대적으로 가장 좋은 보수를 지급받았다. 완전고용(full employment)과 극심한 노동력 부족 시대에는 임금 등급체계가 거꾸로 된다.[61]

곡가의 추이에서 확인되는 것과 흡사한 현상이 미숙련 노동자의 임금에서 나타난다. 우리는 곡가와 미숙련 노동자의 임금 모두에서 수요와 공급 사이의 균형이 매우 불안정하여 그 변동의 폭이 매우 크다는 것을 알 수 있다. 앞에서 말한 바와 같이, 곡가의 변동폭이 큰 것은 수요는 상당히 일정한 데에 반해서 공급이 급격하게 변동했기 때문이라고 설명할 수 있다. 마찬가지로 미숙련 노동력의 공급은 인구수의 증가나 감소, 일시적 실업이나 경제의 활성화, 계절노동 등으로 인해서 상당히 큰 변동을 겪기 쉽다. 그러나 공장과 기계가 아직 없었던 사회에서 미숙련 노동에 대한 수요는 상당히 작았으며, 그런 까닭에 일정한 수준에 머물러 있었다. 공업 부문에서 노동이란 손으로 하는 일을 의미했으며, 대부분의 노동을 숙련 노동자들이 수행했다. 그렇다고 해서 농업이 미숙련 노동자에게 많은 고용 기회를 제공한 것도 아니었다. 많은 농업경영체들은 가족 노동력만으로도 충분히 경영될 수 있었다. 그렇지만 미숙련 노동자가 농업에, 특히 주곡농업에 고용되는 한, 노동자는 주곡농업 자체가 봉착했던 것과 유사한 어려움을 겪어야 했다. 주곡농업에서는 경지면적을 신속히 확장할 수 없으며 축소하기는 더욱 어렵다는 단점이 미숙련 노동자의 임금에 영향을 미친다. 경지면적의 경직성은 미숙련 노동력에 대해 탄력성이 별로 없는 수요를 낳았던 것이다.

인구가 증가하는데도 농경지의 면적이 매우 완만하게 확장되는 경우, 한편으로 곡가는 곡물에 대한 수요증가 때문에 오르겠지만, 다른 한편으로 실질임금은 충분히 고용되지 못한 노동력의 공급증대 때문에 떨어질 것이다. 이런 노동력 공급 아래서 미숙련 노동자들은 가장 불리한 처지에 놓이게 된다. 더욱이 농민들은, 임금의 대부분을 식사나 때로 의복과 같은 현물 형태로 지급받으며 따라서 비동거 날품팔이꾼보다 훨씬 더 높은 실질임금을 지급받는 그들의 동거 고용인을 줄이고 날품팔이꾼으로 대체하려고 노력할 것이다. 그로 인해서 노동력의 공급은 더욱 많아진다.[62]

반대로, 농경지 면적이 크게 축소되지 않고 인구가 감소할 때에는, 곡물에 대한 수요감소 때문에 곡가는 떨어지는 반면에 실질임금은 노동력의 공급감소 때문에 상승하게 될 것이다. 이런 상황에서는 특히 미숙련 노동자가 이득을 볼 수 있다.

인구증가와 그에 따른 풍부한 노동력 공급의 결과로 높은 곡가가 낮은 실질임금과 결합하는 경우에, 농민은 이중의 이득을 보게 된다. 농민은 극도로 상승하는 경향을 지닌 곡가와 미숙련 노동자에게 지불해야 하면서도 최저 수준으로 하락하는 임금 양쪽에서 이득을 보는 것이다. 반대로, 인구감소와 그에 따른 격심한 노동력 부족으로 말미암아 곡가가 낮고 실질임금이 높을 때에는, 미숙련 노동자에 대한 임금은 거의 지불할 수 없을 정도로 상승하면서 곡가는 크게 떨어지므로 농민은 이중으로 손해를 입는다.

이런 경우에는 주곡농업에서 축산업으로 전환하는 것이 유리하다. 왜냐하면 후자는 훨씬 덜 노동집약적이면서도 훨씬 더 자본집약적이기 때문이다. 축산업 부문에서는 임금이 전체 생산비에서 차지하는 비중이 더 작으며, 축산물에 대한 수요의 탄력성이 더 크기 때문에 가격은 더 높다. 환금작물 재배와 원예농업으로 전환하는 것도, 임금이 중요한 비용 요인이 되지 않기 때문에 작은 농지를 소유한 자영농에게는 특히 고려해 볼 만한 일이다. 자영농은 고용노동력을 사용하지 않고 스스로 작업하며, 그 자신의 노동시간을 생산비용으로 계산하지 않는다.

가격과 임금의 이런 변동은 특히 그것이 인구수의 변동에 기초를 두고 있는 한, 농촌의 사회계층에 영향을 미쳤다. 과거 농촌사회의 사회계층에 관해서는 전해져 오는 자료가 제한되어 있고 이 문제에 대한 오늘날의 연구가 아직 초기 단계에 있는 까닭에, 정확하게 파악하기는 어려운 것이 사실이다. 그러나 그럼에도 불구하고 이 문제에 대해서 약간의 고찰을 하는 것은 가능하다.[63]

우리는 경종농업이 지배적인 지역과 축산업이 지배적인 지역을 뚜렷이 구별해서 보아야 한다. 물론 경종농업 지역에서도 가축을 사육한다. 그러나 가축은 두엄 생산용으로나 견인력으로 사용하며, 그 외 주로 농민가족 자체의 낙농제품 조달을 위해서 사육한다. 경종농업 지역에서 시장에 내다팔거나 현물 공납용으로 건네는 것은 경종농업의 생산물이다. 축산업 지역에서는 축산물이 가장 중요한 생산물이다.

경종농업을 주요 생계수단으로 삼는 척박한 모래땅에 위치한 농촌사회에서 계층구성 면의 특징은 한 세대의 가족을 부양하기에 충분한 크기의 농지를 가진 상층부 농민이 존재한다는 점이다. 이런 농민의 수는 역사의 흐름 속에서도 거의 변동이 없다. 이것은 농지를 확장하거나 축소하기가 어려웠던 사실과 관련되어 있다. 사회계층 가운데 최상층부는 고착되어 있어서 거의 그 이상으로 올라갈 수 없다. 농업호황과 거의 언제나 병행되는 인구증가의 경우에, 새로운 계층들이 이 강고한 상층부 아래에 생성된다. 첫째로 작은 농지를 가진 농민들인 오막살이농이 등장한다. 그들은 미경작지에 정착하여 살면서 가내공업이나 다른 농민의 농장에서 농업노동 수행을 통해서 종종 약간의 부수입을 번다. 그들은 곡물경작으로 생계를 유지할 수 없는 불황기에 환금작물 재배나 원예농업으로 전환했다. 그 다음의 계층으로는 오막살이농보다도 한층 더 작은 토지를 가진 농업노동자가 있다.[64] 그들 역시 종종 가내공업에 종사했으며, 특히 농업불황기에 그러했다. 마지막으로 농사를 짓지 않는 장사꾼들이 성당이 있는 마을에 정착해 있었다.

북서부 독일에서 오막살이농은 세습적 오막살이농(erfkeuters)과 마르크 오막살이농(markkeuters)으로 구별할 수 있다. 세습적 오막살이농은 부모의 농토를 일부 분양받은, 농민의 차남 이하의 아들들이었다. 이들 또한 공유지 이용권을 가질 수 있었다. 이런 세습적 오막살이농은 13-14세기 이후에 나타난다. 마르크 오막살이농은 공유지에 정착하여 살았다. 그들의 토지는 그들이 먹고살 만한 것을 산출하지 못했으므로, 생계유지를 위해서 그들은 부업 활동을 하지 않을 수 없었다. 마르크 오막살이농은 15-16세기 이후에 발견된다.[65]

우리는 농업호황기에 이런 경종농업사회에서는 사회계층의 사닥다리가 확장되기는 하나, 오직 한쪽 곧 아래쪽으로만 확장됨을 보게 된다. 이것은 호황기에 사회계층 사닥다리가 아래뿐만 아니라 위쪽으로도 확장되는 공업 부문과는 대조를 이룬다. 농업사회에서는 계층이 위쪽으로 확대되기보다 아래쪽으로 훨씬 더 쉽게 확대되는 것이다. 호황기에 최상층부의 수는 고정되어 있는 반면에, 하층부에서는 더욱 많은 계층이 꾸준히 형성된다. 최상층부와 최하층부의 거리는 더 커지고 양극단 사이의 사회적 격차는 더욱 격심해진다.

그러나 이런 농촌사회에서도 여러 계층이 존재하여 한 집단에서 다른 집단으로의 이동이 꽤 점진적으로 진행된다. 이것 또한 아마도 경작지 면적이 확장되어 가는 방식의 결과일 것이다. 개간은 조금씩 진척된다. 기존의 농지에서 개간이 조금 더 이뤄지고, 그 다음에 이렇게 확대된 농지를 토대로 농가가 두 개로 분할된다.

우리는 농업불황기에는 사회의 사닥다리가 축소됨을 볼 수 있다. 이미 우리가 보아 온 바와 같이, 일부 오막살이농은 보다 큰 농지를 가질 수 있는 기회를 가지게 되는 반면에 최하층부는 소멸한다.[66]

원래 조용한 농촌사회가 갑작스러운 사태로 격심한 혼란 상태에 빠질 때, 소수인에게는 상승할 기회가 열리는 반면에 다수의 집단은 사라지고 마는 것을 우리는 볼 수 있다.

전형적인 축산업 지역의 사회계층을 살펴보면, 여기에서도 우리는 비교적 그 수가 적고 마찬가지로 고착되어 있는 대농이 존재함을 볼 수 있다. 이들 대농의 수는 시간이 지나도 별 변동이 없다. 그들 곁에 날품팔이꾼과 동거 고용인들로 된 집단이 있다. 날품팔이꾼들은 특히 매우 큰 농장을 가진 전형적인 목축 지역에서 발견된다.

축산업 지역의 사회에서 대단히 주목되는 것은 오막살이농 집단이 거의 없다는 점이다. 이런 중간층이 존재하지 않았기 때문에, 농민[13]과 날품팔이꾼 사이의 사회적 격차는 매우 클―경종농업 지역에서보다 더 클―수밖에 없다. 경종농업 지역에서는 날품팔이꾼이 오막살이농에서 몰락한 계층을 형성했다. 그들은 인구의 증가와 별로 개간의 여지가 없는 토지로 말미암아 오막살이농이 될 수 있는 기회를 더이상 가지지 못했기 때문에, 오막살이농 계층 아래로 밀려났던 것이다. 축산업 지역에서는 농가의 수와 오막살이농―오막살이농이 존재하는 경우―의 수가 오래전부터 고정되어 있어서, 날품팔이꾼이 오막살이농이 될 가능성은 전혀 존재하지 않았다. 이것은 축산업이 경종농업보다 더 큰 자금이 소요되기 때문일 것이다. 다시 말하면, 축산농은 더 큰 토지가 필요하고 대규모 가축우리의 건축에는 더 많은 자본이 소요되는 데다가 가축 수 그 자체도 대자본을 표시하기 때문일 것이다.

이제 우리는 축산업과 대축산농의 정신적 태도의 아주 특징적인 면을 다루겠다. 축산업은 자본집약적이면서도 노동조방적이다. 이런 점에서 그것은 경종농업과는 큰 대조를 이룬다. 축산농은 끊임없이 돈을 염두에 두고 있으며, 언제든지 사용할 수 있는 돈을 가지고 있다. 가축의 사육과 거래에는 생산비 타산에 밝을 것이 요구된다. 이를 위해서 축산농은 비범한 장사꾼적 자질을 갖추어야 한다.[67] 축산업 지역에서는 지대가 화폐로 지불되었으며, 심지어 경종농업 지역에서도 곡물

....

13 원서의 'boer'를 이 책에서는 모두 농민이라고 번역하고 있지만, 특히 뒤에서 보듯이 원서에서 그 말은 주로 상당한 토지를 가진 가족농 이상의 농민을 지칭하는 데 사용되고 있다.

경작지에 대한 지대는 대부분 현물로 지불되어야 했지만 작은 땅조각으로 된 목초지에 대한 지대는 화폐로 지불되었음을 우리는 볼 수 있다.[68] 전형적인 축산업 지역에서는 중세 초기에도 화폐경제가 남아 있었다. 봉건제와 자연경제는 그런 지역들에 침투할 수 없었다. 많은 곳에서 화폐를 가리키는 단어들은 가축이 교환수단으로 사용되었던 초기 단계를 연상시킨다. 예를 들면, 라틴어의 '페쿠니아(pecunia)', 프리슬란트어의 '피아(fia)', 스웨덴어의 '페(fä)'가 그렇다.

축산업 지역의 사회계층은 경종농업 지역의 사회계층보다 경직성이 한층 더 크다. 축산업 지역에서는 노동에 대한 수요가 적으므로, 인구가 증가하는 경우 대단히 큰 과잉노동력이 발생한다. 과잉노동력의 거의 유일한 해결책은 외부로의 이민이다. 중세에 프리슬란트, 홀란트 및 플랑드르 지방은 가장 유명한 해외이민 지역들이었다. 또한 사람들은 젊은 시절에 일시적으로 집을 떠나서 선원이나 상인이 되었다가, 만년에 옛 농토로 돌아와서 살기도 했다. 축산업 지역에서는 조선업과 이와 관련된 밧줄 제조소, 돛 제조소, 선박용 비스킷 제조소 및 피혁 공장과 같은 산업이 곳곳에 존재하는 작은 항구도시들이 발전했다.

농업불황기에 일부 지역에서 곡물경작지가 목초로 전환될 때, 이런 전환을 추진한 사람이 경작 농민인 경우는 아주 드물었다. 그 대부분은 자본력을 가진 기업가이거나, 때로 부유한 도시민이나 시골 귀족 또는 가끔은 수도원들이었다. 예컨대 중세 후기의 영국에서 그랬던 것과 같이, 적어도 곡물경작지의 목초지로의 전환은 경작 농민이 그들의 토지에서 내쫓기는 사태와 병행되었다. 경작 농민이 그들의 토지에 머물러 있을 때에는—축산업으로의 전환에도 불구하고—기존의 사회구조가 유지되었다. 그런 경우에는 소규모의 축산농들이 존재하는 지역이 생겨났다. 그런 예들이 17-18세기 북부 프랑스의 티에라슈(Thiérache)[14]와 에르브 지구(het Land van Herve)[15]이다. 우리는 그런 현상을, 여러 지역에서 경작 농민들이 소규모의 축산농으로 변한 그 전 세기 말의 불황기에서도 역시 볼 수 있다.

농업호황기에는 목초지가 종종 경작지로 바뀌었다. 아일랜드에서는 대축산농들이 다수의 경종농업 소농들로 분화되었다. 그렇지만 흐로닝언 주변 지역에서는 목초지가 경작지로 바뀐 후에도 농지는 그 이전의 크기를 유지했다. 그곳의 사회적 조건은 그 이전의 축산업 사회의 조건, 즉 농민과 농업노동자 사이에 큰 사회적 격차가 존재하고 화폐로 표현하는 사고방식이 지배하는 조건을 강력히 연상시키는 것이었다.

요컨대, 우리는 다음과 같이 인구수와 화폐수량의 변동에 따라 사회계층이 달라질 수 있는 네 가지 가능성을 구분할 수 있다.

1. 인구증가와 화폐수량의 증가[1150-1300년, 1450(1550)-1650년 및 1750-1850년]. 인구의 증가는 과잉인구를 초래하고, 과잉인구는 상층부 농민을 응집시키는 결과를 낳는다. 특히 경종농업 농민들의 경우에는 하층민의 수가 증가한다. 이와 더불어 도시화와 도시들에서의 공업성장이 나타난다.

2. 화폐수량의 증가 없는(아마도 오히려 감소?) 인구증가(1650-1750년간). 이 경우에도 역시 인구과잉이 약간만 있어도 상층부의 응집과 하층부 농민의 증가가 있게 된다. 그렇지만 산업화의 진전은 훨씬 덜하다. 산업화는 주로 가내공업 형태로 농촌에서 진행된다. 이런 상황은 별로 장밋빛이 아니며, 특히 경종농업 지역에서는 빈곤이 만연한다.

3. 화폐수량의 증가가 수반된 인구의 감소. 이런 경우는 서유럽의

....

14 파리 북동쪽 생캉탱으로부터 벨기에 국경에 이르는 구릉지대.
15 벨기에 중동부 리에주 시 인근.

역사에서 일어나지 않았다.

4. 화폐수량의 증가 없는, 오히려 감소했을 수도 있는 인구감소 (1300-1450년간). 인구감소는 인구부족을 초래한다. 특히 경종농업 지역에서는 공업 부문의 사정이 나아지거나 적어도 악화 정도가 덜하기 때문에 많은 농민이 농토를 떠난다. 도시의 공업과 더불어 농촌의 공업도 발전한다. 일부 오막살이농과 심지어 몇몇 머슴까지 농민들이 버린 땅을 차지한다.

III

—

중세 후기의 농업과 농촌

(1150년경-1550년경)

1. 생산에 대한 소비의 영향

1150-1300년: 조숙한 호황기

12세기에 서유럽과 남유럽에서는 활력에 찬 번영기가 개막되었다. 문화적 측면에서도 물질적 측면에서도, 1150-1300년간은 아주 먼 훗날까지 그에 비견될 만한 시절이 다시 없을 정도로 번영의 절정에 다다랐다. 이런 발전은 신학, 철학, 건축, 조각, 유리 세공 및 문학에서뿐만 아니라 물질적 생활 면에서도 이룩되었다. 인구증가는 분업의 진전과 그로 인한 생산의 증대를 초래하여 활동적인 상인과 근면한 장인들로 된 도시민이 등장했다.[1] 식량에 대한 수요증가로 경작지 면적의 확장과 토지의 개간, 간척, 제방축조 사업이 필요하게 되었다. 귀금속의 증가로 화폐유통이 많아졌으며, 장원제는 붕괴되고 소작제[1]가 이를 대체하게 되었다. 또한 자본을 축적해서 농업에 투자할 수 있는 기회가 보다 크게 열렸다.

수송수단, 특히 선박운송의 발달과 화폐의 유통은 농업을 특화할 수 있는 기회를 제공했다. 그러나 이런 기회는 아직 거의 활용되지 못했다. 당시의 사람들은 농업을 특화하거나 집약적으로 경영하려고 하기보다는 오히려 농지를 확장하려는 경향을 보였다. 농업의 특화나 집약화가 이뤄진 것은 훗날의 일이었다. 그렇지만 농지 확장에는 14-15세기의 경제적 후퇴기에 경험하게 되는 위험이 잠재해 있었다. 어쩌면 경기후퇴의 원인을 과도한 농지 확장에서 찾을 수 있을지 모르며, 또한 그것에 의해서 경기후퇴가 왜 농업 부문에서 극심했는지도 설명할 수 있을지 모른다.

이에 대해서 영국의 한 역사가는, 13세기의 급속한 팽창 후에 "높은 수확고를 자랑하던 번영의 시기는 이제 개간된 지 오래된 한계지들이 그 땅을 경작하는 사람들을 거듭되는 홍수와 가뭄 그리고 먼지폭풍으로 응징하는 장기간의 최후 심판의 날로 이어졌다"고 그 특징을 아주 잘 표현한 바 있다.[2]

12세기 후반과 13세기에 일어났던 변화들은 곡물가격이 상당히 상

....

1 여기에서 소작제란 원서의 'pacht'라는 말을 번역한 것이다. 원서의 pacht는 차지제(借地制)로도 번역할 수 있겠으나, 원서의 저자는 이 책에서 장원제라고 하는 것을 전술한 고전장원제라는 의미로 사용하고, 그에 대해서 pacht는 중세 후기에 지배적인 장원제였던 이른바 순수장원제 아래서의 지주와 농민 사이의 토지소유관계를 의미하는 것으로 사용하고 있다. 순수장원제 아래서의 영주와 농민의 관계는 고전장원제 아래서의 토지소유관계와 지배-예속관계를 점차 탈피하고는 있지만 여전히 상당 수준 봉건적인 성격을 띠고 있기 때문에, 중세 후기에 해당하는 1550년까지를 다루는 부분에서 pacht라고 한 것은 근대의 자본주의적 성격을 띠는 개념이라고 할 수 있는 차지제로 옮기지 않고 소작제로 번역한다. 그러나 근대적 토지소유관계가 점차 강화되어 가는 1550년 이후의 근대 부문에서는 pacht를 차지제로 번역한다. 그렇지만 그렇게 한다고 하더라도, 역사적 과정이 단순하지 않고 또 지역에 따라서 그 진행과정이 다르기 때문에 번역상의 문제가 다소 발생하는 것은 피할 수 없다고 생각된다.

승한 사실을 통해서 아주 잘 설명될 수 있다. 비록 이 시기의 곡가에 관한 자료가 부족하기는 하지만, 1160년과 1339년 사이에 영국에서 나타난 밀 가격의 추이는 전체 서유럽의 경제적 발전에 대한 지표로 볼 수 있을 것이다. 약 100년 내에 밀 가격은 거의 세 배나 상승했다. 이것은 16세기 가격혁명기의 밀 가격과 그리 큰 차이가 없을 정도로 크게 오른 수준이었다. 화폐수량의 증가가 그 원인들 가운데 일부였을 수 있다. 그러나 모든 생산물의 가격이 똑같이 올랐던 것은 아니므로, 유례없이 높은 곡가는 인구증가 때문임에 틀림없다.

그램 단위의 은화로 표시된 밀 가격의 지수는 다음과 같다.[3]

연도	밀 가격지수
1160-1179	100
1180-1199	139.3
1200-1219	203.0
1220-1239	196.1
1240-1259	214.2
1260-1279	262.9
1280-1299	279.2
1300-1319	324.7(1315년과 1316년에 기근)
1320-1339	289.7

유리한 경제상황은 농업 부문에서 특히 경지면적의 확장을 초래했다. 농사짓기에 매우 부적당한 땅까지 경작되기 시작했다. 이것은 농산물에 대해서 지불받는 높은 가격에 의해서만 가능한 일이었다. 네덜란드에서는 토탄층으로 된 늪지대가 경작되었고, 프랑스와 독일의 삼림지역들에서도 개간이 이뤄지고 새로운 마을들이 건설되었다. 덴마크

에서는 이름이 '-루프(-rup, 원래는 -torp)'로 끝나는 촌락의 $\frac{1}{3}$가량이 12-13세기의 개간기에 건립되었다고 추측되고 있다.[4]

엘베강의 동부에서는 대규모 개간사업이 전개되었다. 메클렌부르크, 포메른, 프로이센, 작센 그리고 멀리 떨어져 있는 트란실바니아까지도 식민이 이뤄졌다. 알프스산맥의 계곡들에서는 인간의 주거 한계선이 점점 더 높아졌다. 13세기에 포어아를베르크(Vorarlberg)[2]와 인스부르크 주변(타우르, 악잠스, 젤라인 및 임스트)의 공동 목초지는 경작지로 바뀌었다. 촌락들과 농가들이, 비록 그 후에 다시 버려지게 되기는 하지만, 고지대에 건설되었다. 그 후 가장 높은 거주지의 한계선이 아래로 내려왔던 것은 기후 때문이 아니라 인간이 너무 높은 데에 위치한 토지까지 개간하여 경작했기 때문이다. 토양의 질소 함량은 곧바로 고갈되었으며, 결코 충분한 시비가 이뤄지지 못했다.[5]

이미 인구가 조밀해진 서유럽 지역에서 야생미경작지가 개간되지 않을 수 없었다. 이미 경작되고 있는 땅에서 별 토지를 갖지 못했던 사람들이 미개간지에 작은 농장을 건설하려고 했음은 물론이다. 오래전부터 정착하여 살고 있던 농민들은 이런 새로운 개간활동이 그들의 가축사육과 펫장 시비용으로 극히 필요했던 야생미경작지에 대한 그들의 권리를 위협하는 것을 보았다. 그래서 그들은 오막살이농의 황무지 개간을 저지하기 위해서 마르크공동체로 단합했다.

12-13세기의 인구증가는 종종 한 세대의 가족이 먹고살 수 없을 만큼 농민들의 보유지가 축소되는 결과를 초래했다. 라인-모젤강 지역과 중부 독일에서는 농민보유지들이 더이상 자급할 수 없을 정도로 심하게 세분되었다. 그래서 흉작이 있기만 하면 기근이 발생하곤 했다.[6]

....

2   오스트리아의 최서단 지방. 알프스산맥 속에 위치.

보몽 백작령(노르망디)에서는—특히 비옥하지 못한 곳들에서—1313년에 인구밀도가 오늘날보다 더 높았다.[7]

많은 지방에서 한 세대의 가족을 부양할 수 있을 만한 표준적인 크기의 농민보유지[3]를 가진 농민 외에, 아주 작은 농지를 가진 오막살이농과 전혀 토지가 없거나 극히 작은 토지만을 가진 농업노동자들이 존재했다. 오막살이농의 증가와 심한 토지 세분화의 실례들은 프랑스령 플랑드르, 스코틀랜드 그리고 무엇보다 잉글랜드에서 발견된다.

1305년에 생베르탱 수도원은 뵈브르캉(Beuvrequen)[4]에 합계면적이 224헥타르가 되는 60개의 농민보유지(농민보유지당 평균 3.7헥타르)와 여타의 곳들에 62개의 농민보유지를 가지고 있었다. 그 농민보유지들의 크기는 아래와 같다.[8]

농민보유지의 크기 (헥타르)	뵈브르캉		여타의 곳	
	수	백분율	수	백분율
<2	26	43	45	73
2-4	16	27	8	13
4-8	12	20	5	8
>8	6	10	4	6
합계	60	100	62	100

뵈브르캉에 있는 한 농민보유지는 19개의 땅뙈기로 구성되어 있었고, 또 다른 농민보유지는 18개의 땅뙈기로 이루어져 있었다.

1295년, 스코틀랜드에 있는 켈소 수도원은 660헥타르를 직접 경영

....

3 표준적인 크기의 농민보유지란 앞에서 말한 완전 농민보유지와 같은 것이다.
4 이 수도원이 있는 생토메르 시에서 그리 멀지 않은 서쪽 해안 가까이에 위치.

했고, 농민보유지 한 개당 6헥타르쯤 되는 548헥타르는 85명의 농민에게 소작시켰으며, 40헥타르는 131명의 오막살이농에게 분양해 주고 있었다. 소작농은 매년 18실링의 지대를 지불했고, 오막살이농은 약간의 화폐를 지불했다. 후자는 그 외 1년에 6-9일을 영주직영지에서 일해야 했으며, 또한 임금을 지불받으면서 농업노동을 수행해야 했다.[9]

영국에서도 특히 인구가 조밀한 동부 잉글랜드에서는 13세기 말에 대단히 많은 오막살이농이 있었다. 6개의 백작령에 있었던 거의 1만 6,000개의 농노보유지의 크기 분포는 다음과 같았다.[10]

농노보유지의 크기(헥타르)	농노보유지의 수	백분율
<3	4,687	29.5
3(1/4버게이트)	1,378	8.6
6(1/2버게이트)	5,724	36.0
12(1버게이트)	3,940	24.8
>12	173	1.1
합계	15,902	100

3헥타르 이하의 농노보유지들과 $\frac{1}{4}$버게이트 크기의 농노보유지들 모두 한 세대의 가족을 부양할 수 있을 만큼 크지는 않다. 이 두 부류의 농노보유지의 합계는 전체 농노보유지 수의 $\frac{1}{3}$ 이상을 차지한다.

같은 시기 농노보유지와 자유인보유지 모두의 수가 알려져 있는 11개 헌드레드(hundred: 백작령의 하위 행정구역 단위)에서의 농민보유지의 크기 분포는 다음 표와 같다.[11]

자유인보유지들 가운데 거의 $\frac{3}{5}$은 한 세대의 가족을 부양하기에는 너무 작으며, 농노보유지들 가운데 거의 $\frac{2}{5}$도 가족을 부양하기에는 너무 작다. 그 외에 12헥타르 이상 되는 보유지의 수가 자유인보유지에

농민보유지의 크기 (헥타르)	수			백분율		
	자유인 보유지	농노 보유지	합계	자유인 보유지	농노 보유지	합계
<3	2,689	2,240	4,929	46.5	28.9	36.4
3(1/4버게이트)	759	715	1,474	13.1	9.2	10.9
6(1/2버게이트)	1,018	2,430	3,448	17.6	31.3	25.4
12(1버게이트)	835	2,308	3,143	14.4	29.7	23.2
>12	488	72	560	8.4	0.9	4.1
합계	5,789	7,765	13,554	100	100	100

서 상대적으로 더 많다는 점이 눈에 띈다. 소규모의 토지를 보유한 농민은 생계유지를 위해서 농업노동자로서 벌이를 하거나, 또는 다른 종류의 부업에 종사했음에 틀림없다.

토지의 세분화가 얼마나 심했는지에 대한 여러 지방의 예들이 있다. 마섬(노픽)에서는 11세기 후반에 36명의 자유인이 있었으나 1101년에는 107명의 소작인이 있었으며, 1292년에는 소작인의 수가 2,021개의 필지를 가진 935명으로 증가했다. 힌돌브스턴(역시 노픽에 위치)에서는 1309년에서 1326년까지 740건이나 되는 토지 양도가 있었다.[12] 풀험(노픽)에서는 55년(1222-1277)이 지나는 동안, 한 조각의 땅이 24개의 필지로 분할되었다.[13] 위던벡(Weedon Bec)[5]에서는 1248년과 1300년 사이에, 새로운 토지의 개간이 없는데도 소작인의 수가 81명에서 110명으로 증가했다. 그곳에서는 1248년에 농민의 20.9퍼센트만이 6헥타르 이하 규모의 토지를 보유하고 있었으나, 1300년에는 그런 작은 크기의 토지를 보유한 농민이 42.8퍼센트나 되었다. 14세기의 경

....
5   잉글랜드의 중부 버밍엄 남동쪽에 위치.

기후퇴기에 중농들은 가장 큰 타격을 입었다. 24헥타르 이상의 토지를 가진 대농의 수는 1300년 3.6퍼센트를 차지하던 것이, 농민보유지의 총수가 73개로 감소했던 1365년에는 13.7퍼센트로 증가했다.[14]

인구증가에 대한 보고는 다른 곳에서도 나타난다. 우스터 주교좌 장원들에서는 1182년과 1299년 사이에 인구가 두 배로 증가했으며, 이것은 특히 소농들의 증가 때문이었다.[15] 레스터셔(Leicestershire)[6]에 있는 스톰즈워스에서는 1085년과 1300년 사이에 인구가 15세대에서 35세대로 증가한 반면에, 경지면적은 거의 확대되지 않았다.[16]

인구가 조밀했던 센강 유역에서 일찍이 카롤링왕조 시대부터 나타났던 농민보유지들의 크기상의 차이는 점점 더 벌어졌다. 인구의 증가와 화폐유통의 증가로 말미암아 보다 큰 사회적 격차가 발생했다. 농민들 가운데서도 빈부의 차가 확대되었다. 영국에서는 농노들 가운데 귀족까지 있다는 말이 나돌았다. 여기에서 귀족이라고 하는 것은 대규모의 토지를 보유한 농노들이었다.

우리는 1250-1349년간에 파종량 대 수확량의 비율이 떨어지는 원인이 한계지, 즉 별로 비옥하지 않은 토지의 경작에 있다고 볼 수 있을 것 같다.[17] 그러나 그런 비율 하락은 경작지에 대한 충분한 시비를 불가능하게 하는 가축사육의 축소 속에 곡물농업이 과도하게 확대된 결과일 수도 있다.

12-13세기에 토지에 대한 이회토 시비가 언급되고 있음이 보인다. 이회토 시비를 통해서 토지의 성분이 개량된다. 일부 소작 계약서에 따르면 소작인은 9년에 한 번 토지에 많은 시비를 하고 12년에 한 번씩

....

6 잉글랜드 중부 지방.

이회토를 뿌려 주어야 할 의무가 있다. 사료에는 곡가가 높았던 시절, 즉 로마시대와 13세기 그리고 그 뒤 다시 한번 16세기에만 이회토 시비에 대한 언급이 나타난다.[18]

당시 곡물농업의 확대가 다른 농작물의 재배에 영향을 주었는지에 대해서는 우리는 아직 잘 모르고 있다. 그렇지만 모젤강 유역에서는 인구증가에 따른 곡물의 재배면적 확대로 인해 아마 재배가 축소되었다.[19]

높은 곡물가격은 또한 농업에 대한 관심을 불러일으켰다. 우리는 고전시대[7] 이래 역사상 처음으로 일부 저술가들이 농업에 깊은 관심을 가졌음을 보게 된다. 월터 오브 헨리(Walter of Henley)[8]는 그의 저서 『농업』(*Husbandry*) 속에서 농업에 대한 실질적인 교시를 주고 있다. 1240-1241년간에 저술된 로버트 그로스테스트(Robert Grosseteste)[9]의 『규칙』(*Rules*)은 링컨의 여백작 가문의 경영 지침서이다.[20] 이탈리아의 저술가 가운데 조르다누스 루푸스와 피사의 부르군디우스 외에, 특히 볼로냐 사람 페트루스 데 크레센티스(Petrus de Crescentiis)[10]는 1304년과 1306년 사이에 쓴 그의 저서 『농촌 소득론』(*Ruralium commodorum opus*)으로 유명한 인물이다. 이 저서 속에서 그는 무엇보다도 녹비(綠肥)의 중요성을 강조하고 있다.[21]

그 후 14-15세기의 농업불황기에는 농서 부문에 죽은 듯한 침묵이 지배했다. 16세기에 가서야 농서 부문에 대한 관심이 되살아난다.

....

7   고전문화가 발달했던 고대의 그리스-로마시대를 말한다.

8   13세기 영국의 농업저술가. 13세기 중엽에 쓴 농업에 관한 그의 저서는 파종 및 시비로부터 노동력의 사용에 이르기까지 농촌경제의 모든 부분을 포괄적으로 다룬 중세의 위대한 저술로 평가받고 있다.

9   수학적, 자연철학적 저술로 유명한 영국의 철학자(1175-1253). 옥스퍼드대학의 초대 총장을 지내고 링컨의 주교를 역임.

10 13세기에 태어나서 14세기 초엽까지 살았던 고대 이후 최초의 농업 저술가.

1300-1450년: 인구격감기

수년 전부터 농업불황기는 역사가들의 특별한 관심사가 되었다.[22] 그들은 그 불황이 1348년에서 1351년까지 유럽을 휩쓴 역병인 흑사병 때문이 아니며, 쇠퇴는 이미 1320년대에 시작되었거나 아니면 심지어 그보다 빠른 13세기 말에 시작되었을 것이라는 데 대해서 대체로 의견을 같이한다. 1150년부터 1300년까지의 번영에는 반작용이 뒤따랐다. 인구는 감소하고 귀금속의 채굴은 부진을 면치 못했다. 그 결과는 1300-1479년간에 윈체스터 주교좌 영지에서 보이는 밀 가격과 탈곡작업에 대한 노임의 동향을 통해서 명확하게 알 수 있다. 주화의 은 함량은 평가절하를 통해서 계속적으로 저하되고 있었기 때문에, 임금과 밀 가격은 여기에서 그램 단위의 은으로 표시되어 있다. 그 지수는 다음과 같다(다음의 표와 그래프 12 참조).[23]

기간	밀 가격지수	임금지수	비(比) = $\dfrac{\text{임금지수}}{\text{밀 가격지수}}$
1300-1319	100	100	100
1320-1339	90	124	138
1340-1359	79	117	148
1360-1379	89	137	154
1380-1399	65	151	232
1400-1419	68	144	212
1420-1439	64	130	203
1440-1459	53	125	236
1460-1479	47	102	217

그래프 12. (1300-1319년)-(1460-1479년) 윈체스터 주교좌 영지의 임금과 곡가 지수 (1300-1319년간=100)

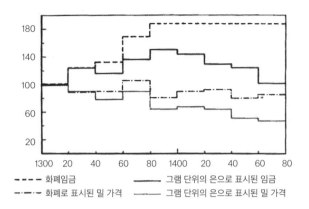

세월이 가면서 밀 가격은 하락한 반면에 화폐임금은 상승했다는 사실이 눈에 띈다. 80여 년이 지난 후 곡물로 표시된 실질임금은 두 배나 뛰었다. 웨스트민스터 수도원의 영지에 관한 자료에 근거해서 산출된 임금과 밀 가격 사이의 비율관계에 대해서도 우리는 동일한 결론에 이르게 된다.[24]

곡가와 임금의 관계에 관한 이러한 평가에 대해서, 1315년과 1316년의 기근 시절에는 밀 가격이 지나치게 높았음에도 불구하고 1300년부터 1319년까지의 기간을 기준기간으로 채택했다는 반론이 제기될 수 있다.[25] 기근이 든 해의 밀 가격을 기준기간에 산입함으로써, 1319년 이후 밀 가격이 크게 하락한 것처럼 보이는 결과가 초래된 것이다. 이러한 이유로 1320-1339년간을 기준으로 삼는 것이 더 낫다. 그럴 경우, 밀 가격의 하락과 실질임금의 상승은 다음의 표에서 보듯이 1379년까지는 그리 격심했다고 느껴지지 않는다.

기간	밀 가격지수	임금지수	비(比) = $\dfrac{\text{임금지수}}{\text{밀 가격지수}}$
1320-1339	100	100	100
1340-1359	88	94	107
1360-1379	99	105	106
1380-1399	72	122	169
1400-1419	76	116	153
1420-1439	71	105	148
1440-1459	59	101	171
1460-1479	52	82	158

이런 방식으로 산출된 지수에 의하면, 분명히 14세기 초반의 유행병 및 14세기 중엽의 흑사병 창궐 시점과 14세기 말 최대의 위기 단계를 맞이했던 시점 사이에는 상당한 시간차가 존재한다.

우리는 쾨니히스베르크(Königsberg)[11]의 호밀도 15세기 후반에 마찬가지의 가격 폭락이 있었음을 볼 수 있다. 그 지수는 다음과 같다.[26]

연도	호밀의 가격지수	연도	호밀의 가격지수
1399	100	1448	79.8
1405	89.3	1494	49.8
1432	85.3	1508	36.5

호밀로 산출해 보면, 괴팅겐에서도 역시 15세기에 실질임금이 올랐

....

11 폴란드와 리투아니아에 인접한 옛 프로이센의 동부 발트해 연안도시. 소련 시절에는 칼리닌그라드라고 불렸다.

다.[27] 그곳에서는 호밀 가격이 임금보다 훨씬 더 크게 떨어졌다.

독일 및 영국과는 대조적으로 프랑스에서는 실질임금이 훨씬 더 작게 올랐다. 이에 대한 설명은 독일과 영국에서는 인구감소로 인해서 생산요소 중 노동력이 줄어들었으나, 여타의 생산요소들은 노동요소만큼 악화되어 있지 않았다는 것이다. 그와 반대로 프랑스에서는 백년전쟁에 의한 황폐화로 말미암아 거의 모든 생산시설이 쓸모없게 되었다.[28]

농산물 가격의 하락은 임금의 하락보다 훨씬 더 빨랐을 뿐만 아니라 공산품 가격의 하락보다도 더 빨랐다. 페루아는 〈그래프 13〉에서 보는 바와 같이 영국에서 이런 추세가 나타나고 있었음을 발견했다.[29]

그래프 13. 1300-1500년간 영국의 불황(1300년=100)

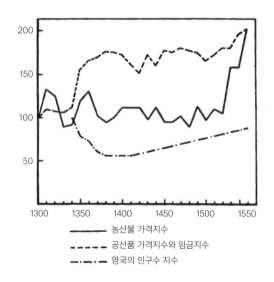

농산물 가격지수

■■■■■ 공산품 가격지수와 임금지수

■-■-■ 영국의 인구수 지수

밀로 표시된(1300-1350년=100) 철의 가격지수는 다음과 같다.[30]

연도	철의 가격지수
1351-1360	159
1389-1400	352

이런 가격 관계 아래서 철제 농기구는 농민들에게 너무 비쌌으리라고 생각된다. 따라서 농민들 사이에서는 철제 농기구의 사용이 극히 드물었을 것이다.

농산물 가운데 곡물의 가격이 가장 급격히 떨어졌다. 이미 앞에서 살펴보았듯이, 버터, 고기 및 페트는 가격변동이 훨씬 덜했다. 1351년에서 1500년까지 알자스에서 밀, 축산물 및 가축의 가격 동향은 다음과 같다.[31]

기간	밀 가격지수	축산물과 가축의 가격지수
1351-1375	100	100
1376-1400	71	88
1401-1425	70	99
1426-1450	70	89
1451-1475	55	76
1476-1500	53	68

노르웨이에서는 1350년과 1400년 사이에 버터, 고기 및 베이컨의 가격이 곡물가격에 비하여 상승했다.[32]

우리는 1381-1420년간을 1461-1500년간과 비교했을 때, 크라쿠프 (Kraków)[12]에서 똑같은 추이를 발견하게 된다. 곡가와 곡물을 원료로

....
12 폴란드 남부 도시.

한 제품의 가격이 모든 것 가운데 가장 많이 하락했으며, 건축자재, 땔감, 육류 및 축산물의 가격 하락은 이들만큼 심하지 않았다. 또한 화폐임금의 하락도 그만큼 심하지는 않았다. 버터 가격은 아주 큰 폭의 앙등 현상까지 보인다(그래프 14).[33]

기간	곡물과 곡물을 원료로 한 제품	버터	육류 및 축산물	건축자재 및 땔감	가축 및 가금(家禽)	임금
1381-1420	100	100	100	100	100	100
1461-1500	56.1	161.5	72.9	59.2	62.8	79.0

그래프 14. (1381-1420년)-(1461-1500년) 크라쿠프의 물가지수(1381-1420년간=100)

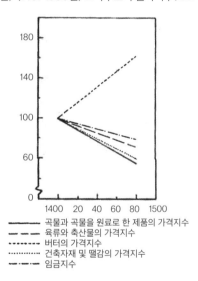

곡물과 곡물을 원료로 한 제품의 가격지수
육류와 축산물의 가격지수
버터의 가격지수
건축자재 및 땔감의 가격지수
임금지수

영국과 스페인에서 곡물가격에 비해서 양모가격이 더 상승한 것 역시 주목할 만한 일이다. 틀림없이 상대가격 관계에서의 이런 급격한 변동과 실질임금의 상승은 농업경영에 영향을 미쳤을 것이다.

곡가의 하락으로 지대도 하락했다. 특히 경지의 지대[13]가 크게 하락했으나 포도밭에 대한 지대는 그보다 훨씬 덜 떨어졌다. 파리의 생제르맹데프레 수도원이 뫼동(Meudon)[14]에 소유한 영지에서 아르팡(0.42헥타르)당 경지와 포도밭의 평균지대는 데나리우스(denarius)[15] 단위로 다음과 같았다.[34]

기간	경지의 지대 (데나리우스)	지수	포도밭의 지대 (데나리우스)	지수
1360-1400	84	100.0	76	100.0
1422-1461	56	66.7	50	65.8
1461-1483	31	36.9	48	63.2
1483-1515	36	42.9	48	63.2

노퍽의 폰셋에 있는 비고드 장원의 지대 액수는 다음과 같았다.

연도	지대* (에이커당 페니)	연도	밀 가격** (쿼트당 실링)
1376-1378	10.69	1370-1379	6.67
1401-1410	9.11	1400-1409	6.39
1422-1430	7.78	1420-1429	5.54
1431-1440	8.02	1430-1439	7.34
1441-1450	7.72	1440-1449	4.86
1451-1460	6.26	1450-1459	6.01

* F. G. Davenport, 78 참조.
** W. H. Beveridge, (d) 41로부터 인용.

....

13 곡물경작지를 가리킴.
14 파리 남서쪽 교외 소재.
15 로마시대로부터 프랑크제국을 거쳐 중세를 통해서 널리 쓰인 은화.

이 가격들은 은화로 된 페니와 실링으로 표시되어 있다. 그렇지만 1360년과 1459년 사이에 주화의 은 함량은 그것의 본래 함량의 78.9퍼센트로 떨어졌음이 참작되어야 한다.

개간과 간척사업은 중단되었다. 프랑스에서는 피카르디에서 농지 확장사업이 13세기 중엽 이래로 중지되었으며, 아르투아에서는 1270년 이후 그리고 브리(Brie)[16]에서는 1300년 이후 중단되었다. 14세기에는 경작되던 땅이 황무지로 변했고 다시 숲으로 바뀌었다.[35] 동부 독일의 식민운동은 1330년경을 절정으로 하여 쇠퇴했다. 스코틀랜드에서는 1350년 이후 수도원들에 의한 개간사업이 더이상 진척되지 않았다.[36]

경작지 면적은 유럽의 거의 모든 나라에서 줄어들었으며, 많은 지방에서 농가가 버려지고 때로는 온 마을 전체가 버려졌다. 이런 마을은 독일에서는 '폐촌(Wüstungen)'으로, 잉글랜드에서는 '잃어버린 촌락들(lost villages)'로 불렸다. 동일한 현상이 프랑스, 노르웨이, 스웨덴, 덴마크, 알프스 지역 그리고 헝가리에서도 나타났다.

일부 지방에서는 모래침식(zandverstuivingen) 현상이 일어났다. 이것은 12-13세기에 인간에 의한 숲의 파괴와 황야 개간이 과도하게 진행되었다는 증거다. 다른 곳에서는 경작지가 홍수로 유실되었다. 사람들은 더이상 물과 싸워 그들의 잃어버린 땅을 되찾을 의욕을 가지지 못했다.

곡물가격이 낮은 경우에는 농업을 아주 포기하고 공업 분야의 직업에 종사하는 것이 유리하다. 이 때문에 농촌에서 도시로의 대대적인 이주가 있기도 하나 또한 농촌에 가내공업, 특히 직물과 관련된 가내공

....
16 파리 동쪽 인근 지방.

업이 발전할 수도 있다. 에노, 브라반트 및 플랑드르에서는 농촌공업이 번창했고,[37] 독일에서도 역시 14-15세기에 사람들의 직업이 농업에서 공업으로 바뀌는 변화가 일어났다.

불황기에 축산물의 가격은 비교적 더 큰 저항력을 가지기 때문에, 많은 나라에서 경작지는 목초지로 바뀌었다. 영국에서는 그렇게 하는 것이 가능했던 지방들에서 경종농업으로부터 축산업으로의 이행이 있었으며, 특히 양모 가격이 높은 관계로 목양업으로의 전환이 있었다. 이런 과정은 1377-1485년간에 특히 링컨셔, 요크셔 및 미들랜즈에서 진행되었다. 스페인의 목양업은 중세 후기에 그 전성기를 맞이했으며, 메리노종 양은 외국으로 수출되는 대량의 양모를 제공했다. 영국과 마찬가지로 독일에서도 오랫동안 경작되어 오던 곡식밭이 목양을 위한 목초지로 바뀌었다. 노르웨이에서는 높은 버터 가격으로 말미암아 북쪽에 위치한 계곡들에서 곡물농업이 축산업에 밀려 소멸했다.

발레(Valais)[17]에서 도래한 새로운 이주자들, 곧 발레인들은 포어아를베르크의 높은 계곡들에 정착하여 전형적인 근대적 축산업에 종사했다.[38] 이것은 14세기 초에 알프스의 높은 계곡들에서 경종농업이 사라짐에 따라서 나타난 현상이다. 1200-1500년간은, 특히 그중에서도 13세기와 14세기는 티롤과 슈타이어마르크(Steiermark)[18]에서 목장(Schwaigen, Schwaighöfe)이 대대적으로 확장된 시기이다. 6-12두의 젖소가 사육되던(가끔은 양도 사육되었다) 이들 목장은 주로 유(有)지방 치즈(vette kaas)의 생산을 위해서 설치되었다. 이들 목장은 경종농업이 더이상 수지타산이 맞지 않는 고산지대나, 계곡의 아래쪽 강변 근처의

....

17 스위스 남서부 지방.
18 오스트리아의 남동부 지방.

늪지대에 위치했다. 많은 목장이 그 전에 경종농업이 이뤄지던 곳에 설치되었다. 이런 식의 경영 전성기는 1500년 무렵에는 끝나 버린다.[39]

사람들은 이와 같은 목장의 쇠퇴는 버터가 들어 있지 않은 유지방 치즈의 생산이 버터가 들어 있는 무(無)지방 치즈의 생산으로 전환된 때문이라고 본다. 버터 제조는 이미 오래전부터 알려져 왔으나, 버터는 무엇보다 상류층의 음식이었다. 아마도 일부 도시 부르주아의 번영이 날로 더해 간 결과로 버터의 소비는 중세 말에 보다 일반화되었다. 버터와 유지방 치즈의 가격 비는 약 4:1인데 비해서 지방 함량의 비는 3:1이었으므로, 치즈 제조보다는 버터 제조가 수익성이 더 컸던 것이다.

14-15세기에 캄파냐디로마(Campagna di Roma)[19]에서는 경종농업의 마지막 잔재가 사라졌다. 촌락들의 인구는 대폭 줄었고, 캄파냐디로마 지역은 로마 시의 귀족들이 소유한 가축의 방목장이 되었다. 이들 귀족은 로마 시의 육류 공급권을 장악하고 있었다.[40]

15세기에 덴마크에서는 소의 사육과 뤼베크, 함부르크, 플랑드르의 도시들과 독일의 라인란트와 같은 인구밀집 지역에 육류를 공급하기 위한 수출이 일대 호황을 누렸다.[41] 네덜란드에서는 브라반트에서 경작지가 목초지로 바뀌었고, 플랑드르에서는 중세 후기에 처음으로 사료작물이 재배되었다는 기록이 나타난다.

곡가 하락의 영향을 피하는 한 가지 방법은 곡물재배에서 환금작물의 재배로 전환하는 것이다. 환금작물 재배는 곡물보다 더 크고 더 탄력적인 공산품에 대한 수요로부터 수익을 올릴 수 있다. 우리는 이 시기에 독일에서 환금작물의 재배 확대를 아주 분명하게 확인할 수 있다. 홉, 기름을 짤 수 있는 씨앗, 아마, 대마 그리고 대청 및 꼭두서니 같은

....

19 로마시의 주변 지역.

염료식물의 재배가 확대되었다. 예컨대 13-14세기에 홉 재배는 하르츠산맥에 있는 슈톨베르크베르니게로데의 영지에서 시작되었다. 그렇지만 16세기 후반에 곡가가 다시 상승함에 따라서 이곳의 홉 재배는 줄어들기 시작했다.[42] 곡가가 높았던 12-13세기에는 모젤강 유역에서 아마 재배가 축소되었으나, 15세기에는 다시 확대되었다. 에르푸르트 근처에서는 대청 재배가 곡물경작의 축소 속에 확대되었다. 14세기 후반에 슈파이어(Speyer)[20] 인근에서는 꼭두서니 재배가 확대되었다. 그 밖에 에르푸르트에서는 과수도 재배되었다.[43]

동일한 원인으로 중세 후기에 또한 포도재배도 늘어났다. 독일에서는 포도재배가 그때까지 재배되지 않던 지방들인 북부와 동부로 확대되었다.[44] 앞에서 말한 하르츠산맥 소재 영지들에서는 13세기부터 15세기까지 포도가 대규모로 재배되었다. 그러나 16세기에 곡가의 상승에 따른 경제적 상황의 변화로 말미암아 포도재배가 중단되었다.[45] 포도재배의 이와 같은 확대는 15세기에 벨기에의 브라반트와 림부르흐에 위치한 신트트라위던 수도원의 영지에서도 역시 발견된다. 그렇지만 이곳에서도 역시 16세기에는 포도재배를 포기했다.[46] 파리 근처에서는 16세기 초에도 아직 상당한 포도밭들이 남아 있었으나 곧 사라져 버렸다.[47]

이 무렵 파종량 대 수확량의 비율은 커졌다. 이것은 한계지 경작의 중단이나, 축산물 가격의 상승으로 인한 가축사육의 증대와 이에 따른 경작지에 대한 시비량의 증대 또는 마지막으로 생산증대를 통해서 곡가 하락으로 인한 손실을 보충하려는 농민 개개인의 노력 때문일 수 있다.

....

20 독일의 중서부 라인강변에 있는 도시.

이 시기의 농기구에 관해서는 언급할 만한 새로운 것이 별로 없으며, 농업 관련 문헌에 대해서도 마찬가지로 언급할 것이 없다. 경종농업에 대한 관심이 분명히 없어졌던 것이다.

농민들이 견뎌 내기가 어려웠던 이 시절은 온갖 종류의 사회적 긴장과 그로부터 비롯되는 격렬한 사회적 폭발로 귀결되었다.

1450-1550년: 완만한 회복기

1450-1550년간은 불황 후의 회복기, 즉 전형적인 이행기였다. 인구는 다시 증가하기 시작했고, 1460년 이후 중부 유럽에서는 은 채굴이 재개되었다. 인구증가와 화폐수량의 증가 모두 곡물가격의 완만한 상승과―화폐임금이 거의 변하지 않았으므로―실질임금의 하락을 초래했다.

농업 분야에서의 변화는 스페인에서 극명하게 나타났다. 15세기 말에 목양업은 그 번영의 절정에 다다랐지만 농산물, 그중에서도 특히 곡물에 대한 수요는 1515년경에 증가했다. 아마도 수요증가는 새로이 발견된 항로를 이용한 장거리 항해를 위한 선박용 식량의 조달과 관련이 있었던 것으로 보인다. 목양업자들의 조직인 메스타(Mesta)에 대한 저항이 일어났으며, 농지면적은 개간을 통해서 확장되었다.

2. 장원제에서 소작제로의 이행

서유럽 전역에 완전하게 확산되지는 않았던 장원제는 재판영주제의 대두로 큰 변화를 겪게 되었다. 주로 농노들의 부역을 사용하는 영주직영지 경영은 카롤링왕조 시대 이후 많은 지방에서 사라졌다. 농노의 부담이 컸던 부역은 불필요하게 되었으며, 실상 분할 현상이 심했던 농민보유지는 단순한 회계 단위가 되었다. 부역이 부분적으로 여전히 중요한 역할을 했던 잉글랜드를 제외하고는, 서유럽의 여타 지역에서 부역은 수확기에 연간 며칠의 조력을 제공하면 될 정도로 대폭 줄었다. 12-13세기의 농노는 약간의 부역 외에 인두세와 약간의 금전 납부, 현물 공납 그리고 혼인세, 사망세, 상속세의 납부 등의 의무를 진다는 것이 특징이다. 농노의 신분은 돈을 주고 벗어날 수 있었다. 농노보유지를 상속받지 못한 차남 이하의 아들과 딸들이 흔히 이런 기회를 이용했다. 자유의 매수를 제외하고는 이러한 부담들은 자유인들에게도 부과될 수 있었으므로, 이들 부담은 결코 농노 신분의 증거가 될 수는 없다.

1150년부터 1300년까지의 경제적 발전기와 1300년부터 1500년까지의 심각한 경기후퇴기 모두 농노제가 존립하기 어려운 시기였다. 전자의 기간에는 대규모의 개간이 진행되었다. 숲의 나무뿌리는 뽑히고, 늪지는 배수되었으며, 간척지에는 제방이 축조되었다. 이런 사업에 착수한 영주들은 대단히 유리한 조건을 제시함으로써 오래된 취락들로부터 개간지로 이주민을 끌어들이려고 했다. 신개간지가 제공하는 기회는 고향에 머물러 있는 농노들의 처지를 개선하는 데에 영향을 미쳤다. 농노제 쇠퇴의 또 다른 원인은 오막살이농과 농업노동자 집단의 대두였다. 대토지 소유자가 스스로 그들의 직영지를 계속적으로 경영하려고 하는 한, 이들 날품팔이꾼을 이용하면 되었다. 한편 화폐유통의 증가 덕분에 대토지 소유자는 임금을 지불할 수 있는 화폐도 가지게 되었다.

14세기의 불황기에 대토지 소유자들은 높은 사망률로 인한 심각한 노동력 부족난을 겪었다. 불황은 무엇보다 농업불황이었으므로 농촌에서 생계수단을 찾을 수 있는 가능성은 작았다. 게다가 도시의 높은 임금은 사람들을 농촌에서 도시로 끌어들였다. 이제 장원의 영주는 좋은 조건을 제시하거나, 그렇지 않으면 그의 농노가 떠나가는 것을 바라보고 있을 수밖에 없었다.

일부 지방에서 부역은 매우 특이한 방식으로 소멸되었다. 그런 지방에서는 농노들이 영주직영지에서 일하는 날에 영주나 그의 장원관리인이 음식물을 제공하는 관습이 있었다. 음식물의 메뉴와 분량은 관습에 따라서 일정했으므로, 물가가 상승하는 경우(1160년부터 1340년까지), 농노들이 수행하는 노동의 가치보다도 음식물 제공의 비용이 더 비싸게 먹히는 수가 종종 있었다. 잉글랜드의 한 수도원은 1307년에, 1인당 노동의 가치는 4페니도 채 안 되는데도 5-7페니 값의 음식물을 제공했다. 특히 중세 후기에 이런 부역에 대한 보수가 푸짐한(접시가 넘칠 정도로 많은) 고기와 빵 및 포도주 형태로 과도하게 지불되었다는 사례들이 있다.[1] 이런 엄청난 보수는 당시 노동력 부족의 심각성을 나타내는 것이다.

비록 벨기에의 몇몇 지방에서는 농노제가 보다 오래 존속했지만, 플랑드르, 브라반트 및 리에주의 왕실주교구(Prinsbisdom)에서는 농노제가 12-13세기에 사라졌다.[2] 프랑스에서는 루이 6세와 루이 7세 치하(1108-1180)에서 농노들이 간신히 그들의 자유를 획득할 수 있었고, 필리프 미남왕 치하(1285-1314)에서는 왕이 농노들에게―대가를 지불받고―자유를 부여했으며, 루이 10세(재위 1314-1316)는 왕국 내 여러 지방에 흩어져 있는 왕령지 안의 농노들에게 그들의 자유를 돈으로 사들이도록 강요했다.[3] 루이 10세는 그의 긴박한 재정난을 얼마간이라도 덜기 위해서 이런 조처를 취했다. 그러나 농노 측으로부터 저항이 일어났다. 왜냐하면 농노들이 기존의 농노제를 통해서는 그들의 농민보유지에 대한 상속권을 주장할 수 있었지만, 왕의 그런 조치로 농노제가 소작관계로 바뀜으로써 그런 권리를 상실했기 때문이다.

영국에서는 농노의 부담이 1381년의 농민반란 후 점차 사라져 갔다. 여기에서는 농노의 부담이 주로 부역으로 구성되어 있었다. 금납화는 이미 13세기에 시작되었다. 그러나 남동부 잉글랜드의 대영지들에서는 화폐경제의 확산이 정반대의 효과를 낳았다. 이들 영지는 화폐경제의 확대에 따라서 시장생산을 하기 시작했다. 그 때문에 부역에 대한 요구는 더 커졌다.[4] 인구가 증가했음에도 불구하고 분명히 노동력은 부족했으며, 그것은 또한 실질임금의 상승으로 나타났다. 이런 상황은 시장을 위한 생산이 계속적으로 농민들의 법적 지위의 악화를 초래했던 프로이센과 발트해 연안의 나라들에서 일어났던 유사한 상황의 선례로 볼 수 있다.

네덜란드의 북부에서는 장원제가 아예 존재하지 않았으며, 서부의 여러 지방에서도 농노제가 별로 중요한 것이 되지 못했다. 그러나 오버레이설과 헬데를란트에 위치한 일부 영지들에서는 농노제가 19세기 초까지 끈질기게 존속했다. 거기에서 전체 농민 가운데 그 수가 많지 않았던 농노는 일반적으로 소작농보다 경제적 형편이 더 나았다. 17-18세기에 농노들의 보유지는 더 컸고, 그들은 더 부유했으며, 그들의 연간 부담량은 통상적인 소작료보다도 더 적었다.[5]

독일에서의 발전은 지역에 따라서 매우 달랐다. 오스트팔렌에서는 장원이 장원관리인에게 대여되었다. 농민들은 자유로워졌으나 그들의 보유지를 잃었다. 종종 네 개 또는 그 이상의 농민보유지가 하나의 농장으로 통합되어 장원과 같은 방식으로 장원관리인에게 대여되었다. 토지를 잃은 농민들은 오막살이농이 되거나, 도시나 동부지역으로 이동해 갔다. 베스트팔렌에서도 역시 장원들이 장원관리인들에게 대여되었으며, 비록 장원에 대한 농민들의 예속적 관계는 단절되었지만 농민들이 전적으로 자유롭지는 않았다. 동부 네덜란드와 마찬가지로 여기에서도 일부 지방에 농노제의 유제(遺制)가 남아 있었다.

라인강과 모젤강 지역의 대영지들에서는 농민의 부담이 고정되어 있었다. 13-14세기에 재판영주의 지배를 받는 사람들인 '영민(領民, Hofleute)의 지위는 악화되었다. 영민들은 일종의 새로운 농노 신분으로 전락했다. 그러나 15세기에 그들 가운데 많은 사람이 돈을 지불하고 그들의 자유를 되찾을 수 있었다. 남부 독일에서는 토지영주제―종종 재판영주제 역시―가 작은 부분을 차지하고 있을 뿐이었다. 이곳의 농민들은 고정된 세습적 의무를 지고 있었다. 중부 독일(튀링겐)에서는 12-13세기에 농노 신분이 사라졌으며, 농민들은 영주가 임의로 바꿀 수 없는 매우 간단한 부담만을 지고 있었다. 바이에른에서는 영주직영지가 축소되었기 때문에 농민들의 부역 의무는 금납과 현물납으로 대체되었다. 그러나 결국 여기서는 농민들의 권리가 보다 불리하게 되었다.[6]

농노제의 완만한 쇠퇴에 대한 좋은 실례는 노리치(잉글랜드) 인근에 있는 폰셋 장원에서 보인다. 농노의 수는 1400년과 1575년 사이에 계속해서 감소했다. 즉 농노가 장원(manor)을 떠나거나, 농노보유지를 상속받을 남자 상속인이 없거나, 또는 농노보유지 상속을 거절함으로써 농노의 수는 줄었다. 장원을 떠나는 것이 반드시 도망을 의미하는 것은 아니었다. 때로 장원을 떠난 첫 세대는 장원영주에게 인두세를 여전히 납부했다. 그렇지만 그 손자들은 대부분 인두세 지불을 거절했다.

대부분의 농노들은 다음의 자료에서 볼 수 있듯이 가까운 곳들로 이동했다.

1400-1575년	농노 수	이주 장소 수
폰셋으로부터 10마일 이내 지점	67	36
〃 10-20마일 지점	38	16
〃 20마일 이상의 지점	21	12

이 장원에서는 22명의 농노가 노리치(폰셋으로부터 12마일 떨어진 거리)로 떠났다. 20마일 이상 떨어진 곳으로 이동한 사람 가운데 14명이 마섬, 야머스, 로스토프트, 서머턴, 스크래트비, 헤미스비 및 에클스와 같은 잉글랜드의 동쪽 해변도시들에 정착했다. 그 전에 농노였던 이들

의 이주 후의 직업에 관해서는 대부분 기록되어 있지 않으나, 그나마 기록되어 있는 바에 의하면 우리는 그들이 직조공, 재단사(4), 무두장이(3), 마구 제조공, 제화공, 대장장이, 목수로서 일하고 그 외 농업노동자와 가내하인으로 일했음을 알 수 있다. 어떤 사람들은 다른 곳에서 소작인이 되었다.[7]

소작제―이 말을 우리가 넓은 의미로 이해할 때―는 소작기간과 지주에 대해 소작인이 지불해야 하는 화폐나 현물로 된 지대에 따라서 여러 가지 형태로 구분할 수 있다. 화폐지대나 현물지대는 정기적으로 달라질 수도 있고, 일정한 금액이나 분량으로 영구적으로 고정될 수도 있다(다음 표 참조).

	영구적	정기적으로 변동
소작기간	세습적 소작제	한시적 소작제(일생 또는 다년간)
지대	일정한 액수나 일정한 분량	병작제(병작반수제, 병작 $\frac{1}{3}$ 수제, 병작 $\frac{1}{4}$ 수제) 화폐지대 현물지대

시간이 가면서 세습적 소작제는―특히 화폐가치의 하락 때문에―소작인에게는 유리하고 지주에게는 불리해졌다. 농노제에서 한시적 소작제로의 이행은 농노제 아래서 그의 보유지에 대한 세습적 권리를 향유할 수 있었던 농노에게는 불리하다. 농노제가 한시적 소작제로 바뀜으로써 농노는 이런 세습적 권리를 잃게 되었다. 이제 농민은 보다 큰 법적 자유를 누리는 혜택이 있는 반면에 경제적 불확실성의 증대라는 불리함을 고려해야 되는 상황을 맞게 되었다.

가장 오래된 형태의 한시적 소작제는 소작기간이 소작인의 일생 동안이었다. 13세기 후반에 잉글랜드에서는 소작기간이 일정 햇수로 계약되는 소작 형태가 나타났다.[8] 1210년에 헨트 근처에서는 소작기간이 20년인 한시적 소작제가 등장했다.[9] 대개 소작기간은 삼포제의 시행과 관련하여 3으로 나누어질 수 있는 기간으로 되어 있었다. 12년이나 15년이 선호되었으며, 이 기간에 토지에 이회토를 한 번 뿌릴 의무가 소작인에게 있었다.

한시적 소작제 가운데 가장 오래된 형태인 병작제(竝作制, deel-pacht)의 경우에 지주는 예컨대 병작반수제(竝作半收制, métayage, mezzadria: 50퍼센트), 병작 $\frac{1}{3}$ 수제나 병작 $\frac{1}{4}$ 수제(33퍼센트와 25퍼센트) 그리고 수확물 다량수취제($\frac{2}{5}$, 곧 40퍼센트)와 같이 일정 몫의 수확물을 수취했다. 십일조를 부담해야 되는 토지나 농가의 경우에는 십일조가 먼저 공제되고 난 후 남은 수확물 가운데에서 $\frac{1}{3}$ 또는 $\frac{1}{4}$ 분량의 곡식단들이 소작료로 계산되었다. 그리하여 십일조가 실제로 수확물의 10퍼센트에 달하는 한, 소작료가 병작 $\frac{1}{3}$ 수제의 경우에는 전체의 30퍼센트였으며 병작 $\frac{1}{4}$ 수제의 경우에는 22.5퍼센트였다. 이와 같은 병작제는 무엇보다 서부와 남부의 프랑스, 부르고뉴, 동부 네덜란드에서 발견된다.

병작반수제의 경우, 소작인과 지주는 수확물을 반분했다. 대체로 지주가 소작인에게 종자, 농기구 및 때로는 역축을 제공했다. 가끔, 특히 수확기에 지주는 소작인에게 음식물을 제공하기도 했다. 이런 경우, 소작인은 그의 지주에게 완전히 종속되었다. 1180년경에 아라스의 생바스트 수도원은 5.2헥타르 크기의 토지에 소요되는 종자의 절반을 제공하고, 그 대신 십일조와 함께 수확물의 절반을 수취했다. 또 다른 29헥타르 크기의 토지에 대해서는 비록 종자를 조금도 제공하지 않았지만 수확물의 절반과 십일조를 수취했다.[10] 병작반수제는 특히 서부와 중부의 프랑스와 이탈리아에서 널리 시행되었다.

대체로 비옥도가 떨어지는 토지에서 병작 $\frac{1}{4}$ 수제가 실시되었고, 토질이 비옥한 땅에서는 병작 $\frac{1}{3}$수제가 실시되었다. 토지의 비옥도가 높을수록 소작인이 이득을 보지 못하고 지주가 이득을 보았다. 병작제는 농업발전에 심각한 장애요인이 되었다. 왜냐하면 소작인이 많은 노동을 투입하거나 농법을 개량하여 생산을 증대시키더라도 증대된 수확물을 지주에게 나눠줘야 했기 때문이다. 분명히 이것은 소작인이 소득을 증대시킬 수 있다는 기대를 가질 수 없게끔 만듦으로써 생산을 증대시키려는 소작인의 활동에 찬물을 끼얹었다.

소작기간이 끝나는 때에 그 액수가 변경될 수 있었던 화폐지대나 현물지대는 특히 북부 프랑스, 벨기에 및 서부 독일에서 발견된다. 목초지에 대한 지대는 대개 화폐로 되어 있었고, 경작지에 대한 지대는 현물로 되어 있었다. 경종농업 지역에서도 목초지에 대한 지대는 거의 언제나 화폐로 지불되었다.

소작제는 처음 플랑드르, 북부 프랑스, 북부 이탈리아 및 잉글랜드와 같이 화폐유통이 활발한 지역에서 발생했다. 노르망디에서는 소작제에 관한 기록이 1110년경에 나타난다. 12세기에는 소작제에 관한 기록이 상당히 드물지만, 13세기에는 흔해진다.

대부분의 대토지 소유자들은 처음부터 그들의 직영지를 직접 관리하지 않고 그 경영을 장원관리인에게 맡겼다. 잉글랜드에서는 그렇지 않았지만, 많은 지역에서 장원관리인은 대영주처럼 살았고 그들의 직능은 세습되었다. 때로 대토지 소유자는—특히 그 소유자가 수도원이나 여타의 교회기관이었을 때—장원의 경영을 기사에게 양도하지 않으면 안 되었으며, 그런 때에 그 기사는 마치 그 장원이 자신의 것인 양 행세했다. 소작제는 이런 장원관리인의 독립적인 행세를 종식시킬 수 있는 기회를 제공했다. 12세기 이후 원래의 장원을 한시적 소작제로 대여하는 관습이 생겨났다. 신트트라위던 수도원의 경우, 13세기에 소유지의 직접적 경영을 포기하고 그 토지 가운데 1,100헥타르를 소작제 방식으로 분양했다.

여러 가지 종류의 소작제를 시행하고 40년이 지나지 않아서 화폐지대로 이행한 실례는 다음과 같이 바이에른에 있는 바움부르크 수도원의 두 영지명세장을 통해서 분명하게 볼 수 있다.[11]

토지 등 재산	1205년	1245년(숫자는 백분율)
장원관리인의 장원 (그전에는 영주직영지)	병작반수제	병작$\frac{1}{3}$수제 70 고정된 분량의 현물 16 고정된 화폐지대 14
장원(=두 개의 농민보유지)	병작$\frac{1}{3}$수제	
농민보유지들	고정된 분량의 현물	병작$\frac{1}{3}$수제 22 고정된 분량의 현물 20 고정된 화폐지대 58
경작지, 포도밭 등	고정된 분량의 현물	고정된 분량의 현물 2 고정된 화폐지대 98
물레방아들	고정된 분량의 현물	고정된 분량의 현물 74 고정된 화폐지대 26

화폐지대는 여기에서—비록 물레방아와 장원들의 경우에는 지대 가운데 차지하는 비중이 작았지만—특히 멀리 떨어져 있는 땅뙈기들과 농민보유지들에서는 40년이 지나지 않아서 괄목할 만한 진전을 이루었다.

우리는 잉글랜드에서 벌써 13세기에 0.4-1.2헥타르 정도의 작은 땅뙈기들 또는 심지어 이보다 더 작은 땅뙈기들조차도 오막살이농과 날품팔이꾼들에게 소작지로 대여됨을 볼 수 있다. 토지의 전대(轉貸)는 일부 대농들에게는 아주 수지맞는 사업이 되었다.[12] 14세기 후반과 15세기에 규모가 큰 토지들이 소작지로 대여되었다. 이런 토지의 소작인들은 농민 가운데 '상층민(upperclass)'을 형성했다. 1341년에 레스터 수도원의 농민보유지들은 평균 12헥타르 정도의 크기에 지나지 않았지만, 15세기에는 그 평균적 크기가 24-32헥타르로 확대되었다.[13]

이행기의 소작 계약서들에는 소작인의 결혼이나 사망 때의 부담금 부과와 같은, 그전의 농노제를 연상시키는 여러 조항이 종종 포함되어 있었다. 예를 들면, 1228년에 아펠도른(Apeldoorn)[1]에 있는 장원이 대여될 때에는 매년 12말더르의 호밀이 공납되고, 소작인의 사망 때에는 1마르크가 지불되어야 한다고 규정되었다.[14] 펄뤼버 지방(네덜란드)에 있는 아르트 장원의 소작인은 매년 10모디우스의 호밀과 25모디우스의 보리를 납부해야 했다. 이 소작인은 그 토지를 전대, 저당, 기증 또는 매도해서는 안 되었고, 지주의 허락 없이는 결혼도 하지 못했다. 사망 때에는 사망세로 30솔리두스의 부담금을 지불해야 했으며, 상속인은 상속세로 30솔리두스를 지불해야 했다(1259년).[15]

프륌 수도원에 속하는 아른험 소재 장원의 농노들은 1281년에 해방되었다. 그러나 그들은 다음과 같은 조건 아래 해방되었다. 그들은 1년에 2페니를 지불해야 했으며, 사망 때에는 최우량의 가축이나 최고급의 의류 또는 다른 어떤 최고의 물품을 공납해야 했다. 소작인이 사망한 후에는 그의 상속인이 상속세로 5솔리두스를 지불해야 했다. 그 소작인이 농노들(이제는 소작인) 집단 안에서 결혼할 때에는 영주의 동의가 요구되었고, 농노 집단 밖에서 결혼할 경우에는 대리인을 세워 두고 10솔리두스를 지불해야 했다.[16]

언제나 농노제에서 소작제로 이행한 것은 아니었으며, 특히 14-15세기에는 영주에 대한 농노의 관계가 때로 봉건법상의 봉신의 관계로

....

1   네덜란드의 중부에 위치.

변하기도 했다. 이것은 농노 사망 때의 영주의 농노재산 선택권과 수송 부역 및 소액의 금전 납부가 폐지되었음을 의미한다. 이제 이전에 농노였던 자는 새로운 봉토 상속자가 등장할 때마다 봉신이 봉주에게 지불하는 것과 같은 사례금만 지불할 의무를 졌다. 불황 시절에 영주는 농민들을 그들의 보유지에 붙들어 두기 위해서 이런 유리한 조건을 제공하지 않으면 안 되었던 것이다.

우리는 1358년 파더보른(Paderborn)[2] 소재 아프딩호프의 수도원장 소유인 푸텐에 거주하는 봉신들을 위해서 마련된 법률 속에서, 장원법에서 봉건법으로 이행하는 과도기적 법률 형태를 볼 수 있다. 수도원장은 봉신의 사망 때에 무엇보다 가장 좋은 말, 봉신이 부활절에 교회에 갈 때 입었던 의복, 가축의 절반 그리고 금과 은의 절반을 요구할 권리를 가지고 있었다.[17]

위트레흐트에 있는 신트파울루스 수도원은 수스트 지역(Soest)[3]에 거주하는 그들의 농노들에게 자유를 허용하고 그들을 봉신의 지위로 격상시키지 않을 수 없었다. 농노의 신분에서 봉건법상의 신분으로의 이러한 이행과정은 1390년 이후 그 다음 세기 내내 계속되었다. 수도원 측이 스스로 말한 바에 따르면, 장원의 토지로 말미암아 그 수도원은 득보다는 손해를 입었다.[18]

....

2 독일 중북부에 위치.
3 네덜란드의 위트레흐트 동북쪽 인근.

3. 개간과 간척(12-13세기를 중심으로)

인구의 증가는 경지면적의 확장을 초래했다. 11세기부터 13세기까지 대단히 활발한 개간활동이 전개되었다. 네덜란드에서는 그것이 특히 늪지대의 개간, 제방축조 및 간척사업으로 나타났다. 그 밖의 곳에서는 숲이 개간되고 네덜란드의 가촌과 제방촌과 같은 형태의 삼림촌이 건설되었다. 독일, 스위스 그리고 오스트리아의 산악 지역에서는 새로운 촌락들이 점점 더 높은 곳에 건설되었으며, 오늘날 가장 높은 곳에 위치한 농촌 촌락의 경계선 위에 설치되는 경우도 종종 있었다. 그러나 가장 중요한 것은 광대한 지역들이 개발되었던 동유럽의 식민화였다.

네덜란드

네덜란드에서의 토지 개간과 관련해서는 프리슬란트와 흐로닝언에 있는 바우던 지역의 여러 곳과 오버레이설에 있는 폴런호버 지구 그리고 서부 위트레흐트와 홀란트 사이에 위치한 광대한 강변 유역과 같은 저지 늪지대의 개간과 제방축조를 통해서 바닷물을 막아 토지를 획득하는 간척은 서로 분명히 구분되어야 한다. 가장 오래된 제방축조 사업 가운데 하나는 플라르딩언(Vlaardingen)[1]에서 있었던 것으로 보인다 (1018년의 기록).[1]

홀란트의 해안을 따라서 전개된 충적토지대, (구)라인강과 네덜란드 내의 에이설강 및 마스강을 따라 전개된 주변보다 높은 지대 그리고 프리슬란트의 인공적으로 조성된 주거용 언덕 지역들은 아주 오래된 정착지들이었지만, 사람들이 늪지를 개간하기 시작한 것은 카롤링 왕조 시대 이후였다. 사람들은 일정한 간격을 두고 상호 평행되게 뚫은 도랑을 통해서 배수가 잘되게 하고, 그럼으로써 땅 아래의 수위(水位)를 낮출 수 있었다. 토지는 그 연변에 농가들이 건립되어 있는 제방이나 도로에 직각 방향을 이루는 기다란 띠 모양으로 나누어졌다. 모든 정착민은 같은 폭의 토지를 소유했다. 그러나 각 개간자가 소유지를 그의 땅 뒤에 위치해 있는 늪지대로 확장할 수 있는 권리를 가지고 있었기 때문에, 그 토지의 길이는 가끔 일정하지 않았다. 그렇지만 다른 곳들에서는 토지의 길이가 일정하여 뒤쪽 경계선이 가지런했다.

홀란트와 위트레흐트에서는 거의 어디에서나, 늪지대 매립지에서 농민보유지들의 크기가 일정한 것을 볼 수 있다. 농장의 폭은 약 30루

....
1 로테르담 인근.

더(약 110미터), 그 길이는 6 또는 12포를링이었다. 1포를링은 대체로 55루더로 계산되므로, 그 길이는 약 1,250미터 내지 2,500미터에 이르렀다고 할 수 있다. 길이가 여타 농민보유지의 두 배나 되는 농민보유지는 드물었다. 각 농민보유지의 면적은 대략 15헥타르나 30헥타르였다. 원래 홀란트에서 그 토지들은 그 지역의 제후가 연간 대단히 낮은 지대를 지불받는 조건으로 배분했으나, 1200년 이후에는 토지배분 제도가 바뀌었다.

전체 개간기간은 수백 년이 걸렸다. 이미 960년경 아이슬란드의 바이킹인 에길은 홀란트(또는 프리슬란트)의 풍경을, 물로 가득 찬 도랑들이 파여진 평평한 땅으로 묘사하고 있다. 주민들은 그들의 경작지와 목초지 주위에 도랑을 설치했다. 사람들은 도랑 위에 판때기를 설치하여 지나다닐 수 있었다. 함부르크의 프리드리히 대주교가 개간을 위해서 브레멘 근처의 미경작지를 프랑스인들에게 양도해 준 대단히 잘 알려진 특허장은 1106년에 작성되었다. 그 특허장 속에는 앞에서 말한 모든 개간방법이 면밀하게 기술되어 있다.

홀란트에서 가장 오래된 개간지는 아마도 레이마위던, 레인사터르바우더, 에셀레이커르바우더와 그리고 프리제코프, 칼스라헌 및 퀴델스타르트의 인근 정착지였던 것으로 보이며, 그 외 즈바메르담의 인근 지역도 대단히 오래된 개간지였던 듯하다. 이곳에서는 개간이 10세기 말 또는 11세기 초에 이뤄졌다. 이들 다음에는 11세기에 플라르딩언, 케털, 오베르스히 및 로터 아래의 토탄지대들과 로피커르바르트의 지방들 및 페흐트강의 서쪽 토탄지대가 개발되었다. 12세기에 위트레흐트 지역에서는 개간이 큰 활기를 띠었다. 따라서 거기에 남아 있던 거의 모든 늪지대는 1200년 이전에 개발되었음에 틀림없다. 홀란트에서는 12세기에 개간이 널리 전개되지 못하고, (구)라인강의 북쪽과 델프트 그리고 페이나커르의 주변 지역에서만 약간의 개간이 있었을 뿐이다. 홀란트에서는 13세기에 (구)라인강 남쪽에 있는 가우버 운하의 동쪽과 서쪽 모두에서 대대적인 개간이 있었다. 그러나 14세기에는 모든 개간활동이 종식되었다.[2]

늪지대에서는 물이 인간의 활동에 큰 장애물이 되었으므로, 개간사업은 대규모의 제방이 축조된 후에야 착수되었을 것이라는 견해가 최근까지 지배적이었다. 그렇지만 대규모의 국가적 치수사업의 시행, 바다 어귀의 댐과 수문 설치 및 간척지 관리위원회의 구성은 개간이 시작된 시점보다 상당히 후의 일이다. 최근의 연구는 홀란트의 백작 빌럼 1세(1203-1222)가 치수사업에 대단히 적극적이었음을 보여 준다.[3] 늪지대의 개간이 일찍이 이뤄졌을 것이라는 가능성에 대한 설득력 있는 설명은 이들 늪지대가 그전에는 해수면보다 더 높았으나 시간이 지나면서 침하로 말미암아 낮아졌다는 것이다. 특히 13세기 국가에 의한 대규모의 치수사업은 이런 개간과정의 가속화에 기여했을 것이다. 이것은 땅 아래의 수위를 낮게 만들었음에 틀림없다. 14세기 초 라인강 변에 있는 여러 촌락의 호밀과 보리 생산은 그 땅이 상당히 건조한 상태에 있었음을 보여 주는 것이다.[4]

제일란트-플랑드르 지방에서 가장 오래된 제방과 간척지는 11세기에 생겨났다. 바다를 정복한다는 의미에서 제방을 쌓아 바다를 둘러막는 간척사업에 관한 최초의 기록은 플랑드르에서 나타난다(1111-1115년). 13세기에 제일란트-플랑드르의 내륙 늪지들의 많은 부분이 대규모로 개간되어 경작지와 목초지로 변했다. 13세기는 크게 번영하는 시기였으며, 이 지방의 인구밀도도 비교적 대단히 높았다. 여기에서도 역시 이 모든 개간 및 간척사업과 새로운 정착지의 건설은 1300년경에 종식되었다.

해안 지역의 토지개간은 특히 세속인들의 장려 속에 진행되었다. 그러나 늪지대의 개간에는 수도원들이 관계했다.[5]

프리슬란트와 흐로닝언에서는 이런 개간사업에 관심을 가진 제후가 없었다. 그에 반해서 수도원의 성직자들은 제방의 축조에서 주도적 역할을 담당하고, 더욱이 지역 행정에서 탁월한 위치를 차지했다. 치수 사업에 수도원의 성직자들이 관심을 가졌다는 것은 흐로닝언에서 배수를 위해서 필요한 수로와 도랑들이 흔히 수도원 소유의 토지를 관통하고 있었다는 사실로부터 명백히 알 수 있다.

시토 수도회

초기의 시토 수도회[2]가 서유럽의 토지개간에서 얼마나 중요한 역할을 했는지는 아직 규명되지 않은 문제다. 이 수도회의 종규(宗規)에 따르면, 수도사들은—그보다 더 오래된 베네딕투스 수도회나 클뤼니 수도회와는 대조적으로—버려진 땅이나 미개간 지역에 그들의 수도원을 건립해야만 했다. 그러나 니더작센에 있는 시토 수도원들의 영지 경영에 관한 최근의 연구는 그 수도원들이 이미 경작되고 있던 토지를 수여받았으며, 토지개간에서 아무런 역할도 하지 않았음을 보여 주고 있다.[6]

그럼에도 불구하고 합리적인 경영과 중앙집중적인 관리는 참신한 것이었다. 12-13세기에 이 계통의 수도원들은 그들의 흩어져 있는 소

---

2 1098년 로베르투스 등 「베네딕투스 회칙」의 엄수에 뜻을 같이하는 수도사들이 설립하여 중세 서유럽에 널리 보급되었던 수도회. 베네딕투스 수도회의 좌파 격으로 엄격한 수행과 소박한 생활을 강조하는 한편, 수행생활에서 육체노동의 가치를 중시하는 베네딕투스 수도회의 정신을 실현하고자 하여 중세의 토지경작과 독일 동부의 식민화에 기여했다.

유지들을 통합하여 대영농단(大營農團, grangia)들로 만들려고 노력했다. 그 수도원의 성직자들은 그들의 목적을 달성하기 위해서, 필요한 경우 농민들을 그들의 보유지에서 추방하기까지 했다.

대영농단은 마름(hovemester, magister, provisor, rector grangiae)이라고 불리는 한 명의 평수사(平修士, lekebroeder, convers)나 때로는 한 사람의 수도사가 관리했다. 여기에서는 평수사들과 농업노동자들의 노동력을 이용했다.[3] 니더작센에서는 그 크기가 20개에서 70개에 이르는 농민보유지로 대영농단이 구성되어 있었다(400-1,400헥타르). 수도원당 대영농단의 수는 가끔 4개인 경우도 있었지만, 10개나 11개에 이를 정도로 많은 경우도 있었다. 빌리예 수도원(벨기에)은 21개의 대영농단을 가지고 있었다. 다위넌(벨기에)에 있는 수도원의 소유지 총면적은 1만 560헥타르였다. 그렇지만 보다 뒤에 생긴 수도원들은 이들만큼 부유하지 못했다.[7]

니더작센에 있는 이들 대영농단 가운데 일부는 결국에는 해체되었고, 그 토지는 병작제 방식으로 농민들에게 분양되었다. 이런 과정은 13세기 후반에 나타나기 시작했으나, 14세기에는 보다 크게 진행되었다. 그렇게 된 원인 가운데 하나는 전시에 대영농단이 일차적 공격 대상이 되기 쉬웠던 데에 있는 듯하다. 대영농단은 떠돌아다니는 군졸 무리들에게 매혹적인 약탈 대상이 되었던 것이다. 건물들과 재산대장들 그리고 가축은 대자본이 투자된 것들이었다.[8] 그것들이 약탈되는 경우에는 계속적 영농을 위해서 신속한 복구가 필요했으며, 여기에는 대자

....

3 시토 수도회는 황무지의 개간과 토지의 경작에 수도승의 노동력만으로는 부족했으므로 평수사 제도를 채택했다. 평수사의 기능은 수도원 유지에 필요한 대부분의 육체노동을 수행하는 것이다. 그들은 읽고 쓰기를 배우는 것이 금지되어 있었으며, 예배와 수도에는 거의 시간을 쓰지 않았다.

본이 소요되었다. 다른 또 하나의 해체 원인은 이미 13세기 후반에 시작된 임금의 상승이었다. 14세기에 인구의 감소 결과로 노동력이 부족하게 되었고, 그에 따라서 임금노동자는―전염병에 희생되지 않고 살아남아 있는 한―쉽게 다른 곳에서 농토를 얻거나 도시에서 일자리를 찾을 수 있었다. 1300년경에 플랑드르에서는 많은 수도원이 지나치게 많은 토지의 취득으로 큰 빚을 지기도 했다.

이런 수도원 영지들의 근대적인 특성으로는 농업경영의 합리성을 들 수 있다. 그렇지만 농업 그 자체는 중세의 일반 농민보유지들과 마찬가지 방식으로 경영되었다. 곡물이 주로 재배되었으며, 새로운 농기구나 농작물을 이용한 어떤 실험도 실시되지 않았다. 수도원들의 농장은 인근 농민들에게 모범적인 것이 되지 못했다. 또한 농업기술상의 혁신이라고 할 수 있는 어떤 것도 없었다.[9]

프리슬란트와 흐로닝언에서 격렬한 내란이 발발했을 때 군대로 바뀐 사례에서 보듯이, 거대한 평수사 무리는 위험성을 내포하고 있었다. 1417년에 아뒤아르트 수도원(흐로닝언)에는 3,000명의 평수사가 있었고, 1300년경에 비테비륌에 있는 브룸호프 수도원은 약 1,000명의 평수사들을 거느리고 있었으며, 프리슬란트의 마리엔가르더와 리들륌 수도원에는 각각 400명과 600명의 평수사들이 있었다.

동부 독일의 식민화

800년에서 1100년에 이르는 기간에 독일인의 이주는 남동쪽 곧 오스트리아로 향했다.[10] 북쪽에서는 엘베강이 게르만인과 슬라브인 사이의 경계를 이루고 있었다. 12세기에 엘베강 동쪽의 인구희박 지역에서 식민화가 시작되었다. 독일과 슬라브족의 제후들, 주교들 그리고 시토 수도회, 프레몽트레 수도회[4] 및 독일기사단[5]의 장려로 이주자들이 동쪽으로 몰려들었다. 그것은 몇 세기 후 북아메리카에서 일어났던 이주에 비견될 만한 팽창이었다. 북아메리카에서는 변경이 점점 더 서쪽으로 옮겨갔던 데에 비해서, 12-13세기 동부 독일에서는 변경이 끊임없이 동쪽으로 이동했다. 시간이 훨씬 지난 뒤에 이런 이주는 러시아인들로 이어졌으며, 그들은 우랄산맥을 횡단한 지 고작 70년밖에 안 되는 1644년에 벌써 태평양에 도달하는 데에 성공했다.

중세의 이주는 다음과 같이 세 개의 평행선을 달리는 길을 따랐다.

1. 발트해를 따라서 메클렌부르크, 브란덴부르크, 포메른 및 프로이센을 거쳐 발트해 나라들에 이르는 길.

2. 작센, 라우시츠산맥,[6] 슐레지엔 및 에르츠산맥에 이르는 길.

3. 트란실바니아에 이르는 길.

식민운동은 오래전부터 거주해 온 나라들의 과잉인구의 결과였다. 그것은 11세기 말에 시작되어 특히 12세기 중엽 이후 본궤도에 올랐다. 식민운동의 절정기는 1210-1220년 무렵과 1300년경이었으며, 그 팽창은 1330-1350년경에 끝났다. 이런 개척활동 중단은 악화일로에 있던

....

4　1120년 노르베르투스가 청빈, 정결, 순종의 공동생활을 수덕(修德)의 원리로 삼는 아우구스티누스 계율의 엄격한 시행을 목표로 설립한 교단. 설립자의 이름을 따서 일명 노르베르투스 수도회라고도 한다. 이 수도회는 베네딕투스 수도회의 계율을 엄격히 준수하려는 시토 수도회의 계율과 조직을 본떠서 만들어졌다. 그 이름은 프랑스 동북부 랑 인근의 프레몽트레 수도원에서 유래한다.

5　십자군원정에서 부상자들을 구호하는 조직으로 출발했으나, 점차 이교도에 대한 전투 임무를 띤 군사조직으로 발전한 종교적 기사단. 튜턴 기사단이라고도 한다. 13세기 이후에는 동유럽으로 원정활동을 벌여 기사단 국가를 건설함으로써 프로이센 국가의 토대를 마련했다. 종교개혁기에 루터파로 개종하여 해산했다.

6　오늘날 독일, 폴란드 및 체코의 3국 국경이 만나는 지점에 있는 산맥.

농업불황 때문이다. 게다가 이 무렵 동부에서 비옥한 땅은 이미 경작되고 있었다. 척박한 땅도 벌써 이용되고 있었기 때문에 개척활동이 지나치게 진행되어 중단되었다고 할 수 있을 것이다.

수도원들과 귀족들은 광대한 토지를 기증받았지만, 그 땅은 거기에 이주민을 끌어들일 수 있을 때에만 사람이 거주하고 개간될 수 있었다. 모집책들이 대단히 유리한 정착 조건을 제시하면서 이주자를 끌어오기 위해서 서유럽으로 파견되었다.[11] 그런 일을 전문적으로 수행하는 식민청부업자(locatores)가 등장했다. 그들은 농민들에게 이주지의 토지를 팔았지만, 갖가지 권리들(어로 및 수렵권, 제분소와 여인숙 건립권, 홉 재배권과 맥주 양조권)을 스스로 소유했으며, 또 하급 재판권을 가졌고 벌금 수입의 일부를 취득했다. 처음에 농민들은 영주에게 단지 약간의 금액만 화폐로 지불할 것을 요구받았으며, 처음 몇 년간(10-20년간)은 모든 부담이 면제되었다. 농민들은 세습적 소작제 형태로 토지를 보유했다. 발트해 연안에는 주로 서부 독일인, 홀란트인, 제일란트인 및 플랑드르인이 이주했다. 촌락들은 대개 플랑드르법과 홀란트법에 따라서 조직되었다. 평야지대에 있는 19.3헥타르 크기의 플랑드르형 농민보유지가 숲이 우거진 언덕에 있는 39.2헥타르 크기의 프랑크형 농민보유지 옆에 있는 것을 볼 수 있었다. 엘베강 지역 출신 이주자들의 후예는 특히 슐레지엔에 많이 정착했다. 그렇지만 '플랑드르인'이라는 말이나, '플랑드르법'이라는 말 따위가 이주자들의 출신지를 언제나 정확하게 표현하지는 않았다는 것을 우리는 알아야 한다.[12] 예컨대 '플랑드르인'이라고 표현되는 사람 중에도 어떤 자들은 룩셈부르크와 중부 라인란트 출신이라고 알려져 있다.

이주자들의 소규모 소유지 외에 슬라브족의 구귀족, 식민청부업자들, 수도원들(대영농단) 그리고 독일인 귀족(독일기사단) 등의 대소유지들도 있었다. 이들 대소유지에서는 이주자보다 훨씬 더 열악한 법적 지위를 가진 농노들—구슬라브족 계통에 속하는 사람들—이 일하고 있었다. 대소유지의 면적은 지역에 따라 달랐다. 슐레지엔에서는 80-160 헥타르, 동프로이센에서는 80-192헥타르였으나 1,400헥타르에 달하는 것들도 있었다. 이런 대농장들은 플랑드르와 잉글랜드 그리고 후에는 특히 홀란트로의 곡물수출에서 활로를 찾았다. 브란덴부르크에서는 곡물수출이 1250년부터 시작되었다.

이들 대소유지의 존재는 이주자에게 치명적인 영향을 미쳤다. 세습적 소작제는 결국 훼손되었던 것이다. 즉 상속을 통한 소작지 양도에 점점 더 무거운 부담이 부과되는 한편, 상속자의 소작지 상속권은 점차 대지주의 자비에 의해서 주어지는 일종의 호의 같은 것으로 변질되었다. 농민들에게는 대지주를 위한 부역의 수행이 요구되었다. 원래 이런 부역은 소작제에는 없던 것이다. 아마도 대소유지의 일부로서 부역 수행의 의무가 부과되었던 농경지들의 소작화가 부역이 면제된 토지들에의 부역 도입을 용이하게 했던 것으로 보인다. 예컨대 부채에 대한 대토지 소유 귀족의 하급 재판권 행사로 말미암아 농민에 대한 지주의 매우 자의적인 권력이 성립되어 농민들의 법적 지위가 쉽게 악화되었다. 그 밖에 원래부터 열악한 법적 지위에 처해 있던 슬라브족 주민들이 존재했다는 사실도 이주민의 지위에 불리한 영향을 미쳤다.

1410년 독일기사단에 대한 폴란드인들의 승리를 가져왔던 폴란드와의 전쟁이 있은 후에, 동프로이센에서는 경기후퇴가 시작되었다.[13] 기근과 역병이 휩쓸었고, 흉년이 들었으며, 많은 토지가 황폐화되었다. 이런 위기 상황은 농민부담, 특히 부역의 가중을 초래했다. 15세기에 곡물의 수출은 (곡가의 하락으로) 감소했으나, 목재 수출은 늘어났다. 벌목과 목재 수송은 특별히 중요한 부역이었다.

필시 1410년 이전에도 농민들은 상속자 없이는 그들의 보유지를 떠나지 못했다는 점에서 이미 토지에 긴박되어 있었던 듯하다. 이동의 자유에 대한 이와 같은 제한은 인구감소의 결과였다. 1410년 이후 농노제로의 발전 추세는 보다 강화되는 양상을 보였다. 프로이센인들, 즉 비독일계 주민에게는 신역의무(身役義務, Gesindezwangsdienstpflicht) 제도가 실시되었다. 비독일계 주민들은 도시에서 일하는 것이 허용되지 않았고, 토지에 머물면서 영주에게 그들의 부역을 제공하지 않으면 안 되었다.

1525년에 귀족들이 부역을 다시 증대시키려고 했을 때 반란이 일어났지만, 곧 진압되고 말았다. 그 다음해 농민들은 귀족이 허락할 때에만 농장을 떠날 수 있다고 규정되었다. 그들의 보유지를 잘 경작하지 않는 농민은 토지를 몰수당할 수 있었다. 농민들과 그들의 자녀가 고용되기를 원한다면 먼저 대지주에게 부역을 제공해야 했다. 그들은 지주의 허락이 없는 경우에는 다른 데에서 일자리를 찾지 못할 수도 있었다. 노동의 수행에 최고임금 제도가 실시되었다. 반세기 후에는 농민들의 딸들도 또한 토지에 긴박되어 같은 영주의 지배 아래 있는 농민들하고만 결혼할 수 있었다. 또한 이 무렵에 농민의 자녀들이 자발적으로 나서서 부역노동을 수행하지 않을 때에도, 영주는 농민의 자녀들 가운데 부역을 수행할 자를 선발할 권리를 확보했다.

토지를 다시 한번 극도로 황폐화시켰던 삼십년전쟁 후, 본래 자유인 신분이었던 이주자들의 후손은 기존의 부자유인들과 완전히 통합되었다. 그들은 귀족과는 대립되는 하나의 농노(Erbuntertänigen) 집단으로 융합되었다. 그리하여 동부 독일의 농장영주제(Gutsherrschaft)가 성립했다.

유사한 과정이 16-17세기에 러시아와 폴란드에서 진행되었다. 그곳에서도 역시 농민층의 법적 지위는 계속해서 악화되어 갔다.

동유럽에서 전개된 상황은 카롤링왕조 시대나 그 후의 장원제와는 비교할 수 없다. 동부 독일의 기사령 소유자(Rittergutsbesitzer)는 서유럽으로 수출하기 위한 곡물을 생산했고, 이윤을 추구하기 위해서 그의 농장을 경영했던 것이다. 그는 가능한 모든 수단을 동원하여 기사령의 영역을 확장하려고 했다. 그는 농민들을 그들의 토지에서 내쫓으려고 기도했고, 그들의 노동력을 착취했다. 그의 영지는 시장생산을 목표로 하는 일종의 플랜테이션 농장이었다.

마르크공동체의 형성

카롤링왕조 시대에 임야의 일부는 장원영주의 소유였다. 이런 임야의 이용권은 여기저기 흩어져 사는 영주의 농노들에게 소정의 이용료를 받고 부여되었다. 임야 이용권은 개인적인 권리였던 것이다. 그런 임야 외에 모두가 자유롭게 이용할 수 있는 임야와 야생미경작지가 있었다.

재판영주제가 성립된 후, 재판영주는 임야 이용권의 부여 권한을 가로챘다. 재판영주의 권력은 일정 지역에 국한되어 있었으므로, 임야 이용권은 일정 지역 내의 주민들에게 부여되었다. 이와 병행하여 주민들 사이에 지역적 유대감이 형성되거나 촌락공동체가 생겨났다. 취락의 모든 주민들은 방앗간 주인이나 대장장이와 같이 농업에 종사하지 않는 사람들까지 포함해서 촌락공동체의 성원이 되었다. 이들 공동체 성원의 의무와 권리는 문서로 기록된 규칙보다도 관습과 구전에 의거한 바가 더 컸다. 모든 사람은 무엇을 준수해야 될지 알고 있었다. 이웃과 친척으로 구성된 작은 집단 속에서 그들은 어렵고 힘든 경우에는 언제나 기꺼이 서로 돕고, 출생이나 결혼, 질병 및 사망 때에는 고락을 함께 나누었다.

촌락공동체는 하급 재판권을 행사할 수 있었으며, 그 자체의 도량형을 갖고 무게 측정을 감독하고, 교회관리인과 촌락의 방목가축을 돌보는 목자(牧者)를 임용하며, 물의 이용을 규제하는 등의 권리를 행사했다.[14)

촌락공동체에 소속된 농민은 야생미경작지를 이용할 권리가 있었으며, 때로 그들은 이들 토지의 소유자이기도 했다. 임야와 초지의 이용은 농업경영에서 대단히 중요한 것이었다.

12-13세기에 인구가 증가함에 따라서 야생미경작지가 대대적으로 개간되었다. 그리하여 야생미경작지에서 가축을 사육할 수 있는 공간이 작아졌는데도,[15) 새로이 개간된 토지의 경작을 위해서 견인과 시비용으로 더 많은 가축이 필요했다. 인구수와 가축 수 사이의 균형이 깨졌다. 이것은 가축이 늘어난 결과일 뿐 아니라 가축의 구성 면에서 일어나고 있던 변화의 결과이기도 했다. 카롤링왕조 시대에는 작은 가축(양, 돼지 및 염소)이 많았으나, 12-13세기에는 말과 소가 더 많아졌다. 이것은 야생미경작지에서의 방목이 훨씬 더 집약적으로 이뤄졌음을 의미한다.

야생미경작지 이용자나 농민보유지 보유자는 그들의 권리를 보호하기 위해서 단결했다. 이들의 단결은 두 편으로부터, 즉 공유지 이용권의 부여 권한을 가로챈 재판영주와 이런 유서 깊은 이용권을 가지지 못한 오막살이농과 날품팔이꾼들로부터 권리를 지키기 위한 것이었다.

남부 독일, 오스트리아, 스위스 및 프랑스에서 이런 단결은 종종 무엇보다 영주에게 대항하기 위한 것이었다. 영주와 공유지 이용자들 사이의 분쟁의 결과는 각양각색이었다. 많은 경우에 공유지 이용자의 권리와 의무는 문서화되었다('Weistümer'). 프랑스에서는 두 가지 방식으로 결말이 났다. 하나는 영주가 이용자들로 하여금 공유지에 대한 영주의 소유권을 인정하게 하되 그들에게 공유지에 대한 이용권을 보장하는 것이고, 다른 하나는 영주가 공유지의 일부—보통 $\frac{1}{3}$—를 완전 소유하고 그 나머지를 농민들이 완전 소유하거나 매년 대가를 지불하고 가지는 식으로 나누어 가지는 것이다.[16]

이런 결사(結社)가 성립된 시점은 인구성장과 입지조건에 따라서 달랐다. 대부분의 지방에서 그것은 11세기와 14세기 사이에 생겨났다.[17] 비교적 인구가 희박한 지역이었던 동부 네덜란드에서는 마르크공동체들이 13세기 후반에 성립했다. 공유지의 이용에 대한 마르크의 권리들 외에 스위스와 오스트리아에서는 숲에 대한 목재 이용권과 알프스 산록에 위치한 목초지 이용권도 있었다.

처음에는 표시나 징표, 경계 또는 경계선으로 둘러쳐진 권역을 의미했던 마르크(mark)와 마르크공동체원(markgenoten)이라는 말들은 후에 가서 야생미경작지에 대해서 그리고 야생미경작지를 소유하거나 이용하는 공동체원에 대해서 사용되었다. 우리는 아주 오래된 문헌 속에서 이런 말들이 서로 가까이 살거나 인접해 사는 사람들, 즉 야생미경작지 주변이나 그 경계지점에 토지를 가지고 있는 사람들로 묘사됨을 본다. 후기의 마르크법에서는 종종 마르크공동체원들이 상속자들(erfgenamen)이나 공동상속자들(gemene erven, gewaarden)로 불리고 있다. 또한 공유지에 대한 모든 권리는 포르티오(portio)나 봐르샤프(waarschap) 또는 바르델(waardeel)[7]로 표시되고 있다. 일부 지방에서는 마르크공동체가 제한된 재판권을 가지고 있었다. 마르크공동체들은

....

7 모두 지분(持分)이라는 뜻이다.

한 사람의 마르크재판관의 지도 아래 마르크의 토지와 권리들을 둘러싼 분쟁들에 대해서 재판권을 행사했다. 마르크법의 위반자에게는 벌금이 부과되었다. 벌금은 때로 화폐로 부과되었고 때로는 맥주로도 부과되었다. 맥주는 마르크법정 개정일에 마셨다. 마르크에서 일상적 감독은 매년 선출되는 서약자들이 담당했다. 마르크재판관 역시 대개는 선출되었으나, 때로는 그 기능이 세습적이기도 했다(세습적 마르크재판관).

마르크법의 규정 내용을 보면, 마르크공동체가 하고자 하는 것이 무엇인지 알 수 있다. 모든 결사들의 경우와 마찬가지로, 가장 오래되고 중요한 조항은 행정절차적 성격을 지닌 것들이다. 마르크법정, 벌금 및 배심원 선출과 같은 것이 이런 조항에 속한다. 이들 외에 대부분의 마르크법에는 나무 베기, 잔디와 토탄의 채취, 수확 후 경지의 가축 방목장으로의 이용(그루터기 방목권), 숲속의 도토리를 이용한 돼지 방목, 경지 주위의 울타리 유지, 가축의 방목 및 경작지에 돌아다니는 가축의 우리 가두기에 관한 조항들이 포함되어 있음을 보게 된다.

14-15세기 동부 네덜란드의 구마르크법들은 아직 매우 단순한 구조를 가지고 있으며, 야생미경작지의 이용에 관한 조항만 담고 있다. 그러나 1500년경 이후의 신마르크법의 구조는 다르다. 신마르크법은 그 포괄 범위가 보다 넓으며, 경제에 관한 조항 외에 예컨대 장례, 제방의 점검 및 안식일의 관습과 같은 보다 널리 촌락 전체에 적용되는 조항들을 포함하고 있다.

1500년 이후 네덜란드의 도시들에서 부유층(rycdom, rycheit)이 지배했듯이, 마르크 공동체원들과 토지소유자들, 곧 부자들은 촌락경제를 장악했다. 그 무렵 모든 것은, 예를 들면 교사와 교회관리인의 지명, 빈민층의 구휼, 수로의 관리 등과 같은 모든 것은 마르크공동체원들이 통제하는 것이 보통이었다. 그렇지만 이와 같이 후의 마르크공동체와 촌락공동체가 결합되어 있는 경우에도, 그 두 공동체의 기원이 서로 다르다는 것을 잊어서는 안 될 것이다.[18]

4. 14-15세기의 농업불황

농업불황의 일반적 양상에 관해서는 이미 상세히 다룬 바 있다. 나라별로 농업불황의 전개 양상은 매우 달랐다. 어려운 상황에 대처하는 방법에는 여러 가지가 있었던 것이다. 이 장에서는 네덜란드, 독일, 영국, 스페인 및 노르웨이에서의 상황이 다루어질 것이다.

네덜란드: 홍수와 침식

네덜란드에서 14-15세기에 버려진 촌락이나 황폐화된 농가의 흔적이 어느 정도인지에 대해서는 지금까지 미해결의 문제로 남아 있다. 사료가 극히 부족해서 그런지는 몰라도, 현재의 일반적 견해는 이 나라가 기대 이상으로 어려운 상황을 잘 극복했다는 것이다. 그러나 14세기 말엽에 황폐화되거나 버려진 농가들이 있었음을 보여 주는 사료가 하나 있다.

　1385년 어느 한 주교의 회계보고서 속에는 트벤터에 있는 많은 농가에 관해서 '바카트(vacat)'[1] 또는 '쿠아시 바카트(quasi vacat)'[2]라는 말이 나타난다. 이 말들로부터 우리는 이 농가들이 버려지거나 황폐화되어 있다는 사실을 알 수 있을 것이다. 전체적으로 이런 표기는 271호의 농가 가운데 122호에서 발견되지만, 122호의 농가 가운데 10호는 확실히 사람이 거주하고 있었다. 그럼에도 불구하고 112호라는 숫자는 격심한 인구감소를 보여 주는 상당히 많은 수이다. 비록 이 모든 농가가 14세기 말에 사람이 살지 않던 것들이었다고 하더라도 그런 상태는 그리 오래가지 못했을 것이다. 그 얼마 후인 1475년의 한 사료에서 우리는 112호의 농가 가운데 99호에서 사람들이 다시 거주했음을 알고 있으며, 1493년 무렵에는 재거주 농가의 수가 101호로 증가했기 때문이다. 이들 가운데 68호의 농가에 관해서는 그 역사가 17세기까지 추적될 수 있다.[1]

　아직 네덜란드의 버려진 촌락에 관해서는 깊은 연구가 없으나, 오늘날 우리가 알고 있는 한에서는 그런 현상이 잉글랜드나 중부 독일만큼 심하지는 않았다. 우리는 이미 앞에서, 네덜란드에서는 아마도 그 주민들이 동물성 단백질(물고기와 축산물)이 많이 함유된 음식물을 섭취한 결과로 병에 대한 저항력이 컸기 때문에, 흑사병으로 인한 희생자가 다른 나라들만큼 크지 않았음을 지적한 바 있다. 오래전부터 이 나라의 많은 지역에서 경종농업의 비중은 축산업에 비해 낮았던 것이다.

　북해 연안에서는 14-15세기에 농업불황의 또 하나의 비참한 결과

....

1　비어 있다는 뜻이다.
2　거의 비어 있다는 뜻이다.

인, 홍수로 인한 막대한 토지 손실이 발생했다. 연대기들에 따르면, 엄청난 홍수들이 12-13세기에도 이 나라를 휩쓸었다. 그러나 그때의 피해는 곧 복구되곤 했다. 14-15세기에 야더, 돌라르트, 비스보스 및 브라크만과 같은 넓은 만(灣)들이 형성되었다.

홍수는 혹시 12-13세기보다도 14-15세기에 더 잦았던 것으로 생각될 수도 있을 것이다. 이와 관련하여 그때의 농업불황이 기후악화의 결과라는 학설이 제기될 수 있을 것이다. 그러나 이런 학설은 러셀이 1150년부터 1300년까지의 번영기 자체가 많은 홍수, 많은 강설, 매우 긴 우기와 극심한 가뭄이 있었던 시기였음을 증명함으로써 설득력을 잃었다. 예를 들면, 영국에서는 1150년과 1300년 사이에 열여섯 차례의 홍수가 있었던 데에 비해서 1300년과 1450년 사이에는 단지 다섯 차례의 홍수만 있었을 뿐이다.[2]

영국의 기후	1000-1150년	1150-1300년	1300-1450년
혹독한 겨울	12	14	14
많은 눈	6	10	6
홍수	3	16	5
매우 긴 우기가 있던 해	13	49	31
가뭄이 심한 해	7	24	12
더운 여름	5	7	6

더욱이 우리는 1300년과 1450년 사이에 기후가 악화되었다는 견해를 반박할 수 있는 논거로 서유럽에서의 포도재배 확대 그리고 영국에서의 곡물수확량 증가와 곡물가격 하락 추세를 들 수 있다. 계속적인 일련의 흉작이 있었다면 곡가가 오히려 상승했을 것이다. 기후설이 성립할 수 없는 최대의 취약점은 그것으로는 곡가의 하락을 결코 설명할

수 없다는 것이다.

기후설이 성립한다는 또 다른 근거로 강우량의 증가로 인해 네덜란드의 간척지가 물난리를 겪었다는 사실을 들지 모른다. 그렇지만 아무래도 대홍수 피해의 원인은 자연이 아니라 인간에게서 찾아야 할 것이다. 당대인들이 제방을 쌓고 간척하는 기술을 가지고 있었다는 것은 12-13세기의 제방축조와 간척지 건설을 통해서 충분히 증명되고 있다. 사람들은 또한 대홍수가 있은 후에 복구하는 능력도 가지고 있었다. 이에 대해서는 어떤 토지 손실도 항구적으로 방지한, 13세기 대홍수 발생후의 복구작업들이 이를 입증하고 있다.

14세기와 15세기에 홍수 피해가 매우 심했던 것은 제방을 유지하고 복구작업을 담당해야 할 인력이 부족했거나, 아니면 제방 유지, 특히 붕괴된 제방의 복구비용이 많이 드는 데에 비해서 낮은 농산물 가격과 높은 임금으로 인해 수익이 보잘것없었던 경제적 사정 때문일 것이다. 네덜란드의 인구가 다른 나라들만큼 심하게 감소하지 않았다고 가정할 경우에는 무엇보다 두 번째 요인이 영향을 미쳤음에 틀림없다. 이것이 사실이었을 것이라는 강력한 근거로, 그 후 16세기에 농업이 호황을 맞이했을 때 바다에서의 복구작업이 재개되었다는 점을 들 수 있다.

해안 지역의 제방축조와 일찍이 늦지였으나 후에는 토탄층지대로 변한 그 배후 지역의 개간은 멀리 내륙에 위치한 높은 모래땅 지역에 악영향을 미쳤다. 빨라진 배수가 토양을 심하게 메마르게 함으로써 이들 모래땅 지역의 몇몇 곳에서는 모래가 바람에 날려가 버리는 현상이 일어났다. 북부 독일 해안의 브레메르푀르데에서 이런 사태가 발생했다. 드렌터에서는 지난 5세기 동안(따라서 1400년 후) 수위가 낮아져서 레이브루커르, 드라우베네르와 만팅어르잔트의 모래가 선사시대 이후 처음으로 먼지로 날아가 버리기 시작했다.[3] 바테르볼크는 꽃가루 분석

을 통해서 드렌터에서 중세 말에 모래 이동이 있었으며, 토탄층의 확대
는 중단되고 너도밤나무의 수가 줄었다는 결론에 이르렀다.[4]

15세기 중엽에 모래 이동의 확대를 막으려는 노력이 펠뤼버 지방,
메이예레이판덴보스호(de Meijerij van den Bosch),[3] 힐바렌베이크(Hil-
varenbeek)[4] 및 손(Son)[5]에서 있었다. 16세기 중엽에 유너(Junne)[6]에서
는 주민들이 모래 이동으로 어려움을 겪었다.[5]

다른 곳들에서는 개간기에 숲의 나무를 캐냄으로써 지하수의 수위
가 낮아지는 결과가 빚어져서 땅이 건조하게 되었다. 그리하여 독일에
서는 오늘날엔 그 어떤 것도 재배될 수 없는 지역들에 일찍이 촌락들
이 존재했던 것이다. 9-10세기에 개간된 빈 근처의 마르흐펠트에서 그
랬던 것처럼, 가끔 이들 독일 지역에서도 모래가 바람에 날려 가는 현
상이 일어났다.[6]

독일: '폐촌'

독일에서는 '폐촌(Wüstungen)' 현상이 이미 오래전부터 역사가들,
특히 지방사가들의 주목을 받아 왔다. 이들은 이를 촌락이 버려진 현
상인 촌락의 황폐화(Ortswüstungen)와 농지가 이용되지 않게 된 현상인
경지의 황폐화(Flurwüstungen)로 구분한다. 완전히 버려진 촌락 외에 주
민의 수가 격감한 촌락도 있었으며, 단지 일시적으로 버려진 촌락도 있
었다. 사라진 촌락의 이름들은 1300년 이전의 문서와 회계장부들 속에

....

3 네덜란드의 남서부 지방.
4 북부 브라반트 지방에 위치.
5 북부 브라반트에 위치.
6 네덜란드의 중동부 오버레이설 지방의 오먼 자치체 소속의 마을.

남아 전해지고 있다. 그렇기 때문에 그런 촌락들은 그때 이후 소멸했음에 틀림없다. 때로 촌락의 이름이 들판의 이름으로 남아 있기도 하다. 전설 속에서 우리는 호수 속에 가라앉은 사라진 촌락들이 있고, 거기에서 한밤중에 교회의 종소리가 들린다는 이야기를 들을 수 있다.

폐촌 현상은 특히 남부와 동부 독일에서, 즉 알자스와 뷔르템베르크로부터 헤센, 튀링겐 및 하르츠산맥을 거쳐 베를린 주변까지 그리고 나아가 메클렌부르크, 포메른 및 프로이센에 이르기까지 광범한 지역에서 나타났다. 서부와 북부 독일은 황폐화가 덜했던 듯하다. 그렇지 않으면 이들 지역에서, 특히 베스트팔렌과 뮌스터란트에서 산촌(散村)이 지배적이었기 때문에 폐촌 연구가 더 어려워서 그렇게 보일 수도 있을 것이다.

아래의 지역들에 대해서 폐촌 정도를 백분율로 산출해 보면 다음과 같다.[7]

지역	백분율	지역	백분율
알자스	17	아이히스펠트	59
뷔르템베르크	20	동부 하르츠	53
라인란트팔츠	33	프랑켄발트	14
헤센	44	알트마르크	33
오베르헤센 및 스타르켄부르크	39	북부 튀링겐	66
베스터발트	26	안할트	64
오베르란 지역	44		

안할트(Anhalt)[7]에 있는 벤더족(Wende)[8]의 촌락 363개 가운데 240

....

7 독일 동북부 마그데부르크와 라이프치히 사이에 있는 엘베강 유역의 지방.

개가 사라졌고, 거기에 있는 378개의 독일인 촌락 가운데 233개가 소멸했다. 북부 튀링겐의 동부 지방에서는 1000년 이후 수세기 동안 알려진 179개의 주거지 가운데 단지 33개만 16세기에 남아 있었다. 따라서 83퍼센트가 사라진 셈이다. 오스트리아의 알프스 지역과 슈바르츠발트 지역은 오늘날보다도 13세기에 인구가 더 조밀했다.

농업의 위기가 인구감소의 원인이었지만, 농촌의 인구감소는 여러 가지 양상으로 나타났다. 일부 지방에서는 그 이전의 많은 소규모의 촌락들이 몇몇 대규모의 촌락으로 집중되었다[촌락밀집(Dorfballungen)]. 주거의 집중화는 아마도 대규모의 촌락이 혼란스러운 전시에는 방어하기가 더 쉬웠기 때문일 것이다. 또한 도시 근처에 있는 촌락들이 사라지는 경우도 있었다. 여기에서는 피난처에 대한 필요성 외에도 도시산업의 유인력이 작용하고 있었다.

다른 지방에서는 14세기에 여러 차례의 흑사병 유행으로 많은 사람이 죽었고, 생존자들은 그들의 마을을 떠났다. 많은 촌락이 헤아릴 수 없는 전쟁으로 황폐화되었다. 떠돌아다니면서 노략질을 일삼는 실직 군졸 무리들이 농촌사회를 처참하게 만들었다.

12-13세기의 팽창기에 많은 취락이 척박한 토질로 인해서 농사짓기가 어려운 곳이나 매우 멀리 떨어져 있는 곳들에 건설되었다. 하르츠 산맥 지방과 튀링겐에서 산속과 숲속 깊숙이 위치하고 '-로데(-rode)', '-하겐(-hagen)', '-하인(-hain)' 및 '-펠트(-feld)'로 끝나는 이름을 가진 촌락들이 가장 먼저 버려졌다. 뷔르템베르크에서는 오래된 취락들은 별로 황폐화되지 않았으나, '-로데', '-하우젠(-hausen)' 및 '-하임

....

8 독일 북동부 엘베강 동쪽 지역에 살던 옛 슬라브족. 이들의 다수는 독일인들이 중세에 동유럽으로 식민활동을 벌이면서 동유럽으로 밀려갔다.

(-heim)'으로 끝나는 이름을 가진, 생긴 지 얼마 안 되는 취락이 황폐화되는 경우는 아주 많았다.

앞서 말한 요인들 가운데 어떤 것도 그것만으로는 황폐화 현상에 대한 충분한 설명이 되지 못한다. 비옥한 토양에 위치하고 역병과 전쟁의 위협을 받지 않은 촌락들까지도 역시 사라졌던 것이다. 인구격감과 농업쇠퇴의 많은 징표들에 대한 포괄적 설명은 우리가 이들을 14-15세기에 유럽이 겪은 농업위기에 비추어 볼 경우에만 가능하다.

영국: '잃어버린 촌락'과 '인클로저'

영국의 농업불황은 높은 양모 가격으로 말미암아 주곡농업에서 양모의 생산을 위한 목양업으로 전환했다는 데에 그 특징이 있다.[8] 양모를 생산할 목적으로 경작지는 목초지로 전환되었다. 양떼를 방목할 수 있는 목장을 확대하기 위해서 목축업자들(graziers)은 촌락을 온통 파괴했다. 전에는 많은 농경민이 생계를 유지할 수 있었던 토지에서 이제는 몇 명의 양치기들만이 일할 뿐이었다.[9]

경작지의 목초지로의 전환은 인클로저(enclosure)라는 말로 표시되었다. 이 말은 원래 울타리를 의미했으나, 다음과 같이 여러 가지 의미로 사용되었다.

1. 개방경지에 흩어져 있는 여러 필지의 경작지를 울타리가 둘러쳐진, 밀집된 농경지로 통합하는 것.[10]

2. 경작지의 목초지로의 전환.

3. 농민들의 주택을 허물어 버리고 여러 개의 농장을 하나로 통합시켜 대지주의 소유지를 확장하는 것.

4. 공유지 소유권자들, 곧 여타 농민들의 권리를 축소하거나 완전

박탈하면서 대지주들이 공동체의 야생미경작지를 점유하는 것.

이 네 가지 모두의 진행과정은 개방경지제의 부분적 또는 전반적 해체를 초래했으며, 규제형 삼포제가 지배적인 경우에는 공동체의 통제로부터 개별 농민을 해방시켰다.

13세기 이후 대토지 소유자들뿐만 아니라 농민들도 개방경지제를 와해시키려고 했다. 농민들은 종종 그들의 토지를 울타리를 쳐서 하나로 통합하기 위해서 그들의 토지 가운데 먼 거리에 있는 자신의 토지는 임대해 주고, 가까이 위치한 토지를 다른 사람으로부터 임차했다. 소유지의 크기는 전과 같았으나 소유지는 통합되었다. 이렇게 하면 많은 이점이 있었다. 거리의 단축으로 많은 노동이 절약될 수 있었고, 말이나 황소로 된 비교적 적은 수의 견인력으로도 토지경영이 가능했으며, 토지의 가격이 올라갔다. 또한 농민들은 토지를 울타리로 둘러침으로써 규제형 삼포제를 시행하지 않아도 되었다.

토지의 재배치라는 이런 의미의 인클로저 외에 공동체 소유의 야생미경작지를 울타리로 둘러친다는 의미의 인클로저도 있었다. 후자의 과정은 이미 14세기 중엽 이전에 진행되고 있었다. 농민의 입장에서는 여기에 전자의 경우보다 훨씬 더 큰 위험성이 잠복해 있었다. 왜냐하면 농민은 농경지에 필요한 두엄을 생산하는 그의 가축의 방목을 위해서 공동체 소유의 야생미경작지를 필요로 했기 때문이다.

소작제가 보급되어 있는 지방들에서는 대지주가 작은 촌락들에 있는 모든 농가를 매입할 수 있었고, 소작기간이 만료된 후에는 농가들을 부수어 버리고 경작지를 목초지로 전환시킬 수 있었다. 농민들의 토지 소유가 많고 세습적 소작제가 시행되는 곳에서는 경작지의 목초지로의 전환이 매우 어려웠다. 목축업자들은 이런 곳에서 그들의 목장화 노력에 대한 최대의 저항에 직면하기는 했지만, 종종 강압적인 방법을 사용해서 목표를 달성하곤 했다.

경작지의 목초지로의 전환과 그와 함께 진행된 목양업에 대해서 주민들 사이에 격렬한 저항이 일어났다. 우리는 현재까지 전해져 오는 설교들, 소책자 및 민요들 속에서 아직도 분노의 목소리를 들을 수 있다. 사람들은 많은 마을에서 양의 우리로 사용될 수 있는 교회를 제외하고는 어떤 가옥도 남김없이 파괴되었다고 통탄했다. 그들은 대지주들이 "경작을 위한 땅을 하나도 남기지 않고 모든 땅을 울타리로 둘러막아 목장으로 만들었으며, 가옥들을 파괴하고 읍락들을 부수었고, 서 있는 모든 것을 모조리 파괴하여 양의 우리가 된 교회만이 남았다"고 원망하고 있다.[11] 온순한 양이 아프리카의 야수보다도 훨씬 더 탐욕스러웠으니, 양이 사람도, 경작지도, 집도, 온 마을도 먹어 치웠던 것이다. 사람들의 이런 공포심은 인구감소로 인해서 숙적 프랑스에 대한 영국의 방어력이 맥없이 무너져 내렸다는 말로 표현되었다. 일부 지방에서는 농민들이 울타리를 허물고 울 쳐진 토지를 공유지로 복구시켰다.

1517년 정부는 이런 문제에 개입하기 시작했고, 1488년 이후의 농촌의 인구감소를 조사하기 위한 위원회가 설치되었다. 이 위원회의 보고서는 다소 불분명했으며, 그 속에는 사라진 촌락들에 대한 언급이 별로 없다. 1488년 이후에 경작지에서 목초지로 전환된 모든 토지는 원상복구되어야 하며 파괴된 모든 가옥은 재건되어야 한다는 내용으로 된 1517년의 포고령은 별 효과를 거두지 못했다. 대부분의 촌락 파괴는 1488년 이전에 일어났기 때문이다. 이들 촌락은 1334년과 1377년의 징세대장들에 기록되어 있었으나 1485년의 징세대장들에는 더이상 언급이 없다. 따라서 인구의 대격감은 1377년과 1485년 사이에 발생했음에 틀림없다고 하겠다. 흑사병(1348-1351)은 그 촌락들의 소멸 원인이 아니었다. 잉글랜드에서 한계지에 위치한 촌락들이 특별히 타격을 받았을 가능성은 있다. 그러나 비옥한 지방에 있는 촌락들 역시 사라지기도 했다. 따라서 그 원인은 양모가격과 곡물가격의 관계에서 찾아야 한다. 1379년 직후 잉글랜드에서 곡가는 큰 하락을 보이기 시작했다고 알려져 있다. 최악의 위기 단계는 그때 시작되었다.[12] 낮은 곡가는 1480년까지 지속되었으나, 그 후 다시 상승하기 시작했다. 양모가격은 1550년 무렵까지 상승했다. 농촌인구가 격감한 시기(1377-1485)는 장기간의 곡가 하락기(1379-1480)와 전적으로 일치한다.

노동력 부족과 높은 실질임금이야말로 대토지 소유자들이 그만큼 더 서둘러서 목양업으로 옮아간 요인이었음에 틀림없다. 목축업자들 즉 주민 절멸자들(depopulators)은 무엇보다 귀족, 도시 출신의 부유한 시민 그리고 수도원들이었다.

잉글랜드에서는 1086년부터 1900년까지 1,000개 이상의 촌락이 사라졌으며, 그 대부분은 14-15세기에 소멸했다. 특히 미들랜즈, 요크셔 및 링컨셔에서 심했다. 이들 지역은 곡물이 잘 재배될 수 있는 양질의 토양으로 된 곳들이지만, 또한 목장으로 이용하기에도 적합한 곳들이다. 늪지대는 이미 모두 목초지로 이용되고 있었기 때문에 황폐화된 촌락은 늪지대에서는 발견되지 않는다. 또한 황폐화된 촌락은 점토로 된 중세의 개간지에서도 보이지 않는다. 왜냐하면 이런 개간지는 개방경지로 되어 있었던 것이 아니라 울 쳐진 경지 형태로 되어 있었기 때문이다. 황폐화된 촌락은, 혼합농업이 이루어지고 재배치를 통해서 개방경지가 일찍이 울 쳐진 땅으로 변했던 삼림지대와 서부 지방의 비교적 척박한 땅에서도 발견되지 않는다. 사라진 촌락들은 무엇보다 개방경지 지역들에 위치해 있다. 그리고 목축업자들은 작은 촌락들을 그들의 권력을 이용해서 아주 손쉽게 손아귀에 넣을 수 있었기 때문에 버려진 촌락은 특히 소규모의 촌락들이었다.

우리는 곡물가격이 오르고 양모가격이 떨어지는 16세기 중엽에 경작지가 약간 확대되는 것을 볼 수 있다. 16세기 말과 17세기 초에는 잉글랜드의 북부와 동부에 있는 상당히 많은 황무지와 늪지가 경작지로 개간되었다.[13]

그 규모가 어느 정도인지는 알기 어렵지만, 인클로저화 과정은 계속되었다. 16-17세기에 경작지를 목초지로 바꾸는 사람들에 대해 격렬한 비난 여론이 일어났다. 그래서 정부는 여론을 진정시키기 위한 여러 조치를 거듭 취했다. 여론의 불안이 실제의 사실에 기초해 있었는지, 아니면 사람들이 아직 과거의 공포에서 벗어나지 못해서 그랬는지는 알려져 있지 않다.

18-19세기에 링컨셔와 요크셔에서 목장이 다시 경작지로 바뀌었다는 것은 주목할 만한 일이다. 토지소유자들이 이처럼 토지를 원상복구시키게 된 것은 높은 곡물가격 때문이다.[14] 여기에서 가격변동이 얼마나 중요한가가 명확해진다. 미들랜즈 지방은 경작지로 바뀌지 않고 여전히 목장 지대로 남아 있었다. 이 지방, 그중에서도 특히 베드퍼드셔(Bedfordshire)[9]와 레스터셔에서는 이제 런던에 육류를 공급하기 위한 가축사육이 이뤄졌다. 런던 시는 급속한 성장으로 중요한 소비 중심지가 되어, 그 수요가 광범한 지역에 영향을 미쳤던 것이다.[15]

스페인: '메스타'

"온 스페인에서 풍요는 순전히 사람들의 공적이며 오로지 그 주민들의 근면 덕분이다. 사람이 역사발전에 지배되듯이, 스페인의 농업은

....

9 런던에서 멀지 않은 잉글랜드의 중동부에 위치.

오로지 사람들에 의해서 좌우된다."[16] 어려운 자연환경 아래서 이루어지는 스페인의 농업은 경제적 변화에 극히 민감하다. 이런 민감성은 스페인의 농업에서 경종농업과 목양업 사이의 거듭 변화되는 관계 속에 반영되어 있다. 스페인의 목양업은 오랜 옛날부터 이뤄졌다. 스페인의 양모는 이 지역이 로마인에게 정복당했던 시절에는 물론이고 그 이전 시기부터 이미 알려져 있었다. 양모는 길고 불그레한 다갈색의 털을 가진 이베리아반도 원산의 양에서 채취되었다. 1142년 이후 이 토종의 양은 베니-메리네즈의 베르베르족으로부터 그 이름이 붙여진 메리노종 양에게 밀려났다. 메리노종 양의 털은 희고 짧으며 곱슬곱슬하다.[17]

목양에는 이동식 목양과 정착식 목양이 있다고 할 수 있다. 이동식 목양에서는 양떼가 여름 목장에서 겨울 목장으로, 또는 그 반대의 방향으로 먼 거리를 반복 이동한다. 정착식 목양에서는 양떼가 그 소유자의 집 근처에 있는 목장에 계속 머물면서 풀을 뜯는다.

우리는 이동식 목양(프랑스어로는 'transhumance')을 남부 이탈리아(로마시대 이전에 이미), 카르파티아산맥, 발칸반도, 알제리, 스페인, 나바라(Navarra),[10] 코르시카, 피레네산맥, 프로방스, 스위스, 남부 독일, 스코틀랜드 및 칠레에서도 볼 수 있다. 양떼는 약 75미터 폭의 특별히 난 길을 따라 이동했다. 양떼가 다니는 길 옆에는 농경지가 있어서, 어디에서나 양치기들은 곡식을 뜯어 먹으려는 양들에게서 피해를 입는 경작 농민들과 끊임없이 마찰을 빚곤 했다. 그 길의 경계는 분명하지 않았으며, 농민들은 계속해서 그 길을 좁히려고 했다.

스페인에서는 이동식 목양이 이미 기원후 6-7세기에 실시되었다.[18] 양떼의 이동로는 피레네산맥으로부터, 양떼들이 겨울을 나는 라만차(La

....

10 피레네산맥에 접한 스페인 북부 지방.

Mancha),[11] 에스트레마두라(Estremadura)[12] 및 과달키비르강의 남쪽 평원들에까지 뻗어 있었다. 무어인에 대한 1212년 라스나바스데톨로자에서의 승리와 1252년 세비야의 정복 후에 이동식 목양이 재개될 수 있었다. 왜냐하면 수 세기 동안 무어인의 지배를 받아 온 남부 지방이 비로소 무어인의 장악에서 벗어났기 때문이다. 1273년 카스티야의 알폰소 왕(Alfonso X)은 그의 왕국 내의 모든 목양업자로 구성되는 전국적인 조직인 메스타(Mesta)를 창설했다. 메스타는 주인 없는 모든 양의 소유를 주장할 수 있는 권리를 부여받았으며, 양치기들은 그들 자신의 독자적인 치안권을 가졌다. 14세기 초부터 양모의 수출은 중요한 것이 되었으며, 국왕의 보호 아래 독점되었다. 15세기 후반 페르난도와 이사벨의 치세기간에 양모의 수출은 최고조에 이르렀다. 그리하여 양모가격이 농업불황의 영향을 별로 받지 않게 됨으로써 메스타는 곡물가격이 낮은 바로 그 시절에 번영기를 맞이했다. 페르난도와 이사벨은 목양업에 비해 경종농업을 경시하는 정책을 추진했다. 목장을 확장하려는 온갖 종류의 조치가 취해진 반면에, 경종농업을 발전시키려는 노력은 금지되거나 높은 수출관세의 징수를 통해서 방해받았다.[19]

1515년 이후 높은 식료품 가격에 대한 불만이 점증했고, 경종농업 종사자들은 경작지 확대에 대해서 정부의 보다 협조적인 태도를 요구했다. 그러나 카를 5세(스페인에서는 카를로스 1세)는 그의 정책의 기조(基調)를 양모 수출에서 이익을 추구하는 데에 두고 있었으므로 경지면적 확대에 반대했다. 그는 1525년에, 1517년 이래 경작지로 전환되었던 모든 토지는 목양업자가 사용할 수 있도록 목초지로 원상회복되어

....

11 스페인의 남부 지방. 마드리드와 안달루시아 사이에 위치.
12 스페인의 남서부 지방.

야 한다는 칙령을 내렸다. 1552년에 이 칙령은 1540-1552년간에 대해서도 유효하다고 재반포되었다.

그렇지만 무엇보다 아메리카산 귀금속의 수입이 증가하던 1535년 이후에는 곡가가 급속히 상승하기 시작했다. 1550년 이후 메스타에 대한 농민의 반대는 더욱더 격렬해져 갔고, 이에 따라서 국왕은 목초지가 경작지로 전환될 수 있게끔 허용하는 일이 점점 더 잦게 되었다. 이런 허가의 대가로 국왕은 그가 몹시 필요로 했던 돈을 받았다. 메스타의 쇠퇴는 1560년경부터 시작되었다. 메스타가 가지고 있던 양의 수는 1516-1520년에 약 300만 두로 가장 많았으나, 1556년 이후에는 겨우 200만 두가 될 정도로 격감했다.

경작지는 1609년 이후까지 계속해서 확대되었다. 그러나 17세기 중엽 이후의 곡가하락은 다시 경종농업에 불리한 영향을 미쳤다. 17세기 말에 경종농업은 카스티야의 거의 모든 지방에서 목양업으로 대체되었다. 그러나 이때의 목양업은 정착식 목양 형태를 취했다. 거의 규제를 받지 않는 형태의 이 목양업은 경종농업에 치명적이었다.

동부 독일과 마찬가지로 스페인에서도 16-17세기에 대지주들로 말미암아 촌락의 인구감소('despoblados') 사태가 발생했다. 곡가가 낮은 시기에는 토지를 농민들이 경작하도록 하기보다 목초지로 이용하는 것이 대지주에게 수익이 더 컸던 것이다. 경종농업의 마지막 흔적은 거의 사라져 버렸다.

그렇지만 18세기에 곡가가 다시 상승하자 경작지에 대한 수요는 점점 더 커졌다.[20] 이미 18세기 초반에 목초지의 경작지로의 전환이 재개되었다. 이것은 1759년에 즉위한 카를로스 3세의 정책에 의해서 크게 장려되었다. 높은 곡가는 지대의 상승을 초래했고, 농민들이 경작지에 더욱 정성을 쏟는 계기가 되었다.

농업경영 방식과 경제적 환경 변화 사이에 관계가 있다는 것은 스페인의 사례를 통해서 더없이 잘 입증되고 있다.

노르웨이와 한자동맹의 독점

14-15세기에 다른 나라들에서 일어난 것과 같은 어려운 상황이 스칸디나비아에서도 발생했다. 농가들은 황폐화되었고 노동력은 부족했으며 지가(地價)는 떨어졌다. 노르웨이에서는 주곡농업에서 축산업으로의 전환이 이뤄짐으로써 버터가 중요한 수출품 가운데 하나가 되었다.[21]

노르웨이에서 노동력 부족 현상은 일찍이 1250년부터 나타났다. 그때 이미 많은 농민의 입장에서는 경작을 계속하는 것보다 목재나 어물을 거래하는 것이 수익이 더 컸다.[13] 1350년과 1400년 사이에 지가는 그 전 지가의 절반 정도로 떨어졌으며, 특히 1360년 이후 폭락하기 시작했다. 많은 농장이 황폐화되었으며, 특히 우리는 소규모 농장이 많이 버려졌음을 볼 수 있다. 농업에 계속 종사하는 한, 사람들은 경종농업에서 축산업으로 전환했다. 밀가루 가격에 비해서 버터 가격이 폭등했기 때문이다. 1200년부터 1275년까지 버터 가격은 이미 50퍼센트 상승했고, 그 후 1350년까지 버터와 밀가루의 가격 관계는 변함이 없었다. 그렇지만 1360년 이후 버터 가격은 다시 상승하기 시작하여, 1350년부터 1400년까지의 시기에는 50-60퍼센트로 올랐다. 1200년에 밀가루와 버터의 가격 비율이 100:100이라고 한다면, 1400년 무렵에는 100:225나 100:240으로 되었다.

....

13 곡가의 하락 때문이다.

노르웨이에서 곡물농업의 쇠퇴는 이 나라가 호밀의 수입과 관련하여 한자동맹에 전적으로 종속하게 되는 위험을 안고 있었다. 독일의 한자동맹 도시들은 노르웨이에 호밀가루와 엿기름을 수출하여 어물과 버터로 바꾸어 왔다. 한자동맹은 노르웨이에 대해서 곡물, 밀가루 및 맥주의 공급 독점권과 건어물로 가공될 수 있는 노르웨이산 대구와 여타 어물에 대한 구매 독점권을 보유했다.

이러한 한자동맹에 대한 종속의 문제를 둘러싸고 역사가들 사이에 광범위한 논쟁이 벌어졌다. 이 논쟁에서 노르웨이의 역사가들은 한자동맹이 값싼 곡물을 수출함으로써 노르웨이의 농업을 의도적으로 파괴했다고 비난한다. 이런 방식으로 한자동맹은 곡물공급의 독점권을 장악하는 데에 성공했다는 것이다. 그러나 비록 곡식에 관해서는 노르웨이가 한자동맹에 종속되는 결과가 발생했지만, 사태의 전개는 그와는 달랐다. 농업불황에 대한 노르웨이 농업의 반응은 이미 잘 알려진 패턴과 완전히 일치한다. 노르웨이의 경종농업은 극히 불리한 기후조건 아래서 이뤄졌다. 여기에서는 곡가가 떨어지는 경우에 곡물을 재배한다는 것은 더이상 수지가 맞지 않았다. 농민들은 더 나은 값을 받을 수 있는 생산물, 즉 버터 생산으로 전환했다. 버터 생산은 경종농업에서 축산업으로의 전환을 초래했으며, 경종농업은 포기되었다. 경제적 측면에서 볼 때, 농민들이 값싼 곡물을 수입하면서 버터 같은 고가품 생산에 종사하는 것은 전적으로 당연한 일이었다.

곡가가 16세기에 재상승했을 때, 다시 반대 방향으로의 변화가 일어났다. 1550년 이후 북부 노르웨이에서는 경종농업이 확대되었고, 내륙 깊숙이 위치한 피오르 연안의 인구는 증가했다. 어물의 가격은 곡가보다 훨씬 작게 상승했으므로 어민들 사이에는 격심한 빈곤이 만연했다.[22]

5. 중세 후기의 농업

경종농업

과거의 농업에 관해서 서술할 때 종종 단순히 여러 지방에서 재배된 농작물의 이름을 나열하는 경향이 있다. 그러나 이런 방식의 서술로는 시간이 지나면서 일어난 변화들을 파악할 수 없다. 변화를 파악하기 위해서는 계량적 자료가 필요하다. 계량적 자료가 있어야 재배되는 농작물들이 바뀌어 가는 과정을 추적할 수 있다. 이와 같은 재배작물의 변천은 대개는 역시 경제환경의 변화가 있었음을 가리킨다.

경작면적과 수확고에 관한 계량적 자료가 중세 후기에는 유감스럽게도 아직 없다. 한 나라 전체나 그보다 좀더 큰 지역에 관한 자료가 없는 것이다. 한두 개의 대영지 출처의 회계장부가 우리가 기대하는 이런 정보를 제공하고 있을 뿐이다. 국제적 차원에서는 일부 나라들로부터 곡물농업이 자급할 수 있을 만큼 발달하지 못한 다른 나라로 곡물이 수출되었다는 것만이 알려져 있다. 이런 곡물수출 지역으로는 독일에서는 율리히와 클레베 및 겔더,[1] 프랑스에서는 솜강 유역과 센강 유역 그리고 그 외 잉글랜드가 있었다. 13세기 말에 프로이센과 폴란드의 곡물수출이 시작되었고, 14세기 초에 발트해 여러 나라의 곡물수출이 그 뒤를 따랐다. 곡물은 네덜란드, 북부 노르웨이 그리고 워시만(灣)의 늪지대와 대목양 지역과 같은 곡물이 부족했던 잉글랜드의 여러 지방에 선박으로 수송되었다. 낙농제품은 네덜란드, 스칸디나비아 및 남부 폴란드가 수출지역이었다.[1]

몇몇 잉글랜드의 대영지에 관한 회계장부에는 재배된 농작물에 관한 자료가 있다. 여러 가지 농작물이 파종된 면적의 크기가 기록되어 있는 경우가 있는가 하면, 갖가지 농작물의 수확량이나 판매량이 기록되어 있는 경우도 있다. 그러나 후자에 관한 자료는 기껏해야 여러 가지 재배작물의 총량만을 언급하고 있으므로 별 가치가 없다.

여러 가지 농작물이 파종된 면적의 크기는 윈체스터 주교좌 영지(1200-1449), 웨스트민스터 수도원의 소유로 켄트의 웨스터엄에 있는 영지(1297-1350), 옥스퍼드의 머턴 칼리지의 영지(1333-1336) 그리고 윈치쿰 수도원의 소유로 글로스터셔의 셔본에 있는 장원(1425-1463)의 회계장부 속에서 볼 수 있다.[2] 그 밖에 레스터 수도원(1401-1470), 레스터셔에 있는 온스턴 수도원(1363-1386), 서식스에 있는 애런들 백작의 영지(1397) 그리고 생베르탱 수도원(프랑스) 소유로 뵈브르캉에 있는 60개의 농민보유지에 대해서는 수확고와 십일조에 관한 자료가 아직 남아 있다.[3]

....

1　세 지역 모두 라인란트의 국경 가까이 위치.

영지	연도	합계면적 (헥타르)	백분율					
			밀	보리	귀리	호밀	콩 및 살갈퀴	기타 작물
윈체스터	1200	1392	39.9	14.8	45.3	-	-	-
	1449	447	42.0	28.0	30.0	-	-	-
웨스터엄	(1297-1302)	48*	36.0	-	40.0	9.6	0.6	13.8
	(1345-1350)	48*	37.5	-	36.0	9.0	10.0	7.5
머턴 칼리지	1333/1334	506	42.2	22.0	26.0	4.2	5.6	-
	1335/1336	522	38.8	26.7	20.8	3.4	9.1	1.2
셔본 장원	1425/1426	160-180	40.6	41.5	12.9	-	5.0	-
	1435/1436	-	34.2	50.5	9.9	-	5.4	-
	1445/1446	-	25.5	70.5	4.0		-	-
	1452/1453	-	20.0	66.7	10.0	-	3.3	-
	1462/1463	-	29.1	59.1	11.8	-	-	-

* 웨스터엄 소재 영지의 총면적은 내야 48헥타르, 외야 160-240헥타르이다.

위의 표는 호밀의 비중이 매우 낮다는 점에서 전형적으로 잉글랜드적이다. 잉글랜드에서는 밀, 귀리 및 보리가 매우 중요한 곡물이었지만, 서유럽 대륙에서는 호밀이 훨씬 더 중요한 곡물이었다. 윈체스터 주교좌 영지에서는 귀리 경작이 줄어드는 대신에 보리 재배가 늘어나고 셔본에서는 밀 경작이 줄어드는 대신에 보리 재배가 확대되었다는 것은 주목할 만하다. 이것은 중세 후기 다른 곳에서 알려진 것과 일치한다. 레스터셔, 알자스 및 트벤터에서도 마찬가지로 보리 재배가 확대되고 있음을 우리는 확인할 수 있다.[4] 아마도 1300년 이후 보리 재배의 확대는 주곡 재배의 쇠퇴와 그와 동시에 진행된 축산업의 확대와 관련되어 있는 것으로 보인다. 보리는 사료용으로뿐만 아니라 양조용으로도 이용되었다. 보리는 환금작물과 같은 범주에 속한다. 맥주에 대한 수요는 빵에 대한 수요보다 탄력성이 더 크다.

또 하나의 중요한 현상은 농작물 가운데 콩류의 비중 증대이다. 레스터 수도원의 25개 소유지에서는 14-15세기에 총면적 가운데 23퍼센트 이상에 동곡이 파종되지 않았다. 1363년에 완두콩 재배면적은 총면적의 17퍼센트였으나, 14세기 말에 그것은 30퍼센트로 증가했으며 15세기 내내 그 수준으로 유지되었다. 콩과(科) 작물의 재배는 토양에 질소를 보태 주기 때문에 중요하다. 여기에서 시행되는 재배 체계는 '근대적인' 인상을 풍긴다. 콩은 또한 가축의 사료로도 이용되었다.[5]

잉글랜드의 문헌사료에는 밀, 보리, 귀리, 호밀, 잠두콩, 완두콩, 살갈퀴 및 혼합곡(밀과 호밀의 혼합곡)이 파종되는 씨앗의 양에 관한 자료가 제시되어 있다. 수확량 역시 알려져 있으므로 파종량 대 수확량의 비율을 산출할 수 있다. 그러나 그 산출에는 여러 가지 어려움이 따른다. 이런 어려움 가운데 하나는 십일조와 관련된 것이다. 자료는 거의 언제나 집으로 거둬들인 수확물을 언급하고 있다. 그렇지만 십일조가 부과되는 토지의 경우, 십일조 징수자가 들판에서 열 번째의 곡식단을 배당받는 것이 관례였다. 따라서 토지소유자 자신이 십일조 징수자가 아닌 이상, $\frac{1}{9}$만큼 십일조 부과대상 토지의 수확고를 올려 잡아 계산해야 할 것이다. 다른 난점은 곡식을 베는 사람들과 묶는 사람들이 때로 임금으로 들판에 서 있는 곡식단(헥타르당 다섯 단)을 받았으며, 수확물의 일부를 들판에서 미리 가축의 사료로 사용했다는 것이다. 그래서 1528년과 1564년 사이에 튀링겐의 바이마르 근처에 있는 몇몇 영지에서 수확 노동자와 타작 노동자의 보수가 수확물로 지불되던 것이 일부 화폐지불로 바뀌었기 때문에, 파종량 대 수확량의 비율은 개선된 것처럼 보이게 되었던 것이다.[6]

한편 회계장부에 기록된 수확고는 다른 땅뙈기들로부터 생산된 수확물이 포함되거나, 아니면 일부 땅뙈기들이 수확물은 지주에게 돌아가면서도 파종은 소작인에 의해서 이뤄짐으로써 과장됐을 수 있다.[7]

13세기의 저술가들에 따르면 통상적인 파종량 대 수확량의 비율은 밀의 경우에는 1:5, 보리가 1:8, 귀리가 1:4 그리고 호밀이 1:7이었다.[8] 그렇지만 실제 자료를 통해서 우리가 아는 한, 이들 수치는 평균적인 수준을 나타내는 것으로 볼 수 없다. 일반적으로 밀의 파종량 대 수확량의 비율은 약 1:4, 보리는 1:3.5, 귀리는 1:3 그리고 호밀은 1:5.5 정도였다. 십일조가 산입되어 있지 않기 때문에 수확물에 $\frac{1}{9}$을 더한다고 하더라도, 그 비율은 밀이 1:4.4, 보리가 1:4, 귀리가 1:3.3 그리고 호밀이 1:6.1이 된다. 이런 비율은 저술가들이 언급한 비율보다도 더 낮은 수준이다. 유일한 예외는 테이비스톡 수도원(잉글랜드)의 영지에서 일어났다. 이 수도원의 소유지는 비록 인산염이 부족한 다소 척박한 땅에 위치해 있었지만 매우 집약적인 토지이용을 통해서 훌륭한 성과를 거둘 수 있었다.

최대치와 최소치는 물론, 평균치가 제시되고 언급 횟수까지 표시된 자세한 통계자료는 뒤의 부록의 〈표 2〉에서 볼 수 있다.

격심한 풍년과 흉년의 결과로 생기는 차이를 제외하고는, 잉글랜드의 여러 지방을 연구한 로저스, 베버리지, 솔트마시, 데이븐포트, 모건, 페이지, 래프티스, 핀베르크 등의 연구자들의 수확고에 대한 연구결과는 대체로 일치한다.

중세의 도량형을 오늘날의 도량형 단위로 환산해서 나타내기가 어려우므로, 다음 표와 같은 곡물의 파종량과 수확량에 관한 통계는 주의를 기울여 보아야 한다. 테이비스톡 수도원의 장원들에서 사용된 에이커의 크기나 부셸의 용량은 불확실하기 때문에, 파종량과 수확량에 관한 통계를 제시하는 것은 아주 어렵다.

헥타르당 곡물의 파종량과 수확량

영지	연도	밀		보리		귀리	
		파종량	수확량	파종량	수확량	파종량	수확량
머턴 칼리지 (옥스퍼드)	1333/1334	216	869	350	1,226	346	910
	1334/1335	216	1,040	337	1,157	349	1,067
	1335/1336	200	841	333	1,369	354	1,004
윈체스터 주교좌	1200-1249	187	733	273	1,143	351	1,006
	1250-1299	216	819	330	1,143	403	941
	1300-1349	201	849	330	1,257	359	870
	1350-1399	194	840	337	1,337	344	984
	1400-1449	187	833	344	1,487	337	1,221
그랜체스터	1455-1465년간 평균	332	1,096	449	1,500	359	575
그랜체스터 (십일조 포함)	상동	332	1,222	449	1,671	359	638
잉글랜드	1895-1914년간 평균	247	2,817	269	2,960	427	3,657
1895-1914년간 잉글랜드의 파종량 대 수확량 비율		1:11.4		1:11.0		1:8.6	

(단위: 리터)

중세의 통계를 1895-1914년간의 영국의 일반적인 수치들과 비교할 때, 근대의 수확량은 중세보다 $2\frac{1}{2}$ 배에서 3배까지 많다는 것을 알 수 있다.[9] 그 차이는 사용된 파종량(용량으로 측정된)에 있는 것이 아니다. 파종량은 중세에도 오늘날과 어느 정도 같았기 때문이다. 중세에 윈체스터에서는 오늘날보다 더 많은 보리 씨앗이 사용되었고, 그랜체스터(Grantchester)[2]에서도 마찬가지로 밀과 보리의 씨앗이 오늘날보다도 더 많이 사용되기도 했다. 그렇지만 중세에 파종량이 오늘날과 같거나 심지어 더 많다고 하는 경우, 이것은 헥타르당 작물의 포기 수가 훨씬 더 많았음을 의미한다. 왜냐하면 중세에는 씨앗이 선별되지 않아 더 잘고 단단했기—이로 인해 비중이 더 높았다—때문이다. 따라서 용량 단위당 곡식의 낟알 수도 더 많았다. 그런데도 농작물은 발육상태가 훨씬 더 좋지 않고 싹도 몇 개 나오지 못했다. 그 때문에 중세의 수확량은 오늘날보다 훨씬 더 적게 된 것이다.

중세에 수확고가 상대적으로 낮았던 것은 씨앗이 좋지 않다는 점 외에 농경방식 때문이기도 하다. 대부분의 지방에서 농경지는 좁고 길며 가운데가 불룩한 밭들로 이루어져 있었다. 높은 이랑을 가진 좁다란 경지형태는 당시 반전이 쉽지 않았던 쟁기의 사용 때문에 생겨났을 뿐만 아니라 배수를 위해서도 필요했다. 그러나 그 결과로 강우량이 대단히 많은 해에는 경지의 중앙부에서 풍작을 거두지만 보다 낮은 경사면에서는 풍작을 거둘 수 없다. 반면에 가뭄이 든 해에는 밭 가운데 높은 부분에서 자라는 곡식이 말라 버렸다. 또 경지가 둥근 천장 모양으로 볼록하여 고른 써레질이 불가능했고 수확물을 운반하기가 어려웠다.

시비의 부족과 다루기 어려운 쟁기로 인한 불충분한 갈이질 그리고 쟁기를 끄는 역축의 빈약한 힘은 생산고가 낮았던 이유를 설명해 주는 요인들이다. 이들 요인은 또한 수확고의 격심한 변동을 초래하기도 했다.

윈체스터 주교좌의 회계장들에 나타나는 장기간에 걸친 일련의 자료는 그 자료가 다루는 시기의 농업발전에 관한 약간의 결론을 도출할 수 있게 해 준다.

....

2   케임브리지 남쪽 인근.

우리는 이들 회계장을 통해서 1220년부터 1449년까지의 기간에 헥타르당 수확량이 벌써 약간 증가하거나, 아니면 수확고가 1250년과 1349년 사이의 일시적인 하락 후에 곧바로 다시 증가함을 볼 수 있다. 경기후퇴기(1250-1349)에는 보통 때보다 더 많은 종자를 사용하면서도, 수확고는 그에 비례해서 증가하지 않고 오히려 떨어지는 것이 특징이다.[10] 만약 농민들이 인구증가로 인한 수요의 증대와 그에 병행되는 높은 곡가와 관련하여 씨앗용 곡물을 더 많이 사용함으로써 생산량을 증대시킬 수 있다고 생각했다면, 그들은 완전히 잘못 생각한 것이다. 수확고가 낮았던 것은 한계지 이용의 결과이거나, 또는 높은 곡가 때문에 경작지 시비용 두엄의 산출량을 감소시키는 가축사육 규모의 축소 아래서 이뤄지는 곡물경작지의 확대 결과일 수 있다. 한편 곡가가 낮을 때의 높은 수확고는 경종농업의 희생 아래 축산업이 확대됨으로써 두엄 공급이 많아진 데에서 기인한다고 할 수 있다. 더욱이 우리는 농산물 가격이 낮은 시절에 농민이 개별적으로 가능한 한 수확고를 높이려고 애쓰는 것을 거듭해서 본다. 모든 농민은 근면한 노동과 생산의 증대를 통해서, 그가 종사하는 농업에서 가능한 생계수단을 찾으려고 노력한다. 이러한 생산증대 노력은 일반 곡가 수준에 악영향을 미침으로써 곡물가격의 하락 추세를 가속화시킨다.

중세 후기 잉글랜드의 문헌사료로부터 알려진 파종량 대 수확량의 비율은 16-17세기와 심지어 18세기의 서유럽 여러 다른 나라로부터 나온 자료와 일치한다.

이러한 방식으로 형성된 중세의 수확고에 관한 일반적 이미지에 혼란을 주지 않기 위해서, 아르투아(북부 프랑스)에 있는 몇몇 영지에 관한 자료는 의도적으로 고찰 대상에서 제외되었다. 그 자료들은 별도의 고찰이 필요할 정도로 매우 특이하고 이미 근대적인 성격을 띠고 있다.

이 밖에도 파종량 대 수확량의 비율이 특별히 높은 여러 다른 사례들이 제시될 수 있다.

생토메르와 에르 사이에 위치한 로크투아르, 에스댕의 남동쪽에 위치한 보니예르, 베튀느의 남서쪽에 있는 고스네 그리고 릴의 서쪽에 있는 사이(Sailly)[3]에 있는 영지들의 직접 경영에 관한 회계장부가 일부 보존되어 있다. 이들 영지는 미남왕 필리프 치하의 정부관리인 띠에리 디르숑의 소유였으나, 후에는 아르투아 주교의 소유가 되고 다시 아르투아의 마띨드 여백작의 소유가 되었다.

로크투아르				
연도	밀	귀리	밀(헥타르당 리터)	
			파종량	수확량
1318/1319	7.5	-	141	1,053
1319/1320	9.7	-	141	1,366
1320/1321	11.6	3.8	142	1,645
1321/1322	8.3	4.5	141	1,165
1322/1323	9.3	5.0	141	1,309
1323/1324	-	2.6	-	-
1324/1325	7.3	-	139	1,009
1325/1326	-	-	-	-
1326/1327	7.6	2.7	139	1,054

....

3   모두 프랑스의 최북단 아르투아 지방에 위치.

고스네			
연도	밀	귀리	헥타르당 밀 140리터의 파종량에 대한 수확량(리터)
1332/1333	11-12	6.0	1,540-1,680
1333/1334	14.0	8.2	1,960
1334/1335	15.0	5.5	2,100
1335/1336	11.0	7.0	1,540
1338/1339	8.0	-	1,120
1339/1340	16.0	-	2,240
1342/1343	14.0	-	1,960

    이들 회계장으로부터 산출된 밀과 귀리의 파종량 대 수확량의 비율 (파종용 씨앗=1)은 위의 표에 제시된 바와 같다.[11]

밀							
장소	연도	파종량 대 수확량			수확량(헥타르당 리터)		
		평균	최소	최대	평균	최소	최대
윈체스터	1200-1499	4.0	2.5	6.1	815	733	849
머턴 칼리지	1333-1336	4.3	4.0	4.8	917	841	1,040
그랜체스터	1455-1465	3.3	2.3	4.7	1,096 또는 1,222	-	-
로크투아르	1318-1327	8.7	7.3	11.6	1,229	1,009	1,645
고스네	1332-1343	12.8	8.0	16.0	1,790	1,120	2,240
히춤	1570-1573	13.6	7.0	17.0	-	-	-
하웰	1612-1620	11.6	5.5	20.2	2,605	1,237	4,545
클룬데르트	1740-1780	-	-	-	1,600- 2,000	-	-
네덜란드의 바다 점토지대	1851-1860	-	-	-	1,930	-	-

우리는 이와 같은 높은 수확고가 16세기 히춤에 있는 프리슬란트의 농민 링크 헤메마의 농장에서 그리고 17세기 영국의 옥스퍼드 근처 하웰에 있는 로버트 로더라는 사람의 농장에서 예외적으로 나타남을 본다.[12] 그렇지만 이런 수확고는 각기 그 시대에 대단히 선진적인 수준이었다. 이와 같은 수확고는 18세기 말과 19세기 초에 가서야 통상적인 수준이 된다. 고스네의 밀의 평균 수확고는 1851-1860년간에 네덜란드의 바다 점토지대의 수확고보다 약간 더 낮을 뿐이다. 히춤과 하웰의 농장들을 비교해 보면, 근대적인 농업경영 방식의 여러 특징이 나타난다. 이런 지식에 의거해서 아르투아에서의 농업경영을 고찰해 보면, 우리는 그 경영이 헤메마와 로더의 농업경영과 여러 가지 점에서 같음을 보게 된다.

아르투아에서는 곡물 외에 완두, 잠두 및 살갈퀴가 많이 재배되었다. 삼포제가 어느 정도로 시행되었는지는 분명하지 않지만, 보니예르에서는 귀리가 첫 해에 재배되었고, 두 번째 해에는 사료용으로 완두와 살갈퀴로 된 혼합작물이, 세 번째 해에는 밀이 재배되었다. 우리는 어느 경우에나 농작물 가운데 콩류가 중요한 위치를 차지하고 있음을 다시 한번 보게 된다. 파종용 곡물은 정선(精選)되고 깨끗이 손질되었다. 헤메마와 로더의 농장들처럼 거름은 농장 바깥에서 구입되었다. 구입된 거름의 시비량이 얼마나 많았는지는 분명하지 않으나, 아마도 땅에 시비된 거름의 $\frac{1}{3}$이나 $\frac{1}{2}$이 외부로부터 구입되었던 것으로 보인다. 그처럼 많은 거름의 구입은 근대적인 농업경영의 특징이다. 때때로 토지에는 이회토와 석회가 뿌려졌다. 그리고 생산된 곡물은 상인에게 판매되어 배로 헨트나 브뤼허로 수송되었다. 따라서 시장생산이 이뤄졌던 셈이다.

쟁기질하는 데에는 말을 사용했다. 재산명세서들은 농장에 온갖 종류의 농기구가 많이 있었음을 보여 준다. 이런 농기구의 일부는 이제는 목제로 되어 있지 않고 철제로 되어 있었다. 또한 많은 고용인을 고용했다. 건초를 만들고 괭이로 잡초를 제거하는 데에는 많은 수의 임시 여성고용인을 고용하여 작업일수—6월과 7월보다 5월에 더 적다—에 따라서 보수를 지불했다. 헤메마와 로더의 농장들처럼 상시 고용인(vaste personeel)도 자주 바뀌었다. 보니예르에서는 1322년에 23명이 일하고 있었으나, 1328년에는 이 가운데 단지 5-6명이 남아 있었을 뿐, 그 나머지는 모두 새로 고용된 사람들이었다. 사이에서는 1325년에 15명이 고용되어 있었으나, 1328년에는 이 가운데 6명만이 남아 있었고 나머지 9명은 신규 채용자들이었다. 전체적으로 볼 때, 우리는 지주나 경영인이 합리적인 경영 자세를 갖추었음을 알 수 있다.

높은 파종량 대 수확량의 비율은 부분적으로는 헥타르당 평균 141리터라고 하는 매우 적게 사용된 파종량으로 설명할 수 있다. 윈체스터 주교좌와 머턴 칼리지의 영지들에서는 훨씬 더 많은 씨앗, 즉 헥타르당 각각 197리터와 211리터가 소요되었다. 아마도 아르투아에서는 밭고랑을 따라서 뿌림으로써 씨앗을 절약할 수 있었던 듯하다. 적어도 그런 방법이 당시에 이미 알려져 있었다고 한다면, 틀림없이 그렇게 했을 것이다.[13]

이들 영지는 대량의 곡물수요가 있었던 인구조밀 지역에 위치해 있었다. 곡가는 1310년대에 특별히 높았으며, 따라서 곡물경작에 많은 노동과 돈을 투입할 만했다. 이와 같이 경제적으로 유리한 조건 아래에서 근대적 농업의 선구자로 볼 수 있는 경영체들이 성립했다. 이것은 서유럽 역사상 그런 종류의 경영체로는 최초의 것이었다. 이미 14세기에 노동과 비용을 아끼지 않고 기꺼이 투자하기만 한다면 좋은 성과가 거두어질 수 있었음이 분명하다. 그럼에도 불구하고 다른 곳들에서 성과가 훨씬 더 작았던 것은 무지나 기술의 미발전 때문이 아니었다. 오히려 경제적 조건이 특별히 애써 농사를 지을 만큼 유리하지 못했기 때문임에 틀림없다.

남부 플랑드르와 아르투아는 집약적인 농업지역을 형성했으며, 이에 대해서는 비교적 많은 것이 알려져 있다. 14세기부터는 앞서 말한 회계장이 존재하며, 18세기부터는 한 농장에 대한 르클레르 드 몽리노(Charles Leclerc de Montlinot)**⁴**의 상세한 기술이 있다.¹⁴⁾ 1716년에 이 지역의 파종량 대 수확량의 비율은 1:13부터 1:16까지였다.¹⁵⁾

아르투아의 영지들이 보여 주는 번영은 곧 끝나게 되었고, 장기간의 농업불황이 시작되었다. 그러나 그때에도 농업의 발전은 중단되지 않았다. 다시 한번 농업 분야에서 여러 가지 발전이 이뤄진 곳은 플랑드르 지방이었다. 당연히 이 발전은 사람들의 경제적 활동을 규정하는 특별한 경제상황에 조응(照應)한 것이었다. 곡가는 낮았던 반면에 축산물과 환금작물은 상대적으로 높은 가격을 유지하고 있었다. 사람들은 이제 점차 여러 가지 농법을 발전시키기 시작했다. 그 가운데에는 사료작물의 재배면적을 확대하는 방법도 있었고, 아니면 한동안 경작지를 목초지로 이용하는 방법도 있었다. 이런 농법 덕분에 가축을 더 많이 사육할 수 있게 되었다. 많은 가축의 사육에서 나오는 두엄을 경작지에 이용함으로써 수확량이 증대하거나, 아니면 곡식보다 더 많은 거름이 소요되는 여러 가지 환금작물을 재배할 수 있게 되었다. 이런 새로운 농법들의 부수적인 결과는 휴경지의 면적이 축소되는 것이었다.

....

4　19세기 프랑스의 성직자이자 언론인(1732-1801). 사회의 비참상과 걸인 문제를 다룬 저술들로 유명했다.

이전의 역사가들은 이와 같은 휴경지의 축소가 곡물생산을 증대시키려는 의도를 가진 신농법의 주요 목적이었다고 생각했다. 그러나 우리는 이런 신농법의 실시가 곡가가 낮았던 1350-1500년간과 1620-1750년간에 언급되고 있음을 보게 된다. 더욱이 이들 농법은 목초지의 확대를 위해서 경작지 면적이 대폭 축소되는 농법들인 것이다.

14세기에 들어와서는 다음과 같은 세 가지 신농법이 처음으로 언급된다.

1. 토지를 3년마다 휴경하지 않고 4년이나 5년 또는 6년마다 휴경하는 집약적 경작. 이런 휴경지의 축소가 반드시 사료작물의 재배와 관련되어 있는 것은 아니다. 이와 같은 휴경지 축소는 역시 토지에 거름을 보다 많이 줌으로써 달성될 수 있다. 대체로 원래 같으면 휴한했을 해에 사람의 식량과 가축의 사료용으로 콩을 재배했다. 이것은 무엇보다 잉글랜드와 네덜란드에서 그러했다. 남부 프랑스에 있는 대서양 쪽 피레네산맥의 북쪽 기슭에서는 16세기부터 휴경하는 해에 옥수수를 재배했고, 앙제와 투르 근처의 루아르강 지역에서는 콩이나 아마 또는 대마를 재배했다.[16] 이런 농법은 큰 소비중심지의 근처에서만 시행할 수 있다. 휴경지의 축소로 가축을 휴경지에서 더이상 방목할 수 없게 되었으므로, 이런 집약적 경작에서는—사료작물이 휴경되는 해에 재배되지 않는 경우—예컨대 산, 강변 또는 해변과 같은 넓은 방목지대를 가지는 것이 필요했다.

이 농법을 통해서 가축사육이 확대되거나, 아니면 경종농업이 보다 집약적으로 이뤄질 수 있다. 이 두 가지 가능성 가운데 어느 것을 선택하는가는 휴경지에 재배되는 농작물에 따라서 결정된다.

이와 같은 집약적 경작에 대한 최초의 기록은 1328년에 나타난다. 카셀(프랑스령 플랑드르) 북서쪽에 있는 부르부르에서는 10.5헥타르의 토지에 밀, 귀리, 잠두콩 및 사료용 곡물을 재배했다. 휴경지에 관해서는 더이상 아무런 언급이 없다.[17]

2. 또 하나의 새로운 농법은 토지를 얼마 동안 경종농업용으로 이용하다가, 그 다음에 목초지로 수년간 이용하는 것이었다. 이것이 축산업에 중점을 두는 곡초식 농법이다. 플랑드르에서는 이 농법을 6년 주기로 이용했으나, 대개는 9년 주기로 이용했다. 즉 한 해는 동곡, 한 해는 하곡을 심고 한 해는 휴경을 한 후, 3년 또는 6년간은 목초지로 이용했다. 17세기에 목초지는 클로버 밭으로 대체되었다.

아마도 이런 곡초식 농법에 대한 최초의 기록은 1323년 헨트의 성벽 바로 남쪽에 있는 토지들에 관한 것으로 보인다. 어쨌든 이 농법은 1368년 알스트(헨트 근처)에 있는 신트피터르[5]와 1372년 알스트 근처의 레더에서 실시되었다.[18]

3. 사료용 순무, 큰개미자리, 살갈퀴 등과 같은 사료작물의 재배가 중요한 위치를 차지했던 농법. 사료작물의 재배는 흙에 질소를 공급하는 이점이 있었다. 이런 농법들 역시 가축사육을 촉진시켰다. 이 농법은 다음과 같이 두 가지로 세분할 수 있다.

(a) 휴경지에 사료작물 재배. 이것은 휴경하는 해에 살갈퀴를 재배했던 신트트라위던 근처의 니우어르케르컨에서 1480년에 처음으로 발견되며, 또한 같은 도시 인근의 스타이언에서도 1491년에 발견된다. 후자의 경우 어떤 사료작물이 재배되었는지에 관해서는 언급이 없다. 1498년에 사료작물은 그 밭에서 가축이 직접 뜯어 먹게끔 재배되었다.

(b) 그루갈이작물(nagewas)로서 사료용 순무나 큰개미자리와 같은 사료작물의 재배. 이에 관한 보고는 15세기 초나 중엽부터 나타난다.

....

5　수도원영지.

순무는 1404년에 알스트 근처의 메설브루크에서는 그루갈이작물로 재배했고, 1446년 헨트 근처의 로이험에서는 그 잎을 가축용 사료로 이용하기 위해서 재배했다.[19]

살갈퀴의 재배에 관해서는 1278년 투르네에서,[20] 사료용 순무에 관해서는 1404년 메설브루크에서, 큰개미자리에 관해서는 1426년 마세이크(Maaseik)[6]에서, 금작화에 관해서는 1490년 신트트라위던 근처의 니우어르케르컨에서 처음으로 기록되고 있다.[21] 그렇지만 이런 정보자료만으로 휴경지가 이미 15세기에 플랑드르에서 전적으로 사라졌으며 그루터기작물이 도처에서 재배되었다고 결론지어서는 안 된다. 이들 새로운 농법이 거의 모두 가축사육에 특별히 유리한 기간이었던 14-15세기에 처음으로 보고되고 있다는 점이 주목된다.

동일한 상황이 또한 여러 가지 환금작물의 재배도 촉진했다. 우리는 환금작물 역시 14세기의 문헌에 처음으로 기록되고 있음을 보게 되며, 이 부문에서 서유럽의 선두를 달린 것은 역시 네덜란드였다. 두 종류의 유채,[7] 겨자씨, 삼씨, 꼭두서니 및 홉에 대한 언급이 나타난다. 1358년 플랑드르의 백작은 암스테르담과 홀란트의 상인들을 위해서 그리고 다음해에는 위트레흐트의 상인들을 위해서 안트베르펜에 특산물 판매시장을 개설했다. 상품들 가운데에는 무엇보다 두 종류의 유채, 겨자씨 및 삼씨가 있었다.[22] 플랑드르의 직물을 물들이는 데에 사용된 붉은 물감의 원료였던 꼭두서니는 1325년에 제일란트에서 재배되었

....

6   벨기에 동북쪽 마스강변.

7   원서에서 'raapzaad'와 'koolzaad'라고 쓰인 것을 달리 우리말로 구분할 수가 없어서 이렇게 번역한 것으로, 후자가 기름 함유량이 더 많다. 이 책의 450-453쪽에서 서술하는 '농작물'의 유채에 관한 내용을 참조할 것. 이 책에서 특별히 'raapzaad'로 명시하지 않는 한, 언급되는 유채는 모두 'koolzaad'이다.

다.[23] 14세기 초엽에 사람들은 맥주를 홉으로 양조하기 시작했다. 14세기의 후반에 우리는 가우다(Gouda)[8](1361년)와 브레다(Breda)[9](1373년)에서 홉 재배가 언급되는 것을 보게 된다. 1500년경 남부 홀란트에서는 아주 널리 홉이 재배되었다.[24]

축산업

중세 후기의 많은 농장에서 사육가축의 수가 알려져 있다. 물론 농장의 크기에 따라서 큰 차이가 있다. 파리 주변의 다소 규모가 작은 농장들의 가축 수는 다음과 같다. 슈아즐의 쟝 미셸이라는 농민은 1559년에 말 2두, 암소 2두, 양 4두, 어린 돼지 1두, 암탉 6두, 수탉 1두를 가지고 있었고, 상리스의 농민 니콜라 보댕은 1558년에 암소 3두, 1년생

가축	1333년	1334년	1335년	1336년
말	84	80	73	69
소와 송아지	233	231	242	228
돼지와 새끼돼지	262	268	297	339
양과 새끼양	1,171	1,177	895	1,276
닭	448	433	399	395
거위	252	236	264	274
오리	131	111	102	66

큰 가축 대 작은 가축(가금 제외)의 비율(큰 가축=1)

	1333년	1334년	1335년	1336년
작은 가축 / 큰 가축	4.5	4.6	3.8	5.4

....

8 네덜란드의 남부 홀란트(자위트홀란트) 주에 위치. 로테르담과 위트레흐트 사이에 있다.
9 벨기에와의 국경에 근접한 네덜란드의 북부 브라반트(노르트브라반트) 주에 위치.

어린 소 1두, 송아지 1두, 새끼돼지 5두를 가진 암돼지 1두와 10개월 된 돼지 1두, 양 1두와 새끼양 7두를 가지고 있었다. 1493년 뤼에유에 있는 생드니의 좀더 큰 농장에는 암소 5두, 어린 소 1두, 양 200두, 새 끼를 가진 암돼지 2두, 암탉 24두, 수탉 2두, 암거위 18두, 수거위 2두, 암컷공작 6두, 수컷공작 3두가 있었다.[25]

앞서 말한 옥스퍼드의 머턴 칼리지의 영지에는 1333-1336년간에 앞의 표와 같은 수의 가축이 있었다.

말과 소의 1:2.8에서 1:3.3까지라는 비율관계는 1086년 『둠즈데이 북』에 나타나는 비율인 1:3.4와 거의 같다. 그러나 돼지와 양은 『둠즈 데이북』이 작성된 11세기 후엽에 비해서 상대적으로 14세기 중엽에 더 적었다. 그렇지만 『둠즈데이북』의 수치들은 잉글랜드의 동부 주들에 관한 것이고, 14세기의 수치들은 옥스퍼드 인근에 관한 것이다. 동부 잉글랜드는 바로 유명한 목양 지역이었던 것이다.

머턴 칼리지 영지에서 경작면적은 1334-1336년에 448헥타르에서 522헥타르 사이였다. 만약 경지의 $\frac{2}{3}$가 경작되고 $\frac{1}{3}$이 휴경되었다고 한다면, 농경지의 총면적은 750헥타르쯤 되었던 셈이다. 1334-1336년 간에 거기에는 평균 74필의 말이 있었다. 따라서 휴경지를 포함하면 대 략 10헥타르 크기의 농경지당 말 한 필이 사육되었던 셈이고, 휴경지 를 제외하면 6-7헥타르당 말 한 필이 사육되었던 셈이다. 쟁기질을 위 해서 황소와 암소가 어느 정도로 사용되었는지에 관해서는 언급되고 있지 않다.

시몬 데 리켈리커는 브뤼허 근처의 신트피터르스오프덴데이크에 있는 그의 농장에 다음 표와 같은 수의 가축을 가지고 있었다.[26]

수년 내에 말과 암소 수가 급속히 증가했다는 점이 눈에 띈다. 그는 농경지 3-6헥타르당 한 필의 말을 가지고 있었던 것이다.

연도	말 두수	암소 두수	경지(헥타르)
1325	3	11	12.5
1329	4	13	24.5
1330	5	12	기록 없음
1332	6	17	19.5
1334	7	30	기록 없음

신트트라위던 수도원이 소유한, 알부르흐와 알럼에 있는 233헥타르 크기의 농경지 면적을 가진 영주직영지에는 13세기에 70필의 견인마가 있었다. 따라서 3헥타르 크기의 농경지당 한 필의 말이 있었던 셈이다. 그 비율은 1290년에 3.5헥타르당 쟁기질하는 황소가 한 필 있었던, 스코틀랜드에 위치한 켈소 수도원의 영주직영지에서의 수치와 같은 것이다.[27]

아르투아에 있는 농장들에서 말은 오로지 견인력으로만 사용했던 데 비해서 황소는 도살용 비육우로 사육했다. 그와 반대로, 서식스에 있는 애런들 백작의 영지에서는 거의 어떤 말도 견인력으로 이용하지 않고 모든 일은 황소를 이용했다.[28]

말과 황소의 색깔은 매우 다양했다. 마르컨과 모니컨담[10]의 농장들에 있는 가축에 관한 기술(記述)로 판단하건대(1334년), 이들의 색깔은 다음의 표와 같이 목초지와 선명한 대조를 이루는 얼룩덜룩한 모양을 하고 있었다.[29]

아직 가축의 작업수행 능력은 저조했다. 16세기 영국에서 한 필의 짐말은 약 200킬로그램을 운반할 수 있었다고 평가되고 있다. 다섯 필

_____
10 둘 다 네덜란드의 암스테르담 인근에 위치.

소		말	
색깔	두수	색깔	두수
흑색	58	흑색과 암갈색	6
적색	43	적색과 진홍색	5
흰색	10	흰색 및 옅은 흰색	9
회색	2	회색	3
갈색	2	갈색	4
암갈색 또는 푸른 갈색	2		
색깔 있음(자세한 언급 없음)	2		
반점 있음(자세한 언급 없음)	3		
자세한 언급 없음	13	자세한 언급 없음	1
합계	135	합계	28

에서 여섯 필로 된 수레 끄는 말은 1,500킬로그램의 짐을 비교적 먼 거리까지 끌 수 있었다.[30]

암소의 우유 생산은 많지 않았고 우유의 지방함량도 낮았다. 13세기의 한 저술가는 정상적인 한 마리의 암소는 5월 1일과 9월 29일 사이에 44.4킬로그램의 치즈와 6.2킬로그램의 버터를 만들 수 있을 만큼의 우유를 생산할 수 있다고 보았다.[31] 그렇지만 서부 잉글랜드에 위치한 테이비스톡 수도원의 한 소유지에서는 사람들이 봄철과 여름철 동안 암소 1두당 14.5킬로그램 이상의 치즈와 2킬로그램 이상의 버터를 기대하지 않았다. 이처럼 낮은 수치는 크림을 떠내는 원시적 방식 때문이다. 크림을 우유에서 떠내고도 많은 양의 지방이 우유 속에 남아 있었던 것이다.[32]

송아지들이 빨아먹는 우유까지 포함하여 14세기 잉글랜드에서 암소당 총 산유량은 540-647리터로 평가된다. 암소를 더 잘 먹이는 경우

에는 약 1,350리터의 우유를 생산할 수 있었을 것이다.[33]

겨울이 시작될 무렵 평상시 사람의 식용으로 필요한 것보다 얼마나 더 많은 가축을 도살하지 않으면 안 되었는지는 전혀 알 수 없다.[11] 문헌사료 속에는 겨울이 오기 전의 대량 도살 행위에 관해서는 아무런 언급이 없다. 문헌사료를 살펴보면, 언제나 신중하게 생각한 끝에 오직 도살용으로 적합한 가축만 도살했음을 알 수 있다.[34] 아르투아의 영지들에서도 역시 소는 상당 기간 살찌운 후에 아주 불규칙한 간격으로 도살했다.

커크스톨 수도원[12]의 한 쓰레기 구덩이에 대한 발굴과 조사를 통해서 16세기에 수도승들은 주로 쇠고기를 먹었음이 밝혀졌다. 뼈 가운데 90퍼센트는 쇠뼈였고, 5퍼센트는 양, 3퍼센트는 돼지 그리고 2퍼센트는 사슴의 뼈였다. 모두 약 5,000두의 소가 소비되었으며, 그들 대부분은 5년생에서 10년생까지 제법 나이가 든 것들이었다. 다시 말하면, 여기에서도 역시 어릴 때 도살했다는 어떤 흔적은 보이지 않는다. 어떤 소들은 오늘날의 소와 크기가 똑같았고, 어떤 소들은 더 작았다. 돼지는 대부분 태어난 지 1년 반쯤에 도살되었다. 돼지는 오늘날의 돼지보다 작았고, 양도 역시 오늘날보다 더 작았다.[35]

가축의 크기가 더 작았기 때문에, 가축에서 나오는 고기의 양도 더 적었다. 근래 한 학자는 이것을 "고기에 비해 가죽이 많다"고 함축적으로 표현한 바 있다.[36] 가축의 부위별 가치는 경제적 가치와 일치했다. 인구가 희박하고 경제적으로 발전되지 못한 지역들에서는 고기에 대

....

11 겨울철이 시작될 무렵 많은 가축을 도살했던 것은 봄철부터 가을철까지는 야생 풀이나 도토리를 이용하여 쉽게 사료문제를 해결할 수 있었으나 겨울철에는 그렇지 못했던 데다가, 그 기간에 돼지와 같은 가축은 도살해도 좋을 만큼 어느 정도 성장하기 때문이다.
12 잉글랜드 북부의 웨스트요크셔 주 리즈에 위치.

한 수요가 더 큰 인구조밀 지역들에 비해서 가죽이나 양털의 가치가 가축 한 마리의 전체 가치 가운데 압도적인 부분을 차지한다.

이것이 로마인들이 프리슬란트인들에게 쇠가죽의 조공을 요구했던 이유이다. 1066년 이전의 잉글랜드에서 양털의 가치는 양 전체 값의 약 40퍼센트로 평가되었다.[37] 스페인에서는 양을 전적으로 양모와 지방을 채취하기 위해서만 사육했다. 도살된 양은 야생동물과 맹금의 먹이로 들판에 썩도록 내버려 두었다.[38]

가축에게 먹일 사료로 여름철에는 야생미경작지의 풀을, 겨울철에는 건초와 짚—짚은 또한 외양간의 깔짚으로 이용되고 똥과 섞여 밭에 뿌려지기도 했지만—을 확보하는 것은 종종 어려운 일이었다. 다 자란 가축 1두를 사육하는 데에는 절반은 방목지로, 절반은 건초 생산용으로 이용하는 약 1헥타르 크기의 초지가 필요하다고 계산되고 있다.

13세기의 한 문필가에 따르면, 한 조의 쟁기질용 말들은 마굿간에서 하루 12리터의 귀리를 먹어야 한다. 그러나 보통은 하루 6리터의 귀리를 먹이로 주었기 때문에 이것은 너무 많은 양이었다.[39] 아르투아에서는 하루에 말에게 5-6리터의 귀리를 먹이로 주었고, 그 밖에 살갈퀴를 주었다. 말은 힘든 일을 해야 했으므로 보리까지도 먹이로 주어졌다.

돼지와 양의 다리는 오늘날보다 더 길었다. 왜냐하면 그때의 가축은 먹이를 찾아 훨씬 더 많이 돌아다녀야 했기 때문이다. 10두의 양은 암소 1두와 같은 분량의 버터와 치즈를 산출했다. 양의 겨울철 사료는 건초와 약간의 짚 또는 콩줄기였다. 적어도 1년 동안 양 2두에게 충분한 사료를 공급하기 위해서는 약 $\frac{1}{2}$헥타르의 휴경지가 필요하다고 생각되었다.

13세기에 한 마리의 암탉은 1년에 평균 115개의 달걀을 낳았으며, 벌통 하나에서는 약 9리터의 꿀이 생산되었다.[40]

농사일과 농기구

영국의 고문서고에는 농사일과 여러 가지 농사일에 드는 시간에 관한 자료가 있다. 중세에는 이런 것들이 노동일수(勞動日數)로 측정되었으며, 특히 부역기간은 노동일수로 정해졌다. 부역은 주별 또는 월별로 일정한 날 수에 따라서 수행해야 한다고 규정되었다. 그런데 이런 하루하루의 작업은 하루 종일 하는 것이 아니고 해 뜰 때부터 정오까지였다. 적어도 잉글랜드에서는 그러했다. 따라서 이스트앵글리아에서는 1270년경 1년 전체를 통해서 1주일에 6일씩 작업해야 하며, 글로스터에서는 1266-1267년간에 적어도 1주일에 4일간 작업하고 수확기에는 매주 5일간 작업해야 한다고 한 경우에, 이것은 실제로는 3일, 2일 그리고 $2\frac{1}{2}$일을 의미한다. 하루의 작업(따라서 반나절의 작업)은 2부셸(72.7리터)의 밀이나 1쿼터(290.8리터)의 귀리의 타작, 또는 1에이커(0.4 헥타르)의 곡식 베기, 또는 반 에이커(0.2헥타르)의 곡식 수확작업으로 간주되었다.[41]

13세기의 문필가인 월터 오프 헨리는 파종을 위해서 땅을 갈이질해야 하거나 휴한이 끝날 즈음 휴경지를 갈이질해야 하는 때에 사람들은 하루에 약 0.35헥타르를 갈이질할 수 있다고 생각했다. 여름철에 휴경지를 얕게 쟁기질하는 경우, 하루에 0.4헥타르를 갈이질할 수 있었다. 1309년 복킹(잉글랜드)에서는 말 네 필과 황소 두 필로 한 조를 이룬 쟁기로 0.4헥타르를 갈이질하는 것은 하루에 쉽게 해치울 수 있는 일로 생각되었다.[42]

14세기에 96.8헥타르의 토지에 곡식을 재배한 잉글랜드의 한 대농장에서는 수확을 하는 데에 275명의 사람이 이틀 동안 꼬박 일해야 했다. 이것은 헥타르당 한 사람이 약 $5\frac{1}{2}$일간 작업하는 셈이다. 그 밖의 곳에서는 다섯 사람이 하루에 0.8헥타르를 수확할 수 있다고 계산되었다. 이것은 헥타르당 한 사람이 $6\frac{1}{4}$일을 일한 셈이 된다.[43] 수확량이 헥타르당 800리터에서 1,000리터 사이였다고 한다면, 1인당 하루에 130리터에서 160리터까지의 곡식을 수확한 셈이 된다.

언제나 사람이 했던 건초 베기작업은 하루에 약 0.4헥타르(=헥타르당 한 사람이 $2\frac{1}{2}$일간 노동하는 양)를 수행할 수 있다고 당시 사람들은 생각했다. 또한 같은 면적의 건초를 갈퀴로 긁어 뒤집는 데에는 하루가 걸렸다.[44] 그것은 거의 언제나 여성이 맡아 하는 작업이었다. 에스댕(프랑스)에서는 1312년 7월 22일 토요일에 126명의 여성이 각각 $5\frac{1}{2}$일간 작업한 후에 보수를 지불받았다. 이들 여성은 70헥타르 면적의 초지에서 건초를 갈퀴로 긁어 뒤집는 작업을 했다. 그 다음 주에는 91명의 여성이 각각 5일간씩 똑같은 일을 수행했다.[45] 모두 합쳐서 이 일을 한 사람이 작업할 경우에 1,022일이 소요되었거나 헥타르당 $14\frac{1}{2}$일이 소요되었던 셈이다. 여성들은 남성노동자의 절반이 되는 임금을 지불받았다. 그러나 여성들은 또한 분명히 훨씬 더 느리게 일했을 것이다.

투입된 노동에 비해서 농사짓는 활동으로부터 생기는 수입은 적었다. 아동도 보통 농사일을 했으며, 필요할 때에는 온 가족이 일했다.

여러 연구자가 농민의 전체 노동 가운데 얼마만한 부분이 농민 자신의 이익으로 돌아갔는지를 산출하려고 했다.[46] 그렇지만 대체로 그들의 계산 결과는 수확물의 $\frac{1}{3}$은 씨앗으로, $\frac{1}{3}$은 지대로 사용되고, 나머지 $\frac{1}{3}$만 농민의 생계용으로 사용된다는 오랜 관행을 확인시켜 주고 있다.[47]

중세에 농민의 농업경영은 수지타산이 맞지 않았다. 그것은 특별한 불행이 일어나지 않는 한 그저 그럭저럭 살아갈 수 있는 생계수단을 제공했다. 베넷은 스스로의 계산에 근거하여 중세의 촌락에서 농민의 상당수가 사실상 빈곤 속에서 살았다고 생각한다.[48] 그러나 코스민스키에 따르면 농민들은 비록 봉건적 착취에 시달렸지만 빈곤의 문턱을 이미 넘어섰다.

12-13세기에 대농들은 상시 고용인과 임시 고용인 모두를 사용했다. 많은 지방에서 부역노동이 별로 중요하지 않게 되었기 때문이다. 임시 고용인은 일당이나 도급금(都給金)으로 보수를 지불받았을 가능성이 있다. 갈이질작업, 수확작업 및 건초작업에 대한 보수는 면적 단위나 수확한 물량 단위로 지불되었다. 임금은 현금이나 현물 형태로 지급되었다. 여성들은 건초를 갈퀴로 긁어모으고 뒤집고 잡초를 제거하는 작업에 대해서 일당으로 지불받았다. 토요일과 축제일의 전야에는 반나절만 일했다.[49]

레스터셔에서는 날품팔이 여성노동자들이 건초를 만들고, 거리를 포장하기 위해서 자갈을 깨고, 거름을 운반하여 뿌려 주고, 이엉 이는 일을 수행하고, 양털을 깎아서 씻고, 김을 매고, 곡식을 운반해 들이고, 쟁기질을 해야 했다.[50]

아르투아의 대농들은 상당히 많은 수의 상시 고용인을 두고 있었다. 보니예르에서는 23명, 사이에서는 14-15명의 상시 고용인이 있었으며, 로크투아르에서는 8-9명의 상시 고용인이 있었으나 수확기에는 3-4명의 일꾼이 더 있었다. 사이에서는 6명의 쟁기질하는 사람, 3명의 양치기, 1명의 소치는 사람, 1명의 돼지치는 사람, 1-2명의 하녀, 1명의 어부 겸 물레방아 관리인(물레방아가 있는 곳에는 물이 가두어진 연못이 있었다) 그리고 1명의 하인으로 상시 고용인이 구성되어 있었다. 로크투아르에는 7두의 쟁기질말에 4명의 보잡이가 있었다.

우리는 아르투아의 대농들에 있는 고용인들은 잘 먹고 버젓한 잠자리에서 잤다는 인상을 받는다. 로크투아르의 대농의 경우, 전체 가계유지를 위해서 해마다 5,200-5,700리터의 밀과 400-600리터의 완두콩, 죽 조리용으로 100-200리터의 귀리 그리고 돼지 1두가 소요되었다. 사순절에는 아주 많은 청어가 소비되었으며, 보니예르에서는 사순절 전 기간에 1인당 하루 약 $2\frac{1}{2}$마리의 청어가 소비되었다. 채소, 우유, 버터, 치즈 및 가금은 농장 자체에서 조달했으나, 소금, 기름 및 맥주는 사야 했다. 고용인들은 농장에 있는 가옥에서 살았으며, 홑이불, 베개, 담요, 수건, 접시, 사발 및 목제 숟가락을 가지고 있었다.[51]

중세 전반기에 중요한 발명과 개량이 있은 후, 중세 후반에는 별로 눈에 띄는 기술적 변화가 없었다. 우리는 이 후반기에도 농업 분야의 개량과 경제적 상황 사이에는 밀접한 관계가 있음을 확인할 수 있다. 곡물의 생산이 대폭적으로 증대된 농업의 호황기에 서유럽에서는 풍차가 등장한다. 농업의 불황기에는 고용인의 실질임금이 특별히 높은 것이 특징이다. 그런 때에는 노동력이 보다 적게 필요한 농기구, 즉 자부지가 하나인 가벼운 쟁기 또는 많은 곳에서 작은 낫을 대체했던 갈고리형 낫이나 자루가 긴 큰 낫을 사용했다. 비교적 높은 축산물 가격은 큰 낫과 교동기(攪動器) 및 건초가리가 개량되는 계기를 제공했다.

곡물생산의 급격한 증대는 곡물을 빻는 제분기에 대한 수요를 증대시켰다. 물레방아는 물 낙차가 큰 곳에만 설치될 수 있는 단점을 지니고 있었다. 평지에서는 물레방아가 쓸모가 없어서 사람들이 손과 말의 힘으로 운전되는 제분기를 이용해야 했다. 풍부한 바람을 포착하기 위해서 평지에 설치해야 하는 풍차로 이런 문제가 해결되었다.

어쩌면 서유럽의 십자군이 오리엔트에서 처음으로 풍차를 보았을지도 모른다. 아랍의 저술가들은 풍차가 동부 페르시아의 세이스탄에서 오아시스에 관개하기 위한 물을 끌어올리는 데에 사용되었다고 전한다. 풍차를 서유럽에서 이용하기 위해서는 중요한 한 가지 개조가 필요했다. 즉 풍차를 바람 부는 쪽으로 향하도록 해야 했다. 근동과 지중해 지방에서는 바람이 끊임없이 같은 방향으로 불기 때문에 풍차를 회전시킬 필요가 없었다. 그러나 일정하게 바람이 불지 않는 서유럽의 경우에는, 많은 바람을 잡을 수 있도록 풍차 전체나 그 꼭대기 부분이 회전되어야 했다. 가장 오래된 풍차는 풍차 전체가 회전하는 것이었다. 후에 가서야 꼭대기 부분이 회전하는 풍차가 발명되었다.

풍차에 관한 최초의 기록은 12세기 말에 나타난다.[52] 야지(野地)에서는 풍차가 급속히 보급되었으나, 산지(山地)에서는 물레방아가 여전히 사용되고 있었다. 13세기 말에 120대의 풍차가 이미 이퍼르(Ieper)[13]시(市) 근처에 있었다.

네덜란드의 기술자들은 16세기에 풍차를 개량했다. 전형적으로 네덜란드적인 특성은 역시 간척지에서 물을 퍼내기 위한 풍차의 이용이었다(1408년).[53]

플랑드르의 노동절약 발명품은 자부지가 하나인 가벼운 쟁기와 갈고리형 낫(플랑드르의 곡괭이 형태)이었다. 이 쟁기는 두 개의 자부지 대신 하나의 자부지로 가볍게 만들어져 있었고, 가끔 앞에 하나의 작은 바퀴가 받치고 있었다. 이런 쟁기로 작업하는 데에는 보잡이의 숙달된 솜씨가 필요했다. 이 쟁기는 보통 1-2필의 말이 끌었다. 이 쟁기는 4-6필의 견인가축이 끄는 무거운 쟁기보다 이랑 끝에서 반전(返轉)하기가 훨씬 더 쉬웠다. 가벼운 쟁기의 이점은 황소가 끄는 무거운 쟁기가 각각 한 사람의 보잡이와 한 사람의 소몰이꾼 그리고 종종 황소들을 재촉하는 소년까지 필요로 했던 데에 비해서, 모든 일을 한 사람이 수행

....

13 벨기에 서부에 위치.

할 수 있었다는 것이었다. 자부지가 하나 달린 쟁기는 토리노의 「일과(日課) 기도서」(Breviarium) 속에 최초로 묘사되어 있다(1430년경).[54]

원래 곡식은 작은 낫으로 수확했다. 곡식은 이삭 밑 얼마 안 되는 부분에서 잘랐으며, 그 짚은 후에 큰 낫으로 베거나 아니면 전체 농민 공동체를 위해서 이용되었다. 이런 식의 작업방법의 이점은 곡식의 수확작업이 신속히 이뤄지고, 보관하는 데에 무게와 부피가 최소화되며, 수송이 쉬웠다는 것이다. 키가 큰 잡초, 특히 엉겅퀴는 수확 전에 베어 버렸기 때문에 곡식밭이 심하게 잡초로 뒤덮이지는 않았다. 작은 낫의 단점은 수확에 많은 노동력이 필요하고, 구부린 자세로 곡식을 베기 때문에 힘이 많이 든다는 것이었다.

따라서 많은 지방에서 곡식을 베는 데에 큰 낫을 사용하기 시작했다. 큰 낫은 처음에 귀리와 보리 같은 값싼 곡식을 베는 데에 사용했던 반면에, 밀은 오랫동안 여전히 작은 낫으로 수확했다.

플랑드르에서는 큰 낫이 중앙부가 몹시 불룩한 경지에서는 사용될 수 없었기 때문에 갈고리형 낫을 사용했다. 갈고리형 낫은 노동력을 크게 절약시켜 주었으며, 낫질작업으로 인한 피곤도 덜어 주었다. 갈고리형 낫은 1326년에 짚을 베는 용도로 그리고 1327년과 1330년에는 살갈퀴를 베는 용도로 처음으로 언급되고 있다.[55]

노동의 절약 외에 큰 낫과 갈고리형 낫의 사용을 촉진한 다른 요인들이 있었던 것 같다. 이 무렵 축사에 깔아 주는 것에 변화가 생겼다. 원래는 숲에서 나오는 나뭇잎이 이 목적으로 사용되었다. 그러나 14-15세기에 대토지 소유자들의 권력 확대와 숲에 대한 권리자들의 공동체 형성으로 말미암아 나뭇잎을 끌어모으고 개간지에서 가축을 방목하는 것이 매우 제한되었다. 따라서 농민들은 곡식의 줄기를 가축의 사료와 깃으로 이용해야 했다. 그러기 위해서는 곡식의 줄기를 작은 낫으로 벨

때보다도 훨씬 더 낮게 베는 것이 필요하게 되었던 것이다.[56]

프랑스의 여러 지방에서 곡식을 베는 데에 큰 낫이 작은 낫을 대체한 때는 18세기 말이었다. 이러한 대체는 큰 낫의 사용으로 인해서 그루터기 방목장에 있는 짚의 공동이용권을 상실하게 된 소농들의 저항을 불러일으켰다. 마르크 블로크는 작은 낫의 사용에서 큰 낫 사용으로의 전환 속에서 하나의 정신적 태도의 변화, 즉 전통적인 공동체 정신이 퇴조하고 각자가 가능한 한 스스로 성취하려고 노력하는 근대의 개인주의적 정신이 대두하는 것을 볼 수 있다고 생각한다.[57] 그렇지만 그런 전환은 프랑스 이외의 많은 나라에서 훨씬 더 일찍이 일어났다. 따라서 그런 변화는 18세기의 개인주의와는 관련이 없는 것이다. 프랑스에서 큰 낫의 보급은 소농들의 강력한 반대 때문에 상당기간 지체되었다.

건초의 생산과 저장 부문에서는 큰 낫과 건초가리의 개량이 있었다. 14세기 초에 포어아를베르크에 정착했던 발레 이주민들은 허리를 많이 굽힐 필요가 없는, 비교적 긴 자루가 달려 있고 자루와 어깨뼈 사이에 보다 날카로운 예각을 이루는 개량된 큰 낫을 풀을 베는 데에 사용했다.[58]

중세의 문헌 속에는 건초와 곡식의 보관소인 건초가리와 곡식가리에 대한 언급이 거듭 나타난다. 이들 건초 및 곡식가리와, 판 히펀이 그의 여러 발굴지에서 그 흔적을 발견한 선사시대의 작은 가리들 사이에 관련이 있는지는 알려져 있지 않다. 그는 근접해서 설치된 네 개의 기둥(아직도 그 구멍이 보존되어 있다)이 곡식이 저장되는 목제 마루를 떠받쳤다고 생각한다.

곡식가리에 대한 가장 오래된 기록은 1022년경에 나타난다.[59] 그후 건초가리와 곡식가리는 중세의 문헌 속에서 자주 언급되고 있다. 이들 가리의 덮개가 고정된 것인지 아니면 가변적인 것인지는 분명하지 않다. 이들 가리가 잭식 가리(vijzelberg)로 되어 있었다는 것은, 건초 저장고를 위한 여섯 개의 기둥과 그 지붕을 떠받치는 여섯 개의 대들 보 그리고 이를 비집어 열 수 있는 세 개의 쇠막대기에 관해서 언급하고 있는, 1345-1346년 홀란트 백작령의 회계장 속의 한 항목을 통해서 확인된다. 아마도 베이데너스[14] 근처에 있었던 것으로 보이는 드레흐터 를란트에 위치한 이 건초가리를 만드는 데에 네 명의 목수가 4일간 일했다.[60]

축산업은 14-15세기에 확대되었고, 많은 사람이 버터 생산에 종사했다. 이제 우유에서 보다 많은 버터를 만드는 것이 중요하게 되었다. 그 이전에는 아마도 돌로 깎아 만든 것으로 보이는 뚜껑 없는 둥근 그릇 속에서 별도의 나무로 만들어진 막대기로 크림을 이리저리 휘저어서 버터를 만들었다. 14세기에 플랑드르와 프랑스에서 버터 제조 부문의 발전은 나무로 만든 통에다 쇠테로 죄인 진정한 의미의 교동기를 사용한 데에 있다. 휘젓는 막대기는 뚜껑의 한가운데에 있는 구멍을 수직으로 관통하여 아래위로만 움직여질 수 있었다.[61]

재산명세장들을 통해서 농가가 가진 농기구를 알 수 있다. 1344년 마르컨과 모니컨담에 있는 농가들의 판매보고서 속에서, 우리는 이 축산 농가들에서 사용하다가 매각한 농기구의 목록을 볼 수 있다.[62] 다섯 개의 쇠스랑, 적어도 네 개 이상의 갈퀴, 하나의 갈퀴 자루, 물속의 풀을 걷어올리는 데 쓰인 '라디크(Ladik)'라는 연장, 한 개의 우유 담는 큰 통, 우유를 응고시키고 또한 간 귀리와 콩을 저장하는 데에도 사

....

14 네덜란드.

용한 적어도 열두 개의 '마우드(moud)'라는 평평한 용기, 한 대의 교동기, 치즈를 압착하는 데에 사용한 한 개의 돌, 다른 여러 종류의 통과 단지, 세 대의 사륜수레, 두 대의 손수레가 그것이다. 그 농가에 있는 한 개의 쟁기와 풍구는 약간의 경종농업이 이뤄졌음을 보여 준다. 살림도구에는 열 개의 솥, 아홉 개의 항아리, 두 개의 솥 걸쇠, 네 개의 찬장, 선반이 딸린 한 개의 찬장, 아홉 개의 걸상, 담요들과 한 개의 베개가 있는 침대들, 두 개의 소금 담는 통, 한 개의 완두콩 담는 통, 주석으로 만들어진 여러 가지 물품들, 한 개의 겨자 빻는 맷돌, 한 개의 꼬치 돌리는 기구와 석쇠가 있었고, 마지막으로 여섯 개의 가죽, 두 개의 송아지 가죽 그리고 개울을 막거나 제방을 보강하기 위한 것으로 파악되는 '뤼에르(ruaer)'라는 짐승가죽 유(類)의 물건이 있었다.

일반적으로 농민의 생활은 검소했다. 유복하다는 말을 듣는 농민들조차도 그들의 유언에 따르면 별 보잘것없는 가구밖에 남기지 않았다. 하나의 궤짝, 한 쌍의 벤치, 하나의 식탁, 약간의 의복 및 침구류 정도였다. 사람들은 시트로 덮은 짚 위에서 잤다.

가옥은 나무로 만들거나 골조만 목재로 건립한 것이었으며, 돌로 만든 가옥은 아직 드물었다. 가옥의 창문은 나무로 된 덧문으로 닫혀 있었고, 유리가 달려 있지 않았다. 페이저(드렌터)에서 너비 5.5미터, 길이 16미터에 달하는 9-13세기의 가옥들이 발견된 바 있다. 그에 비해서 리흐텐보르더(헬데를란트) 근처에 있는 14세기의 한 가옥은 너비 12.5미터, 길이 16미터였다. 이런 형태의 집은 보다 더 넓기는 하나, 너비 7미터, 길이 23미터에서 27미터에 이르는 크기를 가진 에징어(흐로닝언)에 있는 로마시대의 집보다는 길이가 훨씬 더 짧다.

6. 농민전쟁과 농민반란

중세의 농민은 결코 쉽지 않은 삶을 살았다. 평상시 그와 그의 가족은 그의 보유지로 겨우 생계를 유지할 수 있었으나, 평상시라 하더라도 반목과 전쟁이 없고 흉년이 들지 않은 때가 있었는가? 농민은 온갖 종류의 부담을 지고 있었다. 지대, 십일조, 때로 여타 권리자들에 대한 갖가지 부담, 제후에 대한 조세 등을 지고 있었다. 농민에 대한 법적인 보호는 별로 없으면서도 권력남용은 심했다. 영주는 농민에게 인내와 복종을 요구했다. 이를테면 "자크 보놈은 튼튼한 등판을 가지고 무엇이든 잘 견뎌 낸다"거나[1] "농민은 단지 뿔을 달고 있지 않을 뿐 황소와 같다"는 말이 있었던 것이다.

....

1 　자크(Jacques)는 프랑스에서 흔한 남자 이름이고 보놈(bonhomme)은 호인이란 뜻으로, 자크 보놈은 중세에 순박한 농민(촌뜨기)을 가리킨다. 1358년의 자크리(Jacquerie)의 난이란 이런 사람좋은 농민들의 반란을 말하는 것이다.

그럼에도 불구하고 농민들은 때로 대단히 거세게 저항하는 경우가 있었다. "중세의 농민은 언제나 무기를 들 태세가 되어 있었으며, 농민은 이 시대의 대혁명가들 가운데 하나였다."[1] 전쟁과 반란은 부당한 사회체제에서 거의 유일한 방어와 저항의 수단이었다. 프랑스의 역사가 마르크 블로크는 일찍이 "역사가의 눈에는 …… 농민반란이 예컨대 자본주의적 대기업에서의 동맹파업과 마찬가지로 장원제와 불가분의 것으로 보인다"고 말했다.[2]

그렇지만 농민반란과 근대의 파업과는 차이가 있다. 파업은 무엇보다 물가가 상승하고 화폐임금이 물가상승보다 뒤처지는 호황기에 일어난다. 그에 반해서 농민반란은 주로 곡가가 하락하고 그에 따라서 실질임금이 상승하는 불황기에 폭발한다.

그러나 우리는 전쟁과 반란을 서로 구별해야 한다.[3] 서부 프리슬란트, 프리슬란트, 동부 프리슬란트, 드렌터(1225-1240년경과 1324-1328년), 스테딩거란트(Stedingerland)[2](1229-1234), 디트마르셴(Dithmarschen),[3] 플랑드르(1322-1328) 및 스위스의 대규모 농민전쟁은 여러 해 동안 지속되었다.

이들 농민전쟁이 일어났던 시기는 13세기와 14세기 초엽이다. 이들 전쟁에서 농민들은 외부 영주 세력의 침략에 대해 스스로를 방어하거나(프리슬란트), 아니면 이미 그 지역에 살고 있으면서도 권력을 확대하려는 영주에게 저항했다(드렌터, 플랑드르 및 스위스). 농민들은 독자적인 조직을 가지고 있었기 때문에 아주 오랫동안 버틸 수 있었다. 종종 그들은 사법권을 장악하기도 했다. 또 그들은 단합하여 물과의 싸움을

....

2 독일의 북부 베저강 서쪽 늪지대 지방.
3 유틀란트반도의 슐레스비히홀스타인 서쪽 인근 지방.

위한 치수 및 간척지 관리위원회를 조직했고, 야생미경작지 이용을 위한 마르크공동체를 결성했으며, 알프스 고개를 넘는 수송을 위한 단체를 결성하기도 했다.

한편 농민반란은 격렬한 저항이 갑자기 폭발하는 형태를 취했으나, 단기간 지속되었을 뿐이고 대부분 형편없이 조직되었다. 반란의 지도자가 사로잡히거나 살해될 때, 반란은 폭발할 때와 마찬가지로 급속히 와해되었다. 농민반란은 특히 14세기 후반과 15세기 말 그리고 16세기 초에 일어났다. 이와 같은 반란 가운데 가장 잘 알려진 예는 1358년 5월 28일에서 6월 10일까지 파리 북쪽을 중심으로 전개된 자크리의 난, 1381년 5월 30일에서 6월 15일 사이에 런던 주변에서 일어났던 와트 타일러의 난 그리고 같은 해 6월 12일에서 24일 사이에 케임브리지 인근에서 진행된 난이다. 덴마크에서는 1340년에 반란이 있었고, 마요르카에서는 1351년에 반란이 있었다.[4] 남부 지방에서는 1525년 1월 23일에서 8월까지 계속되고, 중부 지방에서는 같은 해 3월 30일에서 6월 7일까지 지속된 독일의 농민전쟁도 역시 마찬가지로 단명한 동일한 성격의 난이었다.

농민반란은 경기후퇴에 수반되는 현상이다. 낮은 농산물 가격과 높은 공산품 가격 그리고 비교적 높은 임금이 농민들의 불만을 불러일으켰을 것이다. 권력당국이나 지주가 쉽게 부과할 수 있다고 생각했던 농민부담의 가중은 종종 오랫동안 억눌려 있던 농민의 불만을 폭발하게 만들었다.[5]

우리가 이미 앞에서 본 바와 같이,[6] 봉건제나 장원제에 대한 저항은 자연경제가 깊이 침투하지 않은 곳에서만 가능했다. 따라서 북해 연변의 평탄한 저지 목초지대와 스위스의 알프스 계곡들과 같은 축산업 지역의 주민들은 저항하기에 비교적 용이한 처지에 있었다. 더욱이 프리슬란트 지역의 농민들은 바다를 항해하고 무역에 종사했다.

알프스 지방에서는 높은 골짜기에 사는 주민들이 상인들의 물건을 고갯길 너머로 운반하는 데에 관련된 여러 가지 일, 즉 숙소의 제공, 음식과 사료의 조달, 말과 노새의 제공 등의 역할을 수행했다. 그리고 무엇보다 중요한 것은 주민들이 도로 및 다리의 유지와 보수를 담당하고 고갯길을 통행 가능한 상태로 유지했다는 점이다. 고개 너머로의 상품 수송은 계곡 주민들이 수행하는 하나의 조직화된 작업이었다. 계곡의 주민들은 레벤티나(Leventina)[4]와 우리에서는 생고타르 고개에 대해서, 블레니오(Blenio)[5]에서는 루크마니에르 고개에 대해서, 오베르엥가딘(Ober-Engadin)[6]에서는 셉티메르 고개에 대해서 수송무역을 독점했으며, 도피네(Dauphiné)[7]에서는 51개 코뮌이 몽주네브르에 대해서 수송을 독점하고 있었다.[7] 삼원조(三元祖) 칸톤(Drei Urkantone), 즉 우리, 슈비츠 및 운터발덴[8]의 번영과 이를 토대로 한 이들 칸톤의 합스부르크 왕가에 대한 투쟁 능력이 생고타르 고갯길의 이용과 관련되어 있었다는 것은 부인할 수 없다.

일부 지방에서는 농민들이 봉건제에 대한 저항을 통해서 자치권을

....

4 독일에서 스위스의 취리히와 루체른을 거쳐 이탈리아의 밀라노에 이르는 중요한 통로인 생고타르(Saint-Gotthard) 고개의 남쪽 골짜기 지방. 그 북쪽 지방이 우리(Uri)이다.
5 레벤티나로부터 조금 더 동쪽에 있는 골짜기 지방. 그 북쪽이 루크마니에르 고개(Lukmanier)이다.
6 블레니오로부터 먼 동쪽에, 즉 스위스의 동남단에 있는 지방. 그 남서쪽 즉 오베르엥가딘 계곡 위에 셉티메르 고개(Septimer)가 있다.
7 프랑스의 동남쪽 알프스 산록에 있는 지방. 이 지방과 이탈리아의 토리노 지방을 갈라놓고 있는 알프스를 넘는 고개가 몽주네브르 고개(Mont-Genèbre)이다.
8 스위스의 루체른 시를 끼고 있는 비어발트스테터호의 남동쪽이 우리, 동쪽이 슈비츠, 남서쪽이 운터발덴 칸톤이다.

획득했다.[8] 자치적 농민공화국들이 북해 연안에 생겨났으며(12-13세기), 스위스에서는 13세기 말에 농민공화국들이 형성되었다. 이들 공화국은 스스로를 나라(terra)라고 불렀고, 자체의 국새를 가지고 있었으며, 도시의 시민공동체나 다른 나라들의 상인공동체와 동일한 성격을 가진 동등한 자들의 서약공동체, 즉 하나의 정치단체(universitas)를 형성했다. 이 정치단체는 독자적으로 법령을 제정하고, 결의안을 통과시키며, 협정을 체결하는 공동체였다. 결정은 전체 심의를 거쳐 만장일치로 이루어졌다. 이런 공화국의 행정은 재판관들이 담당하거나, 또는 재판관들과 성직자들이 담당했다. 후자는 때로 수도원장들일 수도 있으나, 대체로 교구에서 커다란 신망을 받고 있는 재속(在俗) 성직자들, 곧 사제들로 구성되는 경우가 종종 있었다. 교회의 업무와 세속의 업무는 분리하기가 종종 어려웠으며, 성직자의 과업이 세속적인 성격을 띠는 경우도 종종 있었다.

북해 연안에서는 이런 자유가 15-16세기에 내부의 파벌 싸움으로 상실되었다. 특별한 사정으로 인해서 이 지역은 중세 초기 서유럽 대륙이 직면했던 경제적 쇠퇴를 모면할 수 있었다. 한편 중세 후기에 북해 연안은 서유럽의 여타 지역들과 긴밀한 관계를 맺고 있었으므로, 경기 후퇴를 함께 겪지 않을 수 없었으며 격렬한 내전 형태로 그 영향이 나타났다.

자신들의 백성들 역시 슈비츠 사람과 같이 되지 않을까 하는 불안감을 언제나 떨치지 못하고 있던 인근 제후들의 적대 행위에도 불구하고, 스위스인들은 그들의 자유를 용케 잘 지켜냈다. 삼원조 칸톤은 어떤 접경지방도 그 영향을 받지 않을 수 없는 위험한 혁명의 중심지로 간주되었다. 거듭해서 새로운 칸톤이 삼원조 칸톤들에 가담했고, 취리히나 베른과 같은 도시들도 참가했다. 칸톤들의 가담은 16세기까지 계속되어 마침내 스위스연방은 일정한 영역을 가지게 되었다.

북해 연안과 알프스 계곡들에서 봉건제와 영주제에 대한 투쟁을 둘러싸고 낭만적인 전설이 형성되었다는 것은 눈여겨볼 만한 일이다. 북부에서 프리슬란트의 자유는 카롤루스 대제가 부여했다고 추측만 되고 있을 뿐 실재하지는 않는 자유의 특권에 기초해 있었다. 스위스에서는 자유의 기원이 빌헬름 텔 전설로 윤색되어 있다.

자크리의 난은 영국과 프랑스의 백년전쟁 중에 일어난 하나의 짧은 에피소드였다. 프랑스의 농촌은 프랑스의 대부분 지역을 정복했던 영국인들에게 약탈당했을 뿐만 아니라, 프랑스 자국 출신의 귀족과 군인들에 의해서도 가혹하게 강탈당했다. 1358년에 파리 북서쪽의 보베 지방에서는 이에 대한 반란이 일어났다. 그 농민들의 별명인 자크들은 멜로(Mello)[9] 출신의 기욤 칼르의 지도를 받았다. 반란을 일으킨 농민 측에 도시[특히 상리스(Senlis)][10] 출신의 시민들, 즉 장인 및 왕실의 하급 관리와 하급 성직자들까지 합세했다.[9] 비록 후대의 역사가들이 농민들이 저지른 심각한 잔학 행위에 대해서 얼버무리는 듯한 보고를 하고 있기는 하지만, 희생자 수는 모두 합쳐서 겨우 30명에 불과한 것으로 알려져 있다. 살육보다는 약탈이 더 많았다. 토벌군 사령관은 서슴지 않고 회담 중에 칼르를 포로로 만드는 배신행위를 저질렀다. 모여든 6,000명의 농민은 그들의 지도자를 갑자기 잃었다는 말을 듣고는 국왕 군대와의 뒤이은 전투에서 패배했다. 농민들은 살해되었고, 칼르는 참수되었다. 그런 다음에 귀족에 의한 가공할 만한 복수극이 전개되었다.

....

9 보베와 파리 사이에 있는, 보베 인근의 마을.
10 파리 북동쪽, 보베 남동쪽에 있는 도시.

무고한 여성들, 어린이들, 성직자들, 승려들이 교수형에 처해졌다. 2만 명 이상의 사람이 희생되었다고 추측된다.

1381년 영국의 반란 역시 그 무렵 이 나라에 불리하게 진행되고 있던 백년전쟁과 관련되어 있었다. 농촌에서는 이미 오래전부터 대토지 소유자들에 대한 불만이 고조되어 있었다. 그들은 농업불황으로 말미암아 수입은 줄고 지출은 늘어나는 어려운 지경에 처해 있었다. 임금의 상승 때문에 대토지 소유자들은 더이상 농민들이 수행하고 있던 부역노동의 금납화에 동의하려고 하지 않았다.

반란의 직접적 원인은 인두세 부담의 증액이었다. 에식스와 켄트로부터 농민들은 와트 타일러와 사제 존 볼의 지휘 아래 런던으로 진군했다. 존 볼은 그의 연설에서 귀족과 사회적 불평등을 비난했다.

애초에 모든 사람은 평등하게 창조되었다. 따라서 사람에 대한 사람의 예속은 사악한 사람들의 부당한 조치로 말미암아 생겨났으며, 신의 의지에 반하는 것이다. 아담이 밭을 갈고 이브가 실을 잣던 그때에 누가 귀족이었던가?

반란자들이 런던에 다다랐을 때 도시의 시민들이 합세했다. 14살의 왕, 리처드 2세는 그의 대신들과 함께 런던탑으로 피신했다. 에식스 출신의 반란자들과의 면담에서 국왕은 그들의 모든 요구를 들어주었다. 부역노동은 금납화될 수 있으며, 농민집단의 자유에 대한 특허장이 수여될 것이라고 약속했다. 이 반란 집단은 이에 만족해서 집으로 돌아갔다. 그 사이에 보다 급진적인 집단이 런던탑으로 난입하여 왕의 주요 고문관들을 살해했다. 다시 왕은 반란자들과 협상했다. 무엇보다 반란자들은 교회재산을 몰수하여 농민에게 분배해 줄 것과 숲의 자유로운 이용권을 요구했다. 협상이 진행되고 있는 동안 와트 타일러가 국왕의 추종자 가운데 한 사람에게 피살되자, 반도들은 뿔뿔이 흩어졌다. 존 볼은 참수되었다. 반란이 끝난 후 농민에 대한 억압은 크게 완화되었다. 과거의 농노제를 연상시키는 부역과 여타 의무는 점차 사라졌다. 그러나 그 마지막 잔재는 16세기까지도 볼 수 있다.

남부 독일의 사회는 1525년 농민전쟁이 일어나기 오래전부터 이미 불안한 상태에 있었다.[10] 그곳에서도 역시 지주들과 제후들은 어려운 지경에 처해 있었다. 그들은 온갖 수단을 동원하여 그들의 권력을 확대하고 수입을 증대시키려고 했다. 이것이 농민들의 원성을 샀다. 스위스의 선례에 영향을 받아, 사람들은 스위스의 농민들과 같은 자유를 획득하기를 바랐다. 종교개혁으로 인한 교회의 분열은 그들의 마음을 더욱 움직였다. 남서부 독일에서 수도원들은 많은 토지를 소유하고 있었다. 농민들은 이제 수도원이 부과하는 각종 부담으로부터 벗어날 기회를 엿보게 되었고, 또한 더이상 십일조를 납부하지 않기를 바랐다. 신분차별을 철폐함으로써 사회혁명을 이루고자 했던 토마스 뮌처 같은 여러 과격한 개혁가의 사상이 이들 지방에 상당히 강한 영향을 미치고 있었다.

그렇지만 남부 독일의 경제적 상황은 14세기의 프랑스와 영국과는 달랐다. 남부 독일은 이미 오래전에 최악의 농업불황 국면을 벗어났고, 따라서 농민들의 경제적 형편은 나쁘지 않았다. 독일에서는 중부 유럽의 귀금속 채굴의 재개와 관련되었을 가격상승, 특히 곡가상승의 조짐이 16세기 초에 나타났다.

특히 남부 독일에는 경제적 곤란에 부딪힌 아주 많은 소제후가 있었다. 그들이 농민들로부터 징수하는 수입은 예전 그대로였던 반면에 물가는 상승하고 있었다. 따라서 소제후들은 지출과 수입의 균형을 맞추기가 힘들었다. 그들은 자신들의 수입을 늘리기 위해서 온갖 수단을 다 썼다. 이런 시도는 이들 작은 영방의 주민 대다수를 차지하는 농민들로부터 저항을 받았다. 소제후의 권력 증대에 가장 강력히 반대한 것은 특히 부유한 농민들이었다.

반란은 보덴제 호반에 있는 스위스의 국경 바로 근처에서 시작되었다. 이곳에서는 누구보다 켐프텐(Kempten)[11]의 수도원장이 농민의 권리를 여러 가지로 침해함으로써 크게 미움을 사고 있었다. 농민들은 무엇보다 사냥과 어로의 자유, 숲속 목재의 자유로운 이용, 새로이 부과된 부담의 폐지, 일부 지역에서 축소된 공유지의 원상회복, 농노제의 폐지, 소(小)십일조의 폐지 그리고 마지막으로 자체적으로 설교사를 선출할 권리를 포함한 12개항의 강령을 작성했다.

반란은 북쪽—프랑켄 지방(Frankenland),[12] 뷔르츠부르크 및 튀링겐—과 서쪽 알자스 지방으로 급속히 확산되었다. 도시들도 가세했다. 요구는 점점 더 과격해져서, 사람들의 생각이 전면적인 국가개혁과 모든 교회재산의 몰수에까지 미쳤다. 뮌처는 심지어 국가의 철폐까지도 주장했다. 영방 군주들이 그들의 군대를 재조직하여 농민들을 몇몇 전투에서 결정적으로 패배시키자 반란은 급속히 진압되었다. 반란의 핵심부는 무자비하게 숙청되었다. 단지 브라이스가우(Breisgau),[13] 오베르외스터라이히, 티롤, 잘츠부르크 및 켐프텐과 같은 몇몇 지방에서만 영방군주들이 농민들의 처지를 다소 개선하는 협정을 맺을 자세를 갖

....

11 보덴제 동쪽, 남부 독일에 위치.
12 바이에른 주의 북부와 그 인접지역을 포괄하는 독일의 중남부 지방.
13 독일의 서남단, 라인강 상류 지방.

추고 있었다.

농민에 대한 사회적 평가의 변화는 아마도 독일의 농민전쟁과 16세기 초반의 지배적인 경제적 상황과 관련되어 있는 듯하다. 농민들이 16세기 초 이후 회화와 사생화 속에서 아주 괴상하게 묘사되고 있다는 점이 주목을 끈다. 특히 교양이 없고 난폭하며 거친 농민들의 모습이 강조되고 있다. 그들의 얼굴은 찌그러지고 일그러진 기형으로 그려지고 있다. 이 무렵부터 시골의 결혼식, 마을의 선술집, 장날과 농민들의 무도회가 비로소 미술의 빈번한 소재가 되었고, 만취와 다툼과 성적 문란 속에 즐거워하는 장면이 나타난다.[11] 이런 풍속화의 기원은 그런 그림에 대한 도시민의 수요가 있었던 독일에서 찾아야 한다. 도시민과 농민 사이의 이런 점증하는 대립관계는 아마도 가격의 상승, 특히 농민에게는 보다 큰 번영을 가져오지만 도시민에게는 빵값의 상승으로 말미암아 어려움을 가져오는 곡가의 상승으로 설명할 수 있을 것이다. 도시민은 농민에 대한 시샘으로 괴로워했지만, 쉽게 번 돈을 흥청망청 탕진하고 버릇없이 행동하는 농민을 조롱하는 것 외에는 달리 이런 마음을 표현할 길이 없었다.

그 몇 세기 전에는 농민에 대한 사회적 평가가 더 나았다는 것이 1224년 비테비룸(네덜란드의 흐로닝언)의 수도원장 에모의 연대기 속에 나오는 다음과 같은 한 구절로부터 명백해진다. "직업에는 여러 종류가 있다. 의사직은 상당한 지위에 있는 사람에게 어울리는 것이며, 소규모의 상거래는 천한 일이다. 농업보다 더 좋고, 생산적이며, 자유인에게 품위 있는 것은 없다."[12]

IV

—

근대의 농업과 농촌

(1550년경-1850년경)

1. 생산에 대한 소비의 영향

1550-1650년: 가격혁명기

중세 후기의 불황이 16세기의 호황으로 옮아가게 된 원인은 아메리카 대륙의 금이 아니다. 아메리카 대륙산(産) 귀금속의 영향이 나타나기 오래전에 이미 가격은 오르기 시작했었다. 십중팔구 가격상승의 원인은 첫 번째로 인구성장일 것이고, 그 다음에는 화폐수량의 증가를 초래한 중부 유럽에서의 귀금속 채굴의 재개일 것이다.

화폐수량의 증가와 그로 인한 결과가 하나의 자동적인 과정이었다고 생각하는 것은 실로 잘못일 것이다. 다수의 다른 요인이 관련되어 있었다. 16세기에 많은 나라에서 인구증가는 주목할 만한 현상이었다. 예를 들면, 카스티야의 인구는 1530년에 300만 명에서 1594년 600만 명으로 두 배나 증가했고, 시칠리아의 인구는 1501년 60만 명에서

1570년 100만 명 이상으로까지 증가했다. 그 밖의 곳에서는 괄목할 만한 인구증가가 있었던 것은 아니었으나, 어느 정도의 증가는 거의 어디에서나 찾아볼 수 있었다. 16세기 후반에 많은 지역에서 인구증가는 기근 사태를 초래했다. 전에는 곡물을 수출했던 카스티야, 안달루시아, 그라나다와 심지어는 곡창지대인 시칠리아와 같은 지방들이, 16세기 말에는 영국, 네덜란드 및 한자동맹으로부터 공급되는 곡물을 수입하지 않을 수 없었다.[1]

곡가의 상승을 초래했을 수도 있는 두 번째 요인은 말의 수효 증가이다.[2] 수송과 연관되어 있는 상업의 대대적 발전과 공업의 발전은 말들이 대부분 제공하는 견인력의 증대를 필요로 했다. 말이 증가한다는 것은 사료에 대한 수요의 증대를 의미했다. 사료작물이 재배되면 그 재배되는 땅에는 인간 소비용 곡물이 재배될 수 없었다. 따라서 경작지 면적이 일정한 크기로 유지되는 경우, 말의 수효가 증가한다는 것은 인간의 식량용 농산물의 감소를 뜻한다.

지리상의 발견을 위한 항해 결과, 시장이 확대되고 유럽의 상품에 대한 수요가 증가한 것도 가격상승에 영향을 미쳤음에 틀림없다.

이런 상황의 전개는 지역적으로 큰 차이가 있었다. 스웨덴에서는 외국무역이 16세기 전반까지 아직 많지 않았기 때문에, 가격의 상승은 16세기 늦게서야(1560년 이후) 감지되기 시작했다. 더욱이 수출은 감소하는 데 반해서 수입상품에 대한 수요는 증대하는 양상을 보였다. 이런 상황은 스웨덴의 철과 구리에 대한 외국의 수요가 증가한 때에 가서야 비로소 바뀌었다. 그때부터 전반적인 가격상승이 시작되었다.[3]

1552-1560년간에 연평균 최고의 가격상승, 즉 매년 평균 5.2퍼센트의 가격상승이 있었던 이탈리아의 상황은 달랐다. 치폴라는 이탈리아에서 1492년 이래 많은 전쟁이 있은 후 회복된 평화가 이런 가격상승

의 주요 원인 가운데 하나이며, 가격상승은 아메리카산 금은의 영향 때문이 아니라는 견해를 보이고 있다. 그에 의하면 아메리카산 귀금속의 의미는 무엇보다 경기침체가 더이상 지속될 수 없었으며, 나아가 그 귀금속이 이자율의 저하에 기여했다는 점에 있다. 역사상 처음으로 이자가 연간 5퍼센트 이하로 떨어졌다는 것이다.[4]

벨기에의 일부 역사가는 도매업이 소수인의 손에 집중되었기 때문에 상품의 거래액에는 변동이 없었지만, 귀금속의 유입으로 말미암아 화폐수량의 증가와 더불어 화폐유통 속도도 빨라졌다고 추측하고 있다. 이것이 가격상승을 초래했을 것임에 틀림없겠지만, 그와 더불어 16세기에 주조화폐의 품위 저하도 가격상승을 더욱 촉진했음에 틀림없다.[5]

마지막으로, 16세기에 생산은 화폐수량이 증가하는 만큼 증대되었다는 견해가 제시되었다. 따라서 화폐수량의 증가는 물가에 아무런 영향을 미칠 수 없었을 것이라는 것이다. 그렇다면 가격의 상승은 화폐유통 속도의 급격한 증가의 결과로 설명될 수밖에 없다.[6]

스웨덴의 역사가 잉그리드 함마르스트룀이 이 모든 견해가 매우 가설적인 성격을 띠고 있음을 지적한 것은 옳다. 이 여학자는 가격의 상승을 귀금속(유럽산이든 아메리카산이든) 수량 증가의 결과로 설명하는 화폐수량설도, 화폐유통 속도의 증가나 상품 거래액의 증가가 물가상승의 원인이라고 보는 어빙 피셔 공식의 적용도 모두 거부한다. 화폐수량설이나 어빙 피셔 공식의 적용으로는 농산물 가격의 상승과 공산품 가격 및 임금의 상승과의 큰 격차를 설명할 수 없다는 것이다. 화폐수량의 증가나 화폐유통 속도의 증가는 모든 물가의 똑같은 상승을 초래했을 것이다. 함마르스트룀에 따르면, 한편에서의 농산물 가격과 다른 한편에서의 공산품 가격 및 임금과의 불일치는 단지 인구증가의 결과로만 설명할 수 있을 뿐이다. 이와 관련하여 또한 엄청난 분량의 아메리카산 귀금속이 유럽에 도달하기 전에 가격상승이 도처에서 나타났다는 것도 중요한 의미를 지닌다.[7]

가격상승은 맨 먼저 식료품, 그중에서도 특히 곡물의 가격에서 나타났다.[8] 영국, 프랑스 및 알자스 출처의 자료에 기초해서 볼 때, 여러 가지 상품의 가격이 상승하는 순서는 다음과 같다.[9]

1. 경종농업 분야의 생산물. 이 가운데 짚이 최대의 가격상승을 보였다.[10]

2. 축산물.

3. 목재와 임산물.

4. 건축자재.

5. 금속.

6. 직물.

이것은 1475년에서 1620년까지의 기간에 영국, 프랑스 및 알자스에서 다음 표와 같은 식료품 가격, 공산품 가격 및 건축노동자의 임금 등의 지수를 통해서 예증될 수 있다.[11]

1475-1620년간의 지수	영국	프랑스	알자스
식료품	555	729	517
공산품	265	335	294
건축노동자의 임금	200	268	150

(1451-1475년=100)

남부 네덜란드에서 곡물과 버터의 가격은 치즈와 어물의 가격보다 상대적으로 더 상승했으며,[12] 노르웨이에서는 곡물가격의 상승이 어물

가격의 상승보다 상대적으로 더 컸다.[13)]

다음과 같이 1460년부터 1559년까지의 기간에 스웨덴에서 버터, 정향(丁香), 후추 및 철의 가격상승보다 상대적으로 보리(및 호밀)의 가격상승이 상당히 더 컸다. 석회, 벽돌, 소금, 직물 및 밀랍의 경우에는 심지어 다음과 같이 상대적인 가격하락까지 있었다.[14)]

1550-1559 스웨덴의 가격지수			
보리	238	석회	92
버터	170	벽돌	76
정향	117	천일염	64
철	115	밀랍	62
후추	115	나르덴 직물(네덜란드산)	53

(1460-1469년=100)

1560년에 스웨덴에서는 아메리카산 귀금속의 영향이 아직 나타나지 아니했으며, 그렇기 때문에 아메리카산 귀금속은 앞의 일부 생산물의 상대적 가격상승에 영향을 미칠 수가 없었다. 비록 이 시기에 관한 문헌자료가 별로 없지만, 동일한 현상이 유럽의 여타 지역들에서도 나타났다.

그 다음의 1550-1650년간에 영국에서는 곡물가격이 네 배, 육류와 가축의 가격은 그보다 그리 낮지 않은 수준으로, 양모가격은 단지 두 배, 목재는 네 배 이하, 건축자재는 세 배 이하, 금속은 겨우 두 배, 그리고 직물가격은 그 이하로 상승했다.[15)]

독일의 슈파이어 시에서는 1520년과 1621년 사이에 가격이 다음과 같이 상승했다.[16)]

호밀	15배
완두콩	14배
밀	13배
버터	11배
송아지 가죽	8배
육류	6배
소금	6배
임금	2배 내지 3.5배

프랑스에서는 15세기 말과 17세기 초 사이에 곡물의 가격이 열 배 상승했고, 가축의 가격은 여덟 배 올랐다. 리브르화의 실질가치는 1472년 은 6,970그램에서 1595년 3,148그램으로 하락했다. 따라서 본래 함량의 45.2퍼센트까지 감소했던 것이다. 라보가 가중치를 고려하여 많은 재화와 용역의 평균치로부터 산출한 바에 의하면, 같은 기간에 리브르화의 구매력은 61금화프랑(1914년의 프랑화)에서 10금화프랑으로 하락했다. 즉 본래 구매력의 16.4퍼센트까지 감소했던 것이다.[17] 비록 구매력을 산출하는 라보의 방법에 대해서 강력한 이의가 제기될 수 있겠지만,[18] 그럼에도 불구하고 그 기간에 리브르화의 구매력은 주조화폐의 품위 저하가 보증하는 것보다 더 급격하게 감소했을 가능성이 있다. 그 원인은 부분적으로 화폐수량의 증가에 있을 수 있다.

직업	식사 제공 여부	1578년의 지수
벽돌공	식사 제공	56
풀베는 사람	식사 제공	58
벽돌공	식사 제공 없음	41
농업노동자	식사 제공 없음	52

(1470년=100)

우리가 임금을 리브르화의 구매력에 따라서 같은 방식으로 계산한다면, 동일한 기간에 임금은 앞의 표와 같이 하락했음을 알 수 있다.[19]

할빌[아르가우(Aargau)][1]에서 16세기 초와 17세기 초 사이에 날품팔이꾼의 실질임금은 절반 이하로 떨어졌다.[20] 계속해서 실질임금이 하락했다는 것은 다음의 수치들로부터 증명된다.

연도	킬로그램 단위의 스펠트밀로 표시된 실질임금	지수
1476-1500	4.77	100.0
1501-1525	6.51	136.7
1526-1550	4.27	89.7
1551-1575	3.16	66.5
1576-1600	2.94	61.8
1601-1625	2.07	43.6
1626-1650	2.14	45.1
1651-1675	3.47	73.0
1676-1700	2.34	49.3

(1476-1500년=100)

푸아투, 할빌 그리고 독일의 프랑크푸르트암마인(이하 프랑크푸르트) 및 슈파이어와 같은 도시에 관한 앞의 자료에 근거해서 볼 때, 16세기에 실질임금이 폭락했다고 말할 수 있다.[21] 영국에서는 실질임금의 하락 폭이 아마도 일찍이 사람들이 서롤드 로저스의 통계에 근거해서 생각했던 것만큼[22] 크지는 않았던 듯하다. 왜냐하면 영국에서는 화폐임금이—남부 네덜란드에서도 바로 그러했듯이[23]—곡물의 가격을 어느 정도의 간격을 두고 뒤좇아 올랐기 때문이다. 그렇지만 그렇다고 해서

....
1 스위스의 북부 지방. 독일 접경지역.

임금노동자가 흉작이나 발트해 지역으로부터의 운송 장애로 인한 갑작스러운 곡가상승의 영향을 받기 쉬운 상태에 있었다는 점은 배제할 수 없다. 여기에서도 높은 곡가에 대한 불평의 근거가 없었던 것은 아니었다.

높은 곡가에서 기인하는, 농업에 매우 유리한 경제적 상황은 경종농업의 발달을 촉진했다. 이것은 무엇보다 개간, 배수 및 간척에 의한 경작지 면적의 확대로 나타났다. 그렇지만 그 외에도 목초지의 곡물경작지로의 전환과 수확고를 높이기 위한 시비량의 증대와 같은 여타 활동도 있었다. 농학을 주제로 한 많은 서적의 출간은 농경의 중요성이 커졌음을 반영한다.

16세기에는 개간활동이 활발했으며, 수로시설이 개량되고 메마른 땅의 관개가 이뤄졌다. 외국의 치수사업에 네덜란드인이 여러 번 초빙되었다. 이런 개발사업이 도시의 부유한 시민의 자금 지원을 받아 종종 도시 인근에서도 진행되었다. 15세기 말에 롬바르디아에서는 포강 유역에 논이 조성되기 시작했다. 사회적으로는 쌀 재배가 비용이 많이 드는 것이었다. 단지 수 주일 동안만 계속되는 쌀 재배를 위한 농사일은 육체적으로 열악한 환경 아래서 떠돌이 날품팔이꾼으로 된 큰 집단이 맡아 했다. 여기에서 농업 프롤레타리아가 성립했으며, 이들과 대조가 되는 것이 부유한 도시민인 지주들이었다. 16세기에 시칠리아, 나폴리, 안달루시아, 모로코, 발칸반도(불가리아와 트라키아), 그리고 코르푸 섬, 크레타 섬 및 키프로스 섬과 같은 지중해 연안의 여타 지역들에서도 곡물, 포도주, 올리브기름, 면화 및 사탕수수 생산을 위한 단작농업이 번창했다.

브레시아(Brescia)[2] 인근(1534), 아퀼레이아(Aquileia)[3](1561), 토스카나(1572), 교황 피우스 5세 재위 시절의 교황령(1566-1572) 그리고 페라라(Ferrara)[4] 인근(1598)에서는 개간사업이 진행되었다. 페라라 인근의 개발에도 네덜란드의 제방축조 기술자들이 활동했다. 1600년경에는 바르다르강변의 두라초 평야(Durazzo)[5]에서 토지가 개간되고 있었고, 프랑스에서는 랑그도크와 프로방스에서 그리고 뒤랑스(Durance)[6]강변에서 개간작업이 진행되었다.[24]

17세기 초 프랑스에서는 기술자들과 재력가들이 늪지대의 배수를 위한 회사들을 설립했다. 그 자본의 일부는 네덜란드 상사들이 제공했다. 이런 배수공사는 단작농업과 함께 농업에 가장 먼저 적용된 자본주의적 방식 가운데 하나가 되었다.[25]

네덜란드와 영국에서도 배수와 간척사업 분야에서 활발한 활동이 있었다. 네덜란드에서 농산물 가격과 간척사업 사이에 밀접한 관계가 있었음은 다음의 표에서 보는 지수들로부터,[26] 그리고 그에 따라서 작성된 그래프(그래프 15)로부터 극명하게 드러난다. 1565년부터 1589년까지의 기간에 관해서는, 간척활동의 중심지였던 해안 지방에서도 역시 팔십년전쟁[7]이 격렬하게 전개되었기 때문에 그 무렵에는 간척이 별

....

2 이탈리아의 롬바르디아 평원 북쪽의 도시. 밀라노 동쪽에 위치.
3 이탈리아의 베네치아 동북쪽 해안에 위치.
4 포강의 하류지역에 위치한 도시.
5 그리스의 북동쪽 살로니카만의 북쪽에 있는 평야.
6 프랑스의 도피네 지방에서 발원하여 프로방스 지방을 거쳐 아비뇽 인근 론강으로 흐르는 강.
7 여기서 팔십년전쟁이라고 하는 것은 네덜란드 독립전쟁을 의미하는 것으로 보인다. 네덜란드 독립전쟁은 스페인의 국왕 펠리페 2세의 강압적인 통치에 대해서 네덜란드의 시민 계급이 1566년 반란을 일으켜 1581년 독립을 선언하면서 시작되었다. 그러나 스페인의 완강한 저항과 공략으로 말미암아, 1648년 베스트팔렌 조약으로 완전한 독립이 인정될

로 진전되지 못했다는 사실을 고려해야 한다. 전시 상황이 새로운 토지의 획득을 불가능하게 했던 것이다.

기간	연간 평균 간척면적 (헥타르)	간척지수 (1715-1739년=100)	암스테르담과 쾨니히스베르크의 밀 가격지수 (1721-1745년=100)	기간	국제 밀 가격지수 (1721-1745년=100) 최저-최고
1540-1564	1,474	346.0	–	1501-1550	41.4-78.8
1565-1589	321	75.3	95.5*	1551-1600	133.2-180.4
1590-1614	1,448	339.9	–		
1615-1639	1,783	418.5	146.6	1601-1650	124.2-176.8
1640-1664	1,163	273.0	135.8		
1665-1689	493	115.7	101.4	1651-1700	98.9-151.2
1690-1714	501	117.6	124.4		
1715-1739	426	100.0	88.7	1701-1750	99.1-114.0
1740-1764	404	94.8	113.0		
1765-1789	717	168.3	142.2	1751-1800	123.3-154.3
1790-1814	634	148.8	250.0		
1815-1839	684	160.6	189.6	1801-1850	169.9-220.5
1840-1864	1,568	368.0	209.9		

* 1575-1589년간의 제일란트 밀

1640-1664년대 이후 대규모의 간척활동 시대가 종식되었다는 것은 명백하다. 이 시점은 바로 곡가가 떨어지고 농업경제의 전반적 상황이 별로 밝지 않은 때다. 매년 간척되는 평균면적은 1765년까지 작았으며, 농업이 불황을 맞고 있는 한 어떤 돈도 경작지 면적 확장에 투자되

⋯⋯

때까지 계속되었다.

그래프 15. 1525-1875년간 네덜란드의 간척면적 지수와 밀가격 지수 비교

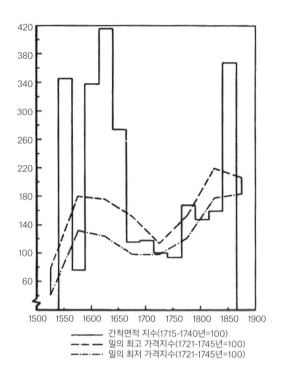

간척면적 지수(1715-1740년=100)
밀의 최고 가격지수(1721-1745년=100)
밀의 최저 가격지수(1721-1745년=100)

지 않았다. 1755년 이후 다시 곡가가 오르기 시작하고 농업의 장래에 대한 전망이 보다 밝게 되었을 때, 즉각 간척사업이 재개되었다. 농산물 가격과 농업생산 활동 촉진과의 상호 관계에 대해서 이보다 더 좋은 예는 찾아보기 어려울 것이다.

우리는 똑같은 변동을 흐로닝언에서 늪지대 개간기에 찾아볼 수 있다. 흐로닝언 시는 1625년, 1627년, 1634년 그리고 1651년에 늪지대의 땅을 사들였다. 그러나 뒤이은 농업불황기에는 매입이 중단되었다. 1761-1765년간과 1784년에 가서야 비로소 토지의 매입이 재개되었다. 흐로닝언의 늪지대에서는 1608년, 1617년, 1628년, 1635년, 1637년에 수로가 개설되었으며, 그 후 1764년에 수로의 개설작업은 재개되었다.

인쇄된 규약문에 따르면 늪지대의 개간사업은 17세기 초반에 추진되었고, 그 후 18세기 후반에 재개되었다. 규약문의 작성 연대는 사페메이르와 폭스홀에 대해서는 1628년, 사페메이르-아흐테르디프에 대해서는 1636년, 페켈라에 대해서는 1651년 그리고 스타츠카날에 있는 보벤디프스터르 지방에 대해서는 1783년이다.[27] 여기에서도 1650년 이전의 초반기 활동 후, 1650년과 1750년 사이에 다시 장기간의 휴지기가 있었던 것이다.

이런 추이를 확인해 주는 또 하나의 예를 다음의 표와 같이 동부 프리슬란트의 간척과정에서 찾아볼 수 있다(그래프 16 참조).[28]

	기간	간척면적(디마트)
늪지대 개간	1633-1660	6,043
	1661-1735	없음
	1736-1794	8,139

(1디마트=0.9822헥타르)

위의 마지막 시기는 다음과 같이 세분될 수 있다.

기간	간척면적(디마트)
1736-1745	2,816
1746-1762	없음
1763-1794	5,323

그 전개 양상은 이미 보아온 대로다. 즉 17세기 전반(前半), 그 가운데에서도 주로 1633년과 1647년 사이에 개간이 있었고, 1660년에 2,084디마트 면적의 개간이 한 번 더 있은 후, 1736년까지 장기간 지속된 중단기가 있었다.

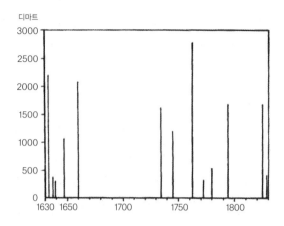

우리는 16세기에 또한 북부 프리슬란트와 에이데르스테트 및 빌스
테르마르슈(슐레스비히홀스타인)에서도 개간사업이 전개되었음을 볼 수
있다. 뵈르너(Veurne)[8] 근처 무런 유역에서도 1620년과 1627년 사이에
2,500헥타르가 간척되었다.[29]

1550년부터 1650년까지의 기간은 농업 전반에 걸쳐 유리한 시기
였지만, 그럼에도 불구하고 이 호경기 때 특별히 성과를 거둔 부문은
경종농업이었다. 경작지에 대한 지대는 방목지와 건초 생산용 초지에
대한 지대보다 훨씬 더 큰 폭으로 올랐다. 따라서 노픽과 서픽에서는
1600년과 1640년 사이에 목초지에 대한 지대는 겨우 두세 배 올랐던
반면에, 경작지에 대한 지대는 여섯 배까지 상승했다.[30] 어디에서나 목
초지는 경작지로 바뀌었다. 스페인에서는 16세기에 사람들이 메스타
의 목양용 토지를 줄여 가면서 경작지를 확장하려고 노력했음이 일찍
이 확인된 바 있다. 또한 노르웨이의 북부에서도 경종농업이 재개되었

....

8   벨기에의 서부 플랑드르에 있는 도시.

다. 16세기에 프리슬란트에서는 목초지를 경작지로 바꾸려는 농민들의 열정이 몹시 커서, 지주들과 정부가 제한조치를 취해야만 할 정도였다. 밀과 유채가 자가 소비용으로 재배되는 외에 수출용으로도 재배되었다.[31]

헬데를란트의 많은 차지 계약서에는 차지인이 목초지를 경작지로 바꾸는 행위를 지주가 금지하는 제한조항들이 발견되며, 위반 시에는 무거운 벌금이 부과되었다. 다른 차지 계약서들에는 지주의 허락이 있을 경우에만 목초지가 경작지로 바뀐다는 조항이 기록되어 있다.[32]

17세기 초반 네덜란드인 코르넬리스 페르마위던[9]의 특별한 지도를 받은 동부 잉글랜드의 간척사업이 원주민들의 커다란 반대를 불러일으켰던 것은 무엇보다 목초지가 곡물과 유채 재배를 위한 경작지로 바뀐 데에 그 원인이 있었다. 이곳에서도 역시 비록 강제적이기는 했지만, 축산업에서 경종농업으로의 이행이 있었다.[33]

잉글랜드 중부에서도 또한 목초지가 경작지로 바뀌었다. 그 한 사례는 레스터셔의 비테스비라는 곳이다. 이곳에서는 1572년에 16헥타르이던 경지면적이 1640년에는 220헥타르로 확장되었다. 이런 경작지 확대는 목초지의 축소 속에 진행된 것이다.[34]

축산업에서 경종농업으로의 비교적 뒤늦은 전환은 1637년부터 1648년까지 하를링거를란트(동부 프리슬란트)에서 있었다. 원래 그곳은 거의 완전히 목초지로만 되어 있었다. 삼십년전쟁에서 헤센인들이 점령하고 있는 동안 전쟁세가 사람들이 소유한 가축의 수에 따라서 징수되었다. 그와 동시에 상당한 곡물가격의 상승이 시작되었다. 이와 같은

....

9   1626년 영국 왕 찰스 1세의 부탁을 받고 잉글랜드 동북부에 있는 험버강 하류의 늪지대를 간척한 네덜란드의 간척기술자. 그는 간척 후 플랑드르 사람들의 이주를 초치(招致)했다.

요인들은 수년 내에 많은 목초지가 경작지로 전환되는 결과를 초래했다. 심지어 일부 마을은 외국으로 곡물을 수출하기까지 했다.[35]

멘(프랑스)에서는 또 다른 변화가 나타났다. 그곳에서는 16세기에 포도밭이 곡물경작지로 대체되었다. 이 지방에서 포도는 불리한 기후 조건에서 재배되고 있었고, 15세기 말에는 다소의 흉작까지 있었다. 마지막으로 곡물가격과 포도주 가격 사이의 관계 변화도 역시 이런 전환에 기여했을 것이다.[36]

같은 시기에 이 지역에서는 메밀의 재배가 크게 확대되었다.[37] 메밀은 가장 값싼 식량 가운데 하나다. 곡물가격이 비쌀 때 가장 값싼 농산물에 대한 수요가 가장 크다는 것은 잘 알려진 현상이다. 메밀은 상대적으로 최대의 가격상승을 보이게 되는 것이다. 게다가 메밀은 이 지역의 척박한 토양에 적합한 작물이었다.

여러 가지 다른 요인도 영향을 미쳤겠지만, 높은 곡가는 육류 소비에 영향을 미쳤다. 중세 말에 육류 소비는 매우 컸다. 그러나 1550년 이후에는 육류 공급에 여러 가지 어려움이 나타났다. 독일의 역사가 아벨은 그 원인으로 다음과 같은 것들을 제시하고 있다.[38]

1. 인구의 증가.

2. 투르크인의 헝가리 정복으로 남동유럽으로부터 쇠고기 수입 감소.

3. 밀집된 도시 건축물로 말미암아 도시인이 사육하는 돼지의 수를 줄일 수밖에 없었던 것.

4. 농촌에서 오크와 너도밤나무 숲의 축소로 인한 돼지 사육 수의 감소.

5. 야생미경작지의 개간과, 목초지의 축소에 의한 경작지 면적의 대

폭 확대. 남아 있는 목초지에는 암소보다 말과 양을 사육하는 것이 수익성이 더 컸다.

6. 실질임금의 하락 결과, 대규모 소비자 집단의 구매력 감소. 이 집단의 사람들은 많은 고기를 살 돈을 가지지 못했다.

적어도 독일에 관한 한, 일반적인 인상은 16세기에 가축사육과 육류소비는 인구가 증가하는 만큼 증대하지 못했다는 것이다.

경종농업 생산물의 높은 가격으로 말미암아 토지에 시비를 보다 많이 할수록 이득이 되었다. 농민들은 그들 소유의 가축이 충분한 시비를 할 수 있을 만큼 많은 두엄을 생산하지 못했기 때문에 외부에서 거름을 구입했다. 토양의 비옥도를 높이기 위해서 여러 가지 다른 물자가 사용되었다. 영국과 일부 프랑스 지방에서는 16세기에―로마시대와 13세기 이후 처음으로―토지에 대한 이회토와 석회 시비가 재개되었다. 다른 곳에서는 찰흙, 바닷모래, 조가비 및 해초가 거름으로 이용되었다.

그렇지만 농가 바깥에서 생산되는 거름에 대한 수요는 농가 자체의 거름 생산이 감소한 데에 기인한다. 개간으로 말미암아 가축이 방목되는 공유지의 면적은 축소되었고, 목초지는 경작지로 바뀌었다. 이제는 이용 가능한 가축사료의 양과 거름의 수요증가 사이에 균형이 맞지 않게 되었다. 더욱이 상대적으로 낮은 축산물 가격은 가축 수의 감소와 경종농업의 확대를 초래했다. 그 결과, 경작지 면적과 이용 가능한 거름 사이의 기존의 균형이 깨지게 되었다.

우리는 1750년 이후 동일한 징표가 나타난 것에 비추어 볼 때, 농가 바깥에서 생산되는 거름에 대한 수요가 다시 한번 생겼을 것임을 짐작할 수 있다. 다시 한번 경작지 면적은 목초지의 축소 속에 확대되었다. 그러나 이제는 사료작물의 재배로 말미암아 가축 수를 줄이지 않아도 되었다. 심지어 가축 수가 증가하기까지 했다.

16세기에 주요 서유럽 국가들에서는 농서의 발간이 많았다. 여러 저자가 농업에 관한 주제를 훌륭하게 다루었다. 이때 출간된 몇몇 농서는 그 후에도 한없이 재판되었다. 영국에서 가장 유명한 저자들로는 농업에 관한 해박한 실용적 지식을 가지고 있었던 앤소니 피츠허버트 경, 새로운 아이디어를 풍부히 가지고 있었던 휴 플랫 경과 에드워드 맥시, 농업 지식을 대중화한 저버스 마컴, 당대인들이 천재라고 불렀던 가브리엘 플래츠, 플랑드르의 농업에 관한 논문의 저자로 잘 알려진 리처드 웨스턴 경 그리고 그 논문을 출판한 새뮤얼 하틀리브를 들 수 있다. 이후 영국에서는 상당 기간 이들보다 더 중요한 농서들이 출간되지 않았다. 1650년 이후에는 16세기 저자들의 글이 많이 표절되었다.

16세기에 프랑스에서는 베르나르 팔리시와 샤를 에티엔 그리고 올리비에 드 세르의 저서들이 발간되었다.[10] 에티엔과 세르의 저서들은 수없이 재발간되었다. 농업불황기에는 신간 서적에 대한 수요가 별로 없었던 것으로 보인다.

독일에서는 16세기 말에 콘라트 헤레스바하, 아브라함 폰 툼프스히른, 마르틴 그로서 및 요하네스 콜러가 농업 분야의 탁월한 저술가들이었다. 그들의 농업에 관한 지식은 대부분 스스로의 실제 체험에 근거하고 있다. 그들의 저서는 16세기 후반의 라인란트, 작센, 슐레지엔 및 브란덴부르크의 농업 상황에 대해서 보여 주는 통찰력 때문에 오늘날에

....

10 특히 올리비에 드 세르는 외국으로부터 꼭두서니, 홉, 옥수수 및 뽕나무를 도입하고 양잠업, 사료작물의 휴경지 재배법, 감자를 비롯한 여러 농작물의 새로운 파종법 등을 개발하는 등 프랑스의 농업발전에 지대한 공적을 남겼다(1539-1619). 『농업경영론』(*Le théâtre d'agriculture et message des champs*)(1600)을 비롯하여 양잠업에 관한 두 권의 저서가 있다.

도 중요한 자료로 취급되고 있다. 1630년 이후 그들의 후배들의 저서는 그 가치가 훨씬 떨어진다.[39]

1650-1750년: 불황기

17세기는 경제적, 사회적, 정치적, 종교적, 과학적 및 예술적인 직업에 종사하는 모든 사람에게 영향을 미친 위기의 시대였다. 그 위기는 사람들의 생활욕구, 감정 및 의지에 이르기까지 모든 면에 깊숙이 영향을 미쳤다. 그것은 상당히 오랫동안 지속된 위기였으나, 강도의 변화가 심했다.[40]

경제적 관점에서 볼 때, 17세기는 한편으로는 16세기의 가격혁명에 닿고 다른 한편으로는 18세기의 물가상승에 접한다. 우리가 17세기를 경제적 위기의 시대라고 말하는 것은 옳지 않다. 오히려 서유럽이 극심한 변동들로 단절되고 특별히 장기간 지속된 불황을 겪었다고 봐야 할 것이다. 이때의 불황은 중세 후기의 심각한 경제적 쇠퇴보다는 훨씬 덜 심한 것이었다. 그러나 그 주요 징후들은 동일했다. 곡물가격의 하락, 비교적 높은 실질임금, 개간활동이 거의 없는 것, 경작지의 목초지로의 전환, 가축사육의 확대, 사료작물의 재배, 여러 가지 환금작물의 재배, 일부 지방의 농업으로부터 농촌공업으로의 이행, 농업기술 혁신이 거의 없는 것 그리고 농업 문제에 관심이 거의 없는 것 등의 현상이 나타났던 것이다. 심지어 중세 후기 쇠퇴의 아주 특징적인 요소들, 즉 버려진 촌락들, 빈 농가와 황폐화된 농토의 현상도 없었던 것이 아니었다. 그렇지만 이런 현상은 독일의 일부 지방을 격심하게 황폐화시켰던 삼십년전쟁의 결과들이었다.

버려진 농장들에 대해서 한탄하는 목소리는 이탈리아의 로마 남쪽에 있는 캄파냐와 토스카나에서와 같은 여타 지역에서도 들을 수 있었다. 1675년에 베네치아인 모체니고(Mocenigo)[11]는 교황령의 인구가 40년 내에 $\frac{1}{3}$로 감소한 반면에 세금은 두 배로 늘어났음을 확인했다. 농민이 없고 견인가축과 돈이 부족하며 곡물의 판매 가능성이 없기 때문에, 농경지는 묵정밭 상태로 남아 있었다. 아직 경작되고 있던 캄파냐의 소규모 토지는 나폴리 출신 농업노동자들을 이용하여 경작되었다. 그렇지만 그 수익은 너무 적어서 그들의 임금을 지불하기에도 부족할 정도였다. 해마다 경작면적은 줄어들어서 조만간 캄파냐 지방은 황무지로 변할 지경이었다.

1727-1756년간에 토스카나에서는 많은 소작농이 낮은 곡가로 말미암아 곡물경작이 수지타산이 맞지 않았기 때문에 농업경영을 포기해야 했다.[41]

스페인에서는 불황이 보다 일찍 시작되었다. 우리는 살라망카 주교구에서 1600년과 1619년 사이에 가축 수가 60퍼센트 감소했다는 한탄의 소리를 들을 수 있다. 같은 해 카스티야의 국가평의회에서는 폐허로 변한 마을들과 버려진 농토들에 대한 대책이 논의되었다. 17세기 내내 농촌인구의 감소와 비참한 농업상황에 대한 비탄의 소리가 끊이질 않았다. 17세기에 스페인의 인구가 25퍼센트가량 감소했다고 평가된다.[42]

중세 후기와 마찬가지로 격심한 토양침식 현상이 17세기 후반과 18세기 전 기간에 걸쳐 나타났다. 그런 사태에 대해서 탄식하는 소리를 우리는 작센, 튀링겐, 프랑켄, 바이에른, 로렌 및 샹파뉴 지방에서 들을수 있다. 어떤 저자는 침식이 삼포제 아래서 경작되지 않는 휴경지 때

....

11 11세기 이후 여러 명의 총독을 배출한 베네치아의 유력한 귀족가문의 사람.

문임에 틀림없다고 생각했다. 광대한 면적의 토지가 경작되지 않고 바람과 폭우에 노출되어 있었다. 무엇보다 경사지에 위치한 농경지의 침식이 심했다. 18세기 말에 사료작물이 휴경지에 재배되었을 때 침식 현상은 줄어들었다.[43) 만약 미경작 상태의 휴경지가 침식 현상의 실제 원인이었다고 한다면, 그것은 아마도 그 시기에 규제형 삼포제의 채용이 있었음을 가리킬 것이다.

흑사병과 여타 전염성 질병이 17세기를 휩쓸었다. 전염병이 휩쓴 일부 도시에서는 주민의 35-40퍼센트가 사망했다.[44)

17세기의 쇠퇴 현상은 독일 역사가들에게 특별한 인상을 남겼다. 그들은 삼십년전쟁이 그 원인이라고 보았다. 그러나 농업불황은 전 유럽에 걸쳐 일어났다. 삼십년전쟁 후의 독일 상황은 백년전쟁기의 프랑스 상황과 비교될 수 있다. 두 나라 모두 인구가 감소했을 뿐만 아니라 생산도 격감했다.[45) 전쟁으로 인한 황폐화 결과, 생산의 감소는 인구의 감소보다 한층 더 심했다. 1300-1450년간 그리고 1650-1750년간은 모두 농업불황이 서유럽 전체를 뒤덮은 시기들—앞의 시기가 뒤의 시기보다 그 정도가 훨씬 더 심했다—이기는 하나, 농산물 가격의 하락이 필연적으로 생산의 전반적 감소를 가져온 것은 아니다. 14-15세기의 프랑스와 17세기의 독일에서 전반적인 생산감소 현상이 나타났던 것은 전체 지역의 철저한 파괴 때문이었다.

엘자스가 올바르게 지적한 것처럼,[46) 17세기의 경기후퇴는 다른 시기의 경기후퇴와는 본질적으로 구별된다. 왜냐하면 17세기의 불황은 장기지속적이고 그 영향이 매우 컸던 결과로 구조적인 변화를 초래했기 때문이다. 주요 식료품의 가격은 그 전 가치의 $\frac{1}{3}$이나 $\frac{1}{4}$로 떨어졌다. 그 원인들 가운데 하나는 독일 및 스페인과 같은 일부 나라의 인구감소와 서유럽 전체의 인구증가 둔화 또는 정지였다. 그 밖에 아메리카 대륙으로부터 귀금속의 유입이 감소한 반면에, 아시아와의 무역에서는 귀금속의 유출이 증가했다는 점도 중요한 변화라고 지적해야 하겠다.

1650년 이후 곡가의 하락이 도처에서 시작되었다. 농민들의 형편이 얼마나 심각했는지는 1658년에 『황금시대』(*Das Golden Zeitalter*)라는 제목의 소책자로부터 짐작할 수 있다. 어떤 농민은 곡가가 너무 떨어져서 곡물을 헐값에 팔거나 반값으로 거저 주다시피 해야 한다고 불평하고 있다. "1짐머(28 내지 32리터)의 곡물로는 신발 한 켤레도 살 수 없었다. 비싸면서도 비능률적인 고용인과 하녀의 인건비로 소득은 죄다 지출되었다. 20년 전과 비교할 때 그들의 임금은 10배 올랐다." 고용주보다 고용인의 형편이 더 나았다고 말하고 있는 것이다. 또 다른 소책자에서 슈바르츠발트 출신의 한 농민은 모두가 비참한 가운데 고용인만 즐거울 뿐이라고 탄식하고 있다. 그는 "우리는 그들을 주인처럼 모시고 그들에게 음식을 풍족하게 대접해야 하면서도 막상 우리 스스로는 부족해서 고생하고 있다"고 했다.[47]

물론 이와 같은 불평들은 전쟁이 끝난 지 얼마 지나지 않은 상황에서 크게 과장된 것이다. 마찬가지로 1657년과 1669년의 곡가가 1620년경의 곡물가격의 25-30퍼센트 수준에 불과했다는 보고들도 큰 설득력이 없다. 이와 같은 차이는 곡가가 매우 높은 해와 매우 낮은 해를 서로 비교할 때에는 언제나 나타날 수 있는 것이다. 그렇지만 동일한 현상이 다른 나라들에서도 역시 나타날 때에는 사정이 다르다. 1681년 영국에서 발간된 『영국의 무역』(*The Trade of England*)이라는 한 소책자에는 농업노동자의 높은 임금에 대한 불만이 표출되어 있다. 약 40년 후 같은 불평이 프랑스 오베르뉴 지방의 행정감독관의 한 보고서 속에도 나타난다(1724년). 그 보고서에 의하면 날품팔이꾼과 농업노동자의 임금이 높아서 토지소유주는 그들의 농업경영으로부터 수익을 올리지

못했으며, 모든 수입을 비용 충당에 사용해야 했다.[48]

가격의 동향은 어떠했던가? 아주 장기간의 평균가격 수준이 그에 선행하는 마찬가지로 긴 기간의 평균가격 수준 이하로 떨어지고 있을 때, 우리는 구조적인 변동이 있었다고 말할 수 있을 것이다. 이런 변동은 1650-1750년간에 일곱 개 도시의 물가와 임금의 동향을 그에 선행하는 1600-1649년간의 것과 비교할 때 사실임이 드러난다. 이 목적을 위해서 몇몇 대표적인 생산물, 즉 한 종류의 경작지 생산물(호밀), 두 종류의 축산물(쇠고기와 버터), 한 종류의 환금작물(아마), 한 종류의 공산품(벽돌) 등의 가격과 일부 임금을 뽑아 제시해 보았다.

그래프 17. 1600-1799년간 일부 독일 도시의 물가와 임금 지수(1600-1649년=100)

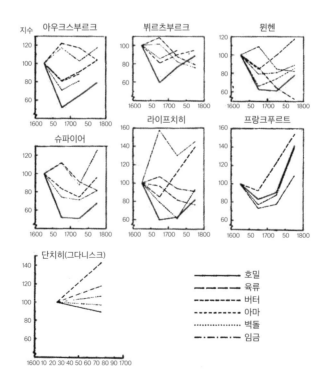

1600-1649년간의 평균 물가와 임금을 100으로 치면, 그 지수(그래프 17 참조)는[49] 아래에 제시된 바와 같다.

1650-1699년간의 물가와 임금 지수(1600-1649년=100)

아우크스부르크		뷔르츠부르크		뮌헨		슈파이어	
임금	122.3	임금	108.7	벽돌	108.9	임금	111.8
석회	117.0	벽돌	101.8	임금	86.0	벽돌	111.4
아마	81.8	버터	86.4	육류	84.6	육류	83.3
육류	81.1	육류	80.5	버터	79.1	버터	74.5
버터	71.0	호밀	60.1	아마	65.5	호밀	52.3
호밀	52.7			호밀	63.1		

라이프치히		프랑크푸르트		단치히	
벽돌	157.3	육류	92.7	육류	143.2
임금 A	106.8	호밀	82.7	임금	118.6
임금 B	96.7	버터	78.1	벽돌	106.9
육류	85.1	벽돌	72.8	버터	98.2
버터	79.0			곡물	90.3
호밀	60.3				

1) 아우크스부르크, 뷔르츠부르크, 뮌헨 및 라이프치히의 버터는 용해된 액체 상태의 버터다.
2) 아우크스부르크에서는 벽돌의 가격이 알려져 있지 않기 때문에 석회 가격의 지수가 제시되었다.
3) 프랑크푸르트의 임금에 관해서는 전혀 알려져 있지 않다.
4) 라이프치히의 임금은 목수의 임금(A)과 목장에서 일하는 여성의 임금(B)이다.

아우크스부르크		뷔르츠부르크		뮌헨	
석회	117.0	버터	95.4	육류	100.3
임금	116.8	임금	88.4	벽돌	84.1
육류	90.9	벽돌	82.4	버터	80.5
호밀	65.5	호밀	77.2	아마	73.6
				임금	64.1
				호밀	61.2

슈파이어		라이프치히		프랑크푸르트	
임금	91.1	벽돌	129.8	육류	122.9
벽돌	87.7	임금 A	94.4	호밀	90.7
육류	73.6	임금 B	81.5	버터	87.9
버터	71.0	호밀	63.4	벽돌	78.3
호밀	51.6	버터	61.6		

비록 가격들 사이의 관계에 지방적인 차이가 존재하기는 하지만, 거의 어디에서나 호밀 가격이 가장 많이 하락했다는 것은 바로 알 수 있다. 축산물과 환금작물의 가격변동 폭은 작았다. 임금과 벽돌의 가격은 17세기 전반보다 후반에 오히려 더 높았다. 낮은 곡가는 높은 실질임금과 병존했던 것이다.

경종농업, 그중에서도 특히 곡물경작의 문제점은 1세기(1650-1750년)라는 긴 기간에 걸친 평균가격이 그 이전 50년간의 가격의 단지 65퍼센트 수준밖에 되지 않을 정도로 낮았던 호밀 가격을 통해서 아주 잘 입증되고 있다.

17세기에 비농업 분야의 생산물에 비해서 농산물의 가격이 더 하

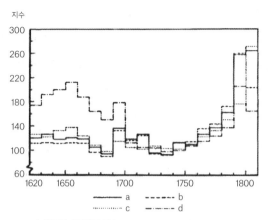

a: 농산물의 가중평균 지수
b: 농산물의 거래량 × 가격
c: 비농산물의 가중평균 지수
d: 비농산물의 거래량 × 가격

락했음은 암스테르담의 현물시장에 관해서 포스투무스가 산출한 통계를 통해서 알 수 있다.[50] 1620년부터 1690년까지 농산물의 가중평균(加重平均)보다 비농산물의 상대가격의 가중평균이 더 높았다. 1690년부터 1720년까지의 짧은 기간 동안 이런 관계는 역전되었으며, 그 다음 1720년부터 1740년까지는 1690년 이전의 관계로 돌아갔다. 결정적인 발전은 1740년에 일어났으며, 그 해부터 1800년까지 비농산물의 가중평균보다 농산물의 상대가격의 가중평균이 높았다(그래프 18).

이러한 통계 속에서도 1620년에서 1740년까지의 기간에 비농산물, 즉 공산품의 가격에 비해서 농산물 가격이 더 하락했음이 눈에 띈다. 1690년에서 1720년까지 단기간 지속된 농산물 가격의 우위는 대체로 구년전쟁,[12] 스페인계승 전쟁[13] 및 북방전쟁[14]과 시기적으로 일치한다.

....

12 여기서 구년전쟁이라고 하는 것은 프랑스의 루이 14세가 독일 라인강 서부에 있는 팔츠

이들 전쟁이 진행되는 수년간은 곡가가 전례 없이 높은 수준으로 올랐다.

우리는 암스테르담 현물시장에 공급된 상품의 분량과 가격을 곱하여 거래액을 산출해 보면 똑같은 결과를 볼 수 있다. 1620년에서 1740년까지―비록 1700년부터 1720년까지의 짧은 단절기가 있기는 했지만―막대한 물량의 비농산물이 농산물 가격보다 더 높은 가격으로 거래되었다. 이처럼 공산품은 곡물에 비해서 비싸게 거래되었던 것이다. 반면에 1700-1720년간과 특히 1740-1800년간은 농업의 번영기였다. 대량의 농산물이 고가로 판매되었다.

이 시기에 프랑스에서는 곡물가격이 가축과 축산물의 가격보다 더 떨어졌다. 그렇지만 시미앙에 의하면 공산품 가격은 곡가보다도 한층 더 하락했다. 그는 가격하락 시점을 1750년으로 잡지 않고 1785년으로 늦추어 잡음으로써 이러한 결론에 이르고 있다. 그렇지만 1750년과 1785년 사이에 그 이전의 가격하락이 일부 보충될 만큼 곡가의 상당한 상승이 있었다.[51]

....

의 할양을 요구한 것이 발단이 되어 1688-1697년간에 진행된 이른바 아우크스부르크 동맹전쟁(대동맹전쟁, 팔츠 계승전쟁)을 가리킨다. 프랑스와 이에 대항하는 독일의 여러 영방, 오스트리아, 스페인, 네덜란드, 스웨덴, 영국, 사보이 등의 나라가 1686년 아우크스부르크 동맹을 맺어 전쟁을 벌였으나, 프랑스는 알자스의 일부를 얻는 데에 그치고 현상을 유지하는 선에서 전쟁이 종결되었다. 이 전쟁과정에서 프랑스군은 독일과 네덜란드를 전쟁터로 삼아 철저한 파괴전쟁을 전개함으로써 이 지역들이 황폐화되었다.

13 1702-1713년간과 1740-1748년간에 스페인의 왕위계승 문제를 둘러싸고 오스트리아, 스페인, 네덜란드, 영국 및 프랑스가 벌인 전쟁으로, 스페인의 패배로 영국이 제해권을 장악하는 계기가 되었다.

14 삼십년전쟁을 통해서 발트해에 세력을 신장시킨 스웨덴과 이에 대항하는 러시아를 주축으로 한 발트해 여러 나라와의 1700-1721년 사이에 벌어진 전쟁. 이 전쟁은 결국 러시아의 승리로 끝남으로써 러시아가 발트해의 제해권을 장악하고 유럽 열강의 반열에 오르는 계기가 되었다.

18세기 초반 영국의 상황과 관련해서는, 1710년부터 1736년까지 밀의 가격은 하락한 반면에 임금―화폐로 표시된 임금―은 상승했음이 확인되었다.[52] 그 때문에 밀로 표시된 실질임금이 두 배로 상승했다. 따라서 이 시기에도 역시 사치, 잦은 여관 출입, 값비싼 옷의 착용, 도박, 술의 과음, 특히 유행한 지 얼마 안 되는 진의 과음에 대한 비난이 있었다. 이 낮은 곡가 시절에 진은 대단히 쌌다.

영국에서 알코올 도수가 높은 술의 소비는 1710년에 1인당 연평균 1.7리터였던 것이 1740년 및 1750년에는 5리터로 늘어났고, 1760년에는 다시 1.7리터로 떨어졌다. 그 후 곡가가 다시 낮았던 1830-1840년간에는 진의 소비가 다시 거의 2.5리터로 늘어났다.[53]

농업불황은 농업경영에 영향을 미치지 않을 수 없었다. 우리는 1730년부터 1750년까지의 기간에 몇몇 영국의 농장에 관한 자료를 통해서 확인할 수 있듯이,[54] 이런 영향이 차지제에 나타남을 보게 된다. 지대의 심각한 체불(축산농가보다 경종농업을 하는 농가에서 더 심했다), 차지 계약기간의 단축과 그에 따른 차지인의 빈번한 교체, 차지인 구하기의 어려움, 차지 계약기간 만료 이전에 차지인에 의한 토지 포기, 그리고 일부 농토―아마도 비옥도가 비교적 떨어지는 땅―가 임대가 불가능할 정도로 많은 땅조각으로 세분화되는 등의 현상이 나타났다.

지대를 지불할 차지인의 부족 때문에 대지주는 가끔 토지를 끌어모아 직접 경영했다. 이런 시절에는 지주가 토지세뿐만 아니라 농장의 유지비와 보수비를 부담해야 했다. 그러나 18세기 후반에 다시 곡가가 오르고 그에 따라 지대 역시 상승했을 때에는 지주들은 유지비 및 보수비와 토지세를 차지인들에게 떠넘겼다.

1650-1750년간에는 농지면적을 확장하려는 의욕이 별로 없었다. 네덜란드에서는 1665년부터 1764년까지의 기간에 더이상의 간척이나

매립이 거의 없었다. 그 기간에 토지가 연평균 최고로 확장된 것은 농산물 가격이 통상 수준보다 높았던 1690-1714년간이었다. 블링크가 생각하듯이 1664년 이후 간척사업의 쇠퇴는 다른 투자기회나 투기욕구의 확대 때문이 아니다.[55] 토지를 확장하려는 욕구가 작았던 것은 낮은 농산물 가격과 그로 인한 낮은 토지매매가 및 지대와 관련되어 있다. 이 시기에 독일에서도 역시 낮은 지가에 대한 불평이 생겨났다.

1682년부터 1749년까지의 기간에 오버레이설의 개간에 대해서 조사해 보면, 전체적으로 토지가 별로 개간되지 않았음을 알 수 있다. 야생미경작지가 개간되었던 목적이 일부 알려져 있다. 곧 살란트(Salland)[15]에서는 야생미경작지의 개간이 무엇보다 숲을 조성하기 위해서 이뤄졌고, 트벤터에서는 방목지와 건초 생산지를 만들기 위해서였다. 이 두 지역에서 야생미경작지를 경작지로 개간하는 일은 부차적 중요성밖에 없었다.[56] 의심할 바 없이 목재와 축산물에 대해서 높은 가격을 받을 수 있다는 점이 개간의 동기였다. 경종농업 생산물―오버레이설에서는 주로 호밀―의 값은 너무 싸서 야생미경작지를 경작지로 바꾸는 것은 관심을 끌 만한 일이 되지 못했다. 살란트에서의 조림사업은 수익성이 있다고 본 귀족과 부유한 데벤터르(Deventer)[16] 시민들에 의해서 추진되었다.

이 무렵 축산업은 경종농업보다 수익성이 더 높았고, 따라서 역시 경작지가 목초지로 바뀌었다. 우리는 이런 현상을 독일, 오스트리아, 스위스, 스페인, 남부 네덜란드, 프랑스, 영국 및 아일랜드와 같은 여러 나라에서 보게 된다. 독일에서는 슈베린(Schwerin)[17]에서 목양업이 확

....

15 오버레이설 지방 내의 한 작은 지방.
16 오버레이설 지방에 있는 한 도시.
17 독일 북쪽, 뤼베크 동남쪽 지방.

대되었다.[57) 17세기 이후 포어아를베르크와 알고이(일러강 지역)[18] 그리고 무엇보다 브레겐체르발트(Bregenzerwald)[19]에서는 축산업이 곡물농업보다 수익성이 더 컸기 때문에 곡물농업이 축산업에 밀려났다.[58) 스위스에서는 특히 18세기에 경작지가 목초지로 바뀌었다는 말을 들을 수 있다. 이것은 일부 지역에서 수출용 치즈 산업의 발달로 더욱 촉진되었다. 1735년과 1775년 사이에 페이당오(Pays-d'Enhaut)[20]에서는 밀밭이 절반으로 줄었다. 경종농업의 쇠퇴는 또한 베른의 오베를란트(에멘탈), 사부아, 쥐라산맥 지역(발레드주, 생트크루아, 뷜레) 그리고 그뤼예르[21] 지방에서도 확인된다.[59)

스페인에서 정착식 목양업의 확대와 그리고 그에 수반된 촌락의 인구감소에 대해서는 이미 다룬 바 있다.[60)

경종농업에서 축산업으로의 전환의 한 사례는 네덜란드의 림부르흐 지방 남쪽에 위치한 오늘날 네덜란드 국경 근처의 에르브 지구[22]다. 여러 가지 사정으로 그런 전환은 그 지방에서 보다 일찍 시작되었지만, 17세기와 18세기 초반에 대규모로 진행되었다.[61) 그곳은 원래 남부 네덜란드의 인구밀집 지역에 곡물을 수출하기 위한 곡물생산 지역이었다. 그러나 16세기에 정부가 곡물수출을 금지했을 때, 곡가가 상승함에도 불구하고 수익을 올릴 수 없었던 곳이다. 이것은 결국 축산업과 경작지의 목초지로의 이행이 촉진되었음을 뜻한다. 그리하여 그곳은

....

18 도나우강의 상류 지류 중의 하나가 뮌헨 서쪽에 있는 일러강이고, 일러강 유역이 알고이(Allgäu) 지방이다. 이 지방은 스위스 국경에 접한 곳이다.

19 오스트리아의 서쪽 포어아를베르크 지방에 있는 삼림지대.

20 스위스의 서남부 보(Baud) 칸톤 내의 한 지방.

21 앞의 지역 모두 스위스의 서부에 있으나, 그뤼예르(Gruyères)는 스위스 베른 남쪽에 위치.

22 에르브(Herve)는 네덜란드의 남동쪽 국경에 가까운 벨기에의 리에주 인근에 있다. 다음 표 속의 다른 곳들도 그 인근에 있다.

1650년에서 1750년까지 지속된 상대적으로 높은 축산물 가격에 사전(事前)에 대비된 지역이 되었다. 서로 다른 시점의 경작지와 목초지의 분포를 백분율로 나타내면 다음의 표와 같다.

지역	시기	경작지(백분율)	목초지(백분율)
에르브 지구	1350년경	65	35
	16세기	66	33
	17세기	19*	81
	1740년경	2	98
앙리샤펠	16세기	76	24
	1787년	14.4	80.2
몬첸	16세기	56	44
	1787년	15	66.5

* 이 가운데 2.6퍼센트는 곡물이 재배되고 16.4퍼센트는 순무·양배추·홉·대마가 재배되었으므로, 대부분 환금작물과 사료작물이 재배된 셈이다.

프랑스에서는 부르고뉴와 티에라슈에서 경작지가 대규모로 목초지로 전환되었음이 알려져 있다. 1650년 이후 부르고뉴에서는 축산업이 급격하게 확대되었다. 이것은 부분적으로는 특수한 지역적 상황 때문이었다. 삼십년전쟁의 마지막 10년간, 부르고뉴 지방은 약탈적인 군졸 떼들에게 심하게 유린당했다. 마을들은 파괴되었고 지역 전체가 버려지는 경우들이 있었는가 하면, 흑사병이 많은 희생자를 낳았으며, 기근이 휩쓸었다. 전쟁이 끝난 후 노동력과 농기구 부족 현상이 나타났다. 곡물의 파종면적은 줄고 목초지 면적은 늘어났다. 17세기 후반에 부르고뉴에는 오늘날보다도 더 많은 목초지가 있었고, 매우 건조한 땅에조차 목장이 있었다. 따라서 가축도 오늘날보다 더 많았다. 목초지와 심지어 가축까지도 대부분 도시의 부유한 시민의 소유였다. 이들 시민은 또한 포도밭을 소유하기도 했으며, 공업용 목탄 생산을 위해서 나무를 심기도 했다.[62] 사업가적 감각을 지닌 이들 시민이 경종농업과 축산업 가운데 어느 쪽이 수익성이 높은지에 대해서 민감했으리라는 것은 충분히 짐작할 수 있는 바다. 낮은 곡가가 경작지의 목초지로의 전환을 촉진한 원인이었을 것이다.

티에라슈 지역은 프랑스의 북부에 위치해 있으며, 오늘날의 아르덴 도(道), 엔도 및 노르도에 걸쳐 있다. 원래 그곳에는 경작지가 압도적으로 많았으나, 중세 후기(15세기)에 이미 목초지로의 전환이 시작된다. 이 지역에서는 누구나 개방경지 내의 농경지를 자유롭게 산울타리로 둘러싼 후 목초지로 전용할 수 있었다. 자유형 삼포제가 그곳에서는 여전히 지배적이었다. 대부분의 땅이 비옥했지만, 목초지로의 전환에는 토질은 상관이 없었다. 이런 전환은 대농이나 소농 모두에 의해서 진행되었고, 농업노동자 그리고 농사를 부업으로 짓는 여인숙 주인, 대장장이, 양말 장수 및 방앗간 주인과 같은 촌락주민에 의해서도 이뤄졌다.

경종농업에서 축산업으로의 이행은 17세기와 18세기 초반에 그리고 무엇보다 곡가가 특별히 낮았던 시기인 1719년과 1725년 사이에 절정에 달했다. 곡가가 다시 오르기 시작한 1764년 이후에는 일부 지방에서 역전 현상이 나타났으며, 목초지는 개간되어 경작지로 이용될 수 있게 되었다.

주거 양식이 축산업에 적합하게 재배치된 것은 아니었다. 사람들은 여전히 마을에 살고 있었고, 목초지는 개방경지에 있는 그 전의 경작지처럼 흩어져 있었다. 사회구조 역시 경종농업 지역의 사회구조와 동일한 형태로 남아 있었으며, 소규모 축산농이 일반적이었다. 에르브 지구에서도 마찬가지였다.[63]

영국에서는 경작지에서 목초지로의 전환이 중부 지방, 특히 레스터셔에서 있었다. 여러 권의 농서 저자인 가브리엘 플래츠(Gabriel Plat-tes)[23]는 레스터 북동쪽에 있는 비버 계곡을 유럽에서 가장 훌륭한 곡물재배 지역이라고 찬양했다. 그러나 약 80년 후(1724년경), 다니엘 디포(Daniel Defoe)[24]는 그의 여행기에서 레스터셔를 말과 양이 사육되는 전적으로 축산업 지역으로 묘사했다.[64]

이런 변화는 주로 17세기에, 그중에서도 십중팔구 1660년 이후에 매우 급속도로 일어났음이 확실하다. 이런 전환은 인클로저와 연관되어 있었다. 그러나 이 경우에 레스터셔의 개방경지들에 있는 많은 경작지가 인클로저 시대가 도래하기 이전에 이미 목초지로 전환되었다는 점에 우리는 유의해야 한다. 개방경지에 있는 농경지들은 수년간 목초지(the leys)로 이용된 후, 다시 대부분 귀리 재배용 농경지로 개간되었다. 대농은 개방경지에 있는 그들 토지의 $\frac{1}{3}$이나 $\frac{1}{4}$을 목초지로 남겨 둘 수 있었고, 소농은 $\frac{1}{5}$ 내지 $\frac{1}{6}$까지 목초지로 남겨 둘 수 있었다. 이들 목초지를 방목장으로 이용할 때에는 가축을 고삐로 매었고, 건초 생산용으로 이용할 때는 울타리를 둘러쳤다. 결국 목초지로 이용되는 면적은 경작지를 잠식해 가면서 확장되었던 것이다. 어떤 농민이 상호 인접해 있는 세 개 또는 네 개의 땅뙈기를 획득하는 데에 성공하면 그 땅을 울타리로 둘러쳤다. 그렇지만 인클로저가 언제나 경작지의 목초지로의 전환을 의미하지는 않았다. 울타리가 둘러쳐진 토지가 경작지로 남아 있는 경우도 있었기 때문이다. 레스터셔의 인클로저 진척은 서로 다른 시기에 전체 경지면적 가운데 다음과 같은 백분율로 나타났다.[65]

1. 1450-1607년간에는 10퍼센트의 경지가 울타리 쳐짐.

----

23 농업과 과학에 관한 여러 권의 저서를 남긴 영국의 작가(1600-1644년경).
24 영국의 소설가(1660-1731). 『로빈슨 크루소』의 저자.

2. 1607-1730년간, 특히 그중에서도 1660년과 1730년 사이에는 52퍼센트가 울타리 쳐짐.

3. 1730-1850년간에는 38퍼센트가 울타리 쳐짐.

1632년에 이미 축산업의 수익성이 경종농업보다 더 높았던 아일랜드는 동일한 과정의 또 다른 실례를 보여 준다. 우리는 가축 수의 엄청난 증가에 대한 불평들을 들을 수 있다. 사람들은 정부에 제한조치를 요구했다. 조치가 없다면 모든 사람이 축산업으로 전환하여 아무도 더이상 경종농업을 영위하지 않을 것이기 때문이다. 여기에서도 또한 사람들이―영국의 인클로저 때와 마찬가지로― 축산업으로 말미암아 일자리가 없어져 농촌의 인구가 부족할까 봐 두려워했다.

경종농업에서 축산업으로의 전환은 곡물의 수입 및 수출과 관련된 수치 속에 반영되어 있다. 1723년부터 1776년까지 아일랜드는 주민의 부족분을 충당하기 위해서 막대한 양의 곡물을 수입해야 했다. 정부는 경종농업을 장려하기 위해서 아홉 개 항의 법률을 공포했다.[66] 1780년 또는 그 직후에야 목초지를 쟁기로 갈아엎어서 경작지가 다시 한번 농업에서 보다 중요한 위치를 차지하는 변화가 일어났다.

이 무렵 플랑드르에서는 가축용으로 많은 사료작물이 재배되었다. 전보다 많아진 가축떼로부터 얻어진 두엄의 증대분이 환금작물의 재배에 사용되었다. 네덜란드에서도 농민들이 환금작물의 재배와 원예농업에 종사하기 시작했다. 그 밖에 수목 재배와 구근(球根)류 재배도 시작되었다.

비교적 높은 곡가가 1690년경부터 1720년경까지 유지되고 전시 상황의 영향이 작용하던 다소 짧은 기간에 남서부 프랑스에서는 정반대 방향, 즉 축산업에서 경종농업으로의 전환이 있었다. 랑드(Landes)[25]와 페리고르(Périgord)[26]에서는 스페인으로 가축을 수출하기 위한 축산업이 상당히 발달했다. 1688-1697년과 1702-1713년의 전쟁[27]은 이런 수출에 종지부를 찍었다. 곡가는 여러 가지 원인, 즉 흉작과 그에 따른 기근, 곡물의 수입을 방해한 영국인과 네덜란드인에 의한 프랑스 해안의 봉쇄 그리고 마지막으로 군량미 조달을 위한 프랑스 정부 측의 막대한 곡물수요로 말미암아 상승했다. 이들 지방에서는 목초지가 상당히 대규모로 갈아 젖혀져서 경작지로 전용되었다.

또한 그 밖에도 전시 상황의 결과로 수출에 대한 제한이 농업의 대변화를 촉진했다. 일찍이 밤, 호두, 서양자두, 아마씨, 테레빈, 나뭇진[樹脂] 및 목재를 수출하던 것이 거의 중단되게 되었다. 농민들은 옥수수와 여타의 곡물재배로 전환했으며, 담배와 대마도 보다 많이 재배되었다. 1709년 이후 포도재배는 급격하게 확대되었다.[67]

그렇지만 포도재배의 확대는, 특히 그것이 곡물재배 면적을 축소시켜 가면서 진행될 때에는 중세 후기 불황기의 상황을 강하게 연상시키는 현상의 반복에 지나지 않는다.

남부 프랑스에서는 세트(Sète)[28]와 몽펠리에 주변에서 1676년과 1734년 사이에 포도밭이 약 20퍼센트 증가했으며, 그것도 그 전에는 농경지로 이용되던 땅에서 그러했다.[68] 곡가가 특별히 낮았던 1727-1731년간에 프랑스에서는 포도밭의 확장을 금지하는 법령이 공포되었다. 그런 금지 조치는 1759년에 철회되었다.[69]

1756년에 카탈루냐 지방의 농민들은 거기에서 수십 년 동안 포도밭이 경작지의 축소 속에 확대되었다고 밝혔다. 이런 전환에 대한 해답

....

25 프랑스의 남서부에 있는 아키텐 분지의 서부 지방.
26 프랑스 중서부 지방. 보르도 동북쪽에 위치.
27 각각 아우크스부르크 동맹전쟁과 스페인 계승전쟁을 말한다.
28 프랑스의 지중해 해안에 있는 도시. 그 동북쪽 인근에 몽펠리에가 있다.

은 1690년경부터 1750년경까지 곡물가격과 비교하여 포도주의 가격이 상대적으로 높았던 데에서 찾을 수 있다. 17세기 말에 카탈루냐 지방은 프랑스와 이탈리아로부터 수입된 외국산 곡물로 넘치고 있었다. 반면에 영국과 네덜란드 그리고 독일은 카탈루냐의 포도주에 대한 훌륭한 시장이 되었다.[70]

보(Vaud)[29]에서는 1663년에 경작지와 목초지를 포도밭으로 바꾸는 것을 금지하는 법령이 공포되었으며, 1673년에는 1663년 이후 새로운 포도밭에 심은 포도나무를 제거해야 한다는 법령이 공포되었다. 1710년과 1732년 사이에 다시 한번 포도밭이 확대되었다.[71] 알자스에서도 마찬가지로 정부가 칙령을 통해서 포도밭의 확장을 막으려고 애썼다 (1731년, 1740년, 1766년 그리고 1771년의 칙령).[72]

할빌(아르가우) 지역에서는 포도가 이미 14-15세기에 재배되었으나, 16세기에는 거의 사라졌다. 그렇지만 1631년과 1671년 사이에 다시 포도재배는 전체 농지면적의 1.6퍼센트에서 9.7퍼센트로 확대되었다. 취리히 칸톤에서도 마찬가지로 포도밭은 곡물경작지의 축소 속에 확대되었다.[73]

심지어 1766년에도 한 저자는 토지소유자들에게 낮은 곡가 시절에는 경종농업에서 축산업이나 포도농사로 전환하도록 충고하고 있다.[74] 이 저자는 벌써 10년 전인 1756년에 곡가와 축산물 가격 사이의 관계가 완전히 역전되기 시작했다는 것을 명확히 알아채지 못하고 있었다.

농업이 충분한 생계수단이 되지 못했던 중세 후기에 농촌주민들 가운데 일부는 공업에 종사하기 시작했고, 광범위한 농촌공업이 성장했

....
29 스위스의 제네바호(레만호) 북쪽, 로잔 서쪽 지방.

다. 게다가 농업인구의 일부는 도시의 공업 분야에서 보다 높은 임금을 벌 수 있음에 이끌려 도시로 이동했다. 1650년부터 1750년까지의 경기 후퇴기에도 똑같은 현상이 나타났다. 우리는 여러 지방에서 전보다 큰 규모로 공업이 생겨나거나 확대됨을 본다.[75] 규모가 크지 않아도 되는 자본은 직물상인들이 장악하고 있었다. 직물상인은 가내수공업자들에게 일거리를 나누어주고 제품을 거두어 다른 곳에다 팔았다. 날품팔이꾼과 소농은 그들의 처자식과 함께 대개 극히 열악한 사회적 조건 아래에서 직조작업을 했다. 처음에는 실을 잣고 옷감을 짜는 것이 농촌에서 농사일에 대한 부업이었으나 후에는 주업이 되었다.

농촌 직물공업의 발전은 17세기 농업불황의 특징적 현상이다. 이에 대한 여러 실례가 있다. 멘, 트벤터, 베스트팔렌, 동부 스위스, 슐레지엔, 스코틀랜드 및 아일랜드 등의 경우가 그것이다. 트벤터에서 직물공업의 발전과정은 상당히 많이 추적할 수 있다.[76] 이곳에서는 1675년부터 1749년까지의 기간에 인구가 크게 증가했다. 초기에는 트벤터에서 팔십년전쟁 기간에 많은 토지가 황폐화되었기 때문에 농업에서 생계수단을 찾는 것이 아직 가능했다. 그렇지만 얼마 지나지 않아 뗏장 시비로는 농경지 면적의 무제한적 확장이 가능하지 않았고 낮은 곡가로 인해서 개간 의욕이 크게 떨어졌기 때문에, 상대적으로 과잉인구가 만성화되기 시작했다. 1675년부터 1723년까지의 기간에는 공업이 대개 농가에서 이뤄졌으나, 1723년 이후에는 그 성격이 변하여 공업이 특히 도시들과 교회가 있는 비교적 큰 촌락들에 집중되었다. 그런 곳들에는 전문적 직조공들이 정착했다. 공업과 농업과의 결합관계는 느슨해졌다.

트벤터의 공업은 스페인과 오스트리아의 스페인 계승전쟁(1702-1713년과 1740-1748년)으로 고수익을 올렸다. 그러나 1750년 이후에는 슐레지엔, 스코틀랜드 및 아일랜드의 강력한 경쟁으로 심각한 위기가 도래했다. 마침내 트벤터는 기계 생산으로 옮아간 영국으로부터도 위협을 받게 되었다. 게다가 아마는 면화의 이용증가로 갈수록 경쟁에서 크게 뒤떨어졌다. 그리고 곡물가격이 1750년 이후 더욱 오르게 되었을 때 직조공의 빈곤은 심해졌다. 그리하여 전개과정이 역전되기 시작했다. 즉 사람들은 공업을 떠나 농업으로 옮아갔다.

1650년부터 1750년까지의 기간에 농기구와 농업기술 분야에서는 새로운 발명이나 발견이 별로 없었다. 영국에서는 1640년과 1670년 사이에 농기구 특허가 단지 여섯 건만 획득되었다.[77] 그 시기에 대단히 탁월한 사람은 제스로 툴(Jethro Tull)[30]이었으나, 그의 아이디어는 보다 유리한 상황이 되어서야, 즉 18세기 후반에야 비로소 실용화될 수 있었다.

중세 후기와 같이 이 시기에도―특히 1648년 이후의 독일에서―우리는 사회적 격차가 모호해지는 것을 볼 수 있다. 농가를 재건축하거나 황폐화된 토지를 경작하는 농민을 찾아볼 수 없었다. 오막살이농과 목자 및 농업노동자에게는 보다 큰 규모의 농업을 경영하는 차지인이 되거나 자신의 농지를 소유할 수 있는 가능성이 열렸다. 다른 곳에서는 귀족이 버려진 토지를 차지했다.[78]

농민에게 닥친 어려운 상황은 불만의 원인이 되었고, 때로는 반란을 초래했다. 스위스에서는 1648년의 평화 이후 1652/1653년의 갑작스러운 가격위기의 절정을 이루고 통화 부문의 대혼란과 병행되었던

....

30 영국의 농학자로, 영국 농업혁명의 사도 가운데 한 사람으로 일컬어진다(1674-1741). 밭갈기를 반복할 것을 주장하고, 1701년 씨앗을 줄지어 심는 파종기를 발명했다.

곡가 폭락으로 농민반란이 발생했다. 농민들의 수입은 줄어들었음에도 불구하고 그들의 부담은 그대로 남아 있었던 것이다. 경제적 동기 외에 정치적 동기, 특히 도시와 농촌 사이의 격차도 크게 작용했다.[79]

많은 농민반란이 17세기에 프랑스에서 일어났다. 즉 1639년에는 노르망디에서, 1662년에는 불로뉴쉬르메르(Boulogne-sur-Mer)[31] 인근에서, 1664년에는 피레네산맥 기슭에 있는 베아른과 비고르의 백작령들에서, 1675년에는 기옌(Guyenne)[32]과 브르타뉴에서 발생했다. 그 후 오랫동안 소요가 없었으나, 18세기 들어 1760년에 비비에(Viviers)[33] 지방에서 단 한 건의 반란이 기록되고 있다. 17세기에는 비록 당시 강력한 절대적 권력을 행사하는 루이 14세가 지배하고 있었지만, 반란의 기운은 현저히 강했다. 18세기에는 국왕의 권력이 크게 약해졌고, 한편으로 반란의 감정도 상당히 진정되었다.[80] 17세기의 불안은 농업불황 때문임에 틀림없을 것이다. 그러나 18세기에는 농업경제의 상황이 호전되었다.

동부 유럽과 중부 유럽에서도 마찬가지로 농민사회가 소란했다. 거기에서도 역시 17세기는 거대한 농민반란의 시기였다. 보헤미아(1680년), 헝가리, 우크라이나(1648-1654년), 러시아(1672년)에서 농노반란이 있었다. 이들 지역에서는 농민들이 대지주의 권력 강화로 인한 그들의 법적 지위 저하에 저항했다. 그러나 별 성공을 거두지 못한 채 농노제는 계속 강화되어 갔다.

1650년부터 1750년까지의 기간에 농업 분야에서는 중요한 문헌이 별로 나타나지 않았다. 출판되어 나온 것은 대부분 과거 저작물의 재판

....

31 프랑스 북부 도버해협의 해안 지역에 위치.
32 프랑스의 남서부 가론강 우측에 있는 지방.
33 프랑스 남부 아비뇽 북쪽의 론강변 소재.

본들이었다. 17세기 후반에 영국에서 출판된 농서들의 관심이 특히 원예와 과수재배 및 사과즙 제조에 모아져 있었다는 것이 주목된다. 그외 육류 소비의 증가에 자극되어 도살용 가축의 사육에 관한 소책자들도 나타났다.[81]

프랑스에서는 1600년과 1750년 사이에 좁은 의미의 농업에 관한 어떤 책도 출판되지 않았으나, 원예(jardinage)에 관한 서적은 출간되었다.[82] 이것은 낮은 곡가와 상대적으로 높은 환금작물의 가격이 유지되었던 당대의 상황을 매우 특징적으로 보여 준다. 왜냐하면 당시 프랑스에서는 '원예'라는 말의 뜻이 야채, 과일, 화훼 그리고 프랑스에서 매우 인기 있는 조원술(造園術: 정원의 설계)로 이해되었을 뿐만 아니라 아마, 대마, 꼭두서니 및 목서초속(木犀草屬)과 같은 직물공업용 원료와 염료를 제공하는 농작물의 재배로 이해되었기 때문이다.

독일에서 17세기는 가장서적(家長書籍: Hausväterliteratur)의 시대였다. 이들 서적의 저자들은 농업을 가정의 아버지와 어머니가 경영하는 가족사업으로 보았다. 이들 서적에는 농업에 대한 설명과 함께 조리법과 여러 가지 병에 대한 치료법이 기록되어 있다. 그 내용 중 농업 부분은 그 이전 시대의 저술을 바탕으로 하고 있다. 18세기 후반에 이르러서야 독일의 문헌 속에서도 새로운 농법과 새로운 농작물의 재배에 대해서 보다 많은 관심을 기울인다.[83] 농서의 저자들은 농업경영자가 어떻게 그의 사업을 합리적으로 경영하고, 어떤 방법으로 가능한 한 높은 수익을 올릴 수 있는지를 설명한다.[84]

우리는 농업의 쇠퇴기와 경제학상의 정설 사이의 관계에 대해서 살펴볼 필요가 있다. 1650년부터 1750년까지의 낮은 곡가 시대는 중상주의의 전성기였다. 농민들은 농업 가운데에서도 공업용 환금작물의 재배에 열중했다. 중상주의 저술가들은 상업과 공업의 발전에는 큰 관심을 쏟았으나, 농업에는 별 관심을 가지지 않았다. 중농주의자들의 지도자 케네 역시 아직 낮은 곡가의 마력에 홀려 있었다. 그는 곡물재배는 많은 시간과 작업을 필요로 하기 때문에 가장 비옥한 땅이 곡물재배용으로 이용되어야 한다고 생각한다. 그가 볼 때에는 단지 대지주들만이 펜실베이니아산 곡물과 경쟁할 수 있을 만큼 값싸게 곡물을 재배할 수 있었다. 비옥도가 떨어지는 토지는 하곡 및 근채류(根菜類) 재배와 가축사육을 위한 목초지로 이용되어야 했다. 이와 같은 방식으로 경지에 보다 많은 거름을 이용할 수도 있다는 것이다.

앞에서 말한 케네의 이론에 대해서는 그가 이것을 1756년과 1757년에 썼음에 주의할 필요가 있다.[85] 1756년은 높은 곡가가 지속되는 긴 기간이 시작되는 첫 해였으나, 케네는 이 점을 간과했다. 그렇지만 케네 시대에 파종량 대 수확량의 비율이 낮았다는 점을 생각하면, 그가 곡물재배에서 대지주의 역할을 강조한 것은 전적으로 옳다. 왜냐하면 파종량 대 수확량의 비율이 낮은 경우에는 곡물을 재배하는 대농만이 시장생산을 할 수 있고, 동시에 18세기 초반에 곡가가 특별히 낮았다는 점을 고려해야 하기 때문이다. 이러한 상황에서 수익성이 낮은 소농은 축산업으로 전환하는 것이 더 낫다. 케네의 견해 역시 17세기 후반과 18세기 초반에 얻어진 경험에 기초해 있었다.

1750-1850년: 높은 유아생존율 시대

지역에 따라서 빠르고 늦은 차이는 있지만 1750년 이후 거의 서유럽의 도처에서 급격한 인구증가 현상이 나타났다. 우리가 아는 바에 의하면, 장기간 꾸준히 지속된 이와 같은 고도의 인구증가는 아마도 조혼의 결과였던 것으로 보인다. 경제사정이 이제 매우 이른 나이에 결혼

해도 될 정도로 호전되었기 때문이다. 인구증가는 또한 사망률의 하락, 특히 유아사망률의 하락에서 기인한다. 전보다도 훨씬 많은 어린이가 건강상태가 향상된 결과로 성인이 되었다. 그러나 수명의 연장이 언제나 더 큰 행복을 가져오지는 않았다. 왜냐하면 바야흐로 아동노동의 시대가 도래했기 때문이다.

예기치 않은 인구증가는 당대인에게 당황스러운 것이었다. 그들은 그것이 대기근으로 귀결되지 않을까 두려워했다. 사실 만약 사람들이 농업생산의 증대나 공업의 급성장과 같은 새로운 방법을 찾아내지 못했더라면 이런 사태의 발생 가능성이 아주 없었던 것은 아니다. 인구증가로 말미암아 재앙이 발생할 수 있다는 두려움은 터무니없는 것이 아니었다. 여러 문명의 역사, 특히 비서유럽 지역의 역사는 인구증가에는 거의 언제나 전염병과 기아로 인해서 높은 사망률이 뒤따랐음을 거듭해서 보여 주었다. 이와 같은 비참한 과정을 거쳐 생산과 소비 사이의 균형이 다시 회복되곤 했다. 생산은 상당히 불변적인 요소였으므로, 개인의 소비는 그에 따라서 조절되어야 했다. 서유럽문명은 14-15세기에 이런 악순환을 피할 수가 없었다. 18세기의 근대 서유럽문명의 주목할 만한 점은 그것이 개인의 소비를 불변적인 것으로 만들면서 생산이 그에 따라서 조절된다는 것이다. 심지어 인구의 대성장에도 불구하고 개인의 소비는 증가할 가능성까지도 있었다.

우선 매우 급속한 인구성장과 화폐수량의 증가는 공업과 농업 생산의 증대를 초래했다. 1755년 이후 곡물가격을 중심으로 한 농산물 가격은 상승하기 시작했다.[86] 1789년 이전에도 곡가는 상당히 심한 변동을 보였으나, 프랑스혁명에 뒤이은 전쟁 중에 그 변동은 더욱 격심해졌다. 호황은 대략 1817년까지 지속되었으며,[87] 그에 뒤이어 불황이 대략 1850년까지 지속되었다.[88] 농산물 가격은 그에 앞선 전시의 높은 가격

수준에 비해서 하락했다. 그러나 우리가 19세기 초반의 가격을 1750년의 가격과 비교해 보면, 농업이 아직 매우 유리한 상황에 있었다고 해야 할 것이다. 따라서 1750년부터 1850년까지의 전 기간을 농업의 호황기로 간주할 필요가 있다.

1721년부터 1745년까지의 선행시기와 비교할 때, 우리는 앞서 말한 독일 소재 여섯 개 도시의 여러 생산품의 가격에 의거해서[89] 18세기 후반의 발전을 추적할 수 있다(그래프 19).

그래프 19. 1721-1799년간 일부 독일 도시의 물가와 임금(1721-1745년=100)

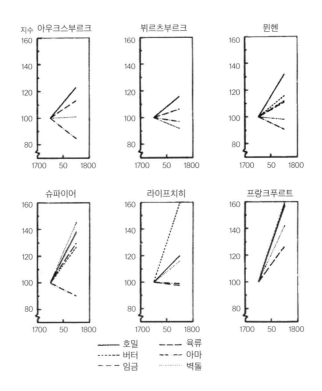

호밀, 쇠고기, 버터, 아마, 벽돌(또는 석회)과 그리고 임금의 지수는 다음과 같다.

1750년-1799년간의 물가와 임금(1721-1745년=100)

아우크스부르크		뷔르츠부르크		뮌헨	
호밀	122.8	호밀	116.1	호밀	132.4
육류	112.6	육류	106.8	버터	115.8
석회	101.3	임금	96.8	아마	111.0
임금	84.8	벽돌	92.1	육류	110.7
				벽돌	98.3
				임금	90.5

슈파이어		라이프치히		프랑크푸르트	
벽돌	145.4	버터	159.7	버터	158.8
호밀	138.8	호밀	119.9	호밀	157.7
육류	130.3	벽돌	116.1	벽돌	143.4
버터	128.7	임금*	98.7	육류	126.5
임금	90.1	임금†	97.6		

* 목수, † 소젖 짜는 여자

불황기에 임금의 상승률은 가장 높았고 호밀 가격의 상승은 거의 도처에서 큰 지체를 보였지만(그래프 17 참조), 이제는 사정이 역전되었다. 여섯 개의 도시 가운데 세 개 도시에서 호밀 가격은 다른 어떤 가격보다도 더 크게 올랐다. 나머지 세 개 도시에서 호밀은 두 번째 위치를 차지했다. 한편 임금은 거의 어디에서나 가장 많이 떨어졌다.

프랑스에서 물가와 임금은 다음의 표와 같이 올랐다.[90]

품목	1771-1789년간 지수	품목	1771-1789년간 지수
밀	156	쇠고기	157
호밀	160	양고기	142
보리	152	돼지고기	166
귀리	174	원모	144
콩	160	방적 양모	141
건초	159	아마포	136
포도주	142	땔나무	163
농업노동자와 건축 노동자의 임금	117		

(1726년-1741년=100)

비록 이런 일련의 지수들 속에서 호밀 가격의 상승은 귀리, 돼지고 기 및 땔나무의 가격상승보다는 낮고 콩의 가격상승과는 같지만,[91] 우 리는 호밀 가격이 쇠고기, 양고기, 방적된 양모 및 아마포의 가격과 특 히 임금의 상승보다는 높았음을 확인할 수 있다. 특히 임금이 적게 오 른 것은 이들 노동자 집단의 구매력이 상당히 하락했음을 뜻한다.

마찬가지로 다음의 표와 같이 영국에서도 1720-1744년간과 비교할 때 1750-1799년간에 경종농업 생산물의 상대적 평균가격 상승은 낙농 품이나 육류 또는 벽돌의 가격상승보다 더 컸다(그래프 20).[92]

품목	1750-1799년간의 지수
경종농업 산물(빵, 밀가루, 귀리, 엿기름, 완두콩)	137.7
낙농품(버터, 우유, 치즈)	130.6
육류(쇠고기, 양고기, 돼지고기, 베이컨)	127.5
벽돌	109.5

(1720-1744년=100)

그래프 20. 1750-1799년간 및 1800-1824년간 영국의 물가(1720-1744년=100)

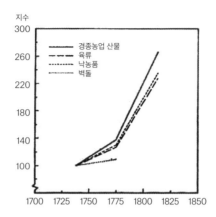

1755년 이후의 곡가상승의 원인으로 우리는 인구의 성장과 화폐수량의 증가를 들 수 있다. 인구는 농경지 면적이 확장되는 것보다 더 빠른 속도로 증가했다.[93] 곡가상승에 영향을 미쳤을 또 하나의 요인은 말두수의 증가였다. 산업활동과 그에 따른 갖가지 종류의 상품수송의 증가는 전보다도 더 많은 수의 말을 필요로 했다. 말 사료용 작물의 재배면적의 확대가 불가피해졌으며, 그런 경우 그만큼 인간 식량용 농작물이 재배될 수 없었다. 따라서 말 두수의 증가는 식량용 곡물가격의 상승을 초래했음에 틀림없다. 프랑스에서 귀리의 가격이 호밀의 가격보다 한층 더 급등한 원인은 확실히 말 두수의 증가에 있었다고 하겠다. 왜냐하면 이 나라에서는 귀리가 인간의 식량으로는 거의 이용되지 않고 주로 가축의 사료로 사용되었기 때문이다.

곡가와 함께 지대와 토지의 매매가도 동시에 상승했다. 예컨대 프랑스, 영국 및 스페인에서 바로 그러했다. 슐레스비히홀스타인에서는 다음에서 보듯이 농지의 가격이 곡물과 축산물의 가격보다 훨씬 더 많이 올랐고, 심지어 지대보다도 더 상승했다.[94]

기간	지수			
	곡가	축산물 가격	지대	농지와 기타 토지의 가격
1761-1780	138.6	123.9	108.0	195.0
1781-1790	162.0	123.9	-	-
1791-1800	174.0	137.0	154.0	241.0

(1741-1760년=100)

농지와 기타 토지는 투기꾼이 사서 이익을 보고 되팔았다. 토지에 대한 수요의 증가는 인구성장 때문일 것이다. 1769년에 슐레스비히홀스타인의 주민 수는 55만3,267명이었으나 1803년에는 63만800명으로 증가했던 것이다.

스위스의 보에서는 지가가 18세기에 두 배 이상 상승하고 때로는 세 배까지 올랐다. 여기에서도 역시 지가는 곡물이나 낙농품 또는 포도주의 가격보다 더 크게 올랐다. 그 인구가 1754년 10만3,129명에서 1803년 15만3,860명으로 증가한 것을 볼 때, 여기에서도 역시 지가의 대폭적인 상승을 인구성장과 관련시킬 수 있을 것이다.[95]

지가상승은 또한 많은 화폐수량으로 인한 낮은 이자율과 관련되어 있었다. 영국에서는 국채의 이율이 3퍼센트였다. 그런 속에서 곡물과 다른 농산물의 가격까지도 모두 상승했기 때문에 많은 투자자에게 이제는 그들의 돈을 토지에 투자하는 것이 매력적으로 되었다.

임금은 물가상승에 매우 상이한 방식으로 반응했다. 앞서 말한 독일의 여섯 개 도시에서는 실질임금이 하락했다. 그러나 네덜란드의 농촌지역에서는 1697년의 화폐임금이 19세기 중엽까지 아무런 변동이 없었다. 우리는 산업이 거의 발달하지 못한 서부 잉글랜드에서도 마찬가지 현상을 보게 된다. 화폐임금은, 아마도 실질임금까지도, 급속히 산업화된 북부 잉글랜드에서는 상승했다. 여기에서는 노동력에 대한

수요가 특별히 컸던 것이다.[96]

1750년 이후 농업 부문에서 화폐임금의 구매력이 급속히 감소했다는 사실은 호밀 가격으로부터 산출된 지수를 통해서 아주 잘 설명할 수 있다. 우리는 오버레이설 지방의 통계를 그 예로 들 수 있다. 1750-1775년간에 동일한 화폐임금에 대한 실질임금의 지수는 다음과 같다.

연도	지수	연도	지수	연도	지수
1750	100.0	1760	73.9	1770	43.9
1751	98.5	1761	58.0	1771	35.3
1752	92.9	1762	69.1	1772	43.9
1753	92.9	1763	77.4	1773	59.1
1754	92.9	1764	77.4	1774	46.4
1755	95.6	1765	61.3	1775	50.8
1756	62.5	1766	62.5		
1757	60.2	1767	65.0		
1758	65.0	1768	57.0		
1759	85.5	1769	60.2		

(1750년=100)

1755년으로부터 1756년으로의 실질임금 변동은 극심했으며, 1759년을 제외하고는 지수가 결코 80 이상이 되지 못했다. 실질임금에서 두 번째의 격심한 하락, 즉 호밀 가격의 상승은 1769년으로부터 1770년으로의 전환과정에서 일어났다.

1701-1822년간 오버레이설에서 10년 단위로 계산된 호밀가격의 추이는 다음과 같았다.

기간	호밀 가격	실질임금(불변 화폐임금)
1701-1710	100.0	100.0
1711-1720	107.2	93.3
1721-1730	95.7	104.5
1731-1740	95.2	105.0
1741-1750	96.2	104.0
1751-1760	98.6	101.2
1761-1770	126.4	79.1
1771-1780	146.6	68.2
1781-1790	146.2	68.4
1791-1800	176.4	56.7
1801-1808	223.6	44.7
1812-1822	227.9	43.9

1760년 이전의 기간과 이후의 기간 사이에는 현격한 차이가 있다. 1756년 무렵은 전체 사회발전에서 중요한 전환점을 이룬다. 왜냐하면 동일한 현상이 서유럽 전체에서 확인되기 때문이다. 우리는 이 통계를 통해서 임금으로 먹고사는 사람이 얼마나 많았는지 그리고 사회계층 사다리에서 최하층의 구매력이 얼마나 많이 떨어졌는지를 알 수 있다. 그것은 그들 스스로는 어떻게 손을 쓸 수 없는 빈곤화의 과정이었다.

오버레이설 지방에 관한 통계는 당시의 일반적 상황을 반영한다. 예컨대, 스페인에서는 1750년과 1800년 사이에 곡가가 두 배로 상승했던 데에 비해서 화폐임금은 같은 기간에 20퍼센트만 올랐다.[97]

프랑스에서도 18세기 말에 상황이 훨씬 더 나았던 것은 아니다. 라브루스는 다음의 표와 같이 생계비지수를 산출해서 이를 임금지수와 비교하고 있다.

기간	생계비지수	임금지수
1771-1789	154	117
1785-1789	162	122

(1726-1741년=100)

1726년부터 1741년까지의 기간에 가장(家長) 혼자 노동을 해서 생계비를 벌어들이는, 다섯 명으로 된 한 농업노동자의 가족은 연간 임금의 45퍼센트를 빵(호밀빵) 구입을 위해서 지출했으며, 1785-1789년 간에는 그 지출 비율이 58퍼센트로 상승하고, 위기의 해인 1789년에는 그 비율이 88퍼센트까지 증가했다.[98]

가난한 가족들에게 상황이 얼마나 어려웠는지는 1789년과 1793년에 관한 영국의 여러 지방 출처의 많은 농업노동자 가족의 가계부를 연구해 보아도 알 수 있다.[99] 우리는 대부분의 가족들이 매년 그들의 수입보다 더 많이 지출했다는 결론에 이르게 된다. 그들 가운데 많은 가족이 빚을 지게 되었을 것이다. 아마도 그들은 부정기적인 임시소득이나 고용주에 의한 현물급여를 통해서, 또는 그들의 고용주로부터 물품을 보다 싸게 구입함으로써 그들의 수입과 지출의 균형을 어느 정도 맞출 수가 있었을 것으로 생각된다. 거의 언제나 그들 수입의 30-50퍼센트는 빵과 밀가루 구입에만 지출되어야 했으므로, 여타의 식료품과 의복, 난방, 조명 및 집세에 쓸 수입은 많이 남아 있지 않았다.

이것은 아직 시작에 불과했다. 왜냐하면 1791년부터 1831년까지의 기간에 관해서 애슈턴이 계산한 바와 같이,[100] 19세기 초반에 영국에서 생계비는 더욱더 상승했기 때문이다. 그의 견해에 따르면, 생계비는— 나폴레옹전쟁 기간에 급격히 상승한 후—1820년경에는 1791년의 수준과 같았고, 그 후 다시 상승하여 1831년의 물가가 1820년보다 15퍼센트 정도 더 높았다. 더욱이 우리는 1791년의 물가는 1750년경의 물가와 비교할 때 이미 매우 많이 올라 있었다고 기억하고 있다.

애슈턴은 서로 다른 세 시기, 즉 1791-1809년간과 1810-1819년간 그리고 1821-1831년간의 물가지수를 다음 표와 같이 제시하고 있다.

기간	귀리가루	밀가루	감자	육류	생계비
1791-1809					
1791	100	100	100	100	100
1809	163	176	123	154	158
1810-1819					
1810	100	100	100	100	100
1819	90	73	130	100	86
1821-1831					
1821	100	100	100	100	100
1831	112	115	110	120	115

애슈턴이 제시한 위의 수치와 다른 수치들로부터—우리가 이미 여러 번 확인한 것처럼—곡물가격은 쇠고기와 양고기, 베이컨, 버터 그리고 치즈의 가격보다 훨씬 더 큰 변동을 보인다는 것이 다시 한번 입증되고 있다.

애슈턴이 제시한 일련의 물가지수는 연속적인 것은 아니지만, 우리는 그 통계로부터 1820년에서 1830년 사이의 위기는 한때 사람들이 생각했던 것처럼 그렇게 심각한 것이 아니었다는 결론을 도출할 수 있다. 이런 견해는 베버리지가 수집한 물가 관련 자료를 연구해 보면 확인된다. 물가 관련 자료 가운데 일부는 1826년까지의 것만 존재하는 것이 사실이다. 그러나 이런 자료에 의하더라도, 다음의 표와 같이

1775-1789년간의 평균가격보다 1820-1830년간의 평균적 상대가격이
훨씬 더 높았다는 것이 증명된다(그래프 21).[101]

그래프 21. 1775-1789년간과 1821-1830년간 영국 물가의 비교(1720-1744년=100)

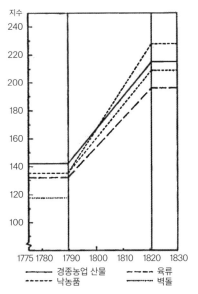

1821-1830년간의 낙농품의 가격에 대해서는 두 개의 지수, 즉 우유를 포함한 지수와 우유를 제
외한 지수가 반영되어 있다.

품목	1755-1789년간의 지수	1821-1830년간의 지수
경종농업 생산물(빵, 밀가루, 귀리, 엿기름, 완두콩)	142.0	215.2
낙농품(버터, 우유, 치즈)	135.5	228.2*
육류(쇠고기, 양고기, 돼지고기, 베이컨)	132.1	196.4

(1720-1744년=100)

* 1821-1830년간의 우유 가격은 매우 높았다. 이런 우유를 제외하면 낙농품의 지수는 209.0
이 된다.

18-19세기의 장기간에 걸친 몇몇 곡물가격의 지수를 산출해 보는 경우에도 비슷한 결론에 이르게 된다. 1721-1850년간에 네덜란드와 기타 몇몇 나라의 시장에서 밀과 보리의 상대가격은 다음 표와 같았다(그래프 22 참조).[102)

그래프 22. 1721-1850년간 곡가의 지수(1721-1745년간=100)

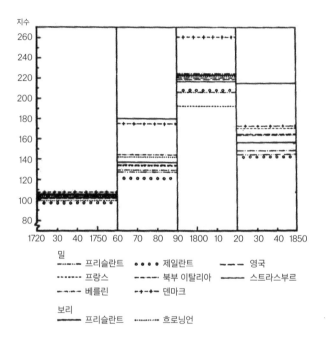

기간	1721-1760년	1761-1790년	1791-1820년	1821-1850년
암스테르담 시장				
프리슬란트산 밀	102.9	127.4	206.1	145.2
제일란트산 밀	97.9	120.7	208.1	143.3
프리슬란트산 보리	102.5	136.8	223.8	157.4
호로닝언산 보리	103.9	141.8	222.2	미상
여타 국가의 시장				
영국 밀	101.1	134.4	229.3	165.6
프랑스 밀	99.0	132.6	190.5	171.1
북부 이탈리아 밀	106.3	144.3	220.9	164.3
스트라스부르 밀	105.5	180.1	217.4	215.3
베를린 밀	104.5	129.3	225.3	148.9
덴마크 밀	107.5	174.5	261.5	172.7

1765-1879년간 동부 프리슬란트에서 밀, 호밀, 보리 및 귀리의 상대가격 추이는 이런 가격동향과 일치한다.[103] 1765-1800년간의 평균가격을 100으로 할 때, 가격지수는 다음의 표와 같다.

기간	밀	호밀	보리	귀리
1765-1800	100	100	100	100
1801-1820	136.5	159.3	143.0	122.2
1821-1850	96.7	97.0	92.7	82.2
1851-1879	142.2	148.2	151.5	135.9

우리가 19세기에만 한정해서 본다면—흔히 그렇듯이—1821-1850년간은 두 산 사이의 골짜기와 흡사하다. 당시 낮은 곡가에 대해 불평

이 생긴 것은 근거가 없는 것이 아니었다. 그러나 이를 불평하는 사람들은 1791-1820년간의 높은 곡가가 당시 유럽의 대전쟁의 결과였다는 사실을 잊고 있다. 1790년대의 곡물가격을 생각하면, 1820년 이후의 곡가는 전쟁 발발 이전의 통상적 수준으로 되돌아간 것에 불과하다. 두 시기 사이에 밀, 호밀 및 보리의 경우에는 가격차가 별로 없었고, 단지 귀리의 가격만이 1765-1800년간의 평균가격보다 낮은 수준에 있었다. 여기에서 곡가에 대해서 확인되는 바는 임금에 대해서도 마찬가지로 타당하다. 임금 역시 1750년과 1850년 사이에 변함이 없었던 것이다.

1821-1850년간의 가격 수준이 1761-1790년간과 같았음이 분명한 이상, 우리는 18세기 말엽이 곡물가격이 현저히 높은 시기였다는 점을 정확히 알아야 한다. 당시의 밀 가격은 1721-1760년간의 평균가격보다 $1\frac{1}{4}$배 더 높았다. 그런데 1721-1760년대는 유례가 드물 정도로 오랫동안 일정한 평균가격이 지속된 다음 아주 급격히 가격이 상승한 시기였다. 그 결과 경지면적의 확대, 축산업에서 경종농업으로의 이행, 새로운 농법과 발명품의 등장 및 농업에 대한 관심 증대와 같은 구조적 변화가 일어났다.

1761-1790년간과 1821-1850년간이라는 두 시기 사이의 가격차가 별로 없다는 점에 비추어 볼 때, 18세기 후반에 영향을 미친 요인들이 1821-1850년간에도 역시 영향을 미쳤다고 생각하지 않을 이유가 없다. 이 뒤 시기의 처음 몇 년간은 곡가가 극히 낮았음이 부정될 수 없다. 그러나 낮은 곡가는 오래 지속되지 못했다. 농업구조상의 실질적인 변화가 일어나려면 아주 장기간에 걸쳐 곡물의 평균가격이 높거나 낮아야 한다. 단기간의 급속한 변화는 농업구조에 별 영향을 미치지 못한다.

1756년 이후의 높은 곡가는 농업발전을 촉진했다. 네덜란드에서는 1765년 이후 간척사업이 새로운 활기를 띠고 재개되었다. 흐로닝언의 늪지대 정착촌에서도 역시 간척사업이 전개되었다.[104] 개간과 곡물가격 사이의 밀접한 관계는 곡가가 쌌던 1775년-1781년간에 개간이 적었음을 알 수 있는 푸아투(프랑스)에서 명백하게 나타난다. 아일랜드와 마찬가지로 여기에서도 개간은 소규모로 진행되었다. 푸아티에(Poitiers)[34] 근처에서 개간지의 면적은 보통 30-35아르이거나 2헥타르 정도였다. 전자의 경우에는 개간이 한 사람의 날품팔이꾼이 겨울 한 철에 작업한 결과이고, 후자의 경우에는 네 필의 황소를 한 조로 한 농민 한 사람의 작업 결과였다.[105]

18세기의 후반에는 많은 지방에서 개간에 관한 기록이 나타난다. 예를 들면, 프랑스에서는 1766년과 1780년 사이에 총 40만 헥타르 면적의 개간 신청서가 정부에 제출되었다. 그 가운데 얼마만한 부분이 실제로 시행되었는지는 알려져 있지 않다.[106] 슐레스비히홀스타인에서는 늪지와 황야의 개간으로 경작면적이 20퍼센트 확장되었다.[107] 나폴레옹시대에 웨일스와 콘월(Cornwall)[35]의 산악지대에서는 경작지가 그전 어느 때보다도 높은 고도에 있었다. 그러나 나폴레옹전쟁 이후 이들 경지는 다시 방치되었다.[108]

남부 네덜란드에서도 18세기에 역시 개간이 에노, 나뮈르 및 켐펀 지방에서 재개되었다. 1785년에 아렌베르흐 공(公)은 600헥타르의 늪지를 매립했다.[109]

높은 곡가 시절에 잘 알려진 현상은 초지의 경작지화와 축산업에서

....

34 푸아투 지방의 중심 도시.
35 잉글랜드의 서남단 지방.

경종농업으로의 이행이다. 1750년 이후 높은 곡가 이외 다른 요인이 축산업에서 경종농업으로의 전환에 얼마만큼 영향을 미쳤는지는 알기 어렵다. 농경지의 수확고를 증대시키는 신농법, 사료작물의 재배, 가축을 우리 속에 가두어 사육하기 및 감자의 재배는 농경지 면적의 확대를 촉진한 요인임에 틀림없을 것이다. 다른 한편 축산업에서도 품종개량, 산유량(産乳量)과 도살가축의 중량 증가 및 가축의 조기 도살로 생산고가 증대되었다.

농민 각자는 어떤 방식으로 그의 농업경영으로부터 최대의 수확고를 확보할 것인가 하는 문제를 안고 있었다. 농민에게 중요한 것은 생산량(T)과 곱한 가격(P)의 총액이었다. 농민은 P×T의 최대치를 달성하려고 노력했다.[110] 축산업에서 경종농업으로의 이행과정을 고찰하기 위해서는 여러 농가의 회계장부를 대조할 수 있을 것이다. 그렇지만 우리는 이런 자료를 이용할 수 없는 형편에 있다. 초기에는 축산업이 경종농업으로 전환하거나 그 반대로 이행하는 경우에 곡가의 변동이 거의 절대적인 동인(動因)이었음에 틀림없다(P는 변수, T는 상수). 18세기 후반의 새로운 면은 신농법이 적용되고 있는가 아니면 적용되고 있지 못하는가에 따라서 생산량 역시 변화한다는 것이다(P와 T 둘 다 변수).

일반적으로 우리는 독일의 농서들을 통해서 18세기 후반에 가축사육이 수익성이 없었다는 것을 알 수 있다. 다만 물이 많은 저지대 목초지로부터 풍부한 가축사료가 생산될 수 있거나 대도시 인근에서 유제품의 판로가 확보된 지방에서만 축산업은 수익을 올릴 수 있었다. 그런 유리한 환경을 가지지 못한 축산업 경영은 손해만 볼 뿐이었다. 버터 제조까지도 수익성이 없는 형편에서 사람들은 우유로 무엇을 해야 했겠는가? 그 결과는 역시 가축을 잘 돌보지 않고 목초지를 적절히 관리하지 못하거나 시비하지 못했다는 것이다. 경작지는 목초지를 잠식하면서 확대되었다. 남아 있는 척박한 목초지에서는 여름철에도 가축이 굶주림을 겪어야 했고, 목초지의 건초 생산량은 겨울철에 가축을 먹이기에는 부족했다. 가축 수는 줄어들었고, 남아 있는 가축은 품질이 좋지 못했다. 이러한 상황 아래서는 확장된 경지면적에 대한 거름공급 또한 어렵게 될 위험이 있었다. 당대의 저술가들은 약탈적 농업과 지력의 고갈을 초래하는 농민들의 병적인 경작지 확대 욕구(Ackergier, Ackersucht)에 대한 혐오감을 솔직하게 드러내고 있다.[111]

목초지의 경작지화가 때로 얼마만한 수익성이 있을 수 있었는지는 하르츠산맥 지역의 슈마츠펠트에 있는 영지에 대한 한 보고서를 통해서 분명하게 알 수 있다. 19세기 초에 건초 생산용 목초지가 귀리 경작지로 바뀌었을 경우, 건초 생산용 초지로 이용하는 경우보다 여섯 배정도 더 많은 수익이 생긴다고 추산되었다.[112]

1780년과 1800년 사이에 독일에서 돼지를 곡식으로 사육하는 것은 언제나 밑지는 일이었다. 슐레지엔에서는 낮은 버터 가격으로 말미암아, 젖짜기와 버터 제조에서 충분한 청결이 유지되지 않는 결과가 빚어졌다.[113]

축산업의 축소 속에 경종농업이 확대된 지방으로는 잉글랜드, 아일랜드, 스웨덴, 프랑스령 플랑드르,[114] 스페인, 동부 프리슬란트, 라인란트팔츠,[115] 슐레지엔[116] 및 네덜란드의 흐로닝언 지방이 있었다.

18세기와 19세기에 잉글랜드의 링컨셔와 요크셔에서는 초지가 다시 경작지로 변했다. 이것은 경종농업이 목양업으로 이행되어 갔던 15세기에 이들 지역에서 일어났던 사태와는 정반대되는 현상이다. 18세기 말에 워릭셔는 거의 전적으로 축산업만 하는 지역으로 묘사되고 있었다. 그러나 25년 후에는 곡물재배가 가장 중요한 것이 되었다.[117]

아일랜드에서는 축산업에서 경종농업으로의 이행이 1780년 이후에 시작된다. 1784년과 1808년 사이에 농경지 면적은 8만 헥타르 정도 늘어났다고 추산된다. 그렇지만 이 수치는 경작지로 전환된 목초지의 면적뿐만 아니라 개간지 면적도 포함한다. 1780년 이후 곡물은 1723년과 1776년 사이에도 그랬듯이 아일랜드에서 외국으로 수출되었고, 더이상 어떤 곡물도 수입되지 않았다.

아일랜드에서 경종농업으로의 이행을 촉진한 요인에는 여러 가지가 있었다. 높은 곡가(무엇보다 나폴레옹전쟁기에), 멀리 떨어진 지방들로부터 더블린으로의 곡물수송에 대한 보조금 지급 및 수출보조금 지원이 그것이다. 그 밖에 감자가 국민의 주식이 되었다는 점도 중요한 요인이다. 왜냐하면 감자의 주식화로 농민가족의 자가 소비용으로 이용되는 토지 면적은 줄어들었기 때문이다. 농민가족은 보다 작은 면적으로도 살아갈 수 있었으므로, 농토는 작게 분할될 수 있었다. 인구의 증가로 노동력은 값싸졌다. 그렇지만 다른 산업은 별로 없었으므로, 증가된 인구는 그들의 생계수단을 농업에서 찾지 않으면 안 되었다. 토지에 대한 막대한 수요가 생겨났으며 지대는 점점 높아졌다. 농민들은 가능한 한 그들의 토지로부터 많은 것을 생산하지 않으면 안 되었으며, 노동집약적인 소규모의 경종농업 경영을 통해서 그런 목적을 가장 잘 달성할 수가 있었다. 많은 토지가 개간되었으며, 특히 늪지대가 경작에 적합하도록 개발되었다.[118] 1780년 이후 아일랜드에서는 본래는 가축 사료용이었지만 수확량은 많은 감자가 인간의 소비용으로 재배되었다.

1823년에 낮은 곡가로 말미암아 잉글랜드에서는, 특히 남부와 중부의 여러 주에서는 상당히 대규모로 경작지가 목초지로 바뀌었던 데에 비해서, 아일랜드에서는 이런 전환이 훨씬 적게 일어났다. 아일랜드의 몇몇 곳에서만 이런 전환이 있었다고 들리며, 그런 경우에는 농촌인구의 $\frac{9}{10}$가 실직했다는 비난의 소리가 곧 뒤따르곤 했다.[119] 사실 곡가의 하락은 비교적 단기간 지속되었으므로, 몇몇 경우에만 그것은 구조적 변화의 원인이 되었다.

높은 곡가는 스웨덴에서도 개간을 촉진했고, 목초지가 경작지로 개발되는 원인이 되었다. 여기에서도 역시 경종농업의 확대는 농지의 분할을 초래했다. 오막살이농의 수가 상당히 증가했으며, 1815년에는 1751년보다 전국적으로 오막살이농이 $2\frac{1}{2}$ 배 더 많았다. 우리는 다음의 수치를 통해서 남부 스웨덴에 있는 크로노보리 주에서 오막살이농이 증가하는 추세를 볼 수 있다.

1. 1686년: 오막살이농 142세대.

2. 1766년: 오막살이농 923세대.

3. 1805년: 오막살이농 1,828세대.

1566년에는 스웨덴 전국에서 정상적 크기보다 작은 농민보유지가 단지 6퍼센트에 지나지 않았으나, 몇 세기 후에는 이 비율이 50퍼센트 이상으로 증가했다. 1750년부터 1850년까지는 정상적 크기의 가족농장을 가진 농민 수의 증가는 별로 없었다. 1750년 이후 오막살이농의 수가 크게 늘어났고, 1790년 이후에는 무엇보다 토지를 가지지 않은 프롤레타리아가 증가했다.

1750년 이후 토지의 재분배를 통해서 흩어져 있던 농경지들이 큰 단위로 통합되었고, 공유지는 분할되었다. 그렇지만 이런 조치들은 새로이 통합된 농장들이 재차 분할되는 것을 막지는 못했다. 스웨덴의 인구가 더욱 급속히 성장했기 때문에 야생미경작지의 개간, 농장의 분할 및 토지의 재분배도 경지면적의 확대와 수확량의 증대에 기여할 만큼 충분한 것이 되지는 못했다.[120]

스페인에서 메스타의 전성기는 이미 오래전에 지나갔다. 더욱이 스페인은 메리노종 양의 목축을 더이상 독점하지 못하고 있었다. 1720년 이후 메리노종 양은 또한 스웨덴에서도 사육되었고, 그 후에는 유럽의 다른 나라들에서도 사육에 다소간 성공했다. 당시 스페인 정부는 경종농업을 하는 데에 더이상 반대하지 않았다. 정확하게 말한다면 경종농업은 장려되었고, 18세기 초반에 이미 많은 곳에서 목초지는 경작지로 바뀌고 있었다.

동부 프리슬란트의 해안 늪지대(Marschen)에서는 18세기 후반까지 목초지가 대부분이었다. 이곳에서는 단지 토지의 12-14퍼센트만 곡물재배에 이용되었다. 그러나 높은 곡가와 연이은 풍작의 영향을 받아 농민들은 점점 더 주곡농업에 종사하기 시작했다. 1820년경 예버르와 크닙하우선에서뿐만 아니라 엠덴 근처와 오래된 늪지대—베룸, 에젠스 및 빗뮌트—에서는 33-40퍼센트의 토지가 경작지로 이용되었고, 오래되지 않은 늪지대에서는 그 80퍼센트가 경작지로 이용되었다.[121]

18세기 마지막 25년간에 흐로닝언은 오래전부터 그랬듯이 여전히 목축 위주의 지방이었다. 그 후 많은 목초지가 경작지로 개간되어, 1818년에는 목초지가 전체 이용토지 면적의 64퍼센트로까지 떨어졌다. 목초지는 1833년에 그 비중이 47퍼센트로 떨어질 때까지 계속 축소되었다. 여러 학자가 축산업에서 경종농업으로의 이런 전환을 연구해 왔다. 그들은 그 원인으로 18세기의 가축 전염병을 들기도 했고, 경종농업을 하는 농민이 목축업을 하는 농민보다 더 높은 사회적 지위를 누렸던 데에서 사회적 동기를 찾기도 했다.[122]

그러나 두 가지 원인 다 설득력이 없다. 가축의 전염병이 목초지의 경작지로의 전환 원인이었을 가능성은 극히 희박하다. 세 번째 가축전염병의 유행시기인 1768-1773년간에는 목초지에서 경작지로의 전환이 있었던 반면에, 그와 마찬가지로 가축의 사망률이 높거나 어쩌면 더 격심했던 1714-1721년간과 1744-1746년간에는 그런 전환이 일어나지 않았다는 반론을 제기할 수 있기 때문이다. 또한 전염병의 마지막 격심한 창궐은 1769년에 그 절정을 이루었는데도 그 영향은 대단히 뒤늦게 나타났다는 것도 이상한 일이다. 적어도 프리슬란트와 오버레이설에서는 전염병으로 큰 손실을 입은 가축의 수가 놀라울 만큼 빠른 속도로 회복되었다.

경종농업 농민이 축산업 농민에 비해 보다 높은 사회적 평가를 받았던 데에서 경종농업으로의 전환 원인을 찾으려는 학설은 경종농업에 종사하는 농민집단이 이미 존재하고 있을 때에만 비로소 고려의 대상이 될 수 있기 때문에 성립되지 않는다. 우리는 축산업에서 경종농업으로 전환한 최초의 농민들은 높은 곡가에 고무되었다고 어렵지 않게 추측할 수 있다. 경종농업으로의 전환이 새로이 간척된 토지에 대한 통제권을 가진 사람들에 의해서 시작되었다는 하나의 가설이 제시되어 있다. 그러나 사람들이 토지를 경종농업을 위해서 간척했다는 사실 그 자체는 오로지 높은 곡가를 이용해서 수익을 올리려는 욕구를 가질 때에만 생겨날 수 있다.[123] 더욱이 노동집약적인 경종농업으로의 이행은 실질임금의 하락으로 유리했다. 인건비는—곡물로 환산할 때—수십 년 전보다도 훨씬 더 낮았던 것이다.

목초지의 경작지로의 전환에도 불구하고 흐로닝언의 농민은 전형적인 목축민적 정신 상태를 간직하고 있었음은 이미 앞에서 지적한 바 있다.[124]

사람들은 흐로닝언에서 축산업에서 경종농업으로의 이행을 고찰하면서 그것을 언제나 예외적인 현상으로 보아 왔다. 그러나 우리는 이들 현상을 1750-1850년간의 유럽의 일반적 상황과, 높은 곡가의 영향 아래서 여타의 지방들에서 일어난 유사한 변화와 분리시켜 볼 수는 없다.

여타의 많은 요인이 영향을 미쳤겠지만 높은 곡가 또한 18세기 말 프랑스의 포도재배에 위기를 초래한 한 요인이었다. 1778년 이전에는, 포도주 생산량이 연간 3억 리브르의 값어치에 해당하는 3,000만 헥토리터에 달했던 포도재배는 비싼 포도주 가격으로 호황을 누렸다. 그런 후에 풍작이 몇 년간 이어졌으나, 품질은 좋지 않았다. 정치적 상황 때문에 포도주의 수출은 어느 정도 감소했다. 그렇지만 더 중요한 문제는 소비 부족이었다. 곡가의 상승 결과, 임금의 많은 부분이 빵 구입에 쓰여야 했으므로 포도주를 사 마실 돈이 부족했던 것이다. 1785-1789년간의 호밀 및 포도주의 가격과 농업노동자 임금의 평균지수는 1726-1741년간의 평균지수와 비교할 때 다음과 같다.[125]

품목	1785-1789년간의 지수
호밀의 가격	171
포도주의 가격	113
농업노동자의 임금	122

(1726-1741년=100)

농업불황기에 사람들은 농업에서 공업으로 전업하는 경우가 종종 있다.[126] 1650년-1750년간의 트벤터가 그 한 사례다. 반대로 농업상황이 아주 유리할 때 공업에서 농업으로 전업하는 과정에 대한 실례로는 스호리서[아우더나르더(Oudenaarde)[36] 인근]와 스코틀랜드 및 트벤터의 일부 지역을 들 수 있다.[127] 1750년경 트벤터의 공업은 어려운 국면을 맞게 되었다. 이것은 필시 외국과의 경쟁이 심해진 결과일 것이다. 따라서 농업의 장래가 밝아지자마자 사람들이 농촌공업에서 농업으로

....

36 벨기에의 동부 플랑드르에 위치.

되돌아갔다는 것은 결코 놀라운 일이 아니다. 이것은 예컨대 엔스헤더 (Enschede)[37] 재판관할구 내에 있는 남쪽 마을들(부켈로, 에스마르커 및 위셀로)에서 실제로 일어났던 일이다. 1753년 상당히 광범위한 직조산업이 이들 마을에서 번창했으나, 1795년에는 더이상 중요한 것이 되지 못했다.

농업을 재개하는 사람이 많아지면서 이들 마을에서 18세기 말에 분할된 농장의 수가 그렇게도 많았다는 점이 주목된다. 그것은 바로 같은 시기에 역시 많은 농장이 분할되었던 아일랜드와 스웨덴의 상황을 연상시킨다. 농산물의 가격이 상승했기 때문에 농장이 분할될 수 있었다. 또한 감자와 메밀(토탄층용 메밀도 포함)의 재배는, 아마도 사료작물 재배까지도, 비교적 작은 면적의 토지로도 생계를 유지할 수 있도록 하는 데에 기여했다. 엔스헤더 재판관할구의 북쪽 마을들에서는 직물공업이 유지될 수 있었으나, 이것은 아마도 이들 마을에 존재한 농노보유지와 관련이 있는 것으로 보인다. 농노보유지의 분할이 금지되어 있었던 것이다.

사료작물, 감자 및 메밀의 재배와 특히 경종농업에 유리한 경제적 상황은 오버레이설에서 무엇보다 1813-1833년간에 개간지의 대폭적인 확장을 초래했다.[128] 1750년경 오버레이설 지방이 직면했던 인구과잉 문제는 경지면적의 전례 없는 확장으로 곧 해결되었다. 개간은 심지어 인구가 성장하는 속도보다도 더 빠르게 진행되었다. 그 결과, 19세기 중엽의 오버레이설은 1795년보다 상대적으로 공업화의 수준이 더 낮았다. 그러다가 19세기 후반에 전환점이 도래했다. 인구가 농업생산력의 발전보다 더 빠르게 다시 증가한 것이다.

....

37 네덜란드의 트벤터 지방 내 독일과의 국경에 가까운 곳에 위치.

트벤터에서 1753년에 이미 심각한 지경에 이르렀던 공업의 쇠퇴는 1756년 이후 곡가가 급격히 상승했기 때문일 리는 없다. 라브루스는 18세기 후엽 프랑스의 가내 섬유공업의 쇠퇴는 곡가상승의 결과라고 생각한다. 생계비는 상승한 반면에 임금은 그보다 훨씬 작게 상승했기 때문에 주요 생활필수품에 속하지 않는 물품에 대한 수요는 크게 감소했으리라는 것이다. 포도주와 마찬가지로 직물은 수요의 탄력성이 비교적 큰 물품이다. 농업의 생산저하는 공산품의 소비저하 즉 공산품의 상대적 과잉생산을 초래했다. 프랑스에서는 무엇보다 섬유공업이 이런 상황 아래서 어려움을 겪었다는 것이다.[129] 그러나 이러한 공산품의 소비감소는 단지 공업생산이 주로 국내시장을 대상으로 하고, 그 수요가 거의 전적으로 임금소득으로부터 생기는 경우에만 생겨날 수 있다.

쟁기질과 써레질을 많이 하는 형태로 보다 많은 노동력을 투입하고, 가축의 두엄이나 인분의 사용 및 질소를 함유한 작물의 재배를 통해서 거름을 많이 시비하며, 새로운 농기구를 사용함으로써 농업생산은 증대될 수 있다. 게다가 낮은 이자율은 농업의 발전에 많은 자본을 투자할 수 있게 해 준다.

낮은 실질임금은 노동집약적인 농법의 도입을 쉽게 한다. 이런 집약적 농법은 무엇보다 잉글랜드, 네덜란드 및 플랑드르와 같이 이용할 수 있는 많은 자본을 가진 인구조밀 지역에서 채택되었다. 또한 이들 지역의 사람들은 시비에 많은 돈을 쓰기를 주저하지 않았다. 사료작물의 재배는 토양에 질소를 공급하는 동시에 사육가축의 수를 늘릴 수 있게 함으로써 이용할 수 있는 퇴비의 양을 증대시키는 이점이 있었다.

높은 곡가로 인해 사람들은 대용 농산물을 찾게 되었다. 그런 대용물로는 한편으로 18세기 말에 이미 많은 곳에서 주식으로 널리 이용한 감자가 있었고, 다른 한편으로는 메밀이 있었다. 메밀은 소출량이 매우 많았으며, 더욱이 토탄지대에서 재배할 수 있었다.

우리는 16세기와 마찬가지로 1750년 이후 대소비자 집단의 구매력이 감소한 결과로 육류 소비가 급격히 감소했음을 확인할 수 있다.[130]

농기구 부분에서 많은 발명이 있었으며, 새로운 농법에 대한 관심이 고조되었다. 농서들이 쏟아져 나오고, 농업에 관심을 가진 사람들로 된 단체들이 결성되었다. 마침내 18세기 후반에 농학이 탄생했다. 그 세기에는 농업에 대한 열정은 대단했으나, 아직 과학적 기초가 결여된 경우가 종종 있었다. 농학은 19세기에 가서야 크게 발전했다.

1850년은 농업의 발전에서 획기적 경계를 이루는 시점은 아니다. 특정한 사실들과 관련되어 있지 않은 모든 연대처럼 그해 역시 계속적으로 진행되는 과정 속에서 일정한 시점을 나타내기 위해서 상당히 임의적으로 선택한 것이다. 19세기에 서유럽에서 일어난 큰 변화들은 대부분 농업의 외부에서 발생했다. 그 변화들은 전체 경제상황과 관련되어 있다. 최대의 혁명적인 변화는 서유럽에서의 산업화의 진전이었다. 농업은 그 수가 상대적으로 계속 줄어들고 있는 인구집단에 생계수단을 제공하고 있을 뿐이었다. 1831년에 영국에서는 취업인구 가운데 단지 28퍼센트만이 아직 농업에 종사하고 있었으며, 1871년에는 그 비율이 21퍼센트까지 떨어졌다. 서유럽의 여타 나라에서도 산업화가 진행됨에 따라서 농업인구는 상대적으로 점점 감소했다. 프랑스에서는 1827년에 취업인구 가운데 63퍼센트, 1866년에는 43퍼센트가 농업에 종사했고, 1882년 독일에서는 42퍼센트가 농업에 종사했으며, 이탈리아에서는 1871년에 51퍼센트, 1881년에는 46퍼센트가 농업 종사자들이었다.[131]

농산물 가격은 경제발전에서 점점 그 중요성이 줄어들었고, 반면에 공산품 가격의 중요성은 점점 더 커졌다.[132] 또한 가격변동에서 귀금속의 수량과 함께 신용제도의 중요성이 점점 커졌다.

유럽에서 생산된 농산물은 이제 농산물시장의 전체 공급물량 가운데 단지 작은 부분만을 차지하게 되었다. 수송수단, 특히 값싼 상품의 대량 수송을 가능하게 했던 대서양 횡단 해운업과 철도의 급속한 발전으로 말미암아 비유럽 세계의 농산물이 유럽의 시장에서 저렴한 가격으로 제공될 수 있었다. 그 결과, 새로운 농업생산 중심지들이 등장했다. 미국 서부, 캐나다, 아르헨티나, 러시아, 시베리아, 오스트레일리아, 뉴질랜드 등이 그것이다. 그래서 결국 많은 유럽 나라는 자국의 농업을 보호하는 조치를 취하지 않을 수 없었다.

공급 면에서뿐만 아니라 수요 면에서도 큰 변화가 일어났다. 19세기에 인간의 식사에서 육류와 페트의 섭취는 늘어난 반면에 전분성 농산물의 섭취는 줄어들었다. 후에는 채소와 과일의 소비가 급격히 증가함을 볼 수 있다. 그리고 공업 부문에서 제조과정에 원료로 사용되는 농산물에 대한 수요가 꾸준히 증대했다. 다른 한편으로는 합성물질로 말미암아 공업용 농산물에 대한 수요가 감소했다.

위에서 간략히 기술한 변화들은 한 해에 일어난 것이 아니라, 수십 년간에 걸쳐 진행된 것이다. 그럼에도 불구하고 19세기 전반의 성격은 후반의 성격과는 전혀 다르다. 1850년 이전에는 농업이 서유럽 국가들의 경제에서 주요 위치를 차지했으나, 그 후에는 공업이 주산업이 되었다. 19세기 중엽쯤에 서유럽의 역사에서 농업 우위의 시대는 종말을 고했다.[133]

2. 근대의 농업

1) 경종농업

새로운 농법

어쩌면 18세기 및 부분적으로는 19세기의 농업만큼 이론과 실제 사이에 거리가 먼 적은 드물 것이다. 우리는 서적들과 학계의 논문들 속에서 농업의 발전과 기술혁신에 대한 여러 가지 번뜩이는 아이디어를 볼 수 있다. 그러나 우리가 만약 이를 그대로 믿는다면 실상을 완전히 왜곡하게 될 것이다. 종종 기발한 이런 아이디어들 가운데 많은 것이 전혀 실현되지 못했다.[1] 이런 글의 필자들에게는 창의력이 토지, 파종용 씨앗, 가축 및 농기구의 부족을 대신해야 했으며, 그들은 자신들의 실험에 펜과 종이만을 사용해야 했다. 그러나 농업발전에 관한 아이디어들이 이미 실행 단계에 접어들었는데도 농학회의 논문들 속에 자랑스럽게 보고되는 실험에 집착하는 경우가 자주 있었다. 곧 이 모든 지식은 잊히게 되었다. 많은 글을 썼던 영국의 농학자 아서 영(Arthur Young)[1]이 4년 동안(1763-1767) 농업의 거의 모든 영역에 걸쳐 긍지를 가지고 2,000여 건 이상의 실험을 한 것을 우리가 기억하고 있지만, 이 또한 예외일 수는 없었다.[2]

그렇지만 새로운 농법 가운데 일부는 일상적으로 실용화되었으며, 점차 더 널리 보급되었다. 그럼에도 불구하고 신농학 전문가들의 '새로운 농업(New Husbandry)'과 농민이 실행하는 농업방식 사이에는 큰 차이가 있었다. 농민들은 종종 그들과 선조가 오래전부터 사용해 오던 농업방식을 고수―틀리지 않은 경우도 자주 있었다―했다. 대체로 몇몇 대지주는 새로운 농업방식을 시도해 보았지만, 농민들은 회의적이고 탐탁지 않은 듯한 방관자적 자세를 취했다.

1550-1850년간의 농업의 실제 상황을 연구하고자 하는 역사가는 여러 가지 곤란에 직면하게 된다. 우리가 새로운 농업을 취급하는 것만으로 18-19세기의 농업을 모두 다 말한 것이 된다고 쉽게 믿어서는 안 된다는 것은 자명하다. 또한 역사가는 '구식 농업'을 농업개량가의 안경을 통해서 보아서도 안 될 것이다. 농업개량가는 농업혁신에 몰두하고 그들 자신의 우수성을 매우 확신하고 있었기 때문에 구식농업을 심한 색안경을 끼고 보았다. 그들은 그들 자신을 무지와 후진성의 어둠 속에서 광명을 가져온 사람들로 간주함으로써 실제의 상황을 사실대

....

1   농업경제학의 기초를 놓은 영국의 농학자(1741-1820년). 18세기 말 농업혁명기에 영국, 아일랜드, 프랑스, 이탈리아 등 각지의 농업 사정을 자세히 살펴보는 여행을 한 후 『아일랜드 여행』(A Tour in Ireland), 『프랑스 여행』(Travels in France) 등의 저서를 출판하여 높은 명성을 얻는 한편, 농업기술의 개량과 합리적인 경영방법의 보급에 힘썼다.

로 볼 수 없었다.

1550년부터 1850년까지의 농업에 관한 자료가 존재하기는 하나, 발전과정을 명확하게 추적할 수 있을 만큼 충분히 존재하는 것은 아니다. 중세와 마찬가지로 우리는 이 기간에 대해서도 잠깐 훑어보는 것으로 그쳐야 하며, 그것도 대개는 매우 차이가 심한 지역들에 위치한 농장들을 한번 살펴보는 정도로 만족해야 한다. 여기에서 농업이 오랫동안 어디에서나 똑같은 발전단계에 처해 있지 않았을까라고 생각할 사람이 있을 수 있으나, 그렇게 생각해서는 안 된다. 농업이―큰 목소리로 떠드는 농업개량가들 없이도―이미 대단히 집약적으로 경영되고 고도의 단계에 도달한 지역들이 있었다. 플랑드르와 브라반트가 그 예들이다. 이들 지방은 외국의 농학자들에게는 메카와 같은 곳이었다. 그들은 플랑드르의 농업을 그들 자신의 눈으로 직접 보고 그에 관해서 쓰며 거기에서 관찰된 농법을 자신들의 나라에 전파하기 위해서 잉글랜드, 스코틀랜드, 독일, 프랑스, 이탈리아 및 심지어 미국으로부터도 왔다. 그러나 이들 지방의 주민들 자신은 그들 농업의 명성을 별로 퍼뜨리고 싶은 마음이 없었다. 아마도 이것은 슈베르츠(J. N. Schwerz)[2]가 인용한 디륵선의 말, 즉 "우리 벨기에 사람들은 많은 것을 행하기는 하지만, 그것을 글로는 별로 쓰지 않는다"는 말로 충분히 설명될 수 있을 것이다. 플랑드르와 브라반트에서 배운 것이 잉글랜드, 그중에서도 특히 본래 비옥하지는 못했지만 그래도 새로운 농법으로 훌륭한 성과를 이룩했던 동부의 노퍽, 서퍽 및 에식스에서 실행되었다. 새로운 농업은 서적들을 통해서 영국으로부터 온 세계로 전파되어 나갔다.

....

2 독일의 농학자. 저서 『벨기에의 농업 지식에 대한 입문』(*Anleitung zur Kenntniss der belgischen Landwirthschaft*)에서 되네트 주의 상공회의소 회장인 J. N. Diercxsen이 소유한 안트베르펜 인근 소재 벨기에 농장의 1800년의 경영상황을 소개하고 있다.

그렇지만 서유럽에서 농업이 높은 수준에 달했던 여타 지역들이 또 있었다. 독일에서는 예컨대 라인란트팔츠, 라인란트, 바덴(Baden),[3] 나사우(Nassau)[4] 그리고 그 밖에 에르푸르트, 뷔르츠부르크 및 아우크스부르크의 도시 주변 지역이 그런 곳들이었다. 프랑스의 농업은 일반적으로 프랑스령 플랑드르와 아르투아와 같은 변경 지방을 제외하고는 후진적이었다. 17세기 후반까지도 남부 네덜란드의 인접 지역의 일부를 구성하고 있었던 프랑스령 플랑드르와 아르투아에서는 남부 네덜란드의 인접 지역과 같은 높은 수준의 농업이 발달해 있었다.[3] 농업의 측면에서 보면, 알자스는 농업이 높은 발달 수준에 다다랐던 라인란트팔츠 및 바덴과 같은 지역을 형성하고 있었다. 프로방스와 랑그도크 지방은 농업이 역시 고도로 발달했던 인접 지역들인 포강 유역과 카탈루냐의 영향을 각각 받았다.

우리는 비교적 발달된 이 모든 지역의 농업사를 다 다룰 수는 없다. 그러나 네덜란드 지역이 여러 가지 점에서 농업개량가들의 학교였기 때문에 네덜란드 농업의 특징이 무엇인지에 대해서는 마땅히 탐구되어야 할 것이다. 이 지역이 농업개량가들의 학교가 된 가장 중요한 이유 가운데 하나는 중세 후기와 16-17세기에 플랑드르, 브라반트, 제일란트 및 홀란트의 높은 인구밀도에서 찾아야 한다.

네덜란드에서 곡물재배는 그 인구를 먹여 살릴 만큼 충분하지 못했다. 16세기에 소비된 곡물의 약 13-14퍼센트가 발트해 연안국가들로부터의 수입으로 충당되었다.[4] 남부 네덜란드에서 18세기 중 얼마 동안은 식량자급(self-supporting)이 이뤄지고 있었으나, 북부 네덜란드에서

....

3 독일의 서남부 라인강 상류지방.
4 라인강 중류의 우안 지방.

는 자급이 이뤄진 것 같지 않다. 심지어 오버레이설과 같은 농업지역까지도 18세기에 도시주민은 말할 것도 없고 농촌의 주민이 먹을 식량조차 충분히 생산하지 못했다.

조선업이 발달함으로써 발트해 나라들로부터 막대한 분량의 곡물이 운반되어 주민의 곡물수요가 충족될 수 있었다. 섬유공업을 위주로 한 이들 지방의 공업에는 여러 종류의 원료가 필요했다. 즉 아마포 제조를 위해서는 아마, 직물산업을 위해서는 꼭두서니와 목서초 및 대청과 같은 염료식물, 맥주 제조를 위해서는 보리와 홉, 밧줄 제조를 위해서는 대마, 담배 제조를 위해서는 연초 등이 필요했다. 서부의 여러 지방에서는 농민들이 곡물 대신 공업용의 여러 환금작물 재배로 전환했다. 대개 곡물보다 공업용 환금작물의 가격이 더 높았기 때문이다. 환금작물 가운데 일부는 수출되기도 했다. 이런 전환은 농민들이 그들 자신의 식량을 확보하기 위해서 수입곡물을 이용해야 할 정도로까지 진행되었다. 환금작물의 재배나 가축의 사육 부문에서 특화된 이와 같은 농민의 농업은 정기적인 곡물수입이 있을 경우에만 가능했다.

조밀한 인구로 말미암아 또한 원예농업과 과수 재배가 번성했다. 전에는 도시의 시민 각자가 스스로의 필요한 채소를 도시의 성곽 안이나 그 바로 바깥에 있는 자신의 뜰에서 나는 생산물로 충당했지만, 도시의 인구가 조밀해짐에 따라서 도시민에 대한 채소 공급을 생업으로 하는 직업이 생겨났다. 원예농업은 도시의 영향 아래서 성립하고 성장했던 반면에, 과수 재배는 그보다는 오히려 농업 그 자체로부터 생겨났다.

원예농업과 환금작물 재배 모두 막대한 노동력이 소요된다는 점이 특징이다. 그런 농업을 위해서는 땅을 깊이 파야 하고 많은 시비가 필요하다. 필요한 거름은 축산업 지역이나 도시로부터 조달할 수 있었다.

도시는 아궁이 재, 쓰레기 혼합물(compost) 및 똥거름을 공급했다. 프리슬란트 출처의 헤메마의 회계장부(16세기 후반)의 사례에서 보듯이, 거름 거래가 활발하게 전개되었다. 무엇보다 양과 비둘기의 똥에 대한 수요가 매우 컸다.

원예농업에서는 줄심기[rijenteelt: 정조식(正條植)]가 일반적이었다. 환금작물의 재배에서도 마찬가지로 줄심기가 이뤄졌다. 유채씨는 별도의 땅조각에 파종된 후 모종을 밭에 옮겨다 심었다. 홉과 꼭두서니 및 담배도 줄지어 재배해야 했다. 이들 작물이 해를 입지 않으려면, 잡초를 제거하는 작업도 필요했다. 이 모든 작업을 수행하기 위해서 특별한 농기구들을 사용했다. 작물을 줄지어 재배하는 농사는 많은 노동을 필요로 한다. 그 때문에 이런 재배는 경제적으로 수익성이 있는 농작물에 대해서만 채택할 수 있었다.

원예농업과 환금작물 재배는 노동집약적이었다. 이런 농업에서는 소농이 지배적인 경영 형태였으며, 원예농업에는 극히 작은 규모의 농업경영체도 있었다. 작은 면적의 토지에서 많은 사람이 어느 정도의 생계를 꾸려 갈 수 있었던 것이다. 이런 농업의 또 하나의 이점은 많은 환금작물이 생산되는 경우에 그 후속 가공과정이 많은 노동력을 필요로 했다는 것이다. 따라서 노동력 절약의 수단으로 유채씨로부터 기름을 짜내기 위한 착유기(搾油機)가 생겨났고, 꼭두서니로부터 물감을 얻기 위한 건조용 가마가 만들어졌다. 또한 아마를 물에 담그고, 빗질하고, 실을 잣는 데에도 많은 노동이 필요했다.

곡물의 경우보다 이들 작물의 경우에 흉작의 위험성이 더 큰 경우가 종종 있는 반면에, 풍년에는 더 큰 이익을 얻을 수 있다. 농민 자신의 수요 충족을 위한 것이 아니라 거의 전적으로 시장에 판매하기 위한 농업에서 화폐유통이 많았음은 물론이다.

특별히 비옥한 토양이 집약적 농업에 필수적인 것은 아니었다. 새로운 농법의 고전적 고장인 바스 지구와 역시 매우 집약적인 농업이 실시되었던 프랑스령 플랑드르 두 곳 모두에서, 토질은 그리 좋지 않았고 중간 정도였다. 리처드 웨스턴 경은 바스 지구에 대한 그의 여행에서 모래로 되어 있고 경작되지 않는 경우에는 히스와 금작화만 자라는 '그 땅의 척박함'에 깜짝 놀랐다. 그는 이 메마른 땅이 이처럼 높은, 심지어 플랑드르의 바다진흙으로 된 지역보다도 더 높은 생산고를 낸다는 것은 믿을 수 없는 일이라고 생각했다.[5]

영국에서도 새로운 농법은 별로 비옥하지 못한 지역들에서 시행되었으나, 마찬가지로 크게 성공했다. 네덜란드에서 고도로 농업이 발달한 원인은 각기 단지 작은 면적의 경작지밖에 가지지 못했기 때문에 그 토지를 역시 가장 집약적으로 이용해야 했던 많은 주민 수에 있었음에 틀림없다. 고도의 농업발전이 있게 된 것은 농촌 일반이 대단히 잘살았기 때문이 아니라, 오히려 농촌의 인구밀도가 높았기 때문이다. 아주 도식화해서 말하면 그리고 그로 인해서 얼마간의 과장이 없는 것은 아니지만, 집약적 농업으로의 이행의 계기는 부유함이 아니라 궁핍이었다.

이것은 1776년 프랑스령 플랑드르에서의 플랑드르식 농업에 관한 한 프랑스 필자의 논문 속에서 명백하게 밝혀지고 있다. 그는 이 지방의 토질이 대체로 몇몇 프랑스 도들의 토양보다도 더 메마름을 지적한 후, 플랑드르식 농업의 비교적 훌륭한 성과는 다량의 시비와 농민들의 도덕적 품성, 즉 그들의 근면성과 검소함에서 기인한다고 설명하고 있다.

우리는 후자(다음의 논문)에서 플랑드르의 농민들이 얼마나 정성을 쏟고 수고를 들이는지를 보게 될 것이며, 그들의 토지가 생산적이라면 그것은 다른 곳에서는 거의 상상도 못할 정도로 많은 노동과 시비를 통해서 획득한 것임을 이해하게 될 것이다. …… 만약 그(플랑드르 농민)가 얼마큼의 수익을 올린다면, 오로지 그것은 첫째 그 자신과 그의 하인들 및 일꾼들의 식량과 그의 가축의 사료를 자신의 토지와 가금사육장에서 산출된 생산물로 충당하기 때문이고, 둘째는 그 자신의 근면한 노동 덕분이며, 셋째는 거름을 확보하고 적시에 밭을 갈며 우량종자를 마련하여 적기에 파종하는 등등을 하기 위해서 그리고 자신의 물자를 절약하고 자신의 농장과 뜰에서 생산되는 하찮은 것까지도 모두 이용하기 위해서 매일같이 애쓰는 정성과 수고 덕분이다. 사람들은 플랑드르 농민이 살아가기 위해서 대단한 깍쟁이며 모든 것을 다 팔아 돈벌이를 한다고 말하는데, 이는 옳은 말이다.[6]

이 필자는 (환금작물을 재배하는) 소농에 대한 열렬한 지지자이며, 중농주의자들이 주장하는 (곡물을 재배하는) 대농에 대해서는 격렬한 반대자이다.

플랑드르식 농업이 특별히 발전한 시기는 17세기와 18세기 초반의 농업불황기였다. 농업혁신의 토대는 중세에 있었고 두 번째 불황기에 그 확대가 이뤄졌다. 이것은 집약적인 플랑드르식 농업이 곡물재배보다 오히려 사료작물과 환금작물의 재배에 기초해 있었기 때문에 수긍이 된다. 사료작물의 재배로 사육가축의 수가 증가함으로써 토지에 대한 많은 시비가 가능해졌기 때문에, 곡물농업 역시 농업혁신으로부터 간접적으로 득을 보았다.

이와 같이 집약적 농업이 성립하게 된 원인은 인구조밀 지방에서 곡물농업에 가장 먼저 타격을 가하는 불황기에 농업에서 생계수단을 찾으려는 농촌주민들의 노력에 있다. 궁핍 때문에 사람들은 그렇게 하지 않으면 안 되었던 것이다.

휴경지의 소멸

완만하게, 매우 완만하게 집약적 농법은 널리 전파되어 나갔다. 우리는 북부 프랑스에서 이 농법이 점차 동쪽으로 전파되어 나갔음을 추적할 수 있다. 1760년에 아라스 남서쪽에 있는 생타망이 집약적 농법의 경계선이었고 두에(Douai)[5] 남쪽에서는 전통적인 농업이 여전히 지배적이었으나, 1789년에는 발랑시엔과 캉브레 지역에까지 집약적 농법이 보급되었다.[7] 30년에 약 50킬로미터에서 70킬로미터까지의 속도로 전파되었던 것이다.

재래의 곡물 위주의 단작농업은 쇠퇴하고, 다른 종류의 농작물이 곡물 옆에서 더 큰 경지면적을 차지하기 시작했다. 경지이용 방식은 아주 다양했다. 매우 오래된 방식으로 경작되는 토지가 새로운 방식의 윤작제가 실시되는 경지들과 병존했다. 농업여행가에게는—이때는 신사층 농업경영자들(gentlemen-farmers)의 농업여행이 유행하던 시절이었다—관심을 끄는 것이 아주 많았음에 틀림없다. 그러나 대단히 유감스럽게도 이들 지체 있는 사람들은 새로운 것, 곧 근대적인 것에 대해서만 주목했다. 그럼에도 불구하고 그들의 눈에 새롭다고 보인 농법들은 이미 중세에 있었던 것이다. 17-18세기에는 농법에서 기본적으로는 아무런 새로운 것이 없었다. 혁명적인 것은 이들 농법이 그 이전보다 널리 보급되었다는 점이다. 17-18세기에는 다음과 같은 토지이용 방식들

....

5   프랑스 북부 릴 인근의 남쪽에 위치한 도시.

이 상호 병존했다.

1. 스코틀랜드, 아일랜드, 잉글랜드 및 스웨덴 등지에서 여전히 실시되고 있던 일시적 경작방식(곡초식).

2. 스코틀랜드, 나뮈르 등지의 내야-외야 체제.

3. 동부 네덜란드 등지의 호밀 연작제(連作制).

4. 남부 프랑스, 잉글랜드 등지의 이포제.

5. 안달루시아 등지에서 2년간 휴경하는 삼포제.

6. 1년간 휴경하는 일반적 자유형 삼포제.

7. 1년간 휴경하는 일반적 규제형 삼포제.

8. 잉글랜드, 프리슬란트, 알자스 등지에서 흔히 많은 콩 재배와 결합된 4년, 5년, 6년 또는 그 이상 주기의 다포제(多圃制).

9. 플랑드르, 흐로닝언, 잉글랜드, 알자스, 슐레스비히홀스타인, 메클렌부르크 등지의 곡초식.

10. 메이예레이판덴보스흐 등지에서 그루갈이작물로 사료작물이 재배되는 윤작제.

11. 플랑드르, 노픅 등지에서 휴경하는 해에 사료작물을 재배하는 윤작제.

토지이용 방식에 대한 이러한 열거는 토지의 집약적 이용도가 증가하거나 휴경지 면적의 축소가 커지는 순서로 되어 있다.

휴경지의 점진적 소멸에는 여러 가지 요인이 작용했다. 집약도가 높은 경작에는 보다 많은 노동과 자본이 소요되며, 시장에 내다팔기 위한 부분이 큰 농업생산에는 시장 중심부와의 교통이 잘 연결되어 있는 것이 필요하다. 그 외에 토질도, 중요성이 덜한 듯이 보이기는 하지만, 휴경지 소멸에 영향을 미친다.

한편으로 인구밀도 및 번영과 다른 한편으로 삼포제, 곡초식, 윤작제로 표현되는 농업의 집약도와의 연관성에 대해서는 튀넨이 이미 지적한 바 있다. 그는 "한 나라의 부와 인구가 증가하는 경우 집약도가 높은 농업이 역시 수익성이 더 크다"고 말했다.[8] 이런 말을 할 때 그는 삼포제에서 곡초식으로 그리고 그 다음에는 윤작제로의 이행을 염두에 두고 있었음에 틀림없다.

어디에서나 삼포제로부터 휴경의 횟수가 줄어드는 농법을 거쳐 다시 다음 단계로서 곡초식 농법으로 직선적인 발전이 있었다고 생각하는 것은 잘못이다. 집약도가 보다 높은 농법으로 시간이 지남에 따라서 질서정연하게 발전하는 경우는 어디에도 없다. 북부 독일의 여러 지역에서의 진전과정은 이에 대한 하나의 좋은 실례를 보여 준다. 이곳에서는 15-16세기에 비교적 토질이 좋은 토지에서 단지 4년째, 5년째, 6년째 또는 8년째에만 휴경이 필요한 농법이 실시되고 있었다. 삼포제는 비옥도가 떨어지는 토지에 국한되어 시행되고 있었다. 이러한 집약적 경작은 오직 휴경되고 있는 토지 부분에 대한 엄청난 시비를 통해서만 가능했다. 이런 집약적 경작의 한 이점은 재배할 수 있는 하곡, 특히 양조용 보리의 분량이 많아졌다는 것이다.

그러나 우리가 18세기의 동일한 북부 독일 지역으로 되돌아가 본다면, 그 전에 그 이용이 포기되었던 삼포제가 다시 대부분의 지역에서 지배적인 농법이 되어 있음을, 즉 가장 끈질기게 남아 있음을 알게 될 것이다. 이런 변화를 초래한 요인들로 우리는 삼십년전쟁의 파괴와 그에 수반된, 노동집약적 경작을 더이상 수익성이 없게 만드는 인구의 격감을 들 수 있다. 나아가 1650년부터 1750년까지의 기간에 경종농업에 불리했던 상황과 권력 당국의 강권(强勸)도 중요한 요인이었다. 가축 수도 줄었으며, 그에 따라서 거름도 감소했다. 더욱이 묵정밭 상태의 토지를 다시 경작하고자 했을 때에는 몇 곱절의 휴경이 필요했다.[9]

집약도가 높은 형태의 농업이라고 해서 언제나 수확고가 높았다고 보아서는 안 된다. 한 영국 농민은 이포제로 경작되는 그의 토지에서 매우 높은 수확고를 올렸다. 1610년부터 1620년까지의 기간에 밀에 대한 평균 파종량 대 수확량의 비율이 1:11이나 되었던 것이다. 삼포제가 시행된 지방들에서 18세기까지도 수확량은 파종량의 4배 내지 5배가 넘지 못하는 경우가 종종 있었다. 따라서 이 경우에 이포제의 수확고가 삼포제의 수확고보다 $1\frac{1}{2}$배 내지 2배나 더 컸던 것이다. 안달루시아에서는 토지가 3년에 한 번씩만 경작되었음에도 파종량 대 수확량의 비율이 1:8이나 되었다.

토지를 보다 많이 휴한시킴으로써 수확고가 상당히 향상될 수 있었던 반면에, 휴한기를 별로 두지 않는 경작방식의 경우에는 지력이 심하게 고갈되어 결국 수확량이 점점 줄어들 수밖에 없었던 것이다.

많은 학자가 윤작제의 실시를 통해서 비로소 높은 수확고가 달성될 수 있었다고 생각한다. 그렇지만 이것은 결코 사실이 아니다. 이미 앞에서 14세기 초반 아르투아 지방 농장들의 높은 수확고에 대해서 지적한 바 있다.[10] 16-17세기에는 프리슬란트의 헤메마와 잉글랜드의 로더가 전례 없는 성과를 거두기도 했다. 이런 수확고는 무엇보다 토지에 대한 막대한 시비 덕분이다. 이 모든 경우에 거름은 외부에서 구입해야 했다. 거름은 값비쌌으므로 종종 상대적으로 낮은 곡가로 인해 거름의 구입비용조차 충당하지 못하기도 했을 것이다. 윤작제의 이점은 사료작물의 재배로 농민이 더 많은 가축을 사육할 수 있고, 그럼으로써 그 자신의 농장에서 더 많은 두엄을 산출할 수 있다는 것이었다. 그것은 거름을 획득하는 유리한 방법이었다.

앞에서 서술한 여러 토지이용 방식은 아래의 사례들을 통해 잘 밝혀질 것이다.

스코틀랜드의 내야-외야 체제에서 내야는 계속적으로, 따라서 휴경됨이 없이 경작되었다. 내야는 대체로 전체 경지면적의 $\frac{1}{3}$을 차지했다. 시비가 이뤄진 후 내야에는 여름보리가 재배되었고, 두 번째와 세 번째 해에는 귀리가 재배되었으며, 그 다음에는 다시 보리가 재배되었다. 콩이나 밀이 재배된 경우에는 다음과 같은 토지이용 방식이 시행되었다.

A	B	C
1. 완두 또는 잠두	1. 완두	1. 봄보리
2. 봄보리	2. 밀	2. 콩류
3. 귀리	3. 보리	
	4. 귀리	

외야에서는 귀리가 별 수익성이 없을 때까지 오랫동안 재배되었고, 그 후 외야는 목초지로 바뀌었다. 애버딘셔(Aberdeenshire)[6]에서는 가축을 밤낮으로 가두어 두기 위해서 외야의 약 $\frac{1}{10}$이 사용되었다. 가축은 낮은 담으로 둘러싸인 땅조각(penn)에 가두어졌으며, 거기에 두엄이 퇴적되었다. 이렇게 시비된 후 그 토지는 5년간 귀리가 파종되었고, 그 다음에는 다시 목초지로 바뀌었다. 외야 바깥에 있는 야생미경작지에 사람들은 때로 불을 놓아 개간한 후 그 땅을 수년간 귀리재배에 이용했다.[11]

이미 앞에서 자주 언급된 옥스퍼드 근처의 하웰에 있는 로더의 농장에서는 17세기 초에 이포제가 다음과 같이 시행되었다.[12]

....

6   스코틀랜드의 북동부 지방.

햇수	재배 작물
제1년	밀
제2년	휴경
제3년	밀 또는 보리
제4년	휴경

삼포제가 시행된 한 실례는 16세기 파리 남쪽의 한 대소유지에서 볼 수 있다. 이 농장의 총면적은 377헥타르였으며, 그 가운데 343.7헥타르는 경작지로, 31.7헥타르는 포도밭으로 그리고 1.6헥타르는 목초지로 이용되었다. 경작지의 34.5퍼센트가 동곡으로 파종되었고, 36.9퍼센트는 귀리 22퍼센트, 봄보리 10.5퍼센트, 살갈퀴와 잠두 및 완두 4퍼센트 그리고 대마 0.4퍼센트로 구성되는 여름작물로 파종되었으며, 28.6퍼센트는 휴한되었다.[13]

프라네커르(Franeker)[7] 근처의 히춤에 있는 프리슬란트의 농민 링크 헤메마의 농장에서는 1570년부터 1573년 말까지 동일한 땅조각에 다음과 같은 농작물이 연속적으로 재배되었다.[14]

햇수	재배 작물
제1년	콩류(회색 또는 녹색의 완두나 잠두 또는 완두와 잠두의 혼합곡)
제2년	동곡(밀 또는 가을보리)
제3년	콩류
제4년	하곡(봄보리 또는 귀리)

우리는 이 농장에서 경지가 휴경되었는지에 대해서는 별로 알지 못

……

7   북서부 네덜란드의 프리슬란트 지방에 있는 작은 도시.

한다. 헤메마가 그의 토지에 다량의 시비를 한 것에 비추어 볼 때, 아마도 경지의 휴경은 필요하지 않았던 것으로 짐작된다. 1571년에 관한 자료가 가장 완벽하며, 그 자료에 근거해서 우리는 전체 경지의 약 $\frac{1}{8}$이 휴경되었다는 결론을 얻을 수 있을 것 같다. 그렇지만 이 점에 대한 확실성은 없다. 왜냐하면 이 농장에 관한 기록은 단지 $4\frac{1}{2}$년간에 관한 것이기 때문이다.

16세기 레스터셔의 많은 농장에서의 발전은 다음과 같이 콩류 재배가 점점 확대되는 추세를 보여 준다.[15]

경지 재배곡물의 백분율 구성

재배작물	1500-1531년간 15개 농장	1558년 14개 농장	1588년
동곡(주로 밀, 소량의 호밀)	18.8	17.2	12.5
하곡(주로 보리, 소량의 귀리)	38.0	44.3	41.5
콩류(완두과 잠두)	43.2	38.5	46.0
	100.0	100.0	100.0

이런 윤작제에서 동곡이 작은 비중을 차지하고 콩류, 주로 완두가 재배된 면적이 크다는 것은 주목된다. 이들 농장에서 실시된 농법이 순수한 삼포제일 리는 없다. 여기에서 시행된 토지이용 체제는 사람들이 이론적으로 생각하는 것보다 더 복잡하다. 완두와 잠두는 하곡이 파종되기 전에 통상 2월에 파종되었다.

16세기에 위그스턴(레스터셔)의 경지에는 다음과 같은 작물이 재배되었다.[16]

경지 재배곡물의 백분율 구성

재배 작물	백분율
밀	6.0
호밀	1.0
보리	43.5
콩류	49.5
	100.0

1801년에 레스터셔에서는 경지의 약 $\frac{4}{5}$가 다음과 같은 작물들로 파종되었다.[17] 다음의 표에서 보듯이, 16세기 이후 곡물의 중요성은 커졌으나 콩류가 차지하는 비중은 작아졌다.

경지 재배곡물의 백분율 구성

재배작물	백분율	재배작물 대분류	백분율
밀	27.6	동곡	27.7
호밀	0.1		
보리	26.3	하곡	50.9
귀리	24.6		
감자	1.3		
완두와 잠두	8.5	콩류	8.5
사료용 순무	11.6		
	100.0		

17세기 영국의 농서들에서는 10년 또는 12년 주기의 곡초식이 권장되었다. 농서들 속에서는 클로버나 사료용 순무는 아직 이용되지 않고 있으나, 완두, 잠두, 살갈퀴 또는 루핀(lupine)[8]은 분명히 재배되고 있다. 농서 속에서 흔히 주장되고 있는 이론들이 실제로 얼마나 시행되

없는지는 종종 의심스러울 때가 있다. 그렇지만 이 경우에 아마 농서의 저자들이 가지고 있던 정보의 내용은 경험적 지식에 기초해 있었던 것임에 틀림없는 듯하다.

삼포제에서 노퍽 농법(Norfolk-system)[9]으로의 이행은 아마도 일부 지방에서는 곡초식 농법을 거쳐 이뤄졌던 것 같다. 많은 경우에 콩 재배가 중요한 위치를 점했던 경작방식은 중간단계 구실을 했을 것이다.

17세기 초반에 영국의 농서들에서는 곡초식 농법으로 다음의 표와 같은 것이 권장되었다.[18]

햇수	점토에서	사질토에서	토탄지에서
제1년	밀 또는 호밀	밀 또는 호밀	밀
제2년	밀 또는 호밀	밀 또는 호밀	밀
제3년	보리	밀 또는 호밀	밀
제4년	귀리	보리	보리
제5년	귀리	귀리	호밀
제6년	귀리	귀리	귀리
제7년	완두 또는 잠두	귀리	귀리
제8년	목초	루핀 또는 살갈퀴	귀리
제9년	목초	목초	완두
제10년	목초	목초	목초
제11년	(아마도 여전히 목초)	목초	목초
제12년		(아마도 여전히 목초)	목초

....

8   콩과(科)의 루피너스 속(屬)에 딸린 1년초 또는 다년초. 미국 남부 원산.
9   밀→순무→보리→클로버의 순서로 4년 주기의 윤작이 이뤄짐으로써 토지의 이용도를 높이고 사육가축의 수와 두엄의 생산량을 늘려서 농업생산력을 획기적으로 향상시킬 수 있었던 18세기 영국의 근대적인 윤작농법. 이 농법의 개발로 역사상 토지의 휴경화가 필요 없게 되었다.

그렇지만 17세기에 서부 잉글랜드에서는 아마도 그보다 더 오래된 시기의 것으로 보이는 다음과 같은 곡초식 농업(convertible husbandry)이 실시되었다.[19]

햇수	데번셔	콘월
제1년	밀	밀
제2년	보리	밀
제3년	보리	귀리
제4년	귀리	귀리
제5년	완두	그 후 7-8년간 목초지
제6년	귀리	
	그 후 여러 해 동안 목초지	

여기에서는 토지가 가축우리에서 나오는 두엄으로 시비되지 않고, 부서진 조개조각이 풍부하고 해초가 첨가된 바닷모래로 시비되었다. 데번셔에서는 또한 데번셔링(Devonshiring) 또는 덴셔링(Denshiring)으로 알려진 시비법이 사용되었다. 이 시비법은 풀과 잡초는 말려서 더미를 만들어 불태우고 그 재를 토지에 뿌려 주는 것이었다. 1246년의 한 차지 계약서 속에서 이 시비법은 차지인이 토지를 다른 방식으로도 시비한다는 조건 아래에서만 허용되었다. 당시 사람들은 덴셔링 시비법만 사용하는 경우에는 지력이 고갈될까 봐 두려워했음이 분명하다.

18세기 중엽 이후 슐레스비히홀스타인, 덴마크 및 메클렌부르크에서는 플랑드르에서 중세 후기에 널리 사용된 농법과 매우 유사한 곡초식이 사용되었다. 슐레스비히홀스타인과 덴마크에서 농작물 재배의 순환체계는 다음과 같았다.[20]

햇수	재배 작물
제1년	휴경
제2년	밀
제3년	보리
제4년	호밀
제5년	귀리
제6년	귀리
제7년에서 제11년까지	목초

이 농법은 16세기에 홀스타인에서 귀리밭과 초지가 번갈아 바뀌는 데에서 유래했다. 대농장들에서 이 농법의 채택으로 좋은 성과가 거두어지자 사람들은 경작지와 초지 사이의 규칙적인 교대로 이행하게 되었다. 홀스타인에서 이 농법은 가축사육을 위해서 채용되었다. 목초와 귀리는 16세기에 황소를 살찌우고 말을 사육하기 위해서 필요했던 것이다. 17-18세기에는 소의 비육(肥育)과 젖소의 사육이 시작되었다.

18세기 중엽에 곡초식 농법의 전파자 가운데 한 사람은 이런 농법의 채용을 통해서 곡물과 건초 수확을 크게 증대시킨 몰트케 백작(A. G. Moltke)[10]이었다.

메클렌부르크형(型) 곡초식 농법의 창시자는 뤼에(J. F. von der Lühe)[11]였다. 뤼에는 원래 홀스타인의 예를 따랐으나, 메클렌부르크에서는 가축이나 축산물을 판매할 충분한 시장이 존재하지 않았으므로

....

10 1600년 무렵부터 덴마크에 영지를 소유하고 1750년에 백작 작위를 수여받은 프로이센의 명문 귀족 출신의 덴마크 외교관 겸 정치가(1710-1792년). 그의 아들과 손자는 덴마크의 재상을 지냈다.
11 오베르란트 지방의 수령 시절 홀스타인으로부터 메클렌부르크에 곡초식 농법을 도입한 인물(1675년경-1742년).

다음과 같은 경종농업을 강조했다.[21)]

햇수	토지이용 형태
5년간	경작지
5년간	목초지
1년간	휴경지

18세기 후반에 곡가가 상승했을 때, 메클렌부르크에서는 17세기에 도입되었던 삼포제에서 곡초식으로의 전반적 이행이 있었다. 그래서 15세기 이후 메클렌부르크에서의 발전은 다음과 같이 이뤄졌다.

시기	농법
15-16세기	사포제, 오포제 또는 육포제
1630-1750년경	삼포제
1750년 이후	곡초식

곡초식의 한 가지 이점은 후에 클로버 재배가 메클렌부르크에서 쉽게 채택될 수 있었다는 것이다. 왜냐하면 농작물의 강제적 경작(경작강제)과 수확 후의 그루터기 방목이 이 지역에서는 더이상 존재하지 않았기 때문이다.

플랑드르식 농업에 대한 저술을 통해서 영국 농업의 혁신적 발전을 위한 기초를 놓은 영국인 리처드 웨스턴 경은 1650년경 바스 지구에서 다음과 같은 윤작체제를 발견했다. 아마 재배 후에 순무 재배가 곧바로 이어지고, 다음해 4월경에는 귀리가 파종되며, 그 다음에는 귀리가 수확된 후 싹이 터서 성탄절까지 인공 목초를 제공하는 클로버가 재배되었다. 그때부터 클로버는 4년 또는 5년 동안 재배되었다. 당시의 상황에 비추어 평가하건대, 본래 척박하기만 했던 바스 지구의 수확고는 전

례 없이 높았다.[22]

몇 세기가 지난 후인 1800년경에 안트베르펜 부근의 에데험에 있는 한 농장에 관해서 다음과 같은 윤작제가 보고되고 있다.[23]

햇수	재배작물
제1년	호밀
	사료용 순무
제2년	귀리
	이미 클로버도 파종됨
제3년	클로버
제4년	밀
	사료용 순무
제5년	감자

우리는 이것이 웨스턴 시대의 바스 지구의 윤작제보다도 훨씬 더 변화가 많은 체계임을 알 수 있다. 수년간 지속된 클로버 재배는 사라지고, 사료용 순무가 보다 중요한 위치를 차지하게 되었으며, 아마는 감자로 대체되었다.

바스 지구의 농업에 대한 웨스턴의 묘사는 17세기 말과 18세기에 영국에서 큰 명성을 얻은 농법인 노퍽 농법의 기초를 마련한 것이었다.

농업 관계 문헌 속에서 그것은 새로운 농업의 원형이라는 찬사를 받았다. 노퍽 농법의 성공에 기여한 요인으로는 윤작제 외에도 이회토 뿌려 주기, 인클로저, 장기간의 차지 계약기간, 대농장들의 존재, 영국의 독보리(raaigras)[12] 및 축산업에서 경종농업으로의 전환도 있었다.

....

12 볏과의 한해살이 풀. 열매에 독이 있다고 하여 독보리라는 이름이 생겼다. 유럽 원산.

윤작제로 다음과 같은 사포제와 육포제가 알려져 있었다.[24]

햇수	재배작물	햇수	재배작물
제1년	밀	제1년	밀
제2년	사료용 순무	제2년	보리 또는 귀리
제3년	보리	제3년	사료용 순무
제4년	클로버	제4년	클로버 재배가 병행된 보리 또는 귀리
		제5년	6월 21일까지 가축이 방목되는 클로버 재배. 그 후에는 가을밀 파종.
		제6년	가을밀

이 노퍽 농법은 18세기 말엽과 19세기 초에 유럽의 여러 나라에서 개명된 대지주들에 의해서 여러 가지 형태로 채용되었다. 그렇지만 노퍽 농법과 함께 재래식 농법도 유행하고 있었다. 휴경지의 소멸은 농장의 회계장부가 오랫동안 보존되어 온 독일의 다섯 개 영지에서 분명하게 관찰할 수 있다. 그 장부들은 다음의 표와 같이 하르츠산맥에 있는 슈마츠펠트, 일젠부르크 및 바세르레벤 영지와 작센에 있는 오스트라와 로멘의 영지에 관한 것이다.[25]

가장 현저한 발전은 슈마츠펠트 영지에서 일어났다. 16세기 말에는 아직 전체 경지면적의 약 $\frac{1}{3}$이 휴경 상태로 남아 있었고, 삼포제가 시행되고 있었다. 그러나 17세기에는 사포제가 채택되었고, 18세기에는 토지가 5-6년의 주기로 휴경되었다. 1795년과 1798년 사이에 깔짚축사(potstal)[13]의 건축과 가축의 축사사육(stalvoeding: 舍飼)으로의 이행

....

13 가축을 계속 우리에 가둬 두고 우리에는 짚을 두텁게 깔아 주면서 두엄을 많이 생산할 수 있게 만든 외양간. 플랑드르 지방을 중심으로 중세부터 사용된 축사 형태다.

전체 농경지 면적 중 휴경지 비율

슈마츠펠트		일젠부르크		바세르레벤		오스트라		로멘	
연도	백분율	연도	백분율	연도	백분율	연도	백분율	연도	백분율
1592	37.3	-	-	-	-	1571	4.5	1590	53.0
-	-	-	-	-	-	1615	25.5	1632	46.0
1657	23.5	-	-	1655	32.6	1652	42.0	1651	52.0
1686	28.4	-	-	1687	21.4	1653	30.5	1680	55.0
1713	28.8	1705	33.3	1711	5.3	1729	62.0	1720	29.0
1740	20.8	1720	31.1	-	-	-	-	-	-
-	-	1723	21.4	-	-	-	-	-	-
-	-	1739	12.4	-	-	-	-	-	-
-	-	1747	6.0	-	-	-	-	-	-
1760	21.5	-	-	1777	5.7	1760	71.0	1755	37.0
1770	21.6	-	-	-	-	-	-	1777	16.0
1780	16.2	-	-	-	-	-	-	-	-
1790	14.2	-	-	-	-	-	-	-	-
1800	8.1	1805	0	1812	3.1	1809	4.0	1820	0
1810	1.3	1810	0	1821	1.3	1820	5.0	-	-
1850	0.8	1850	0	1850	2.8	1836	0	1840	0

을 통해서 휴경지는 상당히 빠르게 최소한으로 줄어들었다. 동시에 재배작물 가운데 콩류와 유료작물(油料作物)의 재배비율은 커졌다.

작센의 왕령지들 가운데 하나였던 오스트라의 역사는 매우 복잡했던 것 같다. 이 왕령지에서 휴경지는 1571년에 극히 작았었으나, 18세기에는 대단히 컸다. 1571년에 휴경지의 비율이 낮을 수 있었던 것은 그 왕령지에 많은 목초지가 딸려 있었기 때문이다. 이런 목초지들로 인해서 통상적인 수준보다도 더 많은 가축이 사육될 수 있었고, 그에 따

경지의 재배작물 백분율 구성

영지	연도	동곡	하곡	곡물 전체	콩류	괭이로 재배하는 작물	환금 작물	사료 작물	휴경지
작센의 오스트라	1571	39.0	44.5	83.5	5.0	-	3.0*	2.0	6.5
	1760	10.0	19.0	29.0	-	-	-	-	71.0
	1809	26.0	49.0	75.0	5.0	5.0	4.0	8.0	3.0
	1836	34.0	19.0	53.0	-	30.0	-	17.0	0
작센의 로멘	1590	20.0	23.0	43.0	1.0	1.5*	-	1.5	53.0
	1755	23.0	34.0	57.0	1.0	2.5*	2.5*	-	37.0
	1777	27.0	48.0	75.0	3.0	1.5	1.5	3.0	16.0
	1820	35.0	28.0	63.0	4.0	5.0	2.5	25.5	0
하르츠산맥의 슈마츠펠트	1592	23.0	39.0	62.0	0.2	-	-	-	37.8
	1713	32.0	36.0	68.0	1.0	0.2	-	0.5	30.3
	1780	29.0	35.0	64.0	6.0	0.5	9.0	0.3	20.2
	1800	33.0	33.0	66.0	11.0	1.0	8.0	3.0	11.0
	1840	32.0	30.0	62.0	11.0	1.0	9.0	11.0	6.0
슐레지엔의 베르스도르프(10년 단위의 평균)	1770-1780	30.2	33.0	63.2	1.5	-	1.2	-	34.1
	1800-1810	30.3	17.3	47.6	18.0	7.2	3.3	23.9	0
	1840-1850	26.1	26.8	52.9	3.3	9.5	7.2	27.1	0
슐레지엔의 키나스트	1743-1748	29.5	28.5	58.0	-	-	2.0	-	40.0
	1751-1800	28.5	32.6	61.1	1.2	0.8	2.3	1.2	33.4
	1801-1830	32.0	30.8	62.8	1.0	3.0	2.0	8.0	24.2

* 오스트라와 로멘에서 환금작물에 속하는 농작물은 빠져 있다. 환금작물에는 여러 가지가 있었다. 로멘에서 괭이로 재배하는 작물(hakvruchten)과 잡다한 작물[14]은 모두 합쳐 1.5퍼센트였고, 괭이로 재배하는 작물과 사료작물은 모두 2.5퍼센트를 차지했다.

....

14 양배추, 감자, 고구마 따위.

라서 훨씬 더 많은 시비가 이뤄질 수 있었다. 18세기에는 왕령지가 사냥터로 이용되고 가축으로부터 생산된 두엄은 왕실의 정원에 대한 시비를 위해서 드레스덴으로 수송되었기 때문에 많은 토지가 휴경되게 된 것이다.

농경지에서 재배되는 작물의 종류와 시행되는 윤작제 사이에 아주 긴밀한 관계가 있음은 물론이다. 삼포제의 경우에는 곡물재배가 우세했으며, 농업혁신의 영향을 받은 지방들에서는 환금작물, 사료작물 및 콩류가 재배되었음을 볼 수 있다. 이런 곳에서는 곡물이 주요 위치를 차지하지 못했다.

앞에서 말한 독일의 영지들 가운데 일부와 슐레지엔에 위치한 다른 두 영지의 발전에 관해서는 비교적 장기간에 걸쳐 알려져 있다. 이들 영지에서 곡물재배지는 경지의 대부분을 차지한다. 19세기 초반에 들어서야 비로소 콩류와 사료작물의 재배로 말미암아 여기에 변화가 생겼다. 앞의 표에서 보는 바와 같이, 대부분의 농장들에서 환금작물과 괭이로 재배하는 작물은 별로 중요한 것이 되지 못했다.[26]

우리는 1750년경 클룬데르트(Klundert)[15]의 인근에 있는 농장들에서 훨씬 더 근대적인 모습을 볼 수 있다. 1751년에 603.27헥타르의 경작지 가운데 곡물이 재배되는 면적은 단지 58.3퍼센트뿐이었고 나머지 251.56헥타르(41.7퍼센트)는 콩, 환금작물(유채, 아마 및 꼭두서니) 그리고 감자가 재배되었다.[27] 백분율로 표시된 경작지의 재배작물 구성비율은 다음 표와 같다.

휴경지 부재	백분율	휴경지 존재	백분율
가을밀	37.4	곡물 및 메밀	46.6
봄밀	1.2	콩류	13.0
가을보리	4.0	환금작물	13.1
봄보리	2.1	순무와 당근(꼭두서니)	7.3
귀리	11.3	푸른 사료작물(휴경지 포함)	20.0
메밀	2.3		
잠두	15.3		
완두	0.9		
유채	8.2		
아마	8.2		
꼭두서니	7.0		
감자	2.1		
합계	100.0		100.0

경지 재배작물의 면적 구성비율

재배작물	우스터셔	글로스터셔
밀	41.9	36.2
보리	19.6	24.6
귀리	9.8	14.7
감자	1.3	1.9
완두	4.8	4.2
잠두	14.0	8.2
사료용 순무	7.2	9.7
살갈퀴	-	0.3
호밀	1.4	0.2
합계	100.0	100.0
전체 경지면적(헥타르)	41,733	58,207

여기에서 분명히 잠두, 유채, 아마 및 꼭두서니와 같은 작물이 중요한 재배작물이 되고 감자 재배도 벌써 약간 더 확대되기 시작했다.

1801년 잉글랜드의 재배면적 보고서에 의하면, 앞의 표와 같이 우스터셔와 글로스터셔에서는 콩이 여전히 매우 중요했던 것으로 보인다.[28]

시비

휴경지의 소멸과 대체로 많은 시비를 요하는 환금작물의 재배로 막대한 양의 거름 사용이 필요하게 되었다. 토양에 질소를 공급하는 나비꽃작물(vlinderbloemige gewassen)[16]이 새로운 윤작제에서 재배되었음은 사실이다. 그러나 이것은 토양이 필요로 하는 많은 자양분 수요에는 충분하지 못했다. 또한 사료작물의 재배를 통해서 가능해진 가축 수의 증가로도 거름의 부족난을 해소하지는 못했다. 특히 플랑드르에서는 사람들이 온갖 노력을 다해서 그들 토지의 수확고를 증대시킬 수 있는 거름을 확보하려고 했다. 이미 중세에 그들은 농가의 외양간두엄(stalmest) 외에 도시의 오물(인분)과 쓰레기를 구입하기 시작했다. 17세기에 유채 재배가 확대된 후에는 착유기에서 나오는 깻묵이 거름으로 이용되었다. 나아가 나뭇재와 토탄재도 토지에 뿌렸다. 토탄재는 토탄이 거의 유일한 가정용 및 산업용 연료였던 홀란트 지방에서 주로 수입되었다.

앞에서 말한 에데험 소재 농장은 플랑드르에서 일반화되었던 대량 시비의 한 실례를 제시한다. 첫 해에 호밀과 순무의 재배를 위해서는

....

16 다섯 장의 꽃잎으로 이루어지고 모양이 거의 나비와 비슷한 좌우상칭(左右相稱)의 꽃부리를 가진 농작물. 즉 콩이나 팥 따위의 콩과 식물.

분더르당 60바리(voer)의 외양간두엄이 필요했고, 두 번째 해에 귀리를 재배하기 위해서는 160수레(kar)의 외양간두엄이, 세 번째 해에 클로버 재배를 위해서는 30톤의 오줌이, 네 번째 해에 밀과 순무의 재배를 위해서는 80수레의 두엄이 그리고 마지막으로 다섯 번째 해에 감자 재배를 위해서는 160수레의 두엄이 소요되었다. 거름의 구입비와 거름을 땅에 뿌려서 갈아 묻는 인건비는 이 농장의 지출 가운데 가장 큰 부분을 차지했다. 종자, 써레질, 시비, 지대 및 세금 등의 총지출은 분더르당 1,253.50길더에 달하는 것으로 당시 사람들은 계산하고 있다. 이 가운데 750.50길더(곧 59.9퍼센트)가 시비를 위한 비용이었다. 여기에 약 40길더의 인건비가 더해져야 했기 때문에, 시비 비용은 전체 지출의 63.1퍼센트에 이르렀다. 분더르당 1,730길더에 이르는 소득으로 계산해 보면, 거름구입 비용은 소득 가운데 43.4퍼센트를 차지하고 시비에 드는 인건비까지 포함하는 경우에는 45.7퍼센트를 차지한다.[29]

18세기 후반 10년 주기의 윤작제가 시행되고 있던 릴 근처 프랑스령 플랑드르의 한 농장에서는 그 경지면적의 $\frac{1}{10}$ 즉 2.1헥타르마다 다음의 표와 같이 시비가 이뤄졌다.[30]

이 토지에는 합계 21만7,600킬로그램의 외양간두엄, 4만4,650킬로그램의 오줌, 3,500킬로그램의 깻묵 그리고 3,264리터의 재가 10년 간격으로 투입되었다. 21헥타르 크기의 농토 전체의 연간 총 거름 사용량도 동일한 분량에 달했다.

이 농장에서 외양간두엄은 매년 약 7헥타르(1.06+0.52+0.52+0.70+2.10+0.35+0.17+0.17+1.40)에 시비되었으며, 이것은 정확하게 전체 경지면적의 $\frac{1}{3}$에 달하는 크기다. 따라서 외양간두엄의 양은 세 번의 수확을 충족시키는 것이어야 했다. 1헥타르의 토지에는 세 번의 수확에 평균 21만7,600÷7=3만1,086킬로그램의 외양간두엄이 투입되었다. 다

햇수	재배작물	면적 (헥타르)	시비	시비량 (킬로그램)
제1년	유채	1.06	48바리의 두엄	38,400
	순무	0.52	48바리의 두엄	38,400
	푸른 양배추	0.52	15바리의 오줌	14,250
제2년	귀리	2.10	시비 없음	-
제3년	클로버	1.40	64소쿠리의 재	2,176리터
	아마	0.70	24바리의 두엄	19,200
			800덩어리의 깻묵	1,000
제4년	밀	2.10	시비 없음	-
제5년	겨울철 사료작물 (살갈퀴 및 호밀)	1.40	시비 없음	-
	호밀	0.70	시비 없음	-
제6년	유채	2.10	72바리의 두엄	57,600
			1,200덩어리의 깻묵	1,500
제7년	밀	2.10	시비 없음	-
제8년	가을보리	0.70	16바리의 오줌	15,200
	클로버	0.70	32소쿠리의 재	1,088리터
	감자	0.35	16바리의 두엄	12,800
			8바리의 오줌	7,600
	비트	0.17	8바리의 두엄	6,400
			4바리의 오줌	3,800
	당근	0.17	8바리의 두엄	6,400
			4바리의오줌	3,800
제9년	유채	1.40	48바리의 두엄	38,400
			800덩어리의 깻묵	1,000
	콩	0.70	시비 없음	-
제10년	밀	2.10	시비 없음	-

시 말하면, 헥타르당 1회 수확에 평균 1만362킬로그램이 투입되었던 것이다.

플랑드르에서는 거름으로 재가 이용되던 클로버 재배의 해를 제외하고 1분더르당 평균 100수레의 외양간두엄이 소요된다고 계산되었다.

1분더르는 목초지이고 3분더르는 클로버가 재배되었던 총 20분더르 크기의 토지를 가졌던 어떤 농민의 다음과 같은 예는 거름 사용방식을 분명하게 보여 줄 것이다. 클로버 재배에는 거름으로 재가 사용되었으므로, 외양간두엄이 사용되어야 하는 경지로는 16분더르가 남는다. 이를 위해서 그 농민은 두엄이 가득 차는 데 약 3주일에서 4주일 걸리는 축사 하나에 19두의 암소와 5두의 말을 사육했다. 축사 하나에서 생산되는 두엄의 양은 100수레 정도였다. 사람들은 외양간에서 1년에 1,515 수레의 두엄을 생산할 수 있다고 계산했다. 따라서 여타의 가축(돼지)으로부터 생산되는 두엄과 인분을 더하여 총 거름 생산량은 1,600수레에 달했다. 그러므로 경작지 면적이 16분더르인 이 농민의 농장에서는 분더르당 100수레의 거름이 시비된 셈이다.[31]

플랑드르에서는 거름에 대한 엄청난 수요가 광범위한 거름 거래를 초래했다.[32] 1750년에 약 1,200바리의 '푸미어 코뮌(fumier commun)'이라고 기록된 거름(도시의 분뇨?), 1만6,000길더치의 비둘기똥, 6,000 길더치의 깻묵, 1,600수레의 일반 재 그리고 1,200수레의 잿물찌꺼기 재(uitgeloogde as)가 이퍼르의 세관을 통과했다.[33]

아마도 16세기 안트베르펜 근교에서는 도시의 분뇨가 농촌의 시비에 이용되었던 것으로 보인다. 우리는 이 무렵에 현물로 지불되는 지대가 안트베르펜과 리르(Lier)[17] 시의 인근에서는 급격한 상승세를 탔음을 확인할 수 있기 때문이다. 현물로 된 지대의 이러한 상승세는 생산이 상당한 정도로 증대되는 경우에만 가능하다. 그런데 생산의 증대라는 것은 시비되는 거름의 분량에 달린 것이다.[34]

그로우너는 1821/1822년에 네덜란드에 대한 그의 여행 보고서에서

....

17 안트베르펜에서 멀지 않은 동남쪽에 위치한 도시.

홀란트 도시들의 분뇨가 신트아만츠와 덴데르몬더 근처 바스로더 사이의 스헬더강변[18]에 위치한 대규모 거름 저장소로 선박을 통해서 수송되고 있음을 기술하고 있다.[35]

거름을 운반하고 뒤섞고 뿌려 주는 갖가지 연장은 특히 플랑드르산이 유명했다.

외지에서 온 여행자들은 플랑드르에서 사람들이 거름을 수집하려고 애쓰는 것을 보고는 언제나 놀라곤 했다. 당연히 이것은 도시의 위생 상태의 향상에도 기여했으며, 특히 도시의 청결상태가 좋지 않았던 다른 지방들과 비교할 때 그러하다.

'공중변소의 분뇨와 거리의 오물'의 가치는 흐로닝언의 주지사도 인정한 바다. 이 주지사는 사페메이르, 폭스홀 및 페컬 지구에 있는 토탄지대의 개척민들에게 개간된 늪지대의 토지에 도시의 오물을 거름으로 이용하도록 강제했다. 이런 포고령은 1628년과 1636년 그리고 1651년에 나왔다.[36]

14-16두의 암소, 4두의 말 및 약간의 어린 가축을 소유한, 앞에서 말한 헤메마의 농장에서 이들 가축으로부터 나오는 두엄으로는 그의 8.5헥타르 크기의 경지를 시비하기에 부족했기 때문에 꽤 많은 분량의 거름을 프라네커르에서 구입해야 했다. 구입한 거름은 길거리의 오물로 구성되어 있었던 것이 아니라, 당시 도시들에서 일반 관행이 그러했던 것처럼 자신의 가족에게 필요한 우유를 조달하기 위해서 몇 마리씩의 젖소를 사육하고 있었던 프라네커르 시민들의 쇠두엄으로 된 것이었다. 외견상으로는 헤메마의 농장의 시비가 앞에서 말한 플랑드르의 농장보다도 더 많은 것처럼 보인다. 그러나 헤메마는 깔짚축사를 하

·······

18 이 세 곳 다 브뤼셀 북동쪽, 안트베르펜 남동쪽의 스헬더강변에 위치.

나도 가지고 있지 못했다. 따라서 그의 가축은 겨울철 동안에만 경지에 사용될 수 있는 두엄을 생산했다. 여름철에는 가축이 바깥을 돌아다녀 거름이 방목지에 떨어졌다. 그렇지만 헤메마는 8.5헥타르의 경작지와 함께 17헥타르의 목초지를 소유하고 있었다. 반면에 플랑드르의 농장은 16분더르의 경지와 더불어 겨우 3분더르의 클로버 재배지와 1분더르의 목초지만을 가지고 있었다.

우리는 1800년의 설문조사에 대한 응답을 통해서, 대부분의 지방에서 농민은 그들 농토에 소요되는 거름을 스스로 마련해야 했으며 거름을 구입할 기회를 가지지 못했다는 것을 알 수 있다. 그렇지만 대도시 근처에서는 달랐다. 그러나 그런 곳이라고 해서 언제나 농민이 대도시로부터 혜택을 받을 수 있었던 것은 아니다. 로테르담과 피아넌(Vianen)[19]처럼 여러 시 당국은 도시에서 나오는 거름을 남부 네덜란드로 판매했기 때문이다. 아우더르암스털과 그 주변에서는 제방흙(steigeraarde)을 거름으로 이용했다. 이것은 잡동사니 폐물과 뒤섞이거나 암스테르담의 운하들에서 나온 준설토(浚渫土) 또는 인분과 혼합된 흙이었을 것이다. 이 지방과 그 밖의 곳에서는 좋은 성과를 거두었던 것으로 보이는, 비누 제조과정에서 나오는 재(zeepzieders-as)가 이용되었다.

모르겐당 시비량에 관한 보고들은 꽤 다르지만, 설문조사에 대한 여러 응답은 시비가 토질과 재배작물에 따라서 다름을 보여 준다. 엥크하위전(Enkhuizen)[20]에서는 모르겐당 2두 내지 3두의 소에서 산출되는 두엄이 소요된다고 계산되고 있다. 그 밖에 피아넌, 스테인베익(Steenwijk)[21] 및 에턴(북부 브라반트)에서는 80수레에서 100수레의 쇠두엄이

....

19 로테르담 동북쪽, 위트레흐트 남쪽에 있는 도시.
20 암스테르담 북동부 해안 지역에 위치.
21 네덜란드의 오버레이설 지방 북서쪽에 위치.

소요된다고 보고 있다. 에턴에서는 거름의 종류에 따라 모르겐당 다음과 같이 소요된다고 추산되고 있다.[37]

모르겐당 두엄 소요량	수레당 단가	합계 금액
80수레의 쇠두엄	1.0	80
또는 50수레의 길거리 오물	2.0	100
또는 20수레의 양 두엄	5.0-6.0	100-120

(금액 단위: 플로린)

저지대 지역에서는 배수로에서 퍼낸 진흙으로 시비를 했다. 배수를 잘 되게 하기 위해서는 이들 배수로에서 자라는 풀을 매년 제거하고 준설을 통해서 필요한 깊이를 유지해야 했다. 이 준설토는 토지에 뿌려졌다. 이런 이용에 관한 기록은 벌써 15세기 말에 나타난다.

저지대의 동부와 펄뮈버 지방에서는 호밀을 연작했으며, 여기에서는 뗏장 시비 방식을 이용했다. 이런 시비법에 관한 기술은 후대의 문헌에서만 나타난다. 그렇지만 불타고 남은 재층(層)의 높이로 보건대, 그 시비법은 훨씬 더 일찍이 이용되었음에 틀림없다. 그것은 꽤 복잡한 시비법이었다. 왜냐하면 우선 황무지에서 뗐는가, 아니면 건초를 생산하는 목초지에서 뗐는가, 늪지에서 뗐는가, 또는 길가나 밭가에서 뗐는가에 따라서 여러 가지 종류의 뗏장이 있었기 때문이다. 또 뗏장의 질이 서로 달랐고, 그 때문에 경지에 대한 소요량도 헥타르당 40-60바리인 경우가 있는가 하면 60-80바리인 경우도 있는 등 서로 달랐음에 틀림없다. 더욱이 뗏장과 배합되어야 했던 외양간두엄의 분량 또한 때로 6바리 내지 7바리의 뗏장에 대해서 1바리의 외양간두엄이 필요한가 하면, 9바리 내지 10바리의 뗏장에 대해서 1바리의 외양간두엄이 소요되기도 하는 등 일정하지 않았던 것이다.[38]

일부 학자는 1헥타르의 경지를 시비하는 데에 100바리에서 150바리까지의 뗏장이 필요했다고 본다. 후에 펄뤼버 지방에서는 헥타르당 감자 재배에 98바리, 호밀 재배에 60바리 그리고 메밀 재배에 40바리의 뗏장이 시비되었다. 1바리의 뗏장을 뜨는 데에는 약 70제곱미터의 면적이 소요되었으므로, 1헥타르의 경지에 60바리의 뗏장을 시비하는 데에는 0.4헥타르의 뗏장 채취장이 필요하며, 100바리를 시비하는 경우에는 0.7헥타르의 뗏장 채취장이 필요했다.

경지면적 대 뗏장채취장 면적의 비율(단위: %)

부식토 회복기간	경지면적 1헥타르당 뗏장 바리 수			
	40바리	60바리	80바리	100바리
7년	33.8:66.2	25.4:74.6	20.3:79.7	16.9:83.1
10년	26.3:73.7	19.2:80.8	15.2:84.8	12.5:87.5

뗏장 시비법의 경우에 매우 중요한 요소는 떼를 뜬 땅에 부식토가 다시 생성되는 데에 걸리는 시간이며, 7년에서 10년까지의 시간이 소요된다고 추산되고 있다. 1헥타르의 경지에 일정한 바리 수의 뗏장을 시비하는 경우에 경지와 뗏장 채취장 면적 사이의 비율관계에 관해서는 정확하지는 않지만 추정이 가능하다.

일반적으로 척박한 농경지를 가진 지역에서는 떼 역시 질이 좋지 않았을 것이다. 그런 곳에서는 보다 많은 떼가 소요되며 부식토층이 비교적 완만하게 회복된다. 게다가 가축의 목초지도 마찬가지로 척박하리라고 짐작되므로, 이러한 지역에서는 가축의 두엄도 많이 이용될 수 없다. 따라서 토질이 나쁜 상태에서는 농민들이 가축 두엄의 부족과 거름 가치가 낮은 떼 채취장이라는 두 가지 곤란을 겪어야 한다. 많은 요인이 여기에서는 부정적인 의미에서 누적적으로 작용한다. 반대로 양질의 토양에서는 여러 요인이 유리하게 누적적으로 작용한다.

후대에는 작물별로 필요한 거름의 종류가 고려되었다. 즉 쇠똥이나 양의 똥은 짚이 첨가된 풀밭의 떼나 경작지의 흙과 혼합하여 목초지와 호밀 재배에 이용했고, 돼지똥은 황무지에서 뜬 떼와 혼합하여 메밀 재배지와 감자 재배지에 사용했다.[39]

떼를 운반해서 그것을 외양간두엄과 섞고 배합한 거름을 경작지에 운반하는 일은 많은 노동을 필요로 했다. 더욱이 수송을 위해서는 적어도 두 필의 말을 사육해야 했다. 당시 오버레이설과 펄뮈버 지방에서도 역시 말의 수가 특별히 많았다.

핵타르당 거름을 얼마나 사용했는지를 측정하는 것은 매우 어렵다. 우리는 거름의 질을 알지 못하지만, 그것은 짚이나 모래와 많이 혼합한 것이었을 것이다. 거름의 양은 흔히 바리나 수레로 표시했으나, 바리나 수레당 거름의 중량이 언제나 일정하지는 않았다. 종종 또 하나의 불확실한 요인은 그 다음 시비가 재개되기까지 경과하는 햇수였다. 3년에 한 번 시비하는 경우에는 7년이나 8년에 한 번 시비하는 경우보다 거름의 소요량이 더 적다. 그러나 정작 중요한 것은 시비를 다시 하는 데에 걸리는 햇수가 아니라, 적용되는 여러 가지 농법과 관련된 토지로부터 나오는 수확의 횟수다. 예를 들면, 삼포제보다 이포제의 경우에 시비를 다시 하는 기간이 더 길 수 있는 것이다.

농업사 연구에서 고려하지 않으면 안 됨에도 불구하고 종종 그리 많이 알려져 있지 않은 이 모든 요인으로 말미암아, 과거의 시비에 관한 문제를 푸는 것은 대단히 어려운 일이다. 프랑스의 역사가 블로크는 역사가들이 비겁하게도 거름더미를 피해 감으로써 토지의 수확고는 시비와 관련이 가장 깊다는 점을 거의 알지 못한 것으로 보인다고 비난했다.[40] 그러나 역사가들을 안전거리에 있게 만든 것은 고약한 냄새라기보다는 자료의 부족에서 생기는 특별한 성격의 문제일지도 모른다.

잘 알려진 매우 간략한 자료에 대한 연구는 다음과 같은 결과를 보여 준다. 앞에서 말한 바와 같이,[41] 릴 근처의 농장에서는 1776년에 헥타르당 약 3만1,000킬로그램의 외양간두엄이 세 번의 수확에 시비되었으나, 경지면적의 $\frac{1}{3}$에만 시비된 정도였다. 할빌(아르가우)에서는 2회의 수확에 헥타르당 1만3,000-2만7,000킬로그램의 거름을 시비해야 한다고 계산되고 있었으나, 이는 경지면적의 35-41퍼센트가 시비되는 것이었다.[42] 슐레지엔의 몇몇 농장에서는 모르겐당 7,250-9,500킬로그램의 거름이 시비되었다. 바꾸어 말하면, 이것은 두 번의 수확을 위해서 헥타르당 2만9,000-3만8,000킬로그램이 시비되었던 셈이다. 그러나 그것은 많은 짚과 혼합된 저질의 거름이었다.[43] 하르츠산맥에 있는 영지에서는 밀 재배에 모르겐당 6.2바리에서 8.2바리까지의 거름이 사용되었다.[44] 바리당 무게가 750킬로그램인 경우에 이것은 헥타르당 1만8,600-2만4,600킬로그램이 사용된 셈이다. 이와 같은 분량들은 일반적으로 고전고대의 작가 콜루멜라(L. J. M. Columella)[22]가 언급한 분량을 밑도는 것이다. 콜루멜라에 따르면 유게룸당 1,440모디우스의 거름이 필요했다. 이것은 헥타르당 약 3만4,500킬로그램이 되는 셈이다.[45] 수확 횟수가 앞에서 말한 바와 같은 한에서는 이 시비량은 1회 수확당 평균 1만-1만4,000킬로그램이 되는 셈이다.

원사료 속에는 훨씬 더 많은 시비가 이뤄졌음을 가리키는 전혀 다른 수치들도 나타난다. 1800년경 라인란트팔츠에서는 모르겐당 30쌍

....

22 모두 12권으로 된 『농업론』(*De Re Rustica*)을 저술한 기원후 1세기 무렵의 로마의 작가. 그의 『농업론』은 고대 농업연구의 중요한 자료가 되고 있다.

두마차의 거름이 필요하다고 산정되었다. 한 수레의 거름 무게는 750 킬로그램으로 추정된다.[46] 따라서 모르겐(0.25헥타르)당 시비량은 2만 2,500킬로그램 또는 헥타르당 9만 킬로그램이었던 셈이다. 1800년의 설문조사에 대한 응답에 의하면 피아넌, 스테인베익 및 에턴에서는 모르겐(0.85헥타르)당 80-100수레의 거름이 소요되었다.[47] 한 수레의 거름 무게가 750킬로그램이었다고 한다면, 이것은 헥타르당 7만-8만 8,000킬로그램의 거름이 시비되었음을 뜻한다. 하우턴(위트레흐트)에서는 1834년에 헥타르당 6만2,000킬로그램의 거름이 사용되었다.[48] 히춤에 있는 헤메마의 농장의 시비량을 계산해 보면, 헥타르당 시비량은 적어도 7만 킬로그램이 된다.[49] 아마도 이 농장의 경지 가운데 단지 14퍼센트만이 매년 시비되고 6회의 수확에 대해서 시비가 이뤄진 것으로 보인다. 로버트 로더가 하웰(잉글랜드)에 있는 그의 농장에서 사용한 시비량은 밝혀낼 수가 없다. 그렇지만 그는 한 해는 동쪽밭(Eastfield) 가운데 17퍼센트를 시비하고, 다른 한 해에는 그의 서쪽밭(Westfield) 가운데 16.1퍼센트를 시비했던 것으로 알려져 있다. 그는 이포제를 채택하고 있었으므로, 매년 전체 경지면적 가운데 8-8.5퍼센트를 시비했던 셈이다. 여기에서는 시비가 12년간, 바꾸어 말하면 6회의 수확에 대해서 이뤄졌다.

일반적으로 다량의 시비가 이뤄진 이러한 경우들로 미루어 볼 때, 당시의 사람들은 시비의 효과가 아주 장기간 지속된다고 생각했을 가능성이 아주 높다. 비교적 많은 시비가 이뤄졌으나 빈도는 잦지 않았던 것이다. 이처럼 다량을 시비하는 경우에도 1회 수확에 헥타르당 평균 시비량은, 시비량이 적기는 하나 자주 이뤄지는 경우와 마찬가지로 대략 1만 킬로그램이었다는 흔적들이 있다.

앞에서 종종 언급한 하르츠산맥의 슈마츠펠트 소재 농장은 시비방법과 특히 거름의 부족난에 대해서 명확히 파악하게 해 준다. 여기에서는 시비가 불규칙했다. 1713년에 밀은 애벌 거름으로 파종되었고, 호밀은 그 재배지의 $\frac{1}{3}$만 시비되어 파종되었으며, 보리는 그 재배지의 $\frac{4}{7}$만 시비되어 파종되었다. 그러나 완두와 살갈퀴는 충분히 시비되었고, 양배추는 두 배로 시비되었다. 1800년경에 모르겐당 밀은 8.2바리나 6.2바리의 거름이 시비되었고, 호밀은 5.2바리나 4.5바리 또는 2바리가 시비되었으며, 완두는 4.6바리(절반만 시비) 그리고 양배추는 8바리(절반만 시비)가 시비되었다. 통상 그렇듯이, 다음의 표에서 보는 바와 같이 일반적으로 대부분의 농경지가 전혀 시비되지 못했다.

18세기 후반에 시비량이 감소했다. 이것은 목초지가 계속적으로 경

연도	경지면적 (모르겐)	시비된 경지면적의 백분율			시비 없음
		충분한 시비	절반 시비	양 사육장으로서의 사용에 의한 시비	
1713	812.5	20	10	-	-
1740	1,237	27	16	12	45
1753	1,251.02	13	16	9	62
1760	1,155.10	19	17	8	56
1770	1,261	17	9	8	66
1780	1,257	15	13	12	60
1790	1,265.25	17	16	10	57
1800	1,283.94	33	-	14	53
1810	1,342.06	30	-	9	61
1820	1,409.47	22	-	17	61
1830	1,445.04	17	-	11	72
1840	1,440	24	-	7	69
1850	1,452.71	21	-	9	69

작지로 바뀌어 감에 따라서 가축 수의 증가가 별로 없었던 데에서 기인한다. 낮은 축산물 가격 때문에 가축의 증가가 수지맞지 않게 되었던 것이다. 1800년 무렵에는 "과다한 곡물재배와 언급할 가치조차 없을 정도로 미미한 사료작물의 재배 및 거름의 부족으로 말미암아 야기된" 비참한 상황이 벌어졌다.[50]

19세기 초에 사정은 나아졌다. 일찍이 1710년부터 붉은 클로버와 살갈퀴의 재배가 시작되었지만, 클로버는 1802년 이후 보다 많이 재배되었으며 1803년에는 가축의 완전한 축사사육이 실시되었다. 목초지는 관개되었고 가축의 오줌으로 시비되었다.

17세기 말 이래 슈마츠펠트에서는 비료로 이회토가 이미 사용되었으나, 그것은 경종농업의 생산물 가격이 높을 때에만 이용할 수 있는 값비싼 시비법이었다.[51] 수세기 동안의 곡물재배와 빈약한 시비로 산성화된 토양에는 이회토 시비가 유리했다. 그렇지만 이회토 시비로 말미암아 토양에서 다른 광물질(예컨대 칼륨)이 정상치 이상으로 빠져나가는(고갈되는) 위험성이 있었다.

잉글랜드에서는 이회토 시비가 벌써 로마시대부터 이뤄졌다. 그것은 또한 노퍽 농법의 특성 가운데 하나였다. 그 효과가 70년에서 80년까지 지속되는 토질의 개량을 위해서 토지에 막대한 양의 이회토를 사용하는 것은 일찍부터 관행이 되었다. 이회토는 차지인이 시비했으므로 차지 계약기간이 장기적임은 필연적이었다. 왜냐하면 그렇지 않은 경우에는 차지인들이 이회토 시비로부터 아무런 득을 보지 못했기 때문이다.[52] 18세기에는 이회토를 자주 시비하면서도 그 분량은 보다 적게 하는 시비법이 실시되었다. 노퍽에서는 이회토 외에 양토(壤土),[23] 석고, 조개껍질, 해초, 불에 구운 흙, 진흙, 물고기(가시고기), 유채씨깻묵[유채박(油菜粕)],[24] 재, 메밀, 뜰에서 나는 쓰레기, 나뭇잎 및 도시의 쓰레기도 거름으로 사용했다.[53] 18세기에 프랑스의 여행가들은 잉글랜드를 방문하고 돌아와서 그곳에서는 농토가 양의 똥, 넝마, 양모 부스러기, 소금, 조개, 해초 및 이회토로 시비된다고 말했다. 그렇지만 사정이 그레이트브리튼 섬 어디에서나 다 좋았던 것은 아니다. 애덤 스미스는 스코틀랜드에서는 경지의 $\frac{1}{3}$에서 $\frac{1}{4}$ 이상, 때로는 심지어 $\frac{1}{5}$이나 $\frac{1}{6}$ 조차도 시비되지 못했다고 말하고 있다. 그는 토지개량과 가축 수의 증가 사이에는 관계가 있다고 지적한다.[54]

거름이 매우 부족했기 때문에 사람들이 그 대용물을 찾으려고 했다는 것은 이해할 만하다. 18세기 초에 이미 영국에서는 인조비료에 관한 언급이 나타난다. 리빙은 낟알을 늘리고 작물을 튼튼하게 하며 잡초, 이끼 및 벌레를 제거하고 날벌레와 뱀 및 괄태충(민달팽이)을 죽이는 데다가 쉽게 운반까지 할 수 있는 하나의 방제(防除) 수단을 발견했다. 이 만능약의 구성분은 12파운드의 조리용 소금, 1파운드의 초석 및 20파운드의 가늘게 체질된 목탄재나 석탄재였다. 그런데 이런 시도는 시기상조였다. 인조비료 분야에서 성과를 거둔 사람은 주로 19세기 프랑스와 독일의 화학자들이었다.[55] 성과를 거두기 위한 첫 번째 요건은 식물생리학에 대해서 18세기의 연구자들이 가졌던 지식보다 훨씬 더 많은 지식을 가지는 것이었다.

농작물

여기에서는 몇몇 중요한 작물만 취급할 수 있다. 인간의 식량으로

....
23 모래, 점토, 유기물이 섞인 비옥한 흙.
24 유채의 씨로 기름을 짜고 남은 찌꺼기.

곡물의 중요성은 컸지만, 메밀과 감자가 새로운 식량으로 대두했다. 환금작물로는 아마와 염료식물들인 꼭두서니, 대청, 목서초가 있었고, 그밖에 유채, 홉, 담배 및 19세기 초부터 재배된 사탕무가 있었다. 축산업에서는 사료작물이 특별히 중요한 것이었다.[56]

이들 작물의 일부는 16세기부터 19세기에 이르는 기간에 서유럽의 역사에 등장한다. 또 다른 작물의 일부는 오래전부터 알려졌지만, 그 무렵에야 비로소 농작물로 재배되었다. 농법의 발전으로 많은 새로운 식물이 농작물로 재배되게 되었던 것이다. 그러나 언제 그것들이 농작물로 재배되었는지는 알기 어렵다.

곡물

일반적으로 호밀은 독일에서 가장 많이 사용된 주곡이다. 그렇지만 남부와 서부 독일에서는 대부분의 경지에 밀과 스펠트밀이 재배되었다. 죽은 보통 보리나 귀리 또는 메밀로 만들었다. 메밀죽은 대체로 북부 독일과 슐레스비히홀스타인 지방의 사람들이 먹는 음식이었다.[57]

1650년부터 1750년까지의 기간에 영국에서는 낮은 밀 가격으로 인해 빵의 원료로 밀을 사용하는 경우—1750년 이후 곡가가 상승하는 속에서도 유지되었던 관습—가 크게 늘어나기는 했지만, 1750년 이전의 영국은 아직 '흰빵을 먹는 행복한 나라'가 아니었다. 1700년 무렵에 랭커셔, 요크셔, 스태퍼드(Stafford),[25] 슈롭셔(Shropshire),[26] 헤리퍼드, 우스터셔, 서퍽 및 노퍽에서는 많은 호밀이 식량으로 소비되었다. 웨스트멀런드(Westmoreland)[27]에서는 빵을 귀리로 만들었고 컴벌랜드

·······
25 잉글랜드 중북부에 위치.
26 잉글랜드의 중서부 지방. 샐럽(Salop)이라고도 불린다.
27 잉글랜드 북서부 지방.

(Cumberland)**28**에서는 보리로 만들었다.⁵⁸⁾

밀은 18세기의 프랑스에서 여전히 사치품으로 간주되었으며, 여기에서도 역시 호밀이 빵의 가장 중요한 원료였다. 브르타뉴와 오베르뉴에서는 메밀이 재배되었고, 중부와 남부의 프랑스에서는 옥수수가 재배되었다. 프랑스에서 귀리와 보리는 부차적 작물일 뿐이었으며, 영국만큼 보급되지 않았다.⁵⁹⁾

동곡 재배에는 종종 혼합된 종자가 사용되곤 했다. 밀은 호밀보다 내한성이 약하고 그 때문에 위험성이 더 컸으므로—그렇지만 성공할 때에는 수익성이 더 컸다—밀과 호밀은 흔히 함께 파종되었다. 이와 같은 혼합곡은 '마스텔뢰인(masteluin, méteil, mixtellum)'이라고 불렀다. 특히 프랑스에서는 이런 경작이 널리 행해졌다. 남부 네덜란드에서는 혼합재배가 서부 브라반트와 남부 플랑드르의 양토(壤土)지대에서 이뤄졌다. 북부 네덜란드에서는 마스텔뢰인이 플랑드르의 접경 지역들, 즉 제일란트, 남부 홀란트 및 북부 브라반트에 한정되어 재배되었다. 서부 독일 지역에서는 마스텔뢰인이 알려지지 않았다.

플랑드르에서는 이런 재배가 이미 중세에 실시되었다. 1352년에 "절반은 밀이고 절반은 호밀인 두 종류의 곡물로 구성된 52헥토리터의 마스텔뢰인"으로 된 지대에 관한 언급이 나타난다. 환금작물의 재배가 늘어나면서, 16세기 이후 농민들은 점차 밀만을 재배하게 되었다.

앞에서 말한 밀과 호밀의 1:1 혼합 비율은 변화를 겪게 되었다. 잉글랜드에서는 3:1이 보통이었던 것으로 보인다. 그렇지만 더럼(Durham)**29**에서는 그 비율이 7:1 또는 1:7이었다.⁶⁰⁾

'마스텔뢰인'이라는 말은 밀과 호밀의 혼합뿐만 아니라 여타의 혼

....
28 스코틀랜드와 인접한 잉글랜드 북서부 지방.

합곡도 의미했다. 예컨대 알자스에서는 스펠트밀과 호밀, 또는 보리와 귀리(프랑스어로는 'manipulum', 영어로는 'mancor'),[61] 또는 밀과 보리의 혼합곡을 의미하기도 했다. 프랑스에서는 밀과 보리와 귀리의 세 가지 곡물로 된 혼합곡이 알려져 있었고, 그 이름은 '테르실(tercil)' 또는 '블라둠 테르시오나리움(bladum tercionarium)'이었다. 아마도 이 혼합곡은 가을밀의 절반이 실패해서 그 다음해 봄에 보리와 귀리가 그 사이에 파종되었을 때 생겨났을 것이다. 그렇지만 때로 '테르실'이라는 말은 $\frac{1}{3}$의 밀과 $\frac{2}{3}$의 보리로 된 혼합곡을 일컫는 것으로 이해되기도 했다.

오버레이설에서는 호밀과 귀리가 3:1로 구성되어 있는 '망크샛(mancksaet)'과 호밀과 보리의 혼합물인 '스필코런(spilkoren)'에 관한 기록이 나타난다. '망크샛'은 프랑스의 '드로제(drogé)'와 어느 정도 일치하지만, '드로제'는 귀리가 주요 부분을 이루고 호밀이나 밀은 첨가된 것이었다. 영국의 '드레이즈(drage)'는 보리와 귀리의 혼합곡(1:1)이었다. 스위스 보의 '메클(mecle)'도 마찬가지였다. '드레주(Dredge)'는 보리, 귀리 및 완두의 혼합곡이었다.

마스텔뢰인은 부유한 도시민의 빵을 만드는 데에 사용되었고, '드로제'는 빈한한 장인과 날품팔이꾼의 식량으로 사용되었다. 또한 프리슬란트에서는 '흐리망(griemang)'이라고 불리는 완두와 잠두의 혼합재배가 있었다. 이것은 주로 가축의 사료로 사용하기 위한 것이었다. 말의 훌륭한 사료는 보리 사이에 살갈퀴를 재배하면서 생산되었다.

이미 일찍이 곡물의 종자를 선별하고 특별한 처리를 통해서 병에 대한 면역성을 지니게 하려는 시도들이 있었다. 올리비에 드 세르와 프랜시스 베이컨이 이런 문제에 몰두한 저술가들에 속했다. 그들은 소출

....
29 잉글랜드의 북부 지방.

량을 늘리고 병을 예방하는 방법을 추천했다. 일부 저술가는 씨앗을 곤충이 해치고 조류가 파먹는 것을 막을 수 있는 방법을 고안했다. 그들은 씨앗을 바닷소금이나 석회, 오줌, 두엄 또는 비소로 처리할 것을 권했다. 다른 사람들(누구보다 베이컨)은 비록 큰 성과는 없었지만 심지어 포도주나 재 또는 따뜻한 물까지 사용했다. 종자로는 가장 무거운 씨앗을 사용해야 했다. 보다 무거운 씨앗은 물속에 가라앉고 보다 가벼운 씨앗은 물에 뜨기 때문에 무거운 씨앗은 분리될 수 있었다.[62] 14세기에 이미 아르투아의 농가들에서는 종자가 선별되었다.

메밀

메밀의 기원은 분명하지 않다. 이 작물의 로망어로 된 이름들(프랑스어로는 'blé sarassin', 이탈리아어로는 'grano saracino', 스페인어로는 'trigo morisco') 때문에 그것은 북부 아프리카로부터 전래되었을 것이라고 생각되어 왔다. 더욱이 요스트 판 히스텔러가 1485년에 성지 여행으로부터 가지고 들어왔다는 전설이 있다. 1779년까지도 볼 수 있었던 악셀(Axel)[30] 근처의 자위트도르퍼에 있는 한 비문은 이런 이야기를 확인해 주는 것으로 보인다.

메밀에 관한 북부 아프리카 기원설과 팔레스타인 기원설 둘 다 고고학자들의 최근 연구를 통해서 잘못된 것으로 평해지고 있다. 꽃가루 분석을 통해서 메밀은 서력기원이 시작되기 오래전에 이미 네덜란드와 북서부 독일에서 토착식물로 자라고 있었음이 밝혀졌다.[63] 그 후에 메밀이 이들 지방으로부터 사라졌는지, 또는 후에까지 농작물화되지 않았는지는 지금까지 확인되지 않고 있다. 14세기 말―따라서 요

....

30 네덜란드의 제일란트 주에 위치.

스트 판 히스텔러보다 거의 100년 전─에 메밀은 문헌사료에서 처음으로 언급된다. 지금까지 가장 오래된 기록은 1394/1395년에 모크 (Mook)[31] 근처의 미델라르에서 겔러 공(公)에 대한 '4말더르의 메밀'의 인도였다.[64] 1부셸의 메밀을 인도해야 하는 안트베르펜 근처의 한 농가에 관한 차지 계약서가 거의 같은 해에 작성되어 전해져 온다(1395 년).[65] 1410년에 메밀은 위던(북부 브라반트)의 한 차지 계약서 속에도 보인다.[66]

'부크베이트(boekweit. weit=밀)'라는 이름은 플랑드르에서는 메밀이 북쪽 또는 동쪽으로부터 전래되었음을 시사한다. 왜냐하면 플랑드르에서는 '베이트(weit)'라는 명사가 밀에 대해서는 사용되지 않기 때문이다. 메밀의 전파 경로는 그것이 북부 네덜란드에서 처음으로 농작물로 재배되었음을 가리키는 것으로 보인다. 우리는 메밀을 1436년에는 메클렌부르크에서, 1460년 이후에는 노르망디에서 그리고 15세기 말에는 브르타뉴에서 보게 된다.

메밀 재배는 여러 가지 장점이 있다. 메밀은 푸석푸석한 모래땅에서 자라는 작물이며, 종종 불탄 늪지대에서도 재배되었다(늪지메밀, 독일어의 'Heidekorn'). 메밀 재배는 외양간두엄으로 직접 시비할 필요가 없으며, 메밀은 잡초의 성장을 억제한다. 그러나 메밀 재배에는 땅을 매우 깊이 갈이질하는 것이 요구되었다. 그 수확고는 높으나, 어린 메밀은 밤의 서리에 매우 약하기 때문에 위험성 또한 꽤 크다. 동곡 농사가 실패할 때에는 봄에 메밀을 파종할 수 있다. 메밀은 그 해 늦게 파종해도 되기 때문이다. 이따금 그것은 거름으로 파묻기도 한다. 메밀은 인간의 음식으로는 죽 또는 팬케이크의 형태로 가장 많이 이용되나, 빵

....

31 네덜란드 중동부. 독일 인근에 위치.

의 형태로 이용되는 경우는 적다.

메밀 재배의 확대와 축소는 곡물과 감자의 재배와 밀접하게 연관되어 있다. 앞에서 보았듯이 비록 메밀은 벌써 중세 때부터 보고되고 있지만, 그 재배가 최초로 크게 확대된 것은 곡가가 상승하던 16세기였다. 그것의 두 번째 큰 확대는 곡가가 전례 없이 높이 올랐던 18세기 말과 19세기 초였다. 그렇지만 그때 일부 지방에서는 사람들이 감자를 재배하기 시작했다. 메밀의 재배는 1775년과 1845년에 감자 고조병(枯凋病)이 발생한 후에 부활되었다.

옥수수

지중해 지역에서는 옥수수 재배가 보급되었다. 옥수수의 원산지가 아메리카인지는 확실하지 않다. 사람들은 옥수수가 인도에서 서유럽과 남유럽으로 전래되었을 가능성도 생각하고 있다. 유럽에서 옥수수는 포르투갈인들이 전파했다. 처음에 옥수수는 이베리아반도에서만 볼 수 있었으며, 후에는 남쪽으로부터 프랑스로 전래되었다. 16세기 말에는 이미 티롤, 부르고뉴 및 프랑슈콩테까지 전파되었다.[67]

툴루즈 주변에서 옥수수는 16세기 말 이래 재배되어 왔다. 18세기 중엽에 이곳에서는 옥수수가 주로 휴경지 작물로 재배되었다. 옥수수는 인간의 식량과 가축의 사료로 다 이용될 수 있었기 때문에 아주 유용한 작물이었다. 그 수확고는 밀보다도 두 배 내지 세 배가량 높았다. 게다가 옥수수의 뿌리는 땅속 깊이 뻗기 때문에 밀 재배의 경우보다 표토(表土)의 지력 소모가 더 작다. 그렇지만 옥수수는 많은 시비를 필요로 한다.[68]

감자

유럽인의 아메리카 발견 이후 유럽인들은 유럽의 역사에서 중차대한 역할을 하도록 예정되어 있는 한 작물, 즉 감자를 알게 되었다.[69] 이 작물은 페루, 볼리비아 및 콜롬비아와 같은 일부 남아메리카 국가들이 원산지였다. 감자는 그들 지역의 높은 고원에서 자랐으며, 인디언들이 농작물로 재배했다.

최초의 문헌상의 기록은 콜롬비아 오지에 대한 곤살로 히메네스 데 케사다(Gonzalo Jiménez de Quesada)[32]의 원정에 관한 후안 데 카스테야노스의 보고서에 나타난다(1536년).[70] 그 얼마 후 감자는 유럽 식물학자들의 주목을 받았다. 감자에 관한 최초의 본격적인 서술은 1579년 『식물지』(The Herbal)에 영국인 존 제라드가 쓴 것이다.[71] 이 저서 속에는 그가 감자의 잎과 꽃을 잡고 있는 모습이 그려져 있다. 벌써 그의 글 속에서 감자가 버지니아에서 유래했을 것이라는 부정확한 이야기를 하고 있음을 보게 된다. 이 무렵 서적들 속에는 감자가 롤리(Walter Raleigh)[33]나 드레이크(Francis Drake)[34]에 의해서 버지니아로부터 유럽으로 전래되었을 것이라는 잘못된 보고가 나타난다. 아마도 드레이크는 감자가 유럽 대륙에서 아일랜드로 전래되는 데에 한몫을 했던 듯하다. 그는 아일랜드에서 감자 재배를 아주 널리 보급시켰다.

지금까지 유럽에서 감자를 식용한 데 대한 가장 오래된 보고는, 1573년 도시 근교에서 재배된 감자가 식사로 제공된 세비야 소재 한 병원의 회계장부 속에서 발견된다.

....

32 1536년 이후 콜롬비아 산악 지역을 원정한 스페인의 정복자(1500?-1579).
33 남아메리카와 북아메리카를 탐험한 영국의 탐험가이자 정치가(1552?-1618).
34 영국 최초로 세계를 일주하고 스페인의 무적함대를 격파한 영국의 항해가, 탐험가이자 제독(1540?-1596).

17세기 초의 『식물지들』 속에 나타나는 그림과 서술들은 유럽에서 그 무렵에 알려진 감자가 보고타의 인근에서 자랐던 변종들과 일치했음을 보여 준다.[72] 17세기 초에 장 보앵(Jean Bauhin)[35]은 이미 다음과 같이 세 가지 종류의 감자를 기술하고 있다.

1. 옅은 보라색 꽃과 짙은 자주빛 마디를 가진 감자.

2. 파란 꽃과 붉은 마디를 가진 감자.

3. 흰 꽃과 붉은 마디를 가진 감자.

아주 오래된 품종의 감자는 많은 눈과 줄이 선 살을 가진 매우 고르지 못한 모양을 하고 있었다. 근대에 사람들은 특별히 수확량이 많으며 가정에서 껍질을 쉽게 벗길 수 있게끔 눈이 많지 않고 매끄러운 껍질을 가지고 있는 감자와 나아가 흰 껍질과 흰 살을 가진 감자를 육종하려고 노력했다. 그렇지만 이 때문에 우리는 특히 맛있고 영양분 많은 품종의 감자를 잃게 되었다.

처음에 감자는 희귀한 것으로서 식물학자들의 정원에서 길러졌으나, 후에는 도시 근처에서 정원사들이 재배했다. 감자는 많은 야채 가운데 하나로 원예농산물에 속하다가 비교적 늦게서야 일부 지역에서 주식이 되었다.

중세의 사람들은 따뜻한 음식으로 근채류나 양배추 또는 약간의 향료식물이 곁들여지고 가끔 고기가 들어 있는, 잠두콩이나 완두콩으로 만들어진 일종의 스튜(포타주)를 먹었다. 이런 포타주 음식은 인구밀도가 높고 곡물수입에 의존하는 지역에서는 중요했다. 감자 재배의 보급 후 근채류는 감자로 대체되었다. 농민들이 감자를 농작물로 재배하게

....

35 스위스 바젤에서 출생하여 프랑스에서 활동한 의사이자 식물학자(1541-1613). 그의 저서 『식물의 역사』(Historia plantarum)에는 5,000여 종의 식물이 수록되어 있다.

되자 감자는 주식이 되었다.

사람들이 감자를 먹게 될 때까지는 오랜 세월이 걸렸다. 일부 지방에서는 감자가 인간의 식량으로 이용되지 않고 가축의 사료로 이용되었다. 인간의 식량으로 이용되기까지는 극복해야 될 난제가 많았다. 사람들은 감자가 나병이나 연주창, 결핵 또는 열병과 같은 만병의 원인이 될까 봐 두려워했다. 감자가 벨라도나와 닮았기 때문에 사람들은 감자도 독이 있다고 생각했다. 더욱이 감자를 적절히 요리하는 방법이 아직 알려져 있지 않았다. 따라서 사람들은 감자를 때로 기름, 식초 및 후추를 넣어서 요리해 먹거나, 껍질 채 구운 다음 포도주에 적셔 먹거나, 또는 오렌지주스나 레몬주스와 함께 먹었다. 때로 감자는 버터, 소금 및 설탕과 함께 우유 속에 넣어 요리되었다.

감자는 아메리카 대륙이 발견되기 100년 전에 이미 스페인에서 재배되었던 고구마나 캐나다에서 전래된 뚱딴지와 자주 혼동되기도 했다.[73]

사람들이 자주 감자를 먹게 된 것은 혹독한 궁핍 때문이었다. 곡물의 흉작으로 인한 기근 시절에 그러했으나, 특히 1756년 이후 계속적인 곡가상승으로 감자의 소비가 크게 증가했다. 스페인 계승전쟁이 있었던 18세기 초와 1740년에 이미 전쟁에 수반되어 곡물가격이 상승했다.

감자는 아일랜드에서 처음으로 널리, 사실상 국민적 식량으로, 재배되고 소비되었다. 이를 통해서 이 나라에서 인구가 비로소 크게 증가할 수 있었다.[74] 잉글랜드, 스코틀랜드 및 웨일스에서는 감자가 특히 신흥 산업중심지들에서 재배되었다.[75] 잉글랜드에서는 감자 재배가 곡물가격이 비교적 높았던 1770-1860년간에 가장 큰 폭으로 확대되었다. 1860년 이후 아메리카산과 러시아산 곡물의 대량 공급으로 다시 잉글랜드에서는 곡물의 소비가 증가했다.

18세기 프랑스에서는 왕실가족과 대신들이 감자 소비를 장려하기 위해서 많은 노력을 기울였다. 감자는 왕실의 식탁에 올랐고, 마리 앙투아네트 왕비는 가슴에 꽃 장식으로 감자꽃을 달았다. 그렇지만 이 모든 노력은 별로 성공을 거두지 못했다. 프랑스인들은 이 미지의 새로운 농작물에 대해서 탐탁해 하지 않는 태도를 보였다.

독일에서도 역시 18세기 후반이 되어서야 정원에서 재배되던 감자가 경작지에서 재배되게 되었다. 1719년에는 아직 감자 재배가 별로 중요한 것이 되지 못했다. 1770-1772년의 기근 시절에 가서야 감자는 일반적으로 소비되게 되었다.

네덜란드에서는 언제 감자가 농작물이 되었는지 알기 어렵다. 1800년의 설문조사에 대한 응답들로 미루어 볼 때, 그 무렵 감자는 네덜란드에서 가난한 사람들이 하루에 두 번씩 자주 먹을 정도로 대량으로 소비된 대중적 식량이 되어 있었음이 분명하다. 빵은 호밀가격의 상승(1755년 이후)으로 가난한 사람들이 사 먹기에는 너무 비싼 것이 되었다.

일부 학자는 감자 재배는 1620년 이후 니우포르트(Nieuwpoort)[36]에서 전파되었으리라 추측하고, 또 다른 학자들은 감자가 스페인 계승전쟁(1702-1713년) 기간에 동부 플랑드르에서 식용으로 소비되었으리라고 추정한다. 그렇지만 스코틀랜드인 벨헤이븐 경은 감자는 벌써 구년전쟁(1688-1697년) 기간에 플랑드르에서 농민들과 그곳 주둔 군인들이 아주 많이 먹었다고 말하고 있다.[76] 오늘날의 일반적인 견해는 곡물 수확이 격심한 서리 피해를 입었던 1740/1741년의 기근기에 그 지방에서 감자의 재배가 촉진되었으리라는 것이다. 우리는 북부 네덜란드에 관해서는 남부 네덜란드로부터 감자가 전래되었음을 확인할 수 있다.[77]

감자가 농가에 전파되어 간 한 실례는 클룬데르트 근처의 영지들

....
36 벨기에 서부 플랑드르 해안에 위치.

에서 보인다. 1739년 이전에는 여기에서 감자가 전혀 농업경영의 고려 요소가 되지 못했으나, 그해에 0.65헥타르의 감자를 재배하는 농민이 한 명 나타났다. 그는 투기꾼이었던 것으로 보인다. 왜냐하면 다음해에 도 그는 여전히 0.65헥타르에서 다시 감자를 재배한 유일한 사람이었 기 때문이다. 1741년에 감자 재배자의 수는 세 명으로 증가했다. 더 자 세한 진전과정은 다음의 표에서 볼 수 있다.[78]

연도	재배자의 수	면적(헥타르)
1739	1	0.65
1740	1	0.65
1741	3	2.80
1742	3	6.50
1743	1	0.65
1744	2	1.50
1745	4	4.30
1746	2	2.15
1747	1	2.58
……		
1756	9	12.92

이 표로부터 우리는 분명히 1740년의 흉작이 1741년과 1742년에 일부 농민이 감자 재배를 시도하게 된 계기가 되었음을 알 수 있다. 그 렇지만 그 성과는 분명히 농민들이 감자 재배를 계속적으로 확대할 만 한 것이 되지는 못했다. 감자 재배를 확대하려는 노력은 상당한 시간이 지난 후 곡물가격이 지속적으로 상승하는 기간의 첫 해인 1756년에야 비로소 나타난다.

감자는 같은 면적의 땅에서 호밀보다 2배 내지 3배 더 많은 전분을 산출한다고 앞에서 이미 말한 바 있다. 따라서 같은 면적이라면 감자를 재배할 경우에 더 많은 사람이 먹고살 수 있다. 그럼에도 불구하고 감자 농사는 위험성이 없는 것이 아니었다. 특히 초기에는 저장과 장거리 수송의 어려움 그리고 소출량의 심한 편차와 같은 위험성이 있었다.[79]

사람들이 휴경지를 축소시키고 보다 집약적인 윤작제를 도입하려고 했을 때, 휴경지 작물로서 감자의 재배는 많은 이점을 제공했다. 그 전에는 유채나 근채류가 휴경지 작물로 재배되었으나, 근채류 또한 이미 그루갈이작물로 이용되고 있었으므로 이런 이중적인 재배는 전체적인 흉작을 초래했다. 감자를 휴경지 작물로 재배함으로써 이런 위험은 방지되었다. 또 하나의 이점은 감자 재배의 경우 그 재배지는 계속해서 갈이질해야 한다는 것이다. 감자의 생장을 위해서는 이러한 계속적인 갈이질작업이 필요했기 때문이다. 이와 같은 방식으로 경지의 묵정밭화가 방지되었던 것이다. 그렇지 않았더라면 휴경기에 경지가 아주 쉽게 묵정밭이 되었을 것이다.

감자 재배를 위해서는 땅을 깊이 갈고 외양간두엄으로 시비해야 했다. 감자는 좁은 화단의 구덩이에 심었으며, 그 안에 두엄을 뿌려 주고 감자를 그 안에 놓은 후 흙으로 덮어 돋아주고 오줌을 뿌려 주었다. 후에 감자 재배법은 쟁기로 간 밭고랑에 감자를 심는 방식으로 바뀌었다. 그리고 2년마다 다른 지역에서 씨감자를 들여왔다. 이와 같은 정성스러운 감자 재배는 감자를 원래 정원에서 정원사가 재배했을 것임을 짐작케 한다.

아일랜드에서 감자가 재배된 방식은 또 달랐다. 재배자는 목초지에 특별한 종류의 삽으로 1.5미터 간격의 배수로를 팠다. 그리고 거름을 그 사이사이에 있는 풀밭에 뿌리고 감자를 그 위에 놓거나, 거름을 뿌리지 않고 그냥 풀밭 위에 감자를 놓았다. 그렇게 한 후 감자를 배수로에서 나온 흙으로 덮었다. 감자가 싹이 트기 시작했을 때, 다시 배수로에서 나온 흙으로 감자의 뿌리를 덮어 주었다. 배수로로 인해서 감자 재배지의 물은 잘 빠졌다. 가끔 사람들은 매년 똑같은 지점에 배수로를 파기도 하고, 어떤 때는 시간이 지나면서 배수로를 옮겨가면서 팠다. 아일랜드식 감자 재배법에서 주목할 만한 것은 안데스산맥의 인디오와 동일한 재배방법을 채택하고 있다는 점이다.[80]

감자에 오갈병이 나타나자 남부 네덜란드 사람인 판 바베험(P. J. van Bavegem)은 1779년의 논문에서 우량 씨감자의 중요성을 강조했다. 그는 또한 원산지―그는 버지니아라고 생각했다―의 씨감자를 쓸 것을 권장했다. 베를리큄(프리슬란트)에서는 가장 일찍 달리는 감자로부터 씨감자를 채취했으며, 심지어 감자꽃이 피어 있는 동안에 씨감자를 채취했다. 아주 후에 밝혀진 바와 같이, 이와 같은 방식으로 바이러스성 질병이 예방될 수 있다.[81]

1845년, 1846년 및 1848년에 유행했던 감자 마름병은 극심한 것이었다. 이들 시기에 사람들은 도처에서 동일한 증상을 목격하게 되었다. 처음에는 감자의 잎과 줄기가 평소와는 달리 무성하다가, 며칠이 지나면서 잎이 시들고 덩이줄기는 썩어 갔다. 이런 갑작스러운 조락(凋落)은 병이 발생하기 전에 따뜻한 밤들이 지속되어 감자 잎과 줄기가 급성장한 때문이다. 1845년에는 감자의 흉작으로 도처에서 큰 불안감이 조성되었다. 그렇지만 소농들이 식량으로 감자에 의존하여 살고 감자 농사의 위험성이 이제 현실로 분명히 드러난 아일랜드만큼 불안감이 컸던 곳은 없었다.[82] 토지는 매우 작은 필지들로 분할되어서 소작농의 42퍼센트가 0.42헥타르의 농토밖에 보유하지 못했다. 인구의 급격한 성장으로 말미암아 토지에 대한 수요는 커졌고, 그로 인해서 지대는 상승했다. 밀, 돼지, 닭 및 버터는 영국으로 수출되고, 정작 아일랜드 농민들 스스로는 감자를 먹었다. 최초의 흉작이 있었던 1845/1846 년의 겨울철에 아일랜드 농민들은 비축분을 먹음으로써 그럭저럭 생계를 유지할 수 있었다. 감자가 재차 병에 걸렸던 1846년의 여름에는 사정이 훨씬 더 악화되었다. 기근이 아일랜드를 온통 휩쓸었고, 사람들은 캐나다와 미국으로 이민을 서둘렀다. 초만원의 배 안에 기근에서 비롯된 발진티푸스가 발생했다. 캐나다의 세인트로렌스 항으로 향해 가던 8만9,738명의 이주민 가운데 5,293명이 항해 중에 사망했고, 부두에 도착한 후 1만37명이 또 목숨을 잃었다. 뉴올리언스에서는 새로 도착한 사람들 사이에 황열병이 발생했다. 1847년의 감자 수확은 풍작이었으나, 1848년에는 다시 흉작이 되었다. 아일랜드인의 국외 이주가 다시 시작되었다. 게다가 아일랜드의 소작농들을 국외로 내모는 각종 조치가 영국정부에 의해서 취해졌다. 농민들이 미납한 지대와 세금은 법에 의거해서 징수되었다. 지대를 납부할 수 없는 소작인들은 집에서 쫓겨났고 그들의 가옥은 파괴되거나 불태워졌다. 그 의도는 소토지 소유와 소규모 소작지를 없애려는 것이었다. 영국에 육류를 공급하기 위해서 모든 경지는 목초지로 바뀌었다. 대부분의 아일랜드 주민이 자신의 나라에서는 생존수단을 찾을 수 없었다. 1841년에 817만5,000명이었던 아일랜드 인구는 1911년에는 440만 명으로 격감했다.[83]

유럽의 다른 나라들에서도 감자의 흉작은 높은 감자가격으로 인해 마찬가지로 비참한 결과를 가져왔다. 더욱이 1847년의 곡물가격 역시 1846년의 곡물 흉작으로 높았다. 식량의 부족과 빈곤으로 어려움을 겪는 사람은 주로 도시의 주민들이었다.

농촌의 상황은 아주 달랐다. 감자 마름병은 주로 습기 많은 지역과 진흙땅에서 발생했으며, 모래땅에서는 그 발병률이 훨씬 낮았다. 우리는 이런 현상이 오버레이설에서 극명하게 나타나고 있음을 보게 된다.

여기에서는 감자 마름병이 유행하던 해들에 오히려 감자 재배면적이 상당히 확대되었다. 이를테면, 살란트에서는 감자 재배면적이 1842년에 3,198헥타르이던 것이 1850년에는 4,647헥타르에 달했던 것이다.

아마

가장 중요한 환금작물 가운데 하나는 리넨공업의 원료가 되는 아마였다. 아마는 신경을 많이 써야 하는 작물이기 때문에 그 재배는 매우 노동집약적이다. 다른 집약적 작물재배와 마찬가지로 아마 농사도 인구밀집 지역에서 이뤄질 때 수익성이 있다. 그렇지만 이러한 인구밀집 지역에서 아마 재배가 과도하게 확대되는 경우에는—아마가 지력을 급속히 고갈시키므로—곡물의 조달이 위태롭게 되는 문제가 생긴다. 적어도 사람들이 자신이 생산하는 곡물의 수확에 의지하여 사는 경우에는 그러하다. 이런 상황이 중세 후기 북부 이탈리아에서 나타났다. 그러나 당시 북부 이탈리아에서는 직물의 원료에 대한 수요를 충당하기 위해서 다량의 면화가 시리아, 이집트, 북부 아프리카 및 남부 이탈리아로부터 수입되었다.[84] 플랑드르와 같은 인구조밀 지역에서 이뤄졌던 광범위한 아마 재배도 발트해 나라들로부터 곡물의 수입이 확보되어 있었기 때문에 가능했다.

플랑드르에서 아마 재배는 사실상 가장 오래된 집약적인 농사였으며, 아마 재배로 말미암아 삼포제는 종말을 맞았다.[85] 아마 재배를 위해서는 땅을 깊이 갈고 많은 거름을 주는 것이 필요하다. 거름은 농장 바깥에서 조달해야 했다. 아마 재배의 증가와 더불어 거름의 거래도 시작되었다. 아마 재배의 이점은 작은 면적에서 많은 생산을 할 수 있다는 것이다. 아마를 재배하는 경우 한 세대의 가족은 매우 작은 면적, 즉 약 0.65헥타르로도 충분히 살아갈 수 있었다.[86]

물에 담그기, 가르기 및 빗질하기로 구성되는 아마의 예비공정은 대체로 겨울철에 재배농가 자체에서 수행될 수 있었다. 아마는 원래 도시의 직업적 직조공들에 의해서 직조되었다.

그 무렵에는 농업경영에서도 오늘날보다 훨씬 더 많은 아마포가 필요했다. 아마포는 탈곡작업복, 곡식부대, 밀가루부대 및 의복의 제조용으로 그리고 하인과 고용인에 대한 임금지불용으로 필요했다. 아마씨는 조명을 위한 아마기름[亞麻仁油]으로 이용되었고, 아마씨깻묵[亞麻粕]은 가축의 사료로 이용되었다.

아마를 물에 담가 부드럽게 하는 일은 물이 고여 있는 우물이나 강 및 개울에서 할 수 있었다. 흐르는 물에 아마 담그기는 수질을 크게 오염시켰다. 이것은 또한 가정용이나 맥주 양조용으로 물이 필요한 다른 이용자들과의 분쟁의 원인이 늘 되곤 했다. 그래서 많은 지역에서 아마를 강물에 담그는 것이 금지되었다.

염료식물: 꼭두서니, 대청 및 목서초

섬유산업이 번창했던 남부 네덜란드나 남부 독일의 도시들과 같이 특히 공업화된 지역에서는 염료에 대한 수요가 컸다. 이런 염료는 붉은 색의 원료가 되는 꼭두서니, 검정색 물감과 푸른색의 원료가 되는 대청, 그리고 노랑색과 갈색 및 올리브색의 원료가 되는 목서초에서 채취되었다.[87]

꼭두서니 재배에는 비옥한 토양이 필요하나, 그 땅은 동시에 푸석푸석한 땅이어야 한다. 나아가 땅을 깊이 갈이질해야 한다. 꼭두서니는 오래된 꼭두서니의 뿌리줄기에서 모종이 채취되기 때문에 화단에서 줄을 지어 재배된다. 2년이나 3년 후 꼭두서니의 뿌리줄기를 캘 수 있다. 말리고 두드리고 다시 말리고 빻은 후에 꼭두서니에서 붉은 물감이 나온다. 건조는 가마 속에서 이뤄진다.

네덜란드에서는 꼭두서니가 플랑드르와 제일란트에서 재배되었다.[88] 제일란트에서는 꼭두서니 재배가 1326년에 최초로 언급된다. 꼭두서니 재배는 남부 홀란트의 여러 섬으로 전파되었고, 후에는 서부 브라반트로 퍼져 나갔다. 프랑스에서는 꼭두서니 재배가 특히 론강 지역에서 발견되며, 독일에서는 슐레지엔이 주요 중심지였다.

제일란트산 꼭두서니는 처음에는 플랑드르로, 후에는 주로 영국으로 수출되었다. 17세기와 18세기에 지리크제이(Zierikzee)[37]에는 유럽 최대의 꼭두서니 시장이 있었다. 제일란트산 꼭두서니는 19세기에 프랑스산 꼭두서니와 치열한 경쟁을 벌여야 했다.

네덜란드에서 1861-1870년간에 꼭두서니의 연평균 생산이 아직 약 750만 킬로그램밖에 되지 않는 중에, 콜타르로부터 똑같은 붉은색 염료의 제조법이 발명됨으로써 꼭두서니 산업은 1869년 이후 급격한 사양길에 접어들었다. 1878년에 꼭두서니 생산량은 이미 40만 킬로그램 이하로 떨어졌다. 꼭두서니 가격도 100킬로그램당 1869년에는 60길더에 이르렀으나, 1876년에는 24길더로 하락했다. 꼭두서니 재배가 수지타산이 맞으려면 100킬로그램당 적어도 40길더는 되어야 했다.

이런 상황 전개는 제일란트의 농업에 막대한 타격을 입혔다. 그렇지만 수년 후 꼭두서니는 다음과 같이 사탕무 재배로 대체되었다.

연도	재배면적(헥타르)	
	꼭두서니(연간 캐는 면적)	사탕무
1870	2,185	2,541
1880	91	6,149

....

37 제일란트 지방 다위벨란트 섬의 해안에 위치.

원래 대청은 무엇보다 피카르디와 노르망디에서 생산되었다. 백년전쟁 기간에 영국으로의 대청 수출은 중단되었다. 15세기에 영국은 대청을 독일의 에르푸르트 주변 지역과 율리히 인근으로부터 공급받았고, 그 밖에 네덜란드와 이탈리아로부터도 공급받았으며, 15세기 말에는 툴루즈, 알비(Albi)[38] 및 몽토방(Montauban)[39] 주변 지역으로부터 공급받았다. 대청의 재배는 대청을 가축의 사료로도 이용할 수 있다는 이점이 있었다. 대청이 가축의 사료로 이용됨으로써 대청 재배자는 가축의 사육 두수를 늘릴 수 있으며, 그에 따라서 두엄의 생산량도 늘어나게 된다.

17세기에 대청은 열대지방산 인디고(indigo)로 대체되었다. 사실 독일의 대청 생산지역들은 삼십년전쟁으로 이미 매우 황폐화되어 있었다. 게다가 그런 피해지역에서는 노동집약적인 대청 재배와 가공작업이 전후에 나타난 노동력의 부족난에 부딪혔다.

목서초는 플랑드르에서, 특히 알스트와 아우더나르더 인근 그리고 그 외 서부 브라반트에서 염료작물 가운데 가장 많이 재배된 작물이었다. 그것은 매우 수익성이 높았으나 위험 부담도 큰 작물이었다.

유채

중세에 유채는 기름을 채취하기 위해서 재배된 작물이었다. 그 기름은 식용과 조명용으로 필요했다. 이미 고대에 알려져 있던 '브라시카 라파(brassica rapa)'라고 불리는 유채(raapzaad) 외에, 후에 브라시카 라파보다 기름이 훨씬 더 많은 '브라시카 올레이페라(brassica oleifera)'

....

38 프랑스 남부 툴루즈의 동북쪽에 있는 지방.
39 툴루즈 북쪽에 있는 지방.

라는 유채(koolzaad: 기름 함량의 비는 약 4:3으로 더 크다)가 이용되게 되었다.[89]

유채[40]에 관한 가장 오래된 기록은 플랑드르의 백작이 암스테르담과 홀란트의 상인들을 위해서 안트베르펜에 이것의 판매시장을 설립한 1358년에 나타난다. 홀란트인들이 안트베르펜에 가져온 상품 가운데에는 무엇보다 앞에서 말한 두 종류의 유채씨와 겨자씨 및 삼씨가 열거되고 있다. 1359년에 같은 특권이 위트레흐트 출신의 상인들에게도 부여되었다.[90] 이런 자료로부터 우리는 유채가 당시 홀란트와 위트레흐트에서 재배되었다고 결론지을 수 있을 것이다. 심중팔구 이들 지방은 그것의 원산지였을 것이다. 북부 네덜란드로부터 그것의 재배는 16세기에 플랑드르, 브라반트, 아르투아 및 피카르디로 전파되고, 16세기 후반에는 라인란트와 중부 독일로 전파되었으며, 그 후에는 슐레스비히홀스타인, 라우엔부르크(Lauenburg)[41] 및 메클렌부르크로 퍼져 나갔다. 잉글랜드에서는 유채가 처음에는 동해안의 저지대에서만 재배되었으나, 얼마 안 되어 그 재배는 잉글랜드 전역으로 확대되었다.

영국에서 널리 받아들여지고 있는 한 견해에 따르면, 유채가 페르마위던[42]과 같은 네덜란드의 개척자들을 통해서 잉글랜드에 전래되었고(1638년 이후), 그 밖에 피카르디 사람들과 왈룬 사람들[43]을 통해서도 들어갔다고 한다. 그렇지만 이것은 사실과는 전혀 합치되지 않는다. 왜냐하면 벌써 1602년 이전에 유채가 보스턴(Boston)[44]에서 로테르담

....

40 이하에서 말하는 유채는 특별한 명시가 없는 한 기름의 함량이 더 많은 브라시카 올레이페라이다.
41 함부르크 남서쪽 약 50킬로미터 지점에 있는 지방.
42 340쪽 각주 9 참조.
43 프랑스어의 한 방언을 사용하는 벨기에 남부의 켈트계 주민.
44 영국의 중동부 해안에 있는 도시.

과 미델부르흐(Middelburg)[45]로 수출되고 있었기 때문이다.[91] 아마도 유채는 벌써 16세기에 홀란트에서 잉글랜드로 전래되었음이 틀림없는 듯하다. 제이퍼 곶(Zijpe)[46]의 간척 후에도 곧 그랬던 것처럼, 페르마위던은 간척된 땅에 바로 유채를 파종했던 듯하다.[92]

아무튼 유채의 원산지는 잉글랜드가 아니다. 왜냐하면 영국의 농학자들이 거듭해서 그것을 외국에서 전래해 온 것으로 다루고 있음을 우리는 볼 수 있기 때문이다. 그것의 적합한 재배법과 그 줄기와 깻묵의 이용법에 관해서는 홀란트인들과 플랑드르인들로부터 자문을 받았고, 영국에서 종자가 부족할 때에는 이들 지역에서 새로운 종자를 도입했던 것이다.

유채는 기름을 짠 후 남은 깻묵을 가축의 겨울철 사료로 이용할 수 있기 때문에(1557년 제일란트에서), 수익성이 큰 작물이다. 씨껍데기도 또한 삶은 후 사료로 이용되었다. 깻묵은 또한 거름으로 이용될 수 있었다. 유채의 짚은 연료와 가축의 깔짚으로 이용되었다.

많은 지방에서 유채는 휴경지에 재배되었다. 유채가 재배되는 땅에는 매우 많은 거름을 뿌렸고, 가끔 석회를 추가로 뿌렸다. 유채가 재배된 다음에는 두세 번 곡물이 경작되었다. 플랑드르와 브라반트에서는 유채가 밭에 바로 파종되지 않고 모판에 파종되었다. 어린 모는 그 후에 쟁기로 간 밭고랑이나 삽으로 판 구멍에 이식되었다. 이 경우 또한 구멍 파는 연장(sloorsteker)이 사용될 수도 있었다. 수확에는 낫이 사용되었다. 네덜란드에서는 운반할 때 유채씨의 큰 손실이 발생하기 때문에, 유채를 밭에서 타작보[47]에다가 타작했다. 이것을 본뜬 타작 방식

....

45 네덜란드 남서부에 있는 제일란트의 중심도시.
46 제일란트 지방 북쪽에 있는 섬의 한 돌출 부분.
47 타작할 때 땅바닥에 까는 큰 보자기.

이 영국의 링컨셔에서도 사용되었다.

홉

사람들은 맥주를 만들 때 처음에는 대개 도금양과(桃金孃科)와 야생 로즈마리의 잎들로 만든 향미료를 넣어 엿기름물을 끓였다. 중세 초기에는 맥주 제조에 이런 향미제 대신 홉도 사용되었다. 생타망 수도원에 대한 부지니에(Bousignies)[48]의 농노들이 엿기름과 2모디우스의 홉을 공납한 것은 그런 맥주 양조법을 보여 주는 것이다.[93] 또한 866년에 로브 수도원에 대한 농노들의 홉 공납도 홉이 맥주의 제조에 사용되었음을 추측하게 한다.[94]

그럼에도 불구하고 홉이 꽤 널리 향미료를 대체하게 된 것은 중세 후기에 이르러서였다. 홉이 첨가됨으로써 순한 맥주가 보다 오랫동안 보존될 수 있었다. 아주 순한 맥주는 홉으로 대단히 강한 맛을 낼 수 있었다. 홉맥주는 비교적 오래 보존할 수 있었기 때문에 장거리 수송에 보다 적합했다.[95]

중세 후기에 홉맥주는 홀란트의 특산품이었다. 홀란트가 회스던 지구(het Land van Heusden),[49] 알테나 지구(het Land van Altena),[50] 브레다 남작령(de Baronie van Breda)[51] 및 메이예레이판덴보스흐와 같은 홉 재배지역에 가깝다는 점 외에도 홀란트에서 양조산업이 자리잡게 된 또 다른 이유들이 있었다. 즉 양질의 물과 값싼 연료인 토탄의 존재다. 맥주의 양조에는 꽤 많은 연료를 사용해야 한다. 엿기름을 가마에

....

48 생타망 수도원의 남서쪽 인근에 있는 마을.
49 네덜란드의 북부 브라반트 지방에 위치.
50 네덜란드의 중남부 지방.
51 네덜란드의 북부 브라반트에 위치한 브레다 시를 중심으로 한 지역.

서 건조하기, 엿기름가루를 더운 물로 찌기 그리고 엿기름물을 끓이고 홉으로 맛을 내기 따위에는 많은 연료가 필요하다.

홉 재배는 16세기 초에 플랑드르에서 잉글랜드로 전파되었으며, 특히 켄트, 에식스 및 서리 등 동부 여러 주에 보급되었다. 독일에서는 홉이 처음부터 전국적으로 재배되었던 것으로 보이지만, 삼십년전쟁으로 막대한 타격을 받은 홉 재배는 전쟁이 끝난 후에도 회복되지 않았다. 왜냐하면 홉 재배에는 많은 노동력과 자본이 소요되었으나, 전쟁으로 황폐화된 지역에서는 이런 것이 부족했기 때문이다. 그 후 홉 재배의 중심지는 보헤미아와 프랑켄 지방으로 이동했다.

홉의 재배방식은 특별했기 때문에 홉을 다른 농작물과 윤작하지 않고 별도의 밭에서 재배해야 했다.[96] 홉은 낮은 언덕에서 재배되었으며, 밭에는 세 개의 미루나무 또는 전나무로 된 막대기가 설치되었다. 1헥타르에 약 3,600주의 홉을 재배할 수 있었다. 홉 재배에는 축사에서 사육되는 가축을 통해서만 생산될 수 있는 막대한 양의 두엄 시비가 필요했다. 또한 홉 재배에는 휴경 후 파종되는 밀에 시비되는 양보다 네 배나 많은 거름이 소요되었다.

홉 가격의 변동은 격심했으므로 홉은 매우 투기적인 작물이었다. 18세기에 홉 100파운드에 대한 통상적인 가격은 10-20길더였다. 그렇지만 그 가격이 100파운드당 25길더나 심지어 60길더로 치솟는 해들도 있었다. 1831년에 홉 가격은 125-130길더로 상승했다.

담배

담배는 아메리카의 발견 이후에 비로소 유럽에 알려지게 되었다. 담배를 언급한 최초의 식물학자는 1576년에 『식물지』(*Kruidboek*)를 저술한 마티아스 데 로벨(Mathias de Lobel)[52]이다. 비록 담배가 당시에 치료제로도 효능이 있는 것으로 알려지기는 했지만, 그 저술 속에서 그는 벌써 흡연에 관해 말하고 있다. 그 외 우리는 16세기에 정원의 관상용 식물로도 재배되는 것을 보게 된다.

영국의 식민지 개척자들은 1612년에 버지니아에서 담배농사를 시작한 후, 곧 담배 생산에서 독점적 위치를 차지하게 되었다. 유럽에서 소비된 거의 모든 담배는 이 식민지로부터 들어왔다. 높은 담배가격에 자극받아 영국의 많은 농민이 시장에 내다팔기 위한 담배까지 재배하게 되었으나, 1619년에 영국 정부는 이에 대해서 제재를 가했다. 영국산 담배는 질이 나쁘고, 담배 재배는 지력을 손실케 하며, 다른 농작물이 재배되어야 할 땅을 담배가 차지한다는 구실로 영국에서의 담배 재배를 금지시켰던 것이다. 그러나 이런 조치의 진실은 영국정부가 세금징수를 통해서 막대한 수입을 올리고 있던 버지니아 회사(Virginia Companies)[53]의 독점을 보호하려고 했다는 것이다. 이런 금지에도 불구하고 17세기에 상당히 많은 담배가 글로스터셔와 우스터셔에서 재배되었고, 금지령 위반자가 수백 명이나 발생했다. 그렇지만 다음 세기에 정부는 오지의 담배 재배자들의 재배활동까지 금지시키는 데에 성공했다.[97]

많은 나라에서 흡연은 흡연자의 건강손상을 우려하는 세속 당국과 교회 당국의 커다란 반대에 부딪혔다. 이처럼 우려하던 당국도 곧 어디서나 그 싸움을 포기했다. 그러나 과세를 통해서 담배를 수입의 원천으로 삼은 후에야 포기했다. 그런 다음에는 신민들이 가능한 한 많이 담

....

52 플랑드르의 의사이자 식물학자(1538-1616년).
53 1606년 4월 영국 왕으로부터 특허를 얻어서 런던과 플리머스의 상인들이 조직한 2개의 건설회사(런던 회사와 플리머스 회사). 런던 회사는 버지니아 식민지의 기초를 구축하여 1624년까지 여러 가지 특권적 지위를 누렸다.

배를 피우는 것이 권력당국의 중요한 관심사가 되었다.

담배 재배에는 많은 노동과 정성이 필요했다. 그 노동의 일부는 부녀자와 아이들에 의해 수행되었다. 담배잎의 건조를 위해서는 거대한 자본이 드는—당시의 상황에서는 상대적으로 그러했다—대규모의 광이 건립되어야 했다. 담배 재배는 막대한 시비가 이뤄져야 했으므로 담배 재배농은 많은 양의 거름을 사들여야 했다. 특히 양똥과 비둘기똥은 가장 좋은 거름으로 취급되었다. 또한 닭똥과 섞어 특별히 만든 말똥이 이용되기도 했다. 이런 거름은 대개는 다른 지역에서 수입되어야 했다. 그렇지만 거름을 수출하는 지역의 일부 당국자는 그들 자신 소유지의 곡물농사가 거름 공급부족을 겪지 않을까 염려했기 때문에 거름수출을 금지했다.

네덜란드에서는 담배가 주로 펄뤼버 지방과 위트레흐트의 동부에서 재배되었으며,[98] 벨기에에서는 17세기에 에노 지방이 담배 재배의 중심지였다. 독일에서는 담배가 1740년 무렵에 라인란트팔츠와 남서부의 여타 지방들에서 재배되었고, 거기에서 담배 재배는 중부 독일로 확산되었다.

유럽의 담배 재배는 시장 상황에 따라서 크게 달랐다. 아메리카산 담배가 아무런 장애 없이 서유럽에 도달하는 한, 유럽의 담배농사는 거의 수익성이 없었다. 유럽산 담배의 품질은 아메리가산에 비해서 떨어졌고 그 대부분은 18세기에 매우 애용되었던 코담배의 제조에 사용되었다. 아메리카산 담배 공급이 중단되는 전시(戰時)에는 담배 재배가 확대되었고, 정상적인 무역관계가 회복되는 때에는 다시 줄어들었다.

19세기에 수송수단이 비약적으로 발전하고 수송비가 값싸졌을 때, 게다가 기존의 아메리카산보다 양질의 담배가 비교적 값싼 생산비로 재배될 수 있는 여타의 지역들이 개발되었을 때, 유럽의 담배농사는 그 비중이 급속히 줄어들었다.

사탕무

열대 지방과 아열대 지방(지중해 지역)에서는 감미료로 사탕수수가 이용되었다. 그보다 북쪽 지역들에서는 중세에 꿀이 중요한 감미료였다. 벌은 꿀뿐만 아니라 밀랍을 생산했기 때문에, 벌통의 수가 대단히 많았고 양봉은 아주 중요한 것이었다. 밀랍은 조명을 위한, 특히 교회의 조명을 위한 양초 제조용으로 사용되었다. 꿀의 부산물이 약한 알코올음료인 꿀술이었다.

아메리카 발견 후 사탕수수를 원료로 한 설탕산업은 사탕수수의 플랜테이션이 앤틸리스 제도에서 개시됨으로써 크게 성장했다. 그럼에도 불구하고 여전히 설탕은 비싼 물품이었다. 따라서 다른 감미료를 찾게 되었다고 해서 하등 놀라울 것은 없다. 비트(beet)는 설탕함유물이었다. 여러 가지 종류의 비트가 유럽에서 고대부터 알려졌으며, 16세기에는 이미 홍당무의 설탕 함유량이 알려졌다.[99] 베를린의 교수 안드레아스 마르그라프(Andreas Marggraf)[54]는 최초로 1747년에 홍당무와 사탕무로부터 설탕을 추출하는 데에 성공했다. 그는 반 파운드의 건조된 사탕무로부터 반 온스의 흰 설탕을 추출했다. 그의 실험은 그의 후계자 프란츠 칼 아하르트(Franz Karl Achard, 1753-1821)에 의해서 계속되었다. 그는 1799년에 프로이센의 왕에게 지원을 요청했다. 그렇지만 슐레지엔에 세워진 공장은 곧 파산했다. 더욱이 그 주도권은 다른 사람들에게 넘어갔으며, 이들의 주도로 슐레지엔과 마그데부르크의 주변 지역에 많은 소규모의 공장이 건립되었다.[100]

....

54 독일의 베를린에서 활동한 약사이자 화학자(1709-1782).

아하르트가 1799년 프랑스 학사원에 그의 연구결과를 보고한 후, 프랑스에서도 실험이 시작되었다. 네덜란드에서는 1804년에 토종 식물들로부터 설탕을 추출하는 방법을 발견하는 사람들에게 농업장려협회가 상금을 제공했다. 그리하여 화학자 네이케르크의 브라우버르에게 그 공로에 대한 보답으로 20두카트의 상금이 수여되었다.

영국의 대륙봉쇄로 말미암아 열대 지방의 산물이 공급되지 못하게 되자, 사탕수수 설탕을 대체할 수 있는 대용물을 찾으려는 노력이 기울여졌다. 나폴레옹 정부는 보조금을 제공함으로써 사탕무 재배를 장려하려고 했다. 그러나 이 정책은 별로 성공을 거두지 못했다. 이에 1811년, 나폴레옹은 제국 내의 3만2,000헥타르 면적에 사탕무를 심을 것을 명령했다. 자본을 유치하기 위해서, 설탕 공장을 설립하면 매년 100퍼센트의 수익이 생길 것이라는 안내도 있었다. 이것은 완전한 실패로 끝났고, 서툴고 준비가 안 된 정부의 주도로 실패한 정책의 대표적인 사례가 되었다. 씨앗이 전혀 없거나 부족했으며, 토질에 대한 아무런 고려도 없었고, 사탕무를 심으라는 지시가 너무 때늦은 철에 하달되었으며, 농민들은 어떤 종류의 사탕무를 심어야 할지를 몰랐고 씨앗은 불량했다. 농민들은 사탕무를 다른 풀과 구별할 줄도 몰랐기 때문에 사탕무밭에서 잡초를 제거할 필요조차 없었다. 많은 지역에서 그 소출은 보잘 것없었다. 공장으로 사탕무를 가져갈 아무런 수송수단이 없어서 농민들은 사탕무를 가지고 그저 앉아 있기만 했으며, 어떤 곳에서는 썩은 상태로 사탕무가 공장에 도착하기도 했다. 공장이 너무 작아서 수확물의 일부는 가공 처리될 수 없었고, 공장에서 설탕은 사탕무 중량의 겨우 2퍼센트만 추출되었다. 더욱이 설탕의 맛도 좋지 않았다.

이런 실패에도 불구하고 나폴레옹 정부는 공식적으로는 낙관적인 태도를 보였다. 결국 1811년에 제국 전체에서 사탕무 재배면적은 단지

6,785헥타르에 지나지 않았고, 그 수확량은 9,800만 킬로그램(1헥타르당 평균 1만4,443킬로그램)이었다. 네덜란드에서는 1811년에 2,300헥타르의 면적에 사탕무가 재배될 예정이었지만, 단지 422헥타르가 사탕무 씨로 파종되었을 뿐이다. 1812년에 제국 전체에서 사탕무 재배면적은 10만 헥타르로 정해졌으며, 이 가운데 네덜란드 지역에 할당된 몫이 9,500헥타르였다. 그 해에도 정해진 목표는 달성되지 못했고, 재배방식 전체가 고비용 체계였다. 그래도 사탕수수 설탕이 경쟁에서 배제되어 있었기 때문에 사탕무 설탕의 생산이나마 겨우 가능했던 것이다. 나폴레옹이 몰락한 후 프랑스는 사탕무 설탕을 생산한 유일한 나라였다. 점차 기술적인 개량을 통해서 사탕무 재배는 여러 나라로 확대되었다. 네덜란드에서는 이런 발전이 다소 늦어, 1860년 이후에야 사탕무 재배가 비교적 중요한 것이 되었다.

사료작물

남부 네덜란드 농업의 명성은 사료작물의 재배에 있었다. 이 고장의 사람들은 사료작물 재배에 관한 오랜 전통과 많은 경험을 가지고 있었다. 중세 후기에 이미 비교적 질척한 땅에는 완두가 사료작물로 재배되었고, 모래땅에는 큰개미자리가 재배되었다. 극히 척박한 땅에는 금작화가 재배되었다. 그렇지만 사료작물로 가장 유명했던 것은 사료용 순무, 유채 및 클로버였다. 순무는 곡물의 수확이 끝날 때 그루갈이 작물로 재배되거나 휴경기에 재배될 수 있었다. 더욱이 순무는 두 가지 상이한 방식으로 이용할 수 있었다. 즉 순무밭 자체가 목초지가 되어 순무의 잎을 가축의 사료로 바로 이용하거나(순무 목초지), 순무를 경종농업 산물 형태로 수확하여 우리 속의 가축사료로 이용하는 것이다. 첫 번째 목적을 위해서는 순무를 매우 조밀하게 파종하였고, 두 번째의 경우에는 보다 엷게 파종해도 되었다(헥타르당 3.5킬로그램). 순무 목초지는 솎아 내고 김매는 노동력이 절약되는 장점이 있었다. 그런 방식은 가축의 축사사육이 많아짐에 따라서 19세기 초에 사라졌다. 그 무렵 동시에 많은 노동이 소요되는 제초작업을 하지 않아도 되는 방법, 즉 상당히 깊고 엇갈리게 써레질하는 방법이 발견되었다.

남부 네덜란드에서는 순무가 대개 그루터기작물로, 특히 아마가 재배된 다음의 그루터기작물로 재배되었다. 켐펀 지방과 바스 지구에서는 순무가 무엇보다 가축의 축사사육용으로 재배되었고, 여타의 지역에서는 순무 목초지용으로 재배되는 경우가 더 많았다.

사료용 순무는 남부 네덜란드에서 잉글랜드로 전파되었다. 바너비 구지(Barnaby Googe)[55]는 1577년에 『농업 4서』(*Four Books of Husbandry*)[56]에서, 네덜란드의 그루터기용 순무 재배를 아주 특이한 것으로 언급하고 있다. 플랑드르식 농법이 영국의 농업 관련 문헌 속에서 어느 정도 명성을 얻은 것은 주로 1645년에 쓴 리처드 웨스턴 경의 『브라반트와 플랑드르의 농업론』에 의해서였다.[101] 비록 17세기 중엽에 저술가들이 순무가 잉글랜드(서퍽 지방)에서 농작물로 재배되었다고 보고하고 있지만, 그런 농법의 실제적 사용은 시간이 좀더 지난 후의 일이었다.[102] 켄트의 한 농장에서는 1686년에 아마 재배와 사료용 순무 재배가 동시에 시작되었다.[103] 1724년경에 노퍽에서 사료용 순무가 윤작되는 농작물들 가운데 포함되어 있는 것은 상당히 일반적인 관행이었다.[104] 사료용 순무를 전래시킨 명성은 타운센드 경[Lord Town-

....

55 16세기 후반 영국의 목가 시인이자 번역가(1540-1594년).
56 『농업 4서』는 바너비 구지의 저술은 아니고, 독일 사람인 콘라트 헤레스바하가 1508년에 쓴 *Rei Rusticae Libri Quattuor*를 영어로 번역한 것이다.

shend(2nd Viscount Townshend, Charles Townshend)][57]이 차지했으며 (1706년경), 그래서 그는 심지어 '순무 타운센드'라는 별명을 얻게 되었다. 그의 공적은 이미 존재하고는 있었으나 일반적으로 알려지지는 않은 한 농법을 주로 전파한 데에 있다.

우리는 플랑드르에서 언제 클로버를 사료작물로 재배하게 되었는지 확실히 알 수 없다. 클로버는 예전부터 목초지의 풀로 자라고 있었다. 어느 순간엔가 야생의 클로버씨가 채집되어 밭에 파종되었음에 틀림없다. 클로버 재배에 대한 가장 오래된 묘사는 바스 지구에 대한 리처드 웨스턴 경의 여행 보고서 속에서다. 린데만스에 따르면 이 지역이 클로버 재배의 발상지였으며, 이 지역에서는 클로버가 16세기에 재배되었다고 한다.[105]

그렇지만 클로버 재배는 그보다 더 오래되었던 듯하다.[106] 이미 알베르투스 마그누스(Albertus Magnus)[58]는 그의 저서 『자연사』(*Historia Naturalis*)(13세기 중엽) 속에서, 밭에서의 붉은 클로버 재배에 관해서 말하고 있다. 1550년과 1560년의 보고서는 북부 이탈리아의 브레시아 주변에서 붉은 클로버가 재배되고 있음을 언급하고 있다. 그곳에서 클로버 재배는 17세기 말과 18세기 초에 오스트리아와 남부 독일로 전파되었다.

도둔스(Junius Rembertus Dodoens)[59]는 1566년에 (흰?) 클로버가 브라반트 사람들에 의해서 밭에서 재배되었으며, 이런 파종된 클로버는

....

57 귀족 출신으로서 영국 정부의 각료를 역임하는 등 활발한 정치활동을 벌인 휘그당의 정치가(1674-1738년). 1730년 정계를 은퇴한 후에는 순무 재배를 중심으로 농업에 전념하여 영국의 농업혁명에 기여했다.

58 도미니쿠스 교단의 승려이자 그의 제자 토마스 아퀴나스와 함께 아리스토텔레스적 스콜라 철학의 체계를 완성시킨 대학자[1193(또는 1206)-1280년].

59 식물지를 저술한 플랑드르의 의사(1517-1585년).

방목장에서 야생 상태로 자라는 클로버보다 더 빨리 자라고 더 많이 생산된다고 쓰고 있다. 1599년에 스하건 촌락(Schagen)[60]에 대한 한 묘사에는 "작은 꽃들이 많이 피어 있는 곳을 홀란트의 젖소들이 거니는" 클로버 목초지에 관한 언급이 나타난다. 그렇지만 이것은 결코 클로버가 밭에서 휴경지작물로 재배되었다는 것을 뜻하지 않는다.[107] 영국의 한 여성저자에 따르면, 클로버씨는 1620년 이후 네덜란드에서 영국으로 정기적으로 보내졌다.[108] 이에 근거하여 우리는 북부 네덜란드에서는 클로버 재배가 이미 그 이전에 보급되었다고 추측할 수 있다.

클로버 재배는 많은 이점이 있었다. 클로버 재배는 토양에 질소를 더해 주었고, 축사 속에 있는 가축은 거의 1년 내내 클로버를 사료로 먹을 수 있었으며, 그 가축은 다시 거름의 생산증대에 기여했다. 증대된 거름은 클로버의 질소와 함께 곡물과 환금작물의 소출을 증대시켰다.

클로버는 언제나 호밀이나 귀리 또는 무엇보다 아마 사이에 파종되었다.[109] 그렇게 함으로써, 그렇지 않았더라면 농작물의 성장을 종종 저해했을 잡초로부터 농작물이 보호되기도 했다. 플랑드르에서는 소위 홀란트의 재, 즉 홀란트의 도시들에서 나오는 토탄재를 거름으로 클로버에 시비하는 것이 가장 선호되었다. 토탄재에 함유되어 있는 다량의 칼륨으로 말미암아 이와 같은 토탄재 시비는 클로버에 대단히 유용한 작용을 했다. 가축에게 먹인 클로버의 칼륨 성분은 가축의 배설물로 배출되었고, 이 배설물의 시비를 통해서 여타의 농작물도 그렇게 시비되지 못 했을 경우보다 더 많은 칼륨을 흡수할 수 있었다.

사료작물을 재배하는 플랑드르인들의 예를 따른 최초의 나라는 영

....

60 홀란트의 북쪽에 위치.

국이었다. 클로버의 재배는 18세기에 노퍽, 서퍽, 에식스 그리고 웨일스의 일부 지방에 도입되었고, 살갈퀴는 북부의 여러 주에서 재배되었다. 프랑스에서는 18세기 말(1760년 이후)에 사료용 순무, 클로버, 가시완두 및 자주개자리의 재배가 시작되었다. 특히 프랑스령 플랑드르, 아르투아 및 알자스에서는 상당히 집약적인 농업이 행해졌다. 그렇지만 여타 지방은 아직 매우 후진적이었다. 릴 근처에서는 휴경지를 거의 찾아볼 수 없었고, 곡물 경작은 경지의 겨우 절반을 차지할 뿐이었으며, 곡물 경작지 옆에는 감자, 유채, 홉, 아마, 꼭두서니 및 담배가 재배되었다. 이런 지방은 플랑드르와 완전히 똑같은 풍경을 보였다. 노르망디에서도 파리의 시장이 농산물에 대한 훌륭한 판로를 제공했기 때문에 제법 집약적인 농업으로의 전환이 가능했다. 서부 프랑스에서는 자주개자리와 가시완두가 재배되었다.

휴경하는 해에 사료작물을 재배한다는 것이 많은 프랑스인에게 아직 얼마나 생소했는지는 프랑스혁명기에 드 마르뵈프 후작부인에 대한 재판에서 알 수 있다. 왜냐하면 프랑스가 그 무렵에 곡물의 부족난이 매우 심각했음에도 불구하고 사료작물을 파종함으로써 곡물경작 면적을 축소시켰다는 이유로 그 후작부인이 사형을 선고받고 집행되었기 때문이다.[110]

독일에서는 18세기에 사료작물이 몇몇 지역에서만 재배되었다. 18세기의 후반에는 클로버 재배와 축사 속의 가축사육이 라인강변을 따라서 바덴, 라인란트팔츠, 나사우 및 여타 지역에서 발견된다. 가시완두는 튀링겐에서 널리 재배되었고, 자주개자리는—라인란트 외에—슈바벤에서도 재배되었다. 요한 크리스티안 슈바르트(Johan Christian Schubart)[61]는 클로버 재배를 오스트리아에 보급하기 위해서 많은 애를 썼다. 그는 그 공적으로 황제 요제프 2세에 의해서 '신성로마제국의 클

로버밭 기사'로 봉해졌다.[111]

18세기 말에 거의 어디에서나 사료용 근대에 대한 실험이 행해졌다. 사료용 근대는 독일이 원산지이다. 프랑스에서는 이 사료작물이 아베 드 코머를(Abbé de Comerell)[62]에 의해서 전파되었고, 영국에서는 렛섬(J. C. Lettsom)[63]에 의해서 보급되었다. 처음에 농민들은 이 사료작물에 상당한 거부반응을 보였다. 농민들은 그것이 우유의 산출량을 증대시킴을 확인했으나, 지방함유량이 줄지 않을까 두려워했다.

농작물의 수확고

우리는 파종량 대 수확량의 비율에 관한 여러 지방 출처의 자료를 가지고 있다. 부록의 〈표 3〉에는 언급 횟수, 파종량 대 수확량의 평균비율 및 최저 비율과 최대 비율이 제시되어 있다. 여기에서 눈에 띄는 것은 지역적 차이가 크다는 점이다. 우리가 1500년 이후 근대의 파종량 대 수확량의 비율(표 3)을 중세 후기의 비율(표 2)과 비교해 보면, 16세기부터 18세기 후엽까지 또는 심지어 19세기 초까지도 많은 지역에서 특별한 발전을 찾아볼 수 없다. 영국, 네덜란드 및 플랑드르의 수치와 독일, 스칸디나비아 및 프랑스의 수치 사이에는 큰 격차가 있다.[112]

16세기의 스웨덴과 18세기의 프랑스에서는 파종량 대 수확량의 비율이 아직 중세 후기의 수준을 회복하지 못하고 있다. 덴마크에서 호밀의 경우도 마찬가지다. 소출이 보다 높은 오스트라를 제외하고 독일의

....

61 많은 곳을 여행한 후 그의 영지에서 사료작물을 재배하는 새로운 농법을 시도한 귀족 (1734-1787년).

62 18세기 독일 국적의 농학자(?-1799년).

63 영국의 의사이자 박애주의자(1744-1815년).

대부분 영지에서 파종량 대 수확량의 비율이 19세기까지 중세의 수준에 머물러 있었다. 우리는 그 영지들 가운데 일부에서 1820년과 1850년 사이에 현저한 발전이 있었음을 볼 수 있다. 그렇지만 가끔 일젠부르크와 같은 곳에서는 발전의 흔적이 보이지 않는다.

네덜란드와 영국에서 알려진 수확고는 매우 달랐다. 수확고의 향상은 이미 16세기에 히춤에 있는 링크 헤메마의 농장에서 시작된다. 당시 그의 농장의 수확고는 1800년에 프라네커르 주변에 있는 보통의 토지나, 심지어 매우 비옥한 토지의 소출과 비교될 수 있다. 1571년에 헤메마는 1800년의 대단히 비옥한 땅의 소출과 맞먹는 밀 수확고를 올렸다. 그의 보리 수확은 1800년의 보통의 땅에서 도달한 성과보다 약간 더 낮을 뿐이다. 그의 완두와 잠두의 수확고 역시 대단히 높다. 헤메마의 귀리 수확은 좋지 않았으나, 귀리의 일부는 비옥하지 않은 저지대 땅에서 경작되었다. 우리는 그의 성공의 원인이 무엇인지 전혀 모르는 바는 아니다. 성공의 비결은 양질의 토양, 다량의 시비 그리고 헤메마의 근대적 농업경영에 있었다고 할 수 있다.

시비에 신경 쓰고 농사에서 가능한 한 소득을 올리려고 하는 노력이 보이는 것은 또한 하웰에 있는 로버트 로더의 농업경영의 특징이기도 하다. 17세기 초에 로더는 거의 200년 후 영국의 통상적 수준이라고 보이는 정도까지의 성과를 올렸다. 17세기 초에 영국의 수확고는 겨우 중세의 두 배 수준에 이르렀을 뿐이다.

네덜란드에서는 1800년경에 모두가 훌륭한 성과를 거두었던 것이 아니다. 농촌의 평균 수확고는 동부와 남부 지방의 보다 낮은 수확고로 말미암아 줄어들었다. 프리슬란트와 북부 홀란트의 수확고는 남부 네덜란드의 플랑드르와 브라반트의 수확고와 별 차이가 나지 않는다. 그렇지만 오버레이설과 북부 브라반트의 모래땅에서의 수확고는 그리

낮지 않았다. 1800년에 그 수확고는 1820년 작센 지방의 농장들에서 거둔 수확고만큼 높았다.

새로운 농업방식이 성공한 좋은 예는 플랑드르와 브라반트 지방이다. 이들 지방에서는 밀과 호밀의 수확고가 중세 후기 이래 세 배로 증가했고, 보리와 귀리의 수확고는 네 배 내지 다섯 배로 증가했다. 극히 높은 귀리의 수확고는 비교적 양질의 땅에 귀리를 재배하고 귀리 속에 클로버를 파종함으로써 달성되었을 것이다.

비록 독일의 농업이 19세기 초에 아직 높은 수준에 이르지는 못했을 지라도, 도르트문트 주변 지역에 대한 통계수치는 이 지역의 농업이 플랑드르와 브라반트의 농업수준에 비견될 만한 것이었음을 보여 준다.

집약적인 농업방식의 효과는 수확고로 알 수 있다. 중세 후기 이래 농업이 별로 발전하지 못했던 지역들과 16세기에 농업이 벌써 큰 발전을 이룩하여 1800년 무렵의 성과와 별 차이가 없는 지역들이 병존해 있었다. 새로운 농법을 통해서 수확고가 배가되었고, 특히 집약적인 플랑드르식 농업으로 수확고가 심지어 여러 곱절로 증대될 수 있었다.

탁월하게 경영된 18세기의 농장들에서 거둔 성과가 심지어 19세기 중엽의 성과에도 손색이 없을 정도로 훌륭했다는 것은 1740-1780년간

농작물	1740-1780년간 클룬데르트 농장의 수확량	1851-1860년간 네덜란드 바닷진흙 지역의 평균 수확량
가을밀	16-20	19.3
가을보리	30-35	32.6
귀리	30	32.4
콩	18	18.5
유채	19	18.5

(단위: 헥타르당 헥토리터)

클룬데르트에 있는 농장에서 이룩한 수확고와 1851-1860년간의 일반 수확고를 비교할 때 알 수 있다. 여기에서는 앞의 표와 같이 별 차이가 없다.[113]

2) 축산업

가축의 효용성

전형적인 축산농가에서의 가축의 효용과 경종농업을 주로 하는 농가에서의 가축의 의미 사이에는 큰 차이가 있다. 축산농민에게는 가축이 가장 중요한 것으로, 그의 생업의 기초다. 그에 반해서 지금 우리가 고찰하고 있는 시기의 농경민에게는 가축이 필요악이었다. 농경민은 경작농작물의 수확량을 증대시킬 수 있는 두엄을 얻기 위해서 가축을 사육한다. 농경민에게는 가축이 그 자체가 목적이 아니라 하나의 수단이었던 것이다. 우리는 16세기 이후의 문헌 속에서 농장에 적절한 수의 가축을 사육할 것을 주장하는 사람들과, 약간의 가축만 사육하거나 심지어 가축을 전혀 사육하지 말 것을 주장하는 그들의 반대자들 사이에서 논쟁이 벌어지는 것을 볼 수 있다. 그 근거로 전자는 가축이 두엄 생산을 위해서는 필요함을 지적했고, 후자는 시장에서 가축과 그 축산물에 대한 불리한 가격과 적은 수요를 내세웠다.

가축은 다음과 같은 네 가지 이유로 농민에게 중요했다.

1. 시장에 내다팔 수 있는 치즈, 버터, 우유, 고기, 가죽 및 양모의 생산.

2. 농민 자신의 가족 소비를 위한 이와 같은 축산물의 조달.

3. 말, 황소 및 암소와 같은 큰 가축의 견인력으로서의 이용.

4. 두엄의 생산.

이들 네 가지 이유는 축산농민의 관점에서 중요한 순서대로 배열되어 있다. 축산농민에게는 시장을 위한 생산이 가장 중요하다. 스스로의 가족에게 식량과 의복용으로 축산물을 조달하는 것은 중요성이 훨씬 떨어진다. 축산농민은 그의 농장에서 단지 제한된 정도로만 견인력을 이용한다. 견인력은 대개 건초를 만드는 시기에만 필요하다. 더욱이 축산농가는 호수, 강, 하천, 운하 및 도랑이 있는 물가 지역에 위치해 있는 수가 종종 있어서 대부분의 운송이 작은 배로 이루어질 수 있다. 가축의 똥은 가축이 풀을 뜯어 먹는 여름철에는 목초지에 떨어진다. 시비 면에서는 축산농민에게 아무런 문제가 없다.

경종농업 농민에게는 가축이 중요한 이유의 순서가 정반대다. 경종 농업 농민은 최우선적으로 두엄 생산을 위해서 가축을 사육한다. 그렇지만 거름의 운반, 써레질, 쟁기질 및 수확물 거두어들이기와 같은 많은 작업을 수행하기 위해서는 가축의 견인력이 거의 두엄 생산에 못지않게 중요하다. 자신의 가족에게 축산물을 공급하는 일은 그보다 중요하지 않지만, 축산물을 시장생산하는 것은 중요도가 가장 떨어진다.

축산업은 가장 오래된 형태의 농업특화라고 볼 수 있다. 축산농민은 습기 많은 저지 목축지역에서 직접 재배할 수 없는 여러 가지 종류의 경종농업 생산물과 자신의 축산물을 시장에서 교환했다. 원래 축산농민의 판매물품은 주로 가죽, 양모, 버터 및 유지방 치즈로 구성되어 있었다. 이미 중세에 인구밀도가 높아지고 도시가 성장한 결과, 축산농가들에서는 우유를 버터와 무지방 치즈로 제조하는 대전환이 일어났다. 나아가 그들은 도시에 육류를 판매하기 위해서 황소, 암소 및 양을 비육하기 시작했다. 도시주민에게 우유를 공급하기 위한 젖소 사육은 훨씬 후의 일이다. 소도시와 큰 마을에서는 누구나 자가소비하기 위한 젖소와 도살용 돼지를 사육하는 것이 오랫동안의 관습이었다. 1619년과 1641년 사이에 런던의 거리에서는 우유를 팔러 다니는 것이 유행했다. 우유는 누구보다 환자가 많이 마셨지만, 그들은 불결한 우유는 다른 질병의 전염원이 된다는 것을 알지 못했다. 런던 시내에는 1808년에 우유 소매상에게 우유를 공급하기 위한 약 8,500두의 암소가 비참할 정도로 비위생적인 환경 속에서 사육되고 있었다.[114]

시장에 내다팔기 위한 생산을 함에 있어서도 18세기에 이르러서야 비로소 육우와 젖소 그리고 양모 생산용 양과 육류 생산용 양이 어느 정도 구별되기 시작했다. 그 전에는 아무런 구별도 없었다. 중세 때와 마찬가지로 16-17세기에도 아직 가축의 품질이 특별히 좋았던 것은 아니다.

가축의 품질은 그 중량으로 가장 잘 알 수 있다. 일반적으로 가축의 무게는 부록의 〈표 4〉에서 보는 바와 같이 아직 매우 작았다. 1800년경에 프랑스의 멘 지방에서 암소 한 마리의 무게는 평균 226킬로그램이었고, 스위스의 보에서는 250킬로그램이었다. 영국산 품종의 암소의 경우 3-4년생 앵글시종 암소 한 마리의 무게는 300-400킬로그램이었고, 쇼트혼종 암소는 400-500킬로그램(최대 760킬로그램)이었으며, 롱혼종 암소는 400-600킬로그램, 체셔종 젖소는 200킬로그램이었다.[115]

영국에서는 18세기가 경과하는 중에 소의 중량이 크게 증가했다고 생각되어 왔다.[116] 그렇지만 당시의 출판물들에 기록된 황소와 암소의 중량에 관한 수치는 별로 믿을 만한 것이 못 된다. 왜냐하면 사람들이 일반적인 평균수준의 중량은 안중에 두지 않고 이례적으로 중량이 많이 나가는 가축을 자랑하고 싶어 했기 때문이다. 특히 베이크웰(R. Bakewell)[64]의 새로운 육종법을 활용하고 홀란트산 가축을 도입함으로써 몇몇 선별된 가축 표본들의 무게가 늘어났다. 이를테면, 황소의 무게는 1717년에 400-450킬로그램이었던 것이 1797년에는 1,030킬로그램으로 증가했다. 그렇지만 이것은 평균중량을 의미하는 것이 아니다. 어쩌면 18세기가 경과하는 중에 암소와 황소의 평균 생체중[65]은 225킬로그램에서 325킬로그램으로 증가했는지도 모른다.[117]

가축의 무게를 정확하게 아는 것이 어렵듯이, 암소의 산유량을 정확하게 파악하기도 마찬가지로 어렵다. 이 문제에서도 역시 사람들은 통상적 산유량에 대해서는 관심을 두지 않은 채 최고의 산유량을 기록하는 영예를 몹시 갖고 싶어 하는 경향을 보였다. 이런 자료가 기록되어 있거나 산출될 수 있는 한, 부록의 〈표 5〉에 모아져 있다.

영국의 한 출판물에 산유량에 관한 여러 가지 통계수치가 기록되어 있지만, 이들 수치의 대부분은 이례적으로 훌륭한 농장들에서 사육되는 암소들에 관한 것으로, 그와 같이 높은 산유량은 통상적 수준을 반영하지 않는다. 통상적 산유량은 다음과 같았던 것으로 추측된다.[118]

연도	산유량(리터)
1750년경	765
1800년경	1,200-1,500

런던과 리버풀에 우유를 공급하기 위해서 사육된 암소들의 경우에는 산유량이 2,900-3,400리터였다고 전해진다.[119] 같은 무렵에 스위스

....

64 도태와 동종번식을 통해서 양, 소, 견인말의 품종을 개량하고, 육종법에 관해서 널리 사람들의 관심을 불러일으킨 영국의 농학자이자 육종가(1725-1795).

65 가축의 체중은 흔히 생체중(生體重)과 도체중(屠體重)으로 구분된다. 생체중은 살아 있는 가축의 무게이고, 도체중은 도살된 가축의 가죽·머리·발목·내장 따위를 떼어낸 나머지 몸뚱이의 무게이다.

의 보에서는 산유량이 약 2,000리터였던 것으로 추산되고 있다.[120]

이런 자료를 통해서 볼 때, 16세기에 헤메마의 농장은 다른 곳들에서는 19세기 초까지도 아직 도달하지 못한 수준에 벌써 이르렀음을 확인할 수 있다. 독일의 페더스하임과 작센의 영지들에 관한 통계수치는 전형적인 것으로 간주될 수 없음이 확실하다. 왜냐하면 전자는 일반 농장들보다 월등히 뛰어난 보름스 서쪽 페더스하임에 있는 다비트 묄링거 소유의 시범농장에 관한 것이기 때문이다. 작센의 농장들에서는 스위스, 네덜란드 및 홀스타인으로부터 도입된 소들을 통해서 소의 품종개량을 위한 많은 노력을 기울였다. 따라서 총 1,000리터의 산유량이 1800년경의 독일에서 보통 수준이었던 것으로 보인다.

네덜란드에 관해서는 1800년의 농업 설문조사의 제121문항, 즉 "자신의 지역에서 보통의 암소로부터 매일 몇 파인트의 우유를 짜는가?"에 대한 응답을 참고자료로 이용할 수 있다. 우리가 이들 응답으로부터 알 수 있는 것처럼, 여기에서도 역시 전체 비유기(泌乳期, lactatieperiode)[66] 동안에 평균적 산유량과 최대 산유량 사이에 혼동이 있었다. 그렇지 않다면 거기에 제시된 4리터에서 16리터까지의 산유량의 큰 차이는 이해될 수 없기 때문이다. 우리는 설문조사 속에서 대부분 지역의 하루 산유량이 4-6리터였음을 보게 된다. 이것은 전체 비유기 동안의 평균치라고 보아도 될 것이다. 이로부터 총 산유량은 1,100리터에서 1,800리터까지 차이가 났다는 결론이 나온다.

버터와 치즈는 우유로 만들었다. 1킬로그램의 버터를 만드는 데에 소요되는 우유의 다음의 표와 같은 분량에 관한 최초의 보고는 19세기에 처음 나타난다.

....

66 비유기란 암소가 새끼를 낳은 후 젖이 분비되는 기간을 말하는 것으로, 9-10개월 정도이다.

버터 1kg 제조에 소요되는 우유의 분량

장소	연도	우유(리터)	우유의 지방함유량(퍼센트)
릴[*]	1776	18.9	5.30
서부 플랑드르[**]	1800	27.5	3.64
플랑드르[**]	1800	35.0	2.86
칼렌베르크(독일)[***]	1800	30.0-32.0	3.33-3.12
페더스하임(라인란트팔츠)[****]	1803-1814	28.0-30.0	3.57-3.33
메클렌부르크[*****]	1810-1815	31.0	3.23
동부 플랑드르[**]	1826	32.0	3.12

[*]   Ch. Leclerc de Montlinot, 201.
[**] P. Lindemans, II, 358-359.
[***] F. K. Riemann, 70. 칼렌베르크에 관해서는 Riemann의 실로 분명하지 않은 서술자료에 의거해서 작성되어야 했다.
[****] J. N. Schwerz, (c) 121.
[*****] J. H. Thünen, I, 233에 의거해서 산출되었다.

우유의 지방함유량에 관한 정보자료는 얼마 되지 않는 데다가, 있다고 하더라도 다소 훗날의 것이다. 따라서 우리는 릴에 있는 농장에서의 우유의 지방함유량이 여타 지방의 함유량과는 큰 차이가 난다는 것 외에는 더 알 만한 사실이 별로 없다. 어쩌면 이런 수치들은 과장되었을지도 모른다.

암소 1두당 버터와 치즈의 산출량에 관한 자료는 비교적 많이 수집될 수 있다. 그 산출량은 여러 지방의 자료가 제시되어 있는 〈표 4〉에서 보는 바와 같이 1500년과 1800년 사이에 상당히 증가했다.

16세기에도 독일의 농장들과 프리슬란트에 있는 헤메마의 농장과 같은 네덜란드 농장들 사이에는 커다란 차이가 있다. 18세기와 19세기의 통계자료뿐만 아니라 16세기와 17세기의 통계자료도 알려져 있는 지역들에서 우리는 이 기간에 버터와 치즈의 생산량이 두 배로 증가했음을 확인할 수 있다. 암소당 버터와 치즈의 산출량 증가는 산유량이 증대한 결과에 다름 아니다. 그렇지만 우리는 또한 우유의 더껑이를 걷어내고 휘젓는 기술의 발전이 치즈와 버터의 생산증대에 기여했다는 사실도 기억해야 한다.

중세 말 도시의 성장과 많은 육류 소비는 도살용 가축을 사육하는 축산업 성장의 중요한 요인들이었다. 이 무렵 소—주로 황소—의 원격지 교역은 중요한 것이 되었다. 서유럽은 스칸디나비아산 소가 공급되었던 데—소위 유틀란트의 황소 무역—에 비해서, 중부 유럽, 특히 남부 독일의 도시들은 헝가리, 왈라키아 및 흑해 연안 지역산 육우를 공급받았다. 후자의 무역은 헝가리와 발칸반도가 터키인들에게 정복당함으로써 16세기에 이동했다. 그 다음에는 폴란드산 소떼가 종종 1만 6,000두에서 2만 두가 될 정도로 대규모로 바이마르 북쪽의 부트스테트에 있는 시장으로 유입되었다.

중세 후기에 슐레스비히홀스타인, 유틀란트, 덴마크의 여러 섬 및 남부 스웨덴(쇼넨)에서는 도살용 소의 비육이 시작되었다. 도살용 소는 일정한 길을 따라서 독일의 3대 한자도시인 함부르크, 브레멘 및 뤼베크로 몰려들었고, 후에는 또한 플랑드르와 라인 지방에 있는 도시들에도 흘러들었다. 함부르크 근처의 베델은 대규모 가축시장으로 발전했다.

이 시기에 도살용 가축의 비육이 시작된 것은 높은 육류 가격과 낮은 곡물가격 때문임에 틀림없다. 덴마크에서는 수출용 소의 비육이 귀족의 한 특권이 되었다. 특히 16-17세기에 이런 소의 수출은 연간 평균 3만 두에서 5만 두가 될 정도로 대규모였다. 17세기 초반에는 그 수가 심지어 7만 두에서 8만 두에 달한 해들도 있었다.[121]

가축과 함께 하는 도보여행에는 많은 어려움이 따랐다. 하루에 단지 짧은 거리만을 이동할 수 있었기 때문에 여행기간이 오래 걸렸고, 여행 도중에 가축의 무게가 줄어들었던 것이다. 1두의 소가 330킬로미터의 거리를 걸을 때 체중이 80킬로그램 준다는 사실이 확인된 바 있다. 네덜란드가 최대의 고객이 되었던 1623년 이후 가축은 대부분 선박으로 운송되었다. 덴마크의 황소시장은 처음에는 호른(Hoorn)[67]에 개설되었고, 그 다음에는 엥크하위전(Enkhuizen)[68]에, 마지막으로 1660년부터는 암스테르담에 설치되었다. 1624년 엥크하위전에서는 가축의 공급이 1만1,769두에 이르렀고, 1667/1668년에 암스테르담에서는 8,788두에 달했다.[122]

1700년경에 그 절정기는 지났다. 덴마크는 많은 소가 모이고 그것도 육질이 가장 좋은 소가 모여들었던 쇼넨을 스웨덴에 잃었다. 1745년의 우역(牛疫)은 드디어 치명적 손실을 입혔다. 17세기에 높은 버터가격 때문에 더욱 많은 덴마크인이 젖소 사육에 종사하게 되었으며, 이를 위한 젖소는 홀란트에서 수입되었다. 이런 전환은 18세기에 가속화되었다.[123]

소떼와 함께하는 이와 같은 도보여행이 그레이트브리튼에서도 역시 있었다. 그레이트브리튼에서는 스코틀랜드(특히 1707년 이후), 웨일스(1258년에 벌써 기록이 나타나며, 특히 16-17세기에는 기록이 광범하게 나타난다) 그리고 서부 잉글랜드에서 생산된 소들이 인구가 조밀한 수도의 육류 수요를 충족시키기 위해서 런던으로 몰려들었다.[124] 가축에게는 소비의 중심지로부터 너무 멀리 떨어지지 않은 곳에서 그들의 체중을 회복하도록 얼마동안 충분한 사료가 주어졌다. 디포[69]에 따르면, 18

....

67 암스테르담 북쪽 해안에 있는 도시.
68 호른에서 북동쪽으로 약 20킬로미터 떨어져 있는 해안도시.
69 『로빈슨 크루소』의 저자 대니얼 디포(Daniel Defoe)를 말한다.

세기에 매년 4만 두의 소가 스코틀랜드에서 남쪽으로 몰려들었다. 이들 소떼는 노퍽에 있는 노리치 인근의 세인트 페이스에서 살찌워졌다.[125] 거기에서 소떼는 런던 인근의 가축시장인 스미스필드로 보내졌다.

18세기에 영국에서는 양을, 양모의 생산을 위해서가 아니라 고기를 얻기 위한 도살용 가축으로 사육하는 전환이 일어났다. 양은 양모의 품질이 떨어지고 그 산출량이 많지 않은 어린 나이에 도살되었다. 육종가 베이크웰이 고상한 신사층의 식탁을 위해서가 아니라 대중을 위해서 양의 품종을 개량한다고 설명한 것은 이런 전환의 원인을 함축성 있게 지적하는 말이라고 하겠다.[126] 급격한 인구증가로 육류에 대한 수요는 증대되었으면서도, 산업혁명기에 도시화의 진전 결과 인구 가운데 돼지나 양의 직접 사육을 통해서 육류를 자급하는 비중은 점점 더 작아졌다. 양고기는 영국에서 값싼 대중적 식품이 되었다. 베이크웰이 양의 품종을 개량한 목적은 단기간에 많은 고기를 생산하기 위해서였다.

육류에 대한 수요는 가축 수의 많은 증가를 통해서 충족된 것도 아니고, 그렇다고 가축의 체중 증가를 통해서 충족된 것도 아니었다. 그것은 무엇보다 가축을 어린 나이에 도살함으로써 충족되었다. 가축의 세대교체는 빨라졌다.[127] 이것은 하르츠산맥 지역에서 분명하게 확인할 수 있다. 슈마츠펠트에서는 1750년에 5년생 또는 그 이상된 소가 24두 있었으나, 1760년에는 그 수가 9두로 줄었고, 1770년에는 가축 가운데 5년생 소는 하나도 없었다. 1740년에는 3년생 돼지가 아직 3두 있었으나, 1750년에는 하나도 없었다. 1750년 이전에는 암소 가운데 16년이나 된 존경할 만한 나이를 먹은 암소들이 있었다. 첫 송아지를 낳는 연령 역시 높았다. 16세기에 베르니게로데에서는 4년생 양과 3년생 돼지가 어리게 취급되었던 것처럼, 6년생은 물론 심지어 7년생과 8년생의 소들도 아직 어린 소에 속했었다.[128]

우리는 또한 1651년 에스토니아에 있는 리훌라 영지(비크 지역)에서 사육된 3년생 이상의 54두의 암소떼에 관해 알려진 자료로부터도 다음과 같은 가축의 연령구조를 알 수 있다.[129] 10년생 또는 그 이상 된 암소가 15두, 즉 전체 두수의 27.8퍼센트에 달했다.

나이	두수	백분율	나이	두수	백분율
4년생	7	13.0	10년생	2	3.7
5년생	6	11.1	11년생	4	7.4
6년생	9	16.7	12년생	3	5.6
7년생	1	1.8	13년생	1	1.8
8년생	10	18.5	14년생	3	5.6
9년생	6	11.1	16년생	2	3.7

비록 양젖이 버터와 치즈를 만들기 위해서 이용되기도 했지만, 양은 도살용으로 사육되기 전에는 무엇보다 양모를 생산하기 위해서 사육되었다. 양털의 무게는 가벼웠다. 영국에서 로버트 로더의 농장에 있는 양의 경우(1610-1620년) 양털의 무게는 0.58킬로그램밖에 나가지 않았다. 그렇지만 그는 양을 별로 돌보지 않았다.[130] 17세기에 작센에서는 양털의 무게가 훨씬 더 많이 나갔다. 즉 1.3킬로그램이었다.[131] 많은 양이 사육되었던 피카르디에서는 한 마리의 양에서 산출되는 양털의 무게가 평균 1.5킬로그램에 달했다.[132] 18세기 말에 작센의 영지들에서 메리노종 양과의 교배종이 생겨났을 때, 양털의 평균 무게는 1.1킬로그램으로 떨어졌으나 양모의 품질이 개량됨으로써 무게의 감소로 인한 손실이 보충되었다.[133]

우리는 슐레지엔에서는 샤프고취의 영지에서나 베르스도르프 영지에서나 양모의 산출고가 낮음을 보게 된다. 이들 영지에서는 다음의 표에서 보는 바와 같이 1751년부터 1840년에 이르는 기간 중 19세기 초에 양모 산출고는 최저점에 다다랐으나, 그 후 양의 체중증대 결과로 다시 증가했다. 드디어 양모의 무게가 두 배로 증가하기에 이르렀으나, 이런 증가는 19세기 후반에 가서야 나타났다.[134]

기간	양 1두의 평균 양털 무게(킬로그램)
1751-1760	0.77
1761-1770	0.75
1771-1780	0.80
1781-1790	0.86
1791-1800	0.76
1801-1810	0.81
1811-1820	0.68
1821-1824	0.69
1833-1840	0.76
1841-1850	0.90

19세기 전반에 베르스도르프에서의 양모 산출고는 다음과 같다.[135]

기간	양 1두의 평균 양털 무게(킬로그램)
1821-1830	0.76
1831-1840	0.62
1841-1850	0.68

축산물의 얼마만한 부분을 농민가족 스스로가 소비했는지를 파악하기는 어렵다. 중세 말에 케를렌리트(Keerlenlied)[70] 속에서는 농민에

대해서 다음과 같이 읊고 있다.[136]

> 응유(凝乳)와 유장(乳漿), 빵과 치즈는
> 그가 온종일 먹는 것이다.
> 그것이 이 친구가 어리석은 이유다.
> 그는 배가 부르도록 먹었다.

치즈 제조를 위해서 응결된 우유, 즉 응유와 치즈의 제조과정에서 남은 우유의 달콤한 부분, 즉 유장은 농민 식사의 중요한 부분을 구성했다. 농민들이 많은 전지유(全脂乳)[71]를 마셨는지, 또는 죽에 우유를 사용했는지는 불확실하다. 우리가 확인할 수 있는 것은 헤메마의 농장에서는 생산된 모든 우유가 버터와 치즈의 제조용으로 사용되었고, 이것은 농가 자체에서 소비되지 않고 단골 고객에게 판매되었다는 것이다.

농민들은 자기가 만든 버터를 먹지 못했고, 식용하고 빵을 굽고 튀기는 기름으로는 라드를 사용했으며, 빵을 먹을 때에는 치즈를 이용했다고 알려져 있다.[137] 우리는 농민의 버터 판매를 오로지 농민의 검소한 생활태도로만 보아서는 안 된다. 소농들에게는 매주 시장에 버터와 계란을 판매하는 것이 일상적으로 필요한 비용을 지불할 수 있는 현금을 가져다주었다.[138] 다른 한편 17세기의 네덜란드 사람들에 대한 윌리엄 템플 경(Sir William Temple)[72]의 다음과 같은 관찰은 네덜란드 사람들의 검소함을 보여 준다. "그들은 자신이 생산한 버터 가운데 가장 좋

....

70 1322-1328년간 전개되었던 플랑드르 농민전쟁을 배경으로 하여 만들어진 시가(詩歌).
71 지방분이 3퍼센트 이상 포함되어 있는 우유. 이에 대해서 지방분이 분리되고 남은 지방의 함량이 0.5퍼센트 이하인 우유를 탈지유(脫脂乳)라고 한다.
72 영국과 네덜란드의 긴밀한 관계 발전을 위해 힘쓴 영국의 정치가(1628-1699).

은 것은 외국으로 보내고, 자신의 소비용으로는 아일랜드나 북부 잉글랜드에서 생산되는 것 중 가장 값싼 것을 구입한다."[139]

그렇지만 도살된 가축의 가죽은 그 일부가 농가 자체에서 사용되었다. 가죽은 여러 가지 종류의 피혁제품(가죽끈)과 구두를 만들기 위해서 무두장이와 제화공에게 보내졌다. 상시 고용인은 종종 그들의 임금의 일부를 현물, 즉 아마나 아마포 또는 신발로 받았다.

18세기에 프리슬란트와 오버레이설과 같은 지방에서는 장인 가운데 제화공이 대단히 많았다. 따라서 우리는 18세기에는 나막신을 비교적 적게 신었다고 말할 수 있을 것이다.

생산이 온통 시장에 내다팔기 위해서 이뤄지는 축산농가에서는 가축이 전혀 다른 효용성을 가졌던 경종농업 농가들보다도 농가에서 생산된 낙농품이 농가 내에서 더 적게 소비되었다는 느낌을 우리는 갖는다. 그렇지만 경종농업을 하면서도 대량의 버터를 생산해 파는 모래밭 지역들이 있었다. 그것은 예컨대 16세기 이래 켐펀 지방의 경우에 그러했듯이 큰개미자리 재배 덕분이었다.

축산업 지역에서는 어느 곳에서도 황소와 암소를 견인력으로 사용하지 않았다. 모든 수송이 배로 이뤄졌던 프리슬란트에서 비록 말이 없는 대축산농들이 발견되기는 하지만, 견인력으로는 언제나 말을 사용했다. 그러나 농경 지역에서는 달랐다. 농경 지역에서는 여러 가지 일에 소의 견인력을 사용했다.

덴마크, 북서부 독일 및 네덜란드에서는 말을 거의 유일한 역축으로 이용했다. 케네에 따르면 18세기에 프랑스에서는 농경지의 $\frac{7}{8}$을 황소나 암소로 경작했다.[140] 남부 독일에서도 농사일에 말을 사용하는 것은 역시 훨씬 더 드물었다. 일반적으로 유럽의 북부 지방에서는 역축으로 말을 압도적으로 많이 사용했던 데에 비해서, 유럽의 중부와 남부에서는 황소와 암소를 더 많이 사용했다. 이포제가 오랫동안 시행되었던 대부분의 지역들에서 말을 먹일 만큼 충분한 곡식이 재배되지 않았기 때문에 견인력으로 황소를 사용했다. 견인력으로 말을 사용하려면 이포제에서 삼포제로의 이행이 있어야 했다.

견인력이 황소에서 말로, 또는 남부 유럽에서는 노새로 옮아간 것은 농민층이 번영을 날로 더해 간 결과일 가능성이 크다. 아마도 엘리자베스 여왕 시대에 잉글랜드에서 그런 현상이 나타났던 것으로 보인다.[141] 일반적으로 인구의 급속한 증가로 말미암아 종종 나타나는 농업의 급격한 확대가 있을 때, 농업에서 견인력으로 황소의 사용이 사라진다는 것은 주목할 만하다.[142] 이를 설명할 수 있는 요인으로는 다음과 같은 여러 가지를 열거할 수 있다.

1. 황소의 걷는 속도는 말보다 훨씬 느리다. 황소는 훨씬 더 적은 일을 하지만, 사료비는 더 싸게 든다. 미국의 한 역사가의 단평 속에 황소와 말의 이런 차이가 잘 나타난다. "황소는 식량을 절약하게 하지만, 말은 인간의 노동시간을 절약시킨다."[143] 16세기의 프랑스 저술가들에 따르면 1필의 말은 하루에 황소 3두 내지 4두 몫의 일을 수행한다. 특히 습기가 많은 기후에서는 기한 내에 일정한 작업을 수행하는 것이 대단히 중요하다.[144]

2. 개간지는 종종 토질은 비교적 척박하나 보다 쉽게 쟁기질할 수 있게끔 경질토(輕質土)로 되어 있다.

3. 개간기에 높은 곡가로 인한 화폐소득의 증가는 농민들로 하여금 견인력에 보다 많은 비용을 쓸 수 있게끔 한다.

4. 호황기에 사회적 명성은 보다 큰 역할을 하며, 말을 가진 농민은 황소를 가진 농민보다 사회적으로 더 높은 지위를 가지게 된다.

또 견인력으로 말이나 황소의 선택은 쇠고기 가격과 관련이 있다는 견해도 제시되고 있다. 쇠고기 가격이 낮은 경우에는 황소보다 말이 오히려 견인력으로 사용된다. 쇠고기 가격이 상승할 경우에는 황소가 나이가 들어서 도살용으로 살찌워져 팔릴 수 있기 때문에 견인력으로 황소를 사용하는 것이 유리하게 된다. 그렇지만 쇠고기 가격이 계속해서 상승할 경우에는 황소를 전적으로 도살용으로 기르는 것이 유리하다. 그럴 때에는 노쇠한 견인황소가 질 나쁜 고기를 제공하기 때문에, 말이 견인가축으로 황소를 다시 한번 대체하게 된다. 따라서 육류 가격의 변동 속에 황소 사육이 수지맞는 단계가 나타날 수 있다.

농사일이 짧은 기간에 집중되어 있고 견인가축을 연중 고르게 사용하지 않는 농가에서는, 말보다 황소가 선호되었다.[145]

그 반대 추세—우리는 그것을 거의 퇴보라고 말할 수 있을 것이다—즉 말에서 황소와 암소로 역축이 바뀌는 것은 거의 언제나 전시상황의 결과다. 삼십년전쟁 기간에 남부 독일에서는 말들이 떠돌아다니면서 약탈하는 군대들의 손쉬운 전리품이 되었다. 군 지휘관들이 그들의 원정에 황소와 암소를 끌고 갈 가능성은 훨씬 적었던 것이다. 1812년경 네덜란드의 빈테르스베이크(Winterswijk)[73] 주변에서는 나폴레옹 군대용 말이 징발됨으로써 견인력으로 황소를 다시 사용하는 변화가 일어났다. 하르츠산맥에 있는 영지들에서는 견인황소의 사용에 관한 기록이 1798년에 처음으로 나타난다.[146]

여러 경종농업 지역에서 사육된 특별히 많은 말의 수는 눈여겨볼 일이다. 예컨대 네덜란드에서는 오버레이설과 펄뤼버 지방에서 말이 많았다. 1602년에 오버레이설에서는 100헥타르의 경지에 61필에서 69

....

73 독일과의 국경 가까이 위치한 네덜란드의 중동부 도시.

필까지의 말이 있었다. 바꾸어 말하면, 1.4-1.6헥타르당 1필의 말이 있었던 셈이다. 대부분의 농민들, 심지어 5헥타르 이하의 경지를 가진 소농조차도 3필 내지 4필의 말을 사육하고 있었다. 1필의 말만을 가지고 있는 사람은 상당히 드물었고, 대부분의 사람이 적어도 2필의 말을 가지고 있었다. 오막살이농의 경우에도 마찬가지였다. 이것은 수레와 쟁기를 끄는 데에는 언제나 적어도 2필의 말이 필요했기 때문이다. 1602년과 1844년 사이에는 오버레이설에서 경지가 급격히 확대되었음에도 불구하고 말의 수는 같은 기간에 격감했다. 이것은 1602년에 너무 많은 말이 있었음을 가리킨다. 비슷한 현상이 16세기 초에 펄뤼버 지방에서도 나타났다.[147]

또한 덴마크에서도 많은 농장에서 말의 수가, 특히 소와 비교할 때, 대단히 많았다. 덴마크의 섬들에서 중농은 2두 내지 3두의 암소와 몇몇 송아지 및 8필에서 10필까지의 말을 가지고 있었다.[148] 1800년경에 알자스에서도 똑같은 현상을 볼 수 있다. 여기에서는 평균적으로 3헥타르의 농경지당 1필의 말과 $3\frac{3}{4}$헥타르의 농경지당 1두의 암소가 있었으며, 1.2, 2.0, 2.4 및 3.0헥타르 크기의 농경지를 가진 농가들에서는 2필의 말이 있었다. 이들 말을 위한 충분한 일거리가 있었던 것은 아니다. 농토가 농가로부터 3-4킬로미터 떨어져 있었다고 보았을 때, 슈베르츠에 따르면 2헥타르의 농경지를 가진 농가에 2필의 말이 있었다는 것은 필요한 견인력보다 다섯 배나 많은 셈이 되며, 1.2헥타르 크기의 농경지를 가진 농가의 경우에는 무려 여덟 배나 더 많은 셈이 된다. 이 모든 축력은 허비되었던 것이다.[149]

1630년에 라체부르크 주교좌 영지(뤼베크의 동쪽)에서는 가축의 구성이 다음의 표와 같았다.

알자스에서는 1:0.85였던 말과 소의 비율이 라체부르크 주교좌 영

가축의 종류	두수
소	3,116
양	2,625
돼지	3,859
말	4,254

지에서는 1:0.73으로 더 낮았다. 1634년—삼십년전쟁의 참혹한 파괴가 있기 전—과 1849년 사이에 헨네베르크 백작령(튀링겐)의 17개 마을에서 말의 수는 75퍼센트 감소한 데에 반해서, 같은 기간에 소의 수는 33퍼센트 증가했다.[150] 1719년에 서부 핀란드의 농촌에서 사람이 거주하는 가옥당 말과 황소로 구성된 사용 가능한 견인력은 다음과 같이 컸다.[151]

소유가축	합계 두수	거주 가옥당 두수
말	9,918	0.7
황소	14,824	1.0
소계	24,742	1.7
암소	33,194	2.2
송아지	27,615	1.8
소계	60,809	4.0
양	53,845	3.6

[거주가옥(=농장?) 1만4,975호]

　어디에서나 이와 같았던 것은 아니다. 예를 들면, 18세기에 리에주의 왕실주교구에서는 10헥타르가량의 경지당 한 필의 말이 있었다.[152] 작센의 영지들에서는 다음의 표와 같이 견인가축당—여기에서는 1669

년 이후 말 외에 황소도 사용되었다—농경지 면적이 훨씬 더 컸으며, 특히 16세기부터 18세기까지의 기간에 컸다. 우리는 1800년경에야 비로소 견인가축당 농경지 면적이 축소되는 것을 보게 된다.[153]

우리는 말의 견인력이 중세 이래 크게 증대되지 않았음을 기억해야 한다. 중세의 견인력은 200-300킬로그램이었던 데에 비해서, 17세기에 잘 사육된 두 필의 말은 750킬로그램의 짐을 실은 마차 하나를 끌 수 있었을 뿐이다.[154] 농민이 경작지의 작업용으로 사용한 말은 대부분 먹는 것이 훨씬 더 열악했으며, 그에 따라서 이들 말의 작업능력도 더욱 보잘것없었다.

영지의 소재지	연도	견인가축 두수 (황소 3두=말 2필)	견인가축 두당 헥타르 수
오스트라	1570	12	28.2
	1592	43	7.9
	1662	33	10.7
	1750	29	15.0
	1809	41	7.1
	1836	33	9.3
고르비츠	1694	5	23.0
	1760	18	6.4
	1821	14	7.7
	1832	14	7.7
로멘	1721	4	42.6
	1800	12	14.3
	1831	14	12.2
베르스도르프 (슐레지엔)*	1800-1810년간의 평균	32	10.0

* G. Lange, 54로부터 산출되었다(말과 황소의 합계).

16-18세기에 말이 과잉 소유된 원인은 여러 가지로 설명할 수 있다. 오버레이설과 펄뤼버 지방에서는 뗏장 시비를 위해 많은 수의 말이 필요했다. 먼 거리에 있는 황무지와 야생미경작지로부터 뗏장을 농가로 운반하여 두엄과 섞고 혼합된 거름을 농경지로 운반하는 데에는 많은 견인력이 소요되었다. 더욱이 농토는, 서로 멀리 떨어져 있고 농가로부터 종종 아주 먼 거리에 있기도 하는 많은 수의 필지로 분산되어 있었다.

덴마크에서 중농들에 많은 수의 말이 있었던 이유는 이들 농가에 부과된 수송부역의 의무 수행 때문이라는 의견이 제시되어 왔다. 그러나 이런 설명은 오버레이설 지방의 상황에 비추어 볼 때 타당성이 없다. 왜냐하면 그곳에서는 수송부역이 존속했던 지역들과 수송부역이 사라진 지역들 사이에 아무런 차이도 발견할 수 없기 때문이다.

슈베르츠는 말은 공유지에서 자라는 빈약한 사료로도 충분히 살아갈 수 있다고 지적한다. 게다가 말은 때로 아주 먼 거리에서 가져와야 하는 거름의 운반에도 필요했다고 한다.

아벨에 따르면 말이 많았다는 것이 16세기와 17세기 초의 특징이다. 높은 곡가는 많은 야생미경작지의 개간과 목초지의 경작지로의 전환을 초래했다. 면적이 줄어든 목초지에는 무엇보다 말이나 양이 사육되었다. 왜냐하면 소 사육으로부터 나오는 산물의 가격은 말이나 양의 축산물 가격보다 훨씬 덜 상승했기 때문이다. 도로 사정은 좋지 않아서 많은 견인가축이 필요했다. 따라서 말 사육은 수지맞는 사업이었다는 것이다. 이것 외에도 우리는 16세기 교역의 활성화, 총 판매고의 증가 그리고 통상의 확대를 들 수 있을 것이다. 그렇지만 말의 과잉소유는 그 뒤 18세기에도 다시 생겨났기 때문에(알자스), 아벨의 주장은 설득력이 없다. 더욱이 오버레이설 출처의 자료를 통해서 볼 때, 말이 축산업 차원에서 사육된 것이 아니라 농사일에 사용되었다는 느낌이 강하게 든다. 이것은 슈베르츠의 당대 저술로부터 증명되듯이, 알자스에서도 마찬가지였다. 슈베르츠는 대단한 통찰력이 있고 농업 분야에 경험이 있는 사람이었기 때문에 그의 견해는 무시할 수 없다. 아마도 우리는 다음과 같은 말로 정리할 수 있을 것이다. 농가의 말 과잉소유 현상은 특히 경지가 확장되어 가는데도(16세기와 18세기), 그에 따라서 증가하는 거름 수요가 단지 장거리 수송을 통해서나 두엄의 확대생산을 통해서만 충당되는 시대와 지역들에서 나타났다고.

경작 농민의 최대 관심사는 가축의 두엄 생산이었다. 두엄 없이는 농토는 충분한 수확고를 올릴 수 없었기 때문이다. 경종농업에서 두엄 생산의 이런 중요성에도 불구하고 사료 속에는 이에 관한 자료가 별로 없다. 상당히 믿을 만한 자료는 1740년에서 1825년까지의 오스트라(작센)와 1772년에서 1870년까지의 베르스도르프(슐레지엔) 영지에서의 두엄 생산에 관한 기록이다.[155] 그렇지만 이 경우에, 18세기 후반에 오스트라에서는 토지 가운데 약 $\frac{2}{3}$가 휴경되었기 때문에 가축이 다른 곳보다 훨씬 더 넓은 면적의 목초지에서 풀을 뜯어 먹을 수 있었다는 점이 고려되어야 한다. 따라서 이들 영지에서는 두엄 생산이 통상적인 수준보다 더 많았을 가능성이 있다. 18세기 말에는 다 성장한 소 1두당 연간 3,000-4,000킬로그램의 두엄 생산이 정상적인 것으로 간주되었다.[156]

두엄 생산량은 다음의 표와 같았다.

다음 표의 통계로부터 약 60-70년 안에 가축 두당 두엄 생산량이 거의 두 배로 늘어났다는 것이 분명해지고 있다. 이러한 증가는 가축을 연간 약 120일간 겨울철에 우리 속에 넣어 사육하던 방식으로부터 1년 내내 축사에서 사육하는 사사(舍飼) 방식으로 전환한 결과다. 후자의

영지 소재지	연도	큰 가축의 두수*	전체 두엄 생산량 (킬로그램)	큰 가축의 두당 두엄 생산량 (킬로그램)	큰 가축의 두당 두엄 생산지수
오스트라	1740	75	442,000	5,893	100.0
	1760	91	799,000	8,780	149.0
	1809	193	1,938,000	10,041	170.4
	1825	263	2,634,000	10,011	169.9
베르스도르프	1772-1774	218	877,500	4,025	100.0
	1837	271	2,090,000	7,712	191.1
	1863-1870	275	2,957,000	10,753	267.2

* '큰 가축 단위'로 표시되어 있음. 즉 다 자란 황소나 암소 1두=말 $\frac{3}{4}$필=돼지 4두=양 10두로 계산되어 있음.

경우, 통상 다 자란 소 1두당 매년 두엄 생산량은 1만 킬로그램이다. 사사는 사료작물이 재배되기 시작한 이후에야 비로소 도입될 수 있었다. 이제 이용할 수 있는 두엄의 분량이 증가했다. 그렇지만 동시에 가축사육을 위해서 소요되는 목초지의 면적은 줄어들었기 때문에 대체로 경작지 면적은 목초지의 축소 속에 확장되었을 것이다. 전에는 가축이 목초지에서 풀을 뜯는 동안 목초지에 거름이 자연스럽게 공급되었던 데에 비해서, 이제 남은 목초지는 사람이 시비해야 했다. 따라서 전체적으로 볼 때 경작지 단위면적당 더 많은 거름이 이용될 수 있었는지는 의심스럽다.

오스트라에서는 다음의 표에서 보는 바와 같이 1825년에 1740년보다도 헥타르당 $7\frac{2}{3}$배나 더 많은 두엄을 이용할 수 있을 정도로 대단히 큰 발전이 있었다. 그러나 그것은 하나의 예외적 현상이었다. 왜냐하면 이 시기에 가축의 수가 증가하고 가축당 두엄 생산량이 늘어난 데다가

20퍼센트 정도의 농경지 면적이 줄어들었기 때문이다.[157]

연도	농경지 면적 (헥타르)	헥타르당 두엄 생산량 (킬로그램)	헥타르당 킬로그램 단위의 두엄 지수
1740	374,55	1,180	100.0
1760	374,55	2,133	180.8
1809	290,95	6,661	564.5
1825	299,75	8,787	744.7

가축 수

19세기 이전 시대의 가축 수에 관해서 국가별, 지역별로 믿을 만한 통계는 부족하다. 그러나 우리가 이용 가능한 통계수치를 통해서 살펴보면, 이미 중세에 큰 가축과 작은 가축의 비율은 큰 가축 쪽에 유리한 추이를 보였던 듯하다. 19세기 독일의 통계수치는 예외적인 것이었다. 왜냐하면 1820년부터 1845년까지의 불황기에 양의 수가 급격히 증가했기 때문이다. 양모 수출국으로 오스트레일리아가 등장하기 이전에는 독일의 영방들이 19세기 초반에 양모의 최대 공급지들이었다. 그렇지만 다른 곳에서는 작은 가축이 상대적으로 줄어들었으며, 이것은 특히 양의 수의 감소 때문이었다. 개간의 진전으로 황야가 축소됨에 따라서 양을 사육할 수 있는 여지는 좁아졌던 것이다.

한편 작은 가축의 경우 18-19세기에 거의 어디에서나 돼지의 수가 증가함을 우리는 볼 수 있다. 농민들은 그 전에는 그들 자신의 소비를 위해서 한두 마리의 돼지를 사육했으나, 이제는 시장에 내다팔기 위한 돼지사육으로 전환했다. 큰 가축―말과 소―은 작은 가축에 비해서 증가했지만, 큰 가축 무리 내에서도 변화가 있었다. 말이 쟁기질용 견인력으로 사용되는 지역들에서는 말의 수가 소의 수에 비해서 상대적으로 그리고 때로는 절대적으로 줄어들었다. 17-18세기에 말의 품종을 개량하려는 여러 정부의 노력이 성과를 거두어서 말이 그 선조가 되는 말보다 더 크고 더 강했기 때문에 더 적게 필요했을지도 모른다. 그러나 필시 18세기 말과 19세기 초에 가벼운 쟁기를 사용하게 된 것 또한 농장에서 말을 더 적게 사용한 데에 영향을 미쳤을 것이다. 중질토로 인해서 황소가 견인가축으로 사용되었던 지방들에서도 가벼운 쟁기가 등장하면서 말을 견인력으로 사용하기 시작했다.

가축 수는 농장의 크기와 종류 그리고 농장이 위치한 지역에 따라서 농장마다 달랐다. 농업경영 규모가 일반적으로 컸던 리에주의 왕실 주교구에서는 18세기에 17헥타르 정도의 토지를 가진 농가에 4두 내지 5두의 암소가 있었고, 35-60헥타르 규모의 토지를 가진 농가에는 약 10두의 암소가 있었으며, 85헥타르 이상 크기의 토지를 가진 농가에는 약 15두의 암소가 있었다. 10헥타르 크기의 경지에는 1두의 말이 사육되었다. 25헥타르 이상 크기의 토지를 가진 농가마다 적어도 100두의 양이 있었으며, 소농은 1두나 2두의 돼지를, 대농은 15-25두의 돼지를 가지고 있었다.[158] 17세기에 서식스에서는 보통의 농가에 6두 내지 7두의 암소가 있었다. 일반적으로 오막살이농은 대농보다 상대적으로 더 많은 가축을 사육했다.[159]

소농들의 경우에는 가축의 과다소유와 과소소유 간의 격차가 중, 대농의 경우보다 훨씬 더 작기 때문에 과잉 소유하는 현상이 자주 발생한다. 견인력과 관련해서 볼 때 한 필의 말로는 작업을 수행할 수 없었으므로, 농지가 소규모임에도 불구하고 사람들은 말을 두 필 가지든가 아니면 전혀 가지지 못하든가 양자택일해야 했다. 경작지의 시비에는 적어도 3두나 4두의 암소가 필요했다. 이러한 가축의 과잉으로 인해서 소농은 또한 공유지에도 대단히 크게 의존했다. 라인란트팔츠에서는 소농이 두 필의 말과 3두의 암소를 가지고 있었다. 이보다 약 네 배 더 큰 20헥타르 크기의 농토를 가진 농가들은 여덟 필의 말과 12두의 암소를 가진 것이 아니라, 단지 세 필의 말과 6두에서 8두까지의 암소를 가지고 있었다.[160]

18세기에 영국은 그 나라의 가축 육종가들을 통해서 큰 명성을 얻었다. 그들 가운데 가장 유명한 육종가는 로버트 베이크웰이었으나, 그 외에도 토머스 그리슬리 경, 농민인 웨스터, 파울러, 컬리 형제, 콜링 형제 등과 같은 많은 다른 육종가가 있었다. 우리는 새로운 육종법에 의한 가축의 품종개량과 관련해서는 바로 17-18세기에 여러 가지 가축에 대해서 이전과는 전혀 다른 수요가 발생했다는 사실을 기억해야 한다. 양은 원래는 양모와 거름[네 발로 걷는 똥수레(four-legged dungcarts)]을 얻기 위해서 사육되었으나, 18세기에 이르러서는 고기를 얻는 것이 더 중요하게 되었다. 많은 나라에서 황소는 견인력으로 사용되었고, 때로는 암소까지도 견인력으로 사용되었다. 그런 경우에 소의 어깨 부분의 튼튼한 발달이 요구되었다. 그러나 소가 주로 고기와 우유를 생산하기 위해서 사육되기 시작하자, 몸통과 허리 및 젖통이 가장 중요한 부분이 되었다. 돼지는 원래 무거운 머리와 튼튼하게 발달한 앞다리를 가지고 있었으나, 지방과 고기를 많이 얻기 위한 품종개량을 통해서 무게중심이 뒤로 이동했다. 특히 육종 분야에서 이런 새로운 요구에 관심을 기울임으로써 가축 육종가들은 이처럼 좋은 성과를 거둘 수 있었다. 지난 200년 동안의 성과는 가축의 전체 체중증가에 있는 것이 아니라, 무엇보다 식용에 적합한 고기의 양적 증가와 육질이 가장 좋은 부분의

증대에 있다. 가죽은 더욱 얇아지고 뼈는 보다 가벼워졌다.[161]

외국산 가축의 수입을 통해서 토종 가축을 개량하려는 노력이 벌써 훨씬 오래전부터 있었다. 예컨대 발트해 연안국가들에서는 17세기에 네덜란드, 스웨덴 및 독일산 가축이 도입되었고, 작센에서는 18세기에 스위스, 네덜란드 및 홀스타인산 가축이 도입되었다. 외국산 가축은 대체로 새로운 기후에 잘 적응하지 못했다. 스위스산 가축은 작센에서 곧 폐병으로 죽고 말았다. 또한 네덜란드산 소도 발트해의 기후에 적응하지 못했다. 게다가 목초는 대단히 질겼고, 네덜란드산 소는 작은 토종 소보다 더 많은 사료를 소비했으며, 이들 소는 자체의 무게 때문에 늪지에 가라앉기도 했는가 하면, 노동조방적인 대농장에서는 불가능했던 아주 많은 일손을 필요로 했다.[162]

17세기 초에 로버트 로더는 여름철에는 말들을 목초지에서 풀을 뜯게 하면서, 그 외에 이들에게 엿기름이나 때로 설익은 완두나 살갈퀴를 사료로 주었다. 겨울철에는 이들 말에게 건초, 왕겨, 엿기름, 콩 및 가끔 약간의 귀리로 된 배합사료가 주어졌다. 그는 겨울철에 가축사료용으로 가축 1두당 세 바리의 짚 또는 때로 건초를 주는 것으로 계산했으나, 보통 짚만을 먹이로 주었다.[163]

1800년경에 서픅에서는 여름철에 암소 1두당 0.8헥타르의 목초지가 필요했으며, 겨울철 사료로는 0.4헥타르 면적의 건초 수확이 소요되었고, 거기에다가 짚과 겨울철에 나는 꼴(wintervoer)이 추가되었다. 암소 1두당 여름철 및 겨울철 사료의 확보를 위해서는 합계 $1\frac{1}{4}$ 내지 $1\frac{1}{2}$헥타르의 초지가 필요하다고 계산되었다. 암소에게 사료작물을 먹이로 줄 경우에는 여름철 사료로 암소 1두당 단지 0.4헥타르의 목초지만이 필요했다.[164]

17세기에 영국에서는 사료용 순무가 소의 먹이로 주어지기 시작했다. 어떤 저술가는 순무의 잎을 유채씨나 아마씨의 깻묵과 섞어 먹일 것을 권했다.[165] 깻묵을 가축에게 먹인다는 생각은 영국인들이 네덜란드인들로부터 배운 것이다. 네덜란드인들은 그들의 가축에게 사료로 먹이기 위해서 영국에서 압착된 유채씨와 사료용 깻묵을 구입했었다. 깻묵은 벌써 1601년과 1602년에 보스턴에서 제일란트와 홀란트로 수출된 바 있다.[166]

말과 견인황소에게는 언제나 상당한 분량의 먹이가 주어졌다. 경종농업을 하는 농가에 있는 암소의 먹이가 가장 형편없었지만, 송아지를 낳을 때에는 먹이가 나아졌다. 일반적으로 암소에게는 오직 건초와 짚만이 먹이로 주었다. 그렇지만 16-17세기에는 암소에게 보다 나은 먹이를 주는 농가들도 있었다. 건초는 목초지에서 1년에 단 한 번만 수확되었다. 건초를 생산하는 목초지에서는 양이 종종 5월까지 방목되며, 그 후에는 풀이 자라도록 내버려 둔다. 따라서 건초작업은 그 해 늦게서야 이뤄질 수 있었다.

역사가들은 겨울철의 빈약한 가축사료와 겨울이 끝난 후의 가축의 비참한 상태를 종종 성 마르티누스 축일의 도살(Martinmas slaughter)과 꼬리가축(Schwanzvieh)에 관한 이야기들과 관련시켜 설명한다. 해마다 11월에 개최되었다는 대도살 축제에 관한 전설들은 주로 영국의 문헌 속에서 발견된다. 이미 일찍이 도살 축제에 관한 사료 연구는 그에 대해 아무것도 찾아낼 수 없었다고 지적된 바 있다.[167] 연구자들 가운데 한 사람은, 그런 전설은 흔히 가축으로 겨우 2두의 돼지만을 가지고 있는 날품팔이꾼층에서 생겨났다고 생각한다. 날품팔이꾼들이 그들의 가축 가운데 한 마리를 가을에 도살하면, 그들 소유가축의 절반을 잃는다는 것이다.

겨울철이 오기 전에 가축이 도살되지 않고 살아남을 때, 그 가축은 봄이 시작될 무렵에는 몹시 허약해져서 풀밭으로 끌려 나가야 했다. 독일에서 그런 가축은 꼬리를 잡혀 풀밭으로 끌려 나가야 하는 가축, 즉 '꼬리가축'이라는 사실적인 이름을 지니고 있었다. 여타 지역에서는 그런 가축은 썰매로―진흙투성이의 도로 사정 때문에―운반되었다.[168]

이들 이야기는 도살 축제와 꼬리가축이 있었을 역사상의 시기에 대해서 우리가 알고자 하는 어떤 것도 시사하지 않고 있다. 이들 이야기는 이 점에서 극히 모호하여 사람들 사이에 전설처럼 이야기되고 있다. 전설적 형식은 이를 이야기하는 사람들이 이러한 상황을 정상적 농업 경영 과정과는 부합하지 않는 예외적인 어떤 것으로 보았음을 짐작하게 한다. 만약 앞에서 말한 현상들이 나타났다고 한다면, 그 현상들은 가축의 수와 가축에게 먹일 수 있는 사료 사이에 불균형이 존재했음을 가리키며, 또한 고기와 낙농품 공급원으로서의 가축의 가치를 낮게 평가했음을 입증하는 것이다. 이것은 그런 현상들이 주로 개간이 많이 이루어져서 가축에게 먹일 목초지가 별로 남아 있지 않은 높은 곡가 시절에 발생했음을 짐작하게 한다. 1800년 무렵이 바로 그러했다.[169] 축산물 가격은 상대적으로 낮았고, 가축은 무엇보다 두엄을 생산하는 것으로서 중요한 가치가 있었다. 여러 나라에서 이 무렵에 공유지의 분할이 시작되었으며, 이로 인해서 가축 소유의 과잉으로 가장 큰 어려움을 겪고 있던 집단인 소농들이 특히 타격을 받았다.

18세기에 서유럽은 유례없이 높은 가축의 폐사율로 큰 손실을 입었다. 17세기에도 이미 가축들 사이에 질병이 발생했으나, 그로 인한 폐사율은 18세기와 같은 파국적인 성격의 것은 아니었다. 우리는 대부분의 나라에서 서너 차례의, 유례가 없을 정도로 혹심한 우역의 창궐이 있었음을 알 수 있다. 가축의 질병은 1711-1714년과 1744-1745년에 유행했고, 그 후에도 1762-1763년과 1768-1771년에 재발했던 것이다.[170] 사람들은 이러한 재앙 앞에 거의 무력한 상태로 있을 수밖에 없었으며, 정부는 전염병을 막기 위해서 갖가지 조치를 취했으나 별로 효과가 없었다. 병든 가축은 도살되었고, 죽은 가축은 온갖 경고를 달아 매장되었으며, 축사는 소독되었고, 가축의 이동은 금지되었다. 그럼에도 불구하고 전염병은 급속히 확산되었다. 지방의 자료를 이용해서 연구해 보면, 우리는 질병이 마을에서 마을로 그리고 지방에서 지방으로 진행되었음을 알 수 있다. 어느 지방에서나 가축의 사망률이 한결같이 높았던 것은 아니다. 첫 번째의 유행병은 영국에는 거의 전해지지 못했으며, 1762-1763년간의 유행병은 네덜란드에서는 거의 감지되지 않았다.

폐사가축의 수는 기록되어 있으나, 이들 수치가 믿을 만한 것인지는 의문이다. 이 기록들에 의하면 1745년에 20만 두의 가축이 덴마크에서, 7만 두의 가축이 슐레스비히홀스타인에서, 그리고 최소한 50만 두의 가축이 영국에서 폐사했다.[171] 동부 프리슬란트에서는 다음과 같이 가축의 총수 가운데 폐사 수가 얼마인지가 언급되고 있다.[172]

연도	폐사가축 수	연도	가축의 총수
1714	60,000	1717	87,000
1745-1761	260,000	1763	70,000
1769-1771	127,103	1805	95,594

우리가 확인할 수 있는 한, 가축의 높은 폐사율이 농업의 구조적 변화를 초래하지는 않았다. 전염병이 휩쓴 후 놀랄 만큼 빠른 속도로 가

축 수가 회복되었기 때문이다. 어쩌면 이것은 가축의 대량 폐사 후 바로 뒤따르는 가격상승 때문일지도 모른다. 처음의 두 전염병은 축산물의 가격이 곡물가격에 비해 상대적으로 높았던 시기에 발생했다. 그 때문에 축산업에서 경종농업으로의 전환이 매력적인 것이 되지 못했을 것으로 추측된다.

우리는 바로 높은 축산물 가격이 대재앙의 발생에 영향을 미쳤으리라는 가설을 제시할 수 있다. 높은 축산물 가격은 틀림없이 가축 수의 급증, 어쩌면 지나치게 급격한 증가를 초래했을 것이다. 사료의 부족 속에서 가축 수의 과잉은 영양실조에 걸린 가축의 질병에 대한 저항력을 아마도 약화시켰을 것이다. 우리는 흑사병과 여타 전염병을 초래한 14세기의 상황이 이와 유사했다고 생각할 수 있다. 14세기의 전염병도 역시 과잉인구의 영양실조 때문에 그렇게도 많은 사람의 목숨을 앗아갈 수 있었던 것이다.

이런 가설이 얼마나 정확한지는 보다 자세한 연구를 통해서만 알 수 있을 것이다. 호스킨스가 묘사한 위그스턴(레스터셔)에서의 상황은 위의 가설을 확인해 준다. 이곳에서는 18세기 초에 공유지의 면적에 대한 가축 수의 비율관계에 위기가 발생했다. 1707년에 가축 수는 몹시 제한되어야 하며 모든 토지이용자는 그의 농경지의 $\frac{1}{4}$을 초지로 바꾸어야 한다고 결의되었다.[173]

3) 농사일과 농기구

16세기부터 18세기까지 농사일은 중세와 거의 똑같은 방식으로 이뤄졌다. 일하는 시간도 거의 그 이전과 같이 소요되었다. 이 시기에 얼마간의 발전이 있기는 했으나, 대변화는 19세기 초반에야 나타났고, 많

은 나라에서 그보다 훨씬 뒤에 일어났다.[174]

17세기에 할빌(스위스)에서는 농민들이 하루에 0.36헥타르의 땅을 갈았고, 영국에서는 똑같은 시간에 황소로 0.40헥타르를 갈거나 말로 0.5헥타르나 0.6헥타르를 갈 수 있었다. 다음 세기에 보다 가벼운 노퍽식 쟁기의 사용으로 하루에 0.6-0.8헥타르의 땅을 쟁기질하는 약간의 발전이 이룩될 수 있었다. 단지 19세기 중엽에야 최초의 증기식 쟁기(stoomploegen)의 채택으로 훨씬 더 넓은 면적, 즉 5헥타르가 갈이질될 수 있었다.[175]

우리는 이런 변변치 못한 수치들조차 상대적으로는 큰 성과였음을 잊어서는 안 된다. 쟁기질하는 기간은 길었으며, 갈이질작업이 진행되는 기간 중에 견인가축의 작업능력은 점점 떨어졌다. 갈이질작업 기간의 초기에는 황소로 하루에 0.4헥타르 이상을 쉽게 갈이질할 수 있었으나, 2주나 3주가 지난 후에는 황소의 작업능률이 겨우 0.2헥타르 정도밖에 안 될 정도로까지 떨어졌던 것이다.[176]

18세기에 노퍽에서는 한 사람이 1헥타르의 곡식을 수확하는 데에는 아직도 $3\frac{1}{2}$일에서 5일까지 걸렸다. 수확에는 작은 낫이 사용되었다. 1800년에 미국에서는 큰 낫을 사용해서 하루에 0.3헥타르 면적의 곡식을 수확할 수 있었다. 따라서 헥타르당 한 사람이 $3\frac{1}{3}$일을 노동한 셈이된다.[177] 2주간의 수확기간에 세 명이 겨우 12헥타르의 면적을 수확할 수 있었다. 일꾼을 고용하지 않고 일해야 했던 일반 가족농은 대체로 수확에 세 명의 성인 노동력을 사용하기도 힘들었다. 가족농의 경우에 곡물을 파종할 수 있는 면적의 크기는 농민가족의 수확작업 성과에 달려 있었다.[178]

1613년에 하웰에 있는 로버트 로더의 농장에서는 도리깨로 한 사람이 하루에 127리터의 밀과 382리터의 보리를 타작했다.[179] 타작은 소농에게는 농한기인 겨울철의 일거리였으나, 대농에게는 높은 임금비용 때문에 값비싼 일이었다. 도리깨질로 타작하지 않고 가축이 밟아 뭉개도록 하여 탈곡하는 경우에는 훨씬 더 많은 분량을 탈곡할 수 있었다. 그렇지만 이와 같은 탈곡 방식을 쓰면 곡물의 품질이 손상된다. 이와 같은 방법으로 세 필의 말을 사용하는 경우 하루에 850-1,100리터의 밀을 탈곡할 수 있었다. 18세기 말에 프랑스에서는 몇 대의 탈곡기를 사용하여 하루에 500-950리터 분량의 밀을 탈곡할 수 있었다.[180] 아직 불완전한 최초의 탈곡기를 사용해서도 탈곡에 소요된 시간이 그 전의 $\frac{1}{4}$에서 $\frac{1}{8}$ 수준까지 줄어들었다.

기계화 덕분에 여러 가지 작업이 한 대의 기계로 수행되었다. 19세기의 발전을 가장 잘 실증할 수 있는 방법은 일정한 면적에서 일정 분량의 곡식을 생산하는 데에 소요되는 최소의 인시(人時, manuur)[74] 수를 계산하는 것이다. 1830년에 보통의 쟁기, 써레, 낫 및 도리깨를 사용하여 1헥타르에서 1,800리터의 밀을 생산하는 데에는 144인시가 소요되었다. 이것이 1896년 미국에서는 당시에 사용되고 있던 기계들을 이용해서 22인시로 줄어들었고, 1930년에 트랙터와 콤바인을 이용해서는 다시 $8\frac{1}{4}$인시로 줄어들었다. 밀 재배의 경우에 1830년과 1896년 사이에는 85.6퍼센트의 시간 절약이, 비용에서는 81.4퍼센트의 절감이 이뤄졌다.[181]

18세기에서 19세기로 옮아가는 전환기는 농기구 부문에서 다수의 중요한 발명이 있었던 때이다. 여기에서 그것의 기술적인 면을 상세히 논할 수는 없지만, 다만 경제적, 사회적 상황은 다룰 수 있을 것이다.

⋯⋯

74 한 사람이 한 시간 동안 노동했을 때의 일의 양.

우리는 거의 모든 농기구 발명에서 기본적인 구상은 최초의 설계 속에 이미 들어 있음을 확인할 수 있다. 뒤에 나타나는 발명품의 경우에 본질적인 변화가 있는 것은 아니다. 이런 발명품들은 흔히 처음에는 서투른 제작과 부적합한 자재 사용으로 말미암아 실용화되지 못했던 것이다. 예컨대 18세기에 사람들은 톱니바퀴를 나무로 만들었지만, 그것은 사용 중에 곧 망가졌다.

대체로 발명 그 자체보다도 더 중요한 것은 새로운 농기구가 일반적으로 사용되는 시점이다. 이런 보편적 사용은 경제적 상황에 따라서 크게 좌우된다. 발명 역시 경제적 상황의 영향을 받는다. 그렇지만 경제적 상황은 발명품이 실용화되는 데에 훨씬 더 큰 영향을 미친다.

발명의 시점과 그것의 일반적 사용 시점 사이에는 상당한 시간의 경과가 필요할 수 있다. 특히 지방 간에 별 접촉이 없었던 과거에는 새로운 발명품이 보다 넓은 지역에 보급되는 데에 가끔 오랜 시간이 걸렸다. 중세 초기 물레방아의 완만한 전파가 이에 관한 좋은 사례다.

발명과 이의 실용화는 경제적 상황에 좌우될 뿐만 아니라 기술적 진보로부터도 영향을 받는다. 농기구의 경우 그것을 움직이고 충분한 힘을 얻기 위해서는 동력원이 필요하다. 농기구가 내구성을 가지기 위해서는 튼튼한 자재로 만들어져야 한다. 1914년까지는 인간의 노동력 및 말과 황소의 견인력이 농업 분야에서 여전히 가장 중요한 동력원이었다. 수력과 풍력은 단지 제한적으로만 농업에 이용될 수 있었다. 즉 농업 분야에서 물레방아와 풍차는 단지 곡식의 제분에만 이용될 수 있었던 것이다. 19세기의 새로운 동력원은 증기기관이었으나, 그것은 크고 무거웠으며 상당한 양의 연료와 물을 소비했다. 19세기에는 또한 증기식 쟁기와 증기식 탈곡기가 있었으나, 이것은 제한적으로만 사용되었다. 대부분의 농사일은 여전히 말을 이용해야 했다.

서유럽의 기술사에서 처음에는 목재가 가장 중요한 자재였다. 18-19세기에 제철과 제강업의 발달을 통해서 철제나 강철제 농기구가 점점 더 많이 제조되었다. 철이 훨씬 더 값싸진다는 것은 대단히 중요했다. 이로 말미암아 값싸면서도 튼튼한 농기구가 시장에 나타날 수 있었다. 영국에서는 1771년에 완전히 철로만 된 보습이 제조되었고, 같은 해에 로퍼드(에식스)에서는 존 브랜드가 완전히 철로만 된 쟁기를 제작했다.[182]

근대적 농기계로 인해서 가능해진 대대적인 노동절감 효과는 괄목할 만한 것이어서 사람들은 노동절약을 모든 농기구 발명의 가장 중요한 동인으로 보는 경향이 있다. 서유럽의 농업경영에서 노동이 비용 가운데 상당 부분을 차지한다는 것은 말할 것도 없이 확실한 사실이다. 그렇지만 서유럽의 농업경영에서는 사람들이 가족이 수행하는 노동을 비용으로 계산하지 않는 가족농이 압도적으로 우세했다. 마찬가지로 사람들은 가축과 종자에 대한 자금투자로 말미암아 발생하는 이자손실도 비용으로 계산하지 않았다. 그런데 이와는 다른 사고방식을 가진 최초의 사례 가운데 하나는 17세기의 로버트 로더에게서 발견된다.[183] 일반적으로 그와 같은 사고방식은 19-20세기가 되어서야 비로소 널리 퍼졌다.

여러 가지 농사일은 얼마나 많은 노동을 필요로 했을까? 라부아지에는 18세기에 한 사람의 날품팔이꾼은 다음의 표와 같이 배분된 연간약 200일에 달하는 노동을 했다고 평가했다.[184]

탈곡이 가장 많은 작업일수를 차지하고 있었으나, 언제나 탈곡작업은 밭에서 작업할 것이 별로 없는 겨울철에 이뤄졌다. 연간 농사일 가운데 힘든 두 시기는 곡물수확기와 건초수확기였다. 날씨가 나빠질지도 모르기 때문에 농민들이 가능한 한 빨리 수확물을 거두어들이지 않

농사일의 종류	작업일수	백분율
쟁기질과 파종	12	5.8
곡물수확	28	13.6
건초 베기와 거두어들이기	24	11.7
탈곡	130	63.1
기타 작업	12	5.8
합계	206	100.0

으면 안 되는 경우가 빈번히 있었다. 이를 위해서는 일할 수 있는 모든 일손들의 협력이 필요했다. 농민들은 이런 수확기에는 힘이 자라는 한 서로서로 도왔다.

서유럽에서 가장 오래된 농기계는 갈리아인들의 수확기(收穫機)—이 기계에 관한 당시의 그림이 바로 얼마 전에 발견된 바 있다—이지만, 이 농기구는 로마시대 이후 기억에서 잊혀졌다. 19세기에 이르러서야 다시 기계로 곡식을 베려는 생각이 실제로 실현되었다.[185]

1500년과 1800년 사이에 농업 관련 서적의 저자들과 농기계 발명가들의 관심은 수확기에 있었던 것이 아니라 쟁기의 개량과 파종기에 집중되어 있었다. 그렇지만 쟁기질과 파종 작업은 별로 많은 시간을 요하지 않는 작업들이었다. 아직 이 시기의 사람들에게는 노동력 절약이 중요했던 것이 아니고 생산의 증대가 중요했다. 사람들은 갈이질의 개량—더 깊이 갈기—과 흙 파엎기의 개량을 통해서 그리고 곡식의 줄심기(이를 통해서 씨앗이 절약될 수 있었다)를 통해서 낮은 파종량 대 수확량의 비율을 높이기를 기대했다. 수확고의 증대는 농민들이 구식 농업에서 해결해야만 했던 최대의 난제였다. 18세기에 사료작물의 재배와 토지에 대한 시비의 개량을 통해서 사람들은 수확고 향상에 성공했다. 수확고가 향상됨에 따라서 수확과 탈곡의 문제가 대두되었다. 이때부터 사람들은 수확기와 탈곡기에 대해서 관심을 가지게 되었다. 왜냐하면 농민은 그의 가족의 일손으로는, 심지어 마을 사람들의 조력을 받는다고 하더라도 증대된 농작물의 수확과 탈곡 작업을 감당할 수 없었기 때문이다.

우리는 동일한 발전을 축산업에서도 볼 수 있다. 처음에는 우유의 산출이 얼마 되지 않아서 버터와 치즈 제조는 농민의 부인이나 딸들이 쉽게 할 수 있는 일이었다. 그런데 혜메마는 16세기에 이미 그의 농장에서 버터와 치즈를 제조하기 위해 한 사람의 일꾼을 두고 있었다. 그러나 그때 그의 암소들의 산유고는 1,350리터로, 500-700리터였던 여타의 보통 농장의 두 배가량 되었다.[186] 스위스와 네덜란드의 축산업 지역에서 산유량이 1,800-2,000리터로 증대되었을 때, 버터와 치즈 제조는 농민가족이 구식 기구를 가지고는 더이상 감당할 수 없는 일이 되었다. 여러 가지 새로운 형태의 버터 교동기와 치즈 압착기가 나타났다. 증대된 생산물은 전국시장과 국제시장에서 팔렸다.

일반적으로 농민들은 농산물 가격이 낮은 때보다는 높은 시기에 새로운 농기구를 구입하려고 했다. 농업부기는 아직 알려져 있지 않았기 때문에, 농민들은 높은 농산물 가격은 또한 큰 수익을 의미한다는 짐작만으로 그렇게 했던 것이다. 비용 역시 상승할 수 있었으므로, 이것이 반드시 맞는 사실은 아니었다. 높은 농산물 가격은 낮은 실질임금과 병행되는 경우가 종종 있으므로, 인건비의 동향을 예의주시하는 사람은 구태여 새로운 농기구를 구입할 필요는 없었다. 그렇지만 농민들은 농산물 가격이 상승하는 가운데 새로운 농기구의 사용으로 생산을 증대시킬 수 있으리라는 희망을 가지고 있었다. 반대로 농산물 가격이 낮은 시절에는, 비록 바로 그때 실질임금이 이례적으로 높은 경우가 종종 있다고 하더라도 농민들은 농기구를 전혀 또는 별로 구입하지 않았다. 이런 때에는 인건비를 절약하기 위해서 농민들은 온갖 노력을 다해야 했을 것이다. 그럼에도 불구하고 많은 농민은 아주 많은 일손을 필요로 하는 환금작물의 재배, 원예농업 및 포도농사 같은 집약적 농업으로 전환했다. 추가로 필요한 노동은 언제나 농민 자신과 그의 가족이 수행했으며, 그런 까닭에 비용으로 계산되지 않았다.

영국과 미국은 18-19세기에 새로운 농기구의 발명과 실용화를 선도한 나라들이다. 서유럽은 19세기에 그 뒤를 따랐으나 지지부진을 면치 못했다. 이것은 보수적 경향 때문이 아니라 서유럽 대륙의 농업이 기계화에 별로 적합하지 않았기 때문이다. 대부분의 나라들에서 농민은 토지소유자가 아니라 소작농이었다. 지대는 여전히 병작제의 형태로 현물로 징수되는 경우가 자주 있었으며, 십일조 역시 현물로 납부되어야 했다. 지대와 십일조 역시 생산이 증대하는 것만큼 증대했으므로, 농민이 큰 투자를 해서 생산을 증대시킬 아무런 이유가 없었다. 새로운 농기구의 도입을 어렵게 하는 또 다른 장애요인은 그것의 구입과 유지 비용이 비싼 것이었다. 일반 가족농은 이와 같은 비용을 감당할 수가 없었다. 또한 가족농의 농토는 흔히 아주 작은 필지들로 나누어져 있는 소규모 토지였다. 더욱이 18-19세기에는 사료작물과 여러 가지 다른 작물 재배로의 대전환이 있었다. 재배작물의 다양화는 꾸준히 확대되었으며, 오랜 전통을 가진 곡물의 단작은 계속 쇠퇴해 갔다. 그렇지만 최초의 기계화는 무엇보다 곡물농업에서 이뤄졌다.

대농장은 주로 영국—인클로저 이후—과 미국 그리고 동유럽에 존재했다. 1861-1862년까지 미국의 남부와 동유럽(러시아)에서는 흑인노예와 농노들로 된 부자유노동력이 사용되고 있었다. 따라서 이들 지역에서는 기계에 대한 수요가 별로 없었다. 노동력의 부족, 그중에서도 특히 수확과 탈곡을 위한 노동력의 부족은 영국에서 그리고 미국의 곡물농업에서 극심했다. 이들 나라에서는 또한 새로운 농기구에 자본을 투자할 수 있는 재력을 소유한 농민들이 존재했다. 미국의 경종농업과 유럽의 경종농업의 차이는 유럽에서는 헥타르당 생산량을 증대시키려는 노력을 한 데에 비해서, 미국에서는 농민들이 헥타르당 비교적 낮은 수확고에는 개의치 않고 경지면적의 확장을 통해서 생산량을 증대시키려고 했다는 점이다. 미국의 농업은 중세의 서유럽과 마찬가지로 확장기에 있었다.

19세기 중엽에 농기계는 거의 전적으로 자본력을 갖춘 토지소유자들의 대농장에서만 사용되었다. 말이 대부분의 농기계의 동력을 제공해야 했으므로, 많은 수의 말을 기르는 것이 필요했다. 말이 끄는 농기계를 사용하기 위해서는 토지가 많은 땅조각으로 세분되어서는 안 되고 통합되어 있어야 하며 평탄해야 한다. 농기계를 사용하기 전에 땅을 먼저 배수해야 하는 경우도 종종 있었다. 마지막으로 말이 끄는 농기계는 주로 곡물경작에 국한하여 사용되어야 했다.

16세기의 높은 곡가는 곡물재배를 촉진했다. 이 시기에 발명가들의 관심은 특히 쟁기와 파종기로 향했다. 여러 나라에서 사람들은 파종기 발명에 골몰했다. 1566년에 베네치아의 시참사회는 로나토의 카밀로 타렐로에게 종자용 곡물을 절약하고 수확고의 증대를 가능하게 하는 곡물 파종기계에 대한 특허권을 부여했다. 그 밖에도 특히 이탈리아인 타데오 카발리니, 케른텐의 요제프 로카텔리(Joseph Locatelli)[75] 그리고 영국인 존 월리지의 발명이 이어졌다. 로카텔리의 고안물—

....

75 오스트리아의 케른텐 지방에 살았던 스페인 귀족.

스페인에서는 '파종기(sembrador)'라는 이름으로 사용됨—은 많은 점에서 후에, 특히 유럽에서 사용된 홈롤러식[76] 파종기와 유사했으며, 카발리니와 윌리지의 고안품들은 후에 주로 미국에서 사용된, 경사원판식(傾斜圓板式)[77] 파종기의 원리에 바탕을 둔 것이다.[187] 그렇지만 이들 고안물은 설계의 단계나 실험용 모델 이상의 것으로 발전하지는 못했다.

17세기의 농업불황기에는 농기구의 발명에 대한 관심이 별로 없었다. 이 시기에 발전을 보았던 것은 무엇보다 낙농품의 제조였다. 스티엔스(Stiens)[78]에서 1660년에 처음으로 말이 돌리는 교동기에 관한 언급이 나타난다.[188] 후에는 같은 원리에 따라서 개들이 돌리는 수직회전기(verticale raderen)가 사용되었다. 네덜란드인들은 특히 교동기 부문의 발명에 재능이 있었다. 구식의 비스듬하게 올라가며 도는 교동기 외에, 무엇보다 새로운 원통형 교동기, 회전식 교동기, 펌프식 교동기, 페달식 교동기, 시소식 상하동(上下動) 교동기, 구멍이 뚫린 목제 원통형 기구를 통해서 수직 또는 수평으로 휘젓는 수동식 교동기 그리고 마지막으로 시계식 교동기가 있었다. 이 마지막 교동기는 매우 복잡했으며, 대형 괘종시계와 마찬가지로 그 힘은 천천히 하강하는 무게에 의해서 생겨났다.

수동식 교동기는 다비트 테니르스(David Teniers)[79]의 그림에서 맨먼저 묘사되었다(1650년경). 18세기 초에 그것은 시장에 내다팔기 위한

....

76 종자 배출장치의 원통 부분에 홈이 파져 있어 이곳에서 종자를 배출하는 방식.
77 종자 상자의 아래에 경사진 구멍 뚫린 원판을 장치하여 이것을 회전시켜서 구멍에 들어온 종자를 위쪽으로 배출하는 방식.
78 네덜란드의 프리슬란트 지방 북쪽에 위치.
79 네덜란드의 화가(1610-1690).

버터 생산이 시작되었던 스위스의 농장들에서 상당히 일반적으로 사용되었다.

우유의 더껑이를 걷어내기 위해서 목제로 된 통은 구리나 도토(陶土)로 만들어진 통으로 대체되었다. 이로 말미암아 청결상태가 향상되었다. 나아가 사람들은 버터를 세척하기 시작했다. 치즈 제조에서는 수출하기에 더 적합하도록 치즈에 보다 딱딱한 겉껍질을 입혀 주는 천과 압착기가 사용되게 되었다.[189)]

16세기부터 18세기까지는 건초를 만드는 데에 사용하는 기구들에 아무런 중요한 변화가 나타나지 않았다. 다만 건초가리 부문에서 수직으로 조절할 수 있는 덮개, 곧 중세의 나사식 잭 모양의 건초가리(vijzelberg)의 구조를 개량하려는 노력이 있었다. 17세기에 건초가리의 내부가 열이 나는 것을 막기 위해서 건초가리 내부의 온도를 측정하는 수단으로 건초막대기(hooiroede)가 사용되게 되었다. 사람들은 또한 건초 사이에 소금을 뿌리거나, 건초가리 속에 수직의 환풍 구멍을 만듦으로써 건초의 고열을 방지하고자 했다.

18세기에 시비와 농작물 생리학에 대한 제스로 툴의 이론들은 기묘하기는 했지만 그 업적은 중요했다. 그는 경작자가 농작물을 줄지어 재배하고 여러 번 땅을 갈이질함으로써 수확고를 상당히 증대시킬 수 있으리라고 믿었다. 그의 의견은 낮은 곡가 시절(1731년)에 발표되었기 때문에 별로 실용화되지 못했다. 그의 의견이 실용화된 것은 몇십 년 뒤였다.

남부 네덜란드에서는 쟁기가 새로이 개량되었다. 16세기에 그 전의 바퀴축을 대체했던 작은 바퀴는 이제는 땅 위를 활주하는 작은 발 모양의 돌출부로 대체되었다. 동시에 보습과 볏은 전부 철제로 된 한 덩어리의 요면체(凹面體)로 융합되었다. 그 쟁기는 저항력이 별로 없었기 때문에 작은 견인력으로도 갈이질이 가능했다. 이랑의 흙은 보습의 만곡부(灣曲部)에 의해서 완전히 뒤집어져서 분쇄되었다. 이런 브라반트식 쟁기에 관한 기록은 18세기 초에 처음으로 나타난다.

영국에서는 아마도 이 쟁기가 로더엄 쟁기와 제임스 스몰이 개량한 쟁기의 모양에 영향을 미쳤던 듯하다.[80] 후자의 쟁기에서 가장 중요한 개량―브라반트식 쟁기로부터 차용된 것이 아니었다―은 구식 쟁기의 직사각형 구조가 삼각형 구조로 대체된 점이다.[190]

알곡에서 쓸데없는 잡동사니를 분리시키기 위한 풍구는 네덜란드인들에 의해서 유럽에 알려지게 되었다. 그들은 풍구를 중국에서 배운 것으로 보인다. 1710년경에 풍구는 제임스 마이클이 홀란트를 방문한 후 스코틀랜드에 전래되었다.[191]

곡식을 타작하기 위한 탈곡 롤러는 18세기에 사용되게 된다. 이 농기구는 늑재(肋材)가 달리고 굴대를 중심으로 도는 원추형의 무거운 통나무였으며, 곡식 위를 끌고 다니는 것이었다. 탈곡 롤러는 이미 중세에 알려졌을 수도 있지만, 16세기에 이탈리아에 등장했다. 18세기에 그것은 네덜란드의 북부, 셸란섬(덴마크), 북부 스웨덴, 남서부 프랑스 및 오스트리아에서 발견된다.[192]

역사에서 어떤 시기도 18세기 후반과 19세기 초 수십 년만큼 많은 발명이 이루어지고 이를 공업과 농업 분야에 응용한 적이 없었다. 그렇다고 곡물가격이 그리 높았던 것도 아니다. 높은 곡가는 인구증가의 결과였으며, 후에는 동시에 전시의 식량부족의 결과였을 뿐이다. 나폴레

....
80 명확하게 밝혀진 것은 아니지만, 제임스 스몰은 1730년 이후 잉글랜드와 스코틀랜드에서 급속히 보급되고 있던 로더엄 쟁기를 1763년에 개량하여 완전 철제로 제작한 사람으로 추정되고 있다. 로더엄 쟁기는 그 구조와 모양이 상당히 닮은 점이나 영국에서 '네덜란드 쟁기'라고 불린 사실로 미루어 네덜란드 쟁기의 영향을 받은 것으로 알려지고 있다.

옹전쟁기에는 영국에서 노동력 부족 사태가 벌어졌다. 그와 동시에 새로운 농법의 적용으로 수확량이 증대되었다. 이러한 것들이 바로 발명가들의 관심이 이제 노동력을 절약하는 기계들, 즉 탈곡기와 수확기로 향하게 된 이유이다. 최초의 기계식 탈곡기는 회전하는 굴대에 많은 도리깨를 매달아 제작되었다. 이 발명품은 아무런 성공을 거두지 못했다. 앤드류 마이클은 회전식 원통 마찰장치를 탈곡에 사용한 최초의 사람이었다.[81] 이들 기계는 수력이나 말의 힘, 때로는 사람 손의 힘으로 가동되었다. 19세기 초에 그들 가운데 많은 것이 벌써 영국에서 사용되고 있었다.

사료작물은 새로운 윤작체계의 일부를 구성했다. 그로 말미암아 이제 농가에서는 전보다 더 많은 가축이 사육되었다. 그리고 가축사료를 장만하는 데 근채류 및 여물 절단기, 아마인깻묵 파쇄기 등과 같은 여러 종류의 소규모 연장이 사용되게 되었다.

농가의 전체 재산가치 가운데 농기구의 가치가 차지하는 비율이 어느 정도인지를 정확하게 추적하기는 어렵다. 우리는 1612년부터 1744년까지 작성된 서식스 지방 농가들의 많은 재산대장 속에서 농기구 가치는 다음의 표와 같이 상대적으로 증대했음을 볼 수 있다.

아마 17세기 초보다도 18세기에 더 많은 농기구가 이들 농가에서 사용되었을 것이다. 또한 농기구의 가격이 재산목록 가운데 여타 품목

....

81 스코틀랜드 출생의 물레방아 설치공이자 발명가인 앤드루 마이클(Andrew Meikle, 1719-1811)이 1784년에 발명한 탈곡기는 곡식의 단을 목제 급치(扱齒)가 꽂혀 있는, 회전하는 원통에 집어넣어 급치의 타격 작용으로 탈곡하는 방식으로 되어 있었다. 이 탈곡기에는 톱니 모양의 원통이 또 하나 있어 짚을 긁어내고 낟알과 폐물을 체로 밀어 보내도록 되어 있었다. 이 마이클의 탈곡기 원리는 콤바인을 포함하여 근대적인 탈곡기에 적용되고 있다.

기간	농가 수	전체 재산가치 중 농기구 가치의 백분율
1611-1659	25	4.2
1660-1699	24	7.2
1700-1744	10	9.0

의 가격보다 더 상승했을 가능성도 있다.[193]

베드퍼드셔에서 296헥타르 크기의 토지를 가진 한 농장에서는 구입가격이 500파운드에 달하는 증기식 탈곡기 1대가 연간 200파운드의 인건비 절약효과를 낳았다. 290리터의 밀 탈곡에는 탈곡 농기구의 종류에 따라서 다음과 같은 비용이 들었다.[194]

탈곡 농기구의 종류	탈곡 비용
증기식 탈곡기	8펜스
말의 힘으로 가동되는 탈곡기	2실링 8펜스
도리깨	3실링 4펜스 또는 4실링

인력으로 하는 탈곡작업에 비할 때, 증기식 탈곡기는 80-83퍼센트의 비용절감 효과를 가져왔다. 농민에게는 이와 같은 비용절감이 이익이 되었으나, 기계화에는 어두운 측면도 따랐다. 영국에서는 곡가가 높고 노동력이 부족했던 1800년부터 1813년까지의 전시기간에 농민들이 말의 힘으로 가동되는 탈곡기를 구입하는 변화가 일어났다. 전쟁이 끝난 후 노동력의 과잉 현상이 나타났다. 그 전에는 탈곡작업이 농업노동자들의 가장 중요한 겨울철 일거리—그들의 전체 일거리 가운데 60퍼센트 이상을 탈곡작업이 차지했다—였지만, 1817년 이후에는 남부와 동부 잉글랜드의 많은 지역에서 겨울철마다 대량 실업 사태가 벌어

졌다. 많은 곳에서 주민 가운데 심지어 60퍼센트가 실업 상태에 빠졌다. 1830년에 버크셔에서 소요가 발생하여 여타 주들로 급속히 확산되어 나갔다. 농업노동자들의 분노의 대상은 특히 탈곡기였으며, 버크셔에서만 약 50대가 파괴되었다.[195]

18세기까지만 해도 모든 기술혁신과 개량이 환영을 받았으나, 19세기 중반에는 벌써 "농사에서 시적 정취는 사라지고 농사일은 공장노동과 같은 것으로 되었다"는 불평이 들렸다. 대서양 건너편 미국으로부터 다음과 같이 탄식하는 소리가 울려 퍼졌다.

> 특허권이 부여된 기계들은 시적 정서에는 파괴적이다. '가수의 재봉틀'은 결코 노래하지 않으며, 옛 농가에서 바느질하며 노래하던 푸른 눈의 소녀를 잃은 데 대한 보상이 되지 못한다. 목제 수확기는 추수의 노래를 부르지 않으며, 풀 베는 철제 기계는 차가운 샘물을 마시지 않는다. …… 시인들과 예언자들은 언제까지나 형제관계이나, 시인들과 이익은 영원히 낯선 사이이다.[196]

일반적으로 이 모든 새로운 농기구의 발명과 개량은 노동력을 크게 절약시켰고, 종종 매우 힘든 노동까지도 절감시켜 주었다. 생산량은 증대하면서도 농업에 종사하는 노동력은 상대적으로 상당히 줄어들었다. 기계 덕택에 식량이 대량 생산될 수 있게 되어 역사상 처음으로 기근이 극복되었다.

과거의 농업경영 성과를 알 수 있는 회계장부는 거의 남아 있지 않다. 다만 헤메마와 로더와 같은 몇몇 농민만이 그들의 농업경영에 관해서 기록을 남겼다. 헤메마의 기록은 1569년부터 1573년까지의 기간에 걸친 것이다. 우리가 오로지 이 농장의 수입과 지출만을 중심으로 볼 때에는, 5년간의 연평균 경영성과는 다음과 같다.[197]

항목	금액(금화길더)	백분율
평균수입	196	100.0
평균지출	142	72.4
평균차액	54	27.6

헤메마는 1572년에만 손해를 보았으며, 그것은 아마도 그 해에 전 쟁이 있었기 때문일 것이다. 1570년과 1573년에 그는 제방 붕괴에 따른 농경지 침수로 손해를 입었다.

9년간에 걸친 로더의 연평균 경영성과는 다음과 같았다.[198]

항목	금액(금화길더)	백분율
평균수입	377	100.0
평균지출	138	36.6
평균차액	239	63.4

로더는 평화로운 시절에 살았기 때문에 그의 수입과 지출은 헤메마의 경우보다 훨씬 더 변동이 적었음을 보여 준다. 그의 비교적 큰 차감 잔액은 농업경영 개선의 결과일 뿐만 아니라 다른 방식의 회계기법을 썼기 때문이기도 하다.

오늘날 일부 학자는 1750년경 클룬데르트(북부 브라반트)에 있는 39 헥타르 크기의 한 농장과 18세기 말 에스베(리에주)에 있는 17헥타르 크기의 한 농장의 농업경영 성과를 다음과 같이 산출하려고 시도한 바 있다.[199]

항목	1750년경 클룬데르트 소재 농장		18세기 말 에스베 소재 농장	
	금액(길더)	백분율	금액(프랑)	백분율
수입	2,306	100.0	2,467	100.0
지출	1,926	83.5	1,880	76.2
차액	380	16.5	587	23.8

이들 자료에 기초해서 볼 때, 총수입의 약 20-25퍼센트가 농민에게 순소득으로 남았다는 것이 불가능한 일은 아니다. 그렇지만 클룬데르트와 에스베의 농장은 차지농장들이었던 데 비해서, 헤메마와 로더의 농장은 그들의 소유였다는 사실을 우리는 고려해야 한다. 중세에는 소작농의 경우 수입의 약 $\frac{1}{3}$이 농민에게 돌아간다고 산정되었으나, 농민의 수입에서 여러 부담이 공제되어야 했다. 전쟁준비금과 제방보수비 때문에 헤메마는 특히 많은 세금을 납부해야 했다. 그는 해마다 평균 27.3금화길더를 부담해야 했으며, 그것은 그의 수입의 13.9퍼센트, 바꿔 말하면 그의 총지출의 거의 20퍼센트를 차지한다. 로더는 훨씬 적게 부담해도 되었다. 그는 구빈세를 포함해서 모두 합쳐 그의 수입의 단지 1퍼센트, 즉 지출의 3퍼센트만을 부담했다.

수확물 가운데 얼마만한 분량이 농가 자체에서 소비되고, 얼마만한 분량이 시장에 내다팔렸는지를 추정할 수 있는 자료는 조금밖에 없다. 마리엔탈 수도원(브라운슈바이크)에 속하는 시거스레벤 장원의 회계장에 따르면, 1576년 농가의 수확물은 다음의 표와 같은 방식으로 사용되었다.[200]

밀은 대부분 판매되었으며, 농민 자신은 호밀빵을 먹었다. 보리가 자가소비되는 경우에 대략 그 절반은 맥주의 양조용으로 쓰였고, 나머지 절반은 가축의 사료로 사용되었다. 귀리는 전적으로 사료로 사용되

지출 항목(백분율)	밀	호밀	보리	귀리
종자	32.0	29.0	25.9	31.0
자가소비	2.0	31.0	13.3	69.0
현물 형태의 임금	-	18.0	0.7	-
판매	65.5	22.0	42.4	-
수도원 납부	-	-	15.0	-
잔여분	0.5	-	2.7	-
합계	100.0	100.0	100.0	100.0

었다.

독일의 몇몇 대농의 총 수확량 가운데 얼마만한 비율의 수확물이 판매되었는지가 산출된 바 있다. 총 생산물 가운데 다음과 같은 비율이 판매되었다.[201]

농장	연도	작물	백분율
뤼베크 근처의 리체라우	1603-1641	곡류	37.1
포메른의 스타르고트	1778	호밀	50.0
		보리	69.5
		귀리	81.5
슐레지엔의 키나스트	1750-1799	곡류	50.0
리투아니아의 굼비넨	1791	곡류	33.0
슐레지엔	1803	곡류	37.3

이들 대부분은 대농이었다. 그러나 이들 대농보다 훨씬 더 작은 혜메마의 농장에 관한 자료로부터 혜메마의 농장 역시 전적으로 시장생산을 지향했음을 알 수 있다. 이것은 1570년 및 1571년과 같은 평시에는 특히 그러했다. 1572년에 8월 25일부터 11월 중순까지 프리슬란트

에서 격렬한 전쟁이 벌어졌을 때, 헤메마는 식량을 확보하려는 의도에서 전시상황이 아니었더라면 시장에 내다팔았을 곡물을 다음과 같이 비축했던 것으로 추측된다.[202]

수확물(백분율)	1570년의 판매분	1571년의 판매분	1572년의 판매분
보리	63.1	70.1	49.5
밀	92.3	78.9	9.3
귀리	0	42.1	0
콩류	71.8	23.6	24.4

프리슬란트의 소농인 헤메마의 농장에서 시장을 위한 생산이 독일의 대농장들에서보다 더 컸던 것이다. 헤메마는 그의 거의 모든 밀과 보리를 시장에 내다팔 정도로 농업을 시장생산 위주로 경영했다. 그가 밀을 팔고 호밀을 샀다는 것은 그의 회계장부로부터 알 수 있다. 구입된 호밀로 하녀와 고용인용의 빵을 만들었다. 이와 같이 그는 판매를 위해서는 값비싼 빵 제조용 곡물을 재배했고, 가내소비용으로는 보다 값싼 호밀을 사들였다. 그는 하를링언(Harlingen)[82]에서 호밀을 구입했다. 그것은 아마도 암스테르담에서 그곳으로 반입되었거나, 아니면 발트해 연안국들로부터 곧바로 들여온 것일 것이다. 이런 방식의 거래는 집약적인 서유럽 농업의 특징이었다.

....

82 프리슬란트의 서쪽 해안도시.

3. 사회계층과 토지소유

　구세대의 역사가들은 특히 사회의 여러 신분이나 계급들 사이의 토지소유의 분포실태를 연구했다. 그들은 토지 가운데 어느 부분이 귀족, 성직자, 도시시민의 소유이고 어느 부분이 농민 자신의 소유인지를 조사하려고 했다. 이와 같은 연구에는 많은 어려움이 따른다. 이 문제의 요체는 소유권은 무엇인가이다. 이미 앞에서 지적한 바 있듯이, 과거에는 여러 사람과 기관이 농업소득의 여러 부분이나 동일한 땅조각에 대한 권리를 나누어 갖는 경우가 자주 있었다. 때때로 원토지 소유자의 권리보다 갖가지 지분권자들의 권리가 더 커지는 경우도 있었다. 또한 오랜 내력을 가진 농노의 의무나 여타의 부담이 매년 지불되는 일정한 액수로 고정되는 일도 자주 있었다. 대개의 경우 이러한 세습적 부담은 시간이 지남에 따라서 화폐가치의 하락으로 말미암아 매우 적은 액수로 줄어들었다. 이런 금액의 수취자가 지주라고 불릴 수 있을까? 이 물음에 대해서 일부 연구자는 긍정적으로 대답하고 다른 연구자들은 부정적으로 대답한다. 그 결과, 토지소유의 분포에 대해서 대단히 상이한 해석이 생겨나고 있다.[1]

많은 지방에서 지주와 소작농 사이에는 여러 부류의 중간층 사람들이 끼어 있었다. 벌써 중세에 북부 이탈리아에서는 교회의 소유지가 세속의 영주와 부유한 상인들의 손아귀에 들어가 있었으며[의제적 소유자들(fictabiles)], 이들은 조각난 교회 소유지를 임차해서 근대적 대농의 형태로 전대(轉貸)했다.[2] 프랑스에서는 전대제가 16세기에 나타났다. 여기에서도 역시 처음에는 특히 교회의 소유지가 전대되었으며, 18세기에는 왕령지와 귀족의 영지가 전대되었다. 공증인, 상인, 그리고 여인숙 주인이나 대장장이 및 제빵공과 같은 마을의 갖가지 주민이 중간임차인으로 등장했다. 심지어 전대회사들까지 생겨났다. 우리는 전대 현상을 무엇보다 베리와 부르고뉴에서 그리고 느베르 인근과 부르봉에서 찾아볼 수 있다.[3]

스코틀랜드와 헤브리디스 제도에서는 귀족의 차남 이하의 아들들[택스멘(tacksmen)]이 이런 중간자적 위치를 차지하게 되었다.[4]

소유권과 차지권의 미묘한 차이는 구분하기가 매우 어렵다. 동일한 농민이 경작하는 토지가 차지와 자가소유지로 구성되는 경우가 종종 있었다. 게다가 가족소유지의 경우에도 차지관계가 자주 성립했다. 이를테면 아버지가 그의 아들에게 토지를 임대하거나, 한 형제가 다른 형제에게 임대하기도 했다. 우리는 자신 소유의 토지는 타인에게 임대하고 스스로는 남의 토지를 임차해 경작하는 농민도 보게 된다.[5]

토지소유의 분포비율을 산출할 때 제기되는 또 하나의 문제는 전체 토지면적을 기준으로 할 것인가, 아니면 오직 농경지 면적만을 기준으로 할 것인가 하는 것이다.[6] 가끔 귀족과 성직자는 광대한 임야와 황야 및 야생미경작지를 소유하고 있었다. 백분비는 분명히 이들 비농경지를 산입하느냐 하지 않느냐에 따라서 크게 달라진다.

토지소유의 분포를 연구할 때 일부 연구자는 농민을 그의 경작지의 소유자로 보려는 선입관에서 때로 벗어나지 못하는 것처럼 보인다. 사람들은 농민의 토지소유에 대해서 더 높은 사회적 가치를 부여한다. 말하자면, 연구자의 눈에는 자영농이 사회적으로 차지농보다 우월하게 보이고 있는 것이다. 그렇지만 우리는 거의 어디에서나 주로 비옥도가 떨어지는 척박한 지역에서 농민들이 자신의 토지를 소유하고 있음을 확인할 수 있다. 인구가 조밀하고 보다 비옥한 지역에서는 가난한 자영농보다 차지농들이 흔히 더 번영하고 있는 것을 우리는 본다.[7] 또한 농민보다 오막살이농과 날품팔이꾼 가운데 토지소유자가 더 많은 것을 우리는 본다. 토지의 소유와 부는 언제나 일치하는 것은 아니다. 더욱이 우리는 많은 빚을 지고 매년 지불해야 하는 이자가 차지농의 지대보다 더 많은 자영농을 어떻게 볼 것인가?

마지막으로, 지주들은 많은 경우에 부재지주로서 농촌사회의 구성원이 아니었으므로, 토지소유의 분포에 대한 지식은 농촌사회에 대한 이해에 별로 도움이 되지 못한다. 그 밖에도 이와 같은 종류의 연구를 통해서 우리는 농촌주민에 대한 왜곡된 인상을 가질 수도 있다. 왜냐하면 농촌에는 어떤 토지도 소유하지 않은 큰 집단들, 즉 촌락의 중심부에는 날품팔이꾼, 자신의 집에서 일하는 직물공업의 노동자, 장인층 등이 살고 있었기 때문이다. 토지소유에 대한 연구를 통해서 우리는 농촌의 상류층에 대해서는 잘 이해할 수 있으나, 하류층에 대해서는 그렇지 못하다. 그렇지만 전반적인 경제적, 사회적 상황의 파악을 위해서는 하류층도 마찬가지로 확실히 중요하다.

농촌주민의 사회계층을 이해하기 위해서는 주민의 수, 일정 지역안에서의 인구학적 발전, 경제적 상황, 직업구조 그리고 농장들의 크기, 말이나 견인가축과 일반 가축의 소유 두수, 가족의 크기와 구성, 고용인의 수 및 재산의 크기에 따른 농촌주민의 분화를 알 필요가 있다.

우리는 인구수의 변동이 있는 경우에, 그에 상응한 농업과 여타의 생계수단의 발전이 있었는지를 살펴보아야 한다. 직업구조상의 변동은 이를테면, 농업의 성장이 인구증가보다 뒤처져 있다는 지표를 제시할 수도 있다. 비농업인구에 대한 농업인구의 크기의 비율은 매우 중요한 의미가 있다. 농업인구는 여러 가지 방식으로 분류할 수 있다. 우리가 농업인구를 농장의 크기에 따라서 분류한 경우에는, 농경지 면적은 잘 알려져 있으나 목초지의 면적은 알려져 있지 않다는 어려움에 흔히 직면하게 된다. 가축은 공유지에서 사육되기 때문이다. 경종농업 지역에서는 말이나 견인황소의 두수가 농업경영의 규모를 상당히 정확하게 반영한다. 소와 양의 소유 두수는 농민이 그의 토지에 이용할 수 있는 거름의 분량에 대한 지표를 제공한다. 축산업 지역에서는 농가의 사회적 위치가 가축 수의 크기로 나타난다. 그리고 가족의 크기와 고용인의 수는 농사일에 이용할 수 있는 노동력의 크기에 대한 결정적 기준이 된다.

이들 기준에 따른 농촌주민의 분류에서도 지위의 구분은 지방에 따라서 달리 이뤄져야 한다. 농가마다 평균 4두의 소를 가진 경종농업 지역에서 6두의 암소를 소유했을 때의 의미는 농가마다 20두의 암소를 사육하는 축산업 지역에서와는 전혀 다르다. 이와 같은 고찰은 말의 소유 수와 농장의 크기에 대해서도 마찬가지로 타당하다.

이런 점들을 전체적으로 고려하면서 비교적 넓은 지역을 대상으로 역사적 문헌기록으로부터 수집된 자료에 기초해서 이루어진 연구는 지금까지 오직 오버레이설 지방에 대해서뿐이다.[8]

농촌주민을 개괄하여 분류하면, 대체로 다음과 같이 둘 또는 세 개의 집단으로 구분된다.

1. 최소한 한 조의 말이나 견인황소를 소유하고 있는 농민들[라부뢰르(laboureurs)].[1]

2. 한 조의 말도 없이 오직 팔 힘으로 일하는 농민들 즉 소농, 오막살이농 및 날품팔이꾼[브라시예(brassiers), 마누브리예(manouvriers)].[2]

우리는 누구보다 블로크와 소불이 이런 구분을 하고 있음을 본다.[9] 그러나 제니코는 이들 사이에 하나의 계층을 추가하고 있다. 즉 작고 늙은 말 한 필을 가지고 있거나, 아니면 암소 한 마리나 어린 암소 한 마리를 가지고 있는 농민집단을 따로 설정한다.[10] 이런 구분은 동부 네덜란드 지역에서 농민(boeren), 오막살이농 및 날품팔이꾼으로 구별된 것과 거의 일치한다. 작센과 보헤미아에서는 이들 농민집단이 농민, 게르트너(Gärtner)[3] 및 호이슬러(Häusler)[4]로 알려져 있다. 게르트너는 기껏해야 $\frac{1}{4}$쪽 농민보유지 정도의 소규모 토지를 가지고 있었고, 소는 거의 가지고 있지 못하며, 말을 가지고 있기는 하나 전혀 가지고 있지 못하는 경우도 가끔 있었다. 호이슬러는 토지를 거의 가지고 있지 못하거나 전혀 가지고 있지 않은 사람들로, 이따금 가내수공업에 종사하는 날

----

1 역축과 쟁기를 갖추어 농사짓는 농민이란 뜻의 프랑스어로, 라틴어 'laboratores'에서 유래한 말이다. 따라서 말 그대로는 쟁기농이라고 할 수 있지만, 프랑스의 역사상 농촌사회에서 일종의 부농층을 형성했다.
2 역축과 쟁기를 가지고 있지 못하여 팔 힘 또는 맨손으로 일하는 사람이란 뜻의 프랑스어다. 따라서 무쟁기농이라고 할 수 있을 것이다. 프랑스의 농촌사에서 'laboratores'가 부농층이었다고 하면, 이들은 빈농층이라고 할 수 있다. 이들 말도 라틴어로 손을 뜻하는 'manus'(프랑스어로는 'main')이나 팔을 뜻하는 'bracchium'(프랑스어로는 'bras')에서 파생된 말이다.
3 이 말은 문자 그대로는 텃밭 정도 크기의 토지보유자란 뜻이다.
4 이 말은 문자 그대로는 작은 집만 가진 사람이란 뜻이다.

품팔이꾼들이었다.[11]

르페브르는 농민을 또 다른 방식으로 분류했다. 그는 자급자족할 수 있는 크기의 토지를 가진 농민층 위에 대(大)차지농층, 곧 농촌부르 주아지(bourgeoisie rurale)를 설정하고 있다.[12] 르페브르는 농가의 토지가 농민가족의 충분한 생계유지 수단이 되는지 되지 않는지의 여부를 계층구분의 기준으로 삼는다.

판 하우터는 다음과 같이 농민층을 농지의 크기에 따라서 분류하고 있으나, 농가들이 위치한 지역에 따라서 그 척도를 달리해서 분류하고 있다.[13]

1. 소농: 동부 플랑드르에서는 7헥타르, 나뮈르에서는 10헥타르 그리고 아르덴고원에서는 30헥타르.

2. 중농: 플랑드르에서는 20-24헥타르, 아르덴고원에서는 40-60헥타르.

3. 대농: 플랑드르에서는 45헥타르, 에노에서는 90헥타르.

레크는 나뮈르 지역에 관해서 세 가지 기준, 즉 농지의 크기, 일정한 과세 액수 및 선거권(1756년 이후)에 입각해서 분류했다. 그는 다음과 같이 다섯 개 집단으로 구분했다.[14]

1. 30보니예(26헥타르) 이상 크기의 농지를 가진 농민인 대차지농(fermiers) 또는 토지세납부자(censiers).

2. 15-30보니예(13-26헥타르)의 농지를 가진 농민인 라부뢰르 및 중농(grosmanants).

3. 15보니예(13헥타르) 미만의 농지를 가진 농민인 소농.

4. 가난하고 날품팔이꾼인 빈농.

5. 장인, 상인 등 비농민.

첫 번째 집단의 대농은 촌락당 단지 1명에서 4명까지만 존재할 정도로 많지 않았다. 그들 가운데에서도 차지농이 자영농보다 언제나 더 부유했다. 농지의 평균 크기는 52-78헥타르에 달했으며, 이들 대농은 말 6-8필, 소 30두 그리고 양 100-200두를 가지고 있었다. 18세기 말에 이들 대농의 농업경영은 상당히 근대적이었다. 이를테면, 그들은 이제 삼포제를 시행하지 않고 그 대신 곡물 외에 콩, 살갈퀴, 클로버 및 가끔 유채와 같은 여타의 여러 작물을 재배했다. 그들은 자신의 농토에 충분히 시비하고 있었다.

두 번째 집단의 농민 역시 많지 않았으며, 그들은 종종 자신이 경작하는 토지의 일부를 소유하고 있었다. 세 번째 집단에는 아주 많은 농민이 포함되어 있었다. 그들 가운데 일부는 말을 가지고 있었으나, 나머지 농민들은 말을 가지지 못했다. 척박한 지역인 콘드로(Condroz)[5]에서는 그들 대부분이 자신이 경작하는 토지의 소유자였으나, 토양이 훨씬 더 비옥했던 에스베에서는 그들은 차지농이었다. 네 번째 집단에는 직조공이나 못 제조공과 같은 수공업 노동자들이 속했다. 공유지가 분배되는 경우에 이런 사람들은 자신의 작은 집을 지을 수 있는 한 조각의 땅을 받았다. 비농업민은 결코 동질적이지 않았다. 비농업민 중에는 아주 부유한 방앗간 주인, 곡물상 및 양조업자 외에 한결같이 빈곤 속에 살았던 나무꾼, 숯 굽는 사람, 광부 및 짐마차꾼이 있었던 것이다.[15]

쥘라르는 알자스를 각각 독특한 사회구조를 가진 네 지역으로 구분한다.[16]

1. 거의 전적으로 경종농업을 하는 마르무티에, 사베른 및 와셀론 지역과, 대(大)리트천(川) 및 에르스탱의 축산지역. 이들 지역에서 대농

....

5 　벨기에의 리에주 남서쪽, 나뮈르 시의 남동쪽에 있는 지방.

은 30헥타르 이상의 농지와 6-9필의 견인가축을 가지고 있었다. 많은 날품팔이꾼이 있었으나, 3-9헥타르 크기의 농토를 가진 소농은 거의 없었다.

2. 대농(16-30헥타르 크기의 농지와 6-10필의 말)과 중농(8-15헥타르의 농지와 2-4필의 말) 그리고 다수의 날품팔이꾼이 있는 코헤르스베르크 지역. 이 지역은 앞 지역에 비해서 사회구조가 균형이 잡혀 있으나, 사회적 큰 격차가 존재한다.

3. 다수의 중농(8-15헥타르)이 존재하는 위상부르, 아노 및 스트라스부르 주변 지역. 여기에는 대농이 전혀 없었으며, 날품팔이꾼도 약간만 있었을 뿐이다.

4. 많은 소농과 막대한 수의 날품팔이꾼이 있으나, 대농은 전혀 없는 포도재배 지역.

농업사회에서 경제적 호황은 거의 언제나 인구의 증가를 초래한다. 보다 작은 농지로도 살아가는 것이 가능하게 되면, 이내 농가의 농지 평균 크기는 줄어드는 것을 우리는 본다. 인구가 증가하는 경우 무엇보다 소농, 오막살이농 및 날품팔이꾼 집단들이 증가한다는 것은 이미 앞에서 말했다.[17] 이런 사실은 많은 나라의 발전을 통해서 확인되고 있다.

할빌(스위스)에서는 농촌주민이 대규모의 농지나 중규모의 농지를 가진 농민인 호프바우어(Hofbauer)[6]와 토지를 조금밖에 가지지 못했거나 전혀 가지지 못한 소농, 날품팔이꾼 및 장인들인 타우너(Tauner)[7]로 구분되었다. 타우너는 아마도 1300년 이전의 인구증가기에 처음으로

....

6 원래는 농장을 가진 농민이라는 뜻이다.
7 'Tage-waner'에서 유래한 말로, 원래는 날품팔이꾼이라는 뜻이다.

나타났던 것으로 보인다. 130년 내에 인구가 세 배로 증가했던 16-17
세기의 촌락에서 타우너 집단은 유례가 없을 정도로 빠르게 증가했다.
농민들의 차남 이하의 아들들 역시 이 집단에 편입되었다. 1693년에
다섯 가구 중 단지 한 가구만이 자신의 가족소비에 충당할 수 있을 만
큼의 곡물을 생산하는 농토를 가지고 있었다. 주민들의 토지보유 현황
은 다음과 같았다.[18]

토지보유에 따른 가구 구분	백분율
농토가 없는 가구	19.8
0.1-3.0헥타르의 농토를 가진 가구	59.2
3헥타르 이상의 농토를 가진 가구	21.0

　　3헥타르 미만의 농토를 가진 소농들은 부업으로 포도재배, 운송, 가
축장사 등에 종사했다.
　　작센에서는 1550년과 1750년 사이에 인구가 85퍼센트 증가했으며,
같은 기간에 농업인구는 다음과 같이 성장했다.[19]

농민층 구분	1550년의 인구수	1750년의 인구수
농민	214,800	221,500
오막살이농 및 날품팔이꾼	20,000	183,500
고용인	55,000	55,000

　　1750년에 작센에서 농민들의 보유지 크기는 여전히 12-13세기의
식민운동기와 같았다. 이것은 농민들의 토지소유가 그때 이래 별로 변
하지 않았음을 가리킨다. 1550년과 1750년 사이에 농민이 보유한 토지
면적은 별로 확대되지 않았기 때문에 고용인은 증가하지 않았다. 인구
의 증가는 특히 오막살이농과 날품팔이꾼 수의 대대적인 증가를 초래

했다. 우리는 1750년에 오막살이농이 가장 많았던 지역들에서 19세기가 되면 산업이 발전함을 보게 된다.

우리는 인구의 증가와 오막살이농 및 날품팔이꾼 수의 증가를 18세기에 오스나브뤼크 주교구와 플랑드르 및 스웨덴에서도 역시 보게 된다.[20]

위그스턴(레스터셔)은 인구증가와 사회계층과의 관계에서 영국의 한 전형적인 사례를 제시한다. 여기에서는 인구가 다음과 같이 증가했다.[21]

연도	가구 수	빈곤가구 수
1525	약 70	-
1625	140	-
1670	161	47
1765	200	50

1765년에 200가구 중 토지를 이용할 수 있었던 가구는 단지 60세대뿐이었으며, 나머지 140가구의 가장들은 농업노동자나 직조공으로 일했다. 1766년에 인클로저가 시작되면서, 이용되고 있던 경지는 재배분되고 공유지는 분할되었다. 인클로저 이전과 이후의 토지소유의 분포현황은 다음의 표와 같았다.[22]

인클로저의 결과, 가장 큰 농장과 가장 작은 농장의 수는 감소했다. 2헥타르 미만의 소토지는 57개에서 28개로 줄었고, 40헥타르 이상의 대농장의 수는 13개에서 7개로 줄었다. 4-20헥타르 크기의 중간급 농장은 12개에서 32개로 늘어났다. 우리는 위그스턴에서의 이런 인클로저의 사회적 결과는 결코 바람직스럽지 못한 것이 아니라는 인상을 받는다.

면적(헥타르)	1765년의 농가 수	면적(헥타르)	1766년의 농가 수
<0.8	39	<1.2	14
0.8-2	18	1.2-2	14
2-4	12	2-4	22
		4-8	17
4-20	12	8-20	15
20-40	5	20-40	8
40-80	8	40-80	4
>80	5	>80	3
합계	99	합계	97

보다 넓은 지역에서의 발전 현황은 오버레이설 지방에 관한 자료를 통해서 아주 잘 실증될 수 있다. 우리는 여러 과세대장에 입각해서 1602년의 농업인구 구성을 다음과 같이 산출할 수 있다.[23]

농민층 구분	인원
농민(두 필 또는 그 이상의 말과 2.5헥타르 이상의 농지가 있음)	3,718
오막살이농(한 필의 말이 있거나 말이 전혀 없으며 2.5헥타르 이하의 농지가 있음)	2,336
합계(과세대장에 언급되고 있는 인원)	6,054

직업과 가축 수에 관한 조사보고서에 의하면, 1795년의 오버레이설 지방의 인구는 다음의 표와 같이 구성되었다.

농민의 수는 상대적으로 별로 증가하지 않았으나, 오막살이농은 훨씬 더 많아졌으며, 새로운 집단으로 날품팔이꾼들이 등장했다.

농민층 구분	인원
농민(4두 또는 그 이상의 소와 고용인이 있음)	4,614
오막살이농(4두 이하의 소가 있으나 고용인은 없음)	3,429
날품팔이꾼(소가 없음)	1,803
합계(농업에 종사하는 가장의 수)	9,846

우리는 다음과 같이 총 주민수, 농경지 면적, 말 및 돼지의 수 등의 증가지수와 더불어 이들 계층 수에 관한 자료를 지수로 나타낼 수 있다.

	연도	지수	연도	지수
총 주민 수	1675	100	1795	217.6
농업인구	1602	100	1795	162.6
농경지 면적	1602	100	1812	135.1
말의 수	1602	100	1812	100.4
돼지의 수	1602	100	1812	179.0
농민의 수	1602	100	1795	124.1
오막살이농의 수	1602	100	1795	146.9
오막살이농과 날품팔이꾼의 수	1602	100	1795	224.0

위의 표로부터 농업인구는 총 주민 수보다 더 느리게 증가했다는 것을 알 수 있다. 더욱이 농경지 면적은 농업인구만큼 증대되지 못했다. 이것은 농가의 토지 크기가 줄었으며, 무엇보다 오막살이농이 더욱 증가했다는 것을 의미한다. 말의 수가 거의 변함이 없다는 것 역시 중농의 증가가 적었다는 것을 가리킨다. 돼지 사육은 오막살이농의 특징으로, 우리는 여기에서도 역시 돼지 수의 큰 증가를 볼 수 있다.

농민의 수는 크게 증가하지 않았다. 이들은 1602년에 농업인구 가운데 여전히 가장 큰 집단을 형성하고 있었으나(61.4퍼센트), 1795년에는 농업인구의 절반 이하로 줄었다(46.9퍼센트). 오막살이농은 상대적으로 그 수가 가까스로 유지되었다(1602년 농업인구의 38.6퍼센트, 1795년에는 34.8퍼센트). 큰 인구증가로 말미암아 대다수의 사람들은 심지어 오막살이농으로서의 위치도 차지하기 어려웠다. 1795년에 전체 농업인구의 18.3퍼센트를 차지할 정도로 증가한 대규모의 날품팔이꾼 집단이 등장했다. 그들은 경종농업 지역에서도 발견되나, 축산업 지역에 훨씬 더 많이 존재했다. 거의 토지를 가지지 못하고 생존을 위한 투쟁에서 사용할 수 있는 수단이라고는 자신의 노동력밖에 가지지 못한 프롤레타리아가 형성되었던 것이다. 다시 한번 우리는 오버레이셜에서 여러 주민계층들 사이의 부의 불평등한 분배와 빈곤의 확대 속에 사회적 격차가 심화되고 있음을 보게 된다.

17-18세기 동안 고용인의 노임은 거의 변함이 없었다. 18세기 말에 물가의 상승으로 말미암아 실질임금의 폭락 사태가 발생했다. 영국의 농업노동자 가족들의 가계부를 보면, 그들의 거의 모든 임금이 빈약한 식사비용으로 쓰였음을 명확하게 알 수 있다. 프랑스에서 프랑스혁명 전야의 고용인의 상황은 한층 더 심각했다.[24]

18세기 말에 리에주 인근의 농촌에서는 한 사람의 농업노동자의 일당이 식사가 제공되지 않고 60-75상팀[8]이었다. 호밀빵을 먹는 데만도 통상적 크기의 한 가족은 하루에 최소한 30상팀을 써야 했다.[25] 바신스키는 1768년의 슐레스비히홀스타인 지역 노동자들의 처지를 1939년의 것과 비교한 바 있다. 비교 결과, 1939년에는 노동자가 그의 임금으

....

8 1상팀=0.01프랑.

로 1768년보다 40퍼센트 정도 더 많은 식량을 구입할 수 있었다고 한다.[26] 그러나 1768년은 노동자의 형편이 아직 매우 좋은 해였다. 18세기 말에 상황은 급속히 악화되었다.

상시 고용인은 고용주로부터 식사를 제공받기 때문에 형편이 다소 더 나았다. 상시 고용인의 우월한 처지는 1802년 발헤런(Walcheren)[9]의 농업노동자들의 불평 속에 분명하게 표현되고 있다.[27]

상시 고용인도 언제나 이런 처지를 만족스럽게 생각하고 있을 형편은 못 되었다. 우리는 이를테면 16세기에 여러 지방에서 상시 고용인의 끊임없는 해고와 채용을 볼 수 있기 때문이다. 이런 현상이 이미 14세기 초에 근대적으로 경영된 아르투아의 농장들에서 나타나고 있고, 16-17세기에는 헤메마와 로더의 농장들에서 상시 고용인이 아주 빈번히 교체되고 있으며, 푸아투 지방에서도 그런 종류의 불평의 소리가 들린다. 어떤 역사가는 푸아투에서는 주인과 고용인 사이에 어떤 유대관계도 존재하지 않았다고 말한다. 거기에서는 상시 고용인이 주인과의 관계에 별로 구애됨이 없이 자유롭게 거취를 정했다는 것이다.[28]

일부 지방, 특히 인구가 크게 증가한 지방들에서는 건강과 주거 사정이 아주 악화되었다. 가장 열악했던 곳은 주민들이 농업과는 더이상 아무런 관계없이 어떤 형태의 가내공업이든 가내공업에 종사하는 지역들이었다. 가난한 사람들은 공유지에 뗏장으로 된 오두막집을 몰래 급조했다. 사람들은 마을의 바깥에 있는 돼지우리, 양우리 및 아궁이간에서 농촌사회의 변두리 생활을 했다. 어린이들과 허약한 노인들로 넘치는 습기 차고 비위생적인 이들 누옥에서 사람들은 이런 사회에 너무나 많았던 맹인, 벙어리, 절름발이, 멍청이 및 정신이상자들과 함께 살

....

9   네덜란드 남서부 제일란트 지방 내에 있는 한 작은 지방.

왔다. 이 불행한 사람들을 위해서 정부가 한 일은 아무것도 없었으며, 그들의 가족이 이들을 돌보고 있었을 뿐이다.[29]

18세기 말에 농업 분야에서 각국 특유의 발전 윤곽이 드러나기 시작했다. 영국, 프랑스 및 독일은 각기 다른 길로 나아갔다. 이것은 정치적 사건들의 결과이자 정부가 전보다 농업에 더 큰 노력을 기울인 결과이기도 했다. 19-20세기에는 농업에 대한 정부의 관심이 점점 커져서 종종 자국의 농업보호 조치로 귀결되곤 했다.

18세기와 19세기 초에 각국은 나라마다 특별한 문제를 안고 있었다. 영국에서는 개방경지의 재배분과 공유지의 분할(인클로저) 문제가, 프랑스에서는 교회재산과 망명귀족들의 소유지 몰수 문제가, 독일에서는 동부 독일의 농장영지제와 농민해방 문제가 당면한 문제였다.

중세와 16-17세기에 영국정부는 소농을 보호하고 인클로저를 저지하는 정책을 실시했지만, 18세기에는 이런 태도가 바뀌었다. 정부는 인클로저에 호의적인 자세를 취했다. 대지주들은 점점 의회의 입법을 통해서 인클로저를 관철하는 노선을 취했다. 일정 지역에 대해서 다수의 사람들―대부분이 대지주임―이 인클로저화를 의회에 청원하면, 조사위원회가 설치되었다. 소토지 소유자들은 자신들이 인클로저에 대한 청원에 동의하지 않음을 그 위원회에 알리는 경우가 많았으나, 해당 토지면적의 80퍼센트를 소유한 지주들이 그 계획을 지지했으므로 소토지 소유자들의 반대는 아무런 효과를 거두지 못했다. 위원회의 감정 결과가 인클로저화 찬성 쪽으로 나온 후에는 해당 지역에 대한 인클로저는 의회의 결의를 통해서 합법화되었다. 계획수립 비용, 측량사의 토지측량 비용, 울타리 설치 비용 및 위원회 활동경비는 모두 그 지방 토지소유자들의 부담이 되었다. 특히 단위면적당 울타리 치는 비용은 큰 토지보다 작은 규모의 토지에서 상대적으로 더 비쌌기 때문에, 이런 비용은 소토지 소유자들에게 무거운 부담이 되었다.

앞에서 말한 위그스턴에서의 인클로저의 경우, 대부분 부재지주로서 그곳 토지의 80퍼센트를 소유하는 27명의 지주가 인클로저를 찬성한 데에 비해서, 단지 그 토지의 20퍼센트만을 소유하고 있던 60명의 현지 거주 소토지 소유자는 인클로저를 반대했다. 그러나 결국 소토지 소유자들의 노력은 헛수고를 한 셈이 되고 말았다.[30]

1727년과 1845년 사이에 다음과 같은 면적의 공유지의 인클로저화—따라서 개방경지는 제외되어 있음—가 의회에 의해서 결의되었다.[31]

기간	의회의 결의 건수	면적(헥타르)
1727-1760	56	29,807
1761-1792	339	191,304
1793-1801	182	109,556
1802-1815	564	295,897
1816-1845	244	79,720
합계	1,385	706,284

인클로저화 면적이 가장 컸던 때는 18세기 후반 곡가가 가장 높았던 시절과 19세기의 전쟁 기간[10]이었으며, 1817년 이후의 불경기 기간에는 인클로저화의 열기가 그리 높지 않았다. 사실 인클로저화할 농지도 별로 없었다. 경작에 아주 부적합한 토지만 남아 있었을 뿐이다. 몇몇 경우를 제외하면 개방경지 역시 영국의 풍경에서 사라졌다.

....

10 19세기 초 나폴레옹-전쟁기.

당시의 사료에서뿐만 아니라 후대의 역사가들 사이에서도 인클로
저의 진행과정에서 대지주에 대한 특혜와 조사위원회의 불공평 그리
고 소토지 소유자들에게 대토지 소유자들이 행사한 압력에 대해서 비
난하는 목소리가 높다. 사람들은 소토지 소유의 소멸을 인클로저 때문
으로 보며, 소농과 오막살이농이 그들의 가축사육을 위해서 특히 의존
도가 높았던 공유지를 잃었기 때문에 농촌으로부터 쫓겨났다고 생각
하고 있다. 인클로저 후 소토지 소유자들의 가축사육용 목초지는 매우
줄어들었다. 그 결과 그들은 가축 수를 줄여야 했고, 그 때문에 그들의
경지에 사용할 두엄이 줄었다. 대지주는 대개 그들 소유의 목초지를 가
지고 있었기 때문에 공유지의 분할로 인한 곤란을 덜 겪었다. 따라서
소농과 오막살이농은 그들의 토지를 대지주에게 팔지 않을 수 없었다.
농토에서 쫓겨난 그들은 신흥 공업에서 도피처를 찾지 않을 수 없었다
는 것이다.

일련의 역사가들의 연구를 통해서 이와 같은 상황 묘사는 과장되
었음이 밝혀졌다. 인클로저에 대한 소토지 소유자들의 반대는 일반적
이지 않았고, 위원회는 그들의 임무를 합리적인 방식으로 수행했으며,
1793년과 1815년 사이에 소농의 수는 줄어들기보다 오히려 증가했다.
또한 농업 프롤레타리아가 공업으로 강제로 내몰린 것이 아니라, 보다
높은 임금에 이끌려 자발적으로 공업 분야에 흘러들었던 것이다.[32]

증거로 이용할 수 있는 통계자료는 없다. 다만 영국 인구의 사회구
성에 대해서는 가장의 수를 기준으로 하여 1700년에는 그레고리 킹이,
1760년에는 마시(J. Massie)[11]가 그리고 1803년에는 콜크하운(P. Col-

....

11 18세기 영국의 경제학자이자 경제통계가(?-1784). 상업, 무역, 이자 등에 관한 저술이
    많으나, 역사적 자료로서 가장 가치 있는 저서는 1760년에 쓴 『1759년부터 1760년까
    지 1년간 설탕업자들이 영국 인민으로부터 긁어모은 금액 산출』(*A Computation of the*

quhoun)**12**이 산정한 것이 있을 뿐이다.[33)]

추산자	연도	농민	날품팔이꾼	합계
킹	1700	330,000	573,000	903,000
마시	1760	365,000	200,000	565,000
콜크하운	1803	-	-	660,000

이들 수치는 잉글랜드와 웨일스에 관한 것이다. 1831년에는 그레이트브리튼 전체의 가장들 가운데 농민이 27만5,100명, 날품팔이꾼이 68만6,000명으로, 도합 96만1,100명이 있었다.[34)] 따라서 스코틀랜드를 제외하고 잉글랜드와 웨일스의 농민 수는 27만5,100명 미만이었음에 틀림없을 것이다. 이것은 농민 수의 급격한 감소를 나타내는 것이다. 그렇지만 농민이나 날품팔이꾼이라는 말이 어느 때나 똑같은 의미로 이해되었는지는 의문이다.

대대적인 인클로저 운동이 시작되기 전에도 벌써 소농의 숫자는 몇몇 주에서 감소했다. 예컨대 1600년경 옥스퍼드셔에 있는 24개 교구에는 각기 40헥타르 이하의 농토를 가진 농민이 482명 있었으나, 1785년에는 단지 212명만이 남아 있었다. 더욱이 보유농지의 평균적 크기도 11.3헥타르에서 8.5헥타르로 줄었다.

더 짧은 기간에 관한 상세한 통계자료는 이용할 수 있는 것이 거의 없으나, 그런 것이 있는 경우에는 좀더 분명한 상황을 보여 줄 것이다. 레스터셔의 105개 촌락에서 농가별 보유농지의 크기에 따른 분포는 다

....

Money......)(1760)이다. 이 속에서 영국의 사회계층과 소득이 분석되고 있다.

12 역시 영국의 경제학자이자 통계학자(1745-1820). 가장 유명한 저서는 국민소득의 분포를 통계학적으로 분석한 『영제국의 인구와 소득론』(*A Treatise on the Population, Wealth, and Resources of The British Empire*)이다.

음과 같았다.[35]

보유농지의 크기 (헥타르)	농가의 수		
	1780년	1813년	1831년
1.2-6	272	286	214
6-30	156	216	170
합계	428	502	384

레스터셔에서 곡가가 높았던 때인 전시에는 농가의 수가 증가했으나 전후의 위기가 도래하자 감소하기 시작했다. 아마도 소농은 1813년 이전에 대부분 진행되었던 인클로저에 희생되었던 것이 아니라 전쟁 뒤에 나타난 불경기에 희생되었던 것으로 추측된다.[36] 1817년에 시작된 불황기에 농업의 쇠퇴에 대한 이미 익히 알려진 여타의 조짐이 나타났다. 경작이 이루어지던 척박한 땅에서는 공유지를 분할하는 인클로저화가 다시 포기되었고, 휴경지가 확장됨과 더불어 집약도가 떨어지는 농법으로 복귀되었으며, 경작지는 목초지로 변했다.[37]

사회적 측면에서 불황은 농민들이 높은 실질임금 때문에 그들의 집에 기숙시키던 고용인의 수를 줄이고 비동거 농업노동자로 대체하려고 노력하는 결과를 낳았다. 우리는 농민가족으로부터 내쫓긴 머슴들의 불평을 잉글랜드의 여러 지방에 관한 1821-1833년간의 보고서들 속에서 찾아볼 수 있다.[38] 그 전에는 종종 머슴들이 25세나 30세까지 주인집에서 머물며 살다가 늦게 결혼했었다. 이제 농업노동자는 훨씬 더 이른 나이에 결혼하게 되었다. 조혼은 또한 당시 영국에서 실시 중이던 구빈제도로 말미암아 촉진되기도 했다.

적어도 우리가 토지소유의 분포를 기준으로 본다면, 프랑스에서는 농민들의 형편이 영국에서보다는 분명히 훨씬 더 나았다. 일부 지방에서는 농민들이 대부분의 토지를 소유했거나, 아니면 경작토지에 대해 연간 매우 적은 액수의 토지세만 납부했다. 이들 토지세납부자들은 사실상 토지소유자들로 간주될 수 있었다. 그들은 프랑스혁명기에는 완전한 토지소유권을 획득했다. 농민들은 토지의 약 30퍼센트를 소유했으며, 남부의 일부 지방에서는 그 비율이 60퍼센트가 될 정도로 높았다고 추산된다. 농민적 토지소유는 특히 서부와 남서부의 울 쳐진 경지제(보카주) 실시지역에서 발견된다.

한 가지 문제는 농민의 토지가 종종 소규모이고 심하게 흩어져 있었다는 점이다. 성직자층에서만 대규모의 집중된 소유지들이 발견되며, 귀족의 소유지까지도 분산되어 있었다. 성직자층의 소유지는 지방에 따라서 전체 토지 가운데 차지하는 비율이 1퍼센트부터 22퍼센트까지 차이가 있었으며, 프랑스 전체로는 평균 6퍼센트를 차지했다. 귀족이 소유한 토지의 비율은 9퍼센트부터 44퍼센트까지였다.

1789년 직전의 농민문제는 토지소유의 비율에 있는 것이 아니라 소유지 규모의 영세성과 영주권에 있었다. 리무쟁(Limousin)[13]에서는 농가 토지의 58퍼센트가 1.7헥타르 이하였고, 랑네(Laonnais)[14]에서는 75퍼센트가 그리고 루아레(Loiret)[15]에서는 81퍼센트가 3.4헥타르 이하였다. 18세기 후반에 곡가가 상승했을 때, 특히 자가소비를 충당할 수 없는 곡물을 생산하고 있던 농가들의 형편은 생계유지가 어렵게 되었다. 농민들은 식량용 곡물을 구입할 돈도 충분히 가지고 있지 못했다. 이 문제를 해결할 수 있는 유일한 대안은 아일랜드의 사례처럼 감자

....

13 프랑스 남서부, 오베르뉴고원의 서쪽 지방.
14 프랑스 북동부 피카르디 지방의 랑 시를 중심으로 한 지역.
15 프랑스 중부의 오를레앙을 중심으로 한 루아르강 주변 지역.

위주의 경제로 전환하는 것이었을 것이다.

프랑스에서는 재판권, 제분권, 어로 및 수렵권, 통행세 징수권 등과 같은 재판영주의 영주권 행사에 대해서 저항이 일어났다. 이들 재판영주는 토지를 소유하지 않은 곳에서도 그들의 영주권 행사를 통해서 상당한 수입을 거두어들였다. 메디나셀리(Medinaceli)[16]의 공작은 루시용(Roussillon)[17]에서 매년 5,475리브르의 수입을 수취하는 세 개의 영주권을 가지고 있었지만, 그 지역 어디에도 토지나 성곽을 전혀 가지고 있지 않았다. 노아유(Noailles)[18]의 공작은 리무쟁에서 막대한 수입이 생기는 다수의 영주권을 가지고 있었으나, 거기에서 그가 소유한 토지는 고작 78헥타르의 야생미경작지가 전부였다. 생활비 상승으로 말미암아 영주들은 그들의 수입 증대를 도모하지 않을 수 없었다. 그들은 오랫동안 잊히고 행사되지 않던 온갖 권리를 찾아냄으로써 주민들의 격렬한 분노를 샀다. 특히 이런 봉건적 반동은 수많은 갈등을 낳았다. 1789년 8월 4-5일 밤에 영주권은 국민의회에 의해서 폐지되었다.

영국과 마찬가지로 프랑스에서도 공유지분할 문제가 발생했다. 18세기에 정부는 공유지의 분할을 촉진하고자 했다. 그러나 프랑스에 매우 많았던 소농 측에서 반대했다. 대지주들은 인클로저에서 별로 이익을 볼 것이 없다고 생각했다. 프랑스의 귀족과 도시의 시민들은 금리생활자들이었으며, 영국에서와는 달리 그들 스스로 대토지를 직접 경영하려고는 하지 않았다. 프랑스의 대지주들은 영주의 여러 권리가 농업의 개량보다 더욱 매력적인 수입원이라고 생각했다. 프랑스에서는 인구가 영국보다 상대적으로 덜 증가했으므로 개간 충동 역시 더 작

....

16 스페인의 마드리드 북동쪽에 위치.
17 스페인과 접경한 프랑스 남서부 지중해 연안 지방.
18 리무쟁 지방의 남부에 위치.

았다.

프랑스혁명기에 성직자와 망명귀족의 토지는 몰수되었다. 몇몇 혁명가는 이들 토지가 소농과 토지 없는 프롤레타리아에게 분배되기를 바랐으며, 그 토지는 무상으로 분배되어야 한다고 주장했다. 한편 정부의 재정 형편이 궁했기 때문에 많은 사람은 오히려 몰수된 토지를 유상으로 매각하기를 바랐다. 역시 후자 형태의 매각이 이루어졌다. 망명귀족의 토지는 가공의 인물이나 귀족의 가족원을 통해서 대부분 재매입되었다. 교회의 토지는 타인의 수중에 들어갔다. 주요 매입자는 부유한 도시민과 농촌의 부르주아지인 대농이나 중농들이었다. 농촌에서는 부유층과 빈곤층 사이의, 즉 라부뢰르와 마누브리예 간의 격차가 더욱 확대되었다. 그렇지만 조그마한 땅뙈기를 구입하거나 임차하는 데에 성공한 날품팔이꾼과 장인도 많이 있었다.[39]

혁명은 또 다른 면에서 대농들에게 유리하게 작용했다. 혁명가들은 공유지와 이와 관련된 오랜 관습에 대해서 아무런 관심을 가지지 않았다. 그들은 개인의 경제적 자유의 옹호자들이었다. 다시 말하면, 공유지분할의 지지자들이었다. 소농들과 날품팔이꾼들은 초지 이용권, 그루터기 방목권 등을 완강하게 고수하려고 했다. 그리하여 원래 그들에게 불리하게 되어 있던 공유지분할 계획이 소농에게 유리하게 어느 정도 수정되었다. 어쨌든 인클로저는 단지 매우 완만하게 진행되었을 뿐이다.

19세기에 프랑스에서는 소토지 소유가 더욱 증가했다. 농촌주민의 토지소유 분포와 사회구조는 영국과는 대단히 달랐다.

독일의 영방들에서는 17-18세기에도 일정한 상속세의 납부와 부역의 수행 그리고 사망세와 혼인세의 납부와 같은, 옛 농노제를 연상시키는 여러 가지 부담이 남아 있었다. 동부 독일 지역에서는 농민들이 삼십년전쟁 이후 그들의 자유를 더욱 많이 잃었다. 메클렌부르크와 서부 포메른에서는 농민들이 농노가 되었으나, 프로이센에서는 국왕이 농장 영주(Gutsbesitzer)로부터 그들을 어느 정도 보호했다.

삼십년전쟁이 끝난 후 국제시장에서 곡물가격이 낮았을 때, 대지주는 인건비 역시 낮아야만 농장을 경영할 수 있었다. 그러나 전후의 노동력 부족으로 인해 자유로운 노동자의 임금은 높았다. 몹시 황폐화된 토지를 생산이 가능하도록 복구하는 유일한 방법은 대지주의 지배 아래 있는 주민들에게 부역의 의무를 부과하는 것이었다. 잦은 도망을 방지하기 위해서 농민의 거주지 변경이 금지되었다. 18세기에 대지주에게는 토지의 직접 경영을 확대하는 것이 유리하게 되었다. 농민들은 그들의 농토에서 내쫓겼고[농민추방(Bauernlegen)], 영주의 대소유지에서 날품팔이꾼으로 일해야 했다.

남부 독일에는 많은 소농이 있었으며, 대지주는 그들의 소유지를 직접 경영하는 경우가 거의 없었다. 연간 일정하게 납부해야 될 부담이 더 많았다는 점을 제외하고는 상황은 프랑스와 유사했다.

헤센이나 바덴과 같은 독일의 일부 영방에서는 농노의 오래된 의무의 일부가 프랑스혁명 이전에 벌써 소멸했다. 직접적으로나 간접적으로 나폴레옹의 지배를 받은 지방들에서는 그 의무가 완전히 폐지되었다. 여러 의무는 금전으로 매수되어야 했다.

프로이센에서는 18세기에 이미 왕령지의 농민들에 대한 법적 보호 조치가 취해졌으며, 대지주의 사적인 지배 아래 있는 농민들에 대해서는 1807년에 보호조치가 취해졌다. 나폴레옹에 대한 프로이센의 패배 이후 프로이센 정부는 농민을 주축으로 한 국민군을 설립하고자 했다. 사람들은 자유로운 농민만이 그들의 이해관계를 조국의 이해관계와 동일시할 수 있음을 알게 되었다. 따라서 군대는 자유시민들로 구성되어야 하는 것이지, 농노로 구성되어서는 안 되었다. 1807년의 농민해방은 다른 무엇보다 직업선택의 자유와 토지매매의 자유를 포함했다. 그렇지만 세습적 소작제는 아직 남아 있었다. 1811년에는 돈을 주고 사거나 토지의 $\frac{1}{3}$을 양도함으로써 세습적 소작관계를 해소할 수 있는 길이 열렸다. 대지주들은 이들 법령을 위반하고 나폴레옹전쟁 후에는 다음과 같이 많은 농민의 토지를 손아귀에 넣었다.[40]

대지주의 농민토지 취득방법	취득면적(헥타르)
농민을 해방시키는 대가로 토지 인수	420,000
2만1,000-2만4,000개의 농민보유지 매입	200,000
버려진 농경지(10만 개의 농민보유지)의 점유	300,000-500,000

여러 가지 방법을 통해서 최소한 도합 100만 헥타르가 대지주들의 수중에 들어가게 되었다. 10만 명 이상의 농민이 농업노동자가 되거나, 아니면 공업 부문에서 일자리를 찾기 위해서 서부로 이동했다.

중세 후기에 영국과 스페인에서 그러했듯이, 불황기에 대지주들은 목양업을 경영했다. 프로이센에서는 1816년에 800만 마리의 양이 있었으나, 1837년에는 그 수가 두 배가 넘는 1,700만 마리나 되었다. 나폴레옹전쟁으로 큰 타격을 입었던 스페인은 프로이센으로 말미암아 유럽의 시장에서 양모 공급국으로서의 지위를 잃게 되었다. 양모는 특히 영국으로 수출되었다. 수출물량은 1820년에 250만 킬로그램이었던 것이 1836년에는 1,600만 킬로그램으로 증가했다.

동부 독일에서 농민해방은 농민에게 법적 자유를 가져다주었으나, 그와 더불어 큰 사회적 불의도 초래했다. 농민해방은 대지주에게 유리한 것이었다. 19세기의 다른 두 위대한 해방인 1861년 러시아의 농노제와 1862년 미국의 흑인노예제 폐지 역시 피해방자들에게 단지 법적 자유만을 가져다주었다. 19세기에는 사람들이 이런 전면적인 해방 결정이 사회적으로도 성공할 수 있을 만큼 충분한 경험을 아직 가지지 못했다.

서유럽은 보다 큰 경제적, 문화적 통합을 향해 나아가고 있다. 그러나 통합의 노정에서 여러 가지 농업문제가 장애물이 되고 있다. 각국은 자국의 농산물, 즉 네덜란드의 치즈와 계란, 덴마크의 버터, 프랑스의 포도주 등등을 보호하려는 강한 민족주의적 경향을 보이고 있다. 보호무역주의적 조치를 통해서 공산품보다도 농산물을 훨씬 더 보호하려는 태도가 나타나고 있다. 그 원인은 무엇일까? 앞에서 지역별, 나리별 차이점을 모호하게 덮어 두지 않으면서도 서유럽 국가들의 농업발전에 공통되는 점을 강조했다.

그리하여 우리는 1800년경이 되어서야 유럽 각국이 독자적 농업정책 노선을 취하려고 했음을 보여 주는 흔적들을 확인할 수 있었다. 이런 경향은 19세기에 민족주의의 대두와 국가권력의 성장으로 인해서 강화되었다. 모든 나라는 각기 독자적 농업정책을 추구하려고 했다. 이런 추세는 19세기의 1880년대와 1930년대의 대(大)위기 속에서 훨씬 더 심해졌다. 대위기 속에서 여타 유럽 국가들로부터의 농산물 수입과 무엇보다도 비유럽 국가들로부터의 막대한 농산물 유입이라는 외국과의 경쟁에서 사람들은 힘거운 싸움을 벌여야 했다.

농업은 외국 농산물과의 경쟁 외에도, 자국 내에서 상공업의 급격한 발전에 맞서 스스로 유지하는 것만도 힘거운 일이었다. 국내의 전선에서도 농업은 수세적 위치에 있었던 것이다.

보다 큰 유럽 단일체로 나아가는 도정에서 우리는 농업발전의 공통

된 기초를 인식할 필요가 있다. 19세기와 20세기에 설치된, 서로를 갈라놓는 장벽은 허물어야 한다. 각국이 각국의 자연과 농민들의 재능에 가장 적합한 것을 생산하는 때가 다시 도래할 것이다.

원주

제1부

2. 농업발전에 영향을 미치는 여러 요인

1) J. Bennema. L. J. Pons, 35-49. C. E. P. Brooks, pp. 300-310에는 다소 다른 연대가 제시되어 있다. 즉 우기: 기원후 180-350년, 450-550년, 801-950년, 1301-1350년; 한랭기: 900년경, 1100년경, 1551-1700년; 온난기: 1175년경, 1300년경, 1725년경. J. P. Bakker, 218-219에 의하면 600-800년과 950-1200년 그리고 15세기와 18세기 말경은 네덜란드의 해안지역 주민들에게는 기후가 순조로운 시기였다.

2) 이런 견해는 누구보다도 G. Utterström이 주장하고 있으나, E. Le Roy Ladurie, 4-7에서 강력한 비판을 받았다.

3) J. Sirol, 135-140에는 약 8-10년 주기의 단기간의 변동을 기후변화로 설명하는 이론들이 개관되고 있다. 또한 뒤의 171-173쪽을 보라.

4) 스코틀랜드에 관해서는 J. E. Handley, 38-44; 잉글랜드에 관해서는 J. Saltmarsh & H. C. Darby, 30-44; 아일랜드에 관해서는 D. McCourt, 369-376 참조.

5) E. F. Heckscher, (d) 153.

6) 이하의 서술에서 '야생미경작'이라는 말은 경작되다가 그 후 인위적으로 경작이 중단되는 토지를 의미하는 '묵은(woest)' 밭과는 구분되는, 미경작 토지라는 의미로 사용된다.

7) 1헥타르의 경지에는 매년 약 0.7 내지 1헥타르 크기의 뗏장이 소요되었으나, 부식토가 완전 형성되어 새로운 뗏장을 뗄 수 있기까지는 오랜 시간이 걸렸다. 소요되는 뗏장의 양은 또한 함께 섞어 사용하는 가축두엄의 질에 의해서도 좌우되었다. 425-427쪽 참조.

8) 여기에서 이 말은 국민소득을 의미한다. 그렇지만 아직 국민들이 존재하지 않던 시대에 '국민적'이란 말을 쓰는 것은 부적절하다.

9) W. Abel, (d) 131. 과거 농업의 생산능력의 한계에 관해서는 42-51쪽 참조.

10) P. A. Churley, 187.

11) 이런 독특한 용어는 F. K. Riemann, 29에서 사용되고 있다.

12) 여기에서는 화폐경제로의 이행에 따른 여러 경제적 곤란만이 기술된다. 사회적 결과에 대해서는 아래의 214-220쪽 참조.

13) 가격 형성에 관해서는 175-176쪽 참조.

14) 중세의 파종량 대 수확량의 비에 관해서는 부록의 〈표 2〉를, 근대에 관해서는 〈표 3〉을 참조.

15) 대수공식을 이용해서 여기와 뒤에 제시된 견해를 정밀하게 발전시킨 글이 다른 데에 발표될 예정이다[*Afdeling Agrarische Geschiedenis Landbouwhogeschool*, 9 (1963), pp.

29-31, 46-125에 게재되고, 그 후 다시 *Acta Historiae Neerlandica*, II (1967), pp. 26-106
에 게재된 논문 "The yields of different crops, mainly cereals in relation to the seed, c.
810 – 1820"인 것으로 보인다/역주].

16) Melchor de Jovellanos, *Informe de la sociedad económica al real y supremo consejo
de Castilla*, 1795. R. Leonhard, 148에서 재인용.

제2부 직접적 농업소비시대(500년경–1150년경)

1. 봉건제와 자연경제

1) B. Hildebrand, 4.
2) 특히 A. Dopsch, (b). 그러나 이 책의 서술은 혼란스러우며 언제나 정확한 것은 아니다.
3) E. F. Heckscher, (a); M. Bloch, (e); C. M. Cipolla, (d) 3-12에서는 중세 초기에 자연경
제의 성립을 촉진시킨 요인으로 낮은 분업 수준과 매우 불평등한 소득분배가 지적되고
있다.
4) H. Pirenne, (c).
5) A. Dopsch, (b) 110-172 및 215-252.
6) 이에 관한 모든 문헌은 A. Riising에서 개관되고 있다. 특히 R. S. Lopez, (a); D. C. Den-
nett; M. Lombard, (b); St. Bolin, (b); R. S. Lopez, (d) 134-135에서는 새로운 관점이 제
시되고 있다. F. J. Himly & Ph. Grierson, (b)에서는 Lombard의 견해가 비판받고 있다.
7) M. Lombard, (a).
8) 이것은 St. Bolin, (b)의 견해다. 한편 Himly는 정치적 사정과 화폐주조의 연관성을 지적
하고 있다.
9) R. Henning. St. Bolin, (a).
10) R. S. Lopez, (b) 228에서 Lopez는 서유럽으로부터 비잔틴제국으로 끊임없는 금의 유출
이 있었다고 말한다. 그러나 그는 서유럽이 이슬람 국가들에 판매한 노예의 대금으로 이슬
람 국가들로부터 서유럽으로 은이 유입되었음을 인정한다. 이러한 추측은 Lombard의 지지
를 받았지만, Himly와 Grierson의 논문들에서는 결정적인 반박을 받았다.
11) R. Latouche, (b) 154-155.
12) 여기에서는 그 과정에 대해 아주 간략하게 서술한다.
13) 10세기까지 프리슬란트 무역의 중요성은 여러 학자들, 그중에서도 누구보다 B. Rohwer,
P. C. J. A. Boeles, M. P. van Buijtenen과 D. Jellema에 의해서 밝혀졌다.
14) N. Bauer. 11세기의 프리슬란트 무역의 중요성은 B. H. Slicher van Bath, (b) 및 (c)
259-280에서 지적되고 있다.
15) 봉건제에 대해서는 무엇보다 H. Mitteis, (a); F. L. Ganshof, (a); M. Bloch, (f) 249-250
참조.
16) 봉건제는 카롤링제국으로부터 파생된 나라들에서 가장 순수한 형태로 발견되고(O.

Hintze, 335), 전형적으로 프랑크적인 것이며[H. Mitteis, (b) 24], 그 핵심부는 루아르강과 라인강 사이의 지역과 손강 양안 연변의 부르고뉴였다[M. Bloch, (f) II, 248-249].

17) 자연경제와 봉건제의 관련에 대해서는 Hintze, 347에서 매우 강조되고 있다. M. Bloch 역시 이 점을 지적하고 있다. (f) II, 245.

18) 농노제와 봉토제에 대한 개관을 위해서는 R. Boutruche, (d) 참조.

19) M. Bloch, (f) II, 248; B. H. Slicher van Bath, (c) 281-304.

20) H. Mitteis, (b) 제1판, II n. 11; 제3판 16 n. 28. 이러한 용어 사용에 대해서 H. A. Cronne, 252 및 C. Stephenson, (a) 808, (b) 14에서는 반대하고 있다. 이들 학자는 봉건제의 군사적 측면을 강조한다.

21) 둘 다 M. Bloch, (f) II, 241 ss.에서 인용.

22) B. Hildebrand, 10.

23) O. Hintze, 334.

24) M. Bloch, (f) II, 241 ss.

25) A. Dopsch, (b) 215-242.

26) R. Coulborn, 4.

27) 마르크 블로크는 부정적 측면, 즉 저항의 권리를 상당히 강조한다. 그렇지만 적극적 측면, 즉 충언의 역할이 더 중요하다. 봉주에게는 봉신의 충언에 귀기울일 어느 정도의 도덕적 의무가 있었다.

2. 장원제

1) E. Power, (a) 13-33.

2) 이 사료에 관한 방대한 연구문헌이 있다. 연구문헌에 관해서는 특히 W. Elsner와 K. Verhein의 논문 참조.

3) W. Metz, (b) 100-101.

4) H. C. Darby, (b) 및 H. C. Darby & I. B. Terrett에 의한 지리학적 저서 참조.

5) A. Déléage, 240-249; G. Duby, (b) 41-44.

6) 슬렌과 흐롤로 사이의 거리는 약 20킬로미터다. B. H. Slicher van Bath, (a) I, 15 참조.

7) R. Kötzschke, (c) 109, 68-69. 하루에 도보로 3마일, 말을 타고는 8마일을 이동할 수 있었다[여기에서 마일이라고 번역한 네덜란드어의 'mijl'이라고 하는 것은 영어의 마일(mile)이 아니라 리그(league)에 해당된다고 이해된다. 따라서 네덜란드어의 1마일은 3마일과 같은 셈이다/역주].

8) C. E. Perrin, (a) 642-649; L. Génicot, (a) 228-229; Ph. Dollinger, (a) 110.

9) C. E. Perrin, (a) 640.

10) 같은 저자, (c) 52.

11) F. L. Ganshof, (c) 46. 이 논문에서 Ganshof는 원사료 속에서 면적단위로 표기된 1보니예(bonnier)를 1.28헥타르로 계산하고 있다. G. W. Coopland, 19에서는 농민보유지의 수와 평균 크기에 대해서 이와는 다른 수치를 제시하고 있다.

12) E. Power, (a) 169-170.

13) F. L. Ganshof, (b) 1031; 같은 저자, (d).

14) P. Grierson, (a) 443. 면적 단위로 사용되고 있는 1보니예는 여기에서는 1.38헥타르 크기로 계산되었다.

15) A. Déléage, 520-521.

16) E. Kosminsky, (b) 284-287; L. Génicot, (a) 31에 의한 로브 수도원의 토지 평가 참조.

17) 다음의 두 번째에서 네 번째까지의 형태들은 A. Déléage, 479-484에서 인용한 것이다.

18) G. Wrede, 197-200.

19) A. Verhulst, (b) 142.

20) L. A. J. W. Sloet, no. 66. 그리고 후에 1200년에 젤험에서 부역이 있었다. 같은 책, no. 395; 1263년 펄뤼버 지방에 있는 우너에서 추수기에 2일간의 부역이 부과되었다. 같은 책, no. 864.

21) A. Doren, 64-65.

22) A. Déléage, 521.

23) 앞의 47-48쪽 참조.

24) A. Déléage, 528.

25) 토지의 이용에 관해서는 121-122쪽 참조. E. Power, (a) 169-170.

26) F. L. Ganshof, (c) 52.

27) L. A. J. W. Sloet, no. 66.

28) A. Déléage, 517-519; G. Duby, (a).

29) A. Déléage, 520.

30) C. E. Perrin, (d) 216.

31) M. Bloch, (b) 551-553; 이에 관한 사례들은 B. H. Slicher van Bath, (k) 21-25 참조.

32) C. E. Perrin, (a) 666-669.

33) 동부 네덜란드에서 그러했다. 바이에른에서도 마찬가지였다. Ph. Dollinger, (a) 122, 128-130 참조; C. E. Perrin, (a) 749-750에 의하면 '쿠르티스'란 말은 로렌에서 비교적 크지 않은 농장들에 대해서 사용되었다.

34) E. Kosminsky, (b) 84-85.

35) A. Verhulst, (b) 370-377.

36) E. Kosminsky, (b) 227-230, 284-287.

37) R. Kötzschke, (b) II, 381-382(부록 A. no. 15).

38) G. W. Coopland, 68.

39) L. A. J. W. Sloet, no. 302.

40) G. Simenon, 280.

3. 중세 초기의 농업

1) E. W. Hofstee & A. W. Valm; E. Juillard 외.

2) 이런 사실은 H. Tj. Waterbolk 교수가 알려 주었다. 다른 근거에 입각해서 G. Wrede, 191 에서는 개방경지가 기원후 500년 이후 생겨났다고 추측되고 있다.

3) H. Jäger; H. Mortensen, (a) 30-48; 같은 필자, (b) 31.

4) J. Vogt.

5) H. Jäger, 6.

6) P. Flatrès, 561-563; D. McCourt, 376.

7) M. Bloch, (i) I, 26-35; II, 34-38.

8) E. F. Heckscher, (d) 153.

9) J. E. Handley, 38-44; D. McCourt. 또한 잉글랜드에 관해서는 J. Saltmarsh & H. C. Darby(노픽) 및 T. A. M. Bishop, 40(켄트) 참조. 18세기의 나뮈르에 관해서는 P. Recht, 87-88 참조.

10) M. Bloch, (i) II, 68-69.

11) 뒤의 426-427쪽 참조.

12) M. Bloch, (i) I, 34.

13) M. Defourneaux, 50.

14) 휴경지 면적이 축소되는 삼포제 농법에 관해서는 뒤의 401-419쪽 참조.

15) M. Postan, (e) 196. 14-15세기의 노샘프턴셔에 관해서는 J. Wake, 알고이에 관해서는 K. S. Bader, 46-47, 1790년경의 푸아투에 대해서는 P. Massé, 25 참조.

16) G. Schröder-Lembke, (e); M. Bloch, (i) II, 37.

17) *The Cambridge Economic History*, I, 130.

18) R. H. Hilton, (a) 52-53.

19) A. J. Roderick, 57-58.

20) G. W. Coopland, 122-123.

21) P. Massé, 25.

22) K. S. Bader, 46-47; T. A. M. Bishop, 40-41; R. Boutruche, (c) 20-21; *The Cambridge Economic History*, I, 480(스칸디나비아); G. W. Coopland, 122-123; A. DéLéage, 468; G. Duby, (b) 22; F. Lütge, (b) 95; A. Tille, 72; P. Winterwerber, 63-64.

23) P. Winterwerber, 63-64.

24) E. Juillard, 51-69.

25) *The Cambridge Economic History*, I, 93-94, 119-120.

26) M. Nightingale; F. G. Payne; C. S. Orwin, 32-34; A. G. Haudricourt 외, 332-336, 353-357에서는 경지형태와 쟁기 간의 어떤 긴밀한 관계도 부정하고 있다.

27) Ct. Lefebvre des Noëttes; R. Grand 외, 444-449.

28) A. Doren, I, 24-27.

29) P. Grierson, (a) 460-461. 여기에서 Grierson은 소맹 장원의 크기를 1,406헥타르라고 하고 있다. 그러나 p. 443에 보이는 그의 추산에 따르면, 그 장원의 크기는 1,368헥타르다.

30) 뒤의 291쪽 참조.

31) H. C. Darby, (b) 142, 199, 255. 여기의 '가축'은 다른 사료들에서도 그러한 바와 같이

소를 의미할 가능성이 매우 크다.

32) H. P. R. Finberg, (a) 169-170; 그 밖의 자료에 관해서는 A. Déléage, 323-338 참조.

33) 앞의 115-116쪽 참조.

34) 무엇보다도 E. Maclagan, 도판 11 및 80 b에 묘사되어 있다.

35) H. G. Richardson; R. Lennard, (c); M. Postan, (e) 195; A. Déléage, 359에서는 그 그림들이 부정확하다고 보고 있다.

36) R. Delatouche, 149에 의하면 이것은 카롤루스 대제의 개인적 영향으로 실시되었다.

37) C. E. Perrin, (a) 409, 712, 716, 737; A. Déléage, 151; *The Cambridge Economic History*, I, 141.

38) C. S. & C. S. Orwin, 34 및 도판 9; S. R. Eyre, K. Scharlau, D. McCourt, 372.

39) *The Cambridge Economic History*, I, 143-144; E. Maclagan, 삽화 11.

40) L. White.

41) G. Carnat.

42) M. Bloch, (b); Ch. Singer, II, 599, 611.

43) Aldus Lefebvre des Noëttes 참조. 그러나 이런 주장은 M. Bloch, (c) 643에서 반박을 받고 있다.

44) R. Grand 외, 619-626; A. P. Usher, (c) 161-186.

45) G. Duby, (c) 361-363.

46) K. Lindner, 173-212.

47) 1050년 이후 여러 지방에서 오래된 이런 거대한 사냥터들은 그들의 명성을 잃었다.

48) H. C. Darby, (a) 23; A. Déléage, 162; J. Warichez, 250.

49) H. L. Savage, 33-35.

50) C. E. Perrin, (a) 247.

51) M. Bloch, (i) I, 186.

52) E. Bull, 41.

제3부 간접적 농업소비시대(1150년경-1850년경)

Ⅰ. 인구

1) M. K. Bennett, (b) 9, 표 I, 1000-1949. 1000년 이전에 대한 수치는 p. 5에 있는 그래프로부터 추정된 것이다.

2) J. C. Russell, (b) 40-45.

3) M. Bloch, (g) 28.

4) J. Kulischer, 7에서는 유럽의 총인구에 대해서 다음과 같이 추산한다. 1600년: 9,500만 명; 1700년: 1억3,000만 명; 1800년: 1억8,800만 명.

5) J. C. Russell, (b) 71-131로부터 산출된 것이다.

6) W. Abel, (d) 62.

7) J. Beloch, (a) 405-423; 같은 필자, (b) 765-786.

8) R. Mols.

9) J. C. Russell, (a).

10) 같은 필자, (a) 162-164.

11) E. F. Heckscher, (b) 273.

12) P. Goubert, (a) 453-456.

13) W. Abel, (d) 85. Abel은 16-18세기에 관한 수치는 또한 11-13세기에도 적용된다고 생각한다.

14) E. E. Rich, 260-264.

15) M. Bloch, (i) I, 118-119. 보르도 주변 지역에 대해서는 R. Boutruche, (a) 참조.

16) R. Mols, II, 366-370, 374.

17) F. Curschmann.

18) L. Burema와 J. de Castro의 저서 내용에 전혀 과장이 없는 것은 아니다.

19) W. Abel, (c) 417에 따르면, 15세기 독일의 쇠고기 소비량은 연간 1인당 최소한 100킬로그램은 되었다. 1550년 이후 그 양은 상당히 감소했다.

20) E. F. Heckscher, (d) 21-22, 68-70.

21) 같은 필자, 116.

22) Ch. Leclerc de Montlinot, 196으로부터 산출된 것이다.

23) A. Backhaus, 294.

24) W. Goertz-Wrisberg, 39. 1800년경 네덜란드의 사정에 대해서는 그해의 농업 설문조사의 문항 188*에 대한 응답을 참조. J. M. G. van der Poel, (a).

25) E. W. Gilboy, 58, 203-204; B. H. Slicher van Bath, (k) 188-190.

26) W. H. Beveridge, (e). 이러한 가격들은 1789년과 1793년의 회계연도에 대한 가장 값싼 상품의 평균 도매가격으로부터 산출되었다.

27) H. Ilzhöfer, 159, 168-173.

28) 일반적으로 독일의 연구자들 사이에서는 흑사병이 격심한 인구감소의 원인이었다는 견해가 지배적이다. F. Lütge, (a); E. Kelter; H. Reincke 참조. H. van Werveke, (a)는 물품세 대장에 근거해서 플랑드르와 브라반트에서는 흑사병이 심하지 않았음을 설득력 있게 입증하는 데에 성공하고 있다. K. O. Meinsma의 저서는 혼란스럽고 신뢰성이 없다. 북부 네덜란드에 대해서는 우리는 단지 데벤터르에 있는 신트레바위뉘스 교회의 사망자 등기부를 통해서 흑사병이 1350년 5월 11일에서 9월 29일 사이에 그곳에서 창궐했음을 알 뿐이다.

29) H. S. Lucas; H. van Werveke, (b).

30) J. Schreiner, (a).

31) 불황에 대한 보다 자세한 설명은 이 책의 230-241쪽과 269-285쪽 참조.

32) 중세 말의 인구감소에 대한 모든 문제는 유일하게 W. Abel, (d)에서 다루어지고 있다. K. Helleiner, (a)는 이 관련문헌에 대해서 개관하고 있다.

33) J. C. Russel, (a) 246, 263, 269-270.

34) 같은 필자, (a) 230-232.

35) H. Reincke, 11-15에서는 인구가 농촌으로부터의 유입을 통해서 회복되었다고 한다.

36) E. Perroy, (a) 168-169. 영국의 여러 가지 사례들에 대해서는 뒤의 226-228쪽 참조.

37) E. Kosminsky, (b) 216-229, 294.

38) G. Franz, (b) 53-55.

39) Quesnay와 Mirabeau의 추산에 근거한 W. Abel, (b) 674 참조. H. Hausherr, 141-142 에도 동일한 수치가 나타난다.

40) J. Maillet, 175; E. Wagemann, 316-317; C. E. Labrousse, (a) 510.

41) E. J. Hobsbawm, (a) 5(1954) 34에서는 인구가 정체해 있었거나 아니면 기껏해야 약간 의 성장이 있었다고 보고 있다. 네덜란드와 노르웨이에서는 인구증가가 있었으며, 스웨덴 과 스위스에서도 필시 인구증가가 있었을 것이다.

42) 앞의 149-153쪽 참조.

43) K. H. Connell, (a) 25. 우리는 이 밖에도 이 기간에 많은 해외 이민이 있었음을 고려해 야 한다.

44) G. T. Griffith, 28, 36; T. H. Marshall, 441-443에 따르면 1780년과 1840년 사이의 평균 출생률이 36.6퍼밀에서 37.7퍼밀까지였으며, 이 기간 동안 사망률은 28.6퍼밀에서 23.4퍼 밀로 떨어졌다.

45) A. M. Carr-Saunders, 61-76; D. S. Thomas, 34-38, 표 3.

46) G. T. Griffith.

47) T. R. Malthus, 229-231.

48) E. W. Gilboy, 121, 199-201.

49) K. H. Connell, (a) 122-123에는 적어도 두 배라고 되어 있다. Connell의 이런 추정은 A. Young의 주장을 인용한 것이다. Young은 같은 면적에 곡식을 심을 때보다 감자를 심을 때 는 네 배나 더 많은 사람이 먹고살 수 있다고 추산했다. Andrews는 1835년에 그것을 세 배 로, McCulloch는 두 배로 산정했다. Adam Smith는 일찍이 감자의 식량적 중요성을 강조 했다. A. Smith, I, 146-147 참조.

50) Th. McKeown & R. G. Brown, 120-125.

51) H. J. Habakkuk.

52) B. H. Slicher van Bath, (f) 55-58.

53) W. Stark, (a) 418.

54) E. Juillard, 64-65.

55) R. Musset, 447.

56) J. P. Süszmilch, 63.

57) E. F. Heckscher, (b) 277.

58) D. S. Thomas, 82-84.

59) P. Goubert, (a) 468; J. Meuvret, (a) 645; J. Ruwet, (b) 462-464.

60) J. D. Chambers, (b) 32-41.

61) E. F. Heckscher, (b) 270.

62) J. P. Süszmilch, 46에서 이미 이 점이 지적되고 있다.

63) T. R. Malthus, 227-228; K. H. Connell, (a) 90; J. E. Handley, 181-183, 246-247.

64) E. F. Heckscher, (d) 127, 154-172.

65) H. van Houtte, (a) 424-426.

66) S. Pollard, 221 n. 1.

II. 가격과 임금

1) 주곡의 가격이 높은 때에는 견인용 가축과 가축사료(귀리, 건초 및 짚)의 가격 역시 상승
   했다.

2) J. A. Schumpeter; N. D. Kondratieff.

3) T. R. Malthus, 255에는 15-20년 또는 그 이상 지속되는 악천후 기간과 곡물가격 사이에
   관련이 있음을 벌써부터 생각하고 있다. W. H. Beveridge, (a), (b)에서는 그 주기가 2.7년
   에서 68년까지 다양한 19개의 주기적 변동이 구별되고 있다. Jevons와 Moore의 이론들에
   대한 논의에 관해서는 J. Sirol, 137-138 참조.

4) A. P. Usher, (b) 109-110. 같은 필자 (a).

5) J. Sirol, 208-210.

6) 앞의 42쪽 참조.

7) 앞의 149-153쪽 참조.

8) 임금이 곡가상승보다 더 작게 오른다면, 실질임금의 하락은 화폐임금의 상승과 병행될 수
   있다.

9) 동일한 현상이 M. J. Elsas, (a) I, 82에서 16세기와 17세기에 관해서 관찰된 바 있다.

10) C. E. Labrousse, (b) 184-185.

11) F. Quesnay, 246.

12) J. Schreiner, (a) 51.

13) R. S. Lopez, (e).

14) J. Schreiner, (a) 52-53. 같은 필자, (b).

15) J. U. Nef, (b) 578, 589; *The Cambridge Economic History*, II, 469-473.

16) F. G. Spooner, 8-29.

17) C. M. Cipolla, (b).

18) T. R. Malthus, 256에서는 이 시기의 인구증가의 의미에 대해 주의를 환기시키고 있다.

19) E. J. Hamilton, (b). 이 그래프는 〈표 1〉에서 언급된 수치들에 기초해서 그린 것이다.

20) 위의 설명과는 달리 F. Braudel & F. C. Spooner, 247-250에서는 16세기에 악화(惡貨)가
   많아지게 된 원인을―화폐수량의 증가에도 불구하고―통화의 지속적인 부족으로 본다. 그
   렇게 보는 경우, 주조화폐의 품위저하의 원인은 14-15세기와 똑같은 것이 된다.

21) 가격상승은 근 100년에 걸쳐서 일어났으므로, 특히 오늘날의 경험에 비춰 볼 때 연평균
   상승은 비교적 작다. 프랑스의 리브르(livre)화의 구매력은 1518년과 1602년 사이에 $\frac{1}{4}$ 수

준으로 떨어졌다. P. Raveau, (b) 2-3 참조. Cipolla는 1552에서 1600년까지의 기간에 북부 이탈리아에서 연평균 가격상승은 2퍼센트가 채 못 되었다고 말한다. C. M. Cipolla, (c) 514.

22) W. Abel, (a); F. K. Riemann.

23) E. J. Hobsbawm, (a) 5 (1954) 38-39. 전쟁으로 위기는 지연되었으나, 동시에 악화되었다. Hobsbawm은 그 위기의 원인이 17세기에 광대한 국내외 시장을 위한 값싼 상품의 대량 생산이 없었던 데에 있었다고 생각한다.

24) E. J. Hamilton, (b) 36에서는 라틴아메리카에서의 귀금속의 생산감소가 언급되고 있다. 다른 학자들은 귀금속 생산이 비슷한 수준에 머물러 있었다는 견해를 보인다.

25) Adam Smith, I, 184-189에서는 귀금속 가격의 상승 요인으로 다음과 같은 것들이 지적되고 있다. 1. 라틴아메리카에 남겨지는 귀금속 수량의 증가. 2. 아시아로의 귀금속 수출. 3. 시장 확장(상품거래량의 증대). 4. 산업용 귀금속 사용의 증대(의복, 가구, 식탁용 식기류 등에 귀금속 사용).

26) W. Sombart, I, 2, 532-534 및 II, 2, 978에 제시된 자료로부터 산출된 것이다. 앞에서 말한 백분율에 관해서는 약간의 주의가 요구된다. 귀금속이 Ch. Wilson, (a), (b)에서 보듯이 발트해 지역으로도 유출되었을지 모른다. 그러나 이런 견해는 E. F. Heckscher, (c)에서 반박되고 있다.

27) R. A. Overijssel, 주 의회 문서 no. 1528(날짜기록 없음. 그러나 1678년 이전임).

28) E. F. Heckscher, (d) 89, 124-125.

29) 브라질산 금의 유입으로 금 가격은 은 가격에 비해 떨어졌다. 하나의 실례를 들면, 1760년 이전 오버레이설의 수세(收稅) 총국(Generale Ontvangers)은 금화로 넘쳤다. 그 주의 의회 의원들은 당시 수세 총국에 대한 지불은 금으로는 $\frac{1}{4}$만 이뤄져야 하고, 나머지는 은화로 이루어져야 한다고 결의했다. 주 의회 의결 1760년, 6월 19일, 10월 23일 및 24일.

30) W. Abel, (a) 132-136. 그렇지만 F. Simiand, 229에서는 프랑스에서는 경기후퇴가 훨씬 덜했으며, 오히려 정체되거나 때로는 심지어 완화된 형태로나마 호경기가 계속되었음이 지적되고 있다.

31) E. J. Hobsbawm, (a) 5 (1954) 38, 49.

32) 보베 지역에서는 1647년 이후에 가서야 나타난다. P. Goubert, (b) 73.

33) C. E. Labrousse, (a) 140-141.

34) F. Simiand, 83, 514-515.

35) R. Latouche, (a) 348.

36) M. J. Elsas, (a) II B, 11.

37) C. E. Labrousse, (a) 178 n. 20, 241.

38) J. Heisig, 124-125.

39) 이 연대측정과 관련해서는 의견이 일치되어 있지 않다.

40) F. Firbas, 72, 79와 W. Abel, (d) 47에 있는 꽃가루 분석 그래프 참조. 두 사람 다 H. T. Waterbolk, (b) 11과는 합치되지 않는 Overbeck의 연대측정을 사용하고 있다. V. M. Mikkelsen, (b) 109-128, 특히 단면도 5, pp. 124-125; 같은 필자, (a) 36-37; H. Jankuhn & R.

Schütrumpf, 41-45에 나오는 다른 그래프들도 참조.

41) Adam Smith, 150.

42) G. E. Fussell, (a) 272-274.

43) 그러나 수확량이 증가하는 경우에는 언제나 소비가 약간 증대한다. J. Sirol, 226 n. 9. W. Braeuer, 68-69.

44) 이 수치는 D. L. Farmer, 218에서 인용한 것이다. 그러나 수확에 관한 백분율이 신뢰할 만한 것인지는 의문이다.

45) C. E. Labrousse, (b) 185. 예컨대 Hocsem의 연대기로부터 인용하고 있는 H. van Werveke, (b) 11 참조.

46) 앞의 31-32쪽 참조.

47) E. Kelter, 170-171.

48) 대체로 비용은 곡물로 표시되기 때문에 절대적으로 증가하지는 않고 상대적으로 증가한다.

49) G. F. Warren, 209.

50) M. Mollat의 보고서, 869-870에서는 불황은 경제생활의 모든 부문에 똑같은 영향을 미쳤다고 추측하고 있으나, 이것은 잘못된 것이다.

51) M. Postan, (d) 234. 이미 W. H. Beveridge, (d) 31-32에서는 농업노동자의 임금이 장인의 임금보다 더 상승했음을 보여 준다.

52) 일부 계층으로의 수입 이동이 대혼란의 원인이었다. 당시 거의 어디나 격렬한 정치적 분쟁에 휩싸였으며, 일부 지방에서는 혼란이 극심했다. 정신적 불안감은 많은 수의 부랑자나 '나그네'로 나타났다. 겉으로 보기에는 이런 현상은 앞서 말한 노동력에 대한 수요와는 모순되어 보인다. 그렇지만 농촌의 높은 실질임금으로 인해 바로 이와 같은 떠돌아다닐 마음이 생기게 되었을지도 모른다. 사람들은 필요한 경우 쉽게 일자리를 구할 수 있었으며, 일정 부문에서의 번영 덕분에 거지에게 아주 관대한 분위기가 존재했다.

53) J. D. Gould, 108 n. 1.

54) E. J. Hamilton, (a) 338-357(1550년~1650년간에 대해서 취급). 같은 필자, (e).

55) J. U. Nef, (a) 155-185.

56) C. E. Labrousse, (a) 300.

57) 앞의 48쪽 참조.

58) J. J. Siegrist, 462.

59) 농민반란은 농민전쟁과 구별되어야 한다. 이런 차이에 대해서는 뒤의 318-319쪽 참조.

60) 부록의 〈표 I〉과 앞에 그려진 그래프(178-179쪽, 그래프 6과 7) 가운데 임금에 관한 부분은 Rogers의 자료를 W. Abel이 환산한 것에 기초하고 있다. 우리는 이런 자료가 유일하게 연속적인 일련의 임금통계를 제공하는 까닭에 이를 사용하지 않을 수 없다. 그 그래프는 아주 정확한 모습을 제시하지는 않는다. 그것은 곡물가격과 실질임금과의 격차를 어느 정도 과장하고 있기 때문이다.

61) M. Postan, (d) 236.

62) C. E. Labrousse, (a) 525: 흉작으로 단지 고용주가 먹고살 정도만 농작물이 수확될 때에

는 동거 고용인들이 해고되고 가축은 도살된다.

63) 다음의 서술은 대체로 오버레이설에 관한 연구결과에 입각하고 있다. B. H. Slicher van
    Bath, (f) 117-238, 442-481.

64) 동일한 현상이 오버레이설 외에 오스트리아, 스웨덴, 작센 및 오스나브뤼크 주교구와 같
    은 다른 곳들에서도 나타났다.

65) G. Wrede, 207.

66) 210쪽 참조.

67) J. Schafer, 136.

68) B. H. Slicher van Bath, (f) 653-671. 미국에 대해서는 C. T. Schmidt, 15 참조.

III. 중세 후기의 농업과 농촌(1150년경-1550년경)

1. 생산에 대한 소비의 영향

1) J. Halpérin.

2) M. Postan, (d) 246.

3) *The Cambridge Economic History*, II, 166; 가격상승에 관한 또 다른 자료로는 G. Duby,
   (b) 477; P. Dollinger, (a) 168 참조.

4) A. Nielsen, (b) 17.

5) A. Dopsch, (a) 81, 106, 129; W. Abel, (d) 22, 88.

6) F. Lütge, (b) 144.

7) J. R. Strayer, 282-283.

8) G. W. Coopland, 77.

9) T. B. Franklin, 52.

10) E. Kosminsky, (b) 203.

11) 같은 필자, (b) 228.

12) W. Hudson, 29-31, 45-46; G. G. Coulton, 40-42.

13) D. C. Douglas, 62-63.

14) M. Morgan, 111.

15) R. H. Hilton, (b) 123.

16) W. G. Hoskins, (b) 90-91.

17) 부록의 〈표 2〉 참조.

18) G. E. Fussel, (k); 1198년의 생베르탱 수도원 영지에 관해서는 G. W. Coopland, 118; J.
    A. v. Houtte, 19.

19) W. Abel, (d) 41.

20) E. Lamond.

21) L. Olson.

22) 1950년 파리와 1955년 로마에서 개최된 역사학 대회의 보고서들 참조.

23) M. Postan, (d) 226에 근거함. Postan의 논문 속에 나타나는 표에는 임금이 그램 단위의 은으로 표시되어 있지 않다. 이 수치들은 임금지수와 마찬가지로 이 책의 저자에 의해서 산출된 것이다. 또한 *The Cambridge Economic History*, II, 166 및 W. H. Beveridge, (d) 38, 41 참조.

24) W. H. Beveridge, (f) 26.

25) 이에 대해서는 E. Kosminsky, (a) 17-18에서 올바르게 지적되고 있다.

26) *The Cambridge Economic History*, II, 207.

27) W. Abel, (d) 96.

28) E. Perroy, (b) 237-239; F. Lütge, (b) 145.

29) E. Perroy, (a) 173; W. Abel, (d) 100.

30) *The Cambridge Economic History*, II, 208.

31) 같은 책, 209.

32) J. Schreiner, (a) 74.

33) J. Pelc, (a) 127-136에 의해서 보고된 수치들로부터 산출된 지수다.

34) Y. Bezard, 93.

35) M. Mollat 외, 823; R. Grand 외, 682.

36) T. B. Franklin, 28.

37) M. Mollat 외, 866-870.

38) K. Ilg.

39) O. Stolz, (b) 및 (c). 티롤 지방에서는 매년 10만 킬로그램 정도의 치즈가 그 지방의 영주에게 공납되어야 했으며, 그 외에 9만 킬로그램의 치즈가 여타 대토지 소유자들에게 공납되어야 했다. H. Wopfner, (b) 및 A. Gestiner 참조.

40) A. Doren, 230-231.

41) A. Nielsen, (b) 58-59.

42) A. Backhaus, 195.

43) W. Abel, (d) 40-42.

44) 같은 필자, (d) 40-42.

45) A. Backhaus, 194.

46) G. Simenon, 42-43.

47) Y. Bezard, 152. 또한 1335년과 1375년 사이에 클레르몽 근처의 포도밭 설치에 대해서는 G. Fournier, 329; 1369년경 보르도 인근의 경종농업에서 포도재배로의 이행에 대해서는 R. Boutruche, (c) 17 n. 5 참조. 이탈리아에서 곡물의 재배가 축소되고 포도와 올리브 재배가 확대되었던 데 대해서는 A. Doren, 226 참조.

2. 장원제에서 소작제로의 이행

1) W. Abel, (d) 160-161.

2) J. A. van Houtte, 17.

3) M. Bloch, (a) 174.

4) M. Postan, (a), (c); E. Kosminsky, (b) 172-196; R. H. Hilton, (b) 123.

5) B. H. Slicher van Bath, (f) 673-728.

6) F. Lütge, (b) 97-105.

7) F. G. Davenport, 96-97.

8) D. M. Petruševski, 136.

9) A. Verhulst, (b) 314.

10) G. W. Coopland, 69.

11) Ph. Dollinger, (b) 295-297; (a) 149-150.

12) D. M. Petruševski, 136-138; E. M. Halcrow.

13) R. H. Hilton, (a) 90-105.

14) *Oorkondenboek Utrecht*, no. 781 = L. A. J. W. Sloet no. 517.

15) *Oorkondenboek Utrecht*, no. 1504 = L. A. J. W. Sloet no. 823.

16) L. A. J. W. Sloet, no. 1030.

17) G. A. van Schouwen, 부록 T, pp. XXXII-XXXIV; B. H. Slicher van Bath, (k) 19-20.

18) W. van Iterson, II, 549-558.

3. 개간과 간척(12-13세기를 중심으로)

1) J. F. Niermeyer, 229-230.

2) H. van der Linden.

3) S. J. Fockema Andreae, (b).

4) H. van der Linden.

5) M. K. E. Gottschalk, I; A. Verhulst, (c).

6) H. Wiswe.

7) E. Sabbe, (b) 32-34.

8) 아직도 남아 있는 두스 수도원의 창고 길이는 58미터이고, 폭은 거의 24미터에 이르며, 높이는 거의 31미터이다. 캉브롱(벨기에)에 있는 가축은 암소와 황소가 169두, 송아지가 426두, 돼지가 636두 그리고 양이 4,243두로 구성되어 있었다. E. Sabbe, 34, 31.

9) Wiswe는 이와 같은 입장을 견지하고 있다. 반면에 Sabbe는 이포제에서 삼포제로의 이행이 시토 수도원 계통의 영지들에서 비롯되었으며, 그 영지들에서는 수도원이 사육하는 막대한 수의 가축을 통해서 그런 이행이 가능했을 것이라는 견해를 가지고 있다. 그러나 이런 추론은 삼포제가 그보다 일찍 발생했으므로 설득력이 약하다.

10) R. Kötzschke 및 W. Ebert; K. Quirin, 21-48.

11) 훗날 아메리카로의 이민모집 방책과 어떤 유사점이 있다고 할 수 있다. 남부 프랑스에서 성채마을(bastides)'로의 이주자 모집에 관한 M. Bloch, (i) I, 16과 비교해 보라. "랑그도크에서는 모집원들이 트럼펫 소리에 맞추어 성채마을의 건설을 알리면서 지방을 돌아다니는

것을 볼 수 있었다"고 말하고 있다.

12) J. M. van Winter.

13) G. Aubin.

14) I. Bog, (b) 67-68.

15) K. S. Bader, 51.

16) R. Boutruche, (b) 63, 126-127; R. Grand 등, 433.

17) G. Wrede, 205-206에 따르면, 북서부 독일의 마르크들은 11세기에 생겨났다.

18) B. H. Slicher van Bath, (a) I, 55-148.

4. 14-15세기의 농업불황

1) B. H. Slicher van Bath, (i).

2) J. C. Russel, (a) 233 및 C. E. Britton, 177. 그러나 Britton의 자료가 그것의 단편적(斷片的)인 성격 때문에 통계로 처리될 수 있을는지는 의문이다. M. Postan, (e) 190-191 역시 기후변화로 중세 후기의 쇠퇴를 설명하는 것을 회의적으로 본다.

3) H. Tj. Waterbolk, (a) 57. 하벨터에 관해서는 H. Tj. Waterbolk 등, 155 참조.

4) H. Tj. Waterbolk, (b) 140.

5) B. H. Slicher van Bath, (k) 77-79.

6) W. Abel, (d) 89. 1300년 이후 남부 웨일스에서도 역시 모래의 이동과 사구(沙丘)의 침식에 대한 불평이 일어났다. C. E. P. Brooks, 311-312에서는 바람의 방향이 서쪽과 남서쪽으로 바뀐 데에 그 원인이 있다고 말하고 있다.

7) W. Abel, (d) 5-6. 폐촌에 대한 백분율은 1300년경의 촌락 총수로부터 산출되었다. H. Pohlendt는 하나의 지도를 제시하고 있다.

8) 아마도 또한 육류 소비의 증대와 가죽에 대한 수요증가로 목축업이 확대되었음에 틀림없는 듯하다. 독일에서의 발전은 바로 이런 종류의 발전이었다. R. H. Hilton, (f) 550, 556. W. Abel, (c) 417도 참조. 영국에서 경작지의 목초지로의 전환에는 양모와 직물 상인들뿐만 아니라 푸주한들도 이해관계를 가지고 있었다. 15세기 말에 일부 도시에서 푸주한들은 최고로 부유한 도시민 가운데 하나였다.

9) M. Beresford.

10) 때로 울타리가 둘러쳐진 토지는 여전히 여러 필지로 나뉘어 있었으며, 가끔 울타리 내의 이런 필지들은 각각 다른 소유주들에게 속하는 수도 있었다.

11) B. H. Slicher van Bath, (k) II, 200.

12) 앞의 231-232쪽 참조.

13) Beresford, 214.

14) 같은 필자, 244-245.

15) J. D. Gould, 111.

16) R. Leonhard, 125.

17) R. S. Lopez, (c); M. Mollat 외, 845.

18) J. Klein.

19) 같은 필자, 317-320.

20) Klein, 344와 Leonhard, 192에 의하면, 18세기의 곡가상승은 스페인의 인구증가에서 기인한다. 그렇지만 당시의 인구성장은 국제적 현상이었다.

21) J. Schreiner, (a), (c). M. Wetki.

22) O. A. Johnsen, 238; O. Röhlk, 73-75.

5. 중세 후기의 농업

1) *The Cambridge Economic History*, II, 121, 156.

2) W. H. Beveridge, (c); T. A. M. Bishop, 43; J. E. Th. Rogers, 38-45; R. H. Hilton, (e) 107.

3) R. H. Hilton, (a) 63-64, 136 n. 1; L. F. Salzman, (a) 37; G. W. Coopland, 79-84.

4) R. H. Hilton, (d) 160; E. Juillard, 38; B. H. Slicher van Bath, (d) 17 n. 15.

5) R. H. Hilton, (d) 160-161; 또한 같은 필자, (a) 63-64. 1301년에 콩은 전체 생산의 31퍼센트를 차지했고, 1470년에는 34.4퍼센트나 차지했다.

6) O. Kius, 144.

7) R. Lennard, (b); M. K. Bennett, (a).

8) L. Lacour, 137.

9) W. H. Beveridge, (c) 159는 중세의 파종량 대 수확량의 비율은 곡물이 재배된 면적의 수확량만이 계산되기 때문에 실제로는 더 낮았다고 말한다. 휴경지제 때문에 경작지의 일부는 이용되지 않고 버려두어야 했다는 것이다. 우리가 휴경지를 경작지의 일부로 친다면 헥타르당 수확량은 훨씬 더 낮아진다.

10) 오늘날 몇몇 연구자(누구보다도 Lord Ernle, 64-65)에 따르면, 중세 말에 토지의 비옥도는 지력 고갈로 인해서 떨어졌다. 그러나 R. Lennard, (a)는 이미 이런 학설은 지지될 수 없음을 지적한 바 있다.

11) J. M. Richard, 391-401.

12) B. H. Slicher van Bath, (h), (g).

13) R. Grand 외에 따르면 Lavisse, *Histoire de France*, III, 1, p. 390에는 삽화가 하나 있다. 그렇지만 파종하는 사람의 몸짓은 분명하지 않다. P. Lindemans, II, 53에 따르면 그런 과정은 16세기 후반의 한 판화 속에서 보인다.

14) Ch. Leclerc de Montlinot.

15) P. Goubert, (c) 29.

16) M. Bloch, (i) II, 35.

17) H. Pirenne, (a) VI-VII(서론), 28.

18) P. Lindemann, I, 83-84 n. 32 및 36.

19) 같은 필자, I, 412 n. 45, 439; A. Verhulst, (a).

20) 또한 1360년 알스트 서쪽 신트리벤스후팀과 1394/1395년 네이메헌 남쪽 미덜라르에서

도 나타난다.

21) P. Lindemans, I, 446 n. 7, 439, 427, 436.

22) F. H. Mertens & K. L. Torfs, 280, 553; 1358년 4월 22일, 1359년 11월 15일 및 1366년 9월 3일.

23) C. Wiskerke, 14-16.

24) W. J. Sangers, (b) 7, 12.

25) Y. Bezard, 162-170.

26) J. de Smet, 서론 p. XVIII-XX.

27) G. Simenon, 117; T. B. Franklin, 30에 의하면 280헥타르의 농경지에 대해서 80두의 쟁기질용 황소가 있었다.

28) J. M. Richard, 571-573; L. F. Salzman, (a) 38-39.

29) H. G. Hamaker, I, 359-366, 371-372.

30) M. E. Seebohm, 206.

31) H. S. Bennett, 91; M. E. Seebohm, 126.

32) H. P. R. Finberg, (a) 143.

33) R. Trow-Smith, I, 119-123.

34) 같은 책, I, 129; L. F. Salzman, (b) 서론, p. XXX.

35) M. L. Ryder, 2-4.

36) E. F. Heckscher, (d) 23-24.

37) R. Trow-Smith, I, 170.

38) Adam Smith, I, 211-215.

39) M. E. Seebohm, 126, 132에 따르면 12리터이나, R. Trow-Smith, I, 115-116에서는 수정되고 있다. 아르투아에 관해서는 J. M. Richard, 572 참조.

40) M. E. Seebohm, 128-137.

41) H. S. Bennett, 104-106.

42) M. E. Seebohm, 153.

43) 아마도 여기에서 1인 1일 노동(mandag)이란 일출부터 정오까지를 의미하는 것으로 보인다. 그러나 여기에서 인용된 이들 두 사례를 제시한 원저자들은 작업하는 날의 길이를 언급하지 않고 있다. H. Heaton, 103 및 M. E. Seebohm, 158 참조. H. S. Bennett, 104-106에서는 1인당 하루(=반나절)의 작업량이 0.2023헥타르—따라서 헥타르당 한 사람이 5일간 일해야 한다—라고 기술되고 있다. 따라서 이것은 한 사람의 하루 작업이란 반나절의 노동이고, 헥타르당 역시 한 사람이 5일간 작업했다는 것을 뜻한다.

44) L. Lacour, 140.

45) J. M. Richard, 406.

46) Rogers, Granat, Gras 및 Bennett이 산출했다. E. Kosminsky, (b) 230-238에 요약되어 있다.

47) T. B. Franklin, 101.

48) H. S. Bennett, 87-89.

49) J. M. Richard, 588-589.

50) R. H. Hilton, (a) 145.

51) J. M. Richard, 590-592.

52) P. Piétresson de Saint-Aubin, 290에 의하면 그 연대는 1183년이다. H. S. Bennett, 129 n. 1에서는 잉글랜드에서 풍차는 1163-1181년의 한 문서 속에서 최초로 언급된다고 생각한다. M. Bloch, (b) 549 n. 3에서는 프랑스에서 풍차는 아를 근처에서 최초로 언급되는 것 (1162-1180)으로 보고 있다.

53) S. J. Fockema Andreae, (a) 163.

54) P. Lindemans, I, 170-175, 도판 IX.

55) J. M. Richard, 394(북부 프랑스의 고스네에서); J. de Smet, 124-125; P. Lindemans, II, 59-65, 도판. IX.

56) A. Timm, (a) 146; (b).

57) M. Bloch, (d) 4-5; G. Lefebvre, (c) 253; A. Soboul, (a) 90-91; (b) 302.

58) K. Ilg.

59) *Oorkondenboek Utrecht*, no. 177(성자 Walburgis의 기적행위에 대한 기술).

60) H. G. Hamaker, II, 556-558.

61) P. N. Boekel, 10.

62) H. G. Hamaker, I, 359-372.

6. 농민전쟁과 농민반란

1) A. Réville, 62.

2) M. Bloch, (i) I, 175.

3) F. W. N. Hugenholtz는 이런 구별을 하지 않은 채, 플랑드르의 농민전쟁을 프랑스와 영국에서 단명한 두 개의 농민반란과 비교하고 있다.

4) R. E. Turner, 96.

5) 뒤에서는 단지 몇몇 농민전쟁과 농민반란에 대해 간단히 개관할 것이다.

6) 앞의 318쪽 참조.

7) K. Meyer, 53-56; W. Plattner, 33과 103; *The Cambridge Economic History*, I, 534; Th, Sclafert, 183-185.

8) B. H. Slicher van Bath, (b). 같은 필자. (c), "Problemen rond de Friese middeleeuwse geschiedenis", 259-280 및 "Universitas, 281-304".

9) 동시에 파리 역시 에티엔 마르셀의 지도 아래 일어난 반란 속에 휩싸였다. 얼마 지나지 않아서 두 반란 집단 사이에는 협력이 이루어졌다.

10) A. Rosenkranz; G. Franz, (a); 1500년 이전의 농민반란들에 대해서는 H. Bechtel, I, 361-362 참조.

11) Joz. de Coo.

12) H. O. Feith & G. Acker Stratingh, 87.

IV. 근대의 농업과 농촌(1550년경-1850년경)

1. 생산에 대한 소비의 영향

1) F. Braudel, 272-273, 284, 353-359, 461-471.

2) G. M. Trevelyan, 146.

3) E. F. Heckscher, (d) 77.

4) 1552년과 1560년 사이의 가격상승은 전쟁 후의 호황 때문이라고 생각할 수 있다. 아메리카산 귀금속의 유입은 1570년 이후에야 이탈리아에 영향을 미쳤다. C. M. Cipolla, (c) 참조.

5) C. Verlinden 외, 187 n. 2, 190. 그들에 따르면, 공식 MV=PT(M은 화폐수량, V는 화폐유통 속도, P는 물가수준, T는 거래총량을 뜻한다/역주)에서 T가 변함이 없는데도 M과 V는 증가했는데, 이것은 P가 급격히 상승했음을 가리키는 것일 것이다. 그렇지만 16세기의 해외무역의 엄청난 성장을 고려할 때, T가 변동하지 않았을 가능성은 없어 보인다.

6) F. Braudel & F. C. Spooner, 244-245. 이들 학자는 M과 T가 똑같은 비율로 증가했으나, 만약 V가 변동이 없었다면 P도 변동이 없었을 것이라고 가정한다. 그렇지만 P가 상승했으므로 V의 증가가 당연히 요구된다.

7) L. Hammarström. 그 외에 가격상승에 대한 이 여학자의 설명에서는 일부 나라들에서 주조화폐의 은 함유량의 감소가 언급되고 있다. 이 여학자는 유럽에서의 귀금속 채굴에 대해서는 거의 주의를 기울이지 않는다.

8) H. Hausherr, 86. C. Verlinden 외, 180.

9) F. Simiand, 115-118, 139-140.

10) 짚에 대한 수요는 말의 증가로 인해 증대될 수 있다.

11) E. H. Ph. Brown & Sh. V. Hopkins, (c) 298.

12) C. Verlinden 외, 179-180.

13) O. A. Johnsen, 238.

14) I. Hammarström, 145, 표 2.

15) E. Kerridge, (a) 28.

16) M. J. Elsas, (a) II B, 69.

17) P. Raveau, (a) 4. 같은 필자, (b) 2-3, 13-14, 17-21.

18) F. Simiand, 364-382에서는 그 비판이 매우 신랄하다.

19) 바로 앞의 주 17을 보라.

20) J. J. Siegrist, 444에서는 기준 시점을 1401-1425년간으로 잡고 있다. 그렇지만 그 기간은 실질임금이 특별히 높은 때였다. 푸아투에 관한 통계와 비교하기 위해서, 여기에서는 후기의 기간을 기준 시점으로 채택했다. Siegrist에 의한 실질임금의 산출이 어떤 자료에 근거하고 있는지는 매우 불분명하다.

21) M. J. Elsas, (a) I, 74; II B, 68-69.

22) J. U. Nef, (a) 164-165.

23) C. Verlinden 외, 192-197.

24) F. Braudel, 57-72, 124-126; J. Korthals Altes.

25) M. Bloch, (i) I, 20.

26) 이들 수치는 H. Blink, 112에서 인용한 것이다.

27) J. Kok, 15-18.

28) D. Wiadra, 19.

29) V. von Arnim, 22; J. A. van Houtte, 22.

30) E. Kerridge, (a) 17.

31) T. J. de Boer, 235. 여기에는 인용 사료가 밝혀져 있지 않다.

32) A. H. Martens van Sevenhoven. 금지에 대해서는 pp. 477, 488. 지주의 허락을 받아야
만 하는 경우에 대해서는 pp. 465, 492 참조.

33) J. Thirsk, (a) 17; 같은 필자, (c) 110-112, 117-129.

34) W. G. Hoskins, (b) 93.

35) O. Klopp, 412.

36) R. Musset, 301.

37) 같은 필자, 249.

38) W. Abel, (c).

39) G. Schröder-Lembke, (a); S. von Frauendorfer, 116-126.

40) 예를 들면, *Histoire générale des civilisations*, t, IV(1954) 속의 R. Mousnier의 글, 142,
145-151 참조. 그 외 E. J. Hobsbawm, (a); F. C. Spooner, 32, 59; F. Lütge, (B) 248(약 1
세기간 지속된 농업위기); J. Meuvret, (b) 216; P. Goubert, (b) 74-75 참조.

41) W. Naudé, 149, 109.

42) E. J. Hamilton, (c) 170-171.

43) J. Vogt.

44) 윌첸(Uelzen: 북부 독일에 위치/역주) 지역의 역병에 대한 E. Woehlken의 연구는 아주
많은 것을 알려 준다.

45) F. Lütge, (b) 240.

46) M. J. Elsas, (a) I, 23.

47) W. Abel, (c) 433.

48) F. Simiand, 524-535.

49) F. K. Riemann, 171-176, 표 1-8로부터 산출되었다. 단치히의 가격은 J. Pelc, (b) 131-
135로부터 산출되었다. A. Nielsen, (a)로부터 산출된 덴마크의 가격은 동일한 결과를 보인
다.

50) N. W. Posthumus, CV, CVI.

51) F. Simiand, 191-198, 528-536.

52) 이와 관련하여 우리는 영국에서는 곡가가 수출보조금 제도로 인해 다른 곳보다 적게 하
락했다는 점을 기억해야 한다.

53) E. W. Gilboy, 23, 36; G. T. Griffith, 201, 표 XVII.

54) G. E. Mingay.

55) H. Blink, II, 112.

56) B. H. Slicher van Bath, (f) 434-442.

57) G. Franz, (b) 120.

58) O. Stolz, (a), (b) 89.

59) W. E. Rappard, 80-81; G. A. Chevallaz, 74.

60) 앞의 283쪽 참조.

61) J. Ruwet, (a); L. Thirion, 232-235.

62) G. Roupnel, 297-298에는 경종농업에 불리한 가격 관계에 대한 지적은 없다. 그렇지만 경종농업에 불리한 가격 관계가 어떤 영향을 미쳤음에는 틀림없다.

63) A. Lequeux; G. Lefebvre, (a) 213; M. Bloch (M. F.), (k); R. de la Gorce에 따르면 목초지로의 전환은 1767년 이후에 있었다. 그러나 이것은 Lequeux가 발간한 자료와 모순된다. L. Thirion, 240 참조.

64) Lord Ernle, 165, 168.

65) W. G. Hoskins, (c).

66) K. H. Connell, (a) 90-93.

67) H. Enjalbert.

68) P. Vilar, (c) 128-131.

69) C. E. Labrousse, (b) 602.

70) P. Vilar, (c).

71) G. A. Chevallaz, 81.

72) E. Juillard, 47.

73) J. J. Siegrist, 420-422; G. A. Chevallaz, 91.

74) F. Simiand, 319에 의해서 인용된 Messance 참조.

75) E. J. Hobsbawm, (a) 6 (1954) 51-52.

76) B. H. Slicher van Bath, (f).

77) Lord Ernle, 105. N. Riches, 12에 따르면 1640년과 1760년 사이에 단지 여섯 건의 특허품이 있었다.

78) G. Franz, (b) 106.

79) H. Nabholz 외, II, 60-79; 독일의 반란에 대해서는 O. Schiff 참조.

80) H. Sée, (d) I, 214-215; E. Durtelle de Saint-Sauveur, II, 95-113; R. Mousnier, 90-106, 112.

81) G. E. Fussell, (f) 56. Fussell은 이러한 관심의 변화를 점증하는 번영과 관련시킨다. 그런데 오히려 그것은 경제상황이 변화하고 경종농업 분야의 전망이 불투명한 데 대한 표현에 지나지 않는다.

82) J. Meuvret, (c).

83) G. Schröder-Lembke, (a).

84) W. Naudé & A. Skalweit, 17.

85) F. Quesnay, 208.

86) 프로이센의 왕 프리드리히 2세는 1740년과 1748년 사이의 곡가상승은 1740년, 1744년, 1745년 및 1746년의 흉작에 일부 원인이 있고, 일부는 인구성장에서 기인한다고 생각했다. W. Naudé & A. Skalweit, 12 참조.

87) 일부 학자는 1814년이나 1824년 또는 1825년까지라고 한다. 그러나 N. D. Kondratieff, 589-590에서는 그 전환기를 1810-1817년으로 설정되고 있다.

88) 1844년, 1850년, 1851년 또는 1852년이라는 또 다른 연대가 제시되고 있기도 하다. Kondratieff는 그 연도를 1844년부터 1851년까지로 잡고 있다.

89) 위 348-350쪽 참조.

90) 이 지수들은 C. E. Labrousse, (a)를 참조하여 산출한 것이다.

91) 콩가루는 곡물가루와 자주 혼합되었다. 땔나무 가격의 상승은 삼림벌채 때문이다.

92) W. H. Beveridge, (c)에 의거하여 산출되었다. 빵과 쇠고기의 가격은 런던의 차터하우스 양로원에서, 밀가루, 완두콩, 버터, 치즈는 런던의 해군 식량보급창에서, 귀리는 윈체스터 칼리지에서, 엿기름과 양고기는 이튼 칼리지에서, 돼지고기, 베이컨, 버터, 우유는 궁내부(宮內府: Lord Steward's Department)에서, 그리고 벽돌 가격은 런던의 해군 매점에서 나온 자료를 이용한 것이다.

93) T. S. Ashton, (b) 55.

94) V. von Arnim, 71-72, 78-80.

95) G. A. Chevallaz, 146-148, 226.

96) E. W. Gilboy, 225.

97) P. Vilar, (a) 43. 그렇지만 바르셀로나에서는 무역과 산업의 확대와 노동력의 부족으로 말미암아 임금이 급속히 상승했다. 같은 필자, (b).

98) C. E. Labrousse, (a) 598-603.

99) E. W. Gilboy, 58, 203-204. 그리고 앞의 152-153쪽 참조.

100) T. S. Ashton, (a). Ashton은 이들 수치를 하나의 연속적인 것으로 처리하는 것은 적절하지 않다고 생각한다. 그런데도 생계비가 1791년보다 1819년에 상당히 더 높았다는 것은 생계비지수로부터 매우 분명히 알 수 있다. 이것은 지출상에 별 변동이 없다는 Ashton의 견해와 모순된다. 그 지수는 1791년에 100, 1809년에 158, 1819년에 136, 1831년에 156에 달했다.

101) 앞의 370쪽과 동일한 사료가 이용되고 있는 W. H. Beveridge, (e)에 의거하여 산출된 것이다. 밀가루, 완두콩, 버터(해군 식량보급창) 및 치즈의 가격은 단지 1821년부터 1826년까지의 기간에 관해서만 알려져 있다.

102) 자료 출처는 N. W. Posthmus & W. Abel, (a).

103) D. Wiarda, 83-85.

104) 앞의 337-338쪽 참조.

105) G. Debien, (b) 86-88. 클레르몽페랑 남쪽의 개간에 관해서는 J. Delaspre 참조.

106) O. Festy, 57 n. 2.

107) V. von Arnim, 96.

108) P. Flatrès, 141-144.

109) J. A. van Houtte, 23.

110) Adam Smith, I, 135-137. J. Ruwet, (c) 106에 따르면 농업소득은 가격보다도 생산량에 더 크게 좌우된다.

111) W. Naudé & A. Skalweit, 23-27.

112) A. Backhaus, 136.

113) W. Abel, (c) 440.

114) M. Braure, II, 354-355에서는 18세기에 축산업과 초지 면적의 급격한 축소가 있었다고 한다.

115) J. N. Schwerz, (c) 49.

116) 1800년경 슐레지엔에 있는 한 영지에서는 많은 초지가 경작지로 변함으로써 초지가 부족해졌다. J. Heisig, 94-95.

117) M. Beresford, 244-245; R. A. Pelham, 103.

118) K. H. Connell, (c).

119) 같은 필자, (a) 90-117, 136.

120) E. F. Heckscher, (d) 127 n. 154-72.

121) D. Wiarda, 44-45.

122) E. W. Hofstee.

123) Hofstee는 많은 초지가 경작지로 바뀌었던 1818-1833년간은 가격이 경종농업에 매우 불리하게 되어 있었다는 것이 특징이라고 생각하기 때문에 곡가론(穀價論)을 거부한다. 그러나 앞에서 설명한 바와 같이 이런 일시적인 가격하락은 그리 심한 것이 아니었다.

124) 앞의 219쪽 참조.

125) C. E. Labrousse, (b)에서는 보다 자세히 논의되고 있다.

126) 앞의 361-363쪽 참조.

127) I. F. Grant; C. de Rammelaere, 235.

128) 1820년경의 경기침체가 중요한 영향을 미치지 못했다는 또 하나의 징표다.

129) C. E. Labrousse, (a) 532-554.

130) W. Abel, (c) 439.

131) H. Maillet, 280. 여기서 농업은 임업과 어업을 포함한다.

132) 농업에 비해서 공업의 중요성이 커질 때 공산품 가격은 영향력을 가지게 된다. J. Sirol, 280 n. 15에서는 이런 현상이 영국에서는 1830년 이후, 프랑스에서는 1850년 이후 그리고 독일에서는 1870년 이후에 나타나게 되었다고 생각한다.

133) 곡물가격의 동향을 나타내는 곡선은 훗날에는 '사라져 버린 경제에 특유한 낡아빠진 곡선'이 되었다. C. E. Labrousse, (b) 136 참조.

2. 근대의 농업

1) Arthur Young, *A Course of Experimental Agriculture*, I(1771), VII을 인용한 G. E. Fus-

sel & C. Goodman, (b) 207 참조.

2) J. G. Gazley, 130.

3) M. Braure, II, 327-368.

4) C. Verlinden 외, 178-179. 1562-1569년간에 발트해 항구들로부터 외레순해협을 통과해서 네덜란드로 수출되는 곡물의 연간 평균 물량은 4만7,224개 짐짝(last)의 호밀과 4,233개 짐짝의 밀로, 이것은 합계 약 10만 톤에 달하는 양이었다. 앞에서 말한 논문의 필자들은 1인당 연간 곡물소비량을 300킬로그램으로 본다. 우리가 소비량을 좀더 낮추어 잡는다면, 즉 240킬로그램으로 산정하는 경우에는 네덜란드의 곡물소비량의 16.7퍼센트가 수입으로 충당된 셈이 된다.

5) Sir Richard Weston, 5-6.

6) Ch. Leclerc de Montlinot, 184, 202.

7) G. Lefebvre, (a) 207-208.

8) J. H. von Thünen, 262. 집약적인 농업과 부의 관계는 Thünen이 말하는 것보다 더 복잡하다.

9) G. Schröder-Lembke, (a); 같은 필자, (c). 스웨덴의 지배를 받고 있었던 포어포메른(Vorpommern)에서는 다포제가 18세기까지도 존속했다.

10) 앞의 293-296쪽 참조.

11) J. E. Handley, 38-44, 60. 가축을 가두어 두었던 땅조각은 선사시대의 경지들을 강하게 연상시킨다.

12) G. E. Fussell, (e).

13) Y. Bezard, 144.

14) B. H. Slicher van Bath, (g) 90.

15) W. G. Hoskins, (b) 162-172; 같은 필자, (c) 10-11.

16) 같은 필자, (f) 156.

17) 같은 필자, (a) 153.

18) W. Ashley, (b).

19) H. P. R. Finberg, (a) 91-92; P. Flatrès, 124-127.

20) A. Nielsen, (b) 338-339. 다소 약간의 변이가 있었음에 대해서는 P. Vollrath 참조.

21) G. Schröder-Lembke, (d).

22) Sir Richard Weston, 5-7; B. H. Slicher van Bath, (k) 81.

23) J. N. Schwerz, (a) 387-405; B. H. Slicher van Bath, (k) 88-92.

24) N. Riches, 76-79, 83; W. G. Hoskins, (e) 215.

25) A. Backhaus, 185-188; O. Böhme, 65.

26) O. Böhme, 65, 83; A. Backhaus, 128-129, 185-188; G. Lange, 23; J. Heisig, 108-109.

27) W. J. Dewez, 11.

28) K. G. Davies & G. E. Fussell, 48 및 W. E. Minchinton, 183에서 산출된 것이다.

29) J. N. Schwerz, (a) II, 387-405.

30) Ch. Leclerc de Montlinot에 있는 자료에서 산출된 것이다.

31) B. H. Slicher van Bath, (k) 92.

32) V. R. IJ. Croesen, (a).

33) P. Lindemans, I, 58.

34) 루뱅의 Van der Wee 박사는 나에게 16세기에 안트베르펜 주변 지역에서 현물지대가 상승했음을 알려 주었다. Lindemans는 도시에서 나오는 분뇨가 중세에 이미 이용되었다고 추측한다(I, 57). 그렇지만 그는 다른 곳에서는 도시 분뇨의 이용에 관한 최초의 언급이 1674년의 차지 계약서에 나타난다고 하고 있다.

35) S. von Grouner, II, 117-122. 여기에는 저장소 그림도 게재되어 있다.

36) B. H. Slicher van Bath, (k) 109-110.

37) J. M. G. van der Poel, (a) II, 83.

38) Von Bönninghausen auf Darup, 57-65; B. H. Slicher van Bath, (k) 105-109.

39) J. F. van Oosten Slingeland, 26-30.

40) M. Bloch, (i) II, p. XXXII.

41) 위 420-421쪽 참조.

42) J. J. Siegrist, 403.

43) J. Heisig, 105-106.

44) A. Backhaus, 131-136, 176-181.

45) *The Cambridge Economic History*, I, 91.

46) J. N. Schwerz, (c). 바이에른 선제후령에서는 1모르겐이 $\frac{1}{4}$헥타르였다.

47) J. M. G. van Poel, (a) II, 83.

48) S. J. van Beck Calkoen.

49) B. H. Slicher van Bath, (h) 98-105.

50) A. Backhaus, 131-136, 176-181. 슈마츠펠트에서 한 바리의 무게는 언제나 한결같지 않았다. 19세기가 경과하는 중에 그것의 중량은 더 커졌다. 가축에 의한 두엄 생산에 관해서는 뒤의 486-488쪽 참조.

51) A. Backhaus, 178. 1820년에 어떤 마름이 피력한 견해이다.

52) B. E. Howells, 247에는 "사람은 그 스스로를 위해서 모래를 뿌리고, 그의 아들을 위해서 석회를 뿌리며, 그의 손자를 위해서 이회토를 뿌린다"고 한 17세기 어느 작가의 말이 인용되고 있다.

53) N. Riches, 78-79.

54) Adam Smith, I, 202-203.

55) 인조비료의 역사는 여기에서는 더이상 다루지 않을 것이다. 왜냐하면 그 영향은 주로 1850년 이후에 나타났기 때문이다.

56) 여기에서 농작물은 일반적 수준에서 다뤄야 한다. 또한 여러 가지 작물의 지리적 분포에 관해서도 상세히 취급할 수 없다.

57) F. K. Riemann, 12-13.

58) E. Lipson, II, 427-428.

59) H. Sée, (d) I, 197-198.

60) G. E. Fussell & C. Goodman, (b) 49, 55.

61) 고유의 이름은 없었지만 오버레이설에서도 또한 이런 혼합곡이 있었다.

62) F. A. Buttress & R. W. G. Dennis.

63) A. Dieck; A. E. van Giffen.

64) 1394/1395년의 세관 장부는 1394년 가을철의 수확에 관한 것이다. B. H. Slicher van Bath, (k) 100 참조.

65) P. Lindemans, II, 117.

66) H. P. H. Jansen, 39, 부록 16.

67) O. Stolz, (d) 357; T. Stoianovich.

68) R. Forster, 240-241.

69) R. N. Salaman.

70) B. H. Slicher van Bath, (k) 100-104.

71) 바로 앞의 각주 70)을 보라.

72) 러시아의 식물학자들은 유럽의 감자가 칠레에서 전래되었을 것이라고 생각해 왔으나, 역사적 사실에 비추어 볼 때 이런 견해는 성립할 수 없다.

73) 감자를 다른 식물과 혼동했음은 이름에도 나타난다. 감자에 대한 페루의 말은 'papas'이다. 이 말은 스페인에서 카디스 주변 지역에서만 받아들여져 사용되었다. 스페인의 여타 지방에서는 사람들이 감자를 고구마를 뜻하는 'patata'라고 이름 지어 썼으며, 이것에서 감자를 뜻하는 영어 이름인 'potato'와 플랑드르어의 'patatten'이 유래한다. 이탈리아어의 'tartufo[송로(松露)]'를 거쳐 독일어의 'Kartoffel'이 생겨났다. 프랑스에서는 처음에 'cartoufle' 또는 'topinambour'라는 이름이 감자에 붙여졌다. 네덜란드에서는 중세에 'erd-appel'이라는 말이 귀구(鬼臼)의 뿌리와 땅콩에 대해서 사용되었으나, 네덜란드로부터 부르고뉴를 거쳐 프랑스에는 감자의 문자 그대로의 번역어인 'pomme de terre'가 전래되었다. 일본에서는 감자가 네덜란드에서 유래했다는 것이 'imo(뿌리) Jagatara(자카르타)' 또는 'Orando imo'(홀란트산 뿌리식물)라는 이름으로부터 알 수 있다.

74) M. Gray, 357; E. Juillard, 215; G. A. Chevallaz, 84에 의하면 스코틀랜드 고원지대, 알자스 및 보에서의 인구성장도 감자의 전래 때문이었다.

75) R. N. Salaman, 600-601에서는 감자 재배가 임금을 낮게 유지하기 위해서 기업주들에 의해 장려되었다는 견해가 피력되고 있다. 그러나 이런 추론은 옳지 않다. 임금은 노동력의 대량 공급으로 낮았던 것이다. 더욱이 임금은 비공업화된 지역의 농촌에서보다 공업중심지들에서 상대적으로 더 많이 상승했다.

76) J. E. Handley, 177.

77) A. C. de Vooys.

78) W. J. Dewez, 15-16.

79) Adam Smith는 감자의 저장기간이 짧다는 점이 감자가 국민적 식량으로 이용될 수 없는 중대한 약점이라고 본다. 그에 비해서 곡물은 2년 내지 3년간 저장될 수 있다고 한다. Adam Smith, I, 147.

80) P. Flatrès, 302-306.

81) N. H. H. Addens, 44.

82) 그 전 시기의 아일랜드의 역사에 관해서는 앞의 383-384쪽 참조. 1815년 이후 아일랜드 에서는 감자가 거듭 흉작되었다. 이런 흉작은 1845년과 그 다음해들의 대재앙을 이미 오래 전부터 예고하는 것이었다.

83) 아일랜드에서 미국으로 이주한 사람의 수는 다음과 같다.

기간	인원(명)
1846-1850	873,264
1851-1860	649,583

이러한 이민으로 아일랜드에서 나타난 사회적 결과에 대해서는 K. H. Connell, (e) 참조.

84) F. Borlandi, 135.

85) P. Lindemans, II, 214-246.

86) J. H. von Thünen, 311.

87) R. Scholz.

88) C. Wiskerke. 1363년과 1378년에 꼭두서니의 건조로가 아르덴부르크에서 보고되고 있다. M. K. E. Gottschalk, I, 135.

89) G. E. Fussell, (j).

90) 위 301쪽 참조.

91) H. C. Darby, (c) 62에서는 1640년에 워시만(灣) 늪지대에서 유채가 재배되고 있었다고 한다. R. W. K. Hinton, 23, 25도 참조. 또한 1639년과 1640년에 로테르담과 암스테르담으 로의 유채(koolzaad) 수출이 있었고, 같은 항구들로부터 유채(raapzaad)와 유채씨깻묵, 아마씨, 겨자씨와 삼씨가 홀란트로 수출되었으며, 홀란트로부터는 아마, 홉 및 꼭두서니가 수입되었다.

92) A. Zijp, 39.

93) F. L. Ganshof, (c) 52; W. Jappe Alberts, 337.

94) J. Warichez.

95) G. Doorman; J. van Loenen.

96) 보멜레르바르트에서는 홉 사이에 순무, 당근 및 감자 같은 여타의 여러 농작물을 재배했 다.

97) E. Lipson, III, 169-171.

98) V. R. IJ. Croesen, (b).

99) N. Deerr, II, 471-500; E. M. A. Timmer; A. Hallema.

100) 사탕무 재배는 비트를 사료로 이용했던 네덜란드의 재세례파 교도들에 의해서 마그데 부르크 지역으로 전래되었던 것으로 짐작된다. 라인란트팔츠에서는 사탕무가 부르군트령 네덜란드를 따라서 이름 지어져 부르군트순무(Burgunderrübe)로 알려져 있다.

101) Sir Richard Weston; B. H. Slicher van Bath, (k) 80-81.

102) E. Kerridge, (b); B. H. Slicher van Bath, (k) 82.

103) E. C. Lodge, p. XXX.

104) N. Riches, 84-85.

105) P. Lindemans, I, 430-431.

106) G. Schröder-Lembke, (b) 10-17.

107) D. A. Valcooch, 42.

108) N. Riches, 88. 이 여성은 정부기록보존소에 있는 『항구 회계장부』(*Port Books*)와 네덜란드로부터의 수입에 관한 M. A. Starr 여사의 미발간 논문을 참조하고 있다.

109) Foeke Sjoerds, 171에 따르면 이것은 프리슬란트에서는 30년 전, 즉 1735년 이전에는 알려지지 않았다.

110) O. Festy, 134-145; M. Augé-Laribé, 107.

111) A. Schmiedecke.

112) 〈표 3〉에서 Foeke Sjoerds와 Dirk Fontein이 제시한 프리슬란트에 관한 수치는 확실히 유례없이 높아 보인다. 그 수치가 평균 수확고가 아니라 최대 수확고를 나타내는 것이 아닌지 모르겠다.

113) W. J. Dewez, 29.

114) E. P. Prentice, 163-164, 182. R. Trow-Smith, II, 182에서는 그 연도가 1794년이라고 하고 있다.

115) R. Musset, 307; G. A. Chevallaz, 78; R. Trow-Smith, II, 108, 167, 170.

116) Lord Ernle, 188은 John Sinclair의 믿기 어려운 수치(1795년)에 의거해 있다.

117) G. E. Fussell, (b).

118) R. Trow-Smith, II, 6, 20, 31, 88, 89, 185.

119) 같은 책, 184.

120) G. A. Chevallaz, 78.

121) A. Nielsen, (b) 58-60, 135-144, 160-169 및 184-189.

122) P. N. Boekel, 39-40 n. 2.

123) 어쩌면 18세기에 덴마크에서는 목초지가 경작지로 전환되었을지도 모른다. 1750년과 1837년 사이에 곡물의 수확은 두 배로 증가했고, 곡물의 수출은 1년에 30만톤에서 100만톤으로 증가했다. A. Nielsen, (b) 338-339.

124) C. Skeel.

125) D. Defoe, I, 65. N. Riches, 97에 따르면 노픽에서 근채류는 가축의 여분사료로 이용되었다. 그러나 Defoe는 이를 언급하지 않고 있다.

126) G. E. Fussell & C. Goodman, (a) 150. 슐레지엔에서는 1880년까지 양이 도살용으로 사육되지 않았다. G. Lange, 71 참조.

127) G. E. Fussell, (b) 178.

128) A. Backhaus, 215.

129) A. Soom, (a) 128.

130) G. E. Fussel, (c) p. XXII.

131) O. Böhme, 114.

132) P. Goubert, (c) 31.

133) 원주 131)을 보라.

134) J. Heisig, 130. 1800년경에 메리노종 양이 이 지역에 도입되었으나 양모 산출량에는 별 차이가 없었다.

135) G. Lange, 70.

136) J. van Vloten, I, 34.

137) 빵에 치즈를 발라 먹을 때 버터는 전혀 사용하지 않았다. 치즈와 버터를 함께 발라 먹는 경우는 사치스러운 것으로 간주되었다.

138) P. Lindemans, II, 380.

139) P. N. Boekel, 114에서 인용된 것이다.

140) G. Lizerand, 150.

141) G. M. Trevelyan, 146.

142) F. Braudel, 297-298.

143) L. White, 154.

144) *The Cambridge Economic History*, I, 134.

145) J. Heisig, 93.

146) A. Backhaus, 227.

147) 이에 대한 H. K. Roessingh의 연구가 가까운 장래에 나타날 것이다[*De veetelling van 1526 in het kwartier van Veluwe*(1979)인 것으로 보인다/역주].

148) A. Nielsen, (b) 189.

149) J. N. Schwerz, (b) 47-48.

150) W. Abel, (c) 426 n. 4.

151) A. Oja, 32-45.

152) I. Delatte, 184.

153) O. Böhme, 108로부터 산출된 것이다.

154) F. K. Riemann, 69.

155) O. Böhme, 78 및 G. Lange, 65로부터 산출된 것이다. 하르츠산맥에 있는 영지들에서 의 두엄 생산에 대한 A. Backhaus, 182의 서술에는 모호한 점이 많다.

156) F. K. Riemann, 74; J. J. Siegrist, 403.

157) O. Böhme, 78로부터 산출된 것이다. 아마도 1740년과 1760년에 이 두엄의 일부는 왕 실 화원의 시비용으로 드레스덴으로 운반되었기 때문에 경작지에 이용되지 못했던 것 같 다.

158) I. Delatte, 184-185.

159) G. H. Kenyon, (b) 90-95.

160) J. N. Schwerz, (c) 49.

161) R. Trow-Smith, II, 170.

162) O. Böhme, 99; A. Soom, (a) 130-131.

163) G. E. Fussell, (c) p. XXI.

164) R. Trow-Smith, II, 180-181.

165) M. E. Seebohm, 253.

166) R. W. K. Hinton, 9, 10. 그 후 깻묵은 거듭해서 수출되었다.

167) 앞의 306쪽 참조. 그 외 J. Cornwall, 82; F. V. Emery, 29; G. H. Kenyon, (b) 85, 127-128; R. Trow-Smith, I, 129 및 M. Wretts-Smith, 190도 참조.

168) R. Musset, 307; W. Naudé & A. Skalweit, 26; M. Olsen, 10 참조. M. Bloch, (c) 639 에는 호기심에 차서 언급되고 있다.

169) 이것은 독일에 대해서, W. Naudé & A. Skalweit, 23-27에서 입증되었다.

170) P. M. Bondois, H. Hours, Ch. F. Mullett, W. Jordan.

171) A. Nielsen, (b) 184-185; Ch. F. Mullett, 144.

172) D. Wiarda, 23-43.

173) W. G. Hoskins, (f) 239-240, 244.

174) 다음에 서술하는 많은 것이 B. H. Slicher van Bath, (j)로부터 따온 것이다.

175) J. J. Siegrist, 395; M. E. Seebohm, 244; N. Riches, 112; R. A. de Widt, 125로부터 산출된 것이다.

176) L. Rogin, 17.

177) N. Riches, 132.

178) L. Rogin, 130-131.

179) G. E. Fussell, (c) 59.

180) D. Faucher, 78, 83.

181) B. H. Slicher van Bath, (j).

182) G. E. Fussell, (h) 44, 58.

183) 같은 필자, (c) 24, 116; B. H. Slicher van Bath, (h) 91.

184) C. E. Labrousse, (a) 503 n. 1.

185) J. Mertens.

186) B. H. Slicher van Bath, (g) 106, 115.

187) R. H. Anderson, 158-167.

188) J. J. Spahr van der Hoek 외, I, 162-163.

189) P. N. Boekel, 41-44, 82.

190) C. Singer 등, IV, 2.

191) G. E. Fussell, (h) 158; J. E. Handley, 217-218.

192) J. M. G. van der Poel, (b) 7-14; Ch. Parain, 334-335. R. Grand 외, 287쪽에 의거해서 우리는 탈곡 롤러는 이미 중세에 알려져 있었다고 결론을 내릴 수 있을 것이다.

193) G. H. Kenyon, (b) 107.

194) C. S. Orwin, 70.

195) N. Gash.

196) B. H. Slicher van Bath (j)에서 인용되었다.

197) 같은 필자, (g) 126-129. 이 논문에서는 농업경영 수입이 가계비가 포함되어 있는 전체 지출과 비교되어 있기 때문에 계산이 다르다.

198) G. E. Fusselll, (c) 표 IV로부터 산출되었다.

199) W. J. Dewez, 43, 57; I. Delatte, 234-245.

200) H. Wiswe, 119-120.

201) F. K. Riemann, 109-110.

202) B. H. Slicher van Bath, (g) 97.

3. 사회계층과 토지소유

1) G. Lefebvre, (c) 204.

2) C. M. Cipolla, (a).

3) G. Lefebvre, (b) 97-101.

4) J. E. Handley, 97, 102.

5) P. Recht, 238.

6) G. Lefebvre, (c) 204.

7) I. Delatte, 96.

8) B. H. Slicher van Bath, (f).

9) M. Bloch, (i) I, 196-200; A. Soboul, (a) 86-88.

10) L. Génicot, (b) 507-508.

11) K. Blaschke, 149-150; W. Stark, (b) 362, 370-371.

12) G. Lefebvre, (a) 307; A. Soboul, (b) 296-299.

13) H. van Houtte, (b) 481-483.

14) P. Recht, 206-209.

15) 같은 필자, 211-237.

16) E. Juillard, 90-94.

17) 오버레이설의 자료에 기초해서 서술된 앞의 214-215쪽 참조.

18) J. J. Siegrist, 372-376, 461-469.

19) K. Blaschke, 147-155.

20) J. Möser; H. van Houtte, (a) 424-425; 앞의 385쪽 참조.

21) W. G. Hoskins, (f) 185-195.

22) 같은 필자, (f) 218, 253.

23) B. H. Slicher van Bath, (f) 477-480.

24) 위 374-375쪽 참조; C. E. Labrousse, (a) 598-603.

25) I. Delatte, 236-237.

26) E. Waschinski, 139.

27) B. H. Slicher van Bath, (k) 187.

28) 같은 필자, (g) 115; 같은 필자, (h) 115; P. Raveau, (a) 236-237, 268.

29) B. H. Slicher van Bath, (f) 98-101, 360-362; G. Lizerand, 178; G. Lefebvre, (b) 4; H. Sée. (c) 36-41.

30) W. G. Hoskins, (f) 247-248.

31) G. T. Griffith, 173 n. 1.

32) W. E. Tate, (a); 같은 필자, (b) 220; J. H. Clapham, (a); 같은 필자, (b) I, 102; T. S. Ashton, (b) 47; J. D. Chambers, (a) 319-338.

33) P. Mathias, 45, 표 III.

34) 이 수치는 J. H. Clapham, (a), (b) I, 113-114에서 인용한 것이다.

35) H. G. Hunt, 34-35.

36) J. H. Clapham, (b) I, 103-104.

37) 같은 필자, (b) I, 133-137; J. Ph. Dod, 26-27, 31.

38) G. T. Griffith, 107-111, 145-146.

39) G. Lefebvre, (c) 239-242; (a) 545-546, 733-734; A. Soboul, (a) 87-98.

40) F. Lütge, (b) 328.

부록

표 1. 1201-1850년간 각종 농산물의 가격지수와 임금지수

표 2. 중세의 파종량 대 수확량 비율

표 3. 1500년 이후 파종량 대 수확량 비율

표 4. 가축의 체중에 관한 일부 자료

표 5. 암소의 산유량(産乳量)

표 6. 암소의 버터와 치즈 산출량

표 1. 1201-1850년간 각종 농산물의 가격지수와 임금지수(기준 1721-1745년=100)

		1201-1250	1251-1300	1301-1350	1351-1400	1401-1450	1451-1500	1501-1550	1551-1600	1601-1650	1651-1700	1701-1750	1751-1800	1801-1850
밀														
파리	(3)	–	–	–	–	–	–	52.7	180.4	176.8	151.2	103.7	–	–
루탕스(노르망디)	(3)	–	–	–	–	–	–	–	–	–	–	99.1	–	–
사토공티에(엔)	(3)	–	–	–	–	–	–	–	–	–	–	–	137.4	–
앙제	(3)	–	–	–	–	–	–	–	–	131.2	121.4	102.7	–	–
그르노블	(3)	–	–	–	–	–	–	78.8	167.2	156.6	136.0	105.1	–	–
로망스	(3)	–	–	–	–	–	–	63.6	133.2	–	–	107.9	–	–
포탕스	(1)	41.9	51.5	75.9	65.4	61.7	31.8	57.8	159.4	158.9	139.9	113.0	134.6	186.1
윈체스터	(2)	–	–	–	–	–	–	–	–	–	120.6	106.8	153.1	–
린던 해군	(2)	–	–	–	–	–	–	–	–	–	–	108.3	154.3	–
잉글랜드	(1)	35.8	47.8	53.1	43.9	36.1	27.7	30.0	65.5	124.2	126.1	105.8	143.2	203.8
암스테르담, 쾨니히스베르크	(5)	–	–	–	–	–	–	–	–	146.0	103.4	109.1	142.8	220.5
암스테르담의 폴란드산 밀	(5)	–	–	–	–	–	–	–	–	–	102.6	105.7	130.5	208.0
암스테르담의 바르더산 밀	(5)	–	–	–	–	–	–	–	–	–	103.9	110.1	145.9	–
암스테르담의 포리승란트산 밀	(5)	–	–	–	–	–	–	–	–	–	–	–	130.8	181.9
암스테르담의 제일란트산 밀	(5)	–	–	–	–	–	–	–	–	–	–	–	123.3	178.9
북부 이탈리아	(1)	37.8	72.8	106.8	112.2	–	–	114.8	232.5	209.6	112.7	102.5	145.0	185.2
스트라스부르	(1)	–	–	–	–	46.8	36.1	41.4	103.6	171.1	116.0	114.0	141.6	215.5
베를린	(1)	–	–	–	–	–	–	–	–	–	98.9	100.6	126.4	169.9
덴마크	(1)	–	–	–	–	–	–	78.1	158.4	155.2	125.9	–	172.9	201.3
호밀														
사토공티에(엔)	(3)	–	–	–	–	–	–	–	–	129.2	115.3	93.5	135.8	–
앙제	(3)	–	–	–	–	–	–	–	–	131.0	122.6	95.8	–	–
그르노블	(3)	–	–	–	–	–	–	78.1	158.4	155.2	125.9	101.3	–	–

항목	자료	1201-1250	1251-1300	1301-1350	1351-1400	1401-1450	1451-1500	1501-1550	1551-1600	1601-1650	1651-1700	1701-1750	1751-1800	1801-1850
로망스	(3)	–	–	–	–	–	–	65.1	130.1	–	105.2	106.0	161.0	–
암스테르담, 쾨니히스베르크	(5)	–	–	–	–	–	–	–	–	–	106.3	110.6	138.4	–
암스테르담의 프로이센산 호밀	(5)	–	–	–	–	–	–	–	–	146.9	129.2	111.2	135.6	192.8
오버바이셀	(6)	–	–	–	–	–	–	–	–	96.8	117.2	104.5	146.7	–
스트라스부르	(1)	–	–	–	–	52.3	40.8	48.0	125.9	198.5	126.5	112.9	120.4	206.4
베를린	(1)	–	–	–	–	–	–	–	–	–	95.8	96.4	122.3	160.4
덴마크	(1)	–	–	–	–	–	–	–	–	116.1	113.8	103.9	141.1	157.9
곡물(아마도 밀)														
안달루시아	(4)	–	–	–	–	–	–	–	–	–	136.4	98.8	155.5	–
신(新)카스티야	(4)	–	–	–	–	–	–	–	–	–	110.4	94.3	168.0	–
구(舊)카스티야, 레온	(4)	–	–	–	–	–	–	–	–	–	112.9	94.8	168.3	–
발렌시아	(4)	–	–	–	–	–	–	–	–	–	92.9	96.8	146.9	–
메밀														
암스테르담의 브라반트산 메밀	(5)	–	–	–	–	–	–	–	–	138.4	126.2	107.8	143.2	244.4
오버바이셀	(6)	–	–	–	–	–	–	–	–	–	–	102.6	150.8	–
사탕용 버터	(5)	–	–	–	–	–	–	–	–	–	–	95.4	154.3	–
토산담배	(5)	–	–	–	–	–	–	–	–	–	122.7	105.2	128.1	–
일반 목두서니	(5)	–	–	–	–	–	–	–	–	138.4	112.7	95.2	143.7	162.1
실질임금(영국, 킬로그램 단위의 밀로 표시)														
목수의 임당	(1)	–	81.0	94.6	121.8	155.1	143.5	122.4	83.0	48.3	74.1	94.6	79.6	94.6
농업노동자의 성과급*	(1)	–	110.0	115.7	145.7	182.9	170.0	182.9	108.8	70.6	85.3	94.1	82.4	91.2
농업노동자의 임당*	(1)	–	–	–	–	175.0	202.9	147.1	–	–	–	–	–	–
유럽의 인구	(1)	48.8	55.2	58.4	40.8	36.0	48.0	55.2	62.4	71.2	80.0	92.0	112.0	150.4

* 타작임금. 타작임금은 언제나 일당보다 임금이 높다.

위의 지수는 다음과 같은 자료들로부터 인용되거나 산출되었다. 1) W. Abel, (a); 2) W. H. Beveridge, (e); 3) H. Hauser; 4) E. J. Hamilton, (d) (기준시기) 1726-1750년=100); 5) N. W. Posthumus; 6) B. H. Slicher van Bath, (f) 591, 598.

표 2. 중세의 파종량 대 수확량 비율(파종량=1)

장소		연도	밀				보리				호밀				귀리				완두				기타 농작물				
			인급수	평균	최저	최고	인급수	평균	최저	최고	인급수	평균	최저	최고	인급수	평균	최저	최고	인급수	평균	최저	최고	인급수	평균	최저	최고	
우턴	1)	1278	1	3.0	-	-	1	2.8	-	-	-	-	-	-	1	2.4	-	-	-	-	-	-	-	-	-	-	
베이징스토크	1)	1281	-	-	-	-	1	4.8	-	-	-	-	-	-	1	2.3	-	-	-	-	-	-	-	-	-	-	
위스토우	1)	1298	1	1.8	-	-	1	2.8	-	-	-	-	-	-	-	-	-	-	-	-	-	-	-	-	-	-	
훈스비드	1)	1388	1	4.3	-	-	1	4.0	-	-	-	-	-	-	1	2.0	-	-	-	-	-	-	-	-	-	-	
캔터베리 영지	2)	1333-1335	3	4.3	4.0	4.8	3	3.7	3.4	4.1	3	4.6	2.8	5.9	3	2.8	2.6	3.1	3	4.7	3.4	6.7	2	2.6	2.0	3.1	잠두
		1200-1249	7	4.3	2.7	5.8	8	4.4	3.1	5.6	-	-	-	-	8	2.7	1.7	3.2	-	-	-	-	3	5.9	1.4	9.6	살갈퀴
		1250-1299	8	3.6	2.5	4.5	9	3.5	2.6	4.1	-	-	-	-	8	2.2	1.7	2.5	-	-	-	-	3	5.1	2.9	8.7	혼합곡
윈체스터 주교좌 영지 (아홉 개 장원)	3)	1300-1349	8	3.9	3.0	5.3	9	3.7	2.7	4.9	-	-	-	-	9	2.6	1.7	2.8	-	-	-	-	-	-	-	-	
		1350-1399	8	4.1	3.3	5.3	9	3.8	2.4	4.7	-	-	-	-	9	2.6	1.8	3.0	-	-	-	-	-	-	-	-	
		1400-1449	8	3.9	2.5	6.1	8	4.1	3.4	5.0	-	-	-	-	7	3.4	2.7	4.3	-	-	-	-	-	-	-	-	
포셋 장원	4)	1273-1293	3	4.9	4.5	5.3	4	3.3	2.5	4.2	-	-	-	-	3	3.5	3.0	3.9	3	3.6	3.2	4.0	-	-	-	-	
		1300-1306	3	5.2	4.8	5.7	4	3.9	3.0	4.6	-	-	-	-	4	3.3	2.8	3.6	4	4.0	1.8	5.7	-	-	-	-	
베크 수도원 영지: 블레이컨엄	5)	1294-1299	4	3.2	2.6	4.3	4	2.9	2.3	3.6	4	3.4	3.1	4.0	4	1.4	1.2	2.0	3	3.2	1.0	5.8	-	-	-	-	
"		1300-1339	10	2.4	1.6	3.3	10	2.3	1.4	3.4	10	3.2	1.9	4.1	10	1.7	1.3	2.1	10	2.9	1.2	6.3	-	-	-	-	
테퍼	5)	1303-1339	-	-	-	-	8	2.7	2.0	3.5	8	3.3	2.7	4.2	8	2.7	2.2	3.2	8	3.4	1.1	8.7	-	-	-	-	

576

장소	연도	밀				보리				호밀				봄 귀리				완두				가을 귀리			
		언급수	평균	최저	최고	언급수	평균	최저	최고	언급수	평균	최저	최고	언급수	평균	최저	최고	언급수	평균	최저	최고	언급수	평균	최저	최고
헤이버스톡 수도원 영지:																									
오터리 [6]	1335-1343	2	4.7	4.3	5.1	–	–	–	–	3	7.7	6.3	9.2	3	3.7	3.4	4.4	–	–	–	–	3	4.7	4.0	5.5
허드위크 [6]	1412-1413	2	4.5	4.1	4.9	–	–	–	–	2	12.1	12.0	12.1	2	7.0	5.6	8.3	–	–	–	–	2	3.2	1.7	4.6
" [6]	1463-1497	6	5.6	3.9	8.0	–	–	–	–	6	7.8	5.3	11.1	6	6.4	3.9	12.5	–	–	–	–	6	4.4	1.9	5.9
" [6]	1504-1537	5	6.6	4.6	9.3	–	–	–	–	5	8.1	5.5	11.7	5	4.4	3.6	5.2	–	–	–	–	5	4.5	2.6	5.5
웰링턴 [6]	1459-1498	3	7.0	5.9	7.7	–	–	–	–	–	–	–	–	3	4.0	4.0	4.0	–	–	–	–	–	–	–	–
케임브리지의 킹스 칼리지 영지: 그렌체스터																									
그렌체스터 [7]	1455-1465	7	3.3	2.3	4.7	7	3.3	1.8	4.8	–	–	–	–	2	1.6	1.5	1.7	2	1.7	1.3	2.1	2	2.3	2.2	2.3
기간별 전체 평균																									
	1200-1299	24	3.8	1.8	5.8	28	3.6	2.3	5.6	4	3.4	3.1	3.9	26	2.4	1.2	3.9	6	3.4	1.0	5.8	–	–	–	–
	1300-1399	35	3.8	1.6	5.7	44	3.2	1.4	4.9	24	4.0	1.9	9.2	47	2.5	1.3	4.4	25	3.5	1.1	8.7	–	–	–	–
	1400-1499	26	4.6	2.3	8.0	15	3.5	1.8	5.0	8	8.8	5.3	12.1	21	4.4	1.5	12.5	21	2.7	1.3	2.1	–	–	–	–
	1504-1537	5	6.6	4.6	9.3	–	–	–	–	5	8.1	5.5	11.7	5	4.4	3.6	5.2	–	–	–	–	–	–	–	–

(기타 농작물: 가을 귀리 및 완두 및 잠두/잠두)

1) R. Lennard, (a). 몇몇 통계는 분산되어 언급되고 있다.

2) J. E. Th. Rogers, 38-45, 우스퍼드의 머턴 컬리지 영지.

3) 메일스보언(서머싯), 다운턴(윌트셔), 위트니(옥스퍼드), 위그베이브(버크셔), 위큠(버킹엄셔), 애친스웰(햄프셔 북부), 오버턴(햄프셔 중부), 미온(햄프셔 남부), 및 엑서(서리) 등의 장원에 관해서는 W. H. Beveridge, (c) 참조.

4) F. G. Davenport, 29-31, 노리치 근처의 폰실 장원.

5) M. Morgan, 99, 102-103, 노리치와 베리 세인트 에드먼즈 근처의 영지.

6) H. P. R. Finberg, (a) 114, 데번 소게 영지.

7) J. Saltmarsh. B. H. Slicher van Bath의 파종량과 수확량 비율(발간 중)이 더 완벽하다(언급수란 사료상에 나타나는 기록 횟수를 의미한다/역주).

표 3. 1500년 이후 파종량 대 수확량 비율(파종량=1)

표 3-1. 16세기

나라	장소		연도	밀				보리				호밀				귀리				완두			
				언급수	평균	최저	최고	언급수	평균	최저	최고	언급수	평균	최저	최고	언급수	평균	최저	최고	언급수	평균	최저	최고
네덜란드	하흠	1)	1570-1573	3	13.6	7.0	17.0	3	7.5	6.0	11.0	–	–	–	–	2	4.0	3.0	5.0	4	15.0	3.0	26.0
영국	세인트올데어(서식스)	1a)	1562	1	3.0	–	–	봄보리 3	9.0	6.0	–	–	–	–	–	–	–	–	–	–	–	–	–
	서머싯	1b)	1583년경	1	8.0	–	–	1	6.6	6.0	–	–	–	–	–	1	3.2	–	–	–	–	–	–
독일	바이마르	2)	1528-1548	–	–	–	–	21	3.8	1.9	6.3	11	4.5	3.5	6.2	21	3.9	1.4	6.2	–	–	–	–
	슈마츠펠트	3)	1549-1564	10	4.4	3.4	5.4	10	5.5	3.3	6.6	X	3.7	–	–	11	5.3	2.6	7.7	–	–	–	–
	오스트라	3)	1552-1557	X*	3.5	–	–	X	4.6	–	–	1	3.5	–	–	1	3.9	–	–	1	4.0	–	–
	보베크	4)	1571	1	7.8	–	–	1	4.0	–	–	1	3.8	–	–	1	4.3	–	–	–	–	–	–
		5)	1580-1581	1	4.5	–	–	1	4.1	–	–	–	–	–	–	1	4.6	–	–	–	–	–	–
덴마크	셸란섬 북부	6)	1582	–	–	–	–	X	4.1	–	–	X	3.6	–	–	X	4.0	–	–	–	–	–	–
라트비아	랄제나우	7)	1582-1587	X	5.3	–	–	X	4.0	–	–	X	3.7	–	–	X	2.0	–	–	–	–	–	–
	베로춘	7)	1582-1592	X	5.5	–	–	X	5.7	–	–	X	5.6	–	–	X	3.2	–	–	–	–	–	–
	마르쉘	7)	1584-1592	–	–	–	–	X	6.1	–	–	X	5.0	–	–	X	3.4	–	–	–	–	–	–

표 3-2. 17세기

나라	장소	연도	밀 언급수	밀 평균	밀 최저	밀 최고	보리 언급수	보리 평균	보리 최저	보리 최고	호밀 언급수	호밀 평균	호밀 최저	호밀 최고	귀리 언급수	귀리 평균	귀리 최저	귀리 최고	완두 언급수	완두 평균	완두 최저	완두 최고
네덜란드	담포선 8)	1601	-	-	-	-	-	-	-	-	×	6.5	3.0	13.0	-	-	-	-	-	-	-	-
영국	나블리(글로스터셔)1b)	1604-1617	6	4.8	3.7	6.0	12	4.3	2.8	7.0	-	-	-	-	2	3.7	3.6	3.7	2	5.9	5.6	6.2
	위더서 1b)	1607	1	8.0	-	-	1	6.2	-	-	-	-	-	-	1	3.5	-	-	-	-	-	-
	하웰 9)	1612-1620	9	11.6	5.5	20.2	9	7.1	4.6	8.7	-	-	-	-	-	-	-	-	8	7.5	5.2	11.0
	글로스터셔 1b)	1618-1631	4	4.1	3.0	5.4	4	3.5	1.9	5.0	-	-	-	-	3	2.1	1.4	3.0	1	4.0	-	-
독일	마리엔달 5)	1601-1602	1	2.5	-	-	봄보리 1	6.0	-	-	1	2.3	-	-	1	3.0	-	-	-	-	-	-
	발케리트 5)	1603-1606	1	4.0	-	-	봄보리 2	5.5	5.0	6.0	2	3.0	2.0	4.0	2	2.5	2.0	3.0	-	-	-	-
	하일스브론 10)	1618	-	-	-	-	-	-	-	-	1	7.9	-	-	1	4.7	-	-	-	-	-	-
	로벤 4)	1631-1647	×	3.9	-	-	×	4.6	-	-	×	5.3	-	-	×	3.6	-	-	×	3.2	-	-
	로벤 4)	1651-1680	1	9.0	-	-	2	4.0	3.7	4.2	2	5.3	5.0	5.5	2	3.2	3.2	3.2	2	3.0	3.0	3.0
	고트비츠 4)	1651-1693	7	4.1	2.9	6.8	7	4.2	1.7	5.9	7	4.8	3.5	6.1	7	3.5	2.3	5.2	7	2.4	0.5	3.9
	슈마츠벨트 3)	1660-1670	1	4.4	-	-	2	3.7	2.5	4.9	2	4.6	3.9	5.2	2	4.5	3.7	5.2	-	-	-	-
	운제부르크 5)	1673-1674	-	-	-	-	1	5.4	-	-	1	6.7	-	-	1	6.8	-	-	-	-	-	-
	하첸스테트 5)	1683	1	3.5	-	-	1	3.5	-	-	1	4.0	-	-	1	2.5	-	-	×	3.2	-	-
	기에르스도르프 11)	1688-1692	-	-	-	-	×	2.9	-	-	×	3.4	-	-	×	3.6	-	-	×	3.3	-	-
	오스테다 4)	1694-1699	×	6.0	-	-	×	6.1	-	-	×	4.4	-	-	×	3.3	-	-	-	-	-	-
스웨덴	하셀되제 6)	1619-1632	-	-	-	-	7	2.6	1.2	4.1	7	1.7	0.9	2.6	7	1.9	1.4	2.5	-	-	-	-
	외첼 17(소유지 수) 12)	1651-1653	-	-	-	-	×	3.5	-	-	×	3.8	-	-	×	3.8	-	-	-	-	-	-
에스토니아	도르파트 15 12)	1681-1690	-	-	-	-	×	3.8	-	8.8	×	3.9	-	8.5	×	2.3	-	-	-	-	-	-
	페르나우 13 12)	1681-1690	-	-	-	-	×	4.1	-	-	×	3.9	-	-	×	3.2	-	-	-	-	-	-
	하리엔 40 12)	1682-1687	-	-	-	-	×	3.5	-	-	×	3.5	-	-	×	3.2	-	-	-	-	-	-
	비어란트 30 12)	1682-1687	-	-	-	-	×	3.6	2.4	-	×	3.6	2.7	-	×	3.2	2.4	-	-	-	-	-
	에르베 47 12)	1682-1687	-	-	-	-	×	4.0	-	-	×	4.3	-	-	×	3.6	-	-	-	-	-	-
	비이크 38 12)	1682-1687	-	-	-	-	×	4.6	2.7	12.0	×	4.6	1.6	8.2	×	3.5	2.8	12.2	-	-	-	-

표 3-3. 18세기

나라	장소	주	연도	밀				보리				호밀				귀리				완두			
				언급수	평균	최저	최고	언급수	평균	최저	최고	언급수	평균	최저	최고	언급수	평균	최저	최고	언급수	평균	최저	최고
네덜란드	프리슬란트	13)	1765	-	15-20	-	-	-	20-30	-	-	-	20-24	-	-	-	30.0	-	-	-	10.0	-	-
	샹베르트(프리슬란트)**	13)	1779	-	20-28	-	-	-	27-33	-	-	-	37-48	-	-	-	20-25	-	-	-	7-9	-	-
영국	영의 남부 여행**	15)	1767	-	10.3	-	-	봄보리	9.0	-	-	-	-	-	-	-	7.8	-	-	-	-	-	-
	북부 여행	15)	1768	-	9.9	-	-	봄보리	9.2	-	-	-	11.4	-	-	-	8.0	-	-	-	-	-	-
	동부 여행	15)	1771	-	9.2	-	-	봄보리	9.1	-	-	-	9.3	-	-	-	8.9	-	-	-	-	-	-
	레스터셔	16)	1771	-	12.0	-	-	봄보리	8-9	-	-	-	-	-	-	-	8.0	-	-	-	-	-	-
독일	기르스도르프	11)	1700-1712	1	2.0	-	-	3	2.7	2.4	3.4	3	3.5	2.7	4.5	3	2.5	2.2	3.1	3	3.0	1.7	4.0
	오스트라	4)	1720-1730	2	7.9	6.3	9.5	2	4.6	3.3	5.8	2	4.8	3.9	5.6	2	3.9	3.8	4.0	-	-	-	-
	오페도르프	17)	1726-1780	×	6.0	4.0	10.0	×	5.5	3.0	12.0	×	6.5	3.0	10.0	×	4.0	2.0	6.0	-	-	-	-
	뷔디우	17)	1726-1780	×	8.0	4.0	12.0	×	7.5	5.0	10.0	×	6.0	3.0	9.0	×	6.5	3.0	12.0	-	-	-	-
	오스트라	4)	1750-1760	2	7.5	6.5	8.5	2	4.6	3.5	5.7	2	7.1	6.4	8.2	2	5.2	4.8	5.5	-	-	-	-
	기르스도르프	11)	1751-1760	×	2.8	-	-	×	3.2	-	-	×	3.7	-	-	×	3.2	-	-	×	2.3	-	-
	카나스트	11)	1751-1800	×	3.1	-	-	×	3.9	2.4	5.3	×	3.5	2.7	4.5	×	3.5	2.8	4.1	×	1.3	1.0	1.6
	베르스도르프	18)	1770-1800	×	6.1	5.6	6.4	×	5.3	5.0	5.5	×	4.9	4.2	5.4	×	4.1	4.0	4.3	×	3.5	2.8	4.5
	로벤	4)	1777-1799	×	3.5	1.9	4.5	×	3.7	3.1	4.7	×	3.1	1.8	4.2	×	3.2	2.4	3.9	×	2.6	1.6	3.3
	고르비츠	4)	1791	1	6.0	-	-	1	5.0	-	-	1	5.0	-	-	1	5.0	-	-	1	4.0	-	-
	도르트문트	19)	1788-1818	×	13.7	-	-	×	11.6	-	-	×	12.3	-	-	×	13.5	-	-	×	8.0	-	-
프랑스	샹스	20)	18세기	-	3-5	-	-	-	-	-	-	-	4-5	-	-	-	-	-	-	-	-	-	-
	피카르디	21)	1716	-	-	-	-	-	-	-	-	×	5.5	4.0	16.0	-	-	-	-	-	-	-	-
	릴	22)	1776	1	9.0	-	-	1	20.0	-	-	1	10.0	-	-	1	20.0	-	-	-	-	-	-
	캉페르	23)	1776	1	5.0	-	-	-	-	-	-	1	4.0	-	-	1	5.0	-	-	-	-	-	-
	비트레	23)	1776	1	6.0	-	-	-	-	-	-	1	8.0	-	-	-	-	-	-	-	-	-	-
	엘봉	23)	1776	1	10.0	-	-	-	-	-	-	1	8.0	-	-	1	8.0	-	-	-	-	-	-
	렌	23)	1788	1	3.2	-	-	-	-	-	-	1	1.5	-	-	1	9.0	-	-	-	-	-	-

표 3-4. 1800-1850년

나라	장소	연도	밀 연급수	밀 평균	밀 최저	밀 최고	보리 연급수	보리 평균	보리 최저	보리 최고	호밀 연급수	호밀 평균	호밀 최저	호밀 최고	귀리 연급수	귀리 평균	귀리 최저	귀리 최고	완두 연급수	완두 평균	완두 최저	완두 최고
네덜란드	흐른 (24)	1800	–	–	–	–	–	12-24	–	–	–	–	–	–	–	–	–	–	–	–	–	–
	뱁스터르 (24)	1800	–	–	–	–	–	15-17.5	–	–	–	12.5-15	–	–	–	12.5-15	–	–	–	–	–	–
	프라네커르 (24)	1800	–	8-10	–	16-20	–	10-12.5	–	20-25	–	14-17.5	–	28-35	–	10-11	–	20-22	–	–	–	–
	랑스터르트 (24)	1800	–	–	–	–	–	–	–	–	–	6-7.5	–	–	–	9-17	–	–	–	–	–	–
	에턴(북부 브라반트) (24)	1800	–	–	–	–	–	6-9	–	–	–	3.5-9	–	–	–	5.5-6	–	–	–	–	–	–
	일벨트 (24)	1800	–	–	–	–	–	–	–	–	–	6-7	–	–	–	–	–	–	–	–	–	–
	네덜란드 합계 (25)	1812	–	8.0	5.0	12.0	–	12.5	8.0	22.0	–	8.5	6.0	11.0	–	12.5	6.0	20.0	–	–	–	–
베네룩스 3국의 남부 저지대	캠펀 지구 (26)	1802-1803	–	–	–	–	–	17.1	–	–	–	12.0	–	–	–	11.1	–	–	–	–	–	–
	베스트발터 (26)	1802-1803	–	–	–	–	–	–	–	–	–	12.0	–	–	–	–	–	–	–	–	–	–
	스타브부르크 (26)	1802-1803	–	–	–	–	–	16.0	–	–	–	20.0	–	–	–	22.5	–	–	–	–	–	–
	에케런(고지대) (26)	1802-1803	–	12.0	–	–	–	–	–	–	–	13.3	–	–	–	24.0	–	–	–	–	–	–
	에케런(간척지) (26)	1802-1803	–	10.3	–	–	–	–	–	–	–	–	–	–	–	–	–	–	–	–	–	–
	에비험(고지대) (26)	1802-1803	–	17.6	–	–	–	–	–	–	–	21.7	–	–	–	18.3	–	–	–	–	–	–
	에비험(저지대) (26)	1802-1803	–	12.4	–	–	–	16.6	–	–	–	–	–	–	–	18.3	–	–	–	–	–	–
	바블로스 (26)	1802-1803	–	–	–	–	–	–	–	–	–	12.0	–	–	–	20.0	–	–	–	–	–	–
	오르담 (26)	1802-1803	–	13.7	–	–	–	–	–	–	–	12.0	–	–	–	20.0	–	–	–	–	–	–
	벨터 (26)	1802-1803	–	14.0	–	–	–	–	–	–	–	20.0	–	–	–	25.6	–	–	–	–	–	–
	암스트 (26)	1802-1803	–	–	–	–	–	16.0	–	–	–	18.0	–	–	–	–	–	–	–	–	–	–
	포르터 (26)	1802-1803	–	16.7	–	–	–	22.8	–	–	–	18.3	–	–	–	20.0	–	–	–	–	–	–
독일	카나스트 (11)	1800-1850	X	6.1	5.3	7.0	X	4.2	1.8	7.7	X	4.6	3.0	6.3	X	6.0	4.9	7.3	X	4.5	4.4	4.6
	베르스도르프 (18)	1800-1850	X	7.0	5.3	8.2	X	8.5	6.6	10.5	X	6.1	5.0	7.1	X	8.1	6.2	9.0	X	3.1	2.3	4.0
	오스트라 (4)	1800-1853	X	11.4	8.8	17.5	X	8.6	7.0	11.5	X	8.9	6.5	12.5	X	8.2	6.0	12.7	X	5.2	4.0	6.0
	페디스하임 (27)	1803-1812	–	–	–	–	10	16.3	8.1	20.4	10	17.1	7.5	22.0	10	21.6	17.0	28.6	–	–	–	–
	고르비츠 (4)	1820-1830	X	9.0	8.0	10.0	X	8.5	8.0	9.0	X	7.8	7.5	8.0	X	7.0	–	–	X	5.5	5.0	6.0
	로벤 (4)	1820-1850	X	8.2	5.3	11.3	X	9.2	7.8	10.0	X	7.0	4.6	10.0	X	7.0	5.0	9.4	X	5.4	3.2	8.1
	일켄부르크 (3)	1820-1851	4	6.0	5.2	6.7	4	8.5	6.3	10.5	4	5.6	4.9	6.9	4	7.3	6.2	9.5	4	5.3	2.4	9.3

* 연금수 단위 × 표시는 자세한 자료가 얼마되 있지는 않지만 여러 해의 걸친 평균치를 가르킨다.

1) B. H. Slicher van Bath, (g) 92-93.
1a) J. Cornwall, 56.
1b) 고문서 자료에 입각하여 옥스퍼드의 J. P. Cooper씨가 친절하게 제시한 정보.
2) O. Klus, 141-143.
3) A. Backhaus, 204-205.
4) O. Böhme, 92.
5) H. Wiswe, 113.
6) A. Nielsen, (b) 157-158.
7) A. Soom, (b) 40.
8) B. H. Slicher van Bath, (f) 580-581.
9) G. E. Fussell, (c) XVII, 표 III. B. H. Slicher van Bath, (h) 94에서 문제점을 수정, 보완했다.
10) I. Bog, (a) 24-25.
11) J. Heisig, 113-117에 의거하여 산출.
12) A. Soom, (a) 76. 그 평균치가 산출될 수 있는 소유지의 수가 언급되고 있다.
13) Foeke Sjoerds, 157.
14) J. M. G. van der Poel, (c) 96 및 100에 의거하여 산출.
15) J. N. Schwerz, (a) I, 312-313에 기제되어 있다.
16) G. E. Fussell, (g) 164.
17) E. Waschinski, 91-92.
18) G. Lange, 49.
19) J. N. Schwerz, (d) I, 288 (1816-1818년간에 기술).
20) G. Lizerand, 174-175.
21) P. Goubert, (c) 28-29.
22) Ch. Leclerc de Montlinot, 185.
23) H. Sée, (a) 386.
24) J. M. G. van der Poel, (a) 25에서 1800년의 설문조사에 대한 응답 결과에 따라서 산출.
25) d'Alphonse, 174-175.
26) J. N. Schwerz, (a) I, 311-312.
27) J. N. Schwerz, (c) 166. B. H. Slicher van Bath의 과종 당 때 수확량 비율(발간 중)이 더 완벽하다.

** 표 3-3 영국 항의 '영의 …여행'이란 영국의 농업경제하자 아서 영의 여행을 가리킨다(역주),

표 4. 가축의 체중에 관한 일부 자료[단위: 킬로그램. I: 생체중(生體重), II: 도체중(屠體重)]

장소		시기	거세황소 및 미거세황소		암소		송아지		돼지		양	
			I	II	I	II	I	II	I	II	I	II
슐레스비히홀슈타인	1)	16세기	-	-	-	-	-	-	42-48	35-40	-	-
오스트라(작센)	2)	1618년	325	175	250	100	-	16	-	-	-	-
하일스브론	3)	1650년경	163.5	175-225	88	-	24	-	50	-	-	-
슐레스비히홀슈타인	1)	1654년	-	-	-	-	-	-	-	-	15	-
덴마크	4)	17세기	-	-	-	-	30	-	35-40	-	20-25	-
하노버	5)	1700년경	-	-	225-275	-	-	-	-	-	-	-
슐레스비히홀슈타인	1)	18세기	360	220	-	-	-	-	62.5-100	-	16.5	-
노퍽	6)	18세기	-	-	254	-	-	-	-	-	-	-
헤리퍼드 소(牛)			-	-	317	-	-	-	-	-	-	-
스코틀랜드 소			-	-	-	-	-	-	-	-	-	-
스코틀랜드 저지	7)	18세기	-	-	250-300	-	-	-	-	-	-	-
스코틀랜드 코지	7)	18세기	-	-	100-200	-	-	-	-	-	-	-
피카르디	8)	18세기	-	-	<200	-	20	-	-	-	-	-
누르망디	8)	18세기	<400	-	300	-	-	-	-	-	-	-
슐레스비히홀슈타인 늪지대	1)	1800년경	-	-	-	-	-	-	-	-	-	-
슐레스비히홀슈타인 충적토지대	1)	1800년경	-	-	150-250	-	-	-	-	-	-	-
슐레스비히엔의 베르스도르프	9)	1837년	400	-	350	-	-	-	-	-	25	-

1) E. Waschinski, 178-190.
2) O. Böhme, 109.
3) I. Bog, (a) 22.
4) A. Nielsen, (b) 162-163.
5) W. Goertz-Wrisberg, 66. 이 무게는 최우량의 암소에 관한 것이다.
6) N. Riches, 97.
7) J. E. Handley, 71.
8) P. Goubert, (c) 31.
9) G. Lange, 55. 네덜란드의 자료는 박사학위 취득 희망자인 A. M. van der Woude에 의해서 곧 발간될 것이다.

표 5. 암소의 산유량(産乳量)

표 5-1. 전체 비유기(泌乳期) 동안 총산유량

(단위: 리터)

장소		연도	산출량
히춤(프리슬란트)	1)	1571-1573	1,350
하웰(잉글랜드)	2)	1618	790-850
슐레스비히홀스타인	3)	1740	650-700
릴(프랑스)	4)	1776	1,764
덴마크의 보통 농장	5)	1800	500-600
덴마크의 대농장	5)	1800	600-700
칼렌베르크(독일)	6)	1800년경	1,000
네덜란드의 농업 설문조사	7)	1800	1,100-1,800
페더스하임(라인란트팔츠)	8)	1803-1814	1,000-2,000(평균 1,400)
메클렌부르크	9)	1810-1815	1,066
그로스 뷔스텐펠데(메클렌부르크)	9)	1827-1833	1,471
텔로브(메클렌부르크)	9)	1832-1836	1,643
작센의 영지들	6)	1825	1,750
		1828	1,600
		1836	1,100
		1844	1,400
		1825-1844	평균 1,460

표 5-2. 1일 산유량

(단위: 리터)

장소		연도	평균	최대
히춤(프리슬란트)	1)	1571-1573	4.5-5.0	–
하웰(잉글랜드)	2)	1618	4.0	5.0
슐레스비히홀스타인	3)	1740	3.0	6.0
프리슬란트	10)	1760	–	15.0-20.0
레스터셔	11)	1771	–	13.7
릴(프랑스)	4)	1776	7.35	–
스코틀랜드 저지대	12)	18 세기	–	13.5
스코틀랜드 고지대	12)	18 세기	–	6.75
플랑드르	13)	1800	–	14.0-16.0
네덜란드의 농업 설문조사	7)	1800	4.0-6.0	16.0
서부 플랑드르	13)	1810년경	8.0	–
동부 플랑드르	13)	1826	–	17.4

1) B. H. Slicher van Bath, (g) 131-132에 H. K. Rossingh가 추가한 부록.
2) 같은 필자, (h) 105-108.
3) E. Waschinski, 182에 의거하여 산출.
4) Ch. Leclerc de Montlinot, 201.
5) A. Nielsen, (b) 339. kg 단위로 표시되어 있다.
6) F. K. Riemann. 70.
7) J. M. G. van der Poel, (a); 총산유량은 1일 평균 산유량에 입각하여 추산된 것이다.
8) J. N. Schwerz, (c) 121.
9) J. H. von Thünen. I, 232, 375.
10) J. J. Sphar vam der Hoek 외, I, 260.
11) G, E. Fussell, (g) 164.
12) J. E. Handley, 71.
13) P. Lindemans, II, 358-359.

표 6. 암소의 버터와 치즈 산출량

표 6-1. 일반 버터와 치즈 산출량

(단위: 킬로그램)

장소		연도	버터	치즈	비고
슈마츠펠트	1)	1529-1530	24.2	65.2*	
페켄스테트	1)	1529-1530	15.4	65.3*	
하르츠	1)	1557	13.7-15.7	27.5-31.4	아마도 전지유
히춤(프리슬란트)	2)	1571-1572	42.2	29.5	탈지유
		1572-1573	42.8	26.5	탈지유
데일 및 엔스페이크(헬데를란트)	3)	1596	25.0	-	
북부 디트마르셴	4)	17세기	16.0-20.0	-	
덴마크	5)	17세기	10.0-25.0	-	
오스트라(작센)	6)	1614	30.0	-	
		1619	36.0	-	
		1651	39.0	-	
		1661	39.0	-	
		1671	29.0	-	
		1681	34.0	-	
하웰(잉글랜드)	7)	1618	12.6	34.0	전지유
하르츠	8)	1750-1810	12.5-24.0	-	
		1797	30.0	-	
릴	9)	1776	93.3	-	
프리슬란트	10)	18세기	100.0	150.0	탈지유
칼렌베르크(독일)	8)	1800	30.0	-	
북부 홀란트 마르티네트	10)	1800년경	63.0	126,0	탈지유
코프스	10)	1800년경	50.0-65.0	100.0-120.0	탈지유
에케런(플랑드르)	11)	1800년경	140.0	-	
릴	11)	1800년경	87.5	-	
플랑드르	11)	1800년경	75.0-100.0	-	
오스트라(작센)	12)	1809	68.5	-	
알크마르	10)	1814	58.5	104.0	탈지유

표 6-2. 크림치즈 산출량

(단위: 킬로그램)

장소		연도	버터	치즈
베임스터르	10)	17세기	–	200.0
북부 홀란트	10)	1800년경	–	175.0-200.0
남부 홀란트	10)	1800년경	–	162.5-187.5
알크마르	10)	1814	15.0**	156.0

* 양젖을 포함한 것임. 암소만의 산출량은 어쩌면 이 분량의 $\frac{2}{3}$에 지나지 않았을지도 모른다.

** 유장(乳漿) 버터.

1) A. Backhaus, 214.
2) B. H. Slicher van Bath, (g) 106.
3) 임차료가 암소당 산출량의 절반인 경우에 25파운드가 되었으므로, 총 산출량은 최소한 50파운드는 되었을 것이다. A. H. Martens van Sevenhoven, 491 참조.
4) E. Waschinski, 183.
5) A. Nielsen, (b) 161.
6) O. Böhme, 110.
7) B. H. Slicher van Bath, (h) 110.
8) F. K. Riemann, 70. Riemann이 언급한 1757년이라는 연도는 1557년임에 틀림없다. A. Backhaus, 214 참조.
9) Ch. Leclerc de Montlinot, 201.
10) P. N. Boekel, 47 n. 2; 52 n. 6; 152 및 152 n. 2. 18세기 프리슬란트의 산출량은 매우 높았던 것 같다. 그러나 이것은 일반 암소의 산출량이 아닌 것으로 추측된다.
11) P. Lindemans, II, 358. 에케런에서의 산출량은 매우 높으나, 플랑드르에 관해서 기록된 산출량은 통상적인 수준의 산출량이다.
12) O. Böhme, III. 여기에서는 스위스산 가축이 사육되고 있었다.

참고문헌

* 아래의 목록은 단지 이 책에서 인용된 1959년까지의 서적과 논문만을 수록한 것이다.

ABEL, W., *Agrarkrisen und Agarkonjunktur in Mitteleuropa vom 13. bis zum 19. Jahrhundert*, 1935 (a).

_____, "Wachstumsschwankungen mitteleuropäischer Völker seit dem Mittelalter", *Jahrbuch für Nationalökonomie u. Statistik*, 142 (1935), 670-692 (b).

_____, *Wandlungen des Fleischverbrauchs und der Fleischversorgung in Deutschland*, Bericht über Landwirtschaft, New Series 22 (1938), 411-452 (c).

_____, *Die Wüstungen des ausgehenden Mittelalters*, 재판, 1955 (d).

ACHILLES, W., "Getreidepreise und Getreidehandelsbeziehungen europäischer Räume im 16. und 17. Jahrhundert", *Zeitschrift für Agrargeschichte u. Agrarsoziologie*, 7 (1959), 32-55.

ADDENS, N. H. H., *Zaaizaad en pootgoed in de Nederlandse landbouw*, 1952.

ALPHONSE, F. J. B. D', *Aperçu sur la Hollande*, 1900.

ANDERSON, R. H., "Graindrills through Thirty-Nine Centuries", *Agricultural Hist.*, 10 (1936), 157-205.

ARNIM, V. VON, *Krisen und Konjunkturen der Landwirtschaft in Schleswig-Holstein vom 16. bis zum 18. Jahrhundert*, 1957.

ASHLEY, W., "The Place of Rye in the History of English Food", *Econ. Journ.*, 31 (1921), 285-308 (a).

_____, "The English Improvers", *Mélanges d'histoire, Henri Pirenne*, I (1926), 1-6 (b).

ASHTON, T. S., "The Standard of Life of the Workers in England 1790-1830", *Journ. of Econ. Hist.*, suppl. 9 (1949), 19-38 (a).

_____, *An Economic History of England: the 18th Century*, 1955 (b).

AUBIN, G., *Zur Geschichte des gutsherrlich-bäuerlichen Verhältnisses in Ost-preussen*, 1910.

AUGÉ-LARIBÉ, M., *La révolution agricole*, 1955.

BACKHAUS, A., *Entwicklung der Landwirtschaft auf den gräflich Stolberg-Wernigerödischen Domänen*, 1888.

BADER, K. S., *Das mittelalterliche Dorf als Friedens-und Rechtsbereich*, 1957.

BAKKER, J. P., "The Significance of Physical Geography and Pedology for Historical Geography in the Netherlands", *Tijdschrift voor ec. en socialegeografie*, 49 (1958), 214-226.

BAUER, N., "Die russischen Funde abendländischer Münze des 11. und 12. Jahrh.", *Zeitschrift für Numismatik*, 39 (1929), 1-187, 40 (1930), 188-288.

BECHTEL, H., *Wirtschaftsgeschichte Deutschlands*, 3권., 1951-1956.

BEECK CALKOEN, S. J. VAN, *De landbouw in de ambachtsheerlijkheid Cothen*, 1957.

BELOCH, J., "Die Bevölkerung Europas im Mittelalter", *Zeitschrift für Sozialwissenschaft*, 3 (1900), 405-423 (a).

_____, "Die Bevölkerung Europas zur Zeit der Renaissance", 같은 잡지, 765-786 (b).

BENNEMA, J., *Bodem- en zeespiegelbewegingen in het Nederlandse Kustgebied*, 1954.

BENNETT, H. S., *Life on the English Manor, 1150-1400*, 제3판, 1948.

BENNETT, M. K., "British Wheat Yield per Acre for Seven Centuries", *Econ. Hist.*, 3 (1937), 12-29 (a).

_____, *The World's Food*, 1954 (b).

BENNETT, R. 외, *History of Corn Milling*, 4권, 1898-1904.

BERESFORD, M., *The Lost Villages of England*, 1594.

BEVERIDGE, W. H., "Weather and Harvest Cycles", *Econ. Journ.*, 31 (1921), 429-452 (a).

_____, "Wheat Prices and Rainfall in Western Europe", *Journ. of the Royal Statistical Society*, New Series 85 (1922), 412-478 (b).

_____, "The Yield and Price of Corn in the Middle Ages", *Econ. Hist.*, 1 (1927), 155-167 (c).

_____, "Wages in the Winchester Manors", *Econ. Hist. Rev.*, 7 (1936), 22-43 (d).

_____, *Prices and Wages in England from the 12th to the 19th Century, I: Price Tables in the Mercantile Era*, 1939 (e).

_____, "Westminster Wages in the Manorial Era", *Econ. Hist., Rev.*, 2nd series 8 (1955), 18-35 (f).

BEZARD, Y., *La vie rurale dans le sud de la région parisienne de 1450 à 1560*, 1929.

BISHOP, T. A. M., "The Rotation of Crops at Westerham 1297-1350", *Econ. Hist. Rev.*, 9 (1938-1939), 38-44.

BLASCHKE, K., "Soziale Gliederung und Entwicklung der sächsischen Landbevölkerung im 16. bis 18. Jahrh.", *Zeitschrift für Agrargeschichte u. Agrarsoziologie*, 4 (1956), 144-155.

BLINK, H., *Geschiedenis van den boerenstand en den landbouw in Nederland*, II, 1904.

BLOCH, M., *Rois et servs*, 1920 (a).

_____, "Avènement et conquète du moulin à eau", *Annales d'hist. éc. et sociale*, 7 (1935), 538-563 (b).

_____, "Les 'inventions' médiévales", 같은 잡지, 634-644 (c).

_____, *Les travaux et les jours dans l'ancienne France*, 1939 (d).

_____, "Economie nature ou économie argent: un pseudo dilemme", *Annales d'hist. sociale*, 1 (1939), 7-16 (e).

_____, *La société féodale*, 2 vols., 1939-1949 (f).

_____, "Les invasions: occupation du sol et peuplement", *Annales d'hist. sociale*, 8 (1945), 12-28 (g).

_____, "Comment et pourquoi finit l'esclavage antique", *Annales*, 2 (1947), 30-44, 161-170 (h).

_____, *Les caractères originaux de l'histoire rurale française*, 2 vols., 1952 (2nd ed.)- 1956 (i).

_____, (M. FOUGÈRES), "Les régimes agraires: quelques recherches convergentes", *Annales d'hist. sociale*, 3 (1941), 118-124 (j).

_____, (M. FOUGÈRES), *Mélanges d'hist. sociale*, 3 (1943), 107-108 (k).

BÖHME, O., *Entwicklung der Landwirtschaft auf den königlich sächsischen Domänen*, 1890.

BOEKEL, P. N., *De zuivelexport van Nederland tot 1813*, 1929.

BOELES, P. C. J. A., *Friesland tot de elfde eeuw*, 재판, 1951.

BÖNNINGHAUSEN AUF DARUP, VON, *Ueber die trentische Roggenwirtschaft*, 1820.

BOER, T. J. DE, "De Friesche Kleiboer", *Tweemaandelijksch tijdschrift voor letteren,......*, 4 (1898), 225-241.

BOERENDONK, M. J., *Historische studie over den Zeeuwschen landbouw*, 1935.

BOG, I., *Die bäuerliche Wirtschaft im Zeitalter des dreissigjährigen Krieges*, 1952 (a).

_____, *Dorfgemeinde, Freiheit und Unfreiheit in Franken*, 1956 (b).

BOLIN, ST., "Muhammed, Karl den Store och Rurik", *Skandia*, 12 (1939), 181-222 (a).

_____, "Mohammed, Charlemagne and Ruric", *The Scandinavian Econ. Hist. Rev.*, 1 (1953), 5-39 (b).

BONDOIS, P. M., "La protection du troupeau français au XVIIIe siècle: l'épizootie de 1763", *Rev. d'hist. éc. et sociale*, 20 (1932), 352-375.

BORLANDI, F., "'Futainiers' et futaines dans l'Italie du moyen âge", *Hommage à Lucien Febvre*, II (1953), 133-140.

BOUTRUCHE, R., "Les courants de peuplement dans l'Entre-Deux-Mers", *Annales d'hist. écon. et sociale*, 7 (1935), 13-37, 124-154 (a).

_____, *Une société provinciale en lutte contre le régime féodal: l'alleu en Bordelais et en Bazadais du XIe au XVIIIe siècle*, 1947 (b).

_____, *La crise d'une société: seigneurs et paysans du Bordelais pendant la guerre de cent ans*, 1947 (c).

_____, "Moyen âge", *Rapports IXe congrès international des sciences historiques*, 1950, 417-471 (d).

BRAEUER, W., *Handbuch zur Geschichte der Volkswirtschaftslehre*, 1952.

BRAUDEL, F., *La Méditerranée et le monde méditerranéen à l'époque de Philippe II*, 1949.

BRAUDEL, F. & F. D. SPOONER, "Les métaux monétaires et l'économie du XVIe siècle",

Relazioni del X congeresso intern. di scienze storiche, IV (1955), 233-264.

BRAURE, M., *Lille et la Flandre wallonne au XVIIIe siècle*, 2권, 1932.

BRITTON, C. E., "A Meteorological Chronology to A.D. 1450", *Meteorological office, geophysical memoirs* No. 70, 8 (1937).

BROOKS, C. E. P., *Climate through the Ages*, 재판, 1950.

BROWN, E. H. PH. & SH. V. HOPKINS, "Seven Centuries of Building Wages", *Economica*, New Series 22 (1955), 195-206 (a).

_____, "Seven Centuries of the Prices of Consumables, compared with Builders' wage-rates", 같은 잡지, 23 (1956), 296-314 (b).

_____, "Wage-rates and Prices: Evidence for Population Pressure in the Sixteenth Century", 같은 잡지, 24 (1957), 289-305 (c).

BULL, E., *Vergleichende Studien über die Kulturverhältnisse des Bauerntums*, 1930.

BUREMA, L., *De voeding in Nederland van de middeleeuwen tot de twintigste eeuw*, 1953.

BUTTRESS, F. A. & R. W. G. DENNIS, "The Early History of Cereal Seed Treatment in England", *Agricultural Hist.*, 21 (1947), 93-103.

BUIJTENEN, M. P. VAN, *De grondslag van de Friese vrijheid*, 1953.

The Cambridge Economic History, 2권, 1942-1952.

CARNAT, G., *Le fer à travers l'histoire et l'archéologie*, 1951.

CARR-SAUNDERS, A. M., *World Population: Past Growth and Present Trends*, 1937.

CASTRO, J. DE, *Géopolitique de la faim*, 1952.

CHAMBERS, J. D., "Enclosure and Labour Supply in the Industrial Revolution", *Econ. Hist. Rev.*, 2nd series 5 (1953), 319-343 (a).

_____, "The Vale of Trent 1670-1800", *Econ. Hist. Rev.*, 부록 3 (1957) (b).

CHEVALLAZ, G. A., *Aspects de l'agriculture vaudoise à la fin de l'ancien régime*, 1949.

CHURLEY, P. A., "The Yorkshire Crop Returns of 1801", *Yorkshire Bulletin of Econ. and Social Research*, 5 (1953), 179-197.

CIPOLLA, C. M., "Comment s'est perdue la propriété ecclésiastique dans l'Italie du nord entre le XIe et le XVIe siècle", *Annales*, 2 (1947), 317-327 (a).

_____, "The Trends in Italian Economic History in the Later Middle Ages", *Econ. Hist. Rev.*, 2nd series 2 (1949), 181-184 (b).

_____, "La prétendue 'Révolution des prix': réflexions sur l'expérience italienne", *Annales*, 10 (1955), 513-516 (c).

_____, *Money, Prices and Civilization in the Mediterranean World*, 1956 (d).

CLAPHAM, J. H., "The Growth of an Agrarian Proletariat 1688-1832", *Cambridge Hist. Journ.*, 1 (1923), 92-95 (a).

_____, *An Economic History of Modern Britain*, I, 제4판, 1950 (b).

CONNELL, K. H., *The Population of Ireland 1750-1845*, 1950 (a).

_____, "Land and Population in Ireland 1700-1845", *Econ. Hist. Rev.*, 2nd series 2 (1950),

278-289 (b).

_____, "The Colonization of Waste Land in Ireland 1780-1845", *Econ. Hist. Rev.*, 2nd series 3 (1950), 44-71 (c).

_____, "Some Unsettled Problems in English and Irish Population History 1750-1845", *Irish Hist. Studies*, 7 (1950-1951), 225-234 (d).

_____, "Peasant Marriage in Ireland after the Great Famine", *Past and Present*, 12 (1957), 76-91 (e).

COO, JOZ. DE, *De boer in de kunst van de 9e tot 19e eeuw*, 1945.

COOPLAND, G. W., *The abbey of St. Bertin and its Neighbourhood 900-1350*, 1914.

CORNWALL, J., "Farming in Sussex, 1560-1640", *Sussex Archaeological Collections*, 92 (1954), 48-92.

COULBORN, R. 편, *Feudalism in History*, 1956.

COULTON, G. G., *The medieval Village*, 1925.

CROESEN, V. R. IJ., "Geschiedkundige aanteekeningen betreffende onzen landbouw in den aanvang van de 19e eeuw", *Landbouwkundig tijdschrift*, 45 (1933), 768-772 (a).

_____, "Tabakscultuur in Nederland", *Agronomisch-hist. jaarboek*, 1 (1940), 1-59 (b).

CRONNE, H. A., "The Origins of Feudalism", *History*, New Series 24 (1939), 251-259.

CURSCHMANN, F., *Hungersnöte im Mittelalter*, 1900.

DARBY, H. C., "Domesday Woodland", *Econ. Hist. Rev.*, 2nd series 3 (1950), 21-43 (a).

_____, *The Domesday Geography of Eastern England*, 1952 (b).

_____, *The Draining of the Fens*, 재판, 1956 (c).

DARBY, H. C. & I. B. TERRETT, *The Domesday Geography of Midland England*, 1954.

DAVENPORT, F. G., *The Economic Development of a Norfolk Manor 1086-1565*, 1906.

DAVIES, K. G. and G. E. FUSSELL, "Worcestershire in the Acreage Returns for 1801", *Transactions of the Worcestershire Archaeological Society*, New Series 27 (1951), 15-23, 28 (1952), 48-60.

DEBIEN, G., "Land Clearings and Artificial Meadows in the Eighteenth Century Poitou", *Agricultural Hist.*, 19 (1945), 133-137 (a).

_____, *En Haut-Poitou: défricheurs au travail*, 1952 (b).

DEERR, N., *The History of Sugar*, II, 1950.

DEFOE, D., *A Tour through England and Wales*, I (1724), Everyman's Library edition, 1948.

DEFOURNEAUX, M., "Le problème de la terre en Andalousie au XVIIIe siècle et les projets de réforme agraire", *Revue hist.*, 217 (1957), 42-57.

DELASPRE, J., "La naissance d'un paysage rural au XVIIIe siècle sur les hauts plateaux de l'est de Cantal et du nord de la Margeride", *Rev. de géographie alpine*, 40 (1952), 493-497.

DELATOUCHE, R., "Elites intellectuelles et agriculture au moyen âge", *Recueil d'études sociales publié à la mémoire de Frédéric Le Play*, 1956, 147-157.

DELATTE, I., *Les classes rurales dans la principauté de Liége au XVIIIe siècle*, 1945.

DÉLÉAGE, A., *La vie rurale en Bourgogne jusqu'au début du onzième siècle*, 2권 및 지도, 1941.

DENNETT, D. C., "Pirenne and Muhammad", *Speculum*, 23(1948), 165-190.

DEWEZ, W. J., "De landbouw in Brabants Westhoek in het midden van de achttiende eeuw", *Agronomisch-hist. bijdragen*, 4 (1958), 1-65.

DIECK, A., "Über das Alter des Buchweizenanbaues in Nordwestdeutschland", *Zeitschrift für Agrargeschichte u. Agrarsoziologie*, 2 (1954), 26-29.

DOD, J. PH., "The State of Agriculture in Shropshire 1775-1825", *Transactions of the Shropshire Archaeological Society*, 55 (1954), 1-31.

DOLLINGER, PH., *L'évolution des classes rurales en Bavière depuis la fin de l'époque carolingienne jusqu'au milieu du XIIIe siècle*, 1949 (a).

_____, "Les transformations du régime domanial en Bavière au XIIIe siècle d'après deux censiers de l'abbaye de Baumburg", *Le moyen âge*, 56 (1950), 279-306 (b).

DOORMAN, G., *De middeleeuwse brouwerij en de gruit*, 1955.

DOPSCH, A., *Die ältere Wirtschafts- und Sozialgeschichte der Bauern in den Alpenländern Österreichs*, 1930 (a).

_____, *Naturalwirtschaft und Geldwirtschaft in der Weltgeschichte*, 1930 (b).

DOREN, A., *Italienische Wirtschaftsgeschichte*, I, 1934.

DOUGLAS, D. C., *The Social Structure of Medieval East Anglia*, 1927.

DRUMMOND, J. C. 외, *The Englishman's Food*, 재판, 1957.

DUBY, G., "Economie domaniale et économie monétaire: le budget de l'abbaye de Cluny entre 1080 et 1155", *Annales*, 7 (1952), 155-171 (a).

_____, *La société aux XIe et XIIe siècles dans la région mâconnaise*, 1953 (b).

_____, "La révolution agricole médiévale", *Revue de géographie de Lyon*, 1954, 361-366 (c).

DURTELLE DE SAINT-SAUVEUR, E., *Histoire de Bretagne*, 2권, 제4판, 1957.

ELSAS, M. J., *Umriss einer Geschichte der Preise und Löhne in Deutschland*, 3권, 1936-1949 (a).

_____, "Price Data from Munich 1500-1700", *Econ. Hist.*, 3 (1937), 63-78 (b).

ELSNER, W., *Zur Entstehung des Capitulare de Villis*, 1929.

EMERY, F. V., "West Glamorgan Farming circa 1580-1620", *The National Library of Wales journ.*, 9 (1955-1956), 392-400, 10 (1957), 17-32.

ENJALBERT, H., "Le commerce de Bordeaux et la vie économique dans le Bassin Aquitain au XVIIe siècle", *Annales du midi*, 62 (1950), 21-35.

ENNO VAN GELDER, H. A., *Nederlandse dorpen in de 16e eeuw*, 1953.

ERNLE, LORD (K. E. PROTHERO), *English Farming: Past and Present*, 제5판, 1936.

EYRE, S. R., "The Curving Plough-strip and its Historical Implications", *The Agricultural Hist. Rev.*, 3 (1955), 80-94.

FARMER, D. L., "Some Grain Price Movements in Thirteenth-Century England", *Econ. Hist. Rev.*, 2nd series 10 (1957), 207-220.

FAUCHER, D., *Le paysan et la machine*, 1954.

FEITH, H. O. 외, *Kronijken van Emo en Menko, abten van het klooster te Wittewierum*, 1866.

FESTY, L., *L'agriculture pendant la révolution française: les conditions de production et de récolte des céréales*, 1947.

FINBERG, H. P. R., *Tavistock Abbey*, 1951 (a).

_____, *Gloucestershire Studies*, 1957 (b).

FIRBAS, F., *Spät- und nacheiszeitliche Waldgeschichte Mitteleuropas nordlich der Alpen*, II, 1952.

FLATRÈS, P., *Géographie rurale de quatre contrées celtiques: Irlande, Galles, Cornwall et Man*, 1957.

FOCKEMA ANDREAE, S. J., "Embanking and Drainage Authorities in the Netherlands during the Middle Ages", *Speculum*, 27 (1952), 158-167 (a).

_____, *Willem I, graaf van Holland, 1203-1222, en de Hollandse hoogheemraadschappen*, 1954 (b).

FORSTER, R., "The Noble as Landlord in the Region of Toulouse at the End of the Old Regime", *Journ. of Econ. Hist.*, 17 (1957), 224-244.

FOURNIER, G., "La création de la Grange de Gergovie par les Prémontrés de Saint-André et sa transformation en seigneurie (XIIe-XVIe siècles)", *Le moyen âge*, 56 (1950), 307-355.

FRANKLIN, T. B., *A history of Scottish Farming*, 1952.

FRANZ, G., *Der deutsche Bauernkrieg*, 제4판, 1956 (a).

_____, *Der dreissigjährige Krieg und das deutsche Volk*, 재판, 1943 (b).

FRAUENDORFER, S. VON, *Ideengeschichte der Agrarwirtschaft und Agrarpolitik im deutschen Sprachgebiet*, I, 1957.

FUSSELL, G. E., "The Change in the Farm Labourers' Diet during Two Centuries", *Econ. Hist.*, 1 (1926-1929), 268-274 (a).

_____, "The Size of English Cattle in the Eighteenth Century", *Agricultural Hist.*, 3 (1929), 160-181 (b).

_____, *Robert Loder's Farm Accounts 1610-1620*, 1936 (c).

_____, "Animal Husbandry in Eighteenth Century England", *Agricultural Hist.*, 11 (1937), 96-116, 189-214 (d).

_____, "Agriculture from the Restoration to Anne", *Econ. Hist. Rev.*, 9 (1938-1939), 68-74 (e).

_____, *The Old English Farming Books from Fitzherbert to Tull*, 1947 (f).

_____, "Four Centuries of Leicestershire Farming", *Studies in Leicestershire Agrarian History*, 1949, 154-176 (g).

_____, *The Farmer's Tools: from A.D. 1500-1900*, 1952 (h).

_____, "Four Cenuries of Farming Systems in Sussex 1500-1900", *Sussex Archaeological Collections*, 90 (1952), 60-101 (i).

_____, "History of Cole (Brassica sp.)", *Nature*, 176 (1955)48-51 (j).

_____, "Crop Nutrition in Tudor and Early Stuart England", *The Agricultural Hist. Rev.*, 3 (1955), 95-106 (k).

FUSSELL, G. E. & C. GOODMAN, "Eighteenth Century Estimates of British Sheep and Wool Production", *Agricultural Hist.*, 4 (1930), 131-151 (a).

_____, "Crop Husbandry in Eighteenth Century England", *Agricultural Hist.*, 15 (1941), 202-216, (1942), 41-63 (b).

GANSHOF, F. L., *Qu'est-ce que la féodalité?*, 재판, 1947 (a).

_____, "Le domaine gantois de l'abbaye de Saint-Pierre-au-Mont-Blandin à l'époque carolingienne", *Rev. belge de philologie et d'hist.*, 26 (1948), 1021-1041 (b).

_____, "Manorial Organization in the Low Countries in the Seventh, Eighth and Ninth Centuries", *Transactions of the Royal Hist. Society*, 4th series 31(1949), 25-59 (c).

_____, "Grondbezit en gronduitbating tijdens de vroege middeleeuwen in het noorden van het Frankische rijk", *Brabants heem*, 6 (1954), 3-19 (d).

GASH, N., "Rural Unemployment 1815-1834", *Econ. Hist. Rev.*, 6 (1935-1936), 90-93.

GAZLEY, J. G., "Arthur Young and the Society of Arts", *Journ. of Econ. Hist.*, 1 (1941), 129-152.

GÉNICOT, L., *L'économie rurale namuroise au bas moyen âge 1199-1429, I: La seigneurie foncière*, 1943 (a).

_____, "Formorture et mortemain dans le comté de Namur après 1431", *Etudes d'hist. et d'archéol. namuroises dédiées à Ferdinand Courtoy*, II (1952), 499-517 (b).

GIFFEN, A. E. VAN, "Een meerperioden-heuvel, tumulus I te Bennekom, gem. Ede", *Bijdr. en meded. Gelre*, 54 (1954), 17-19.

GILBOY, E, W., *Wages in Eihgteenth Century England*, 1934.

GOERTZ-WRISBERG, W., *Die Entwicklung der Landwirthschaft auf den Goertz-Wrisbergischen Gütern in der Provinz Hannover*, 1880.

GORCE, R. DE LA, "L'homme et la nature dans le pays de 'Thiérache'", *Revue du Nord*, 40 (1958), 303-309 (=Mélanges dédiés à la mémoire de Raymond Monier).

GOTTSCHALK, M. K. E., *Historische geografie van westelijk Zeeuws-Vlaanderen*, 2권, 1955-1958.

GOUBERT, P., "En Beauvaisis: Problèmes démographiques du XVIIe siècle", *Annales*, 7 (1952), 453-468 (a).

_____, "The French Peasantry of the 17th Century: a Regional Example", *Past and Present*, 10 (1956), 55-77 (b).

_____, "Les techniques agricoles dans les pays picards aux XVIIe et XVIIIe siècles", *Rev. d'hist. éc. et sociale*, 35 (1957), 24-40 (c).

GOULD, J. D., "Mr Beresford and the Lost Villages", *Agricultural Hist. Rev.*, 3 (1955), 107-113.

GRAND, R. 외, *L'agriculture au moyen âge*, 1950.

GRANT, I. F., "The Social Effects of the Agricultural Reforms and Enclosure Movements in Aberdeenshire", *Econ. Hist.*, 1 (1926-1929), 110-111.

GRAY, M., "The Highland Potato Famine of the 1840's", *Econ. Hist. Rev.*, 2nd series 7 (1955), 357-368.

GRIERSON, P., "The Identity of the Unnamed Fiscs in the 'Brevium exempla ad describendas res ecclesiasticas et fiscles'", *Rev. belge de philologie et d'hist.*, 18 (1939), 437-461 (a).

_____, "Carolingian Europe and the Arabs: the Myth of the Mancus", 같은 잡지, 32 (1954), 1059-1074 (b).

GRIFFITH, G. T., *Population Problems of the Age of Malthus*, 1926.

GROUNER, S. VON, *Beschreibung einer Reise durch das Königreich der Niederlande*, 2권, 1826-1927.

GSTIRNER, A., "Die Schwaighöfe in ehemaligen Herzogtume Steiermark", *ZeitSchrift des hist. Vereins f. Steiermark*, 31 (1937), 1-86.

HABAKKUK, H. J., "English Population in the Eighteenth Century", *Econ. Hist. Rev.*, 2nd series 6 (1953), 117-133.

HALCROW, E. M., "The Decline of Demesne Farming on the Estates of Durham Cathedral Priory", *Econ. Hist. Rev.*, 2nd series 7 (1955), 354-356.

HALLEMA, A., *Van biet tot suiker, J. P. van Rossum als suikerindustrieel, koopman en organisator, 1860-1943*, 1948.

HALPÉRIN, J., "Les transformations économiques aux XIIe et XIIIe siècles", *Rev. d'hist. éc. et sociale*, 28 (1950), 21-34, 129-147.

HAMAKER, H. G., *De rekeningen der grafelijkheid van Holland onder het Henegouwsche huis*, 2권, 1875-1876.

HAMILTON, E. J., "American Treasure and the Rise of Capitalism", *Economica*, 27 (1929), 338-357 (a).

_____, *American Treasure and the Price Revolution in Spain 1501-1650*, 1934 (b).

_____, "The Decline of Spain", *Econ. Hist. Rev.*, 8 (1938), 168-179 (c).

_____, *War and Prices in Spain 1651-1800*, 1947 (d).

_____, "Prices as a Factor in Business Growth", *Journ. of Econ. Hist.*, 12 (1952), 325-349 (e).

HAMMARSTRÖM, I., "The Price Revolution of the Sixteenth Century: Some Swedish Evidence", *Scandinavian Econ. Hist. Rev.*, 5 (1957), 118-154.

HANDLEY, J. E., *Scottish Farming in the Eighteenth Century*, 1953.

HAUDRICOURT, A. G. 외, *L'homme et la charrue à travers le monde*, 1955.

HAUSER, H., *Recherches et documents sur l'histoire des prix en France de 1500 à 1800*, 1936.

HAUSHERR, H., *Wirtschaftsgeschichte der Neuzeit*, 1954.

HEATON, H., *Economic History of Europe*, 재판, 1948.

HECKSCHER, E. F., "Natural- und Geldwirtschaft in der Geschichte", *Vierteljahrschrift f. Soz. u. Wirtschaftsgesch.*, 23 (1930), 454-467 (a).

_____, "Swedish Population Trends before the Industrial Revolution", *Econ. Hist. Rev.*, 2nd series 2 (1950), 266-277 (b).

_____, "Multilateralism, Baltic Trade and the Mercantilists", 같은 잡지, 3 (1950), 219-228 (c).

_____, *An Economic History of Sweden*, 1954 (d).

HEISIG, J., *Die historische Entwickelung der landwirtschaftlichen Verhältnisse auf den reichsgräflich-freistandesherrlich-Schaffgotschischen Güterkomplexen in preussisch-Schlesien*, 1884.

HELLEINER, K., "Europas Bevölkerung und Wirtschaft im späteren Mittelalter", *Mitteilungen des Inst. f. österreichische Geschichtsforschung*, 62 (1954), 254-269 (a).

_____, "The Vital Revolution Reconsidered", *Canadian Journ. of Econ. and Political Science*, 23 (1957), 1-9 (b).

HENNIG, R., "Der mittelalterliche arabische Handelsverkehr in Osteuropa", *Der Islam*, 22 (1935), 239-265.

HILDEBRAND, B., "Naturalwirthschaft, Geldwirthschaft und Creditwirthschaft", *Jahrbuch für Nationalökonomie und Statistik*, 2 (1864), 1-24.

HILTON, R. H., *The Econmic Development of Some Leicestershire Estates in the 14th and 15th Centuries*, 1947 (a).

_____, "Peasant Movements in England before 1381", *Econ. Hist. Rev.*, 2nd series 2 (1949), 117-136 (b).

_____, *Social Structure of Rural Warwickshire in the Middle Ages*, 1950 (c).

_____, "Medieval Agrarian History", *The Victoria History of the Country of Leicester*, II (1954), 145-198 (d).

_____, "Winchcombe Abbey and the Manor of Sherborne", *Gloucestershire studies*, 1957, 89-113 (e).

_____, "L'Angleterre économique et sociale des XIVe et XVe siècles", *Annales*, 13 (1958), 541-563 (f).

HIMLY, F. J., "Y a-t-il emprise musulmane sur l'économie des européens du VIIIe au Xe siècle", *Rev. suisse d'hist.*, 5 (1955), 31-81.

HINTON, R. W. K., *The Port Books of Boston 1601-1640*, 1956.

HINTZE, O., "Wesen und Verbreitung des Feudalismus", *Sitzungsber. der preussischen Ak. d. Wissensch. Phil.-hist. Kl.*, 1929, 321-347.

Histoire générale des civilisations, IV, 1954.

HOBSBAWM, E. J., "The General Crisis of the European Economy in the 17th Century", *Past and Present*, 5 (1954), 33-53, 6 (1954), 44-65 (a).

_____, "The British Standard of Living 1790-1850", *Econ. Hist. Rev.*, 2nd series 10 (1957), 46-68 (b).

HOFSTEE, E. W., *Over de oorzaken van de verscheidenheid in de Nederlandsche landbouwgebieden*, 1946.

HOFSTEE, E. W. & A. W. VLAM, "Opmerkingen over de ontwikkeling van de perceelsvormen in Nederland", *Boer en spade*, 5 (1952), 194-235.

HOSKINS, W. G., "The Leicestershire Crop Returns of 1801", *Studies in Leicestershire Agrarian History*, 1949, 127-153 (a).

_____, *Essays in Leicestershire History*, 1950 (b).

_____, "The Leicestershire Farmer in the Seventeenth Century", *Agricultural Hist.*, 25 (1951), 9-20 (c).

_____, "Regional Farming in England", *Agicultural Hist. Rev.*, 2 (1954), 3-11 (d).

_____, "English Agriculture in the 17th and 18th Centuries", *Relazioni des X congresso intern. di scienze storiche*, IV (1955), 205-226 (e).

_____, *The Midland Peasant*, 1957 (f).

HOURS, H., *La lutte contre les épizooties et l'école vétérinaire de Lyon au XVIIIe siècle*, 1957.

HOUTTE, H. VAN, "Avant Malthus: la théorie de la population et le mouvement en faveur de la petite culture dans les Pays Bas à la fin de l'ancien régime", *Mélanges d'hist. offerts à Charles Moeller*, II (1914), 420-428 (a).

_____, *Histoire économique de la Belgique à la fin de l'ancien régime*, 1920 (b).

HOUTTE, J. A. VAN, *Schets van een economische geschiedenis van België*, 1943.

HOWELLS, B. E., "Pembrokeshire Farming circa 1580-1620", *National Library of Wales Journ.*, 9 (1955), 239-250, 313-333, 413-439.

HUDSON, W., "Traces of Primitive Agricultural Organization as suggested by a Survey of the Manor of Martham, Norfolk", *Transactions of the Royal Hist. Society*, 4th series 1 (1918), 28-58.

HUGENHOLTZ, F. W. N., *Drie boerenopstanden uit de veertiende eevw*, 1949.

HUNT, H. G., "Aspects de la révolution agraire en Angleterre au XVIIIe siècle", *Annales*, 11 (1956), 29-41.

ILG, K., "Die Walser und die Bedeutung ihrer Wirtschaft in den Alpen", *Vierteljahrschr. f.*

Soz, u. Wirtschaftsgesch., 39 (1950), 63-75.

ILZHÖFER, H., "Die Deckung des Vitaminbedarfes in früheren Jahrhunderten", *Archiv f. Hygiene u. Bakteriologie*, 127 (1942), 150-178.

ITERSON, W. VAN, *De historische ontwikkeling van de rechten op de grond in de provincie Utrecht*, 2권, 1932.

JÄGER, H., "Methoden und Ergebnisse siedlungskundlicher Forschung", *Zeitschrift f. Agrargesch. u. Agrarsoziologie*, 1 (1953), 3-16.

JANKUHN, H., "Der fränkisch-friesische Handel zur Ostsee im frühen Mittelalter", *Vierteljahrschr. f. Soz. u. Wirtschaftsgesch.*, 40 (1953), 193-243.

JANKUHN, H. 외, "Siedlungsgeschichte und Pollenanalyse in Angeln", *Offa*, 10 (1952), 28-45.

JANSEN, H. P. H., *Landbouwpacht in Brabant in de veertiende en vijftiende eeuw*, 1955.

JAPPE ALBERTS, W., "Bijdrage tot de geschiedenis der accijnzen te Arnhem in de middeleeuwen", *Tijdschrift voor geschiedenis*, 64 (1951), 333-348.

JELLEMA, D., "Frisian Trade in the Dark Ages", *Speculum*, 30 (1955), 15-36.

JOHNSEN, O. A., *Norwegische Wirtschaftsgeschichte*, 1939.

JORDAN, W., *Viehseuchen im bayerisch-schwävischen Voralpengebiet während des 17., 18. und 19. Jahrhunderts*, 1951.

JUILLARD, E., *La vie rurale dans la plaine de Basse-Alsace*, 1953.

JUILLARD, E. 외, "Structures agraires et paysages ruraux", *Annales de l'est*, mémoire 17, 1957.

KELTER, E., "Das deutsche Wirtschaftsleben des 14. und 15. Jahrhunderts im Schatten der Pestepidemien", *Jahrbuch für Nationalökonomie u. Statistik*, 165 (1953), 160-208.

KENYON, G. H., "The Civil Defence and Livestock Returns for Sussex in 1801", *Sussex Archaeological Collections*, 89 (1950), 57-84 (a).

_____, "Kirdford Inventories 1611 to 1776, with Particular Reference to the Weald Clay Farming", 같은 잡지, 93 (1955), 78-156 (b).

KERRIDGE, E., "The Movement of Rent 1540-1640", *Econ. Hist. Rev.*, 2nd series 6 (1953), 16-34 (a).

_____, "Turnip Husbandry in High Suffolk", 같은 잡지, 8 (1956), 390-392 (b).

KIUS, O., "Die thüringische Landwirthschaft im 16. Jahrhundert", *Jahrbuch für Nationalökonomie u. Statistik*, 3 (1864), 119-160.

KLEIN, J., *The Mesta 1273-1836*, 1920.

KLOPP, O., *Geschichte Ostfrieslands 1570-1751*, 1856.

KÖTZSCHKE, R., *Studien zur Verwaltungsgeschichte der Grossgrundherrschaft Werden a.d. Ruhr*, 1901 (a).

_____, *Rheinische Urbare II, III: die Urbare der Abtei Werden*, 2권, 1906-1917 (b).

KÖTZSCHKE, R. and W. EBERT, *Geschichte der ostdeutschen Kolonisation*, 1937.

KOK, J., *Grepen uit het verleden van de landbouw in de Groninger veenkoloniën*, 1948.

KONDRATIEFF, N. D., "Die langen Wellen der Konjunktur", *Archiv f. Sozialwissenschaft und Sozialpolitik*, 56 (1936), 573-609.

KORTHALS ALTES, J., *Polderland in Italië*, 1928.

KOSMINSKY, E., "The Evolution of Feudal Rent in England from the XIth to the XVth Centuries", *Past and Present*, 7 (1955), 12-36 (a).

_____, *Studies in the Agrarian History of England in the 13th Century*, 1956 (b).

KRZYMOWSKI, R., *Geschichte der deutschen Landwirtschaft*, 재판, 1951.

KULISCHER, J., *Allgemeine Wirtschaftsgeschichte*, II, 1929.

KUSKE, B., *Wirtschaftsgeschichte Westfalens*, 재판, 1949.

LABROUSSE. C. E., *Esquisse du mouvement des prix et des revenus en France au XVIIIe siècle*, 1932 (a).

_____, *La crise de l'économie française à la fin de l'ancien règime et au debut de la revolution*, I, 1944 (b).

LACOUR, L., "Traite d'économie rurale composé en angleterre au XIIIe siècle", *Bibliotheque de l'ecole des chartes*, 17me année (1856), 123-141, 367-381.

LAMOND, E., *Walter of Henley's Husbandry, together with an Anonymous Husbandry, Seneschaucie and Robert Grosseteste's Rules*, 1890.

LANGE, G., *Die Entwickelung der landwirtschaftlichen Verhaltnisse, insbesondere der Viehzucht, auf dem Rittergute Bersdorf in Schlesien*, 1907.

LATOUCHE, R., "Le prix du blé à Grenoble du XVe au XVIIIe siècle", *Rev. d'hist. ec. et sociale*, 20 (1932), 337-351 (a).

_____, *Les origines de l'économie occidentale*, 1956 (b).

(LECLERC DE MONTLINOT, CH.), "Mémoire sur la culture flamande en 1776", Olivier de Serres, *Le théâtre d'agriculture et mesnage des champs*, 신판, I (1804), 183-204.

LEFEBVRE DES NOËTTES, CT., *L'attelage, le cheval de selle à travers les âges*, 2권, 1931.

LEFEBVRE. G., *Les paysans du nord pendant la révolution française*, 1924 (a).

_____, *Questions agraires au temps de la terreur*, 재판, 1954 (b).

_____, *Etudes sur la révolution française*, 1954 (c).

LEHMANN, R., *Die Verhältnisse der niederlausitzischen Herrschafts-und Gutsbauern in der Zeit vom dreissigjährigen Kriege bis zu den preussischen Reformen*, 1956.

LENNARD, R., "The Alleged Exhaustion of the Soil in Mediaeval England", *Econ. Journ.*, 32 (1922), 12-27 (a).

_____, "Statistics of Corn Yields in Mediaeval England", *Econ. Hist.*, 3 (1937), 173-192, 325-349 (b).

_____, "Domesday Plough-teams: the South-western Evidence", *English Hist. Rev.*, 60 (1945), 217-233 (c).

LEONHARD, R., *Agrarpolitik und Agrarreform in Spanien unter Carl III*, 1909.

LEQUEUX, A., "L'accourtillage en Thiérache au XVII et XVIIIe siècles", *Mémoires de la soc. d'hist. du droit des pays flamands, picards et wallons*, 2 (1939), 21-52.

LE ROY LADURIE, E., "Histoire et climat", *Annales*, 14 (1959), 3-34.

LINDEMANS, P., *Geschiedenis van de landbouw in België*, 2권, 1952.

LINDEN, H. VAN DER, *De cope*, 1955.

LINDNER, K., *Die Jagd im frühen Mittelalter*, 1940.

LIPSON, E., *The Economic History of England*, II-III, 제5판, 1948.

LIZERAND, G., *Le régime rural de l'ancienne France*, 1942.

LODGE, E. C., *The Account Book of a Kentish Estate 1616-1704*, 1927.

LOENEN, J. VAN, *De Haarlemse brouwindustrie vóór 1600*, 1950.

LOMBARD, M., "L'or musulman du VIIe au XIe siècle", *Annales*, 2 (1947), 143-160 (a).

_____, "Mahomet et Charlemagne, le problème économique, 같은 잡지, 3 (1948), 188-199 (b).

LOPEZ, R. S., "Mohammed and Charlemagne: a Revision", *Speculum*, 18 (1943), 14-38 (a).

_____, "The Dollar of the Middle Ages", *The Journal of Econ. Hist.*, II (1951), 209-234 (b).

_____, "The Origin of the Merino Sheep", *The Joshua Starr Memorial Volume, Jewish social studies*, 5 (1953), 161-168 (c).

_____, "East and West in the Early Middle Ages: Economic Relations", *Relazioni del congresso intern. di scienze storiche*, III (1955), 113-163 (d).

_____, "Back to Gold", *The Econ. Hist. Rev.*, 2nd series 9 (1956), 218-240 (e).

LUCAS, H. S., "The Great European Famine of 1315, 1316 and 1317", *Speculum*, 5 (1930), 343-377.

LÜTGE, F., "Das 14/15. Jahrhundert in der Sozial- und Wirtschaftsgeschichte", *Jahrbuch für Nationalökonomie u. Statistik*, 162 (1950), 161-213 (a).

_____, *Deutsche Sozial- und Wirtschaftsgeschichte*, 1952 (b).

MCCOURT, D., "Infield and Outfield in ireland", *The Econ. Hist. Rev.*, 2nd. seriees 7 (1955), 369-376.

MCKEOWN, TH. and R. G. BROWN, "Medical Evidence Related to English Population Changes in the 18th Century", *Population Studies*, 9 (1955-56), 119-141.

MACLAGAN, E., *The Bayeux Tapestry*, 1945.

MAILLET, G., *Histoire des faits économiques*, 1952.

MALTHUS, T. R., *Principles of Political Economy*, 재판, 1951.

MARSHALL, T. H., "The Population Problem during the Industrial Revolution", *Econ. Hist.*, I (1929), 428-456.

MARTENS VAN SEVENHOVEN, A. H., "Geldersche pachtcontracten uit de 16e eeuw", *Verslagen en mededelingen oud-vaderlandsch recht*, 9 (1942), 460-493.

MASSÉ, P., *Varennes et ses maîtres*, 1956.

MATHIAS, P., "The Social Structure in the Eighteenth Century: a Calculation by Joseph Massie", *The Econ. Hist. Rev.*, 2nd series 10 (1957), 30-45.

MEINSMA. K. O., *De Zwarte Dood 1347-1352*, 1924.

MERTENS, F. H. and K. L, TORFS, *Geschiedenis van Antwerpen*, II, 1846.

MERTENS, J., "Eine antike Mähmaschine", *Zeitschrift f. Agrargesch. u. Agrarsoziologie*, 7 (1959), 1-3.

METZ, W., "Zur Entstehung der Brevium Exempla", *Deutsches Archiv f. Erforschung des Mittelalters*, 10 (1953-1954), 395-416 (a).

_____, *Das Problem des Capitulare de Villis, Zeitschrift f. Aagrargesch. u. Aagrarsoziologie*, 2 (1954), 96-104 (b).

MEUVRET, J., "Les crises de subsistance et la démographie de la france d'ancien régime", *Population*, I (1946), 643-650 (a).

_____, "Conjoncture et crise au XVIIIe siècle: l'exemple des prix milanais", *Annales*, 8 (1953), 216-219 (b).

_____, "Agronomie et jardinage au XVIe et au XVIIe siècle", *Hommage à Lucien Febvre*, II (1953), 353-362 (c).

_____, *Relazioni del X congresso intern. de scienze storiche*, IV (1955), 139-168 (d).

MEYER, K., *Blenio und Leventina von Barbarossa bis Heinrich VII*, 1911.

MIKKELSEN, V. M., *Praestöfjord*, 1949 (a).

_____, "Pollenanalytiske undersøgelser ved Bolle", A. Steensberg, *Bondehuse og vandmöller i Danmark gennem 2000 år*, 1952, 109-128 (b).

MILLER, E., *The Abbey and Bishopric of Ely*, 1951.

MINCHINTON, W. E., "Agriculture in Gloucestershire during the Napoleonic Wars", *Transactions of the Bristol and Gloucestershire Archaeological Society*, 68 (1949), 165-183.

MINGAY, G. E., "The Agricultural Depression 1730-1750", *The Econ. Hist. Rev.*, 2nd. series 8 (1956), 323-338.

MITTEIS, H., *Lehnrecht und Staatsgewalt*, 1933 (a).

_____, *Der Staat des hohen Mittelalters*, 1948 (b).

MÖSER, J., "Die Klagen eines Edelmannes im Stifte Osnabrück, 1769", *Patriotische Phantasien, Sämtliche Werke*, I (1842)

MOLLAT, M. 외, "L'économie européenne aux deux derniers siècles du moyen âge", *Relazioni del X congresso intern. di scienze storiche*, VI (1955), 801-957.

MOLS, R., *Introduction à la démographie historique des villes d'Europe du XIVe au XVIIIe siècle*, 3권, 1954-1956.

MORGAN, M., *The English Lands of the Abbey of Bec*, 1946.

MORTENSEN, H., "Zur Entstehung der Gewannflur", *Zeitschrift f. Agrargesch. u. Agrarsoziologie*, 3 (1955), 30-48 (a)

_____, "Die mittelalterliche deutsche Kulturlandshaft und ihr Verhältnis zur Gegenwart", *Vierteljahrschr. f. Soz. u. Wirtschaftsgesch.*, 45 (1958), 17-36 (b).

MOUSNIER, R., "Recherches sur les soulèvements populaires en France avant la Fronde", *Rev. d'hist. moderne et contemporaine*, 5 (1958), 81-113.

MULLETT, CH. F., "The Cattle Distemper in Mid-eighteenth Century England", *Agricultural Hist*, 20 (1946), 144-165

MUSSET, R., *Le Bas-Maine*, 1917.

NABHOLZ, H. 외, *Geschichte der Schweiz*, II, 1938.

NAUDÉ, W., *Die Getreidehandelspolitik der europäischen Staaten vom 13. bis zum 18. Jahrh., Getreidehandelspolitik*, I, 1896.

NAUDÉ, W. und A. SKALWEIT, *Die Getreidehandelspolitik und Kriegsmagazinverwaltung Preussens 1740-1756, Getreidehandelspolitik*, III, 1910.

NEF, J. U., "Prices and Industrial Capitalism in France and England 1540-1640", *The Econ. Hist. Rev.*, 7 (1937), 155-185 (a).

_____, "Silver Production in Central Europe 1450-1618", *The Journ. of Political Econ.*, 49 (1941), 575-591 (b).

NICHTWEISS, J., *Das Bauernlegen in Mecklenburg*, 1954.

NIELSEN, A., "Dänische Preise 1650-1750", *Jahrbuch. f. Nationalökonomie u. Statistik*, 3nd series 31 (1906), 289-347 (a).

_____, *Dänische Wirtschaftsgeschichte*, 1933 (b).

NIERMEYER, J. F., "De vroegste berichten omtrent bedijking in Nederland", *Tijdschrift voor ec. en sociale geografie*, 49 (1958), 226-231.

NIGHTINGALE, M., "Ploughing and Field Shape", *Antiquity*, 27 (1953), 20-26.

OJA, A., "Länsi-Suomen maatalous isonvihan aikana" (Agriculture in western Finland in 1719), *Suomen maataloustieteellisen seuran julkaisuja*, 86 (1956) (Acta agralia fennica).

OLIVER, J., "The Weather and Farming in the Mid Eighteenth Century in Anglesey", *The National Library of Wales Journ.*, 10 (1957), 301-311.

OLSEN, M., *Farms and Fanes of Ancient Norway*, 1928.

OLSON, L., "Pietro de Crescenzi: the Founder of Modern Agronomy", *Agricultural Hist.*, 18 (1944), 35-40.

Oorkondenboek van het Sticht Utrecht tot 1301, S. Muller 외 편, 4권, 1920-1954.

OOSTEN SLINGELAND, J. F., *De Sijsselt*, 1958.

ORWIN, C. S., *A History of English Farming*, 1949.

ORWIN, C. S. & C. S., *The Open Fields*, 2nd ed., 1954.

PAGE, F. M., *The Estates of Crowland Abbey*, 1934.

PARAIN, CH., "Les anciennes techniques agricoles", *Revue de synthèse*, 3me série 7 (1957), 317-340.

PAYNE, F. G., "The British Plough: Some Stages in its Development", *Agricultural Hist. Rev.*, 5 (1957), 74-84.

PELC, J., *Ceny w Krakowie w latach 1369-1600*, 1935 (a).

_____, *Ceny w Gdansku w XVI i XVII wieku*, 1937 (b).

PELHAN, R. A., "The Agricultural Geography of Warwickshire during the Napoleonic Wars as Revealed by the Acreage Returns of 1801", *Transactions and Proceedings of the Birmingham Archaeological Society*, 68 (1952), 89-107.

PERRIN, C. E., *Recherches sur la seigneurie rurale en Lorraine d'après les plus anciens censiers (IXe-XIIe siècles)*, 1935 (a).

_____, "Esquisse d'une histoire de la tenure rurale en Lorraine au moyen âge", *Recueils de la société Jean Bodin*, 3 (1938), 137-163 (b).

_____, "Le manse dans la règion parisienne au début du IXe siècle", *Annales d'hist. sociale*, 8 (1945), 39-52 (c).

_____, "Le servage en France et en Allemagne", *Relazioni del X congresso intern. di scienze storiche*, III (1955), 213-245 (d).

PERROY, E., "Les crises du XIVe siècle", *Annales*, 4 (1949), 167-182 (a).

_____, "Wage Labour in France in the Later Middle Ages", *The Econ. Hist. Rev.*, 2nd series 8 (1955), 232-239 (b).

PETRUŠEVSKI, D. M., "Die Entwicklung der Grundherrschaft in England", *Zeitschrift f. die gesamte Staatswissenschaft*, 88 (1930), 114-166.

PIÉTRESSON DE SAINT-AUBIN, P., "L'ancienneté des moulins à vent en Flandre", *Reveu du nord*, 25 (1939), 290.

PIRENNE, H., *Le soulèvement de la Flandre maritime de 1323-1328*, 1900 (a).

_____, *Histoire de Belgique*, I (제5판, 1929) (b).

_____, *Mahomet et Charlemagne*, 제3판, 1937 (c).

PLATTNER, W., *Die Entstehung des Freistaates der drei Bünde und sein Verhältnis zur alten Eidgenossenschaft*, 1895.

POEL, J. M. G. VAN DER, "De landbouw-enquête van 1800", *Historia agriculturae*, 1-3 (1953-1956) (a).

_____, *Het dorsen in het verleden*, 1955 (b).

_____, "Beschrijving der boerderijen op de kleilanden in Friesland ⋯⋯ door Dirk Fontein", *Historia agriculturae*, 4 (1957), 85-116 (c).

POHLENDT, H., *Die Verbreitung der mittelalterlichen Wütungen in Deutschland*, 1950.

POLLARD, S., "Investment, Consumption and the Industrial Revolution", *The Econ. Hist. Rev.*, 2nd series II (1958), 215-226.

PONS, L. J., *De geologie, de bodemvorming en de waterstaatkundige ontwikkeling van het Land van Maas en Waal en een gedeelte van het Rijk van Nijmegen*, 1957.

POSTAN, M., "The Chronology of Labour Services", *Transactions of the Royal Hist. Socie-*

ty, 4th series 20 (1937), 169-193 (a).

_____, "The Fifteenth Century", *The Econ. Hist. Rev.*, 9 (1938-39), 160-167 (b).

_____, "The Rise of a Money Economy", 같은 잡지, 14 (1944), 123-134 (c).

_____, "Some Economic Evidence of Dclining Population in the Later Middle Ages", 같은 잡지, 2nd series 2 (1950), 221-246 (d).

_____, "Die wirtschaftlichen Gundlagen der mittelalterlichen Gesellschaft", *Jahrbuch f. Nationalökonomie u. statistik*, 166 (1954), 181-205 (e).

POSTHUMUS, N. W., *Nederlandsche prijsgeschiedenis*, I, 1943.

POWER, E., *Medieval People*, 1937 (a).

_____, *The Wool Trade in English Medieval History*, 1941 (b).

PRENTICE, E. P., *Hunger and History*, 1951.

QUESNAY, F., *Oeuvres économiques et philosophiques*, 1888.

QUIRIN. K., *Die deutsche Ostsiedlung im Mittelalter*, 1954.

RAFTIS, J. A., *The Estates of Ramsey Abbey*, 1957.

RAMMELAERE, C. DE, "De beroepsstructuur van de plattelandsbevolking in Z. O. Vlaanderen", *Tijdschrift voor soc. wetenschappen*, 4 (1959), 225-243.

RAPPARD, W. E., *Le facteur économieque dans l'avènement de la démocratie moderne en Suisse*, I, 1912.

RAVEAU, P., *L'agriculture et les classes paysannes: la transformation de la propriété dans le Haut Poitou au XVIe siècle*, 1926 (a).

_____, "La crise des prix au XVIe siècle en Poitou", *Revue hist.*, 54 (1929), 1-44, 268-23 (b).

RECHT, P., *Les biens communaux et leur partage à la fin du XIIIe siècle*, 1950.

Recueils de la société Jean Bodin: II, *Le servage*, 재판, 1959, III, *La tenure*, 1938, IV, *Le domaine*, 1949.

REINCKE, H., "Bevölkerungsprobleme der Hansestädte", *Hanische Geschichtsblätter*, 70 (1951), 1-33.

RÉVILLE, A., *Les paysans au moyen âge*, 1896.

RICH, E. E., "The Population of Elizabethan England", *The Econ. Hist. Rev.*, 2nd series 2 (1950), 247-265.

RICHARD, J. M., "Thierry d'Hireçon, agriculteur autésien", *Bibliothèque de l'école des chartes*, 53 (1892), 383-416, 571-604.

RICHARDSON, H. G., "The Medieval Plough-team", *History*, new series 26 (1941-1942), 287-296.

RICHES, N., *The Agricultural Revolution in Norfolk*, 1937.

RIEMANN, F. K., *Ackerbau und Viehhaltung im vorindustriellen Deutschland*, 1953.

RIISING, A., "The Fate of Henri Pirennes Theses on the Consequences of the Islamic Expansion", *Classica et mediaevalia*, 13 (1952), 87-130.

RODERICK, A. J., "Open Field Agriculture in Herefordshire in the Later Middle Ages", *Transactions of the Woolhope Naturalists Field Club, Herefordshire*, 33 (1949-51), 55-67.

RÖHLK, O., *Hansisch-norwegische Handelspolitik im 16. Jahrh.*, 1935.

ROGERS, J. E. TH., *A History of Agriculture and Prices in England*, I, 1866.

ROGIN, L., *The Introduction of Farm Machinery and its Relations to the Productivity of Labour in the Agriculture of the United States during the 19th Century*, 1931.

ROHWER, B., *Der friesische Handel im frühen Mittelalter*, 1937.

ROSENKRANZ, A., *Der Bundschuh 1493-1571*, 2권, 1927.

ROSTOW, W. W., "Business Cycles, Harvests and Politics 1790-1850", *The Journ. of Econ. Hist.*, 1 (1941), 206-221.

ROUPNEL, G., *La ville et la campagne au XVIIᵉ siècle*, 1955.

RUSSELL, J. C., *British Medieval Population*, 1948 (a).

_____, *Late Ancient and Medieval Population*, 1958 (b).

RUWET, J., *L'agriculture et les classes rurales au pays de herve sous l'ancien régime*, 1943 (a).

_____, "Crises démographiques: problèmes économiques ou crises morales?" *Population*, 9 (1945), 451-476 (b).

_____, "Prix, production et bénéfices agricoles: le Pays de Liége au XVIIIᵉ siècle", *Bijdragen tot de prijzengeschiedenis*, 2 (1957), 69-108 (c).

RYDER, M. L., "The Animal Remains Found at Kirkstall Abbey", *The Agricultural Hist. Rev.*, 7 (1959), 1-5.

SABBE, E., *De Belgische vlasnijverheid*, I, 1943 (a).

_____, "De Cisterciënser economie", *Cîteaux in de Nederlanden*, 3 (1952), 24-51 (b).

SALAMAN, E. N., *The History and Social Influence of the Potato*, 1949.

SALTMARSH, J., "A College Home-farm in the Fifteenth Century", *The Econ. Hist.*, 3 (1937), 155-172.

SALTMARSH, J. and H. C. DARBY, "The Infield-outfield System on a Norfolk Manor", *The Econ. Hist.*, 3 (1937), 30-44.

SALZMAN, L. F., "The Property of the Earl of Arundel, 1397", *Sussex Archaeological Collections*, 91 (1953), 32-52 (a).

_____, *Minister's Accounts of the Manor of Petworth 1347-1353*, 1955 (b).

SANGERS, W. J., *De ontwikkeling van de Nederlandse tuinbouw*, 1952 (a).

_____, *Gegevens betreffende de ontwikkeling van de Nederlandse tuinbouw tot het jaar 1800*, 1953 (b).

SAVAGE, H. L., "Hunting in the Middle Ages", *Speculum*, 8 (1933), 30-41.

SCHAFER, J., *The Social History of American Agriculture*, 1936.

SCHARLAU, K., "S-Formen und umgekehrte S-Formen unter den deutschen und englischen Langstreifenfluren", *Zeitschrift f. Agrargesch. u. Agrarsoziologie*, 4 (1956), 19-29.

SCHIFF, O., "Die deutschen Bauernaufstände von 1535 bis 1789", *Historische Zeitschrift*, 130 (1924), 189-209.

SCHMIDT, C. T., *American Farmers in the World Crisis*, 1941.

SCHMIDT, G. C. L., *Der schweizer Bauer im Zeitalter des Frühkapitalisnus*, 2권, 1932.

SCHMIEDECKE, A., *Johann Christian Schubart, Edler von Kleefeld*, 1956.

SCHOLZ, R., *Aus der Geschichte des Farbstoffhandels im Mittelalter*, 1929.

SCHOUWEN, G. A. VAN, *De kelnarij van Putten*, 1909.

SCHREINER, J., *Pest og prisfall i senmiddelalderen, et problem i Norsk historie*, 1948 (a).

_____, "Wages and Prices in England in the Later Middle Ages", *The Scandinavian Econ. Hist. Rev.*, 2 (1954), 61-73 (b).

_____, "Bemerkungen zum Hanse-Norwegen Problem", *Hansische Geschichtsblätter*, 72 (1954), 64-77 (c).

SCHRÖDER-LEMBKE, G., "Die Hausväterliteratur als agrargeschichtliche Quelle", *Zeitschrift f. Agrargesch. u. Agrarsoziologie*, 1 (1953), 109-119 (a).

_____, *Die Einführung des Kleebaues in Deutschland vor dem Auftreten schubarts von dem Kleefelde*, 1954 (b).

_____, "Entstehung und Verbreitung der Mehrfelderwirtschaft in Nordostdeutschland", *Zeitschrift f. Agrargesch. u. Agrarsoziologie*, 2 (1954), 123-133 (c).

_____, "Die mecklenburgische Koppelwirtschaft", 같은 잡지, 4 (1956), 49-60 (d).

_____, "Wesen und Verbreitung der Zweifelderwirtschaft im Rheingebiet", 같은 잡지, 7 (1959), 14-31 (e).

SCHUMPETER, J. A., "The Analysis of Economic Change", *The Rev. of Econ. Statistics*, 17 (1935), 2-10.

SCHWERZ, J. N., *Anleitung zur Kentniss der belgischen Landwirthschaft*, 2권, 1807 (a).

_____, *Beschreibung der Landwirthschaft im Nieder-Elsasz*, 1816 (b).

_____, *Beobachtungen über den Ackerbau der Pfälzer*, 1816 (c).

_____, *Beschreibung der Lantwirthschft in Westfalen und Rheinpreussen*, I, 1836 (d).

SCLAFERT, TH., "Problèmes d'histoire routière: les routes du Dauphiné et de la Provence sous l'influence du séjour des papes à Avignon", *Annales d'hist. éc. et sociale*, I (1929), 183-192.

SÉE, H., *Les classes rurales en Bretagne du XVIe siècle à la révolution*, 1906 (a).

_____, *Esquisse d'une histoire du régime agraire en Europe aux XVIIIe et XIXe siècles*, 1921 (b).

_____, *La France économique et sociale au XVIIIe siècle*, 제4판, 1946 (c).

_____, *Histoire économique de la France*, I, 1948 (d).

SEEBOHM, M. E., *The Evolution of the English Farm*, 재판, 1952.

SIEGRIST, J. J., "Beiträge zur Verfassungs- und Wirtschaftsgeschichte der Herrschft Hallwil", *Argovia*, 64 (1952), 5-533.

SIMENON, G., *L'organisation économique de l'abbaye de Saint-Trond depuis la fin du XIIIe siècle*, 1912.

SIMIAND, F., *Recherches anciennes et nouvelles sur le mouvement général des prix du XIIIe au XIXe siècle*, 1932.

SINGER, C. 외, *A Histoy of Technology*, II-IV, 1956-1958.

SJOERDS, F., *Algemeene beschrijvinge van oud en nieuw Friesland*, 1765.

SKEEL, C., "The Cattle Trade between Wales and England from the 15th to the 19th Centuries", *Transactions of the Royal Hist. Society*, 4th series 9 (1926), 135-158.

SLICHER VAN BATH, B. H., *Mensch en land in de middeleeuwen*, 2권, 1944 (a).

_____, *Boerenvrijheid*, 1948 (b).

_____, *Herschreven historie*, 1949 (c).

_____, *Mutabiliteit en continuiteit*, 1950 (d).

_____, "Agriculture in the Low Countries (ca. 1600-1600)", *Relazioni del X congresso intern. di scienze storiche*, IV (1955), 169-203 (e).

_____, *Een samenleving onder spanning: geschiedenis van het platteland in ovrijssel*, 1957 (f).

_____, "Een Fries landbouwbedrijf in de tweede helft van de zestiende eeuw", *Agronomisch-hist. bijdragen*, 4 (1958), 67-130 (g).

_____, "Robert Loder en Rienck Hemmema", *It beaken*, 20 (1958), 89-117 (h).

_____, "Woeste erven in Twente gedurende de late middeleeuwen?", *Verslagen en mededelingen Overijsselsch regt en geschiedenis*, 73 (1958), 93-105 (i)

_____, "The Influence of Economic Conditions on the Development of Agriculture Tools and Machines in History", *Mechanization in agriculture*, 1960, I-36 (j).

_____, Teksten behorende bij de agrarische geschiedenis van West-Europa, 2권, 1959 (k).

_____, "The Rise of Intensive Husbandry in the Low Countries", *Britain and the Netherlands*, 1960, 130-153 (l).

SLOET, L. A. J. W., *Oorkondenboek van Gelre en Zutfen*, 3권, 1872-1876.

SMET, J. DE, *Het memoriaal van Simon de Rikelike, vrijlaat te St. pieters-op-den Dijk, 1323-1336*, 1993.

SMITH, A., *The Wealth of Nations*, 1776, Everyman's Library ed., 2권, 1954.

SOBOUL, A., "The French Rural Community in the Eighteenth and Nineteeth Centuries", *Past and Present*, 10 (1956), 78-95 (a).

_____, "La communauté rurale (XVIIIe-XIXe siècle)", *Revue de synthèse*, 3me sér. 7 (1957), 283-315 (b).

SOMBART, W., *Der moderne Kapitalismus*, I-II, 제3판, 1919.

SOOM, A., "Der Herrenhof in Estland im 17. Jahrhunderts", *Zeitschrift für Ostforschung*, 5 (1956), 34-57 (b)

SOREAU, E., *L'agriculrure du XVIIe siècle à la fin du XVIIe*, 1952.

SPAHR VAN DER HOEK, J. J. & O. POSTMA, *Geschiedenis van de Friese landbouw*, 2권, 1952.

SPOONER, F. C., *L'économie mondiale et les frappes monétaires en France, 1493-1680*, 1956.

STARK, W., "Niedergang und Ende des landwirtschaftlichen Grossbetriebs in den böhmischen Ländern", *Jahrbuch für Nationalökonomie u. Statistik*, 146 (1937), 416-449 (a).

_____, "Die Abhängigkeitsverhältnisse der gutsherrlichen Bauern Böhmens im 17. und 18. Jahrhundert", 같은 잡지, 164 (1952), 270-292, 348-374, 440-453 (b).

STEENSBERG, A., *Bondehuse og vandmøller i Danmark*, 1952.

STEPHENSON, C., "The Origin and Significance of Feudalism", *The American Hist. Rev.*, 46 (1940-1941), 788-812 (a)

_____, *Medieval Feudalism*, 1942 (b).

STOIANOVICH, T., "Le maïs", *Annales*, 6 (1951), 190-193.

STOLZ, O., "Zur Geschichte des Getreidebaues und seines Rückganges im Bregenzerwald", *Vierteljahresschr. f. Gesch. und Landeskunde Vorarlbergs*, 7 (1923), 93-96 (a).

_____, *Die Schwaighöfe in Tirol*, 1930 (b).

_____, "Britrage zur Geschichte der alpinen Schwaighöfe", *Vierteljahrschr. f. Soz. u. wirtschaftsgesch.*, 25 (1932), 141-157 (c).

_____, "'Der rechte Kreis'. eine dreijährige Fruchtfolge mit Flurzwang im Pustertal nach Belegen des 16. bis 18. J.", 같은 잡지, 25 (1932), 353-357 (d).

STRAYER, J. R., "Economic Conditions in the County of Beaumont-le-Roger 1261-1313", *Speculum*, 26 (1951), 277-287.

SÜSZMILCH, J. P., *Die Göttliche Ordnung in den Veränderungen des menschlichen Geschlechts besonders im Tode*, 1756.

TATE, W. E., "Opposition to Parliamentary Enclosure in Eighteenth Century England", *Agricultural Hist.*, 19 (1945), 137-142 (a).

_____, "Members of Parliament and their Personal Relations to Enclosure 1757-1843", 같은 잡지, 23 (1949), 213-220 (b).

THIRION, L., "La commune de Clermont-sur-Berwinne", *Bull. soc. belge d'études géogr.*, 15 (1946), 225-246.

THIRSK, J., "The Isle of Axholme before Vermuyden", *Agricultural Hist. Rev.*, I (1953), 16-28 (a).

_____, "Agrarian History 1540-1950", *The Victoria History of the County of Leicester*, II (1954), 199-264 (b).

_____, *English Peasant Farming: the Agrarian History of Lincolnshire from Tudor to Recent Times*, 1957 (c).

THOMAS, D. S., *Social and Economic Aspects of Swedish Population Movements 1750-1933*, 1941.

THÜNEN, J. H. VON, *Der isolierte Staat in Beziehung auf Landwirtschaft und Nationalökonomie*, I, 재판, 1842.

TILLE, A., *Die bäuerliche Wirtschaftsverfassung des Vintschgaues vornehmlich in der zweiten Hälfte der Mittelalters*, 1895.

TIMM, A., *Studien zur Siedlungs- und Agrargeschichte Mitteldeutschlands*, 1956 (a).

_____, "Zur Geschichte der Erntegeräte", *Zeitschrift f. Agrargesch. u Agrarsoziologie*, 4 (1956), 29-30 (b).

TIMMER, E. M. A., "Beetwortelcultuur en bietsuikerfabricage in ons land tijdens de inlijving bij Frankrijk", *De economist* (1915), 108-147, 203-239.

TREVELYAN, G. M., *English Social History*, 재판, 1946.

TROW-SMITH, R., *A History of British Livestock Husbandry*, 재판, 1957-1959.

TURNER, R. E., "Economic Discontent in Medieval Western Europe", *The Journ. of Econ. Hist.*, 부록 8 (1948), 85-100.

USHER, A. P., "The General Course of Wheat Prices in France 1350-1788", *The Rev. of Econ. Statistics*, 12 (1930), 159-169 (a).

——, "Prices of Wheat and Commodity Price Indexes for England 1259-1930", 같은 잡지, 13 (1931), 103-113 (b).

_____, *A History of Mechanical Inventions*, 재판, 1954 (c).

UTTERSTRÖM, G., "Climatic Fluctuations and Population Problems in Early Modern History", *The Scandinavian Econ. Hist. Rev.*, 3 (1955), 1-47.

VALCOOCH, D. A., *Chronycke van Leeuwenhorn voortyden ontrent der Sypen (1599)*, 1740.

VENARD, M., *Bourgeois et paysans au XVIIe siècle*, 1957.

VERHEIN, K., "Studien zu den Qullen zum Reichsgut der Karolingerzeit", *Deutsches Archiv f. Erforschung des Mittelalters*, 10 (1953-1954), 313-394, 11 (1954-1955), 333-392.

VERHULST, A., "Bijdragen tot de studie van de agrarische struktuur in het Vlaamse land, 2: Het probleem van de verdwijning van de braak in de Vlaamse landbouw (XIIIe-XVIIe eeuw)", *Natuurwetenschappelijk tijdschrift*, 38 (1956), 213-219 (a).

_____, *De Sint-Baafsabdij te Gent en haar grondbezit (VIIe-XIVe eeuw)*, 1958 (b).

_____, "Historische geografie van de Vlaamse kustvlakte tot omstreeks 1200", *Bijdr. voor de gesch. der Nederlanden*, 14 (1959), 1-37 (c).

VERLINDEN, C. 외, "Mouvements des prix et des salaires en Belgique au XVIe siècle", *Annales*, 10 (1955), 173-198.

VILAR, P., "Historie des prix, histoire générale", *Annales*, 4 (1949), 29-45 (a).

_____, "Elan urbain et mouvement des salaires: le cas de Barcelone au XVIIe siècle", *Rev. d'hist. éc. et sociale*, 28 (1950), 364-401 (b).

_____, "Géographie et histoire statistique, histoire sociale et techniques de production: quelques points d'histoire de la viticulture méditerranéenne", *Hommage à Lucien Febvre*, I (1953), 121-135 (c).

VLOTEN. J. VAN, *Nederlandsche geschiedzangen*, I, 1864.

VOGT, J., "Zur historischen Bodenerosion in Mitteldeutschland", *Petermann's Mitteilungen*, 1958, 199-202.

VOLLRATH, P., "Landwirtschafiliches Beratungs- und Bildungswesen in Schleswig-Holstein in der Zeit von 1750 bis 1850", *Quellen u. Forschungen zur Gesch. Schleswig-Holsteins*, 35 (1957), 121-238.

VOOYS, A. C. DE, "De verspreiding van de aardappelteelt in ons land in de 18e eeuw", *Geografisch tijdschrift*, 7 (1954), 1-5.

WAGEMANN, E., *Menschenzahl und Völkerschicksal*, 1948.

WAKE, J., "Communitas villae", *English Hist. Rev.*, 37 (1922), 406-413.

WARICHEZ, J., "Une descriptio villarum de l'abbaye de Lobbes à l'époque carolingienne", *Bulletin de la commission royale d'hist.*, 78 (1909), 245-267.

WARREN, G. F., "The Agricultural Depression", *The Quarterly Journ. of Econ.*, 38 (1923-1924), 183-213.

WASCHINSKI, E., *Währung, Preisentwicklung und Kaufkraft des Geldes in Schleswig-Holstein von 1226-1864*, I, 1952.

WATERBOLK, H. TJ., "Landschapsgeschiedenis van Drente", *Drente*, II (1951), 23-59 (a).

_____, *De praehistorische mens en zijn milieu*, 1954 (b).

WATERBOLK, H. TJ. 외, "Stuifzandprofielen te Havelte", *Nieuwe Drentsche volksalmanak*, 69 (1951), 141-156.

WERVEKE, H. VAN, "De Zwarte Dood in de Zuidelijke Nederlanden 1349-1351", *Mededelingen Koniklijke Vlaamse Akademie voor wetenschappen.*, kl. der lett., 12 serie 3 (1950) (a).

_____, "La famine de l'an 1316 en Flandre et dans les régions voisines", *Revue du nord*, 41 (1959), 5-14 (b).

(WESTON, SIR RICHARD), *A Discourse of Husbandrie Used in Brabant and Flanders*, 재판, 1652.

WETKI, M., "Studien zum Hanse-Norwegen Problem", *Hansische Geschichtsblätter*, 70 (1951), 34-83.

WHITE, L., "Technology and Invention in the Middle Ages", *Speculum*, 15 (1940), 141-159.

WIARDA, D., *Die geschichtliche Entwickelung der wirthschaftlichen Verhältnisse Ostfrieslands*, 1880.

WIDT, R. A. DE, *Landbouwmechanisatie*, 1955.

WILSON, CH., "Treasure and Trade Balances: the Mercantilist Problem", *The Econ. Hist.*

Rev., 2nd series 2 (1949), 152-161 (a).

_____, "Treasure and Trade Balances: Further Evidence", 같은 잡지, 4 (1951), 231-242 (b).

WINTER, J. M. VAN, "Vlaams en Hollands recht bij de kolonisatie van Duitsland in de 12e en 13e eeuw", *Tijdschrift voor rechtsgesch.*, 21 (1953), 205-224.

WINTERWERBER, P., *Die geschichtliche Entwicklung der Flurverfassung und der Grundbesitzverhältnisse im Kreis St. Goarshausen*, 1955

WISKERKE, C., "De geschiedenis van het meekrapbedrijf in Nederland", *Economisch-hist. jaarboek*, 25 (1952), 1-144.

WISWE, H., "Grangien niedersächsischer Zisterzienserklöster", *Braunschweigisches Jahrbuch*, 34 (1953), 7-134.

WOEHLKENS, E., *Pest und Ruhr im 16. und 17. Jahrhundert: Grundlagen einer statistisch-topographischer Beschreibung der grossn Seuchen, insbesondere in der Stadt Uelzen*, 1954.

WOPFNER, H., "Beobachtungen über den Rückgang der Siedlung", *Tiroler Heimat*, 3 (1923), 68-83 (a).

_____, "Beiträge zur Geschichte der alpinen Schwaighöfe", *Vierteljahrschr. f. Soz. u. Wirtschaftsgesch.*, 24 (1931), 36-70 (b).

WREDE, G., "Die mittelalterliche Ausbausiedlung in Nordwestdeutschland", *Blätter f. deutsche Landesgesch.*, 92 (1956), 191-211.

WRETTS-SMITH, M., "Organization of Farming at Croyland Abbey 1257-1321", *Journ. of Econ. and Business Hist.*, 4 (1931), 168-192.

ZIJP, A., "Hoofdstukken uit de economische en sociale geschiedenis van de polder Zijpe in de 17e en 18e eeuw", *Tijdschrift voor geschiedenis*, 70 (1957), 29-48, 176-188.

해설: B. H. 슬리허르 판 바트와 『서유럽 농업사 500-1850년』

1. 슬리허르 판 바트의 약력

출생과 어린 시절: 1910년 2월 12일 네덜란드 북서부 프리슬란트 주에 있는 레이우아르던에서 출생하여, 직업군인인 아버지를 따라 여러 곳을 옮겨다니면서 성장. 특히 두 살 때 소아마비를 앓아 몸이 불편한 가운데 어린 시절 제1차 세계대전을 목격함으로써 역사에 관심을 가지게 됨.

학창 시절: 흐로닝언에서 중등학교를 졸업한 후 흐로닝언 대학에 입학. 거기에서 고세스(I. H. Gosses) 교수의 강의를 통해 중세사에 흥미를 가지게 되었으며, 프랑스의 중세사학과 앙리 피렌에 주목하게 됨. 흐로닝언 대학에서 문학사 학위를 취득한 후에는 위트레흐트 대학에서 주전공으로 중세사를, 부전공으로 근대사와 문학을 연구. 특히 그는 오페르만(O. A. Oppermann) 교수의 지도 아래 중세사를 전공하면서 고문서학과 사료학을 연구. 1936년 이후 위트레흐트 대학의 중세사연구소 조교와 헬데를란트 소재 정부문서고 자료목록 작성자로 근무.

1945년: 암스테르담 대학에서 「중세의 인간과 토지: 동부 네덜란드의 정착사 연구(Mensch en land in de middeleeuwen. Bijdrage tot een geschiedenis der nederzettingen in Oostelijk Nederland)」라는 주제로 박사학위 취득(학위논문은 전 두 권으로 아선에서 출간되었고, 1972년과 1977년에 암스테르담에서 재판됨. 각 권 316 및 312쪽).

1946년: 헬데를란트 주 아른험 소재 정부기록보관소의 면허장 관련 문서 담당관.

1946-1948년: 오버레이설 주의 즈볼레 소재 정부기록보관소의 기록관리관.

1948-1956년: 흐로닝언 대학 사회경제사 담당 교수로 재직하면서, 1949-1956년간에는 바헤닝언 대학 객원교수 겸임.

1956-1972년: 바헤닝언 대학 농업사 담당 교수.

1967-1968년: 포드재단의 지원에 의한 시카고 대학 초빙교수.

1972-1975년: 암스테르담 소재 라틴아메리카 연구소 소장.

1975년: 영국 케임브리지 대학 연구교수. 이 해에 연금수령 연령이 되었음에도 불구하고 그 후 다음에서 보는 바와 같이 상당 기간 교육활동을 계속했고 노후에도 연구활동을 지속함.

1976-1981년: 레이던 대학 리틴이메리키 경제시회사 담당 특별교수.

1983년: 네이메헌 가톨릭대학 라틴아메리카사(교회와 국가 관계) 로히르(L. J. Rogier) 강좌 담당 특별교수.

2004년: 향년 94세로 사망.

2. 슬리허르 판 바트의 학문적 특성과 업적

슬리허르 판 바트는 유럽 농업사 연구의 대가로 정평이 나 있으며 라틴아메리카사 연구자로도 권위가 높은 학자이다. 또한 그는 프랑스의 아날 학파와 아주 유사한 역사연구 방법을 사용하는 네덜란드의 이른바 '바헤닝언 학파'의 창시자이기도 하다. 농업사와 라틴아메리카사를 비롯한 여러 영역에 걸친 그의 역사 연구에는 몇 가지 기본적인 특징이 관통해 있다.

첫째, 그는 기본적으로 사회경제사가다. 그는 농촌사회 이외의 문제를 다루기도 하고 간혹 산업혁명 이후를 취급하기도 하며 만년에 라틴아메리카사 연구에서는 문화사적 접근방식을 곁들이기도 하지만, 산업화 이전의 농업과 농촌사회를 주요 대상으로 하여 연구한 사회경제사가다. 그것은 산업화 이전에는 농업이 사회의 경제적 기초였기 때문이기도 하지만, 그의 젊은 시절 유행했던 정치사와 전쟁사를 그가 부정적으로 보았기 때문이다. 그가 보기에 역사적 사회에서 정치지도자나 군사지도자와 같은 권력자들의 영향력은 극히 제한되어 있을 뿐이다.[1] 역사에서 중요한 것은 개인 권력자들이 아니라 일반 사람들로 된 집단과 비교적 넓은 범위의 지역사회라고 그는 본다.

둘째, 따라서 그의 역사 연구의 주제와 대상은 개인이 아니라 인간집단이다.

셋째, 그는 사회경제사는 서술하는 것이 아니라 역사적 발전과 과정에 대해서 합리적으로 설명해야 한다고 보고, 그 설명의 도구로서 사회과학 및 행동과학의 이론들을 이용해야 한다는 입장을 취하고 있다.

넷째, 그는 보다 명확하게 설명하는 방법으로 비교사적 접근법을 사용한다. 비교에는 지역 간의 비교뿐만 아니라, 경종농업에서 축산업으로의 이행과 그 반대의 과정 또는 농업의 확대와 축소와 같은 주제에 의한 비교가 있다고 본다.[2]

다섯째, 그는 경제적, 사회적 변화와 발전을 설명하는 데에는 농업생산성, 인구, 가격(특히 곡물가격), 임금, 부담금, 비용과 같은 요소가 중요하다고 보고, 이들에 관한 자료를 백분율, 지수, 평균치, 상관관계, 도표 등으로 표시하는 계량적 방법을 자주 사용한다. 그는 사화과학에서 취급하는 자료에 비해서 역사자료는 계량화가 어렵기는 하지만, 자료가 부족한 사료를 계량화하는 목적은 절대적 수치를 확정하는 데에 있지 않고 관계의 파

....

1   그의 자서전인 *Leven met het verleden*, Groningen, 1998, 58-59 참조.
2   같은 책, 60.

악과 비교를 하기 위한 것이라고 한다.[3]

이와 같은 사회사적 입장과 시각, 역사연구의 대상 및 주제로서 개인보다 집단의 중시, 사회과학 이론의 원용, 비교사적 연구방법의 활용, 계량적 방법의 사용과 같은 특징 때문에 그의 역사연구 방법론은 흔히 아날 학파와 긴밀히 연관되어 있다고 일컬어지고 있다. 그러나 그는 아날 학파의 창시자인 마르크 블로크로부터 많은 것을 배웠기 때문에 아날 학파와 공동의 조상을 가졌다는 점에서는 유사성을 가지고 있기는 하지만, 제2차 세계대전과 그 직후 아날 학파와는 독립적 관계에 있었으며, 단지 결과적으로 비슷한 길을 걷게 되었을 뿐이라고 밝히고 있다.[4] 그 예로, 그는 프랑스에서 농촌사회 연구의 선구가 된 구베르의 『1600-1730년 보베와 보베사람들』과[5] 비슷한 자료 취급방법을 사용한 자신의 저서 『긴장된 사회: 오버레이설의 농촌사』가[6] 구베르의 책보다 3년 먼저 나왔음을 들고 있다. 그러나 그의 역사연구 방법이 아날 학파와 유사함은 부정될 수 없으며 그 자신도 부정하지 않고 있다.

물론 슬리허르 판 바트는 역사이론과 연구방법론에 관해서 1권의 저서와 20편 이상의 논문을 쓸 정도로 역사의 이론과 실제 적용에 관해 많은 글을 썼다. 그러나 그의 학문적 업적은 사학사적으로 역사 인식론과 연구방법론의 독특성에 있다기보다, 여러 영역에 걸쳐 12권 이상의 학술서적과 150편 이상의 논문을 생산함으로써 주요 분야의 역사지식 발전에 큰 기여를 한 데 있다고 하겠다. 그는 유럽 농업사와 라틴아메리카사 연구로

....

3   같은 책, 59-60.

4   같은 책, 23.

5   P. Goubert, *Beauvais et le Beauvaisis de 1600 à 1730*, Paris, 1960.

6   이하에서 슬리허르 판 바트의 자서전 외의 저서들에 관한 자세한 서지 사항에 관해서는 이 해설 제2장 말미에 제시되어 있는 저서목록을 참조하기 바란다.

잘 알려져 있지만, 일찍이 중세사와 네덜란드 농업사도 그의 중요한 연구 주제였다. 연구주제는 그의 관심 분야의 변화와 확대 속에 시간의 흐름에 따라서 뚜렷하게 변화하는 경향을 보인다. 그의 자서전과 연구물들의 취급내용에 의하면, 서로 확연하게 구분되지 않고 상당 부분 중첩되고 있기는 하지만 그의 연구는 대체로 다음과 같이 네 시기로 구분된다.

1) 1936-1951년간의 중세사 연구기: 학창 시절 고세스, 마르텐스 반 세벤호번, 피렌, 알폰스 도프슈, 그리고 특히 블로크와 같은 당대 저명한 중세사 연구자들로부터 큰 영향을 받았던 슬리허르 판 바트의 역사 연구는 중세사로부터 출발했다. 중세사 연구는 1936년 위트레흐트 대학 중세사 연구소의 조교 생활로부터 시작되며, 유럽의 농업사와 라틴아메리카사 연구를 시작한 1951년까지 계속되었다. 그 연구의 주제들은 네덜란드 민족의 기원과 같은 북부 유럽 종족들의 기원과 정착, 장원제와 농노제를 비롯한 네덜란드 지방에서의 봉건제 문제, 대학, 중세 네덜란드와 서유럽과의 관계 등 네덜란드의 중세와 관련된 다양한 측면에 걸친 것이었다. 그의 중세사 연구성과는 앞에 말한 박사학위 논문 외에『역사의 재서술: 중세사의 개관과 연구』라는 저서로 집약되었다.

2) 1948-1956년간의 네덜란드 농촌사 연구기: 1946-1948년간에 헬데를란트와 오버레이설의 정부문서고 근무를 계기로 그의 네덜란드 연구는 농촌사를 중심으로 하여 시간적으로 중세에서 근대로 확장되었다. 그는 역사사회학적 측면에서 네덜란드의 농업 일반의 문제와 여러 지방의 농촌사를 연구했으며, 그 가운데에서도 대표적인 연구는 오버레이설의 농촌사에 관한 것이다.『긴장된 사회: 오버레이설의 농촌사』라는 제목의 저서에서 인구수, 직업구조, 사회계층, 토지소유, 경영토지의 면적, 경종농업 생산물과 축산물, 가축 수, 농산물 가격과 임금 등이 다루어지고 있다. 이런 농촌사 연구주제들과 인식방법은 후에『서유럽 농업사 500-1850년』의 내용

체계 구성의 토대를 이룬다.

3) 1955-1977년간의 유럽 농업사 연구기: 슬리허르 판 바트의 네덜란드 농촌사 연구는 시간적으로 근대로 확장되었을 뿐만 아니라, 한편 공간적으로도 1951년『케임브리지 유럽 경제사』(*Cambridge Economic History of Europe*)의 편집진으로부터 16-18세기의 유럽 농업사에 관한 기고문을 부탁받은 것을 계기로 유럽적 차원의 농업사 연구로 확대되었다. 그는 베네룩스 지방과 그 외의 지역에 대한 구체적 농업사 연구를 수행하는 동시에, 이를 토대로 학계의 연구성과를 흡수하여 유럽적, 보편적 차원에서 특히 농업사 고찰의 기본적 범주를 구성하는 기후, 인구, 가격, 임금, 농업생산성, 농기구, 농업기술, 농업경영 방식, 농민의 자유와 예속, 농촌사회의 계층 등과 같은 농업에 관련된 여러 요소를 분석하고 이 요소들 사이의 상호 관계를 규명하려고 했다. 그는 이러한 문제의식 아래 중세와 산업혁명 이전의 근대 유럽 농업을 중심으로 다수의 논문을 썼다. 유럽 농업사에 관한 이런 체계적 문제의식과 연구성과는 1960년에 초판 발행된『서유럽 농업사(500-1850년간)』에 잘 나타나 있다. 그의 유럽 농업사 연구는 1960년대와 1970년대 초반에 더욱 가속화되고 완숙해졌다. 그렇지만 그의 농업사 연구의 주요 시기는 1956-1972년간의 바헤닝언 대학 농업사 담당 교수 재직 시절과 대체로 일치한다.

4) 1974년 이후의 라틴아메리카사 연구기: 슬리허르 판 바트는 1951부터 라틴아메리카사에 대한 관심을 가지게 된다. 그는 자서전에서 그 배경을, 1951년경 네덜란드가 인도네시아 시장을 잃은 반면에 라틴아메리카 경제와는 긴밀해지고 그 전망도 밝아지면서 그 지역에 대한 학생들의 관심이 고조된 데에 있다고 한다.[7] 라틴아메리카사에 대한 그의 관심은

....

7   *Leven met het verleden*, 41.

1967-1968년간 미국 초빙교수 시절 라틴아메리카를 직접 답사함으로써 커졌다. 그런 후 그 연구성과는 1974년부터 나타나기 시작한다. 라틴아메리카사 연구에는 그 이전 유럽 농촌을 중심으로 한 사회경제사 연구와는 다소 다른 접근방법이 사용된다. 그는 라틴아메리카는 1492년 유럽인들에게 발견된 후 인디오 문화와 유럽 문화 및 아프리카 문화가 병존, 대립함으로써 문화사가 중요한 위치를 차지한다고 보았기 때문에, 사회경제사와 문화사를 관련지어 연구하는 방법을 사용하고 있다. 그의 라틴아메리카사 연구는 특히 독립 이전의 시대에 관한 것으로, 그 연구주제는 크게 이 시기의 사회구조와 변동 그리고 위 세 문화의 융합과 대립 등 세 가지이다. 그 연구성과는 아래에서 보는 바와 같은 여러 권의 라틴아메리카사 연구서로 나타났다.

위의 학위논문이 출판된 것 외에 슬리허르 판 바트의 주요 저서를 소개하면 다음과 같다.

1949년: 『역사의 재서술: 중세사의 개관과 연구』(*Herschreven historie. Schetsen en studiën op het gebied der middeleeuwse geschiedenis*), Leiden, 1978년 재판, 315쪽.

1957년: 『긴장된 사회: 오버레이설의 농촌사』(*Een samenleving onder spanning. Geschiedenis van het platteland in Overijssel*), Assen, 1977년 재판, 768쪽.

1960년: 『서유럽 농업사 500-1850년』(*De agrarische geschiedenis van West-Europa 500-1850*), Utrecht, 1962, 1976, 1977, 1980, 1987년 재판, 416쪽.

1978년: 『사회와 문화의 역사』(*Geschiedenis van maatschappij en cultuur*)(A. C. van Oss와 공저), Baarn, 231쪽.

『농업사 관계 논문모음』(*Bijdragen tot de agrarische geschiedenis*),

Utrecht, 331쪽.

『역사: 이론과 실제』(*Geschiedenis: theorie en praktijk*), Utrecht, 374쪽.

1979년: 『1600년경의 스페인어권 아메리카』(*Spaans America om-streeks 1600*), Utrecht, 272쪽.

1981년: 『중남미의 인구와 경제 1570-1800년경』(*Bevolking en econo-mie in Nieuw-Spanje, ca. 1570-1800*), Amsterdam, 263쪽.

1989년: 『인디언 세계와 스페인 세계의 만남: 1500-1800년의 라틴아메리카』(*Indianen en Spanjaarden. Een ontmoeting tussen twee werelden, latijns America 1500-1800*), Amsterdam, 1992년 재판, 301쪽.

『1541-1820년 스페인어권 아메리카에서의 아시엔다와 경제』(*Real Hacienda y economia en Hispanoamérica, 1541-1820*), Amsterdam, 182쪽.

1998년: 『1493-1820년 라틴아메리카의 저술가들과 기록 및 독자들』(*De bezinning op het verleden in Latijns Amerika, 1493-1820: auteurs, verhalen en lezers*), Groningen, 761쪽.

3. 『서유럽 농업사 500-1850년』에 대하여

슬리허르 판 바트는 특히 농업사와 관련하여 유럽적 시야에서 뛰어난 연구업적을 쌓음으로써 제2차 세계대전 후 유럽 최고 수준의 농업사 권위자로 인정받고 있다.[8] 그는 이런 지도적 위치에서 1960년부터 국제적 학술 잡지들에 농업사의 연구 동향과 성과를 평가하고 연구 방향과 과제를 제시하는 글을 여러 편 쓴 바 있다.[9] 1960년에 출판된 그의 『서유럽 농업사

....

8 이를테면, C. M. Cipolla, 편, *The Fontana Economic History of Europe*, Glasgow, 1981, 제2권, 348-349, 353 및 제3권, 504 참조.

9 예컨대 "Zwanzig Jahre Agrargeschichte im Benelux-Raum. 1939-1959", *Zeitschrift für*

500-1850년』도 그의 우수한 연구능력과 실력의 산물로, 서유럽의 농업사를 학술적으로 수준 높게 개관한 서적으로는 사실상 최초의 것으로 평가되고 있다. 그 무렵까지 훌륭한 농업사 개설서는 블로크나 아벨의 저서와 같이[10] 어느 한 나라의 농업사에 관한 것이거나, 특정 시대나 특별한 부문의 주제에 제한된 것이었다. 『서유럽 농업사』가 출간된 이후 서유럽의 농업사 연구는 상당한 진척을 보았고 다수의 농업사 관련 서적이 출판되었으나, 오늘날까지도 대부분의 농업사 서적이 시대별 또는 국가별 농업사를 다루고 있을 뿐, 이에 필적할 만한 서유럽 농업사나 서양 농업사 개설서는 아직 간행되지 않고 있는 것으로 알고 있다. 학계의 연구성과를 탁월하게 종합하면서도 최초로 이론적 체계 위에 통계자료를 곁들여 일목요연하게 설명하고 있는 슬리허르 판 바트의 『서유럽 농업사』는 유럽의 농업사에 관한 일종의 고전으로 통하고 있다. 그래서 이 책은 학술서적으로는 보기 드물게 영어(1963년), 일어(1970), 이탈리어(1972), 스페인어(1974, 1978), 포르투갈어(1984) 등 여러 나라말로 번역·출판되었다.[11]

....

Agrargeschchite und Agrarsoziologie, 8 (1960), 68-78; "Stromingen in de agrarische geschiedenis gedurende de laatste 35 jaar", *Historiunculae*, X (1965), 79-81; "Survey of the Activities in Agricultural History in Various Countries", *Agrártörténeti Szemle*, 9, 부록 (1968), 1-9.

10 M. Bloch, *Les caractères originaux de l'histoire rurale française*, Paris, 1938(이기영 역, 『프랑스 농촌사의 기본성격』, 나남, 2007); W. Abel, *Geschichte der deutschen Landwirtschaft vom frühen Mittelalter bis zum 19. Jahrhundert*, Stuttgart, 1962.

11 국제적으로 널리 읽히는 책은 O. Ordish의 영역본 *Th Agrarian History of Western Europe. A.D. 500-1850* (London, 1963)이다. 서양 농업사에 관한 우리말 서적이 전무하다시피 한 상황에서 *Slicher van Bath*의 *De agrarische geschiedenis van West-Europa 500-1850*을 우리말로 번역할 필요성을 느끼고 있던 본 번역자도 처음에는 이 영역본을 원서로 삼아 번역하려고 했다. 그러나 번역 중에 영역본으로는 이해가 잘 안 되는 부분이 있고 간혹 오역이 있는 것 같이도 생각되어, 네덜란드어본을 원전으로 하여 번역할 필요성을 느꼈다. 그래서 번역자는 새로이 네덜란드어를 공부했고, 그런 후 상당한 작업과정을 거쳐 네덜란드어본 제4판을 원전으로 하고 영어본을 참조하여 번역을 마치기에 이르렀다.

슬리허르 판 바트의『서유럽 농업사』는 북해 주변의 나라들을 중심으로, 중세의 시작점이라고 할 수 있는 500년경부터 제1차 산업혁명이 완료 단계에 이르는 1850년경까지를 취급 범위로 설정하고 있다. 이 기간은 19세기 후반 이후와는 달리 인구의 대부분이 식량 수요를 충족시키기 위해서 농업에 종사하고 농업이 주경제를 이루는 시기였다고 저자는 본다.

이 책은 경종농업과 축산업을 중심으로 시대별 농업경영 방식, 농업기술, 농기구, 농업생산에 영향을 미친 인구와 가격 및 임금의 추이와 그에 따른 경기변동 그리고 농촌사회의 계층구조와 변화 및 특기할 만한 역사적 사건 등 경제적, 기술적, 사회적 측면에서 중세 봉건사회의 농업이 근대적 농업으로 발전해 온 과정상의 주요 문제를 취급하고 있다. 그러나 이 책은 이런 문제들을 단순히 사실을 나열하는 방식으로 다루고 있지 않다. 농업사의 핵심적 문제는 농산물의 생산과 소비라고 보고, 이에 영향을 미치는 여러 요인을 분석하고 이들 사이의 상호 관계를 이론화하여 다루고 있다. 특히 저자에 의하면 농산물의 생산과 소비에 근본적이고 결정적인 영향을 미치는 요인은 인구변동이다. 인구가 증가하면 농산물에 대한 수요가 증가하고 그에 따라 농산물의 가격이 상승하여 농법의 개량을 통한 집약적 농업이 이루어지며, 인구가 농산물의 공급능력 이상으로 지나치게 증가하면 기근 및 전염병과 같은 위기 현상이 나타난다. 반대로 인구가 감소하면 곡물가격이 하락하여 조방적 농업이 이루어지고 경종농업에서 축산업으로의 전환이 일어난다는 것이다. 따라서 이 책은 결국 저자가 한국어판 머리말에서 밝힌 바와 같이, 인구변동과 농업발전과의 관계를 주제로 하여 농업사를 개관하고 있다고 할 수 있다.

이 책의 내용은 모두 3부로 구성되어 있다. 제1부는 서론 격으로, 이 책의 목적과 취급범위를 밝히고 농업발전에 영향을 미친 여러 요인을 분석한다. 제2부는 500-1150년간을 농산물의 직접적 소비시대로 보고 고전적 봉건사회의 장원제와 농업을 취급한다. 교환경제가 확대되어 가는 1150-1850년간을 농산물의 간접적 소비시대로 본 제3부에서는 먼저 농산물의 생산과 소비에 큰 영향을 미치는 인구와 가격 및 임금 문제들을 특별히 다룬 후에, 이 시대를 1150-1550년간의 중세 후기와 1550-1850년간의 근대로 구분하여 농촌사회의 구조와 농업 그리고 주요 역사적 과정을 다루고 있다. 보다 자세한 취급내용은 이 책의 차례에 잘 드러나 있다.

찾아보기

인명

[ㄱ]
구지(Barnabe Googe) 460
그로서(Martin Grosser) 343
그로스테스트(Robert Grosseteste) 229
그로우너(S. von Grouner) 422
그리슬리 경(Sir Thomas Gresley) 490
그리피스(G. T. Griffith) 162

[ㄴ]
나폴레옹(Bonaparte Napoléon) 458, 459,
 536
네프(J. U. Nef) 208

[ㄷ]
다브늘(Vicomte G. d'Avenel) 211
데이븐포트(F. G. Davenport) 236, 290
도둔스(Junius Rembertus Dodoens) 461
도프슈(A. Dopsch) 59, 60, 72, 615
드레이크(Francis Drake) 439
디르송(Thierry d'Hireçon) 294
디포(Daniel Defoe) 358, 474

[ㄹ]
라보(P. Raveau) 332
라부아지에(A. L. Lavoisier) 499
라브루스(C. E. Labrousse) 159, 374, 390
라인케(H. Reincke) 156
래프티스(J. A. Raftis) 290
러셀(J. C. Russell) 142, 143, 146, 155,
 156, 271

레크(P. Recht) 519
로더(Robert Loder) 464
로벨(Matthias de Lobel) 454
로저스(Thorold Rogers) 211, 290, 333
로카텔리(Joseph Locatelli) 503
롤리(Walter Raleigh) 439
루이 6세(Louis VI) 244
루이 7세(Louis VII) 244
루이 10세(Louis X) 244
루이 14세(Louis XIV) 158, 351, 364
루푸스(Jordanus Ruffus) 229
뤼에(J. F. von Lühe) 411
르페브르(G. Lefebvre) 519
리만(F. K. Riemann) 187
리빙(Liveing) 432
리처드 2세(Richard II) 323
린데만스(P. Lindemans) 461

[ㅁ]
(아르투아의)마띨드 여백작(Comtesse de
 Artois Mathilde) 294
마르그라프(Andreas Marggraf) 457
마르뵈프 후작 부인(Marquise de Marbeuf)
 463
마르셸(Étienne Marcel) 557
마셜(T. H. Marshall) 162
마시(J. Massie) 530, 531
(앤드루)마이클(Andrew Meikle) 507
(제임스)마이클(James Meikle) 506
마컴(Gervase Markham) 343

맥시(Edward Maxey) 343
맬서스(Th. R. Malthus) 165
모건(M. Morgan) 290
모체니고(Mocenigo) 345
몰트케 백작(Adam Gottlob Moltke) 411
몽리노(Ch. Leclerc de Montlinot) 298
몽테스키외(Charles Montesquieu) 71
묄링거(David Möllinger) 471
무어(H. L. Moore) 172
뮌처(Thomas Münzer) 324, 325

[ㅂ]
바신스키(E. Waschinski) 570, 581-583
바테르볼크(H. Tj. Waterbolk) 272
베닛(M. K. Bennett) 139, 142, 143, 309
베버리지(W. H. Beveridge) 152, 173, 290,
   376
베이컨(Francis Bacon) 435
베이크웰(Robert Bakewell) 469, 475, 490
벨로흐(J. Beloch) 144, 145
벨헤이븐 경(Lord Belhaven) 442
보댕(Nicolas Baudin) 302
보앵(Jean Bauhin) 440
볼(John Ball) 323, 324
볼테르(François M. A. de Voltaire) 71
부니아티앙(M. Bouniatian) 201
(피사의)부르군디우스(Burgundius van
   Pisa) 229
(네이케르의)브라우버르(R. J. Brouwer te
   Nijkerk) 458
브랜드(John Brand) 499
블로크(Marc Bloch) 72, 314, 318, 427,
   518, 542
비트루비우스(Pollio Marcus Vitruvius)
   130
빌럼 1세(Willem I) 백작 256

[ㅅ]
세르(Olivier de Serres) 343, 435
소불(A. Soboul) 518
솔트마시(J. Saltmarsh) 290
슈라이너(J. Schreiner) 155
슈바르트(Johan Christian Schubart) 463
슈베르츠(J. N. Schwerz) 395, 482, 485,
   486
스몰(James Small) 506
스미스(Adam Smith) 432
시미앙(F. Simiand) 352

[ㅇ]
아렌베르흐 공(De hertog van Arenberg)
   381
아벨(W. Abel) 143, 146, 187, 341, 485
아하르트(Franz Karl Achard) 457, 458
알베르투스 마그누스(Albertus Magnus)
   461
알폰소 10세(Alfonso X) 282
(마리)앙투아네트 왕비(Marie Antoinette)
   442
애런들 백작(Count Arundel) 287, 304
애슈턴(T. S. Ashton) 375, 376
어셔(A. P. Usher) 173
에길(Egil) 255
(비테비룸의)에모(Abt van Wittewierum
   Emo) 326
에티엔(Charles Estienne) 343
엘리자베스 여왕(엘리자베스 1세, Elizabeth
   I) 480
엘자스(M. J. Elsas) 346
영(Arthur Young) 394, 581
요제프 2세(Joseph II) 463
월리지(John Worlidge) 503, 504
월터 오브 헨리(Walter of Henley) 229,
   308
웨스턴 경(Sir Richard Weston) 343, 399,

412, 460, 461

윌리엄 1세(William I the Conqueror) 정복왕 77, 127

이사벨 1세(Isabel I) 282

[ㅈ·ㅊ]

제니코(L. Génicot) 518

제라드(John Gerard) 439

제번스(W. S. Jevons) 172, 201, 202

쥘라르(E. Juillard) 520

치폴라(C. M. Cipolla) 328

[ㅋ]

카롤루스 대제(샤를마뉴, Carolus Magnus / Charlemagne) 59, 63, 77, 92, 100, 322, 545

카를 5세(Karl V) 282

카를로스 1세 → 카를 5세

카를로스 3세(Carlos III) 283

카발리니(Tadeo Cavallini) 503, 504

카스테야노스(Juan de Castellanos) 439

칼르(Guillaume Karle) 322

컬리 형제(Culley Brothers) 490

케네(F. Quesnay) 181, 366, 479

코스민스키(E. Kosminsky) 310

콜러(Johannes Coler) 343

콜루멜라(Lucius Junius Moderatus Columella) 428

콜링 형제(Colling Brothers) 490

콜크하운(P. Colquhoun) 530, 531

쿨본(R. Coulborn) 72

킹(Gregory King) 200, 201, 530, 531

[ㅌ]

타렐로(Camillo Tarello) 503

타운센드 경(Lord Townshend) 460, 461

타일러(Wat Tyler) 319, 323, 324

테니르스(David Teniers) 504

템플 경(Sir William Temple) 478

토머스(D. S. Thomas) 165

툴(Jethro Tull) 363, 505

툼프스히른(Abraham von Thumbshirn) 343

튀넨(J. H. von Thünen) 403

[ㅍ]

파울러(Fowler) 490

판 바베험(P. J. van Bavegem) 445

판 하우터(H. van Houtte) 519

판 히스텔러(Joost van Gistele) 436, 437

판 히펀(A. E. van Giffen) 314

팔리시(Bernard Palissy) 343

페루아(E. Perroy) 233

페르난도 2세(Fernando II) 282

페르마위던(Cornelius Vermuyden) 340, 451, 452

페이지(F. M. Page) 290

페트루스 데 크레센티스(Petrus de Crescentiis) 229

포스탄(M. Postan) 207

포스투무스(N. W. Posthumus) 351

(함부르크의)프리드리히(Friedrich von Hamburg) 255

플래츠(Gabriel Plattes) 343, 358

플랫 경(Sir Hugh Plat) 343

플리니우스(Gaius Plinius Secundus) 111

피렌(Henri Pirenne) 59, 60, 62

피셔(Irving Fisher) 329

피우스 5세(Pius V) 335

피츠허버트 경(Sir Anthony Fitzherbert) 343

핀베르크(H. P. R. Finberg) 290

(미남왕)필리프 4세(Philippe IV le Bel) 244, 294

[ㅎ]
하틀리브(Samuel Hartlib) 343
함마르스트룀(Ingrid Hammarström) 329
해밀턴(E. J. Hamilton) 208
헤레스바하(Conrad Heresbach) 343
헤메마(Rienck Hemmema) 296, 297, 398,
　404, 406, 407, 423, 424, 429, 465, 471,

472, 478, 501, 509-513, 527
헤크셰르(E. F. Heckscher) 164, 165
호스킨스(W. G. Hoskins) 495
히메네스 데 케사다(Gonzalo Jiménez de
　Quesada) 439
힌체(O. Hintze) 72
힐데브란트(Bruno Hildebrand) 56, 72

지명

[ㄱ]

가스코뉴(Gascogne) 107

가우다(Gouda) 302

가우버(Gouwe) 운하 256

겔더(Gelder) 287

고스네(Gosnay) 294-296, 557

고슬라어(Goslar) 181, 183

과달키비르(Guadalquivir)강 282

교황령(敎皇領) 335, 345

그다니스크 → 단치히

그라나다(Granada) 328

그랜체스터(Grantchester) 291, 295, 576

그레이트브리튼 24, 130, 432, 474

그루선(Groessen) 99

그뤼예르(Gruyères) 355

글로스터(Gloucester) 287, 418, 419, 455, 578,

글로스터셔(Gloucestershire) 308

기옌(Guyenne) 364

[ㄴ]

나뮈르(Namur) 83, 381, 402, 519, 520, 544

나바라(Navarra) 281

나사우(Nassau) 396, 463

나폴리(Napoli) 334, 345

남아메리카 21, 33, 34, 439

네덜란드(Netherlands) 24, 27, 30, 64, 80, 87-89, 95, 103-105, 107, 108, 110, 115, 128, 133, 154, 157, 158, 164, 177, 188, 192, 193, 212, 223, 239, 245, 248, 251-254, 266, 267, 269, 270, 272, 287, 295, 296, 299, 301, 312, 326, 328, 330, 331, 333-335, 337, 340, 353-355, 359-361, 372, 378, 381, 383, 390, 396, 399, 402, 422, 424, 434, 436, 437, 442, 445, 448-452, 456, 458-460, 462, 464-466, 471, 472, 474, 478, 479, 481, 491, 492, 494, 501, 504-506, 538, 540, 542, 543, 546, 547, 563, 565, 566, 577-580, 582, 583

노르(Nord)도 357

노르망디(Normandie) 127, 164, 225, 249, 364, 437, 450, 463, 573, 582

노르웨이(Norway) 135, 192, 197, 234, 237, 238, 269, 284, 285, 287, 330, 339, 547

노리치(Norwich) 246, 475, 576

노아유(Noailles) 534

노픽(Norfolk) 39, 124, 125, 131, 227, 236, 339, 395, 402, 413, 414, 431, 433, 460, 463, 475, 496, 544, 567, 582

누비아(Nubia) 61

뉘른베르크(Nürnberg) 153

뉴올리언스(New Orleans) 446

뉴질랜드(New Zealand) 392

느베르(Nevers) 515

니더작센(Niedersachsen) 257, 258

니우어르케르컨(Nieuwerkerken) 300, 301

니우포르트(Nieuwpoort) 442

[ㄷ]

단치히(Danzig, 그다니스크) 348, 349, 559

달런(Dalen) 81

더럼(Durham) 434

데번셔(Devonshire) 410

데벤터르(Deventer) 354, 546

데인로(Danelaw) 69, 87

덴데르몬더(Dendermonde) 354

덴마크(Denmark) 27, 69, 115, 158, 223, 237, 239, 319, 378, 379, 410, 411, 464, 473, 474, 479, 482, 485, 494, 506, 538, 559, 567, 573, 577, 582-584

델프트(Delft) 255

도레스타트(Dorestad) 63

도르트문트(Dortmund) 466, 579

도이츠(Deutz) 58, 98

도이치브로트(Deutschbrod) 183

도피네(Dauphiné) 320, 335

독일 24, 39, 53, 56, 64, 69, 72, 77, 87, 88, 94, 95, 97, 98, 103, 105-108, 110, 114, 127, 128, 133, 143, 144, 153, 156-158, 187, 192, 193, 215, 223, 224, 233, 237-240, 245, 246, 249, 253, 259-265, 269, 270, 272-275, 281, 283, 285, 287, 319, 324-326, 331, 333, 341-344, 346, 348, 354, 361, 363, 365, 368, 372, 382, 383, 391, 395, 396, 403, 414, 417, 432-434, 436, 437, 442, 448-451, 454, 456, 461, 463, 464, 466, 471-473, 479, 481, 488, 491, 493, 512, 513, 528, 535-537, 546, 554, 559, 560, 562, 565, 569, 577-580, 583, 584

돌라르트(Dollart)만(灣) 271

동유럽 36, 37, 39, 66, 142, 253, 260, 264, 275, 502

두라초(Durazzo) 335

두에(Douai) 121, 401

뒤랑스(Durance)강 335

드라우베너르(Drouwener) 272

드레스덴(Dresden) 417, 568

드레흐터를란트(Drechterland) 315

드렌터(Drente) 81, 103, 104, 112, 133, 272, 273, 316, 318

디트마르셴(Dithmarschen) 318, 584

[ㄹ]

라만차(La Mancha) 281

라스나바스데톨로자(Las Navas de Tolosa) 282

라우시츠(Lausitz)산맥 260

라우엔부르크(Lauenburg) 451

라이프치히(Leipzig) 274, 348-350, 369

라인(Rhein)강 63, 66, 69, 70, 87, 98, 114, 240, 245, 254-256, 325, 351, 396, 463, 542

라인란트(Rheinland) 69, 87, 110, 131, 239, 261, 287, 343, 451, 463,

라인란트팔츠(Rheinland-Pfalz) 39, 112, 114, 157, 274, 383, 396, 428, 456, 463, 472, 490, 566, 583

라체부르크(Ratzeburg) 주교좌 482

라틴아메리카 180, 185, 187, 189, 212, 549, 549

람멜스베르크(Rammelsberg) 181

랑(Laon) 80, 260, 533

랑그도크(Languedoc) 39, 335, 396, 553

랑네(Laonnais) 533

랑드(Landes) 359

랙스턴(Laxton) 109

랭커셔(Lancashire) 152, 433

러시아(Russia) 364, 392, 502

런던(London) 39, 280, 319, 455, 469, 475, 573

레더(Lede) 300

레반트(Levant) 182

레벤티나(Leventina) 320

레스터셔(Leicestershire) 228, 280, 287, 288, 310, 340, 358, 407, 408, 495, 523, 531, 532, 579, 583

레온(León) 185, 574

레이마위던(Leimuiden) 255

레이브루커르(Lheebroeker) 272

레인사터르바우더(Rijnsaterwoude) 255

로렌(Lorraine) 83, 94, 128, 345, 543
로마(Roma) 60, 68, 73, 239, 344, 552
로이험(Rooigem) 301
로크투아르(Roquetoire) 294, 295, 310
로터(Rotte) 255
로테르담(Rotterdam) 254, 302, 424, 451,
566
로테스모르(Rotes Moor) 199
로퍼드(Lawford) 499
로피커르바르트(Lopikerwaard) 255
론(Loon) 81
론(Rhône)강 449
롬바르디아(Lombardia) 87, 158, 334
뢴(Rhön)산맥 199
루르(Ruhr)강 80
루시용(Roussillon) 534
루아레(Loiret) 533
루아르(Loire)강 66, 69, 70, 103, 105, 110,
111, 299, 542
루카(Lucca) 182
루크마니에르(Lukmanier) 고개 320
룩셈부르크(Luxemburg) 145, 261
뤼베크(Lübeck) 239, 473, 482, 512
뤽상부르(Luxembourg) 84
리르(Lier) 422
리무쟁(Limousin) 533, 534
리버풀(Liverpool) 470
리에주(Liège) 244, 483, 489, 510, 526
리투아니아(Lithuania) 512
리흐텐보르더(Lichtenvoorde) 316
릴(Lille) 85, 121, 125, 151, 420, 428, 463,
472, 579, 583, 584
림부르흐(Limburg) 93, 240, 355
링컨셔(Lincolnshire) 131, 238, 279, 280,
383, 453

[ㅁ]
마그데부르크(Magdeburg) 457, 566

마르컨(Marken) 304, 315
마르흐펠트(Marchfeld) 273
마섬(Martham) 227, 246
마세이크(Maaseik) 301
마스(Maas)강 254
마요르카(Majorca) 319
만팅어르잔트(Mantingerzand) 272
메디나셀리(Medinaceli) 534
메설브루크(Messelbroek) 301
메이예레이판덴보스흐(Meijerij van den
Bosch) 273, 402, 453
메클렌부르크(Mecklenburg) 157, 224,
260, 274, 402, 410-412, 437, 451, 472,
536, 583,
멕시코(Mexico) 87, 189
멘(Maine) 164, 167, 341, 362, 469, 573
멜로(Mello) 322
모니컨담(Monnikendam) 304, 315
모로코(Morocco) 103, 334
모젤(Mosel)강 39, 144, 224, 229, 240, 245
모크(Mook) 437
몬첸(Montzen) 356
몽주네브르(Mont-Genèbre) 고개 320
몽토방(Montauban) 450
몽펠리에(Montpellier) 360
뫼동(Meudon) 236
뮌스터란트(Münsterland) 274
뮌헨(München) 153, 348-350, 368, 369
미국 36, 72, 142, 172, 174, 189, 392, 395,
409, 446, 496, 497, 502-504, 566
미델부르흐(Middelburg) 452
미들랜즈(Midlands) 238, 279, 280

[ㅂ]
바그다드(Baghdad) 61
바덴(Baden) 396, 463, 536
바르다르(Vardar)강 335
바스 지구(het Land van Waas) 38, 399,

412, 413, 423, 460, 461
바우던(Wouden) 254
바이마르(Weimar) 289, 473, 577
바이에른(Bayern) 83, 246, 250, 345, 543, 564
바헤닝언(Wageningen) 98
발랑시엔(Valenciennes) 401
발레(Valais) 238, 314,
발레드주(Vallée de Joux) 355
발렌시아(Valencia) 185, 574
발칸(Balkan)반도 62, 64, 281, 334, 473
발트해 23, 24, 36, 63, 67, 172, 245, 260, 261, 287, 334, 396, 397, 447, 491, 513, 549, 563
발헤런(Walcheren) 527
버지니아(Virginia) 439, 445, 455
버크셔(Berkshire) 509, 576
베네룩스(Benelux) 580
베네치아(Venezia) 64, 182, 345, 503
베델(Wedel) 473
베드퍼드셔(Bedfordshire) 280, 508
베룸(Berum) 386
베르니게로데(Wernigerode) 151, 475
베르됭(Verdun) 134
베른(Bern) 321, 355
베를린(Berlin) 274, 378, 379, 457, 573, 574
베리(Berry) 515
베스터발트(Westerwald) 274
베스트팔렌(Westfalen) 108, 245, 274, 362,
베아른(Béarn) 364
베이데너스(Wijdenes) 315
베튀버(Betuwe) 128
베튀느(Béthune) 294
벨기에(België) 64, 77, 79, 84, 97, 166, 240, 244, 249, 258, 329, 395, 456, 553
보(Vaud) 361
보고타(Bogota) 440

보니예르(Bonnières) 294, 296, 297, 310, 311
보덴제(Bodensee) 325
보르도(Bordeaux) 546, 552
보름스(Worms) 39, 80, 471
보베(Beauvais) 146, 322, 549, 577
보스턴(Boston, 영국) 451, 492
복킹(Bocking) 308
보헤미아(Bohemia) 182, 183, 364, 454, 518
본(Bonn) 80
볼리비아(Bolivia) 439
뵈르너(Veurne) 339
뵈브르캉(Beuvrequen) 225, 287
부르고뉴(Bourgogne) 66, 78, 91, 112, 128, 248, 356, 438, 515, 542
부르봉(Bourbon) 515
부르부르(Bourbourgh) 299
부트스테트(Buttstädt) 473
북아메리카 133, 260
북해 63, 69, 270, 319, 321, 322
불가리아(Bulgaria) 334
불로뉴(Boulogne-sur-Mer) 364
뷔르츠부르크(Würzburg) 39, 325, 348, 350, 368, 369, 396
뷔르템베르크(Württemberg) 157, 274, 275
뷜레(Bullet) 355
브라반트(Brabant) 79, 80, 99, 103, 145, 238-240, 244, 395, 396, 434, 449, 450-452, 460, 461, 465, 466, 506, 546, 574, 580
브라운슈바이크(Braunschweig) 511
브라이스가우(Breisgau) 325
브라질(Brazil) 188, 549
브라크만(Braakman)만(灣) 271
브란덴부르크(Brandenburg) 157, 164, 260, 262, 343

브랑드(Brandes) 183
브레겐체르발트(Bregenzerwald) 355
브레다(Breda) 302, 453
브레다 남작령(de Baronie van Breda) 453
브레메르푀르데(Bremervörde) 272
브레멘(Bremen) 255, 473
브레시아(Brescia) 335, 461
브뤼허(Brugge) 296, 303
브르타뉴(Bretagne) 107, 109, 131, 364, 434, 437
브리(Brie) 237
블레니오(Blenio) 320
비고르(Bigorre) 364
비비에(Viviers) 364
비스보스(Biesbos)만(灣) 271
비잔티움(Byzantium) 73
비크(Wiek) 476
비테스비(Bittesby) 340
비테비룀(Wittewierum) 259, 326
빈(Wien) 273
빈테르스베이크(Winterswijk) 481
빌랑스(Villance) 84
빌스테르마르슈(Wilstermarsch) 339
빗뮌트(Wittmund) 386

[ㅅ]
사르데냐(Sardegna) 66, 103
사부아(Savoie) 355
사우샘프턴(Southampton) 133
사이(Sailly) 294, 297, 310
살라망카(Salamanca) 345
상리스(Senlis) 302
생고타르(Saint-Gotthard) 고개 320
생타망(Saint-Amand) 122, 401, 453
생토메르(Saint-Omer) 79, 90, 294
생트크루아(Sainte-Croix) 355
샹도트르(Champdôtre) 91

샹파뉴(Champagne) 345
서리(Surrey) 152, 454, 576
서식스(Sussex) 287, 304, 489, 507, 577
서퍽(Suffolk) 39, 124, 125, 131, 339, 395, 433, 460, 463, 491
세네갈(Senegal) 64, 182
세비야(Sevilla) 282, 439
세이스탄(Seistan) 311
세인트로렌스(Saint-Laurence) 항 446
세트(Sète) 360
센(Seine)강 39, 83, 144, 228, 287
셸란(Seeland)섬 506, 577
셉티메르(Septimer) 고개 320
셔본(Sherborne) 287, 288
소맹(Somain) 85, 86, 121-124, 544
손(Son) 273
솜(Somme)강 287
쇼넨(Schonen) 473, 474
수단(Sudan) 61, 184
수스트(Soest) 252
슈롭셔(Shropshire) 433
슈바르츠발트(Schwarzwald) 275, 347
슈바벤(Schwaben) 463
슈베린(Schwerin) 354
슈비츠(Schwyz) 320, 321
슈타이어마르크(Steiermark) 238
슈톨베르크베르니게로데(Stolberg-Wernigerode) 240
슈파이어(Speyer) 39, 240, 331, 333, 348-350, 368, 369
슐레스비히홀스타인(Schleswich-Holstein) 339, 371, 372, 381, 402, 410, 433, 451, 473, 494, 526, 582, 583
슐레지엔(Schlesien) 182, 260, 262, 362, 363, 383, 416, 417, 428, 449, 457, 476, 484, 486, 512, 562, 567, 582
스미스필드(Smithfield) 475
스웨덴(Sweden) 383-386, 389, 402, 464,

473, 474, 491, 506, 523, 547, 551, 563, 578

스위스(Switzerland) 64, 145, 210, 253, 265, 266, 281, 318-322, 324, 325, 333, 354, 355, 361-363, 372, 435, 469-471, 491, 496, 501, 505, 521, 547, 585

스칸디나비아(Scandinavia) 24, 27, 62-64, 66, 69, 110, 118, 131, 192, 284, 287, 464, 473, 544

스코틀랜드(Scotland) 30, 110, 155, 164, 168, 225, 237, 281, 304, 362, 363, 388, 395, 402, 405, 432, 441, 442, 474, 475, 506, 515, 531, 540, 565, 582, 583

스타르켄부르크(Starkenburg) 274

스타보런(Stavoren) 63

스타이언(Stayen) 300

스태퍼드(Stafford) 433

스테딩거란트(Stedingerland) 318

스테인베익(Steenwijk) 424, 429

스톡홀름(Stockholm) 165

스톰즈워스(Stormsworth) 228

스티엔스(Stiens) 504

스페인(Spain) 23, 24, 51, 60, 66, 69, 94, 158, 184, 185, 188, 192, 197, 212, 235, 238, 241, 269, 280-284, 307, 339, 345, 346, 351, 354, 355, 359, 362, 371, 374, 383, 385, 386, 436, 441, 442, 504, 537, 555, 565

스헬더(Schelde)강 423

스호리서(Schorisse) 388

슬렌(Sleen) 81, 542

슬로바키아(Slovakia) 108

시리아(Syria) 61, 105, 447

시베리아(Siberia) 133, 392

시칠리아(Sicilia) 327, 328, 334

신트아만츠(Sint-Amands) 423

[ㅇ]

아라스(Arras) 98, 248, 401

아르가우(Aargau) 333, 361, 428

아르덴(Ardennes)고원 133, 519

아르덴(Ardennes)도 357

아르투아(Artois) 39, 84, 112, 237, 293, 294, 296-298, 304, 306, 307, 310, 396, 404, 436, 451, 463, 527, 556

아르트(Aard) 251

아르헨티나(Argentina) 36, 392

아른험(Arnhem) 88, 91, 251, 611

아를(Arles) 130, 557

아메리카(America) 115, 175, 183, 184, 283, 327, 329, 346, 439, 441, 457

아비시니아(Abyssinia) 61

아시아(Asia) 21, 180, 187, 188, 347, 549

아우더나르더(Oudenaarde) 388, 450

아우더르암스털(Ouder-Amstel) 424

아우크스부르크(Augsburg) 348-350, 368, 369, 396

아이슬란드(Iceland) 27, 131, 255

아이펠(Eifel)고원 133

아이히스펠트(Eichsfeld) 274

아일랜드(Ireland) 24, 30, 51, 66, 105, 107, 109, 110, 128, 131, 160, 164, 168, 188, 219, 354, 359, 362, 363, 381, 383, 384, 389, 402, 439, 441, 444-446, 479, 533, 540, 566

아퀼레이아(Aquileia) 335

아펠도른(Apeldoorn) 251

아프리카(Africa) 21, 62, 278, 617

악셀(Axel) 436

안달루시아(Andalusia) 110, 185, 282, 328, 334, 402, 404, 574

안데스(Andes)산맥 445

안트베르펜(Antwerpen) 301, 413, 422, 437, 451, 564

안할트(Anhalt) 274

알고이(Allgäu) 355, 544
알럼(Alem) 304
알부르흐(Aalburg) 304
알비(Albi) 450
알스트(Aalst) 38, 96, 300, 301, 450, 555, 580
알자스(Alsace) 39, 103, 112, 164, 234, 274, 288, 325, 330, 361, 396, 402, 435, 463, 482, 485, 486, 520
알제리(Algérie) 281
알테나 지구(het Land van Altena) 453
알트마르크(Altmark) 274
알프스(Alps)산맥 24, 27, 64, 156, 183, 197, 224, 237, 238, 266, 275, 319, 320, 322
암스테르담(Amsterdam) 301, 336, 351, 352, 379, 424, 451, 474, 513, 565, 573, 574
앙리샤펠(Henri-Chapelle) 356
앙제(Angers) 299, 573
애버딘셔(Aberdeenshire) 405
앤틸리스(Antilles) 제도 457
야더(Jade)만(灣) 271
에노(Hainault) 84, 238, 381, 456, 519
에데험(Edegem) 413, 419, 580
에르(Aire) 294
에르브 지구(het Land van Herve) 219, 355-357
에르츠(Erz)산맥 260
에르푸르트(Erfurt) 39, 240, 396, 450
에멘탈(Emmental) 355
에셀레이커르바우더(Esselijkerwoude) 255
에스댕(Hesdin) 294, 309
에스베(Hesbaye) 510, 511, 520
에스토니아(Estonia) 476, 578
에스트레마두라(Estremadura) 282
에식스(Essex) 39, 124, 125, 131, 323, 395, 454, 463, 499
에이데르스테트(Eiderstedt) 339
에이뫼이던(Ijmuiden) 69
에이설(IJssel)강 254
에젠스(Esens) 386
에징어(Ezinge) 316
에턴(Etten) 424, 425, 429, 580
에티오피아(Ethiopia) 184
엔(Aisne)도 357
엔스헤더(Enschede) 389
엘베(Elbe)강 36, 224, 259, 261
엠덴(Emden) 386
엠스(Ems)강 81
엥크하위전(Enkhuizen) 424, 474
영국(United Kingdom, '잉글랜드' 항도 참조) 39, 64, 66, 69, 87, 94, 96, 114, 127, 128, 143-149, 152, 155, 156, 161, 162, 165, 166, 168, 169, 182, 183, 188-190, 192, 200, 207, 212, 218, 222, 223, 226, 228, 233, 235, 238, 244, 271, 276, 278, 291, 296, 304, 308, 322-324, 328, 330, 331, 333, 335, 342, 343, 347, 353, 354, 357-361, 363, 365, 370-375, 377-379, 391, 394, 395, 399, 404, 408, 409, 412, 413, 432-435, 439, 445, 446, 449-453, 455, 458, 460-462, 464, 465, 469, 470, 475, 476, 490, 492, 494, 496, 499, 502, 503, 506-508, 523, 526, 528-535, 537, 547, 554, 557, 559, 562, 574, 577-579, 581
예버(Jever) 53, 323
오리엔트(Orient) 260
오버레이설(Overijssel) 58, 144, 145, 164, 188, 245, 254, 354, 373, 374, 387, 389, 397, 427, 435, 446, 465, 479, 481, 482, 485, 517, 524, 526, 549, 551, 565, 570, 574
오베르뉴(Auvergne) 107, 347, 434

오베르스히(Overschi) 255
오베르엥가딘(Ober-Engadin) 320
오베르외스터라이히(Oberösterreich) 325
오수아(Auxois) 87
오스나브뤼크(Osnabrück) 523, 551
오스트레일리아(Australia) 36, 189, 392, 488
오스트리아(Austria) 183, 253, 259, 265, 266, 275, 354, 362, 461, 463, 506, 551
오스트팔렌(Ostfalen) 245
오툉(Autun) 91
옥스퍼드(Oxford) 287, 291, 296, 303, 405, 575, 576, 581
옥스퍼드셔(Oxfordshire) 531
왈라키아(Walachia) 473
요크셔(Yorkshire) 38, 152, 238, 279, 280, 383, 433
우랄(Ural)산맥 260
우루과이(Uruguay) 36
우리(Uri) 320
우스터(Worcester) 228
우스터셔(Worcestershire) 418, 419, 433, 455
우크라이나(Ukraine) 36, 364
운터발덴(Unterwalden) 320
워릭셔(Warwickshire) 383, 578
워시(Wash)만(灣) 287, 566
웨스터엄(Westerham) 287, 288
웨스트멀랜드(Westmoreland) 433
웨일스(Wales) 105, 107, 155, 381, 441, 463, 474, 531, 554
위그스턴(Wigston) 407, 495, 523, 529
위던(Uden) 437
위던벡(Weedon Bec) 227
위트레흐트(Utrecht) 252, 254, 255, 301, 429, 451, 456
윈체스터(Winchester) 124, 230, 231, 287, 288, 291, 292, 295, 297, 561, 573, 575

윌첸(Uelzen) 559
유너(Junne) 273
유틀란트(Jutland) 30, 103, 104, 473
율리히(Jülich) 39, 287, 450
이베리아(Iberia)반도 59, 64, 281, 438
이집트(Egypt) 61, 73, 447
이탈리아(Italia) 24, 60, 64, 66, 69, 88, 94, 103, 120, 145, 154, 182, 184, 192, 229, 248, 249, 281, 328, 344, 361, 378, 391, 395, 436, 447, 450, 461, 503, 506, 515, 549, 552, 558, 565, 573
이퍼르(Ieper) 312, 422
인도(India) 34, 153, 438
인스부르크(Innsbruck) 224
일러(Iller)강 355
일본(Japan) 72, 565
잉글랜드(England, '영국' 항도 참조) 30, 62, 63, 77, 79, 80, 82, 87, 97, 103, 105, 107, 109-112, 124-127, 131, 133, 144, 201, 225-228, 237, 242, 244, 246, 247, 249, 250, 262, 270, 278-280, 287-291, 293, 299, 303, 305-308, 340, 372, 383, 384, 390, 395, 402, 404, 410, 419, 429, 431-434, 441, 451, 452, 454, 460, 474, 479, 480, 508, 531, 532, 540, 544, 557, 573, 583, 584

[ㅈ·ㅊ]
작센(Sachsen) 181, 224, 260, 343, 345, 414-416, 466, 471, 476, 483, 486, 491, 518, 522, 551, 582-584
잘츠부르크(Salzburg) 325
장크트 고아르스하우젠(Sankt Goarshausen) 114
제노바(Genova) 182
제이퍼(Zijpe) 곶 452
제일란트(Zeeland) 38, 256, 261, 301, 336, 378, 379, 396, 434, 449, 452, 492, 573

중국(China) 34, 73, 117, 506
쥐라(Jura)산맥 355
즈바메르담(Zwammerdam) 255
지리크제이(Zierikzee) 449
지중해 28, 59, 60, 62, 110, 111, 115, 312,
 334, 438, 457
취리히(Zürich) 321, 361
칠레(Chile) 281, 565

[ㅋ]
카르파티아(Carpathia)산맥 281
카셀(Cassel) 299
카스티야(Castilla) 185, 282, 283, 327,
 328, 345, 574
카탈루냐(Cataluna) 39, 360, 361, 396
칼레(Calais) 107
칼렌베르크(Calenberg) 472, 583, 584
칼스라헌(Kalslagen) 255
캄파냐(Campagna) 345
캄파냐디로마(Campagna di Roma) 239
캉브레(Cambrai) 129, 401
캉브롱(Cambron) 553
캐나다(Canada) 36, 108, 392, 441, 446
캘리포니아(California) 189
컴벌랜드(Cumberland) 433
케임브리지(Cambridge) 319, 576
케임브리지셔(Cambridgeshire) 131
케텔(Ketel) 255
켄트(Kent) 39, 287, 323, 454, 460, 544
켐펀(Kempen) 381, 460, 479, 580
켐프텐(Kempten) 325
코르시카(Corsica) 66, 281
코르푸(Corfu) 섬 334
콘드로(Condroz) 520
콘스탄티노플(Constantinople) 60, 64
콘월(Cornwall) 381, 410
콜롬비아(Colombia) 439
쾨니히스베르크(Königsberg) 232, 336,

573, 574
쾰른(Köln) 58, 98
퀴델스타르트(Kudelstaart) 255
크닙하우선(Kniphausen) 386
크라쿠프(Kraków) 234, 235
크레타(Kreta) 섬 334
크로노보리(Kronoborg) 385
크림(Krym)반도 64, 154, 182
클레르몽(Clermont) 552
클레르몽페랑(Clermont-Ferrand) 561
클레베(Kleve) 287
클룬데르트(Klundert) 295, 417, 442, 466,
 467, 510, 511
키프로스(Kypros) 334

[ㅌ]
태평양 260
토리노(Torino) 313
토스카나(Toscana) 335, 345
투르(Tours) 299
투르네(Tournai) 301
투르키스탄(Turkistan) 62
툴루즈(Toulouse) 438, 450
튀링겐(Thüringen) 130, 246, 274, 275,
 289, 325, 345, 463, 483
트라키아(Thracia) 334
트란속사니아(Trasoxania) 61
트란실바니아(Transylvania) 224
트렌토(Trento) 181
트렌트 계곡(The vale of Trent) 166
트리어(Trier) 39, 110, 111
트벤터(Twente) 81, 164, 167, 171, 175,
 270, 288, 354, 362, 363, 388, 390
티날로(Tinaarlo) 81
티롤(Tirol) 145, 288, 325, 438, 552
티에라슈(Thiérache) 218, 356, 357

[ㅍ]

파더보른(Paderborn) 252

파드칼레(Pas-de-Calais) 79

파리(Paris) 39, 77, 84, 236, 240, 302, 319, 322, 406, 463, 552, 557, 573

팔레스타인(Palestine) 436

펀자브(Punjab) 105

펄뤼버(Veluwe) 103, 133, 251, 273, 425-427, 456, 481, 482, 485, 543

페더스하임(Pfeddersheim) 471, 472, 580, 583

페라라(Ferrara) 335

페루(Peru) 439, 565

페르시아(Persia) 61, 73, 311

페리고르(Périgord) 359

페이나커르(Pijnacker) 256

페이당오(Pays-d'Enhaut) 355

페이저(Peize) 316

페흐트(Vecht)강 255

펜실베이니아(Pennsylvania) 366

포(Po)강 39, 334, 396

포르스트(Voorst) 88

포르투갈(Portugal) 184, 438

포메른(Pommern) 36, 157, 224, 260, 274, 512, 536

포어아를베르크(Vorarlberg) 224, 238, 314, 355

폰셋(Forncett) 236, 246, 575, 576

폴란드(Poland) 131, 262, 263, 287, 473, 573

폴런호버(Vollenhove) 133, 171, 254

푸아투(Poitou) 110, 112, 113, 333, 381, 527, 544, 558

푸아티에(Poitiers) 381

푸텐(Putten) 252

풀다(Fulda) 63, 80, 199

풀험(Pulham) 227

프라네커르(Franeker) 406, 423, 465, 580

프라이베르크(Freiberg) 181

프랑슈콩테(Franche-Comté) 438

프랑스(France) 24, 39, 64, 69, 77, 79, 82, 85, 87, 90, 94, 97, 103, 105, 107, 108, 110-112, 114, 121, 127, 143, 144, 147, 158, 166, 180, 183, 188, 189, 192, 212, 218, 223, 225, 233, 237, 244, 248, 249, 265, 266, 278, 287, 293, 299, 309, 314, 315, 318, 322, 324, 330, 332, 335, 341-343, 346, 347, 352, 354, 356, 357, 359-361, 364, 365, 369, 371, 374, 378, 379, 381, 383, 388, 390, 391, 395, 396, 399, 401, 402, 420, 427, 432, 434, 435, 438, 441, 442, 449, 458, 459, 463, 464, 469, 479, 480, 497, 506, 515, 526, 528, 532-536, 538, 548, 549, 553, 557, 562, 565, 573, 579, 583

프랑켄(Franken) 325, 345, 454

프랑켄발트(Frankenwald) 274

프랑크푸르트(Frankfurt-am-Mein) 333, 348-350, 368, 369

프로방스(Provence) 39, 281, 335, 396

프로이센(Preußen) 36, 67, 164, 224, 245, 260, 262, 274, 287, 457, 536, 537, 561, 574

프리슬란트(Friesland) 38, 57, 63, 64, 66, 80, 81, 218, 254, 255, 257, 259, 296, 307, 318, 320, 322, 338-340, 378, 379, 383, 386, 387, 398, 402, 404, 406, 435, 445, 465, 472, 479, 494, 512, 513, 541, 567, 573, 579, 583-585

프리자하(Friesach) 181, 183

프리제코프(Friezekoop) 255

플라르딩언(Vlaardingen) 254, 255

플랑드르(Flandre) 38, 39, 84, 145, 168, 182, 218, 225, 238, 239, 244, 249, 256, 259, 262, 298-301, 312, 313, 315, 318, 343, 359, 383, 390, 395, 396, 399, 400,

402, 410, 419-424, 434, 437, 442, 447, 449-452, 454, 460-466, 472, 473, 519, 523, 546, 557, 583-585

피레네(Pyrénées)산맥 281, 299, 364

피렌체(Firenze) 182

피아넌(Vianen) 424, 424, 429

피카르디(Picardie) 237, 450, 451, 476, 579, 582

핀란드(Finland) 110, 111, 483

[ㅎ]

하르링거를란트(Harlingerland) 340

하르츠(Harz)산맥 64, 151, 240, 274, 275, 383, 414, 416, 428, 429, 475, 481, 568, 584

하를링언(Harlingen) 513

하우턴(Houten) 429

하웰(Harwell) 295, 296, 405, 429, 465, 496, 578, 583, 584

할빌(Hallwil) 333, 361, 428, 496, 521

함부르크(Hamburg) 239, 255, 473

헌팅던셔(Huntingdonshire) 131

헐(Hull) 38

헝가리(Hungary) 182, 237, 341 364, 473

헤리퍼드(Hereford) 433, 582

헤리퍼드셔(Herefordshire) 112

헤브리디스(Hebrides) 제도 168, 515

헤센(Hessen) 157, 274, 340, 536

헨트(Gent) 83, 96, 248, 296, 300, 301

헬데를란트(Gelderland) 58, 98, 99, 245, 316, 340, 584

호라산(Khorasan) 61

호른(Hoorn) 474, 580

혼트스루흐 구릉지대(de Hondsrug) 81

홀란트(Holland) 38, 99, 144, 218, 254-256, 261, 262, 301, 302, 315, 396, 419, 423, 434, 449, 451-453, 462, 465, 469, 474, 492, 506, 565, 566, 584, 585

홀스타인(Holstein) 411, 471, 491

회스던 지구(het land van Heusden) 453

흐로닝언(Groningen) 81, 219, 254, 257, 259, 316, 326, 337, 378, 379, 381, 383, 386, 387, 402, 423

흐롤로(Grollo) 81, 542

흑해 473

흘리먼(Glimmen) 81

히춤(Hitsum) 295, 296, 406, 429, 465, 577, 583, 584

힌돌브스턴(Hindolveston) 227

힐데스하임(Hildesheim) 152

힐바렌베이크(Hilvarenbeek) 273

일반

[ㄱ]

가격('물가', '곡물가격' 항도 참조) 22, 37, 39-42, 52, 54, 62, 91, 135, 148, 159, 161, 166, 170-219, 223, 230-241, 272, 276, 277, 279, 280, 282, 284, 285, 293, 298, 311, 319, 324, 326-333, 335-337, 341, 342, 346-354, 356, 361, 363, 365, 367-374, 376-383, 388, 389, 392, 397, 431, 433, 442, 446, 449, 454, 455, 467, 473, 474, 481, 485, 493, 495, 501, 507, 508, 536, 540, 546, 548-551, 558-562, 572, 573

가격혁명 191, 212, 223, 327, 344

가내공업('농촌공업' 항도 참조) 167, 205, 206, 211, 215, 219, 237, 527

가뭄 172, 222, 271, 292

가시완두 463

가장서적(家長書籍) 365

가정경제 39, 40, 198

가족농 210, 496, 499, 502

가촌(街村), 제방촌 108, 119, 253

간척 → 개간

갈리아인 500

갈퀴 309, 310, 315,

감자 50, 51, 149, 152, 162, 164, 168, 201, 376, 382, 384, 389, 391, 408, 413, 417-421, 426, 427, 433, 438-447, 463, 533, 547, 565, 566

개간(간척) 30, 32, 35, 46, 70, 99, 103, 105-109, 114, 115, 117, 119, 128, 130, 132, 135, 156, 168, 174, 180, 196, 197, 203, 209, 216, 217, 221-224, 227, 237, 241, 243, 253-267, 272, 273, 279, 280, 313,

334, 335, 337-339, 341, 342, 344, 354, 357, 358, 362, 381, 384-386, 389, 405, 423, 480, 485, 488, 493, 534, 553, 561

갯능쟁이 120

거름 → 시비

거위 99, 123, 302, 303

건조농업(dry-farming) 115

게르만족, 게르만인 59, 65, 259

게르만족 대이동 59, 68, 102, 120, 121, 139

게르트너(Gärtner) 518

게반(Gewann) 104, 106

겨자 131, 301, 316, 451, 566

견인가축 → 견인력

견인력 43, 49, 103, 113, 117, 118, 127, 130-132, 215, 277, 304, 328, 467, 468, 479-485, 489, 490, 506

경기후퇴 28, 183, 187, 190, 192, 222, 243, 262, 293, 319, 321, 346, 362, 549

경작강제(Flurzwang) 113, 412

경작 방식 → 농법

경종농업, 농경 37, 43, 64, 69, 80, 120, 205, 206, 208, 214-220, 238, 239, 241, 249, 270, 281-286, 299, 300, 316, 330, 334, 339, 340, 342, 350, 353-355, 357, 359, 361, 370, 371, 377, 380, 382-387, 389, 393, 403, 412, 413, 431, 459, 467, 468, 479, 481, 486, 492, 495, 503, 517, 520, 526, 552, 560, 562

경지형태 102, 103, 117, 119, 292, 544

고구마 441, 565

고용노동 86, 96, 97, 204, 214

고전장원 75, 82

곡괭이 129, 312

곡물가격, 곡가(가격 항도 참조) 148, 166, 167, 170-173, 176, 177, 179-182, 184-186, 188-195, 206, 208, 210-212, 222, 229, 234, 235, 237, 241, 271, 279, 280, 282, 293, 330, 331, 340, 341, 344, 347, 352, 361, 363, 367, 371, 376, 378, 380, 381, 441, 443, 446, 473, 495, 506, 536, 548, 550, 562

곡물경작, 곡물농사, 곡물농업, 곡물재배 → 주곡농업

곡초식 농법 109, 300, 402, 403, 408-412

공유림('공유지' 항도 참조) 134

공유지('공유림' 항도 참조) 113, 132, 135, 156, 215, 265, 266, 276, 278, 325, 342, 385, 485, 490, 493, 495, 517, 520, 523, 527-530, 532, 534, 535

공작(孔雀) 123, 303

괭이로 재배하는 작물(hakvluchten) 416, 417

교동기(攪動器) 311, 315, 316, 501, 504

구년전쟁 351, 442

군집형 장원 87

귀금속('화폐수량' 항도 참조) 41, 56-58, 60-62, 64, 71, 73, 74, 175, 179, 180, 183-185, 187-190, 221, 230, 283, 324, 327, 329-331, 347, 392, 549, 558

귀리 46, 49, 96, 99, 110, 111, 113, 118, 120-122, 124, 148, 161, 195, 288-291, 294-296, 300, 307, 308, 311, 313, 315, 358, 370, 371, 375, 377, 379, 380, 383, 405-414, 418, 420, 421, 433-435, 462, 465, 466, 491, 511-513, 548, 561, 575-580

규제형 삼포제 113-115, 118, 156, 277, 346, 402

그루갈이작물 300, 301, 402, 444, 459

그루터기 방목권 113, 267, 314, 412

그루터기작물 32, 301, 460

근대 464

근채류 366, 440, 444, 507, 567

금납(金納, '화폐납' 항도 참조) 71, 88, 89, 95, 98, 187, 188, 244, 246, 323

기근 32, 34, 35, 54, 57, 147, 148, 162, 171, 199, 201, 202, 223, 224, 231, 262, 328, 356, 360, 367, 441, 442, 446, 509

기름진 땅(Dungland) 110

기사령(騎士領) 264

기후 26, 42, 104, 171, 224, 271, 341, 554

긴 띠 모양의 경지 104, 105, 108, 113, 116-119

꼬리가축 492, 493

꼭두서니 99, 174, 177, 209, 239, 240, 301, 365, 397, 398, 417-419, 433, 448, 449, 463, 566, 574

꽃가루 분석 120, 197-199, 272, 436, 549

[ㄴ]

나비꽃작물 419

나폴레옹 시대, 정부 144, 381, 458

나폴레옹전쟁 190, 375, 381, 384, 481

날품팔이꾼 176, 213, 217, 243, 250, 265, 310, 333, 334, 347, 362, 381, 435, 492, 499, 516, 518, 519, 521-526, 531, 535, 536

낫 129, 311-314, 452, 496, 497

내야(infield) 110, 288, 402, 405

냉혹한 땅(terres froides) 110

네덜란드 독립전쟁 → 팔십년전쟁

노동력 44, 86, 89, 96, 97, 118, 130, 182, 185, 186, 190, 194, 196, 197, 208, 211-214, 218, 229, 233, 243, 244, 258, 259, 264, 279, 284, 311, 313, 356, 372, 384, 390, 397, 398, 450, 454, 460, 496, 498, 500, 502, 503, 507-509, 517, 526, 550, 561, 565

노르만족 60, 62, 69, 81, 93

노새 127, 130, 320, 480

노예 62, 67, 68, 92, 130, 502, 537, 541

노예망스(mansus servilis) 92

노퍽 농법(Norfolk-system) 409, 413, 414, 431

노퍽식 쟁기 496

녹비(綠肥) 229

농경 → 경종농업

농기계, 농기구 23, 96, 126, 127, 132, 174, 204, 209, 234, 241, 248, 259, 297, 308, 311, 315, 356, 363, 390, 391, 393, 398, 495, 497-504, 506-509

농노, 농노제 67-69, 71-73, 76-78, 81, 82, 84, 86, 88-100, 124-126, 132, 134, 228, 242-247, 251, 252, 262-264, 324, 325, 364, 453, 502, 514, 535-537, 542

농노보유지 → 농민보유지

농민공동체 113, 129, 313

농민공화국 321

농민반란 210, 244, 317-326, 364, 550, 557

농민보유지('완전 농민보유지' 항도 참조) 64, 67, 78, 80-92, 95-99, 132, 135, 224-228, 242, 244, 245, 250, 251, 254, 255, 258, 259, 261, 265, 287, 385, 518

농민전쟁 → 농민반란

농민추방(Bauernlegen) 536

농민해방 528, 537

농법 32, 36, 37, 109, 112, 113, 118, 168, 174, 249, 298-301, 365, 380, 382, 390, 391, 393-395, 399, 401, 403, 407, 409-414, 427, 431, 433, 460, 461, 464, 466, 507, 532, 544

농서(農書) 209, 229, 343, 358, 365, 382, 391, 408, 409

농업노동자 149, 152, 156, 168, 176, 178, 179, 211, 215, 219, 225, 227, 243, 247, 258, 332, 345, 347, 357, 363, 370, 375, 388, 508, 509, 523, 526, 527, 532, 537, 550, 574

농업발전의 단계 51-54

농업불황('불황' 항도 참조) 191, 194, 196, 204-210, 215, 216, 218, 229, 230, 243, 261, 269-285, 298, 323, 324, 337, 343, 346, 353, 362, 364, 388, 400, 504, 554

농업의 집약화 → 집약적 농법

농업의 특화 36, 37, 69, 222

농업 프롤레타리아 334, 530

농업호황, 농업호황기('호황' 항도 참조) 191, 194, 196, 208, 209, 215, 216, 219

농장영주제(Gutsherrschaft) 263

농장영지제(Gutbesitz) 67, 528

농촌공업('가내공업' 항도 참조) 205, 208, 238, 344, 361, 388

농촌부르주아지 519

농학, 농학자 209, 334, 391, 394, 395, 452

누적효과 45, 46

늪, 늪지, 늪지대 31, 70, 79, 104, 108, 120, 121, 135, 156, 198, 203, 223, 239, 243, 253-257, 272, 279, 280, 287, 335, 337-340, 381, 384, 386, 423, 425, 437, 491, 566, 582

니벨(Nivelles) 수도원 79, 80

[ㄷ]

다위넌(Duinen) 수도원 258

다포제(多圃制) 402, 563

단일장원 87

단작농업(單作農業) 21, 334, 335, 401

닭 91, 98, 120, 123, 302, 445, 456

담배 36, 57, 99, 177, 360, 397, 398, 433, 454-456, 463, 574

당근 418, 421, 566

당나귀 123, 125, 130

대농 48, 50, 76, 79, 210, 216, 228, 250, 262, 308, 310, 357, 358, 366, 400, 411, 413, 489, 491, 497, 502, 503, 512, 513,

515, 519-521, 523, 535, 583

대륙봉쇄 458

대마 209, 239, 299, 356, 360, 365, 397, 406

대영농단(大營農團, grangia) 258, 261

대(大)차지농 519

대청 120, 131, 209, 239, 240, 397, 433, 448, 450

데번셔링 → 덴셔링

덴셔링(Denshiring) 시비법 410

도리깨 129, 496, 497, 507, 508

도시경제 56

도시인구 39, 145, 157

독립소농 207

독보리 413

독일기사단(Deutscher Ritterorden) 260-262

독일의 농민전쟁 319, 326

독일인 36, 259, 261, 275

동거 고용인('머슴' 항도 참조) 48, 213, 217, 551

동곡 110, 111, 122, 124, 128, 171, 289, 300, 406-408, 416, 434, 437

돼지 71, 84, 85, 90, 91, 94, 98, 99, 115, 120, 123-126, 133, 134, 149, 265, 267, 302, 303, 306, 307, 310, 311, 341, 370, 377, 383, 422, 427, 445, 469, 475, 483, 487-490, 492, 525, 527, 553, 561, 582

두스(Does) 수도원 553

두엄 → 시비

『둠즈데이북』(Domesdaybook) 77, 127, 131, 303

똉장 시비 30, 32, 110, 112, 113, 118, 224, 362, 425, 426, 485

뚱딴지 441

[ㄹ]

라부뢰르(laboureur) 519, 535

라티푼디움(latifundium) 67

러시아인 260

레스터(Leicester) 수도원 251, 287, 289

로더엄(Rotherham) 쟁기 506

로마인 60, 281, 307

로마제국, 사회 58-60, 62, 65, 67, 68, 77, 89, 92, 111, 117, 119, 120, 129, 130, 139, 229, 316, 342, 431, 500

로브(Lobbes) 수도원 84, 453, 543

루핀(lupine) 408, 409

리들룸(Lidlum) 수도원 259

[ㅁ]

마누브리예(manouvrier) 518, 535

마디풀 120

마르크공동체(Markgenossenschaft) 156, 224, 264, 266, 267, 319

마르크법 266, 267

마르크법정 267

마르크 오막살이농(markkeuter) 215, 216

마르크재판관 267

마리엔가르더(Mariëngaarde) 수도원 259

마리엔탈(Marienthal) 수도원 511, 578

마스텔뢰인(masteluin) 434, 435

마자르족 60, 62, 93

말 49, 113, 115, 117-120, 123-127, 129-132, 252, 265, 277, 302-305, 307, 308, 310-312, 328, 342, 358, 371, 411, 422, 423, 427, 435, 456, 467, 479-492, 496-498, 503, 504, 507, 508, 517, 518, 520, 521, 524, 525

매너(manor) 82

머슴(knecht, '동거 고용인' 항도 참조) 204, 220, 532

멍에 117, 118, 129, 130, 132

메로빙왕조 60, 63, 77, 88, 130

메밀 30, 162, 176, 195, 341, 389, 391, 418, 426, 427, 431, 433, 434, 436-438, 574

메스타(Mesta) 241, 280, 282, 283, 339, 385

메클렌부르크형 곡초식 농법 411

면화 36, 174, 334, 363, 447

모래침식(zandverstuivingen) 237

목서초 209, 365, 397, 433, 448, 450

목양업 80, 126, 208, 209, 238, 241, 276, 278, 279, 281-283, 354, 355, 383, 537

목장('목초지' 항도 참조) 238, 239, 276-282, 349, 356

목초지('목장' 항도 참조) 31, 38, 50, 99, 105, 120, 121, 203, 209, 218, 219, 224, 238, 239, 249, 255, 256, 266, 276-280, 282, 283, 298-300, 304, 319, 334, 339-342, 344, 354-361, 366, 382-387, 405, 406, 410, 412, 415, 422, 424-427, 430, 431, 444, 446, 459-462, 485-487, 491-493, 517, 530, 532, 554, 567

목축 → 축산업

무어(Moor)인 282

물가 → 가격

물고기 뼈대형 경지 108

물납 → 현물납

물레방아 82, 93, 118, 129-132, 250, 310-312, 498, 507

미숙련 노동 194, 212-214

밀 38, 44, 49, 110-112, 120-122, 150, 151, 161, 162, 175-178, 193, 195, 201, 202, 223, 230-234, 236, 288-291, 294-296, 300, 308, 311, 313, 332, 336, 337, 340, 353, 370, 378-380, 405-411, 413, 414, 418, 420, 421, 428, 430, 433-435, 437, 438, 445, 454, 465, 466, 496, 497, 507, 508, 511-513, 563, 573-580

[ㅂ]

바움부르크(Baumburg) 수도원 250

바이외(Bayeux) 태피스트리 126-128

바퀴달린 쟁기('쟁기' 항도 참조) 115-117, 119, 127, 313

박차 129

방목지 → 목초지

배신(陪臣) 65

백년전쟁 147, 183, 233, 322, 323, 346, 450

버지니아 회사(Virginia Companies) 455

버터 71, 148, 152, 177, 193, 195, 198, 207, 234, 235, 238, 239, 284, 285, 305, 307, 311, 315, 330-332, 348-350, 368-370, 376, 377, 382, 383, 441, 445, 467, 468, 471-474, 476, 478, 479, 501, 505, 538, 561, 568, 574, 584, 585

베네딕투스(Benedictus) 수도회 257

베네피키움(beneficium) 65

베르덴(Werden) 수도원 63, 81, 98

베르베르(Berber)족 281

벤더(Wende)족 274

병작반수제(竝作半收制) 247, 248, 250

병작제(竝作制) 247-249, 258, 502

보리 46, 110, 120-122, 124, 148, 195, 201, 202, 251, 256, 288-291, 307, 313, 331, 370, 378-380, 397, 403, 405-411, 414, 418, 421, 430, 433-435, 465, 466, 496, 511-513, 575-580

봉건법 100, 251, 252

봉건적 반동 534

봉건제 56, 60, 65, 70-73, 218, 319, 320, 322, 541, 542, 615

봉토, 봉토제 65, 66, 69-73, 100, 133, 252, 541, 542

부농 97, 518

부역('노동지대' 항도 참조) 67, 68, 70, 71, 74, 88-91, 95, 97, 100, 124, 132, 187, 188, 242-244, 246, 252, 262, 263, 308, 310, 323, 324, 485, 535, 536, 543

북방전쟁 351

분산형 장원 87

불경기 → 불황
불모지 110
불황, 불황기, 불경기('농업불황' 항도 참조)
  28, 154, 155, 181, 187, 192-194, 197,
  198, 204, 205, 207, 210, 215, 219, 230,
  233, 238, 241, 243, 252, 318, 327, 336,
  344-346, 360, 367, 369, 400, 488, 529,
  532, 537, 546, 550
브라반트식 쟁기 506
브룸호프(Bloemhof) 수도원 259
블록형 경지 103, 105, 107, 108, 115, 116,
  119
비잔틴제국 60, 62, 63, 130, 541
비트 421, 457, 566
빈농 519
빌라(villa) 82
빌리예(Villiers) 수도원 258
빵가마 93, 94

[ㅅ]
사냥림(forest) 133
사라센인 60, 62, 93
사료작물 32, 162, 209, 239, 298-300, 328,
  342, 344, 346, 356, 359, 382, 389, 390,
  400, 402, 404, 416-419, 421, 431, 433,
  459, 461-464, 487, 491, 500, 502, 507
사망률 33, 35, 141, 145-147, 156, 160-163,
  165, 166, 188, 206, 210, 243, 367, 386,
  494, 547
사망세 242, 251, 535
1/4쪽 농민보유지 83, 132, 518
사사(舍飼) → 축사사육
사탕무 174, 433, 449, 457-459, 566
사탕수수 36, 174, 334, 457-459
사회계층 214-216, 218, 219, 374, 514, 516,
  523, 570
산업혁명 54, 165, 166, 168, 172, 173, 190,
  475

산유량(産乳量) 305, 382, 470, 471, 473,
  501, 583
산촌(散村) 107-109, 274
살갈퀴 288, 289, 296, 300, 301, 307, 313,
  406, 408, 409, 418, 421, 430, 431, 435,
  463, 491, 520, 575
삼림촌 108, 253
삼십년전쟁 157, 158, 187, 192, 263, 340,
  344, 346, 356, 403, 450, 454, 481, 483,
  536
삼원조(三元祖) 칸톤(Drei Urkanton) 320,
  321
삼포제(三圃制, '규제형 삼포제'와 '자유형
  삼포제' 항도 참조) 44, 46, 47, 49, 110-
  115, 118-120, 132, 135, 156, 248, 296,
  345, 402-404, 406, 407, 409, 412, 414,
  417, 427, 447, 480, 520, 544, 553
삽 128, 129, 444, 452
상속세 242, 251, 535
상시 고용인('동거 고용인'과 '머슴' 항도 참
  조) 297, 310, 479, 527
새로운 농법, 농업 298, 300, 301, 365, 380,
  391, 393-395, 399, 413, 466, 507
색슨족 105
생바스트(Saint-Vaast) 수도원 98, 248
생반(Saint-Vannes) 수도원 134
생베르탱(Saint-Bertin) 수도원 79, 84, 90,
  225, 287, 551
생산고, 생산성 → 수확고
생산물지대 67, 68, 73, 74, 95, 100
생생포리앵(Saint-Symphorien) 참사회 91
생제르맹데프레(Saint-Germain-des-Prés)
  수도원 77, 79, 83-85, 90, 122, 236
생타망(Saint-Amand) 수도원 122, 401,
  453
석회 시비 342
성 마르티누스 축일의 도살 492
세금 → 조세

세습적 마르크재판관 267

세습적 소작제 68, 247, 261, 262, 277, 537

세습적 오막살이농 215

소('황소' 항도 참조) 49, 115, 120, 123-126, 238, 239, 265, 302-306, 310, 312, 342, 411, 422, 423, 462, 467-476, 479-483, 485-492, 501, 517, 518, 520, 525, 545, 553, 582-585

소농 49, 51, 76, 79, 166, 219, 228, 314, 357, 358, 362, 366, 398, 400, 445, 478, 482, 489, 490, 493, 497, 513, 518, 519, 521, 522, 530-532, 534-536

소작농, 소작인 53, 210, 226-228, 245, 247-251, 290, 345, 445, 446, 502, 511, 515

소작제 68, 221, 242, 247-251, 261, 262, 277, 537, 552

소택지 → 늪

쇠스랑 116, 129, 315

수명 147, 167, 367

수확고 21, 23, 31, 37, 38, 43, 46, 47, 51, 113, 132, 174, 222, 286, 287, 289, 290, 292, 293, 296, 334, 382, 404, 412, 419, 427, 437, 438, 464-467, 486, 500, 501, 503, 505, 567

수확기(收穫機) 99, 151, 242, 248, 308, 310, 499, 500, 501, 507, 509

수확률 → 수확고

숙련 노동 194, 206, 212, 213

순무 50, 300, 301, 256, 408, 412-414, 418-421, 459-461, 463, 492, 566

슈타펠제(Stafelsee) 수도원 83

스페인 계승전쟁 362, 441, 442

스펠트밀 121, 122, 333, 433, 435

슬라브인, 슬라브족 259, 261, 262

시리아 상인 61

시비('펫장 시비' 항도 참조) 23, 30-32, 43, 49, 97, 106, 135, 166, 208, 209, 224, 228, 240, 265, 292, 293, 296, 334, 342, 362, 382, 390, 397, 399, 400, 403-405, 407, 410, 417, 419-432, 437, 438, 444, 454, 456, 462, 465, 468, 485, 487, 489, 500, 505, 520, 568

시설물 사용강제권(banalité) 93, 94, 132

시토(Cîteaux) 수도회 257-260, 553

식민(植民), 식민운동 36, 41, 70, 224, 237, 253, 259, 260, 455, 522

식민청부업자(locatores) 261

식생(植生) 26

신농법 → 새로운 농법

신역의무(身役義務) 263

신용경제 57

신트레바위뉘스(Sint-Lebuinus) 교회 546

신트바프(Sint-Vaaf) 수도원 96

신트트라위던(Sint-Truiden) 수도원 96, 240, 249, 300, 301, 304

신트파울루스(Sint-Paulus) 수도원 252

신트피터르(Sint-Pieter) 수도원 83, 300

신(新)페르시아제국 61

실질임금('임금' 항도 참조) 159, 168, 175-179, 181, 182, 184, 186, 189, 190, 194, 196, 204, 207, 208, 210-214, 231-233, 235, 241, 244, 279, 311, 318, 333, 342, 344, 350, 353, 372-374, 387, 390, 501, 526, 532, 548, 550, 558, 574

1/16쪽 농민보유지 83

십일조 52, 99, 100, 248, 287, 289-291, 317, 324, 325, 502

십자군, 십자군원정 64, 66, 181, 311

쌀 151, 334

써레 43, 86, 125, 129, 292, 390, 420, 460, 468, 497

[ㅇ]

아뒤아르트(Aduard) 수도원 259

아마 39, 68, 90, 120, 133, 162, 209, 229, 239, 240, 299, 348-350, 360-363, 365,

368-370, 397, 398, 412, 413, 417-419, 421, 433, 447, 448, 460, 462, 463, 479, 492, 566

아우크스부르크 동맹전쟁 → 구년전쟁

아프딩호프(Abdinghof) 수도원 252

악화(惡貨) 548

앵글족 105

야생미경작지 31, 32, 50, 70, 82, 83, 85, 86, 105, 126, 132, 135, 156, 209, 224, 264-267, 277, 307, 319, 341, 354, 385, 405, 485, 516, 534, 540

양 50, 99, 115, 120, 123-126, 238, 265, 276, 278, 281-283, 302, 303, 306, 307, 342, 358, 370, 376, 377, 385, 386, 398, 425, 427, 430, 432, 454, 456, 468, 475-477, 483, 485, 487-490, 492, 517, 520, 537, 567, 568, 582

양모 23, 68, 80, 124, 133, 208, 235, 238, 276, 279-282, 307, 310, 331, 370, 432, 467-469, 475-477, 488, 490, 537, 554, 568

양배추 50, 356, 421, 430, 440,

양조장 82, 93

여관 82, 353

역병 → 전염병

역축(役畜) → 견인력

연작(連作) 402, 425

염료식물 209, 240, 397, 433, 448

염소 115, 120, 123, 125, 126, 265

영민(領民, Hofleute) 245

영세농 51, 157

영양실조 33, 34, 148, 167, 495

영역적 예속 71

영주 67-71, 73, 79, 83, 86-99, 121, 132, 243, 246, 251, 252, 261, 263-266, 317, 318, 515, 534, 536

영주권(領主權) 533, 534

영주림(領主林) 134

영주재판권 91

영주직영지 67, 68, 80, 82, 83, 86, 88-90, 95-97, 124, 126, 132, 226, 243, 246, 250, 304

영지 77, 82, 84, 90, 91, 126, 152, 230, 231, 236, 240, 244, 245, 257, 259, 264, 286-291, 293, 294, 297, 298, 303, 304, 306, 383, 414, 416, 417, 428, 442, 465, 471, 476, 481-484, 486, 487, 515, 551, 553, 562, 568, 575, 576, 583

영지명세장 63, 77, 110, 121, 250

예농('예속농' 항도 참조) 67, 188

예속농, 예속농민 67, 78, 79, 89

오리 123, 302

오막살이농 97, 156, 210, 215-217, 220, 224-226, 243, 245, 250, 265, 363, 385, 482, 489, 516, 518, 521-526, 530

오스나브뤼크(Osnabrück) 주교구 523, 551

옥수수 196, 299, 360, 434, 438

온스턴(Ownston) 수도원 287

온후한 땅(terres chaudes) 110

올리브 121, 131, 334, 552

와트 타일러의 난 319, 323, 324

완두, 완두콩 120, 121, 151, 289, 296, 311, 316, 332, 370, 377, 405-410, 418, 430, 435, 440, 459, 465, 491, 561, 575-580

완전고용 70, 212

완전 농민보유지('농민보유지' 항도 참조) 83, 84

왕령지 77, 82, 85, 86, 121, 122, 124-126, 149-151, 244, 415, 417, 515, 536

외야(outfield) 110, 288, 402, 405

울 쳐진 경지 107-109, 115, 116, 119, 278, 279, 533

원예농업 23, 30, 36, 37, 205, 206, 214, 215, 359, 397, 398, 502

웨스트민스터(Westminster) 수도원 231, 287

윈체스터(Winchester) 주교좌 영지 230, 231, 287, 288, 291, 292, 297, 575
윈치쿰(Winchcombe) 수도원 287
유료작물(油料作物) 415
유채, 유채씨 120, 177, 301, 340, 398, 417-419, 421, 431-433, 444, 450-452, 459, 463, 466, 492, 520, 566
유행병 → 전염병
육우(肉牛) 469, 483
육종법('품종개량' 항도 참조) 469, 490
윤작강제(assolement forcé) 113
윤작제 23, 401-404, 407, 413, 414, 417, 419, 420, 444
이동식 목양 281, 282
이슬람 59, 61
이슬람인 → 사라센인
이슬람제국(이슬람 국가, 아랍 국가) 62, 63, 541
이포제(二圃制) 44, 47, 49, 110-113, 118, 119, 122, 402, 404, 405, 427, 429, 480, 553
이회토 시비 228, 229, 248, 296, 342, 413, 431, 432, 564
인구 22, 24, 29, 32-35, 37-42, 48, 52, 53, 68, 83, 89, 95, 112, 114, 115, 119, 130, 134, 138-170, 175, 178, 179, 181-184, 186-192, 194, 196, 200, 201, 203, 206, 207, 210-215, 217-221, 223-226, 228-230, 233, 239, 241, 244, 253, 259, 260, 263, 265, 266, 270, 272, 275, 276, 278, 283, 285, 293, 297, 306, 307, 327-329, 341, 342, 345, 346, 355, 359, 362, 366, 367, 371, 372, 384, 385, 389-391, 396, 397, 400, 403, 441, 445-447, 474, 475, 480, 495, 506, 516, 517, 521-527, 530, 531, 534, 545-548, 555, 561, 565, 574
인구밀도 29, 30, 34, 37, 84, 135, 144, 145, 157, 206, 225, 256, 396, 399, 402, 440, 468
인구압 35
인구이동 146, 207
인두세 93, 242, 246, 323
인디오(Indio) 445, 617
인신적 예속 71
인클로저(enclosure) 109, 276, 277, 280, 358, 359, 413, 502, 523, 528-532, 534, 535
일리(Ely) 수도원 79
일시적 경작 109, 402
잃어버린 촌락(lost village) 237, 276
임금('실질임금'과 '화폐임금' 항도 참조) 41, 169-219, 226, 230-233, 235, 243, 259, 272, 289, 309, 310, 319, 323, 329, 332, 333, 345, 347-350, 353, 362, 368-370, 372, 374, 375, 380, 388, 390, 448, 479, 497, 512, 526, 530, 536, 548, 550, 552, 561, 565, 573, 574
임금노동자 186, 207, 208, 211, 259, 334
임금지체(wage-lag) 211
임시 고용인 310
임야 82, 83, 85, 86, 94, 121, 126, 132-136, 156, 264, 265, 515

[ㅈ]
자연경제 53, 56-59, 64, 66, 68, 70, 72, 73, 188, 218, 319, 541, 542
자영농 79, 211, 214, 516, 520
자유농민 70
자유인 71, 76, 92, 93, 227, 242, 326
자유인망스 92
자유인보유지 → 농민보유지
자유지(自由地) 66, 70, 75
자유형 삼포제 113, 119, 257, 402
자주개자리 463
자크리의 난 317, 319, 322
작은 가축 115, 126, 265, 302, 488

잠두, 잠두콩 120, 289, 296, 300, 405-409, 418, 419, 435, 440, 465, 575, 576

장원, 장원제 58, 60, 65-71, 75-99, 121, 122, 124, 125, 134, 150, 221, 228, 236, 242, 243, 245, 246, 249-252, 264, 287-290, 318, 319, 511, 542, 544, 552, 575, 576

장원관리령(Capitulare de villis) 77

장원관리인 67, 82, 90, 95, 96, 98, 99, 243, 245, 249, 250

장원법 73, 252

장원법정 89, 92, 94

장원재판 39

재속대리인(在俗代理人, voogd) 100

재판영주, 재판영주제 70, 77, 79, 92-95, 132, 134, 242, 245, 264, 265, 534

저당차금이자(hypotheekrenten) 204, 210

전대(轉貸), 전대제 57, 250, 251, 515

전염병('흑사병' 항도 참조) 32, 35, 139, 146, 148, 155-157, 159, 163, 165, 169, 182, 259, 346, 367, 386, 387, 494, 495

정기부역(定期賦役) 68

정적부역(定積賦役) 68

정조식(正條式) → 줄심기

정착식 목양 281, 283, 355

젖소 238, 411, 423, 462, 468, 469, 474

제방촌 → 가촌

제일란트인 261

조세 52, 74, 158, 186, 204, 205, 210, 317

종교개혁 184, 324

종사제도(從士制度) 65

종신제(從臣制) 65

주곡 44, 46, 48, 50, 195, 198, 288, 433, 548

주곡농업 210, 213, 214, 276, 284, 386

주글라 순환(Juglar Cycles) 172

줄심기(rijenteelt) 398, 500

중농(中農) 228, 482, 485, 519, 521, 535

중농주의자 366, 400

중상주의 188, 365

증기식 쟁기 496, 498

증기식 탈곡기 498, 508

지대 52, 64, 68, 74, 95, 100, 105, 135, 166, 193, 195, 197, 204, 205, 210, 217, 218, 276, 236, 247, 249, 250, 254, 255, 283, 309, 317, 339, 353, 354, 371, 372, 384, 420, 422, 434, 445, 446, 502, 516

지대징수자 95

지대취득자 95

지력(地力) 30, 156, 383, 404, 410, 438, 447, 455, 555

집약농업의 섬(Intensitätsinseln) 38

집약적 농법, 농업 205, 210, 390, 399-401, 502, 620

집중형 장원 87

집촌 108

짚 수집권 129

[ㅊ]

차[茶] 36

차지농, 차지인 340, 353, 363, 410, 431, 511, 516, 519, 520

차지제 222, 353

척박한 땅(Wildland) 30, 50, 109, 110, 156, 261, 279, 290, 459, 532

초지 30, 31, 50, 126, 265, 307, 309, 339, 381, 383, 411, 491, 495, 535, 560, 562

촌락공동체 264, 265, 268

촌락밀집(Dorfballungen) 275

촌락의 형태 23

축력(畜力) → 견인력

축사사육 414, 431, 460

축산업('목양업' 항도 참조) 108, 120, 205, 206, 208, 209, 214-219, 238, 270, 284, 285, 288, 293, 300, 302, 315, 319, 340, 354-359, 361, 366, 380-383, 386, 387,

397, 413, 433, 467, 468, 473, 479, 485, 495, 501, 517, 526, 562

축장화폐 58, 179

출생률 35, 141, 145-147, 160-162, 165, 166, 547

취락 형태 102, 103

치즈 68, 148, 149, 151, 152, 193, 198, 207, 238, 239, 305, 307, 311, 316, 330, 355, 370, 376, 377, 467, 468, 471-473, 476, 478, 501, 505, 538, 552, 561, 598, 584, 585

[ㅋ]

카롤링왕조, 카롤링왕조 시대 60, 63, 67, 70, 77, 88, 89, 92, 107, 110, 115, 121, 128, 132, 139, 144, 228, 242, 254, 264, 265

카롤링제국 61-66, 69, 70, 117, 541

커크스톨(Kirkstall) 수도원 306

커피 36

케를렌리트(Keerlenlied) 477

켈소(Kelso) 수도원 225, 304

켈트족 105, 106, 109

켈트형 경지 103, 105

코르바이(Corvey) 수도원 80

코르베(corvée) 90

코코아 36

콘드라티예프 순환(Kondratieff Cycles) 172

콩 21, 50, 114, 121, 152, 288, 289, 296, 299, 307, 315, 370, 402, 405-409, 415-419, 421, 466, 491, 513, 520, 555, 561

쿠르티스(curtis) 82, 95, 96, 543

쿠리아(curia) 82

큰 가축 115, 126, 302, 467, 487-489

큰개미자리 120, 300, 301, 459, 479

클로(le clos) 82

클로버 300, 408, 412-414, 420-422, 424,

431, 459, 461-463, 466, 520

클뤼니(Cluny) 수도회 257

키친 순환(Kitchin Cycles) 172

킹의 법칙 200, 201

[ㅌ]

타우너(Tauner) 521, 522

탁신(託身, commendatio) 65

탄소-14 측정법 106

탈곡기 497, 498, 501, 507-509

탈곡 롤러 506, 569

태양흑점설 28, 173

테이비스톡(Tavistock) 수도원 80, 125, 126, 290, 305, 576

토양침식 174, 345

토지세 186, 353, 519, 533

토지영주제 70, 71, 78, 92, 94, 95, 245

토지이용 형태 → 농법

투르크인 341

튜튼기사단 → 독일기사단

[ㅍ]

파종기 500, 503, 504

파종량 대 수확량 → 수확고

팔십년전쟁 335, 362

편자 129, 130, 132

평수사(平修士) 258, 259

폐쇄적 가족경제 40, 52, 56

폐촌(廢村, Wüstungen, '황폐화' 항도 참조) 197, 237, 273, 274, 554

포도, 포도밭, 포도재배 23, 53, 68, 80, 82, 85, 90, 93, 121, 209, 236, 240, 244, 250, 271, 334, 341, 357, 360, 361, 370, 372, 388, 390, 406, 436, 441, 502, 521, 522, 538, 552

폴란드인 262

표준적 농민보유지 → 완전 농민보유지

풀다(Fulda) 수도원 63, 80

품종개량('육종법' 항도 참조) 382, 471, 490
풍구 316, 506
풍년, 풍작 165, 180, 201, 290, 292, 386, 388, 398, 446
풍차 131, 311, 312, 498, 557
프랑스혁명 190, 367, 463, 526, 533, 535, 536
프랑크왕국 65
프랑크인 65
프랑크제국 → 카롤링제국
프랑크형 농민보유지 261
프레몽트레(Prémontré) 수도회 260
프로이센인 263
프륌(Prüm) 수도원 91, 251
플랑드르법(法) 261
플랑드르식 농업 399, 400, 412, 460, 466
플랑드르인 261, 452, 462
플랑드르형 농민보유지 261
플랜테이션(plantation) 67, 264, 457
피렌의 학설 59, 60
피스쿠스(fiscus) 82

[ㅎ]
하곡 46, 49, 109-111, 113, 122, 124, 300, 366, 403, 406-408, 416
하급 재판권 261, 262, 265
한계경영 44
한계지 46, 156, 196, 198, 209, 222, 228, 240, 278, 293
한시적 소작제 247-249
한자동맹(Hansa Bund) 156, 284, 285, 328
향료 36, 53, 149, 440
현물납 71, 246
현물지대 → 생산물지대
협상(鋏狀) 가격차 184
호경기 → 호황
호밀 44, 49, 91, 110-113, 118, 120-122,

148, 161, 171, 176, 178, 193, 195, 232, 233, 251, 256, 285, 288-290, 331, 332, 348-350, 354, 368-371, 373-375, 379, 380, 388, 402, 407-409, 411, 413, 418, 419, 421, 425-427, 430, 433-435, 442, 443, 462, 464, 466, 511-513, 526, 563, 573-580
호이슬러(Häusler) 518
호프바우어(Hofbauer) 521
호황, 호황기('농업호황' 항도 참조) 28, 192, 193, 197, 198, 216, 221, 239, 272, 311, 318, 327, 367, 368, 388, 480, 521, 558
혼인세 98, 242, 535
혼합곡 195, 289, 406, 434, 435, 565, 575
혼합농업 279
홀란트법 261
홀란트인 261, 451, 452
홉 99, 209, 239, 240, 261, 301, 302, 356, 397, 398, 433, 453, 454, 463, 566
홍당무 457
홍수 147, 172, 174, 222, 237, 269, 271, 272
화전농법 → 화전식 경작
화전식(火田式) 경작 27
화폐경제 37, 39, 52, 56-59, 64, 68, 69, 72, 73, 188, 218, 244, 540
화폐납 → 금납
화폐수량('귀금속' 항도 참조) 41, 42, 71, 175, 186, 189, 196, 211, 219, 220, 223, 241, 327, 329, 332, 367, 371, 372, 548, 558
화폐수량설 329
화폐유통, 화폐유통 속도 41, 42, 57, 58, 71, 88, 98, 175, 179, 221, 228, 243, 249, 329, 398
화폐임금('임금' 항도 참조) 159, 182, 186, 189, 207, 211, 213, 231, 235, 241, 318,

333, 372-374, 548

화폐지대('금납' 항도 참조) 71, 247, 249, 250

환금작물 36, 37, 41, 193, 194, 198, 205-207, 209, 214, 215, 239, 288, 298, 301, 344, 348, 350, 356, 359, 365, 397, 398, 400, 416-419, 433, 434, 447, 462, 502

활주(滑走)쟁기('쟁기' 항도 참조) 115, 116, 119, 127, 505

황무지 22, 30, 121, 164, 203, 224, 237, 258, 280, 345, 425, 427, 485

황소('소' 항도 참조) 49, 113, 117-119, 123-125, 127, 128, 277, 303, 304, 308, 312, 317, 381, 411, 467-470, 473, 474, 479-481, 483, 484, 487, 489, 490, 492, 496, 498, 517, 518, 553, 556, 582

황폐화('폐촌' 항도 참조) 121, 134, 147, 157, 174, 183, 187, 233, 262, 263, 269, 270, 273-276, 279, 284, 344, 346, 352, 362, 363, 450, 454, 536

휴경, 휴경지 30, 31, 46, 82, 112-115, 120, 128, 298-301, 303, 307, 308, 345, 346, 401-403, 405-407, 411, 412, 414-419, 438, 444, 452, 454, 459, 462, 463, 486, 532, 544, 555

휴경지작물 32, 462

휴한 → 휴경

흉년, 흉작 27, 54, 81, 111, 147, 162, 165, 171, 172, 180, 201, 203, 224, 262, 271, 290, 317, 334, 341, 360, 398, 441, 443-446, 550, 561, 566

흑사병('전염병' 항도 참조) 139, 148, 154-157, 163, 230, 232, 270, 275, 278, 346, 356, 495, 546